海外中国
研究丛书

刘 东 主编

［英］科大卫 著

卜永坚 译

EMPEROR AND ANCESTOR

State and Lineage in South China

皇帝和祖宗

华南的国家与宗族

江苏人民出版社

图书在版编目(CIP)数据

皇帝和祖宗:华南的国家与宗族/科大卫著;卜永坚译.
—南京:江苏人民出版社,2010.10(2021.12 重印)
(海外中国研究丛书/刘东主编)
ISBN 978 - 7 - 214 - 06491 - 2

Ⅰ. ①皇… Ⅱ.①科…②卜… Ⅲ.①中央政府-关系-地
方政府-研究-华南地区-古代②宗族-研究-华南地区-古
代 Ⅳ.①D693.61②K820.9

中国版本图书馆 CIP 数据核字(2009)第 191552 号

江苏省版权局著作权合同登记:图字 10 - 2007 - 195

书 名	皇帝和祖宗——华南的国家与宗族	
著 者	科大卫	
译 者	卜永坚	
责 任 编 辑	花 蕾 沈 亮 莫莹萍	
装 帧 设 计	陈 婕	
责 任 编 辑	王 娟	
出 版 发 行	江苏人民出版社	
地 址	南京市湖南路 1 号 A 楼,邮编:210009	
照 排	江苏凤凰制版有限公司	
印 刷	南京新洲印刷有限公司	
开 本	652 毫米×960 毫米 1/16	
印 张	30.25 插页 4	
字 数	450 千字	
版 次	2010 年 10 月第 1 版	
印 次	2021 年 12 月第 5 次印刷	
标 准 书 号	ISBN 978 - 7 - 214 - 06491 - 2	
定 价	88.00 元	

(江苏人民出版社图书凡印装错误可向承印厂调换)

序"海外中国研究丛书"

　　中国曾经遗忘过世界,但世界却并未因此而遗忘中国。令人嗟讶的是,20世纪60年代以后,就在中国越来越闭锁的同时,世界各国的中国研究却得到了越来越富于成果的发展。而到了中国门户重开的今天,这种发展就把国内学界逼到了如此的窘境:我们不仅必须放眼海外去认识世界,还必须放眼海外来重新认识中国;不仅必须向国内读者迻译海外的西学,还必须向他们系统地介绍海外的中学。

　　这个系列不可避免地会加深我们150年以来一直怀有的危机感和失落感,因为单是它的学术水准也足以提醒我们,中国文明在现时代所面对的绝不再是某个粗蛮不文的、很快就将被自己同化的、马背上的战胜者,而是一个高度发展了的、必将对自己的根本价值取向大大触动的文明。可正因为这样,借别人的眼光去获得自知之明,又正是摆在我们面前的紧迫历史使命,因为只要不跳出自家的文化圈子去透过强烈的反差反观自身,中华文明就找不到进入其现代形态的入口。

　　当然,既是本着这样的目的,我们就不能只从各家学说中筛选那些我们可以或者乐于接受的东西,否则我们的"筛子"本身就可能使读者失去选择、挑剔和批判的广阔天地。我们的译介毕竟还只是初步的尝试,而我们所努力去做的,毕竟也只是和读者一起去反复思索这些奉献给大家的东西。

　　　　　　　　　　　　　　　　　　刘　东

作者的话

本书之写作,历时凡二十年。在这么长的一段时间内,帮助过我的朋友与同事是如此之多,以至于我无法一一开列。但我至少必须鸣谢的,是一小群在香港与内地的朋友,他们把田野调查视为历史学家的家常便饭。他们包括:刘志伟、陈春声、郑振满、程美宝、蔡志祥、赵世瑜、梁鸿生、邵鸿;另外还有并不在中国任教的萧凤霞、丁荷生(Kenneth Dean)、劳格文(John Lagerwey)。我也必须鸣谢已经过世的朋友彭振球。彭虽然是律师,但直至 20 世纪 90 年代过世之前,他陪伴我多次走访内地。我不敢说我们开创先河,但我敢说我们独辟蹊径,希望以后借道者日见其多吧。

当然,除了他们之外,有更多的人,在我写作这本书的各个阶段帮助了我。最早鼓励我写这本书的,是叶显恩、谭棣华、许舒(James Hayes)。在不少地区,当地人士和当地博物馆负责人为我广开方便之门。曾经有几年,我在广东省图书馆长期阅读史料,古籍部的馆员对我的宽容与耐心,我是很要感谢的。在一关键时刻,艾德·维克伯格(Ed Wickberg)从英属哥伦比亚大学图书馆为我找出一批重要文献。黄永豪不仅帮我把影印资料从广州搬回香港,而且他的硕士论

文所处理的一批宝贵史料，也让我获益匪浅。20 世纪 80 年代，当我
研究佛山时，罗一星处处启发着我。20 世纪 90 年代，周绍明（Joseph
McDermott）安排了不少研讨会，使我能够与同行们讨论正在形成的
观点。

我写作此书的决心越来越强烈，目的是摆脱珠江三角洲，迈向新
区域。而在新的区域中，许多人帮助了我：在台湾，有吴密察与黄富
三；在山西，有张正明。假如我没有在珠江三角洲以外的区域进行田
野调查，恐怕我无法发展出一套观点，把这本书写成现在这个样子。

我也必须鸣谢各个提供研究经费的单位。我在香港中文大学任
教至 1989 年，期间几次得到中国文化研究所和共济会东亚研究基金
（Freemasons' Fund for East Asian Studies）的资助。1990 年我加入
牛津大学后，走访中国，往往得到东方研究院的旅费资助；而英国人
文及社会科学院对于外国学者的资助，也使我能在英国召开学术会
议，与中国学者会面。顺益台湾原住民基金会资助了我在台湾的一
个研究项目；而蒋经国国际学术交流基金会则资助了我的一个有关
台湾、山西、广东的比较研究项目。香港人文及社会科学研究所提供
了一笔经费，应付出版费用。对于以上单位的资助，我谨在此致以最
高的谢意。

有不少人阅读了本书不同阶段的草稿，他们包括：沈艾娣
（Henrietta Harrison）、宋怡明（Michael Szonyi）、何汉威、朱鸿林、麦
哲维（Steven Miles）、丁荷生、周绍民。他们指出了本书的不少错误，
我非常感谢。贺喜与谢晓辉协助整理本书的参考书目与中英词汇对
照表，杜正贞在本书完稿时也帮了忙，对于她们，我都非常感谢。

走访历史田野，参加学术会议，意味着长期不在家。我的妻子和
女儿们却也容忍得下我的古怪行径。本书谨献给她们。

当然，本书的所有错误，都是我自己犯的，与别人无关。

对于非专家读者的提示

在本书所研究的时段内,在大部分时期,中国在行政上都被划分为省,省以下设府,府以下设县。所谓"衙门",是指省级官员、知府、知县等官员办公的建筑物。

珠江三角洲大致相当于广州府的范围,广州府位于广东省内。在明朝与清朝,广东省均由巡抚统治。在明朝,广东巡抚直接听命于北京的中央政府;在清朝,广东巡抚虽然仍直接听命于北京的中央政府,但也受两广总督的管辖。我在书中将会说明,两广总督这一职位,是由 15 世纪设立的两广地区最高军事将领演变过来的。

明朝的里甲制度,在县以下的行政规划中留下了痕迹。所谓"里甲",是指把一个县的户,组成"甲",再把"甲"组成"里"。县衙门大概为每一"里"都绘制地图,因此之故,有时候"里"也被称为"图"。

凡是登记了户口的家庭,其男子均可参加科举考试。在最高一级考试(会试)合格的考生,获颁授"进士"的头衔。在省级考试合格的,则成为"举人";在县级考试合格的,就成为"秀才"。

度量衡的问题可能很麻烦。年龄以"岁"为单位,并从"一岁"算起,因此中国人的"十岁",相当于西方计算方法的"九岁"。粮食是以容量为单位的,一"石"米大约相当于 103 公升;一"石"谷(即尚未褪壳的米)相当于 100 斤,大约相当于 132 英磅。土地以"亩"来衡量,一"亩"大约相当于六分之一英亩。货币方面,以块状流通的白银,其单位为"两"(1.33盎司);铸成货币的白银,称为"银元",1 银元大约相当于 0.72 两。

译者说明

——原书注释采用尾注形式,译本改为页下注形式,便利读者理解。

——译文注释,以每章为新起点。换言之,某些史料或研究论著,虽可能全书每章均有引用,但在任何一章,第一次引用时,仍作"初引"处理,方便读者检索。

——译文将原书引用之史料及著作,部分改用近年出版之版本,便利读者查对。

——译文使用"蜑"、"獠"、"猺"等字眼,绝非赞同这些字眼的歧视意味,而是忠实反映相关史料里的字眼用法。

——凡无法查对原文之人名、地名,盖以"**XX**(音)"表示。

——凡引述史料,采用仿宋或楷体,以别于正文。

目　录

作者的话　*1*

对于非专家读者的提示　*1*

译者说明　*1*

第一章　序言　*1*

历史地理　*19*

第二章　光怪陆离的广州　*21*

　　光怪陆离的广州　*22*

　　南汉：一段插曲　*29*

　　北宋　*32*

第三章　儒家思想打进来了　*35*

　　儒学　*36*

　　地方精英　*41*

第四章　我们和他们　*48*

　　我们：地方统治圈　*50*

　　他们："蜑"、"猺"、客家　*52*

1

第五章 土地 63

　　堤坝与沙田 63

　　传统的象征:房屋、遗迹、布施 70

从里甲到宗族 79

第六章 明初的社会 81

　　建立宗族的契机:里甲登记及其他 82

　　建立宗族礼仪 90

第七章 赋役的崩溃 95

　　黄萧养之乱,1449 年 95

　　登记里甲与控制土地:顺德县罗氏的个案 103

第八章 猺乱与礼仪之正统 110

　　猺乱、陶鲁、陈白沙 110

　　齐整礼仪 118

　　十六世纪的社会革命 126

第九章 行政改革 129

　　行政改革 130

　　宗族规章:遵守礼仪,登记账目 133

　　丈量土地:编写土地记录 140

宗族士绅化 147

第十章 建设宗族:佛山霍氏 149

　　功名显赫:石头霍氏 149

　　橱窗效应:上园霍氏 153

　　橱窗效应:佛山墟市里的霍氏 156

第十一章 沙田上的大姓 162

　　大姓士绅化 163

　　结论:珠江三角洲社会的士绅化 174

从明到清 *177*

　第十二章　士绅对于地方社会的控制 *179*

　　乡居显宦 *181*

　　里甲与民壮以外的军事问题 *185*

　第十三章　明朝的覆灭 *195*

　第十四章　宗族制度的扩散 *210*

　　明清时期的宗族建设 *210*

　　高层级宗族 *220*

　第十五章　齐之以教：用时令节诞来管治社区 *229*

　　龙山镇的时令节诞 *230*

　　佛山：北帝及其游神活动 *236*

　　总之就是市镇联合体：九江的佛寺、庙宇、书院 *245*

　　唤起集体记忆：把社区整合到王朝国家内 *253*

　第十六章　控制财产的组织：一个意念的力量 *257*

　　集体财产 *258*

　　宗族做生意来了 *266*

　第十七章　盛世一记 *275*

　　数字 *276*

　　清朝政府的统治 *279*

　　学术与生活方式 *285*

十九世纪的转变 *297*

　第十八章　桑园围 *299*

　　乾隆五十九年(1794)的洪水 *300*

　　嘉庆二十二年(1817)的维修 *305*

　　道光九年(1829)及十三年(1833)的维修 *313*

水利工程及地方管理的规模　318

第十九章　从民壮到团练　320

海盗来袭、防务孔亟、规模升级　325

鸦片战争期间的团练　331

第二十章　太平天国战争期间的地方力量　340

团练局及沙田开发　349

长远的影响　356

第二十一章　外国因素与珠江三角洲社会　359

光怪陆离之外　360

枪械　365

并没有发生制度变化　370

第二十二章　民族国家的矛盾：宗族的落后性　381

税照收，但官府的合法性改变了　384

宗族不变，国家已变　395

宗族靠边站、宗族重生　404

尾声　409

第二十三章　珠江三角洲以外　411

参考书目　433

谱牒、年谱类(按宗族及人物姓氏排列)　433

方志、地理类(按地名拼音及刊行年份排列)　437

其他史料(按作者姓名或书名拼音顺序排列)　442

研究论著(按作者姓名拼音及字母顺序排列)　446

第一章　序　言

　　许多研究者认为,在华南,单姓村不仅普遍,而且是当地农村社会的主要秩序。莫里斯·费里德曼(Maurice Freedman)把这个秩序形容为"宗族"(lineage),从此,"宗族"这个词汇就家喻户晓了。但费里德曼的"宗族"说,并非独创,而可说是有其渊源。别的不说,18 世纪的清朝政府,就留意到村落械斗的各方,往往都是源于同一祖先、居住于同一地点的人群,清朝政府称这样的人群为"族"。社会学家陈翰笙,根据 20 世纪 30 年代的一个调查,把这些人群描绘为集体地主。日本历史学家清水盛光,王刘惠珍(音 Hui-chen Wang Liu),奥尔加·朗(Olga Lang)研究了宗族的规条。到了 20 世纪 50 年代,当中国共产党进行土改时,就把宗族列为特别关注对象。①

　　关于宗族的研究,著作浩繁,但费里德曼分别于 1958 年及 1966 年

---

① Maurice Freedman, *Lineage Organization in Southeastern China* (London: Athlone Press, 1958); *Chinese Lineage and Society: Fukien and Kwangtung* (London: Athlone Press, 1966). Chen Han-seng, *Landlord and Peasant in China: a Study of the Agrarian Crisis in South China*(New York: International Publishers, 1936).清水盛光,《支那族产の结构》(东京:岩波书店, 1949)。Liu Wang Hui-chen, *The Traditional Chinese Clan Rules* (Locust Valley, NY: J.J. Augustin, 1959). Olga Lang, *Chinese Family and Society* (New Haven: Yale University Press, 1946).

出版的两本著作,堪称宗族研究的转折点。① 费里德曼的影响究竟何在?一言以蔽之,在他这两本书出版之前,宗族研究只局限于谱牒的文字规条;在他这两本书出版之后,宗族研究遂进入这些文字规条所赖以产生的社区。诚然,"宗族可以是一个社区"这个观点,也非费里德曼的独创。日本的汉学研究,从功能主义的角度出发,就认为"自然村落"产生社区,而社区产生宗族。但是,费里德曼的贡献,在于特别指出,宗族划定其领土边界,靠的不是执行谱牒规条,而是追溯共同祖先。为了证明这个观点,费里德曼为宗族研究引进了"宗族其实是法人(corporation)"这种看法,也就是说,宗族作为一个集体,有明确的成员制度,并能够拥有财产。根据这种看法,在华南,宗族就是控股公司,能否成为该宗族的成员,取决于能否追溯到共同的祖先。而宗族成员的身份,必须以参与宗族祭祀、确立宗族谱系而展现出来。但是,即使同属某个祖先的子孙,也并不意味着人人都可平均享有宗族的财产。宗族的财产,控制在个别祖先的名义之下,因此,随着子孙繁衍,在世的宗族成员可以是众多的、不尽相同的宗族"信托基金"的成员。费里德曼进一步指出,宗族这种"控股公司",有其地域基础,宗族之间的结盟,形成了村落及村落联盟。因此,我们可以从宗族之间的互动、宗族与政府之间的互动这个角度,来把握华南乡村的历史。费里德曼的这套观点,对于魏斐德(Frederic Wakeman)及孔飞力(Philip Kuhn)产生了影响,魏、孔有关中国乡村社会的非常重要的著作,基本上是对于 20 世纪 60 年代初萧公权的主流观点的修正。②

---

① Maurice Freedman, *Lineage Organization in Southeastern China*; *Chinese Lineage and Society*: *Fukien and Kwangtung*.
② Frederic Wakeman, Jr., *Strangers at the Gate*: *Social Disorder in South China*, *1839 –1861* (Berkeley: University of California Press, 1966). Philip A. Kuhn, *Rebellion and Its Enemies in Late Imperial China*, *Militarization and Social Structure*, *1796 –1864* (Camb. Mass.: Harvard University Press, 1970). Hsiao Kung-Chuan, *Rural China*: *Imperial Control in the Nineteenth Century*(Seattle: University of Washington Press, 1960).

　　我自己的研究,是要把费里德曼的看法,落实到具体的历史脉络中。二十年前,我展开这工作时,受到了华德英(Barbara Ward)的影响。当时我出版了一本书,题为《中国乡村社会的结构》(*The Structure of Chinese Rural Society*),研究香港新界的乡村的历史。[①] 我在书中指出,新界社会的领土观念,并不依赖宗族。因此,宗族、及其使用书面谱牒、追溯共同祖先、在祠堂祭祀祖先等种种花样,是被引介到新界乡村中、把新界乡村联系到国家的工具。也就是说,只有当官方意识形态渗透乡村,宗族制度才会扩散。在香港新界,这个过程发生于 16 至 18 世纪。又由于宗族作为一个制度,能够保护成员免受外界的威胁、包括来自官方的威胁,所以,宗族就被视为是把乡村社会组织起来的主要制度形式。

　　在《中国乡村社会的结构》这本书即将写完之际,我开始思考:以上这套观点,是否适用于香港新界以外的中国地区呢? 根据当时我能够掌握到的史料,我认为,就表面证据而言,答案是肯定的。本书就是要进一步发挥这套观点,探讨宗族作为一套制度,如何在香港新界以外的地区演进? 对于采用宗族这种组织的社区而言,宗族意味着什么?

　　我选择了珠江三角洲作为我下一步的研究对象,既可说是意料之外,也可说在算计之中。但无论如何,这个选择是合理的,因为就中国文化、社会、经济、政治而言,珠江三角洲都是主要区域之一。从研究的角度来说,珠江三角洲也有独特的便利:现存史料,展示出珠江三角洲活跃的经济活动,展示出珠江三角洲被成功地整合到中华帝国而同时又继续维持强烈的本地文化认同的过程。凡是接触过鸦片战争史料的研究者,看见广东人做生意手段之高和对官府忠诚之强(或曰畏惧之深),都应该至少能够看出珠江三角洲上述特质的一些端倪。广州行商的风流儒雅,

① Barbara E. Ward, *Through Other Eyes*: *Essays in Understanding " Conscious Models" - Mostly in Hong Kong*(Hong Kong: Chinese University of Hong Kong Press, 1985). David Faure, *The Structure of Chinese Rural Society*: *Lineage and Village in the Eastern New Territories*, *Hong Kong*(Hong Kong: Oxford University Press, 1986).

固然反映出珠江三角洲的这些特质,而珠江三角洲乡民的慷慨激昂,也同样反映出这些特质。这些乡民,几乎自发地迎击那些闯进他们领土的英国及印度士兵。鸦片战争前五百年,在 14 世纪中叶,这片土地人烟稀少,当时就存在的乡村社区,没有哪个懂得如何与官府打交道,而大部分村民甚至完全不认为自己是皇帝的顺民。

算我走运,能够从广州的广东省图书馆展开我的研究。我与几个当地的历史学家交上了朋友,得到他们专业的、慷慨的指导,并且把该图书馆收藏得相当完善的珠江三角洲地区家谱摸索了一番。我迅速意识到,佛山,这个位于广州城西三十公里的商业及工业市镇,应该成为我研究的重点。与香港新界不同,佛山更加富裕;但与广州城也不同,佛山从来没有被官府控制过。在 16 世纪,控制佛山的,是当地的几个大家族。也就是在佛山,也大约是从 16 世纪开始,高级官员建立起宗族。但我很快了解到,其他地区也出现了宗族。宗族的建立,最初是个农村现象,而诞生宗族的佛山,与其说是个市镇,毋宁说是一片乡村。从 15 世纪某个时期开始,这些乡村在同一座庙宇内进行集体祭祀活动。随着佛山的发展,宗族组织的法则被建立起来,与当地神祇的崇拜并行不悖。终于有一天,我们会说佛山已经成为一间公司。但是,假如佛山开创者的宗族不如此根深蒂固,佛山是不可能有这样一天的。①

一旦要把佛山定位,立即引起错综复杂的问题:自 16 世纪以来,“乡”、“镇”这类字眼就经常与佛山沾上边;但是,“乡”、“镇”这些字眼究竟有何含义?即使我们用从西方历史所产生的既有观念来处理,类似“村”、“镇”、“城”这类辞汇的中、西语境是否能够顺利对应,也是成问题的。用人口多少来区分,也许是个办法(至 1911 年,佛山人口约达三十万,而广州人口则超过一千万)。但是,用人口多少来定义一个市镇,其

---

① 我在 1990 年曾撰文研究佛山,见 David Faure, "What made Foshan a town? The evolution of rural-urban identities in Ming-Qing China", *Late Imperial China*, 11:2(1990), pp. 1 - 31. 这篇文章所使用的部分史料,也用在本书第七、十、十五章。

弊端在于无法顾及该区域社会活动的复杂情况。尽管佛山是个商业中 4
心,但商业活动并不就是佛山这个市镇的全部,商业活动是在佛山的市
集里进行的,而这样的市集在佛山有好几个。如果我们用西方历史的背
景来理解城市,则佛山并非城市,因为中国的历代皇帝从来没有承认过
佛山在功能上有何独立之处,更没有以特许证(charter)的形式赐给佛山
独立地位。但是,佛山也不是中国意义上的"城",因为它并非官府衙署
之驻地。而且,不管佛山究竟是什么,总之也不是个乡村,因为它容许外
人入住。佛山的外来人口不断增加,给佛山的本地居民带来了好处,邻
近佛山冶铁作坊的乡村,与佛山的市集合并起来。就这样,佛山发展出
一条公式,让私人的企业与官府的需求共存。这条方程式是以宗族的辞
汇构思出来的,而且,正如本书将会指出的那样,这条方程式也适用于整
个珠江三角洲。

外地人与本地人之分,前提为入住权之有无。我在《中国乡村社会
的结构》中对此看法有所探讨。简单而言,所谓入住权,是在一指定疆域
内享用公共资源的权利,包括:开发尚未属于任何人的土地的权利、在荒
地上建屋的权利、在山脚拾柴火的权利、从河流或海边捕捞少量鱼类及
软体动物以改善伙食的权利、进入市集的权利、死后埋葬在村落附近的
土地的权利。这些权利,并不是每个住在同一条村落的人都拥有的。村
民们很清楚哪些人拥有、哪些人没有这些权利。拥有入住权的理据是:
这权利是祖先传下来的。他们的祖先可能据说由皇帝钦赐土地,或者移
居至此而耕种这些土地,或者建造房屋而子孙居住至今,或者购买了这
些土地,或者与本地人联姻,或者把原住民赶走。凭着这些既成的历史
事实,他们的子孙因此拥有这些土地,而且只要不搬走,就拥有入住权。
这些关于历史的观念,对于村落的组织是极为重要的,因为村民们正是
通过追溯祖先的历史来决定谁有没有入住权、是不是村落的成员。

一个社区会发展为市镇还是乡村,取决于外来者是否被轻易接纳,
轻易给予入住权,及轻易获允成家立室。凡是对于外来人口采取开放策

略的社区,就会发展为市镇;凡是把入住权局限于本地人的社区,则始终是乡村。在香港的新界,即使是集镇,也不轻易容许外来者享有入住权。

5 为何不同社区对于分享公共资源采取这样或那样的策略? 线索之一,正是该社区的贸易及其重要性。乡村本来是争夺公共土地的场所,但是,佛山要发展贸易,就必须吸引外来人口定居。而且,明中叶之后(姑且说自 16 世纪中叶开始),佛山的土地庄园发展已达极限,囤积土地的宗族因此只能另谋致富之道。临近佛山而位处沙田开发要冲之地的市镇,例如小榄,就成为以囤积土地为能事的宗族的诞生地。在开发沙田过程中,这些宗族有不少也开始涉足商业,并且把边界开放给外来人口。①

　　一旦外来者获允入住市镇后,一旦暴发户出现、跻身豪强之列、并企图染指附近土地时,所产生的种种社会问题,必然是错综复杂的。别的不说,只须粗略看看家谱,就可知这些问题非常严峻,且扣人心弦。我一展开研究,便明白到:佛山及其邻近地区的历史,将为整个珠江三角洲社会发展的复杂过程提供一条线索。我也明白到:为了让我的解释具有意义,我不能只局限于佛山,而必须经常把佛山与珠江三角洲其他地区、与广州城本身作比较。换言之,我的佛山研究不能只是地方史,而必须是关于珠江三角洲社会形成的制度史。

　　这里有必要把佛山的历史背景交代一下。自 16 世纪以来,贸易剧增。原因很多,部分原因是历史学家所熟知的。到了 16 世纪,政治稳定对于经济的正面作用开始显现出来,市镇经济也出现了被中国历史学家一度称为"资本主义萌芽"的迹象,这些迹象包括:市镇内的粮食市场及其他消费品(例如丝绸和绵制品)市场扩张;海外贸易剧增,把白银从日

---

① 关于宗族对于外来者开放的问题,参见 Morton H. Fried, "Clans and lineages: how to tell them apart and why — with special reference to Chinese society," *Bulletin of the Institute of Ethnology*, *Academia Sinica*, 1970, pp. 11 - 36; Patricia Ebrey, "Types of lineages in Ch'ing China: a re-examination of the Chang lineage of T'ung-ch'eng," *Ch'ing-shih wen-t'i*, 4:9(1983), pp. 1 - 20.

本及美洲带进中国;手工业蓬勃发展,这些手工业作坊有些在乡村运作,
但相当一部分集中在城镇。广州城是主要的外贸中心之一,佛山无疑
分享着广州的繁荣。17 世纪中叶的明朝覆灭以及 19 世纪中叶的太
平天国叛乱,都曾一度打击了广州的繁荣。但除此以外,直至 1929
年大萧条之前,广州都持续繁荣。从 16 世纪中叶到 20 世纪初这四
个世纪,大部分时候,珠江三角洲商机盈然,这是促使宗族形成的重
要原因。①

　　贸易增长对于当地社会制度可能产生什么影响? 要找一个参照点, ⁶
与西欧作些比较是有用的。大约在同一时期,西欧也经历了一轮增长,
其造就的繁荣水平,仅次于 19 世纪中叶的工业革命。在这一轮增长期
内,贸易受到强有力的促动,是因为商业法律得到改善,法律程序得到建
立,构成卡尔·波兰伊(Karl Polanyi)所谓"自把自为的市场"(self-
regulating market)的各种制度也得到发展。② 这个自把自为的市场,滥
觞于 16 世纪之前。自 12 世纪以来,现代意义的欧洲政府开始成形,并
且与贸易所需要的制度、与控制财产所需要的制度磨合,这个过程历时
好几百年。商业公司的历史,最清楚地展示出国家缔造、贸易、财产权三
者的结合。公司最初是建立在私人契约之上的合伙制,到了 19 世纪,它
们终于被国家承认为法律实体。公司成为能够控制、转移财产的团体,
并且需要缴税。管治公司的,不再是股东而是一群经理。公司比个人甚
至家族的寿命更加延绵持久,且覆盖之广,亦远超个人之力所能及者。
在中国,虽然商业合伙制也出现了,但是,却从来没有相关的公司法律为
它们提供那种西方贸易公司与生俱来的独立与灵活。会计制度也没有
落实到生产层面(中国的会计只是用于家居开支与商业),因此老板只能
事事亲自紧盯,无法假手于经理。能够超越个人而延绵持久、覆盖周全

---

① 有关这个问题的背景,参见:Richard von Glahn, *Fountain of Fortune: Money and Monetary Policy in China, 1000–1700* (Berkeley: University of California Press, 1996).
② Karl Polanyi, *The Great Transformation* (New York: Rhinehart, 1944).

者,不是公司,而是宗族与家庭。在西方,出现了一股意识形态,不仅承认私有的、个人的财产权,而且还将其视之为商业伦理与政治稳定的理所当然的基础。在中国,由于宗族始终不是名正言顺的商业机构,因此,私有财产权不是宗族的目的,而是宗族继续其事业的手段。宗族的事业,是奉祀祖先神灵、繁衍宗族子嗣。因此,把宗族这个理念推广普及的理学家朱熹,就等于中国的孟德维尔(Mandeville):宗族的自私自利,能够为国家与社会带来公益。正是由于这套意识形态得到实践,像佛山及其周边乡村这样的地缘社区,不仅成为经济增长的火车头,也成为明朝国家的组成部分。①

7　　众所周知,理学意识形态的推行,是与学校的兴办、科举考试的制度化以及一个特殊阶层的诞生同步的;这个阶层的人,参与科举考试、做官、致仕,并继续在自己社区内参与公共事务。一套看重教育与学问的意识形态不断强化,催生了一群处理政府及本地社会关系的中介人,这些中介人可以是拥有科举功名的士绅,也可以是官府任命的书吏。逐渐地,这套意识形态推崇学者及其生活方式的意识形态渗透到全社会,虽然区域文化的元素也打进了官方体系。如果我们从宏观的角度来观察中国王朝并从京城的角度来描绘中国王朝的话,以上就会是我们所能够得到的印象。但是,假如我们从区域社会的角度出发,例如从佛山这类乡村聚落及城镇的角度出发,则王朝国家的扩张,教育程度、士大夫理念、儒家礼仪的普及,为本地精英提供了社会升迁的工具,并为他们创造了一个架构,让他们以王朝所认可的语言来表达他们的本地利益。在中国历史上的不同时段,区域社会与王朝国家的关系,体现在不同的词汇、仪式、统治风格、信仰之上。把这些词汇、仪式、统治风格、信仰一言以蔽之,并以之命名一个制度,就是华南的"宗族"。随着宗族崛兴并为王朝

---

① 彭慕兰(Kenneth Pomeranz)低估了中国与西方商业的制度性差异。见 Kenneth Pomeranz, *The Great Divergence: China, Europe, and the Making of the Modern World Economy* (Princeton: Princeton University Press, 2000).

国家意识形态所接受,区域社会与王朝国家的结合,把地区的利益也说成国家的利益。

明王朝于 14 世纪中叶颁布的一系列典章,成了后世品评明朝政府的尺度。但其实,这些典章所指涉的制度,大部分在 15 世纪就已分崩离析,并于 16 世纪被地方官员的改革所取代。这些官员出身儒士,但职业需要使他们成为务实的能吏。结果,明朝政府产生了巨变。例如,随着经济的货币化,赋役折算为白银,使县政府得以供养自己的属吏。又例如,随着文字普及、县衙门职能扩大,书面文献在行政中扮演越来越重要的角色。书面文献的使用既然增加,书面文献的编纂也随之增加,不仅官府衙门如此,家家户户也都如此。对于珠江三角洲的许多家庭而言,掌握文字,就是从 16 世纪官府与家族的书面文献开始的。在中国许多其他地方,情况自然也一样。[①] 对于一小部分家庭而言,掌握文字,意味着有机会藉科举考试或县衙门职务而赢得名望。因此之故,珠江三角洲的许多家族谱牒,首先收录的是明初的里甲登记,继而收录的是之后几个世纪内的科举功名。书面文献和官府功名的突然出现,标志着里甲转化为宗族。宗族一方面内化了王朝国家的制度,一方面也把社会地位、族群差异等有可能"梗化"的因素尽量掩藏起来。

但是,不谈土地问题,就无法全面把握 15 世纪和 16 世纪宗族诞生的文化背景。明初,里甲户口的登记是与土地挂钩的,也是与力役挂钩的。从作为法令颁布的第一天开始,里甲登记就被破坏,因为只要有办法,所有里甲都逃避力役。但是,里甲登记也有些好处。里甲户既然被视为明王朝国家机器的名正言顺的成员,一旦发生法律诉讼,里甲户就可以把里甲登记的文件拿到县衙门去协助打官司;一旦发生政治动

[①] 在华南部分地区,文字是通过宗教文献进入寻常百姓家的。见 Michel Strickmann, "The Taoamong the Yao, Taoism and the sinification of south China," 载酒井忠夫先生古稀祝贺记念の会编,《歴史における民衆と文化:酒井忠夫先生古稀祝贺記念論集》(东京:国书刊行会,1982),页 23—30。

乱,有否里甲登记,就成为是否"良民"的重要政治标签,因为登记成为里甲本身就意味着得到官府承认为"好百姓"。所以,到了16世纪,已经摆脱了力役的里甲户,仍然希望保留里甲的登记。同时,由于里甲登记追不上人口变化,里甲的户口,就不再对应于"同居共爨"的家庭单位,而成为了赋役的单位、控制财产的单位。既然明王朝编制的法令,以里甲登记为前提,并且又鼓吹理学礼仪。于是"同居共爨"的家庭单位,就以理学的礼仪来包装自己。这样一个控制财产的制度,以子孙相继为组织规则,并以定期举行的仪式来体现这些规则,就成为费里德曼所指的法人(corporation)了。不错,早已有人指出,书面文件的广泛使用,是有助于商业活动的。更进一步,既然签署合约者可能是已故祖先,或顺理成章地说是代表这已故祖先的宗族,则这样成立的公司,就能够超越具体个人的寿命而长久延续,在西方,商业公司是依靠法律来提供这种长久延续性的。礼仪,就像王朝律例一样,告知朝廷官员:签署合约者有什么权利与义务,只不过签署合约者不是个人而是宗族。杜赞奇(Prasenjit Duara)把一个县里面的关系、层级、权力的结合,说成为"权力的文化网络",是正确的。①

因此,明王朝通过法律来创造里甲,而宗族则通过礼仪来继承里甲。当然,用礼仪来包装的团体而能够控制财产的现象,并不限于明朝。在宋朝甚至更早以前,在中国的许多地区,佛教寺院就是主要的控制财产机构。再之前,则贵族豪门当然也拥有大量财产。在中国历史上,王朝国家以不同方式容许控制财产的法人集团(incorporation)存在,因而产生的后果也有显著的不同。以奉祀神灵的庙宇来控制财产,这是宋代华南某些地区甚为流行的控制财产的方式,通过这种方式而产生的多姓氏社会,是靠庙宇联盟而凝聚在一起的。王朝国家敕封这些神灵,也就承

① Prasenjit Duara, *Culture*, *Power*, *and the State*, *Rural North China*, *1900 - 1942* (Stanford: Stanford University Press, 1988), pp. 15-41.

认了奉祀这些神灵的庙宇联盟的权力与荣耀。王朝国家对于天后的敕封，既是对于天后这位神祇的"灵惠"的肯定，也是对于莆田即天后诞生之地的"效顺"的肯定。但是，王朝国家通过承认共同祖先而承认地缘组织，则会产生单姓氏社会，原因很明显：同一姓氏的祖父相代，子孙繁衍，自然就产生单姓氏社会。因此，共同祭祀本身并不足以建构出一个宗族。一个人首先必须是某个祖先的子孙，才能够以宗族成员的身份祭祀这个祖先。而这宗族成员的身份，既必须靠记忆和仪式来追踪的，也必须靠书面记录来追踪的。因此，比起以神庙为中心的地域联盟，宗族缺乏开放性。话虽如此，必要时祖先也总是可以伪造的，因此宗族也并不总是拒绝外人的。

宗族就是地方社会与国家整合的这样一种产物。要充分了解宗族，就必须明白：王朝意识形态所提倡的宗族，其实并非那种在明朝之前就普及于地缘社区、并直到清中叶（亦即18世纪末）仍普及于比较贫穷和弱势的地缘社区内的宗族。那种在明朝之前就存在、并于比较贫穷和弱势的地缘社区内继续存在的宗族，是控制乡村入住权的宗族。换言之，只要被确认为宗族的成员，就有权到山边拾柴火，在荒地建屋。宗族的普及，得力于两种制度，即白纸黑字的族谱和被称为"家庙"的符合官方规制的祠堂，大部分老百姓开始接受宗族的"正宗"形态时，对这两种东西是闻所未闻的。贵族当然是早就获允建立家庙的，但家庙作为一种制度而获得普及，却是从明朝历史上所谓"大礼议"的宫廷斗争才开始的，即大约在16世纪20到30年代。事缘1521年即位的嘉靖皇帝，既非上一任皇帝正德皇帝的亲生儿子，也非过继儿子。嘉靖皇帝认为，奉祀自己亲生父亲、即所谓"继统"才算是孝顺。但是，朝廷内大部分官员却认为，维持皇帝血脉于不堕、即所谓"继嗣"才是最重要的，因此要求嘉靖皇帝视自己为正德皇帝的继子。在这场"大礼议"中，孝的问题成为焦点，因为"孝"是嘉靖皇帝坚持不二的立场。所以，少数在"大礼议"中支持皇帝的官员，仿照官方"家庙"形制，在家乡为自己的本

10

11

宗修建祠堂,这种做法其实是一种政治表态。无论如何,修建祠堂,蔚然成风,因为朝廷也修改了律例,以迎合老百姓仿照官方"家庙"形制修建祠堂的热情。因此,被称为"家庙"的祠堂从此遍地开花。在过去几百年,老百姓只在祖先坟前或家里的祖先牌位前祭祀祖先,如今,他们仿照官方"家庙"形制修建祠堂,以彰显宗族与官方的关系。首先是富裕人家仿照官方"家庙"形制修建祠堂,后来连贫穷人家也照学如仪,土地也必须划拨到祖先的名义下,以便应付祭祀祖先的开支(即所谓"蒸尝")。①

从 16 世纪开始的这场礼仪变革,前后用了足足三个世纪才完成。费里德曼笔下以祠堂为中心、聚族成村的现象,在明初是既稀少又孤立的。假使费里德曼在明初探访珠江三角洲,他会看到佛教寺院的残迹,这些寺院曾经是地方组织的核心;他会看到坟墓以及百姓在坟墓前祭祀祖先的情形;他会在岸边水上看见七零八落的社区,里面的人住在船上或木棚里;他还会看到无数的庙坛,因为当时的神灵远多于今天,甚至也远多于费里德曼写作时的 20 世纪五六十年代。明王朝县级政府的行政改革,再加上造成家庙普及的礼仪改革,造就了宗族社会。这个宗族社会,萌芽于 16 世纪,熬过了 17 世纪明清王朝交替的冲击,而终结于 19 世纪。事实上,当宗族制度在 18 世纪复兴时,人们已把宗族视为古老的制度,而忘却了它的 16 世纪的根源。当 20 世纪的新知识分子视宗族为"封建"时,他们早已忘记:在培养百姓对于国家的忠诚方面,在培养邻居的互信方面,在建立公司架构以控制财产、进行投资、因而实现经济增长方面,正是宗族这个制度发挥了重大作用。

自 16 世纪开始普及的理学,其关于王朝国家的理论,把祭祀祖先奉

① Carney T. Fisher, *The Chosen One*, *Succession and Adoption in the Court of Ming Shizong* (Sydney: Allen & Unwin, 1990). 阎爱民,《"大礼议"之争与明代的宗法思想》,《南开史学》, 1991 年第 1 期,页 33—55。Thomas A. Wilson, *Genealogy of the Way: the Construction and Uses of the Confucian Tradition in Late Imperial China* (Stanford: Stanford University Press, 1995).

为圭臬,视祭祀祖先为王朝权力与地方社会的纽带。地方社会通过儒家礼仪,把祖先作为地缘关系的基础,也就分享了王朝的权力。因此,地方社会与王朝共谋,把宗族作为建立社会秩序的基础。宗族社会对于王朝国家,对于地方社会,都是个方便的建构。宗族代表着一种信仰,至多也不过是对于现实的大概的模拟,在大多数时候、大多数地方,宗族更只不过是一种盼望。

20世纪对于宗族的批评是可以理解的。宗族开始被视为带有压迫性的,因为宗族赖以建立的意识形态,要求个人对于宗族作为一个公司集体作出贡献,此外一切个人成就,均不认可。孝道不能成为平等与正义的基础,却强调敬畏与责任。自然正义(natural justice)也不建立于宗族理论,而建立在民间宗教和满天神灵中。要对付这些神灵是有办法的,办法就是为它们举行仪式和要求它们遵守道德标准。这些办法,最终都被写下来,并被结合到儒学的社会理论中。可见,把民间习俗吸纳到王朝国家的意识形态,是维持王朝稳定的必要一步。但是,这个过程是永远不彻底的,因为新的神灵可随时诞生,现有的神灵也随时受到新的诠释,而且民间习俗中有些要素也是不容易被解释成服服贴贴的。如果学者既不满意于从王朝到宗族的一以贯之的专横,又不满意于临时发明并往往幼稚的民间宗教习俗,则方便之门,就是独自修炼,以冀求精神的平安。这也算是一种个人主义,但绝对无法发展出政治上的或者经济上的个人主义。包括部分历史学家在内的一些人,说宗族是封建的,这完全没有说到点子上。宗族是中国16世纪以来的商业革命的产物,出现于中国最商业化的地区,宗族往往以乡村而非城市的制度出现,原因是中国的乡村地区远比城市地区为普遍。读者将会看到:在像佛山那样商业化与工业化的城镇,宗族以优雅和娴熟的姿态崛起,服务于商业的需要,强调公益、和平、稳定、效忠王朝。

我自己在这个复杂的领域的探索,得益于20世纪80到90年代出版的许多研究著作，其中最重要的著作，是很早就与我密切合作的学者所写的。郑振满于 1992 年出版了他有关福建宗族的博士论文，强调宗族的形成，有合同的成分，当时中国的历史学家仍然认为宗族是血缘与继承的产物。郑振满的研究，因此粉碎了这种观点。[①] 郑振满之后与丁荷生密切合作的研究，以及丁荷生本人对于福建宗教的研究，通过研究礼仪来呈现地方社会的动态，与我自己的研究旨趣互相呼应。宋怡明颇受郑振满的影响，继续推进，以类似的研究方法，重构福建省福州城外一个名叫螺州的地方的历史。梁洪生与邵鸿在流坑进行细致的研究，并一手将流坑引进学术讨论之中，通过流坑，他们可以说再现了江西省宗族模式下的一片乡村。萧凤霞为掌握中国 1949 年以后社会变迁的历史背景，对新会县会城区进行了研究。会城这个地区当然是珠江三角洲的一部分，而萧凤霞研究所涵盖的时段，比我在这本书中所涵盖的更长远。陈春声通过一系列论文，从广东省潮州府靠近福建的樟林镇出发，探究三山国王信仰，该信仰与国内与国外的所有潮州人社区的宗教活动都有关系。蔡志祥的博士论文研究中山县，之后，他继续研究潮州商人的网络。我思考珠江三角洲的问题时，这些研究都为我提供了比较和借鉴的基础。[②]

在中国或者西方的许多其他研究，为我所关心的制度提供了研究基础，对我也产生了莫大的裨益。刘志伟关于里甲的研究；田仲一成关于戏剧的角色的研究；周绍明关于安徽省徽州府土地租佃制度的研究和他

---

① 郑振满，《明清福建家族组织与社会变迁》（长沙：湖南教育出版社，1992）。此书由宋怡明翻译为英语，见 Zheng Zhenman, trans. Michael Szonyi, *Practicing Kinship*, *Lineage and Descent in Late Imperial China* (Stanford: Stanford University Press, 2002).

② Helen F. Siu, *Agents and Victims in South China*: *Accomplices in Rural Revolution* (New Haven: Yale University Press, 1989). Choi Chi-cheung, *Descent Group Unification and Segmentation in the Coastal Area of Southern China*, Ph. D. dissertation (Tokyo: Tokyo University, 1987).关于这里提及的珠江三角洲以外的研究，参见本书第二十三章。

近年关于书籍与出版的历史的研究;伊佩霞(Patricia Ebrey)关于宋朝的宗族的研究和她关于朱熹《朱子家礼》的接受史的研究,对于我了解这个问题,产生了最深刻的影响。以宗族为核心的意识形态,是自16世纪开始演变出来的,但其演变的基础,则是明朝初年的约束人身的户籍制度。在这个研究领域的主要研究者有:萧启庆、梁方仲、傅衣凌、韦庆远、约翰·达德斯(John Dardess)。

同样,关于道教及中国宗教的研究,也是至关重要的。我对香港新界地区的宗教礼仪产生兴趣,想了解这些礼仪如何反映出当地权力和社会结构的变化。我最初的想法很简单:虽然许多社会习俗本身随着时代而变化,但社会观却凝固于宗教礼仪之中。事后看来,这种想法推出的研究路线,其成果超出我的想象,对此,我是到达相当深入的研究阶段时才意识到的。在中国的王朝时代,社会是靠宗教礼仪来和国家打交道的,尽管这个互动过程在士大夫笔下并不一定很清楚,但马伯乐(Henri Maspero)、施舟人(Kristoffer Schipper)、阿瑟·沃尔夫(Arthur Wolf)、劳格文、滨岛敦俊、詹姆斯·华生(James L. Watson)、王斯福(Stephan Feuchtwang)、丁荷生、康豹(Paul Katz)、瓦勒蕊·韩申(Valerie Hansen)、米歇尔·斯特里克曼(Michel Strickman)、史提芬·泰瑟(Stephen Teiser)、泰利·克利曼(Terry Kleeman),以及姜士彬(David Johnson)等人的研究都指出:各种神灵的历史里,以及祭祀这些神灵的仪式里,蕴藏着丰富的史料,能够展现社会通过宗教礼仪来和国家打交道的过程。施坚雅(G. William Skinner)关于农村市场网络的洞见,作为学术基础,改变了当年像我这样的研究生的思路,使我们研究中国社会史时,以地域为焦点。① 最近,伊芙莲·罗尔斯基(Evelyn Rawski)与帕米拉·克罗斯里(Pamela Crossley)关于清王朝的满洲族群问题的研

① G. William Skinner, "Marketing and social structure in rural China," *Journal of Asian Studies*, vol. 24, No. 1-3(1964-1965), pp. 2-43, 195-228, 363-399.

究,也至有启发性。①

比起上述研究,我觉得,最近西方的中国历史研究,尝试整合出一个

---

① Joseph McDermott, "Emperor, elites, and commoners: the community pact ritual of the late Ming," in Joseph McDermott ed., *State and Court Ritual in China* (Cambridge: Cambridge University Press, 1999), pp. 299 – 351; *A Social History of the Chinese Book: Books and Literati Culture in Late Imperial China* (Hong Kong: Hong Kong University Press, 2006). 刘志伟,《在国家与社会之间——明清广东里甲赋役制度研究》(广州:中山大学出版社,1997)。Kristoffer Schipper, "The Written Memorial in Taoist Ceremonies." In Arthur P. Wolf ed., *Religion and Ritual in Chinese Society* (Stanford: Stanford University Press, 1974), pp. 309 – 324; "Vernacular and classical ritual in Taoism," *Journal of Asian Studies* vol. 65(1985), pp. 21 – 51; Terry Kleeman, *A God's Own Tale: The Book of Transformations of Wenchang, the Divine Lord of Zitong* (Albany: State University of New York Press, 1994). Henri Maspero, trans. Frank A. Kierman, Jr., *Taoism and Chinese Religion* (Amherst: University of Massachusetts Press, 1971). Arthur P. Wolf, "Gods, ghosts and ancestors," in Arthur P. Wolf ed., *Studies in Chinese Society* (Stanford: Stanford University Press, 1978), pp. 131 – 182. John Lagerwey, *Taoist Ritual in Chinese Society and History* (London: Macmillan, 1987). Stephan Feuchtwang, "A Chinese religion exists," in Hugh D. R. Baker and Stephan Feuchtwang, eds., *An Old State in New Settings, Studies in the Social Anthropology of China in Memory of Maurice Freedman* (Oxford: JASO, 1991), pp. 139 – 161. James Watson, "Anthropological overview: the development of Chinese descent groups," in Patricia Buckley Ebrey and James L. Watson, eds., *Kinship Organization in Late Imperial China, 1000 – 1940* (Berkeley, Calif.: University of California Press, 1986), pp. 274 – 292. Kenneth Dean, *Taoist Ritual and Popular Cults of Southeast China* (Princeton: Princeton University Press, 1993); *Lord of the Three in One: the Spread of a Cult in Southeast China* (Princeton: Princeton University Press, 1998); "Transformation of theshe (altars of the soil) in Fujian," *Cahiers d'Extreme-Asie*, vol. 10(1998), pp. 19 – 75; Paul Katz, *Demon Hordes and Burning Boats: The Cult of Marshal Wen in Late Imperial Chekiang* (Albany: State University of New York Press, 1993). 滨岛敦俊,《総管信仰:近世江南农村社会と民间信仰》(东京:研文出版,2001)。Valerie Hansen, *Changing Gods in Medieval China*, 1127 – 1276 (Princeton: Princeton University Press, 1990). Michel Strickman, "The Mao Shan revelations: Taoism and the aristocracy," *T'oung-pao* vol. 63(1977), pp. 1 – 64; "History, anthropology, and Chinese religion," *Harvard Journal of Asiatic Studies* vol. 40(1980), pp. 201 – 48. David Johnson, "The City-God Cults of T'ang and Sung China," *Harvard Journal of Asiatic Studies* vol. 45, no. 2 (1985), pp. 363 – 457. Stephen Teiser, *The Ghost Festival in Medieval China* (Princeton: Princeton University Press, 1988). Evelyn S. Rawski, "Reenvisioning the Qing: the significance of the Qing period in Chinese history," *Journal of Asian Studies* vol. 55, no. 4(1996), pp. 829 – 850. Pamela Crossley, *Orphan Warriors: Three Manchu Generations and the End of the Qing World* (Princeton: Princeton University Press, 1990); *The Manchus* (Cambridge, Mass.; Oxford: Blackwell Publishers, 1997).

大的框架,却总不太能够击中要害。我认为,关于中国的市民社会的辩论,本质上是南辕北辙的,研究中国法律而完全不涉及礼仪,也是徒劳无功的。① 关于市民社会的辩论也好,最近关于中国民法的讨论也好,都不对我的胃口,因为它们都太欧洲中心化了。如果我们同意:宗教与礼仪,在联系中国的王朝国家与地方社会方面扮演了主要角色,那么,世俗化版本的市民社会,只能从西方引进中国,因为顾名思义,世俗化的市民社会当然不可能建立在宗教与礼仪之上。但是,哈贝玛斯(Jürgen Habermas)研究18世纪欧洲时,提出的问题是:欧洲知识分子如何建立一个领域以抑制王权? 他的答案是:欧洲知识分子创造了"社会"这个概念。如果我们也用哈贝玛斯的问题来审视中国历史,则答案应该是:在16世纪,中国的士大夫也主张:即使贵为天子,也当敬畏从自然秩序诞生出来的礼仪。这个过程,与欧洲知识分子创造"社会"概念以抑制王权的过程异曲同工。② 明朝的乡村,就是通过礼仪这顶保护伞而挣脱王朝国家的控制、取得自主权的。我们甚至可以把这个过程回溯至更早:礼仪要能够成为国家与社会互动的平台,前提是国家必须接纳某种形态的道教,因而被鼓励去参与地方社会的事务;前提是社会通过佛教的各种制度,培养出以文字来记录祖先世系的习惯,培养出自行建立组织以融资的习惯。得力于礼仪的市民社会,其基石当然集中于祭祀神灵与祭祀祖先的地方:神庙与祠堂。这样的市民社会,其法律也并不只限于王朝律例。滋贺秀三讲得非常清楚:明清时期的地方官,是在礼仪—法律的秩序上审理案件的,因此,地方官于王朝的律例(法)之外,也同样重视人的感受(情)、社会的秩序(理)。③

① 我对于市民社会论战的看法,发表于 David Faure, "State and rituals in modern China: comments on the 'civil society' debate",载王秋桂、庄英章、陈中民编《社会、民族与文化展演国际研讨会论文集》(台北:汉学研究中心,2001),页509—536。
② 同样,在中国与西方,"法律"所被赋予的角色是有差别的,这种差别非常显著,认识这种差别也很重要。参见 Harold J. Berman, *Law and Revolution*, *the Formation of the Western Legal Tradition* (Camb. Mass.: Harvard University Press, 1983)。
③ 滋贺秀三,《清代诉讼制度之民事法源的概括性考察——情、理、法》,载王亚新、梁治平编译,《明清时期的民事审判与民间契约》(北京:法律出版社,1998),页19—53。

让我做个提要吧。我认为,把宗族的历史放在地方的和政治的脉络上,能够从几个方面促进我们对于中国社会的理解。第一,我们能够把中国社会转变过程相当精准地确定于嘉靖时期,即大概在16世纪20到30年代。第二,在这个社会转变过程中,礼仪成了联系王朝国家与地方社会的主角。第三,这个社会转变过程,与市场的货币化也发生关系,在实物税被划一计算并以货币方式征收这一点上,关系尤其密切。第四,通过礼仪过程而出现的合股公司,能让宗族紧握商机,筹集资本作投资之用。第五,不言而喻,尽管城市是王朝统治的重地,但王朝意识形态,却致力于把王朝与乡村社会联系起来,反而把城市挤到角落去。

珠江三角洲的宗族社会,用三百年建立起来,根基稳固,而在19世纪遭到破坏。破坏开始于意识形态层面,继续于实践层面。19世纪的宗族,由于兴办团练成功,比几百年前相比,拥有更强大力量。有见及此,因太平天国叛乱而财政收入大减、元气大伤的清王朝,尝试重新控制地税,却徒劳无功。但最终的后果是:由城市引进的西方思想所培养出来的新兴知识分子,开始把宗族及其活动视为落后的根源。当时得令的筹集资本以进行金融投资的新制度,也成了商业公司。无论如何,当1911年清朝被推翻之后,没有皇帝,只剩祖宗,原本把地方社会整合到国家去的方程式,就再也不灵了。同时,知识分子大多数主张,中国现代化的基础应该是法律而非礼仪;新兴的国家主义思想也主张,能够让中国富强起来的,不是农业,而是商业与工业。两种主张不谋而合。因此,宗族历史的续集,就是用法律取代礼仪来作为合股公司的历史。不过,这却是20世纪中国的故事,也恐怕是另一本书的主题了。

历史地理 ¹⁵

第二章 光怪陆离的广州

如今这个年头,流行的是板块构造论。这个理论为珠江三角洲的地理提供了相当方便的解释:珠江三角洲是个因沉积物堆积而升高的盆地。昔日大陆架上的岛,变成珠江三角洲上的山,人类就在山脚下定居,开枝散叶。分别从东、北、西流进珠江三角洲上的主要河流,每年合共灌来八千万吨沉积物,形成盆地。[①] 人类对于土地的需求,又进一步加速了这个自然的沉积过程,因为生齿日繁,粮价日高,对于种植粮食的土地的需求也就日益增加。人们筑起沟渠,要排走滔滔河水,而在河水所带来的沉积层上定居。但是,河水却不肯轻易就范,而在堤坝之外积聚起来,堵塞了沟渠,还经常冲决河堤,倒灌到冲积平原中,淹没了庄稼,却也留下了更多沉积。驯服如此强大的河流,是得付出血汗、还得赔上性命的。

几百年来,在这片起伏不定的土地上,广州这个大都市显得孤零零。它建立在从流至的河流(西江)的主要河口和一座山(白云山)的矮坡上。大约在公元前 221 年,秦朝的军队渗入该地区。若此事属实,也就是在广州这里,秦国的一名官员建立了自己的独立王国。出土于广州的南越

---

① 周源和,《珠江三角洲水系的历史演变》,《复旦学报(社会科学版)》增刊,1980 年,页 85—95。

国末代国王陵墓,有一铜提筒,筒上的浮雕,清楚显示了南越国君臣并非北方人。秦国及其之前的王朝,把这一带的南方人称为百越,铜提筒上的浮雕,显示一武士,头戴着羽毛饰物,手拿着一个人头,站在新月形的独木舟上,无论怎么看,都看不出华北民族的样子。南越国人也许属于泰民族,或者与今天的马来人更类似,但无论如何已经汉化,证据来自南越王墓里的中文印章。从该地区继南越王墓之后出现的许多汉墓,我们看得出,中文已经进入该地区,该地区当时存在着一种定居农业文明,很轻易就被来自北方的、挟文字优势的伟大文明征服。① 自晋朝(265—420)以降,历代王朝除派遣官员到南方之外,更把广州地区整合到王朝的政治版图中。据传说,最早受到王朝敕封的岭南诸神之一,就是悦城龙母。到了晋朝,又增添了葛洪在广州城东面的罗浮山上炼丹求长生不老的传说。② 当佛教从东南亚向北传播时,也在广州的寺院中留下了痕迹。自秦朝以来,广州已经成为中国的文明世界的一部分,尽管广州的居民尚未陶冶于中国文明之化。

光怪陆离的广州

在唐朝(618—907),广州是阿拉伯商人从印度洋到中国海的

---

① 徐松石,《粤江流域人民史》(1938),载氏着,《民族学研究著作五种》(广州:广东人民出版社,1993)。Herold J. Wiens, China's March *Toward the Tropics: a Discussion of the Southward Penetration of China's Culture, Peoples, and Political Control in Relation to the Non-Han-Chinese Peoples of South China and in the Perspective of Historical and Cultural Geography* (Hamden, Conn.: Shoe String Press, 1954).

② 关于悦城龙母的最早记录,见刘恂,《岭表录异》,九世纪末刊,卷上,页7,载《丛书集成初编》(上海:上海商务印书馆,1936),第3123号,刘恂是九世纪在广州任职的官员。关于罗浮山成为道教洞天一事,参见《茅君内传》,载黄佐等纂,《罗浮山志》,嘉靖三十六年(1557)刊,藏香港中文大学图书馆微缩胶卷部,编号mic890,卷1,页6b。《茅君内传》被认为成书于四世纪,但为晚之著作所转载。唐杜光庭的《洞天福地岳渎名山记》,成书于九世纪,对道教的洞天作了有系统的描述,载《道藏》(北京:文物;上海:上海书店;天津:天津古籍,1988),第11册。米歇尔·斯特里克曼探索了茅君的历史,见 Michel Strickman, "The Mao Shan revelations: Taoism and the aristocracy," *T'oung-pao* vol. 63(1977), pp. 1–64.

海洋贸易路线上的一个港口,早在 8 世纪以前,珠江口一带就已经出现了阿拉伯人社区。[1] 卢钧于 9 世纪 30 年代末担任广州刺史。根据《新唐书》的《卢钧传》,当时的广州,"蕃獠与华人错居,相婚嫁,多占田营第舍。"[2]卢钧禁止这些行为,但成效究竟有多大,不得而知。

　　外国人社区的东面,才是有城墙环绕的广州城。比起宋代有城墙环绕的广州城,唐代的广州城小得多,城墙里面有什么,也不清楚,大概是广州刺史的衙署,但负责海洋贸易的官员的衙署、即成立于唐代宗宝应二年(763)的市舶使司,却可能不在广州城内,因为市舶使司很有理由要靠近港口,也就是说应该位于城墙以外。唐朝广州城城墙以外的事物还有很多,尤其是主要的佛教寺院即光孝寺、六榕寺、华林寺。据传说,光孝寺最初是南越国的一处官署,三国时期,被吴国贬谪的学者虞翻在此讲学,他逝世之后,这里就成了佛教寺院。[3] 光孝寺的大雄宝殿,于东晋安帝隆安五年(401)由印度僧人昙摩耶舍(Dharmayasas)建立,这个宏伟的木构建筑,今天仍然耸立。五六世纪时期,光孝寺就像广州的其他佛教寺院一样,为印度佛教僧人提供住宿。华林寺之所在,就是所谓"西来初地",亦即来华印度佛教僧人中最著名的达摩(Bodhidharma)于梁武帝普通八年(527)踏足广州居停之处。达摩是公认的佛教禅宗的 [19]

---

[1] 曾华满,《唐代岭南发展的核心性》(香港:香港中文大学出版社,1973)。曾昭璇,《广州历史地理》(广州:广东人民出版社,1991),页 344—355。林天蔚著作的参考书目,非常有用,见林氏著《论宋代对外贸易中广州的繁荣问题》,载国际宋史研讨会秘书处编,《国际宋史研讨会论文集》(台北:中国文化大学史学研究所史学系,1988),页 63—79。有关八、九世纪时期阿拉伯与中国沿海贸易的概略,参见 George F. Hourani, *Arab Seafaring* (Princeton: Princeton University Press, 1995), pp. 61-79.

[2] 欧阳修、宋祁等撰,《新唐书》(北京:中华书局,1975),卷 182《卢钧传》,页 5367。我把"华人"理解为"自己人",即已经分享着中原王朝文化的人的自我指称。

[3] G. E. Sargent, "The intellectual atmosphere in Lingnan at the time of the introduction of Buddhism," F. S. Drake ed., *Symposium on Historical*, *Archaeological and Linguistic Studies on Southern China* (Hong Kong: Hong Kong University Press, 1967), pp. 167-169.

开山祖师。就是在广州这里,佛教的经典被翻译,被诵唱。光孝寺的记录称,禅宗六祖慧能(638—713)于唐高宗上元三年(676)在光孝寺接受剃度,然后住在六榕寺,但慧能的遗体,却保留于广东北部的曲江县的南华寺。①

慧能的一生都笼罩于传奇之中。他出家到湖北黄梅山的一个佛教寺院时,是个目不识丁的年轻人,却继承了五祖的衣钵,返回广东。他逝世后不久,遗体就为广东北部韶州的南华寺所保存,从此,南华寺就成了禅宗的朝圣地之一。伯纳德·弗尔(Bernard Faure)指出,这段历史显示,关于慧能的某些传说,只不过反映出南华寺与禅宗的历史重镇——嵩山少林寺的竞争而已。② 但是,除南华寺卷入禅宗南北祖庭之争以外,光孝寺也把慧能接受剃度时留下的头发,埋在一舍利塔下,看来也是想提高自己的地位。③ 南华寺与光孝寺关于慧能的传说与遗迹如此丰富,很容易让人产生一个印象,以为唐朝初年佛教僧人在广东一带非常积极地弘扬佛法。但是,比较起邻省江西,就知道这个印象不完全正确。唐朝初年的江西,响应朝廷尊崇佛法的号召,兴建了大量佛寺。但在广东,除了与江西接邻的边境即广东北部的韶州附近,以及从这里往南直到沿岸的一些零星据点(例如清远县)之外,佛教寺院主要集中于沿海城市例如广州与潮州。④ 在唐朝的广东,城墙以外,并没有多少证据显示佛教对于当地土著产生什么重大影响。

<hr>

① 罗香林,《唐代广州光孝寺与中印交通之关系》(香港:中国学社,1960),尤其参见页33—47,93—129。
② Bernard Faure, "Relics and flesh bodies: the creation of Ch'an pilgrimage sites," in Susan Naquin and Chen-fang Yü, eds. *Pilgrims and Sacred Sites in China* (Berkeley: University of California, 1992), pp. 150 - 189.
③ 罗香林,《唐代广州光孝寺与中印交通之关系》,页81—83。
④ 有关江西佛教寺院的大概情形,参见韩溥,《江西佛教史》(北京:光明日报社,1995),页12—20,42—44。广东佛教寺院中有些独特的个案。例如清远县的飞来寺,其兴建时间,早在6世纪,原因可从其地理位置得到解释:飞来寺位于北江,而北江是从江西进入广东的交通要道。至于建于唐朝的新兴县的佛教寺院,原因可能是新兴是慧能的家乡。见姜伯勤,《石濂大汕与澳门禅史:清初岭南禅学史初稿》(上海:学林,1994),页76—89。

唐帝国在广州派驻刺史兼岭南节度使,人所共知,这个职位是个肥缺。但是,广州刺史的真正考验,在于他是否有能力对付广州城城墙以外洪荒世界里的野蛮部落。广州城的税收大概是不足以供养当地驻军的,但这也许不要紧,只要来自南方的珍异宝货能够运到北方的唐朝宫廷就可以。广州城是个由中国王朝提供军事保护的前哨,阿拉伯商人在这里与当地土著做生意。[①]

可以想象,"岭南"这个广东与广西北部山"岭"以"南"之地,是光怪陆离的。早在唐朝征服岭南之前,在中原人的成见里,岭南是个专门出产奇珍异物之地。唐朝以来有关岭南的著作,往往把《异物志》当作权威来加以引述。这本书成于汉代,作者据说是个叫做杨孚的人。根据《异物志》,南方的"异物"包括:一年两造的稻米;孵出幼鸟后把巢从树上往下移的翠鸟;孔雀;美味的荔枝;与北方水产同样脍炙人口的鲅鱼;槟榔;椰子;还有把脸皮割开,"皮连耳匡,状如鸡肠,累累下垂至肩"[②]的人类。唐代刘恂的《岭表录异》进一步扩充了岭南奇异风情的记载。该书留意到聚集在群山之外、毒人致死的"瘴";该书提及台风带来的巨浪所造成的破坏,关于这一点,该书的解释是:广州距离大海不过 200 里(115 公里);该书也注意到"蛮"人头领家里的铜鼓,这段记载更可能指的是广西而非广州附近的地区;该书还提到半人半鱼的"卢亭",他们据说是叛乱领袖卢循之后,逃匿海上,吃贝壳为生,住在用贝壳搭建的房子里。[③]唐朝的另一本书、戴孚的《广异记》,也提及岭南有一种半人半兽的"山魈",它们蹲在树上,向

---

① 关于唐朝针对岭南土著部落而发起的军事行动,以及唐代广州官员"作法兴利以致富"的情况,见曾华满,《唐代岭南发展的核心性》,页 31—40,61—67。

② 杨孚撰,曾钊辑,《异物志》(成书于 2 至 3 世纪,辑本刊于 1821 年),载杨伟群校点,《南越五主传及其他七种》(广州:广东人民出版社,1982),页 34—47。

③ 刘恂,《岭表录异》(成书于九世纪),卷 1,载《丛书集成初编》(上海:商务印书馆,1936),第 3123 号,页 4—5。

旅客索取过路费。①

岭南地区作为边陲的这种光怪陆离的形象,使岭南地区在人们的想象中被进一步边缘化。岭南人被认为是古怪的,而且是信奉古怪事物的。有关岭南宗教习俗的描述,最能够体现这一点。经常有记载,宣称岭南人与其他南方人(例如长江沿岸及长江三角洲的人)一样,奉行"淫祀":

> 岭南风俗:家有人病,先杀鸡鹅等以祀之,将为修福;若不差,即刺杀猪狗以祈之;不差,即次杀太牢以祷之;更不差,即是命也。不复更祈。死则打鼓鸣钟于堂,比至葬讫。初死,但走大叫而哭。②

但是,除了向鬼神奉献牺牲之外,最特别的,是请出朝廷的权威来约束鬼神:

> 高宗时,狄仁杰为监察御史。江岭神祠,焚烧略尽。至端州,有蛮神,仁杰欲烧之,使人入庙者立死。仁杰募能焚之者,赏钱百千。时有二人出应募。仁杰问往复何用,人云:"愿得敕牒。"仁杰以牒与之。其人持往,至庙,便云有敕,因开牒以入,宣之。神不复动,遂焚毁之。其后仁杰还至汴州,遇见鬼者曰:"侍御后有一蛮神,云被焚舍,常欲报复。"仁杰问:"事竟如何?"见鬼者云:"侍御方须台辅,还有鬼神二十余人随从。彼亦何所能为?"久之,其神还岭南矣。③

狄仁杰是到长江下游而不是到岭南做官的,因此上述记载把故事地

① 戴孚,《广异记》,载陶宗仪,《说郛》(上海:商务印书馆,1927),卷4。山魈显然是无害的,不像有可能在荒野中碰上的某些其他怪物。对于进入罗浮山的道士,葛洪劝他们在背后挂上镜子,这样,那些"老魅"由于无法改变自己在镜子中的映象,就无法逼近。不过葛洪也告诉道士,说他们有可能碰上小孩子,这些背向他们的小孩子,就是山魈,可以呼唤他们,不会有危险。见葛洪,《抱朴子》,转引自宋广业,《罗浮山志会编》,康熙五十五年(1716)刊,载《续修四库全书》(上海:上海古籍出版社,1995),史部第725册。
② 李昉等编,《太平广记》(北京:中华书局,1961),卷288,页2292"岭南淫祀"条。
③ 李昉等编,《太平广记》,卷298,页2371"狄仁杰"条。

点说成端州(肇庆),不过是以讹传讹。① 但上述记载的特别之处,是说神灵被击败之后,会跟随在它们的征服者之后。后来出现于福建并传入广东的道教闾山派,也有类似的说法,二者可谓互相发明。无论是真是假,依靠朝廷权威,降服地方神灵,对于那些大讲岭南奇风异俗的人来说,是合理的。

悦城龙母的故事也类似。悦城与广州同饮西江之水,悦城在上方,广州在下方。故事称:龙母变成了秦始皇的妃子,而秦始皇正是岭南的征服者。在岭南,王朝国家把地方神灵整合到更广阔的宗教信仰中,似乎比赤裸裸的镇压来得更普遍。② 正如大卫·麦慕伦(David McMullen)指出:"比起(宋朝)理学家,唐朝学者们对于宗教信仰的态度是多元的,他们并不太关心正统的问题。"③或者说,即使他们关心正统,也没什么办法来抑制岭南的本土宗教信仰。把岭南本土信仰加以"招抚"的尝试,既不多见,也不频密。更多的时候,是来自北方的士大夫对于南方的宗教习俗见怪不怪,并一直抱有北方的优越感。因此,历代王朝就把珠江口扶胥镇(今天的黄埔)的一个历史悠久的神坛,指定为南海神庙,定期祭祀。④ 唐朝的文献也提及罗浮山的朱明洞,视之为道教十大洞天之一。朱明洞与其说是个山洞,倒不如说是个布满圆石的山坡。这种地形,很可能也就是某个本地信仰的崇拜对象的所在。⑤ 更重要的是,罗浮山流传下来的,是葛洪炼丹及葛洪妻子鲍姑擅长艾灸的事迹,这些

---

① 杜文玉,《狄仁杰评传》(西安:三秦,2000),页 46—50,252—564。

② 这个故事收录于刘恂《岭表录异》,页 7。刘恂在 9 世纪末到广州做官。

③ David McMullen, *State and Scholars in T'ang China* (Cambridge: Cambridge University Press, 1988), p. 250.

④ 对于南海神的祭祀,始于公元 594 年隋文帝的圣旨,并于 726 年得到唐玄宗的重申。751 年,南海神被敕封为广利王;1041 年,南海神又被敕封为洪圣。参见曾一民,《隋唐广州南海神庙之探索》(台中:东鲁书室,1991)。

⑤ 黄佐,《罗浮山志》;宋广业,《罗浮山志汇编》;Michel Soymié, "Le Lo-feou chan, etude de geographie religieuse," *Bulletin de l'Ecole francaise d'Extreme-Orient*, 48: 1 (1956), pp. 104 – 119.

事迹都被记录在一个据说发生于唐朝的故事及之后的传说中。鲍姑与
广州渊源不深,但鲍姑在广州颇有名气。位于宋朝广州城城墙以内的一
座小山上的三元观,就是供奉她的,至今仍存。① 关于罗浮山的这些故
事,不可等闲视之。在基本上是由北方人创作的关于岭南的文献中,存
在着像葛洪这样纵横南北的角色,这一点是很重要的。这一点显示:把
地方信仰整合到王朝宗教体系,等于另辟疆域,这个疆域不是靠中央王
朝的军事扩张或者政权指挥线而划定的;在这个疆域里,岭南和中国其
他地方一样,既服从皇帝的一统权威,也服从地方神灵的个别权威。

　　南方之人,也出了些学者,但为数不多。黄佐(1490—1566)是第一
个为珠江三角洲人物编写传记的土著。他这部《广州人物传》收录了截
至唐末(907年)为止的十二名与广州地区有关的人物。除了少数例子以
外,这些我们如今叫得出名字的人,几乎都是站在政权那一边的。这十
二人中,有三人是由王朝驻广州官员提拔的本地望族;有四人做了官,其
中三人是地方豪强,虽归顺朝廷而仍拥有子弟兵;只有三人在黄佐眼中
真正作出学术贡献,他们是:在东汉末年黄巾之乱时(公元184—192年)
提倡移风易俗的董正,在西晋初年被委任为地方官、并写出黄佐眼中第
一部详尽的广州历史的王范,在9世纪末中进士并退隐山林的杨环。但
是,在广州佛寺翻译佛经、和为广州的阿拉伯社区翻译阿拉伯文的两名
翻译家,却没有留下姓名。②

　　对于岭南地区早期的社会组织,我们知道得很少。唐代的文献偶然
提及地方领袖的名字。这些地方领袖无疑包括了爱德华·沙费

① 这个关于崔炜的故事,载李昉等编,《太平广记》,卷34,页216—20. 爱德华·沙费(Edward Schafer)对这个故事作了个提要,见 Edward H. Schafer, *The Vermilion Bird*, *T'ang Images of the South* (Berkeley: University of California Presss, 1967), p. 97. 这个故事,内容非常丰富,充分展现了唐朝人对于南方的观念,在唐朝人观念中,构成其南方观的各种角色,都与广州城及其附近地区有关。
② 黄佐著,陈宪猷疏注、点校,《广州人物传》(广州:广东高等教育出版社,1991年据1526年刊本排印),页9—12,26—28,58—59.

(Edward Schafer)所说的"中原贵裔"(creoles)。但是,我们应该明白:使用"蛮夷大长老"的"长"这类字眼来形容岭南的男女领袖,既暴露出使用者的族群偏见,也暴露出使用者的无知。广州城内的政府,与中原王朝体系保持密切联系。但是,广州城以外,是个由本地力量控制的"蛮荒世界",对于这个"蛮荒世界",广州城里没有多少人理解,也没有多少人打算理解。

南汉:一段插曲

唐帝国在岭南的军事力量,被黄巢之乱粉碎了。黄巢在北方吃了败仗之后,沿岸焚劫而南。广州于公元 878 年被黄巢攻陷、洗劫,据阿拉伯旅行家阿卜·赛义德·哈山(Abu Zaid Hassan)记载,广州城大概有十二万人先后遭到屠杀。[①] 之后,包括黄巢带进广东的残部在内的盗匪,横行无忌,唐朝官兵完全无可奈何。最后,其中一股盗匪占领广州,建立新王朝,才恢复了秩序。这个王朝的统治者姓刘,国号曰汉。

被历史学家称为南汉的这个王朝,兴于 907 年,亡于 960 年,而就在这几十年间,广州出现了剧变。[②] 南汉历代君主,统治风格独特。他们恢复了海洋贸易,再度开发采珠业,当然,采珠业成了皇家专利。他们也模仿中国的帝王,制定年号,委任官吏,并培养军事力量。爱德华·沙费认为,在南汉君主身边充当顾问的,都是北方贤士。但经仔细考究,则南汉朝廷的高级官员,似乎都来自岭南本土所产生的士绅阶层,尽管不一定是产生于珠江三角洲,甚至不一定是产生于广州。这些南汉高官中,有少数宣称祖籍北方,但也承认他们的家族已在南方定居两至三代之久。

23

---

① 张星烺,《中西交通史料汇篇》(北京:辅仁大学图书馆,1930),卷 2,页 61—68,转引自中元秀、马建钊、马逢达,《广州伊斯兰古迹研究》(银川:宁夏人民出版社,1989),页 276—277。

② 关于南汉的岭南本土性格的问题,参见 Steven Bradley Miles(麦哲维),"Rewriting the Southern Han (917 – 971): the production of local culture in nineteenth-century Guangzhou," *Harvard Journal of Asiatic Studies* 62:1(2002), pp. 39 – 75.

他们所谓的南方,是指粤北、广西或福建地区(福建当时属闽国)。阅读及书写中文的能力,成了人才市场追逐的对象。在公元 877 年中进士的倪曙,为避黄巢之乱,返回福建家乡,效力于闽国。倪曙出使广州时,被南汉君主刘隐扣留录用。于公元 959 年被诬告谋反而遭处决的锺允章,就是在刘龑统治期间中进士的,以文学著称。① 南汉君主照搬中原王朝模式,恢复科举,作为招募士人充当高级官员的制度。②

如今,南汉君主最为人所知的,是他们的残暴,但较少人注意到他们的巨额财富。反映他们的财富的证据之一,是他们大兴土木。正式称帝开创南汉的刘龑,就建造了以金、银、珍珠为装饰的"玉堂珠殿"。他的儿子刘晟,据说在广州城以外建造了超过一千座行宫,作为狩猎时驻跸之用。南汉末代皇帝刘鋹,则向其征服者宋太祖呈上一个用珍珠扎制的马鞍,宋太祖"以钱百五十万给其值"。

除了大兴土木之外,对于广州城内及城郊的佛寺,刘鋹也是个大施主。然而,对于佛教在短暂的南汉时期的昙花一现,我们不应视为佛教的胜利,而应视为佛教的本地化。南汉君主既崇佛教,也崇道教。当公元 914 年之际,刘龑已建造了自己的道教洞天,供奉葛洪和某个源自广西的玉宸祖师的石像。③ 公元 925 年,三清殿出现白虹,群臣认为这代表白龙现身,刘龑因此改元白龙。④ 公元 941 年,刘龑生病,有"胡僧"认为,刘龑本名"岩","岩"会带来厄运,于是采取《易经》"飞龙在天"之义,改为合"龙""天"于一体的"龑"。⑤ 刘龑的儿子、继位者刘晟,在英州遇到"野人",得授"神丹",将之珍藏于云华石室。这个云华石室,大概就是刘龑

24

---

① 梁廷楠著,林梓宗校点,《南汉书》(广州:广东人民出版社,1981 年据道光九年[1829]刊本排印校点),页 48,59—60。
② 梁廷楠,《南汉书》,页 47。
③ 梁廷楠,《南汉书》,页 6。
④ 梁廷楠,《南汉书》,页 9。
⑤ 梁廷楠,《南汉书》,页 13。

建造的那个道教洞天。① 即使在位期间大力布施佛教寺院的刘𬬮,也在宫廷内供奉女巫樊胡子(大概是个外国人),她自称玉皇大帝降身,坐在专为玉皇大帝而设的宝座上,代玉皇大帝宣示祸福。梁廷楠《南汉书》对于刘𬬮大肆兴建佛寺的评论本身,就很能反映南汉时期广州地区佛教与道教的共荣:"又崇信释氏教,于府城四面建二十八寺,以应列宿。"②

因应二十八星宿位置来兴建佛寺这种做法,从佛教的角度来说,真可说是丈二金刚摸不着头脑。无独有偶,公元 942 年,起兵背叛南汉的张遇贤,也宣称得到"神"示,意识到自己前生乃是十六罗汉之一。③ 这些记载,正如刘𬬮的佛寺一样,都见证了佛教在岭南的传播。但佛教的礼仪与教义,也不过是为岭南人所运用的力量之一,正如岭南本土神灵的法力一样。

无论如何,在南汉皇室的扶持之下,佛教势力确实建立起来,并且壮大起来。向刘晟宣讲佛法的文偃,创建了云门寺,该寺也靠近韶州。文偃死后,其金身被送到刘晟的宫廷内,接受崇拜,然后再被送回云门寺。④ 由文偃剃度的达岸(918—978),到曹溪寺向慧能的画像礼拜,然后挂单于法兴寺(即未来的光孝寺),又创立了宝光寺,门徒云集,以至于要在寺院附近的田地上搭建草棚来安置他们。⑤ 南汉的一位公主,因为在曹溪寺打破了慧能化缘用的托钵,把三千亩田地赐给该寺作为赔偿。⑥ 刘𬬮的一个女儿则在宝庄严寺(即日后更为人所熟悉的六榕寺)出家为尼,刘𬬮因此于 964 年向该寺捐赠了一口铜钟。⑦ 刘𬬮为光孝寺铸造的一座铁

25

---

① 梁廷楠,《南汉书》,页 18、81。

② 梁廷楠,《南汉书》,页 29。

③ 梁廷楠,《南汉书》,页 103。

④ 梁廷楠,《南汉书》,页 88、95—97。

⑤ 梁廷楠,《南汉书》,页 98—99;何淙纂辑,《光孝寺志》(原刊乾隆三十四年[1769],上海:中华书局,1935 年影印),卷 7,页 2a—3a;关于宝光寺,参见仇池石,《羊城古钞》(嘉庆十一年[1806]刊,顺德潘小磐缩印,1981),卷 3,页 38a—b《大通古寺》条。

⑥ 梁廷楠,《南汉书》,页 43。

⑦ 梁廷楠,《南汉书》,页 23、99。

塔,仍于原地屹立至今。① 刘𬬭的宦官与大臣为开元寺铸造的另一座铁塔,亦于原地屹立至今。① 佛教组织,即使有时候被皇帝镇压,仍然坚忍不拔,兴建于唐代的开元寺,本身就是个见证。南汉文献,把开元寺说成天清观,这两个名称分别代表佛教与道教。刘𬬭在位的末年,想把自己与儿子的雕像安置于天清观的偏殿,但是,刘𬬭的宦官与大臣捐赠给天清观的铁塔,仍刻上佛像,这反映出:虽寺名已改,但佛法不灭。② 刘𬬭的另一位大臣,则在罗浮山附近建立资福寺,这里原本是刘𬬭打算兴建行宫之处。③ 大抵刘𬬭礼拜诸神而并不独崇佛教,刘𬬭的大臣们则各有自己的佛教门派。

公元 971 年,南汉被入侵的北宋军队降服了,且并没有造成太大的破坏。南汉在广州的宫廷被焚毁,但许多南汉时期的建筑存留至宋代。南汉君主刘𬬭投降了,他和他的几个大臣被押送至开封,大臣们被处决,他则被赦免。

北 宋

宋朝征服南汉的最重要后果,也许就是从公元 971 年起至 1050 年侬智高叛乱为止的接近一百年的和平。但是,在宋朝统治岭南的这第一百年间,广州大体上仍然是个极边之地。宋朝政府在广州建立起来的行政体系,与北方的行政体系是一样的,但是,在北方,土地税是政府财政收入的主要来源之一,在广州地区则不然。宋朝不再像南汉那样把采珠业作为政府专利,却把注意力转移到盐业和商税,盐业是宋朝政府专利的盐业,而商税的主要来源就是海洋贸易和矿物出口,尤其是铁器的出口。广州未必是盐或铁的交易中心,但应该是继续像从前那么富庶的。

---

① 罗香林,《唐代广州光孝寺与中印交通之关系》,页 163—172。

② 梁廷楠,《南汉书》,页 24。

③ 张二果、曾起莘著,杨宝霖点校,《崇祯东莞县志》(东莞:东莞市人民政府,1995 年据崇祯 10 年[1639]刊刻本排印),页 941—2;梁廷楠,《南汉书》,页 69。

宋真宗景德四年(1007),西江地区爆发的叛乱有威胁广州之势。有记载显示,皇帝本人告诉大臣说,他很担心广州的财赋会成为叛乱者觊觎的目标,而万一广州真被叛乱者占领,则更会滋生大乱。[①] 对广州来说,海洋贸易才是利薮,关于商旅从东南亚前来广州的记载,又频密起来。[②]

    宋朝以来的记载,让人以为,宋朝管治广州,甚有条理,胜于南汉,当然更胜于唐朝。仔细一看,则其实许多措施,是南汉对中原王朝的模仿,而宋朝率由南汉之旧章而已。有研究认为,宋朝政府(必须指出,主要是位处长江下游的南宋政府)对于县以下的管治,比前代有很大的进步。[③] 但是,即使在侬智高叛乱平定很久之后,也看不出宋朝对于岭南地区的县以下的管治,有什么具体的制度可言。没有证据显示岭南地区百姓在北宋时期被纳入户籍登记。用来形容宋朝广东民壮的"弓兵"、"矛兵"这类字眼,说得好听,其实不过显示本土力量拥有武装,捍卫自己的利益,一如从前。但是,早于北宋初年,引人注目的改变仍然出现了,这就是一套新式礼仪的推广以及用科举考试招募土著做官的制度。宋太宗于雍熙二年(985)下旨,要求岭南百姓于婚丧期间的衣着,须符合礼仪的规定;禁止以人为牺牲,献祭鬼神;禁止和尚娶妻。淳化元年(990),宋太宗再度颁布禁令,禁止以人为牺牲,献祭鬼神,凡检举者有奖赏。宋仁宗即位首年、天圣元年(1023),亦下诏禁止"巫""觋"以巫蛊之术害人。[④] 至于科举方面,数字是很能够说明问题的。整个唐朝289年间,全广东只35人获得进士学位(其中5人来自丞相张九龄家族),而来自广州及其附近的就有8人。唐宋之际的53年间,全广东只出了8名进士,其中2名来自广州及其附近。但是,在北宋155年间,全广东出了189名进士,其中

31 名来自广州及其附近。① 以上数字并不意味着广州已经成为岭南的学术重镇,当时岭南的学术重镇,其实在广东北部,大约在韶州和连州一带。但是,随着进士人数的增加,被称为"乡绅"的文人阶层诞生了。"乡绅"这个文人阶层利用王朝政权来合理化自己的地位,也认为自己与王朝政权祸福与共。这种乡绅,是在北宋时作为一个阶层而出现于岭南的。

---

① 数字据陈昌齐等纂、阮元等修,《广东通志》,总页 1107—1123。

第三章　儒家思想打进来了

宋朝的行政改革,著称于后世,但其实展开得很慢;而在广州地区,比在长江下游或福建沿岸,展开得更慢。在北宋中国的部分地区,朝廷法令的覆盖面明显扩张了,但在广州地区,这种扩张并不明显。宋朝的珠江三角洲,分设五县:南海、东莞、增城、新会和建立于南宋高宗绍兴五年(1135)的香山。[①] 虽然广州一定有高级官员进驻,但迟至神宗时期(1068—1085),县官才被委派到县城去。[②] 即使侬智高的叛乱(1050—1051),也没有为广州的行政方面带来任何重大改革。以侬智高为首、来自广西的叛军,就像南方所有非汉族群那样,被形容为"蛮",他们包围了韶州与广州。韶州当地的文人余靖,因为组织抵抗有功而受到嘉奖。[③] 但是,侬智高叛乱平定之后,广东、广西合共有691人获授举人,而因平乱有功而地位得到提升者,又何止余靖一家。[④] 如果王朝统治广州及其

---

① 李吉甫,《元和郡县图志》(813年刊);乐史,《太平寰宇记》(976—983年刊);欧阳忞,《舆地广记》(1117年刊);王象之,《舆地纪胜》;《宋史》,俱转引自陈昌齐等纂、阮元等修,《广东通志》(上海:商务印书馆,1934影印1822刊刻本),页93。
② 徐松辑,《宋会要辑稿》(台北:新文丰:1976年影印清辑本),页3803—3805。
③ 陈昌齐等纂、阮元等修,《广东通志》,页3383—3384。
④ 陈昌齐等纂、阮元等修,《广东通志》,页3384。

周边地区的方式有什么改变的话,原因是士绅阶层在慢慢形成。黄佐就记载了丁琏的故事,丁于 1079 年中进士,当时刚刚上任的广州知府蒋之奇,出了名的看不起南方籍士绅和官员,却大为丁琏的学问所折服。[①] 再下一代的广州士绅,开始利用理学壮大自己。但是,直至北宋末年,广州的知识精英仍然被省城的一小群北方长官所压制,抬不起头来。

文化背景的改变,却突然得很,触发点就是宋朝被迫放弃华北,迁都杭州一事,即公元 1138 年左右。王朝中心的南移,急剧地扭转了华南历史的进程。从此,王朝政权不再把广州当成摆满奇珍异宝的百货店,而开始认真地希望把广州的精英整合到王朝之内。当然,历史从来都不很依照一条直线发展。中原王朝对于岭南的政治整合,是在经济发展、礼仪改革的背景下进行的。结果不仅改变了华南本身,也把华南变成一股推动力量,对整个中国都产生了影响。

儒　学

宋哲宗元佑二年(1087),刚走马上任的广州知府蒋之奇,按照朝廷礼制,在州学进行释奠礼祭祀孔子时,发现当地儒学不过是一所简陋狭窄的厅堂。蒋之奇深感丢脸,下令重修。他说,即使释、道,都懂得尊重自己的祖师,儒怎能不尊重孔子![②] 蒋之奇的意见恐怕不是泛泛之谈。北宋时期的广州,有不少漂亮的佛寺与道观,佛寺尤其是光孝寺,在珠江的潮汐地带拥有相当多庄园。蒋之奇的描述亦不见得是广州独有的现象。在北宋中国的大部分地区,佛寺都要比儒学更宏伟体面。

---

① 黄佐著,陈宪猷疏注、点校,《广州人物传》(广州:广东高等教育出版社,1991 年据 1526 年刊本排印),页 110—111。

② 陈大震、吕桂孙纂修,广州市地方志编纂委员会办公室编,《元大德南海志残本·附辑佚》(广州:广东人民出版社,1991 据 1304 年残本排印),页 156—160。蒋之奇传记,载黄佐纂修,《广东通志》(香港:大东图书公司影印 1561 刊刻本),卷 47,页 54a—55a,总页 1231—1232;脱脱等编纂,《宋史》(北京:中华书局,1977),页 10915—10917。

　　蒋之奇抵达广州的时间,距离南方土著侬智高围攻广州城一事,不足二十年。这二十年对于广州来说,很是热闹,文献对此有丰富的记载。在这里我们不必进入细节,只须强调一点:在北宋早期,广州不仅没有文人阶层可言,许多官员也是由本地人充任,而这些本地人究竟管辖什么地方,也是不清不楚的。广州之"不文",在另一名广州知府章楶于宋哲宗绍圣三年(1096)撰写的《广州府移学记》中,得到印证。据章楶说,在11世纪40年代,宋仁宗下旨,要全天下兴建学校,广州就把"西城蕃市"的"夫子庙"改建为儒学。宋仁宗皇佑二年(1050),儒学迁移;宋神宗熙宁元年(1068),因侬智高围攻广州城之后,广州增修城墙,儒学所在地划入城墙范围,再度迁移。翌年,有个叫李富的本地有钱人,为儒学兴建大殿和偏殿,但建筑质量欠佳,于熙宁二年(1069)上任的转运副使陈安道, 就劝李富捐钱了事。之后,熙宁四年(1071)上任的知广州事程师孟又扩建了儒学。因此,那座让蒋之奇举行释奠礼时感到丢脸的儒学大殿,就应该是以上诸公努力的一部分成果了。① 蒋之奇的继任者章楶重建儒学时,"先之以夫子之殿,次之以议道之堂,两庑及门,先后有序,讲堂最后,为其梁栋未具尔。"②

　　章楶的描述,很能够得到《宋会要》之类的宋朝官方文献的印证。《宋会要》记载仁宗景祐五年(1038)安徽颍州兴建儒学时,附上评论说:仁宗于明道(1032—1033)及景祐(1034—1037)年间,下旨于州、县兴建儒学,并拨给土地以资赡养,从此,许多地方都建起了儒学。③ 庆历四年(1044),仁宗又下旨,明令在府、州设立儒学,在能够招到二百名以上学生的县,也要设立儒学;指派儒学教师的责任,则落在当地转运使的身上。④ 哲宗元祐九年(1094),有圣旨下令停建县学,以修葺县学为名的筹

---

① 广州市地方志编纂委员会办公室编,《元大德南海志残本·附辑佚》,页 160—164。章楶传记,载黄佐纂修,《广东通志》,卷 47,页 55b—57a,总页 1232—1233。

② 广州市地方志编纂委员会办公室编,《元大德南海志残本·附辑佚》,页 162。

③ 徐松辑,《宋会要辑稿》(台北:新文丰,1976影印),页 2174—2175。

④ 徐松辑,《宋会要辑稿》,页 2175。

款活动,也被定为非法行为,最高刑罚杖一百。显然,尚书省已经意识到各地兴建儒学时的违规行为。[①] 11世纪中叶珠江三角洲及其周边地区大建儒学的现象,是官方制定的正规教育扩展的结果。[②]

兴建儒学,把地方精英整合到王朝之内。我们对这一招的功效,不宜作过高的估计。章粢的文章,注意到了商业化的广州与方兴未艾的士人理想之间的鸿沟:

> 盖(广州)水陆之道四达,而蕃商海舶之所凑也。群象珠玉,异香灵药,珍丽瑰怪之物之所聚也。四方之人,杂居于市井,轻身射利,出没波涛之间,冒不测之险,死且无悔。彼既殖货浩博,而其效且速,好义之心,不能胜于欲利,岂其势之使然欤?又其俗喜游乐,不耻争斗。妇代其夫诉讼,足蹴公廷,如在其家室,诡辞巧辩,喧哗诞谩,被鞭笞而去者无日无之;巨室父子或异居焉;兄弟骨肉急难不相救;少犯长、老欺幼而不知以为非也;嫁娶间有无媒妁者,而父母弗之禁也;丧葬送终之礼,犯分过厚,荡然无制。朝富暮贵,常甘心焉。岂习俗之积久,而朝廷之教化未孚欤?[③]

就是这类论调,为兴建儒学所带来的教化任务铺开了路子。

宋朝广州特别之处,在于其外籍人口不仅人数众多,而且大概也力量强大。当然,在这里我们只能依靠笔记小说了。[④] 管治外国人社区的,是所谓"番长",他负责邀请外国商人参与朝贡贸易。这些外国商人中,有些已经定居广州,历经几代了。曾经在元丰年间(1078—1085)住在广

---

① 徐松辑,《宋会要辑稿》,页2176。

② 韶州府学与南雄府学,可以作为广州附近地区兴建儒学的例子。韶州府学兴建于1006年,修葺与扩建于1055年、1074年、1092年;南雄府学兴建于11世纪40年代,并重修于1065年、1108年。见黄佐纂修,《广东通志》,卷36,页40a—40b、51a—51b,总页914,920。

③ 广州市地方志编纂委员会办公室编,《元大德南海志残本·附辑佚》,页160—161。

④ 参见陈学军,〈宋代广州的蕃姓海商〉,载蔡鸿生编,《广州与海洋文明》(广州:中山大学出版社,1997),页49—126。该文对宋代广州的外国社群作了系统性的概述。

州的朱彧,就记录了一个住在番坊的刘姓男子故事,他娶了宋朝皇室的女子,因而获授官职。无独有偶,上文提到的刘富,也住在番坊附近,不妨把这两位刘姓之人比较比较。刘姓男子死,没有子嗣,家属争夺财产,事情抖了出来,"朝廷方悟宗女嫁夷部"。特别值得注意的是,朱彧指出,皇室女子不能与祖宗三代都没有功名的人通婚,但未尝不能与外国人通婚。① 另一个得自亲身见闻的记载,出现于 12 世纪,提及定居于广州的蒲氏,家宅非常豪华。② 黄佐于明世宗嘉靖四十年(1561)刊行的《广东通志》,则收录了主簿苏缄的故事:在一个宴会上,有一富商试图坐在苏缄身边,被苏缄以杖刑处罚。富商向苏缄的上司投诉,苏缄坚持己见,谓自己官职虽低,地位仍高于商人。③ 儒学兴建于番坊,当然不是偶然的。广州建学校修城墙的历史显示:至少到 11 世纪为止,外国人社区仍然主导广州的社会与经济活动。根据 12 世纪的一篇文章,知广州事程师孟扩建儒学时,名叫卒押陀罗的广州阿拉伯裔番长,不止捐献土地,还捐出一栋房子,作为番坊子弟读书上课之用。后来,程师孟增修广州城城墙时,即将离开广州的卒押陀罗也表示愿意效力,但宋朝政府拒绝了他的好意。④

番坊大概也是广州城最商业化的地区。虽然儒学文庙就在番坊,但并不意味着番坊的外国商人从此服膺儒术。现有文献清楚显示:广州富裕之家,即使不住在番坊,也紧靠番坊。⑤ 但是,儒学建成后不久,外国人也试图获允入读。看来,虽然外国人的一些习俗、例如宗教,把他们与本

---

① 朱彧撰、李伟国校点,《萍洲可谈》(宋元笔记丛书,上海:上海古籍出版社,1989),页 31—32。
② 岳珂,《桯史》(北京:中华书局,1981 据 1214 年刊刻本排印),页 125—126;罗香林,《一八四二年以前之香港及其对外交通》(香港:中国学社,1959),页 143—164。
③ 张廷玉等修,《明史》(北京:中华书局,1974),页 13156;黄佐纂修,《广东通志》,卷 47,页 32b,总页 1220。
④ 广州市地方志编纂委员会办公室编,《元大德南海志残本·附辑佚》,页 164—166;陈学军,《宋代广州的蓄姓海商》,载蔡鸿生,《广州与海洋文明》,页 49—126。
⑤ 黄佛颐(1885—1946),《广州城坊志》(广州:暨南大学出版社,1994 据 1948 年岭南丛书本排印),页 160—167;曾昭璇《广州历史地理》的附录内,提供了该地区的简图。

地人分隔开来,但是,外国人却也并不是故步自封的。我们这种分析,应该不是无稽之谈。广州番坊,正好就是今天广州穆斯林礼拜之处,这里有一座始建于 8 世纪的清真寺,至今仍存。

11 世纪广州被围攻一事,也是广州大建学校的背景之一。当时,官兵失利,幸好广州城内的市民参与抵抗,而邻县也派出本地武装增援,所以广州得保无虞。① 而就在广州遭到围攻前不久,广州扩建外城城墙,把番坊也围绕起来。如果说番坊的外国商人对于这个工程连钱都没有捐过,恐怕很难说得过去。一方面,广州在建学校、修城墙;另一方面,广东其他地区也在大兴儒学,从事者往往是镇压侬智高叛乱而崭露头角的地方精英。我们把这两方面联系起来,就能够看到:王朝政府在广东的统治,日益延伸,王朝中央标榜的正统思想,也随之打进广东。王朝所遵奉的政治哲学基础,越来越被视为与儒家有关。对于这套儒家正统思想,广东报之以看得见、摸得着的忠诚。

兴建儒学过程中的礼仪因素,支持了我们以上的观点。在广州重建儒学的蒋之奇,也向皇帝上奏,请求表彰十名曾经在广州任职的历代官员,其中四人的名字见诸蒋之奇的传记中,这四人都以为官清廉著称。② 做官当然应该清廉,但最晚从南朝开始,在广州做官而清廉,则异常难得。广州是著名的利薮:"世云广州刺史,但经城门一过,便得三十万。"③ 正直的官员,拒绝同流合污,调任离开广州,返回北方之际,绝不携带任何"南货"。位居蒋之奇建议表彰十名贤吏之首的,是晋代的吴隐之。他发现妻子拿了一斤香,就把这些香抛进河里。如此诚实不欺的官员,在广州历史上还真是前无古人呢。④

蒋之奇为这些清廉官员提供的祭祀,并没有维持多久。据文献记

---

① 黄佐纂修,《广东通志》,卷 6,页 13b—15b,总页 139—40;卷 47,页 36a—36b、37a、39a—39b,总页 1222、1223、1224。
② 这十名官员的名字,参见黄佛颐,《广州城坊志》,页 102。
③ 黄佐纂修,《广东通志》,卷 45,页 6a,总页 1153。
④ 黄佐纂修,《广东通志》,卷 44,页 41b—42b,总页 1147。

载,到了元代,祭祀这十名廉吏的殿堂就已经消失了。[①] 儒学则相对好一点,根据《大德南海志》这本元朝的广州地方志,宋恭帝德祐二年(1276),元朝军队占领广州,进驻儒学时,儒学损毁了大部分。[②]

地方精英

11世纪,甚至直到12世纪期间,虽然地方官热心地推广教化,创造出士绅,但从文献中,却看不出这些士绅有多少阶级觉悟。黄佐于嘉靖四十年(1561)编纂的《广东通志》,其传记部分,提及一些学者与驻广州官员有交往,但是,代表着士人阶级诞生的那种师生关系,却毫无迹象。到了宋末,升上庙堂、得到祭祀的地方名望,并非蒋之奇表彰的廉吏,而是所有研究明朝以来广东历史的学者都熟悉的另一群人。这群人中,为首的是开凿大庾岭通道、联系粤赣二省的张九龄,和获封"开国公"并于南海县获赐封邑的南宋大臣崔与之(1159—1239)。知广州府事方大琮为此二人建立的庙宇"二献祠",标志着对此二人的崇拜,已在广东地区开花结果,时当13世纪50年代。[③]

官方正式祭祀张九龄,比祭祀崔与之早得多,而且,促成对于张九龄的祭祀的一连串事件,不是发生于广州,而是发生于广东北部的韶州。张九龄的声誉,很早就为人所知。11世纪80年代,当时的知广州事蒋之奇就在文章中指出,张九龄是"岭南二贤"之一。大约在11世纪初,当时的知韶州事就兴建了纪念张九龄的"风度楼"和祭祀张九龄的庙堂。宋仁宗在位时期(1023—63),张九龄被正式纳入朝廷祀典,大概也因此之故,从11世纪某段时期开始,张九龄的子孙开始每年到张九龄坟前祭 *33*

---

① 广州市地方志编纂委员会办公室编,《元大德南海志残本·附辑佚》,页126。
② 广州市地方志编纂委员会办公室编,《元大德南海志残本·附辑佚》,页56—57。
③ 黄佐纂修,《广东通志》,卷30,页6a,总页753。

祀。[①] 但是,侬智高叛乱平定之后,韶州把捍卫韶州有功的余靖(1000—1064)和张九龄并祀。余靖死后一两年,他生前的住宅也被改建为祭祀他的庙宇。宋高宗绍兴七年(1137),朝廷也将余靖纳入祀典。到了孝宗淳熙八年(1181),当杨万里撰文描写张余二人的庙堂时,此二人已经成为韶州的名宦。[②]

从余靖逝世后,到崔与之出名前,关于祭典的记载上,大概有五十年的空白。就在这段期间,韶州发生了意识形态的转变。韶州位于大庾岭南麓,大庾岭是珠江水系和长江水系的分水岭。必须指出,唐宋时期,韶州之繁荣,远超后人之想象。在 12 世纪,当理学发展起来时,韶州成了理学革命的"广东根据地"。亦正因此之故,韶州在历史上的相对繁荣,才显得有意义。乾道六年(1170),知韶州府事兴建相江书院,为广东的理学革命打响了第一枪。该书院内,有一祭祀理学祖师周敦颐的殿堂,盖周敦颐曾经在广州担任提点刑狱之职。淳熙二年(1175),为该殿堂撰文作记的,是张栻;淳熙十年(1183),当该殿重修时,为此事撰文作记的,不是别人,正是朱熹。朱熹的文章指出,与周敦颐一同得飨祭祀的,还有程颐、程颢兄弟。淳祐六年(1246),当该殿获重修和扩建时,周敦颐领导的理学革命已经成就斐然。五年前,淳祐元年(1241),周敦颐、程颐、程颢兄弟、朱熹已经得到朝廷表彰,有关的传记指出,周敦颐的著作,得到了程颐、程颢兄弟的传播,继而得到朱熹和张栻的弘扬。宝佑二年(1254),相江书院更得到朝廷钦赐匾额。[③]

从以上有关周敦颐的简短记载中,我们基本上可以看到:以程

---

① 黄佐纂修,《广东通志》,卷 16,页 38b,总页 435;卷 18,页 34b,总页 473。《宋史》,页 105、2560。

② 黄佐纂修,《广东通志》,卷 30,页 23a—23b、23b—24a,总页 762。

③ 黄佐纂修,《广东通志》,卷 30,页 24a—25a,总页 762—763;卷 38,页 11a—14b,总页 972—973。有关此事背景,参见 Thomas A. Wilson, *Genealogy of the Way: the Construction and Uses of the Confucian Tradition in Late Imperial China* (Stanford: Stanford University Press, 1995).

颐、程颢兄弟和朱熹、张栻为代表的理学思想,在广东发生影响,比全
国大部分地区来得更早。我们可以把理学扎根广东的时间定得很清
楚:就是绍兴十六至二十年(1146—1150)张栻的父亲张浚在连州做
官期间。张浚建立了广东第一间书院,之后,到了韶州建起相江书院 ³⁴
时,广东理学已经具备稳固的师徒传承了。① 张浚是宋朝的重臣,不
仅以对金朝强硬而著称,而且也以协助南宋迁都立国而闻名。《宋
史》记载,张浚是张九龄弟张九皋之后。② 直至 12 世纪末,韶州都是理
学运动的中心。

　　但是,在广州,一个文人阶层显然成长起来,而且这些文人是强烈拥
护理学的。被崔与之遥尊为师执辈的简克已的传记,提供了一些线索。
简克已为张栻的学生。大约在嘉定元年(1208),朱熹的得意门生廖德明
担任广州知府,表彰了当时已经年老的简克已。③ 另外还有黄执矩,他师
事张栻,也师事张栻的老师胡寅。④ 士人集团扩张的另一指标,是广东贡
士名额的增长,嘉定三年(1210),该名额从 13 增加到 25。⑤ 到了 13 世
纪 30 年代,广州的知识界被官员和热衷官场之人所主导,这个知识界的
领袖,毫无疑问就是崔与之了。崔与之的同志之一,就是许巨川。许于
嘉定七年(1214)中进士,是二程和朱熹的追随者。他担任东莞县令时,
重建县学。根据李昴英(1225 年中进士,1257 年逝世)的文章,许巨川将
183 亩官地和 50 万缗拨给了东莞县学。⑥ 这样,在整个珠江三角洲,东

---

① 有关张栻和朱熹,参见 Hoyt Cleveland Tillman, *Confucian Discourse and Chu Hsi's Ascendancy* (Honolulu: University of Hawaii Press, 1992), pp. 24 – 82.

② 《宋史》,页 1977、11297。

③ 黄佐纂修,《广东通志》,卷 57,页 21b—22b,总页 1513。

④ 黄佐纂修,《广东通志》,卷 57,页 22b—23a,总页 1513—1514。

⑤ 黄佐纂修,《广东通志》,卷 48,页 30a—30b,总页 1251。

⑥ 黄佐纂修,《广东通志》,卷 48,页 43b,总页 1258。李昴英,《东莞县学经史阁记》,载吴道镕
辑,《广东文征》(香港:香港中文大学,1973),第 1 册,页 120—121。宋末元初,东莞县学内增
建"六君子堂",祭祀六位理学家:周敦颐、程颐、程颢、张载、朱熹、张栻,而张九龄、余靖、崔与
之三人亦得配享。该堂被黄佐《广东通志》列为"古迹"之一,见《广东通志》,卷 19,页 9a,总页
499。

莞县学就成为首批在佛寺之外拥有大量土地的机构了。① 崔与之地位崇高,但著作不多,而且也似乎并没有大力弘扬理学。他于绍定五年(1232)致仕回广州后,在广州德高望重,是因为他从前在官场势隆位尊。端平二年(1235),当广州被叛军围攻时,崔与之充分利用他在广州的名望,号召邻县出兵解围。崔与之逝世于嘉熙三年(1239)。淳祐四年(1244),当时的知广州府方大琮,把崔与之张九龄并祀于广州府学。②

没多少证据证明崔与之和理学有什么密切关系。崔的全集中收录了一封来自朱熹的信,仅此而已。但是,崔与之的同道们毫无疑问是热衷于理学的。廖德明于淳熙十年(1183)担任韶州教授时,扩建了相江书院;嘉定元年(1208)知广州府时,刊行了二程的著作;嘉定四、五年间(1211—1212),更刊行了朱熹的《家礼》。伊佩霞(Patricia Ebrey)认为,朱熹逝世后,其生前著作最早获得刊行者,就包括廖德明刊行的《家礼》,伊佩霞视之为对于朱熹的“重新发现”。③ 广州理学运动的下一代核心,就是李昴英,尤其在崔与之死后,李昴英的核心地位更加明显。端平二年(1235),李昴英和崔与之共同捍卫广州,抵抗叛军的围攻。此后不久,李昴英就被调离广州,到临安中央任职,直至淳祐十二年(1252)才返回广州。李昴英提及崔与之时,自称为崔的“学生”。④ 宝庆元年(1226),李昴英为陈淳《北溪字义》的初刻本写序,《北溪字义》这本从理学角度阐明

---

① 另外,南宋理宗端平年间(1234—1236),香山县令梁益谦也为县学增拨 226 亩学田,见黄佐纂修,《广东通志》,卷 48,页 47a—48a,总页 1260。

② 李昴英,〈崔清献公行状〉,载吴道镕辑,《广东文征》(香港:香港中文大学,1973),第 1 册,页 123—124。

③ 伊佩霞指出,廖德明刊行的《家礼》,“纠正了之前广州刊本的错误”,这表明,在廖德明刊行《家礼》之前,朱熹的著作已获刊行。见 Patricia Buckley Ebrey, *Confucianism and Family Rituals in Imperial China* (Princeton: Princeton University Press, 1991), p. 146.

④ 关于李昴英的传记,参见黄佐纂修,《广东通志》,卷 58,页 19b—20b,总页 1528。该传记提及李昴英担任过的许多高级官职,却没有说李昴英成为“番禺县开国男”。这个封号,是李昴英的侄儿们提出来的,而且似乎最早也是在明朝才提来出的。参见萧国建,《宋代名臣李昴英与大屿山梅窝发现之“李府食邑税山”解释》,载林天蔚、萧国建编著,《香港前代史论集》(台北:商务印书馆,1985)。

儒学概念的书,是由诸葛珏到韶州做官时带来的,而在此之前,诸葛珏是番禺知县(番禺辖区覆盖半个广州城)。[①] 本身也是理学家的知广州府方大琮,于淳祐二年(1242)为《家礼》的新刻本写序。[②] 方大琮对于广州的理学建设,贡献良多,例如,诸葛珏任番禺知县时,修建县学,方大琮则为该县学增建一亭。[③] 方大琮逝世后,李昴英疏请追谥,理由是方大琮生前致力于重建儒家礼仪,包括祭祀孔子的释奠礼和面向社区的乡饮酒礼。[④] 对于各种儒家礼仪的关怀,与 11 世纪以来的学校建设,和理学的影响,是同出一辙的。

乡饮酒礼,过去也在广州零星地举办过,但其仪式一直没有固定下来。因此,对于讲究礼仪之正当的理学家而言,乡饮酒礼的仪式,当然会成为他们要解决的重要问题。李昴英对于淳祐四年(1244)在广州举行的乡饮酒礼,写了篇详细的文章。他注意到:乡饮酒礼的举办者,事前在广州的府学内开会,讨论乡饮酒礼应采取怎样的仪式。知广州府方大琮参加了会议,方大琮主张依照周礼行事,并获得同意。于是,在二月十二日举行的乡饮酒礼中,出席的宾、主各 230 人,人人衣冠严整,因为他们之前都收到个别通知,对于当日的服饰和姿势,都作出详尽指示,要求他们严格遵守。乡饮酒礼就在庄严肃穆中举行,为时大半天,俎豆陈列,鼓乐奏鸣,一依古代法式。参与乡饮酒礼的长者,部分还名留青史。在乡饮酒礼的尾声,作为仪式的一环,地方官站出来,向参与者宣讲"礼"的重要性。在宋朝的广州,这次乡饮酒礼可谓空前绝后,从史料上,再看不见有下一次了,我们也不必假设还有下一次。而且,虽有记载称,在这次乡饮酒礼举办前一百年,广州已举办过乡饮酒礼,但现存史料中完全无迹

36

[①] 陈淳是朱熹的学生。陈荣捷(Chan Wing-tsit)曾将《北溪字义》翻译为英语,参见 Chan Wing-tsit, *Neo-Confucian Terms Explained*(*The Pei-hsi tzu-i*)*by Ch'en Ch'un*, 1159 – 1223(New York: Columbia University Press, 1986).

[②] Patricia Buckley Ebrey, *Confucianism and Family Rituals in Imperial China*, p. 148n13.

[③] 黄佐纂修,《广东通志》,卷 36,页 16a—16b,总页 902。

[④] 李昴英,《请祀李韶方大琮状》,载吴道镕辑,《广东文征》,第 1 册,页 101—102。

可寻,即使李昴英关于淳祐四年(1244)乡饮酒礼的文章,也没有提及此事。①

下一个值得注意的礼仪场合,出现于元代。广州城于 1276 年落入元军之手。近三十年之后,元成宗大德八年(1304),崔与之祠堂建立,广州的文人一同前来拜祭。必须指出,崔与之祠堂本来有点私家性质,祠堂是他生前的住宅,而主持祭祀仪式的,是崔与之的嫡孙,这也符合宗族祭祀的性质。但是,1304 年祭祀崔与之典礼的性质,绝不止于私家祭祀。这一年,元朝政府下令恢复各地方的官式祭祀,因此,祭祀崔与之显然是得到官方批准的。一篇关于是次祭祀的文章,记录了崔与之子孙名字之外,还记录了广州的"儒官"的名字。② 正好,我们还能看到大德年间的南海县地方志。这本地方志记录了所有宋朝广州的科举功名拥有者,其中有人晚至 1274 年才获得科举功名。参加崔与之祭祀典礼的"儒官"们,看来就是这群拥有科举功名的人的幸存者,或者是他们的子孙。③

在 1274 年获得科举功名的广州文人之中,有人写了篇庆祝崔与之祠堂的诗歌的序言,从中可看出参与祭祀崔与之的广州文人的用心:

> 士生是邦,必以邦之先哲自待。曲江之士慕文献(按即张九龄),其志毅;南海之士慕清献(按即崔与之),其志恬。盖所自待者厚然也。④ 岭海三千余年,任宰相者仅二公……识者则曰:生宰相固不易,生贤相尤为难。唐之将否,天生文献,将以扶之,不能也;宋之将微,天生清献,亦将以扶之,又不能也。二公皆以直道落落于时,而清献所遭之时,抑又异夫开元之际矣。自端平(1234—1236)更

---

① 李昴英,《广帅方右史行乡饮酒记》《谕乡饮酒行礼者》《谕乡饮酒观礼者》,载《广东文征》,第 1 册,页 121—122、125。至于是次乡饮酒礼的其中一名参与者谭凯的传记,见黄佐纂修,《广东通志》,卷 57,页 25a—25b,总页 1515。

② 《奉祠祝文》《常祭祝文》,载崔与之,《崔清献公集》(香港:美亚公司,1976 年影印 1850 年芹桂堂刻本),《外集》,页 15a—15b。

③ 广州市地方志编纂委员会办公室编,《元大德南海志残本·附辑佚》,页 67—76。

④ 张九龄出身曲江,崔与之出身南海,故云。

化,当宁虚辖,白麻造门,中使络绎几千里,公辞至十数,竟不起。此其胸中熟知进退存亡得丧之节,尚以曲江之出为戒。夫岂以富贵利达动其心、荣其子孙、耀其乡邦、如前所云者! 成子生乎公之后,不获挹公之风,因公之嫡孙崔公继祖复其故第,为公祠,乃率同志,以诗为喜,且以寄所慕云。时大德九年(1305)乙巳夏五月上澣,前进士何成子序。①

　　祭祀崔与之的目的欲盖弥彰。在元朝统治下的广州,文人祭祀崔与之,意味着广州文人们也保证会像崔与之那样,"熟知进退存亡得丧之节"。崔与之为他们树立的榜样,是厌弃功名,广州文人也打算以这种高风亮节来光耀桑梓,效忠朝廷。

---

① 何成之,《祠堂诗序》,载崔与之,《崔清献公集》,《外集后卷》,页16—16b。

第四章 我们和他们

元世祖至元三十一年(1294),东莞的李春叟,把李昴英的著作结集刊行。[1] 李春叟的父亲李用,曾经写书,以理学立场注释《春秋》,并通过李昴英呈给朝廷。李春叟于宋理宗宝祐四年(1256)中举人,在广州附近当个小官,卷入了南宋末年的乱局。在 1276 年的战事中,东莞的熊飞曾率兵增援广州,战斗失利,退守东莞县城。熊飞宣布,所有逃走的东莞县百姓都必须返回,否则屠戮其村庄,经李春叟劝阻,熊飞才没有下手。1277 年,当元军进入东莞县时,李春叟更是"单舟"前赴元军军营,代表东莞县与元军统帅谈判。东莞县百姓非常感激李春叟的勇气,他还在世的时候,东莞县百姓已经将他的画像供奉于他父亲的祠堂中。至大三年(1310),东莞县的文人们也在这里举行祭祀。[2]

现存不少传记,展示了像李春叟这类文人的忠诚与两难抉择。赵必瓈,另一名东莞文人,捐钱三千缗、米五百石给熊飞,劝他放过东莞。[3] 同

---

[1] 李春叟,《文溪先生集序》,载吴道镕辑,《广东文征》(香港:香港中文大学,1973),第 1 册,页 133—134。

[2] 黄佐纂修,《广东通志》(香港:大东图书公司影印 1561 刊刻本),卷 58,页 26a—29a,总页 1531—1533。

[3] 黄佐纂修,《广东通志》,卷 58,页 29a—30b,总页 1533。

样也来自东莞的张元吉,既投降元朝,又站在宋朝一边。张元吉与元军谈判,首先请求元军不要屠城,接着请求不要加税。① 番禺的张镇孙,刚中进士不久,广州就被攻陷。另一名进士王道夫,加入了以宋帝昺为核心的南宋流亡政府。王道夫的老师陈大震,则拒绝南宋流亡政府授予的官职,他活了下来,并于大德年间编纂了南海县地方志,把所有宋朝的广东籍进士的姓名都记录了下来。② 于 1561 年编纂《广东通志》的黄佐注意到:元朝很少有出身广东的进士,至于出身广州及其周边的进士,则一个都没有。③

　　南宋(12 世纪)广东的文人传统,显然延续到元朝初年(13 世纪)。可是,再下一代,这个文人传统就中断了。直至 14 世纪明朝初年,理学再度发生影响力,重建文人传统的各种努力也再度出现。得到官方支持的学校又成立了;又有人开始讲究礼仪之正当性了;科举又为广东文人开辟社会升迁之路;沙田开发了;师徒之传承、先儒著作之刊行,建造出了理学家们的身份认同。这一切,都为广东的文人传统打造出想象的基础。从南宋到清末(1127—1911),即所谓中国历史上的"晚期帝制"时期,广东的文人传统历经三造:创造于 12 世纪,再造于 16 世纪,三造于 18 世纪。最终创造出来的广东文人,无论各自打着什么政治算盘,但都认为自己与全国文人同属一脉。

　　理学运动一天一天赢得胜利,终于彻底改变了中国社会的面貌。到了 16 世纪,珠江三角洲的文人,就像明朝其他地区的文人一样,自视为根据理学所制定的礼教的捍卫者,也自视为社会的模范。在明朝,理学究竟怎样成为改变社会的动力?本书以下部分将予以披露。但是,理学这个新兴的意识形态越成功,旧有的传统就越被排斥于史料之外。在明朝,理学圈子虽小,却日益壮大,对于理学圈子以外的社会,即使要想粗

① 黄佐纂修,《广东通志》,卷 58,页 31a—32a,总页 1534。
② 黄佐纂修,《广东通志》,卷 58,页 34b—35a,35b—38a,总页 1535—1536、1536—1537。
③ 黄佐纂修,《广东通志》,卷 11,页 4b—5a,总页 268—269。

略认识其基本轮廓,也相当困难。理学的社会理论占据主流,凡被这套理论视为不正当的社会行为,都成为理学的意识形态之敌。依靠书面史料的历史学家们,要想摆脱"化内"之"我们"与"化外"之"他们"的过分简化的对立观,是很困难的,几乎是不可能的。因为握笔的是文人,他们写出来的书,必然放大了他们的文化标尺。对于未被理学改造的社会的原貌,我们只能在文人的文化标尺之外,偶尔窥见一斑。

⁴⁰ ## 我们:地方统治圈

在中国历史上,从远古以来,地方社会与王朝政权的联系,端赖于地方政府的建置。但是,地方官员必须走出衙门。要实践政府的理念,要收税,要应付百姓的诉求、维持秩序,地方官员都必须走出衙门。在宋代,朝廷为收税和征集力役,登记百姓户籍。要确保百姓服役,地方衙门必须发挥作用。但是,知县手下没有足够的专业属员,其户籍登记根本不可靠。怎么办?于是,地方社会的成员就承包起官方户籍登记内宣称的户数及其赋役。任何研究包税制度的人,都明白这一套。就这样,北宋于太平兴国年间(976—983)编纂的《太平寰宇记》,记载岭南道辖下广州有主户 16,059 户,客户数目不详。主户、客户数目代有增减,到了元成宗大德八年(1304),广州的主户、客户数目共达 180,873 户。①

研究宋朝的历史学家,也就只能用这些数字来估计当时的人口了。我不太关心人口的多少,而更关心社区的成长。对我来说,这些数字是否准确并不重要,重要的是:南宋时期户数的增加,显示南宋政府锐意扩大收税和征集力役的基础。我们仔细研究地方志内的地方官员的传记,

---

① 乐史,《太平寰宇记》(北京:中华书局,2007),卷 157,页 3011;广州市地方志编纂委员会办公室编,《元大德南海志残本·附辑佚》(广州:广东人民出版社,1991 据 1304 年残本排印),页 3。

就会发现,两宋的财政基础,有所转变。北宋地方官员,往往因为对进口货物征税,卓有成绩,而受到地方志褒扬;南宋地方官员,则往往因为对于辖下百姓轻徭薄赋,而受到地方志褒扬。直至南宋,政府才开始把珠江三角洲百姓纳入税网,这一点,可从族谱得到印证。族谱中关于在宋朝交税的记载很少,但在明朝交税的记载却很多。① 地方政府的统治圈,由各种社会关系编织而成,但却不一定依靠户籍登记,香山县程氏宗族,就是这样的例子。被香山县程氏奉为祖先的,不是别人,正是1071年担任知广州府事的程师孟,他在侬智高叛乱平定之后,增建了广州城的城墙。根据写于1322年的族谱的一篇序言,当程师孟在广州做官时,他的儿子也在东莞任职。官员儿子没有任何科举功名而能够做官,这是宋朝所允许的做法。族谱指出,程师孟儿子到东莞任职之前,已被任命管理香山盐田,这毫无疑问是个肥缺。程师孟儿子的三个儿子(也就是程师孟的孙子)从此定居香山,而且即使到了明初,香山程氏宗族里,至少还有一人控制盐田。②

　　官员想收税,百姓想交税,县衙门往往就是这两种政治算盘打在一起之处。蔡志祥研究1152年宋朝设立香山县时,留意到当时当地两大宗族的冲突,他认为,香山县的设立,究其根底,就是在打这些政治算盘。③ 我们梳爬珠江三角洲的族谱,就可以在香山县程氏之外,再现好几个家族的历史,它们囤积土地以致富,因为有官府作靠山。当理学家们登场,主张以礼仪教化地方社会时,这些家族就和新兴的地主阶层可能还和登了户籍的民户,融为一体。这群新百姓,认为朝廷的统治必须

---

① 关于宋朝户籍登记,绍兴二十年(1150)任新兴县知县的黄济的传记,很能够说明问题:"先是,乡民之贫死者犹附于籍,富厚者多避事役。济榜谕之,且量大匦于门,令民自投户数于中,限满始发。于是户口核实,赋役均平,民以不扰。"见史树骏修、区简臣纂,《肇庆府志》,康熙十二年(1673)刊,卷18,页39a—b,载中国科学院图书馆选编,《稀见中国地方志汇刊》(北京:中国书店,1992),第47册,总页715。
② 〈初修序〉,载《程氏族谱》,光绪二年(1876)刊,藏广东省图书馆,编号K 0.189/311。
③ Choi Chi-cheung (蔡志祥), *Descent Group Unification and Segmentation in the Coastal Area of Southern China* (Ph.D. dissertation, Tokyo: Tokyo University, 1987).

符合某个标准,而他们的利益,也靠这个标准而界定。[1]

他们:"蜑"、"猺"、客家

地方政府的统治圈,由百姓和登记在籍的户口组成,本身是没有名字的。在统治圈以外的人,却被分门别类,以示圈内圈外之别。在广东,处于统治圈以外,为统治圈所鞭长莫及,因此需要被安上个名字以便区别的人,有两个著名的例子:"蜑"和"猺"。以广州为核心的统治圈,接触广阔的周边地区时,把这些地区视为其边陲,就用"蜑"和"猺"这两个从珠江三角洲以外借过来的字眼,来命名这片地区的人群。

用"蜑"来指涉族群,显然始于 5 世纪,但当时"蜑"所指涉的,是内陆四川的族群。到了宋代,"蜑"仍然是某个族群的称谓,但所指涉的,已经是广西境内、住在船上的一种人。接着,到了 10 世纪晚期刊行的《太平寰宇记》,广东新会县也出现了"蜑"。这些"蜑户,县所管,生在江海,居于舟船,随潮往来,捕鱼为业,若居平陆,死亡即多"。[2] 这大概是有关广东蜑民的最早记载。11 世纪,陈师道把两广化外之人分为三个族群:"二广居山谷间,不隶州县,谓之猺人;舟居,谓之蜑人;岛上,谓之黎人。"这套族群分类法,基本上延续至明清时期。[3] 可是,到了 12 世纪,广东蜑民,却以入海采珠而著称,这个行业主要集中在海南岛对面的合浦县。蜑民原来还可以分成几类:或捕鱼、或采珠、或伐木,这是周去非的分类

---

[1] 关于其他例子,参见 David Faure, "The written and the unwritten: the political agenda of the written genealogy," in Institute of Modern History, Academia Sinica ed, *Family Process and Political Process in Modern Chinese History* (Taipei: Institute of Modern History, Academia Sinica, 1992), pp. 261 – 98; "The emperor in the village, representing the state in south China," in Joseph McDermott, ed., *State and Court Ritual in China* (Cambridge: Cambridge University Press), pp. 267 – 298.

[2] 乐史,《太平寰宇记》,卷 157,3021。

[3] 陈师道,《后山集》,卷 21,页 9b,载文渊阁本《四库全书》(上海:上海古籍出版社,1987 缩印),第 1114 册,总页 714。

法。周去非又提及：蜑船上的小孩子，腰间都绑上绳子，以免遇溺。周去非还提及：一丝不挂、浑身漆黑的蜑民子弟，在海岸边玩耍时，几与水獭无异。[1] 虽然如此绘色绘声，但无论陈师道还是周去非，他们对于蜑民的描述，能否适用于珠江三角洲，却大成疑问。周去非的观察，来自他在广西地区担任县令的经验；而陈师道似乎根本没有到过南方。[2]

　　关于珠江三角洲一带蜑民的最早记载，是 1319 年前后东莞县人张惟寅要求停止在县内一处地方采珠的陈情书。这处地方，就是现在香港的新界。张惟寅把采珠的人称为"蜑蛮"，说他们非常穷困，骑在他们头上的，是所谓"首目"。只要采珠不停止，"首目"就继续抓"蜑蛮"采珠。张惟寅又提到：由于采珠有潜在的危险性，因此"蜑蛮"采珠前要拜神求佑，将祭肉抛进海中作为牺牲。"蜑蛮"们衣衫褴褛，甚至一丝不挂如同海獭。张惟寅这个记载大概是继承了之前周去非的说法。并非所有蜑民都以采珠为生，有些"蜑蛮"也住在离岛上，也与禽兽无异云。[3]

　　于 1561 年刊行《广东通志》的饱学之士黄佐意识到，以上对于蜑民的捕风捉影之谈，是站不住脚的。黄佐提及，"蜑户"以捕鱼为生，住在船上，"以舟楫为家"，或住在岸边棚屋，"或编篷濒水而居"。由于他们以龙为神明，因此又被称为"龙户"。但是，黄佐继续说："齐民则目为蜑家。""齐民"泛指已经登记在籍的百姓。"编户齐民"这句老话，就是登记户

① 周去非，《岭外代答》，1178 年刊，载《丛书集成初编》(上海：商务印书馆，1936)，第 3118—3119 号，页 29。
② 有关宋代及宋代以前对于蜑民的史料的概略，参见 Ho Ke-en, "The Tanka or boat people of south China," in F. S. Drake, ed., *Symposium on Historical, Archaeological and Linguistic Studies on Southern China* (Hong Kong: Hong Kong University Press, 1967), pp. 120 - 123.
③ 元朝张惟寅《上宣慰司采珠不便状》谓："况蛋蛮种类，并系昔时海贼卢循子孙，今皆名为卢亭，兽形缺舌，椎发裸体，出入波涛，有类水獭"，载舒懋官修，王崇熙纂，《嘉庆新安县志》，嘉庆二十四年(1819)刊本，卷 22，页 15b，载《中国地方志集成・广州府县志辑》(上海：上海书店，2003 影印)，第 18 册，总页 946。

口,成为皇帝的百姓的意思。据黄佐解释:明初,"蛋户"也被编入里甲,由河泊所管辖,并且需要缴税,这税称为"渔课"。另外,蛋户容许同姓男女通婚,不冠不履,愚蠢无知,连自己多大年纪都不知道。但是,蛋户与其他百姓的分别也并非如此绝对的,黄佐发现,近年以来,教育也开始在蛋户中普及,有些蛋民也上了岸,登记成为"良民",甚至有些还参加科举考试,获得功名。黄佐意识到,"蛋"与"良民"的分别,是权力大小的分别。能够让船只停泊的"罾门",是由住在岸上的有势力的家族所控制的,因此,蛋民就是因此而成了上不了岸的人,部分因此成为盗贼。①

描写珠江三角洲的人,都被蜑民的传说所吸引。有关蜑民的通俗传说与日俱增,到了17世纪,有关蜑民的描述,都强调蜑民与其他百姓的分别。17世纪屈大均的《广东新语》就指出,许多人认为蜑民不像人类,更像禽兽;屈大均驳斥这些看法,并尝试介绍蜑民的生活方式,澄清误会。但是,他对蜑民的描述可以让我们知道蜑民是怎样被排斥的:据说,蜑民以竞唱"蛮歌"方式结婚,得胜者就可把新娘抱进自己的船里。蜑民的女子和男子一样,善泅,喜吃生鱼。但是,屈大均也承认,蜑民们也被登记为住在岸边的民户,部分也读书识字,住了上岸。他还能指出哪些村庄原本是蜑民的聚落,他也注意到,"良家"不会与蜑民通婚。但是,到了屈大均的时代,蜑民已经是珠江三角洲沿岸的一股强大势力了。他们组成的舰队,有数以百计的船,分为红白旗。他们是海盗,他们偷取沙田上的庄稼,并勒索保护费。②

直至18世纪,王朝才为蜑民提供了比较公平的法律待遇。1729年,清世宗雍正皇帝下旨,容许蜑民上岸居住,禁止势豪滋扰。有些历史学家把雍正皇帝这道圣旨和他打击社会地位歧视的其他几道圣旨相提并

---

① 黄佐纂修,《广东通志》,卷68,页48a—49a,总页1854—1855。叶春及,《石洞集》,卷11,页49a—49b《蛋论》,载文渊阁本《四库全书》,第1286册,总页618。

② 屈大均,《广东新语》(香港:中华书局,1974),页485—486。

论,例如要求改善绍兴"堕民"、山西乐户的法律待遇的圣旨。但是,由于蜑民始终处于贱民的地位,我们应该看清楚雍正皇帝的圣旨是怎么写的。在这道圣旨中,雍正皇帝注意到陆上居民禁止蜑民上岸居住的习俗。雍正皇帝命令省级政府颁布告示,容许有足够财力的蜑民在岸上建造房屋、登记户籍、开垦荒地。至于没有足够财力的蜑民,则任其继续住在船上。其后,在 1737 年,省级政府颁布条例以响应雍正皇帝这道圣旨,根据这个条例,任何人,若无法出示有关疍门所在的土地的地契及税单,就不能宣称拥有疍门,阻止蜑民停泊。1746 年,省级政府又颁布条例,禁止任何人把在明朝已经得到有力之家保护的蜑民视为奴仆。对于以上的圣旨和条例,我们固然可以视为清政府打击陆地居民对于蜑民的歧视的努力;但另一方面,我们也可以视之为清政府强化户籍登记的努力,清政府想把更多的百姓登记到陆地的户籍之中,不管他们是否蜑民,这样,也就使财产权更加清楚明确。清政府下一项促进蜑民地位、使他们与普通百姓看齐的措施,直到 1771 年才出现。这年,清政府宣布:广东蜑民、浙江九姓渔户等各类贱民,从向当地政府登记改籍开始,四代之后,就可以参与科举考试。[①] 包括蜑民在内的贱民,地位继续卑贱,是毫无疑问的。书面记载也好,民族志也好,都让我们知道了这一点。对于蜑民的卑贱地位的最佳写照,应该就是香港新界大埔墟外、汀角村内、一座小小的关帝庙里的"重修本庙题助碑"。这块立于乾隆五十年(1785)的石碑,记载了捐款者的姓名及捐款数目,最后一行曰:"碑内无名,子孙永远不得在此读书。"单从字面上看,看不出有任何族群排斥的味道。但是,关帝庙内原来还有另一块"题助客碑",同样立于乾隆五十年,上面记

<hr>

[①] 关于 1729 年圣旨及相关的条例,参见 Ye Xian'en (叶显恩), "Notes on the territorial connections of the Dan," in David Faure and Helen F. Siu, *Down to Earth*, *the Territorial Bond in South China* (Stanford: Stanford University Press, 1995), pp. 83 - 88. 叶显恩也提到,1825 年,一名蜑民因为购买监生学位而受到惩罚。这位蜑民倒霉,因为他的曾祖父没有申报改籍,而他的姊妹们又与其他蜑民通婚。关于 1771 年圣旨的讨论,参见经君健,《清代社会的贱民等级》(杭州:浙江人民出版社,1993),页 233—236。

载了蜑民以"罟船"名义捐赠的款项,其中有些蜑民捐"花边二员"(即二银元),比"重修本庙题助碑"内的大部分捐款者都要慷慨。可是,捐款多少并不重要,蜑民尽管可以捐钱,但他们的子弟就是不可以在关帝庙内上课读书。[①]

除了海岸边的"蜑"之外,自宋朝以来,对于陆地社区的另一股威胁,就是"猺"。"猺"人的历史很复杂,部分原因,是因为"猺"字和"蜑"字一样,都是宋朝之前就出现、但指涉广东境外地区的族群的字眼,而大概到了南宋,这些字眼才被用来指涉广东境内的族群。正如李默指出,"傜"这个字眼的前身是"俚僚",而"俚僚"这个字眼的前身是"越"。[②] 在北宋,"傜"本来指住在南岭北麓的人,他们威胁湖南洞庭湖平原的人民,也就是说威胁长沙城附近的人民。然后,"傜"这个字又被莫名其妙地借用到岭南,形容广西、广东北部的族群,然后再被借用到整个两广地区。"傜"字被借用的历史,反映出贸易路线在扩张,因此,对于边疆地区的知识也在增长。到了 16 世纪,广东的官员们很清楚傜民的地理分布,但是,在此之前,越古老的记载,对于傜民的分布,就越不清楚。

湖南境内、洞庭湖以南的人,被称为"莫傜"。对当时的人来说,"莫傜"意味着什么?无从得知。但是,当地引述《隋书》称,"莫傜"指因为祖先效力朝廷而无须承担傜役之人,这个说法,却为后出记载所沿袭。今天被称为"瑶"的族群,其传说和故事,每与洞庭湖有关。瑶民起源神话中的"梅山",就在此处。这一带的族群的历史,也是连贯的。这就显示,

45

---

① 关于人口买卖,参见 James L. Watson, "Transactions in people: the Chinese market in slaves, servants, and heirs," in James L. Watson, ed. *Asian and African Systems of Slavery* (Oxford: Basil Blackwell, 1980), pp. 223 - 250.有关贩卖女仆的契约等问题,参见中国人民大学清史研究所档案系中国政治制度史教研室编,《康雍干时期城乡人民反抗斗争资料》(北京:中华书局,1979),页 378—381。至于汀角村关帝庙的两块碑文,参见科大卫(David Faure)、陆鸿基、吴伦霓霞编,《香港碑铭汇编》(香港:香港市政局,1986),页 45—47。

② 李默,《广东傜族与百越族(俚僚)的关系》,《中南民族学院学报》,第 23 期(1986),页 115—125。

"莫傜"与后来被称为"猺"的族群,有密切关系。①

南宋以来,官方有关"傜"或"猺"的记载,发生了变化。原因是1126年之后,宋廷迁都至长江以南之后,出现了一系列政治、经济变化。变化之一,是南宋与金的战斗,连续几年瘫痪了淮南盐的供应,结果粤盐开始进入赣、湘市场。南宋政府进而允许商人从广东购买食盐,运至广西出售,该政策至少到1174年仍然生效。② 变化之二,是南宋在其广西和云南边境进行茶马贸易。宋朝战马,一向来自北方,南宋失去北方,因此从广西进口战马。广西南部的横山寨,就成为南宋茶马交易中心。被远至云南的土著贩运而至的马匹,由横山寨北抵桂林,再溯灵渠而进入长江流域。③ 变化之三,是广西开始出产稻米,供应广东。周去非的《岭外代答》,对12世纪的情况记载颇详。他说,广西之所以能够出口稻米给广东,不是因为稻米产量高,而是当地人口少。他也认为广西稻米的价格便宜,这大概是与广州的稻米价格比较而言。④ 全汉升综合南宋的记载后,发现广西稻米出口广东后,其中一大部分会再由广州经海路运至福建和浙江沿岸。全汉升罗列的证据清楚显示,在南宋,两广都是粮食出口地区。⑤ 变化之四,是江西为两广供应食牛。每年冬天,江西土著成群结队地赶牛进入南方,沿途造成许多治安问题,使地方官头疼不已。⑥

46

---

① 尤其请参考余靖1042年有关湖南蛮贼的报告,载余靖,《武溪集(附余襄公奏议)》(香港:侨港余氏宗亲会,1958影印成化本),下卷,页5b—6a;李焘的记载即本于此,见李焘,《续资治通鉴长编》(北京:中华书局,1986),页3430。

② 戴裔煊,《宋代钞盐制度研究》(上海:商务印书馆,1957),页351—357;郭正忠,《宋盐管窥》(太原:山西经济,1990),页269—280、371—422;周去非,《岭外代答》,载《丛书集成初编》,第3118—3189号,页50—51。

③ 徐松辑,《宋会要辑稿》(台北:新文丰:1976年影印清辑本),页7137—7139、7141、7150—7151;周去非,《岭外代答》,载《丛书集成初编》,第3118—3119号,页51—54。

④ 周去非,《岭外代答》,载《丛书集成初编》,第3118—3119号,页46—47。

⑤ 全汉升,《南宋稻米的生产与运销》,载全氏著,《中国经济史论丛》(香港:新亚研究所,1972),页265—294;《宋代广州的国内外贸易》,载全氏著,《中国经济史研究》(香港:新亚研究所,1976),页85—158。

⑥ 有关这个现象的记载,时间是1214年,见徐松辑,《宋会要辑稿》,页5106—5107;另外,冈田宏二对于宋代广西茶马贸易的最近研究成果,进行了概述,参见氏着,赵令志、李德龙译,《中国华南民族社会史研究》(北京:中华书局,1993),页166—245。

因为有了以上变化,沿西江这条珠江支流上下,才有蓬勃的贸易可言。随着大城市与这一带的接触越来越频密,文人对于这一带土著的认识也越来越丰富,对于这些土著的名称,也就越来越繁多。在大部分时候,这些土著都被称为"溪峒蛮"。两广大部分山区的土著,都曾经被泛称为"溪峒蛮",但是后来,"溪峒蛮"被缩窄至专门指湘桂粤交界的几个州内(也就是南岭的北麓与南麓)的土著。并且,对于这些土著的名称与分类,也开始有了政策意义。例如,1193 年,宋朝政府宣布,湘桂交界的宾州、桂州、衡州、道州等处,"溪谷"一带的傜民,不属于"省民",因此不必缴纳兵役税;"熟户"为居住于"内地"之人;而"山傜"与"峒丁"则为"居外"之人。①

这一套土著的名称与宋朝政府的施政的关系,曾在广西担任知府的范成大,描写得很清楚。② 广西的西部边界,状如弯弓,从贵州边界一直伸到海南岛。这一带的人民,是"羁縻州峒"的人民,简称"峒"。他们被土司所管辖,土司向朝廷进贡,并得到朝廷的承认。至于傜民,则居住在靠近桂林的深山之中,不纳税,不服役。留意:桂林可不是什么"羁縻州峒",而是一个正规的府。因此,住在深山之中的傜民与住在统治圈内、纳粮当差的百姓发生冲突时,桂林的官员就必须予以处理。范成大的记载显示,傜民与当地纳粮当差的百姓并非完全隔绝,这两群人互相通婚,也互相贸易。傜民出售石材、山货,换取米、盐。范成大知靖江府、进驻桂林期间,招募当地七千名壮丁组成民兵,并凭着这只武装,迫使傜民首领发誓管束傜民,制止他们生事。桂林地区的傜民,与湖南地区的傜民,同属一体。也就是说,从广西经灵渠入湖南的主要贸易路线,正好穿越傜民的地盘。在傜区以东、在被视为洞区的弯弓形边界以外的山区内,

---

① 徐松辑,《宋会要辑稿》,页 7777、7787。
② 范成大著,胡起望、覃光广校注,《桂海虞衡志校注》(成都:四川民族出版社,1986),页 183—197。

还有"獠",这些"獠"人,"住在山中,既无君长,也无户籍"。① 再向西南,深入云南、贵州地区,则有所谓"蛮",范成大认为,"峒"也是"蛮"的一种。"峒"和"蛮"的区别在于:"峒"向朝廷交税,且离地方政府衙门较近,"蛮"则较远。因此,"蛮"可真正是居于化外了。②

到了元朝,"傜"、"獠"二字被广泛运用,已经远远不限于广西北部山区和两广交界地区了,而且人们也把这二字混为一谈,不加分辨。南宋覆亡之际,西江沿岸、西江北部山区,都传出傜民作乱的消息。1289 年,元军与傜民打了几仗,战斗地点竟然是相当靠近广州城的肇庆府和清远县,刚好在珠江三角洲北端之外。③ 元末刘鹗(1290—1364)的《惟实集》,谓广东"户口数十万,猺獠半之"。这种无稽之谈,当然不能够说明广东的族群成份,在 14 世纪,人们把"傜"、"獠"这些字眼套在广东头上时,套得多么随便。④ 到了明朝,人们继续相信,傜民居住在珠江三条主要支流即西江、北江和东江的上游。根据《明史》,明朝头一百年间,这一带常有傜民酋长向朝廷投诚。除《明史》之外,黄佐于 1561 年刊行的《广东通志》,更开列出傜民(按:黄佐原文"猺"、"傜"混用)居住地即"傜山"的详细名单,仅广州府辖区内的"傜山",就有 142 处,包括清远县 106 处、从化县 35 处、新会县 1 处。傜民和蜑民一样,也被视为近于禽兽。黄佐《广东通志》谈及傜民时,其实沿袭了宋朝范成大的说法:傜民凶残暴虐,风俗奇特,但他们竟然还习惯在葬礼中唱歌。⑤ 显然,还是应该把傜民这 48种人挡在统治圈以外的。

步入清朝,史料上越来越少傜民作乱的记载,反而,涉及客家人的械

① 范成大著,胡起望、覃光广校注,《桂海虞衡志校注》,页 198。
② 范成大著,胡起望、覃光广校注,《桂海虞衡志校注》,页 207。
③ 参见刘国杰的传记,载黄晋,《黄学士文集》,1355 年刊本,卷 25,页 7a—15b,载《续金华丛书》(台北:艺文印书馆,1972 影印 1924 本)。
④ 刘鹗(1290—1364),《惟实集》,卷 3,页 2b,载文渊阁本《四库全书》,第 1206 册,总页 310。
⑤ 黄佐纂修,《广东通志》,卷 67,页 1b—2b,13a—26b,总页 1793、1799—1805。有关"傜山"的数目,也是从黄佐《广东通志》中统计出来的。

斗的记载却越来越多。客家人从广东东北部山区的家乡,沿东江而下,
到珠江三角洲及周边建立殖民地的迁移过程,近年来已由梁肇庭整理出
来了。根据梁肇庭的研究,16 世纪,广东山区的輋人接受招抚,紧接着的
几十年间,就出现了客家人南迁的第一波,客家人迁入惠阳和博罗,再从
那里向南迁移到海丰的岸边。客家人南迁的第二波,出现于清朝在广东
结束迁海政策(1661—1669)之后(详见本书第十三章),同样,客家人也
沿东江而下,进入惠州府,并可能在 18 世纪从惠州府迁移到增城、东莞、
新安等县。以上客家人的两次大规模南迁,还都另有一条迁移路线:客
家人越过山区,从粤北进入广西。然后,循西江进入高州半岛,再从那里
迁入珠江三角洲西端的恩平、新宁、鹤山等县。

　　梁肇庭比研究客家的前辈们更小心谨慎,他把客家人的族群问题,与
客家人的迁移问题分开处理。他充分意识到,在包括客家人家乡在内的广
东北部山区,族群问题非常复杂,这里也有傜人,也有輋人,还有许多其他
族群名字的人。近年来,很多研究者都注意到,客家话与輋话非常接近。
陈永海的研究使我们更加为难,他指出:早期的记载,并不把客家人和輋人
分开。梁肇庭自己也呼应陈永海的看法。梁肇庭指出,所谓"客家精神",
是 19 世纪初才出现的,事缘 1802 至 1808 年间,客家人卷入了一场动乱之
中。也就是说,所谓客家人来自中原的神话和客家人以广东北部山区的嘉
应州为其"家乡"并由此继续迁移的说法,也就是到了 19 世纪初才开始形
成的。梁肇庭强调,18 世纪末,嘉应州在科举考试上表现卓越,使其地位
提升。这一点,梁肇庭无疑看得很准。可惜,梁肇庭对于江西赣州的客
家人参与科举考试的问题有所着墨,但对于迁移到广东其他地区的客家
人参与科举考试的问题却没有处理。客家人与科举考试的问题是值得
多花笔墨的。科举考试的考生,只能在其户籍地参与考试,而客家人这
个身份,顾名思义就是移民,因此,在客家人入住的地区,尽管客家人已
经在当地登记户籍,本地人往往以客家人的移民身份为借口,阻止客家
人在当地参与科举考试。在珠江三角洲,就像在赣州一样,客家人只能

49

争取另立专门学额来参加科举考试。在东莞县，客籍学额直至 1801 年才批出，在新安县，客籍学额直至 1802 年才批出。[①]

　　通过梁肇庭的研究，我们可以得出这样的看法：客家人离乡外迁，并在外地定居，渐渐地，客家人的迁移历史被整理出来，客家人也因此被建构成一个族群。但是，梁肇庭认为，客家人首次大规模外迁，开始于 16 世纪末，导致本地社区坚决地把客家人视为外来者，这个观点太过"干净整齐"，不无可商榷之处。必须指出，15 世纪的史料，也有广东山区人口迁移的记载。[②] 梁肇庭自己也指出，乡约是直到 16 世纪 80 年代才被推广至广东北部山区的，因此，当客家人于 17 世纪、18 世纪迁移到珠江三角洲及其附近之时，也应该正值富裕村庄以祠堂为中心、并把财产配置于祠堂名下之时。重构于 19 世纪的有关客家人迁移的记载，正好与我们的这个推测相吻合。[③] 但是，本地人口既然建构出一批文化符号，显示自己是实践王朝所认可的正当礼仪的、安土重迁的百姓；这样，才有客家人迁移的历史可言。这同样一批文化符号，既然被用来奠定本地人的

[①] Leong Sow-theng（梁肇庭）, *Migration and Ethnicity in Chinese History, Hakkas, Pengmin, and Their Neighbours* (Stanford: Stanford University Press, 1997). Chan Wing-hoi（陈永海）, "Ethnic labels in a mountainous niche, the case of She 'bandits'," in Pamela Kyle Crossley, Helen Siu and Donald Sutton, eds., *Empire at the Margins: Culture, Ethnicity and Frontier in Early Modern China* (Berkeley: University of California Press, 2005), pp. 255 – 84. Segawa Masahisa（濑川昌久）, "The ethnic identity of the She and the cultural influence of the Hakka: a study based on a survey of She villages in Chaozhou, Guangdong," in Suenari Michio（末成道男）, J. S. Eades and Christian Daniels, eds. *Perspectives on Chinese Society* (Canterbury and Tokyo: Centre for Social Anthropology and Computing, University of Kent at Canterbury, and the Institute for the Study of the Languages and Cultures of Asia and Africa, Tokyo University of Foreign Studies, 1995), pp. 191 – 203. 有关东莞、新安的客籍学额问题，参见：陈伯陶等纂修，《东莞县志》，1927 年铅印本，卷 26，页 5a，载《中国地方志集成·广州府县志辑》，第 19 册，总页 220；舒懋官修，王崇熙纂，《嘉庆新安县志》，1819 年刊本，卷 9，页 12a—12b，载《中国地方志集成·广州府县志辑》，第 18 册，总页 833。

[②] Chan Wing-hoi（陈永海）, "Ordination names in Hakka genealogies: a religious practice and its decline," in David Faure and Helen F. Siu, eds., *Down to Earth*, pp. 65 – 82.

[③] Myron L. Cohen, "Lineage organisation in north China," *Journal of Asian Studies*, Vol. 49, No. 3(1990), pp 509 – 534.

"本地人"身份,也会被用来把移民定义成"外地人"。到了 19 世纪初,当客家人亦利用起本地人利用过的意识形态和礼仪,并且利用"来自中原"的神话为自己建造其道德优越地位时,客家人不仅把自己和本地人分开,也把自己和輋人分开,并把輋人视为低自己一等的族群。以上看法也就表示:明朝的社会身份结构,尽管有许多不公平之处,但却是相当稀松的,反而到了清朝才严密起来。原因倒不是因为哪个政府推行什么"种族"政策,而是因为,明朝时期,里甲制度被逐渐推广到整个珠江三角洲(详见本书第六章)。在地方社会,一旦登记户籍,本地人和外地人的分别,就被凝固起来,难以消融了。

　　到了宋代,历经元朝,至于明初,广州这个王朝的岭南统治圈的中心,地位越来越稳固。广州城城墙内的"我们",不再把城墙以外的地区想象为住着怪物的蛮荒地带。"我们"越来越相信,"他们"这些半人半兽的东西,也是可堪教化的。早于 1333 年,危素就特别指出,傜民是可以受教化的,理学的推广,无疑与这种主张有密切的关系。[①] 在 16 和 17 世纪,教化运动是如此成功,以至于,一方面,许多蜑民和傜民融入统治圈,不留下任何原本出身的蛛丝马迹;另一方面,"蜑"、"傜"这两个族群概念,却被进一步僵化,成为指涉贱民的概念。这些发展趋势,看似矛盾,但都必须从宗族和王朝的策略中寻求解释。宗族和王朝的策略往往异常成功,乃至彻底重塑了历史记忆。客家人身份的历史,很大程度上就是同一故事延伸至清朝的历史。要了解客家人如何成为客家人,就必须了解珠江三角洲居民、尤其是广州一带的人如何成广府人。感谢梁肇庭的研究,我们可以轻而易举地把广府人身份历史的关键,定于 18 世纪。[②]

50

---

① 危素,《平猺六策序》:"儒者之论,必曰先教化。"载《危学士全集》,乾隆二十三年(1758)芳树园刻本,卷 3,页 14a,载《四库全书存目丛书》(台南柳营乡:庄严文化,1995 年影印 1914 本),集部第 24 册,总页 667。

② 也可参考程美宝(Ching May-bo),*Guangdong culture and identity in the late Qing and the early Republic* (unpublished D. Phil. thesis, Oxford: University of Oxford, 1996)。该博士论文展示客家人如何抵抗广府人的排斥,并于 20 世纪重返历史舞台的中央。

第五章 土地

今天珠江三角洲的大部分地区,直至宋代之前,都仍沉在水下。从南宋到 20 世纪的一千年,人们逐渐把沉积层开发为农业用地。广州的历史地理专家们,在认真而详细地研究考古出土文物及书面史料之后,已经能够整理出珠江三角洲开发的时间表。珠江三角洲在宋代的海岸线,西南从新会开始,向东北延伸至石楼,越过珠江,在东江三角洲形成一条几乎南北走向的海岸线。这条宋代海岸线,成为了解珠江三角洲的社会进化历程的重要线索。今天,这条宋代海岸线,也正与珠江三角洲的主要公路大致吻合,因为这条公路正好把珠江三角洲的主要城镇都连接起来。这些城镇包括:石楼、市桥、沙湾、大良、容奇、桂州、小榄、外海、江门及新会城。这条海岸线以南,就是所谓"沙田","沙田"北面,则有所谓"外田"。外田、沙田的分别,对于珠江三角洲的社会变迁有着重要的含义。

堤坝与沙田

最早从南宋迁都杭州开始,粮食需求就开始增长,珠江三角洲的沙田,也因此而开发。南宋迁都引发的一系列事件,导致珠江三角洲、广西、长江三角洲之间贸易增加。长江下游城市,创造出一个食米市场,把僻处南方的广西的食米也抽了过来。一方面,食米沿西江而下,出口到福建和浙江沿岸;另一方面,食盐则从广州沿西江而上,进入广西。这个交易模式,从此稳定运行,直至市场转移导致成本出现变化为止。另外,广州城本身,也发展成一个食米市场。这样,从南宋开始,在珠江三角洲河岸筑堤造田,就有利可图了。

地图一　珠江三角洲。阴影部分即为沙田。

西江、北江、东江没入珠江河道之处,处处都建起了堤围。在中国其他地方,土地发展的关键,一向是集中领导、规模庞大的水利项目。但是,珠江三角洲则不同。在珠江三角洲,开发土地的,是无数小股人群的无数互不相干的小型项目。广州的曾昭璇等学者,进行了卓越的研究,重现了珠江三角洲的历史地理,因而我们对于珠江三角洲土地的开发,了解得更加清楚了。曾昭璇最重要的发现是:直至宋代之前,今天的珠江三角洲还基本上没有被开发,当时,西江和北江流进相当于今天珠江三角洲所在之前,就已经形成我们今天所熟悉的枝状。西江水分二支,东支流在广州附近入海;西支流则南下,越羚羊峡而入海。当时的北江,亦应该在靠近今天三水之处汇入西江的东支流。西江与北江带来的沉积物形成沙洲,使西江的东支流再也无法流向广州,大约在10世纪前的某个时间,北江夺取了西江东支流通往广州的河道,西江东支流因此被迫改道南徙。这一番河道迁移,对于航运和农业所带来的改变,影响了宋代以后的土地发展。从此,北江的南段,成了粤北与广州的主要贸易路线,像佛山这样的商业重镇,就诞生于北江南段岸边。而在北江的佛山段河道以北,北江又于芦苞附近分流,形成一条直达广州的河道。人类既然定居于此,由于地势低矮,必须筑堤防水。因此,凡河道迁移后河水漫溢泛滥之处,就是人类首先筑起堤坝之处。在珠江三角洲的西江地区,人类最早筑堤之处,就是羚羊峡以南的地带;在珠江三角洲的北江地区,人类最早筑堤之处,就是芦苞的东岸地带。正如曾昭璇指出,我们基本上可以相信,在宋代以前,北江、西江在珠江三角洲频频改道,正是由于人类开始筑堤,才约束了河水,稳定了河道。①

　　我们不太知道这些河堤是怎么筑造起来的。曾昭璇所依赖的地方志,对于东江河堤的筑造,有所记载,除此之外,对于北江、西江河堤的筑造,并没有留下任何当时人的记载。② 有关北江、西江河堤早期筑造记载的缺失,再一次反映出政府对于文献记载的影响力。在早期,只有当地方政府参与筑堤,才可能会留下书面记载。东江河堤的筑造,正好反映这一点。该河堤重修于1241年,《增筑东江堤记》就专门描写此事。从一位长者的口中,我们也知道一百年前此地也曾筑堤。③ 除此以外,所有能够留下记载的河堤,都是民间筑造,也显然未得到官方的承认;毫无疑 *54*

---

① 曾昭璇、黄少敏,《珠江三角洲历史地貌学研究》(广州:广东高等教育出版社,1987),页131—147。

② 关于筑造于宋代的珠江三角洲堤围及其分支,参见佛山市革命委员会编写组,《珠江三角洲农业志》(佛山:佛山市革命委员会,1976),第1卷,页10—11。

③ 钱益,〈增筑东江堤记〉,载张二果、曾起莘著,杨宝霖点校,《崇祯东莞县志》(东莞:东莞市人民政府,1995年据崇祯10年[1639]刻本排印),页760—761。钱益为年南宋理宗淳祐元年(1241)进士,见《崇祯东莞县志》,页211。

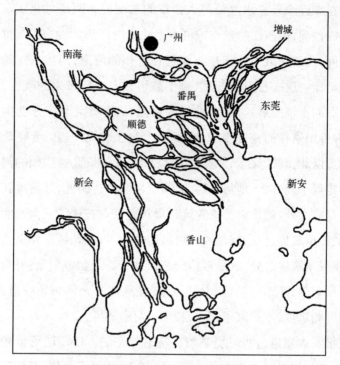

地图二 广州城以及珠江三角洲的县级行政建制

问,民间筑造而没有留下记载的河堤,更是多不胜数。[①] 显然,在宋代,许多河堤之筑造,并非一气呵成,而是在情况需要下、或条件许可下,被不断地重修或增建。这些水利工程规模甚小,正由于此,所以才没有留下什么记载。这些小堤坝不能说完全没有作用,但很容易被冲决,每

---

① 其中三条河堤,史树骏修、区简臣纂,《肇庆府志》,康熙十二年(1673)刊,卷16,页3b—5a,载中国科学院图书馆选编,《稀见中国地方志汇刊》(北京:中国书店,1992),第47册,总页681—682,以下简称《康熙肇庆府志》。这三条河堤中,据说两条筑造于北宋太宗至道二年(996),一条筑造于南宋度宗咸淳八年(1272),筑造者都是本地人。这三段记载都不无疑问,其中,筑造于至道二年的两条河堤之一,最启人疑窦,因为筑造者莫宣卿据说是唐宣宗大中五年(851)的进士,见黄佐,《广东通志》(香港:大东图书公司,1977年影印嘉靖40年[1561]刊本),卷11,页8a,总页270。至于南海县罗格围河堤的筑造,参见《岭南冼氏族谱》(宣统二年[1910]刊本,藏广东省图书馆,编号K0.189/72),卷3之14,页1a;《南海罗格孔氏家谱》(1929刊本),卷6,页20a,卷12,页7a—8a。这两本族谱的记载都称,罗格围河堤的筑造,得到一名本地官员的批准与支持。

年初夏,西江水必定泛滥成灾。这就意味着,在珠江三角洲种植庄稼,就得作好充分的心理准备,知道种植季节有可能受到洪水的干扰。[1]

进入元代之后,尤其是到了明朝,珠江三角洲上筑造起更多的河堤。现存的史料虽少,但都显示出,这一时期的河堤筑造,是官方与民间合作的结果。黄佐编纂于 1561 年的《广东通志》,收录了 1394 年至 1441 年间明朝皇帝的诏令,这些诏令要求地方官协助百姓进行水利项目,并打击那些霸占水源或河渠通道的地方豪强。[2] 类似的诏令,在宋元时期却少得出奇。从南海县罗格地区冼氏和孔氏的族谱,我们知道,冼氏和孔氏的祖先在明初有份修建罗格渠。珠江三角洲一带,像这类动辄上溯明初的记载很常见,但只有一条史料看起来真是出于当时人的手笔。这条史料原本肯定是块石碑,碑文被广泛转载,大略谓南海县九江地区有陈博文者,于洪武九年(1376)奔赴首都南京,向明太祖呈请筑堤,得到明太祖亲自鼓励。[3] 珠江三角洲的地方志广泛转载此碑文,视为桑园围的缘起,足见这个故事多么深入人心。桑园围是珠江三角洲上的大型基围,几百年间,保护着珠江三角洲上最具生产力、因此也最富庶的地区之一。但是,皇帝亲自批准珠江三角洲上一个水利工程,就此一例,难使人信服,反使人起疑。这个例子独一无二,它意味着:不是事事都要得到皇帝批准,而是王朝理念与地方社会的结合,从南宋开始盛行,到明朝而发展至极端。这个故事,为日后 15 和 16 世纪期间朱氏、陈氏、黄氏等宗族在桑园围附近筑堤建围的活动提供了先例。[4] 所有相关记载都显示,筑造堤

---

[1]《康熙肇庆府志》卷 24,页 33a,载《稀见中国地方志汇刊》(北京:中国书店,1992),第 47 册,总页 806。

[2] 黄佐,《广东通志》,卷 26,页 3a—3b,总页 658。

[3] 黎贞,《谷食祠记》,吴道镕辑,《广东文征》(香港:香港中文大学,1973),第 1 册,页 163。

[4] 例如,有一条 1618 年的记载,宣称黄氏宗族拥有黄公堤,见《南海九江朱氏家谱》(同治 8 年[1869]刊),卷 12,页 10b—11b;何炳坤,《续桑园围志》(1915 年刊本),卷 12,页 71a—73a。冯栻宗的《九江儒林乡志》,也记录了一篇 1583 年建造惠民闸的碑文,见冯栻宗纂,《九江儒林乡志》,卷 7,页 11a—13b,载《中国地方志集成·乡镇志专辑》(南京:江苏古籍出版社,1992 影印光绪九年[1883]刊本),第 31 册,总页 484—485。

围者或请求官方批准，或直接请求官方协助。

从南宋到明朝，随着堤围数目剧增，当地人必定产生一种看法，认为堤围以外是一个世界，堤围以内堆填出来的所谓"沙田"又是另一个世界。明朝后期珠江三角洲所谓的沙田，多半集中于香山、东莞、番禺三县。上文早已指出，东莞、番禺二县北部，得到堤围的保护，该二县的南部，因此才是沙田地区。香山县很少有筑造堤围的记载，[①]但整体而言有关这三县的沙田的记载仍然是很丰富的。从 15 世纪开始，开发沙田，就是为了追求利润。投资于沙田的开发，在当时人眼中是怎么回事？顺德县逢简乡一个名叫刘瑛的人，在 1524 年为子孙留下家训，对此有详细的描述：

> 子孙买田，便审不犯水灾。予目击成化丙戌（1466）、壬寅（1482）、乙巳年（1485），俱四五月之间，潦水冲崩海洲（海洲堡）圩岸、淹浸马窟地方，田禾十无一收取。得收者，东涌、香山田也。如财簿（薄）不能买香山大帐（涨）者，许在东涌、马齐、古粉、北水、区村地方置买，并择早禾田为至妙也。慎勿虽为（原文如此）与人生揭置买，利积日深，扬石（原文如此）不雅。其新生浮沙，最动人心，多有垦置，柯腹纳粮。或江河改变，或低洼不成者，或官豪压占，或忿勇伤人，桎梏拘李，殚口脱罪，连累实田，虽剔肝而兴慨，亦胶手而无为矣。当今之时，宜静不宜动，动则咎及，汝宜慎之。[②]

刘瑛一个清朝初年的后人，在这段家训后附上一段文字，简略地记载了沙田投资者所碰上的灾难。他一个朋友的叔父有超过一百亩沙田，已经种上了水草达五年之久，其中大部分仍不适用于耕种，升科后则仅登记六亩。另有一人，向官府登记了七八百亩沙田，沙田一直种不出庄

[①] 1404 及 1405 年，香山县丞彭与志分别领导筑造一堤围，见申良韩纂修，《香山县志》（康熙 12 年[1673]序刊本，藏香港中文大学图书馆），卷 3，页 29a—b。

[②]《逢简南乡刘追远堂族谱》，无出版年份，手稿，无页码，藏科大卫处。

稼,但官府却照样收税如仪,结果,此人妻子自杀。从这两宗个案可知,开发沙田,规模很大,风险也很高。

开发沙田,风险大,利润高,驱使开发者们进行剧烈的竞争。在明朝,沙田的所有权,不是靠占领而得到的,而有赖于操纵土地登记,显然,只有当政府的影响力已经渗透到沙田地区,才有土地登记可言。16 世纪,担任高级官职的霍韬,其家族也参与沙田的开发。霍韬向县令建议:处理有关沙田的诉讼时,沙田所有权的确切标记,在于诉讼者是否将沙田升科交税,诉讼者一旦将沙田升科,即等同于拥有沙田。① 写作于 17 世纪中叶的屈大均指出,从前,佃户会率同雇工,在每年的某个季节,前来沙田种植和收割庄稼。到了 17 世纪中叶,这个模式改变了。佃户们建起"墩"这类工事,"结墩以居"佃户的头目即所谓"沙头",或称"总佃",从地主处承包沙田,负责向政府交税,并把沙田转佃予其他佃户。② 踏入 20 世纪,这一带出现了一田多主的现象,沙田被耕种之前,历经几重转佃。③

萧凤霞(Helen Siu)注意到,沙田的耕种者,是没有入住权的。④ 她认为,入住权建立在合法性的概念上。她这个看法虽说针对较晚近的时段,却也适用于整个明清时期。地方豪强,采用了士绅的符号与意态,因此得以洗脱沙田住民的卑贱身份;而那些住在船上、棚屋的人,生活方式不变,身份却从此变成"蜑",困于"蜑民不得上岸"的桎梏。理学思想与

---

① 霍韬,《霍文敏公渭厓集》,载罗云山编,《广东文献》(顺德:春晖堂,同治二年[1863]刊本),卷 10 下,页 12b—13b。
② 屈大均,《广东新语》(香港:中华书局,1974 年重印),页 51—52。
③ Chen Han-seng (陈翰笙), *Landlord and Peasant in China: a Study of the Agrarian Crisis in South China* (New York: International Publishers, 1936).
④ Helen F. Siu, *Agents and Victims in South China: Accomplices in Rural Revolution* (New Haven: Yale University Press, 1989); "Subverting lineage power: local bosses and territorial control in the 1940s," in David Faure and Helen F. Siu, *Down to Earth, the Territorial Bond in South China* (Stanford: Stanford University Press, 1995), pp. 209-222.

官府管治的延伸,在这个过程中来得正好,因为它创造了统治圈,也创造了统治圈的反面:被逐出圈外之人。

传统的象征:房屋、遗迹、布施

直到 20 世纪,考古学家才在珠江三角洲发掘出石制工具与陶瓷碎片,除此之外,地面上已经没有任何遗迹来提醒我们:珠江三角洲也有其本土文化的根源。但是,地方志里却大量记载了物质遗迹,它们被视为王朝影响力扩张的见证,而非珠江三角洲本土文化的遗迹。地方志编纂者假设,地方的一套与王朝的一套,通过一个转化过程而融为一体,王朝"化"之,地方则被"化"。而正好,砖瓦建筑的确是伴随着王朝县级衙门的建立而进入华南的,而砖瓦建筑也最终取代了华南早期的、无法坚久的木质建筑。因此,地方志编纂者的这种看法,就显得证据确凿了。

砖瓦的使用,本身就是上述转化过程的一部分。12 世纪范成大的同代人周去非,就留意到广西人住的茅屋分两层,"上设茅屋,下豢牛豕"。[①]《新唐书》也记载,宋璟于 8 世纪被任命为广州都督,"广人以竹茅茨屋,多火,璟教之陶瓦筑堵",这样,"越俗始知栋宇利而无患灾"。[②] 无论这个故事多真多假,11 世纪的蒋之奇写文章纪念宋璟时,又重复此一故事。蒋之奇还说,广州当时所有的建筑,都始于宋璟之教。[③] 再下一个有关砖瓦建筑普及的记载,出现得相当晚近,林大春于 1572 年在属于广西而接邻广东的梧州做官时留意到,即使在梧州这个重要的广西省会城市,除了少数的官府衙署之外,其余房子都是用竹子搭建的,因此只要一间竹

[①] 周去非,《岭外代答》,载《丛书集成初编》(上海:商务印书馆,1936),第 3118—9 号,卷 4,页 41。华南一带、包括广东在内的出土汉墓明器中,常有类似的房屋的模型,见广州市文物管理委员会、中国社会科学院考古研究所、广东省博物馆,《西汉南越王墓》(北京:文物出版社,1991),页 43—44。

[②]《新唐书》(北京:中华书局,1975),卷 124《列传·宋璟》,页 4391。另见陈昌齐等纂,阮元等修,《广东通志》(上海:商务印书馆,1934 影印 1822 年刊本),页 4114。

[③] 陈昌齐等纂,阮元等修,《广东通志》,页 4107。

屋着火,数以百计的竹屋就会立即被火海吞噬。1565和1566两年,梧州接连发生严重火灾。林大春因此下令,禁止梧州城内百姓用竹子搭建房屋,并组织一千民夫,开炉烧砖,分给穷人。①

　　这类砖瓦故事的意义,不在于显示珠江三角洲在唐代某个时间起才 58 突然使用砖瓦。相反,广州地区至迟在汉代已经使用砖瓦,也就是说,从广州地区被视为中国王朝领土开始,砖瓦就已经被使用了。要明白这类砖瓦故事的意义,就必须明白,砖瓦建筑在珠江三角洲的确别树一帜,绝不普通。即使有关珠江三角洲普通建筑的详尽记载少之又少,要发现这些普通建筑并不困难。只要到珠江三角洲的村庄走一走,就能够发现少数明朝之前的住宅的遗迹。《遂溪县志》对于当地房屋的描述,大概适用于珠江三角洲其他地区:"屋宇多简陋,盖海滨多风,地气复湿。风则飘摇,湿易蠹朽。城中惟官署始用砖石,差可奈久。里巷则土垣素壁,仅蔽风雨。"②到了17世纪,或曰早于17世纪,石材已经成为普遍的建筑材料。清初的屈大均,就留意到西樵山出产各种用作建筑的石材,并留意到广州附近颇多以石为基、以砖头和贝壳为墙的"高楼"。③

　　当然,为各种建筑落成而撰文作记,大概是流传后世的文学题材中最常见者。在包括广州城在内的珠江三角洲,宋代以前的文章,能够流传下来的,数目很少,这些文章全都描述珠江三角洲本土神明崇拜的遗迹。西江在德庆的三江汇流之处,出现了龙母的坟墓与祖庙,龙母的儿子,当然就是龙,也正好就是河神。珠江口也有自己的保护神,唐朝皇帝把这保护神敕封为洪圣,而当地人则称之为扶胥。广州城以东有罗浮

---

① 林大春,《肇造全镇民居碑记》,载应槚,《苍梧总督军门志》(北京:全国图书馆文献缩微复制中心,1991年影印万历七年[1579]刊本),卷28,页17b—21a,总页362—364。该书是明王朝于两广设立的最高军事指挥部的文献汇编。林大春曾于梧州担任佥事一职,大概是按察使佥事之谓,见吴颖纂修,《顺治潮州府志》,卷6,页31b,载《北京图书馆古籍珍本丛刊》(北京:书目文献出版社,1988年影印顺治十八年[1661]刻本),第40册,总页1523。
② 陈昌齐等纂,阮元等修,《广东通志》,页1802。
③ 屈大均,《广东新语》,页186、469—470。

山,山上光秃秃的圆石耸立,让人产生了"洞天"的想象。我们必须牢记一点:这些远古的痕迹,被埋在一层层的传统与记忆之下。一块露出地面的石头、一个露天神坛所代表的土地神,往往可能有着古老的根源,即使这根源本身久被遗忘,但几百年来这些神明继续享受人间的香火。曾昭璇就提供了一个非常有趣的例子。在清朝的顺德县,当地人对于咸宁城遗址的土地神崇拜有加。丰富的唐代考古发现已经证明:咸宁城决非传说,而的确是南汉时期建立的县治。[①] 地方神明被赋予人的姓名、并因此建立新的形象,这类例子非常之多。各种神明及其崇拜,互相竞逐,争取信众。珠江口本身就是天后与洪圣斗争的舞台。对于天后的崇拜,始于宋代的福建,珠江口两座主要的天后庙,不会早于 17 世纪而出现。我们因此可以相当有把握地推测:在这两座天后庙建成之前,进出珠江的船夫的宗教崇拜中心,必然是位于黄埔的洪圣庙。福建沿海贸易带来天后这个新的神灵,才改变了珠江口的宗教崇拜局面。[②]

地方神灵是被王朝收编这一点,如今,我们都很清楚。华生(James Watson)提供了一个例子:香港新界厦村的一个土地神,被当成了天后。类似的例子,应该在珠江三角洲到处重复。宋怡明(Michael Szonyi)警告我们:神明名字会改变,但不意味着以前的崇拜也一定随之改变。这种可能性在珠江三角洲也是存在的。[③] 我们应该从以上例子得出什么看法? 不要以为神明的改变是历来如此,相反,这只是相对晚近的宗教变化。假如我们要研究宋代以前珠江三角洲及其周边的情况,我们就要把

---

① 曾昭璇、黄少敏,《珠江三角洲历史地貌学研究》,页 92。

② 这两座天后庙指澳门的妈阁庙、南头(即香港新界西北)的天后庙,有关这两座天后庙的落成日期,见李献璋,《妈祖信仰の研究》(东京:泰山文物社,1979),页 364—366。

③ James L. Watson, "Standardizing the gods: the promotion of T'ien Hou ('Empress of Heaven') Along the South China Coast, 960 – 1960," in David Johnson, Andrew J. Nathan, and Evelyn S. Rawski, eds. *Popular Culutre in Late Imperial China* (Berkeley: University of California Press, 1985), pp. 292 – 324; Michael Szonyi, "The illusion of standardizing the gods: the cult of the five emperors in late imperial China," *Journal of Asian Studies*, 56:1(1997), pp. 113 – 135.

历史时间框架拉长至一千年以上,我们就会看到,有大量证据显示:王朝的认可,增加了地方神明的声威;但正因为王朝的认可会带来合法性,所以这种合法性不但被王朝官僚所操纵,也被地方的各种宗教传统所操纵;所以,地方的宗教崇拜,不会只因为王朝力量打进来而被改造一次,而是被不断改造。要显示这个过程是困难的,因为我们今天能够掌握的,都是使用文字的一方所遗留下来的记载,而且即使这些记载也残缺不全。

正由于此,就地方神明崇拜的转变而言,悦城龙母庙是个很有趣的例子。奉蛇为神明、供养于神坛的崇拜,遍布华南各地,人控制巨蟒的故事,也是个恒常的主题。① 福建闾山派传统中,有一故事,大略谓有巨蟒为害,当地人须奉献小孩为牺牲,临水夫人因而消灭巨蟒。这个故事,可以说是人控制巨蟒的故事的一个变奏。② 但在龙母信仰中,龙母不但不杀蛇,而且还养蛇。这里所谓的蛇,就是西江里的五条龙,与河水、降雨 *60* 都有密切关系,这种信仰,毫无疑问在唐代前很久就形成了。无论如何,在《南越志》这个有关悦城龙母庙的最早的书面记载中,悦城龙母庙与王朝已经发生了关系,据《南越志》,秦始皇欲纳龙母为妃子,几次派人到西江来,要把龙母遣送北方,但都被龙母的儿子阻止了。今天仍保存于龙母庙范围内的龙母坟,有立于乾隆四十七年(1782)的墓碑。③ "龙母"这个称号,是南汉君主刘䶮于 965 年敕封的。下一次的王朝敕封,就得等

---

① 悦城龙母庙养蛇一事,见李昉等编,《太平广记》(北京:中华书局,1961),卷 458,页 3747《苏闻》条。另外,黄佐《广东通志》记载了如下故事:11 世纪,有"村巫"二人,以二蛇置于银器中,迎接浈阳县令陆起,知县下令将蛇斩杀,将"村巫"逮捕,并将其随身物品焚毁。见黄佐,《广东通志》,卷 47,页 28a,总页 1218。黄芝冈在广西发现了与仙人吕洞宾有关的蛇的案例,见黄芝冈,《论两广祀蛇之习》,《中流半月刊》,第 1 卷,第 6 期(1936),页 366－369。也参见 Wolfram Eberhard, trans. Alide Eberhard, *The Local Cultures of South and East China*, (Leiden: E.J. Brill, 1968), pp. 231–233.

② Brigitt Baptandier-Berthier, "The Lady Linshui: how a woman becomes a goddess," in Meir Shahar and Robert P. Weller, eds. *Unruly Gods: Divinity and Society in China* (Honolulu: University of Hawaii Press, 1996), pp. 105–149.

③ 我于 1988 年考察龙母庙,看到这碑上题着这个年份。

到明朝洪武九年(1376),当时新兴的明王朝,感谢龙母协助平定广东。①
明太祖的诏令,称龙母早于汉初已获敕封为程溪夫人,之后有关龙母的
文献,转相引载。刊行于康熙四十九年(1710)的《悦城龙母庙志》又称,
1076年北宋征伐交趾,龙母协助输送军需有功,也获得敕封。龙母获敕
的众多封号之一,是"孝通",这是专门指群龙对于它们的母亲——龙
母——的孝心。这同一本《龙母庙志》还说,悦城所在的肇庆府境内,合
共有超过三百座龙母庙,龙母庙的灵签,也广为流传,据说是出自唐朝诗
人罗隐的手笔。② 踏入20世纪,龙母庙内仍供奉着五条蛇,每年的龙母
诞也照样信众云集。而来自悦城上游的藤县的梁氏宗族的妇女,则被请
来替龙母添换衣裳,理由是据说龙母出身藤县。③ 龙母的各种故事反映
出,地方传说被吸纳到王朝意识形态里,过程并不简单。崇拜龙蛇,崇拜
降服龙蛇的女性,通过孝道而把民众的道德观念整合到龙母传说中,这
一切都反映出,地方宗教传统与王朝意识形态的融合,发生于许多层次
之中。

　　珠江三角洲的另一座古庙,就是黄埔的洪圣庙了。洪圣庙之建立,
是唐代前很久的事。到了唐代,这个神灵已经得到王朝承认,获敕封为
后人所熟知的"洪圣"。在唐代文献中,黄埔被称为"扶胥",这个名字与
暹罗有点关系;洪圣庙又称"波罗庙",显然与佛教有关。洪圣庙内有些
朽木,可能是支撑斗拱的支柱,考古学家对此进行了炭14同位素检测,
将其年份定于1110年,上下误差80年。可是,洪圣庙附近的庙头村,其
起源最早也不会比宋代早多少。该村村民自己说得出的起源,也不过就
是宋代。而且,正如曾昭璇所指出,该地区直至宋代筑造堤围之前,每年

----

① 梁廷楠著,林梓宗校点,《南汉书》(广州:广东人民出版社,1981据道光九年[1829]刊本排印
　校点),页24。另见《悦城龙母庙志》(咸丰元年[1851]刊本),卷1,页2a—3b。
② 吴玉成,《粤南神话研究》,载《国立北京大学中国民俗学会民俗丛书》(台北:东方文化书局,
　1974影印1932本),页132—137。
③ 梁伯超、廖燎,《悦城龙母庙》,载广东省政协文史资料研究委员会编,《广东风情录》(广州:广
　东人民出版社,1987),页12—13。

都会洪水泛滥。无论如何,唐宋时期,黄埔与广州之间的河道,对于海船来说都太浅,因此必须在扶胥装卸货物。从以上的简单描述,我们大概可以想象出如此情景:内河艇户与海船水手聚集于洪圣庙内,他们做买卖的市场,大概有不少用竹子和芦苇搭建的房子,大家都视之为临时建筑。而洪圣庙所在的沙洲上,才可能有几座用砖瓦搭建的能够比较持久的建筑。[①]

洪圣庙里,保存着本土历史的痕迹,最值得注意的,是一面铜鼓和一座人像。那面铜鼓是典型的华南铜鼓,在广西尤其常见;而那座塑像名叫达奚,分明是个外国人。但是,几百年来,洪圣已经被整合到王朝体系里。从隋朝594年开始,洪圣就被敕封为南海神,享受定期的祭祀。唐、宋皇帝都赐官职予南海神,南汉的刘鋹也照着做。在宋代,洪圣尤其显赫,据说它于1052年协助广州打退侬智高的进攻。1054年,宋代皇帝不仅加赐南海神另一个封号以表彰其孝顺,还敕封其夫人。至于南海神庙获得捐赠土地的最早记录,则来自元代的南宋遗民陈大震,他编纂了广州南海县的第一部地方志《大德南海志》,记录了出身广州的南宋末代进士。早于唐代开始,一座名叫怀光寺的佛教寺院,就出现在南海神庙旁。后来,怀光寺僧人与一些道士,一同包办起屈氏宗族祖先的祭祀活动,屈氏宗族的祠堂也在南海神庙附近,而那些道士们也有份管理屈氏祠堂。但是,我们不太清楚究竟这个僧道共管的格局是何时形成的。[②]

尽管龙母与洪圣获得了官方承认,但是,最显著的变化,不是发生在龙母庙或南海神庙,而是发生在光孝寺。光孝寺能够把北宋11世纪初以来历代方丈的记录,保存得相当完整。[③] 根据这记录,当时的方丈守

---

① 曾昭璇,《广州历史地理》(广州:广东人民出版社,1991),页245—251。
② 屈大均,《广东新语》,页205—206;崔弼,《波罗外纪》(光绪八年[1882]据嘉庆二年[1797]重刊本),页2b;罗香林,《唐代广州光孝寺与中印交通之关系》(香港:中国学社,1960),页177—178。
③ 何淙纂辑,《光孝寺志》(原刊乾隆三十四年[1769],广州:广东省立编印局,1935影印),卷6,页6a。

荣,领导着逾百僧众,他立志开创佛教事业,搜集了 5,048 卷佛经,并建
62 起一座殿堂来收藏这些经卷。① 大约同时,一位俗家施主捐资重修了供
奉六祖的殿堂。11 世纪末,在广州建立府学的知府蒋之奇,在光孝寺建
立了一座名为"笔授轩"殿堂,以纪念光孝寺于唐朝翻译佛经的贡献。到
了 12 世纪,光孝寺的成长,显然紧扣着广州的社会生活。光孝寺扩建了
大雄宝殿;增建了库院;重修了瘗发塔和风幡堂(风幡堂即六祖在"风幡
论辩"中强调心灵平静之处);在西殿安放了三座从杭州订造的贴金佛
像,其中一座为观音;还建起了寺门。南宋理宗宝祐四年(1256),光孝寺
又增建了延寿库,可以说是光孝寺有求必应的见证。②

　　由于光孝寺参与当地社区活动,光孝寺的产业日益增长。《光孝寺
志》卷八记录了宋代 28 名大施主即所谓"檀越"的名字,其中男子 11 人,
女子 17 人。这 28 人,大部分只在《光孝寺志》留下其名字,但其中二人
留下了一些事迹,显示光孝寺为施主们定期做法事,以回报施主们的布
施,为此,光孝寺需要在远离广州之处设立分寺。其一为新会县黄夫人,
她把数以万亩的田地捐赠给广州的几个寺院,她逝世于南宋高宗绍兴元
年(1131),光孝寺在她位于新会某村的坟墓"立祠墓"。在元代,更有一
僧人长驻她坟旁,负责祭祀。另一为吴妙静女士,她的居住地,相当于未
来的顺德县龙江乡,她出嫁前一天,未来丈夫竟然遇溺,她就把夫家的聘
礼捐给光孝寺,为亡夫祈福,事在南宋度宗咸淳九年(1273)。③ 元世祖至
元二十四年(1287),光孝寺获得捐赠的一批土地,因此留下了珠江三角
洲最早的土地契约:

　　　　广州城南信女郑氏念八娘,同夫居士林伯彰,用铜钱千缗,置龙
　　　冈坊蔡天兴土名石砚田、涌底田共八十七亩,又蔡芳田四号,舍入风

---

① 彭惟节,《干明禅院大藏经碑》,载何淙纂辑,《光孝寺志》,卷 10,页 3a—4b。《光孝寺志》称这
　　经卷是皇帝御赐的,见卷 1,页 3a,但是,彭惟节的碑记并没有提及此事。
② 何淙纂辑,《光孝寺志》,卷 1,页 1b;卷 2,页 9b、9a—b、12b;亦请参考卷 2 其他部分。
③ 何淙纂辑,《光孝寺志》,卷 8,页 2a—3b。

旛大道场,岁收租利,供佛及僧。①

即使在宋朝的末日,珠江三角洲上供奉本地神灵的庙宇,例如龙母庙和南海神庙,都没有囤积土地的迹象。但佛教寺院却能够囤积土地,还得到当地官府与信众的支持,这就是佛教寺院与王朝国家整合、与当地社区整合的证明。沙田开发的历史,与土地囤积的历史,结合于佛教寺院。在以下章节,读者将会看见,文化意义重大的建筑物及其名下的土地,与宗族的历史密切相关。读者也将会看见,是宗族继承了佛教寺院在珠江三角洲首创的传统。

---

① 何淙纂辑,《光孝寺志》,卷 10,页 7b。

从里甲到宗族

第六章　明初的社会

　　从 14 世纪初,到明朝建立的 1368 年前十年左右,刚好半个世纪多一点。这段时期,珠江三角洲的历史一片空白。历史学家只能将就。书面史料的阙失,反映出元朝(1279—1368)带来的剧烈的社会变迁。现存有关元初的少量史料,是南宋末代文人留下来的;而有关元末的史料,则出自与明朝一同诞生的新兴统治阶层的手笔。历史学家对于珠江三角洲的印象,可能是宗族林立,宋明理学所倡导的宗族礼仪已经得到实践的地方。可是,明初史料所反映的,却是个很不一样的珠江三角洲。在那个遥远的元明之际,珠江三角洲社会是由地方武装豪强所主宰的,这些豪强要求下属只忠诚于他们个人,而豪强之间时则缔结盟约,时则干脆兵戎相见。明王朝就是在这样一个社会上强制推行里甲制的。因此,我们必须意识到,权力与财富分配的悬殊,必然干扰了里甲制的推行,反正,要在当时在整个珠江三角洲推行里甲制,无论如何是不可能的。里甲制分阶段推行,不是设计者的本意,而是形势使然。最后,里甲制下的编户,变成了宗族。这个过程无法一言以蔽之,故事太复杂了,情节非常曲折。但是,要了解宗族社会的诞生,就必须明白这个过程。

68 建立宗族的契机:里甲登记及其他

珠江三角洲的书面史料,其元末明初部分,是以地方豪强互相残杀开始的。这些豪强,不少已经获得元朝政府的官职,最后胜出的是何真(约1324—1388)。何真于1368年投降明朝,并立即被赏赐高官。之后,在1387年,何真更被封为"伯"的贵族称号,并以东莞的某地为食邑。不过,他必须在首都南京而非珠江三角洲的家乡度过余生。期间他曾两次还乡,一次在1371年,一次在1383年,两次都有特别的任务:招募从前的部将、门生,编入明朝军队。1371年他首次还乡时,就建立了祠堂与宗族田产即"蒸尝",他的蒸尝规条,提及蒸尝创始于北宋范仲淹,目的是赈济族中孤寡和应付祭祖开支。① 虽然何真也确实至少把五代祖宗追溯一番,但何真与他的弟弟似乎掌控了所有族田;虽然何真的父亲在七兄弟中排行第三,但何真这一支,却被视为族中的大宗。

何家的风光日子并不持久。1393年,何真死后五年,灾难降临。何真的两个儿子,被卷入臭名昭著的所谓蓝玉谋反案,明太祖下旨,要把何家满门抄斩,同时被处斩的还有很多人。据何氏宗族文献《卢江郡何氏家记》,何真的其中一个儿子成功逃脱,并于1398年平反后继续承继何真的香火。但是,东莞伯的封号没有得到恢复,而且族田也完全毁掉了。何真的其中一支子孙继续留在东莞,但既无高官职衔,也无贵族封号。②

《卢江郡何氏家记》反映出,地方豪强与其下属之间,尊卑等级森严。地方豪强不仅拥有佃农为其耕作,还拥有半奴隶式的仆人与士兵,即所

---

① Denis Twitchett, "The Fan clan's charitable estate, 1050－1760," in David S. Nivison and Arthur F. Wright, eds. *Confucianism in Action* (Stanford: Stanford University Press, 1959), pp. 97－133.

② 何崇祖,《卢江郡何氏家记》,载郑振铎辑,《玄览堂丛书续集》(南京:国立中央图书馆,民国三十六年[1947]影印宣德九年[1434]刊本)。何崇祖为何真的儿子,他逃过了明太祖的满门抄斩令。

谓"家丁"。何真对付一个背叛主人的"奴"的故事,被许多明朝史料所重复,这故事充分反映出时人如何要求"奴"忠于主。这故事称,1366年,元末豪强互相攻伐期间,何真的主要对手是王成,何真悬赏一千两白银,奖励能够捕获王成者。王成的一个家丁出卖王成,把王成绑送何真,可是, *69*何真宽宏大量地释放了王成,却把那出卖王成的家丁绑起,架在一锅沸水之上,敲锣打鼓,巡游示众,还逼这家丁的妻子点火烧水。那家丁每惨叫一声,人群就高呼:"四境有如奴缚主者视此!"①

何真在珠江三角洲的功业是空前绝后的,但是,明初许多地方都有类似故事。明初短暂的贵族时期,创造出传说,成为地方百姓附会其谱系的来源。其中一个例子,文献相当完整,这就是香港新界东部豪强邓氏的例子,香港新界东部,正是何真地盘的一部分。邓氏的族谱,宣称其祖先娶宋朝皇姑,并以此为由,解释自己为何在明初控制大片土地。类似的宋朝皇姑祖先传说,至少见诸四个宗族,这也许只是反映出,娶宋朝皇姑的邓姓男子,可能来自新会附近的三井村或者其他村落。② 邓氏的族谱称,明初,其土地被一大姓占夺,该大姓失势后,邓氏才收复失地。这段记载肯定指何真家族的盛衰。③ 明初短暂的贵族时期所开创的传统,清楚地反映在何真的宗族建设上,邓氏宣称系出宋朝皇姑,显然是对于这个传统亦步亦趋,尽管邓氏没有任何子孙拥有类似何真的地位。

我们必须明白,邓氏至迟在南宋已经定居于东莞。到了明初,邓氏

---

① 何崇祖,《卢江郡何氏家记》,页 37b—38a。
②《方氏家谱》(光绪十六年[1890]刊,藏广东省图书馆,编号 K0.189/438),弘治十六年(1503)李维(音)序,页 1b。《义门郑氏家谱》(光绪十五年[1889]刊,藏广东省图书馆,编号 K0.189/140),卷 7,页 1b,卷 27,页 2a—2b;《岭南冼氏族谱》(宣统二年[1910]刊,藏广东省图书馆,编号 K0.189/72);《东莞方氏家谱》(香港:1965 年,藏香港大学图书馆,编号 2252.9/0240.1)。
③ 陈琏,《龙冈邓公墓志铭》,载《龙跃头邓氏族谱》(无刊行年份,钞本,藏香港大学图书馆善本部,编号:罗 700.17—7)。根据该文,龙跃头邓氏,被一地方豪强侵夺土地,洪武中期,邓氏试图把这片失地收回,登记到里甲中,但并不成功:"初,有负(附)郭田百余亩,为豪要兼并。洪武中,有司更造版,公推税,其怙势不受,终弗白"(页 32)。陈琏逝世于景泰五年(1454),享年八十五。

的各个支派必定已经散处各地,要建立一套礼仪,把各派属同一宗族的关系维持于不堕,关键是要拥有共同的祖先。在明初,这套礼仪是以皇姑及其丈夫郡马的坟墓为核心的。直至 16 世纪前,邓氏这些支派,都没有祠堂;而直至清朝之前,也没有一个总祠来让邓氏各个支派一同进行祭祖活动。明初宗族建设的实质,是由当地豪强建立族田,供自己成员享用;而不是以共同财产为基础,建立超越地域的同姓组织。同时,邓氏各派也继续纂修谱牒,把邓氏各派之间的联系,与已经被改造过的邓氏宗族的历史结合起来,产生出共同的祖先传说。珠江三角洲所有谱牒大致上都有共同的模式:首先有某位开基祖在珠江三角洲某处定居,其后代子孙散处各地,但其中一个或几个支派则仍然居住于开基之地。①

除了东莞伯何真以外,其余宣称明初的祖先拥有官方、贵族或士绅背景的说法,最可靠的也不过是道听途说,更多的是穿凿附会。这类说法在珠江三角洲确实是无处不在的,但究竟有否真凭实据却是不清楚的。沙头及其他地区的崔氏,宣称祖先是南宋崔与之的兄弟,但崔与之是增城人,坟墓也位于增城。沙湾的李氏,宣称自己是李昴英后人,这说法正如邓氏的皇姑祖先传说一样,无非是通过李昴英"开国男"这一含糊的贵族称号,来巩固李氏对于沿岸土地的控制而已。大老村这条相对细小的乡村,也有莫氏宣称祖先是唐代状元。② 这类故事所反映出来的祖先传说,与极为普遍的珠玑巷移民传说,形成强烈反差。珠玑巷移民传说,宣称祖先跟随大队人群从粤北的南雄州珠玑巷南迁至珠江三角洲。珠玑巷移民传说并不强调祖先如何显赫,这个传说在南海、顺德的宗族里非常普遍,但其他地区的宗族也有这个传说。

---

① 也请参考:David Faure, "The Tangs of Kam Tin - a hypothesis on the rise of a gentry family", in David Faure, James Hayes, Alan Birch eds., *From Village to City*, *Studies in the Traditional Roots of Hong Kong Society* (Hong Kong: Centre of Asian Studies, University of Hong Kong, 1984), pp. 24 - 42.

②《巨鹿显承堂重修家谱》(同治十二年(1873)据同治八年(1869)重刊本,藏广东省图书馆,编号 K0.189/581)。

　　大体而言,珠玑巷移民传说是个有关迁移和定居的传说。最通行的版本是这样的:在宋朝,皇帝的一个妃子与珠玑巷一个商人私奔,因此,为了逃避株连,珠玑巷居民离开家园,顺流南下,迁移到广东南部,并定居下来。在出发之前,为了能够顺利离开珠玑巷并且定居他乡,珠玑巷居民请求南雄州知州颁发路引,而到达定居地时,珠玑巷居民也向当地知县登记编户。在珠玑巷移民传说的完整版本中,珠玑巷居民呈给南雄州知州的呈文、南雄州知州的批文、珠玑巷居民定居地当地知县的批文,都有完整的记录,并成为珠玑巷移民传说的重要元素。据说,"冈州知县李丛芳"还发出以下告示:

　　　　普天之下,莫非王土,率土之滨,莫非王臣。贡生罗贵等九十七人,既无过失,准迁移安插广州冈州大良都等处,方可准案增立图甲,以定户籍。现辟处以结庐,辟地以种食,合应赋税办役差粮毋违,仍取具供结册,连路引缴赴冈州。[①]

　　由此可见,珠玑巷移民传说中上述告示的编户云云,显然是明朝的里甲编户,下文对此有更详尽的解释。珠玑巷移民传说实际上始于明朝而非宋朝,证据是目前所有珠玑巷移民传说,其出现时间,都不早于明朝。[②]

　　许多关于明朝里甲制的研究,都认为里甲制是明朝政府于 1370 年强制推行的。但是,我们应该将之理解为:这只不过意味着明朝政府于那一年颁发律令,要求实施里甲制而已。如果以为有关里甲制的律令一出,帝国的每个角落就立即实行里甲制,那是十分错误的。首都一纸条文,就能让数以百万计的家庭自动自觉到县衙门登记编户,这种想法太不切实际,不值得我们认真看待。更加合理的看法,是认为在明初登记

71

---

① 转引自黄慈博,《珠玑巷民族南迁记》(南雄:广东省南雄县地方志编委会,1985 据中山大学 1957 年油印本排印),页 29。

② David Faure, "The lineage as a cultural invention: the case of the Pearl River delta," *Modern China*, Vol. 15, No. 1(1989), pp. 4 - 36.

编户的只是全国人口的一小部分,而他们之所以登记编户,并不是因为他们愿意纳粮当差,而是因为实际环境使他们无法规避编户,而且,对于弱势社群,编户也许还有点好处。何真的家族文献能够帮助我们弄明白里甲制度是如何实施的,以及明初的里甲登记意味着什么。何真于1368年归顺明朝,其家族文献描述此事时,有关键的一行,提及编户登记。何真向新兴的明王朝献出其玺印以及他控制的民户与士兵的登记册。东莞县政府于1347年编造的赋役黄册,内容大概与何真之前归顺明朝时呈献的登记册重迭。① 1382年,一万户蜑民也被编入水军的户籍。② 何真封伯后两次重返广州,其表面任务是招募当地百姓服兵役,这任务的前提是:当地百姓中,至少一部分已经登记编户。更有甚者,1394年,明太祖下令把何真家族满门抄斩后的一年,广州总兵官花茂奏请,将东莞、香山县的所有漏网蜑民编入军籍。结果,广州沿岸地区就这样增置了二十四个卫所。③ 无论如何,非常特别的是,尽管明王朝对于蜑民如此警惕,何真的家族文献却完全没有提及蜑民。④ 明王朝也许视这些住在船上的蜑民为潜在的威胁,但我们读何真家族文献所得到的印象,是何真对于蜑民或者其头目,或视为盟友,或视为敌人,但并不视为异类。

珠江三角洲的大宗族,在明初登记里甲时,遭际不一,这点是可以从族谱中看出来的。自称宋朝皇姑之后、散处东莞各处的邓氏,从来没有登记到里甲中,邓氏以宋朝皇姑坟名义控制的大量田产,也没有被登记。

---

① 何崇祖,《卢江郡何氏家记》,页46b;陈颖,《均赋役记》,元至元八年(1348),载张二果、曾起莘着,杨宝霖点校,《崇祯东莞县志》(东莞:东莞市人民政府,1995年据崇祯10年[1639]刊刻本排印),页702—704。

② 何崇祖,《卢江郡何氏家记》,页66b—67b;黄佐纂修,《广东通志》(香港:大东图书公司影印嘉靖四十年[1561]刊刻本),卷7,页7b,总页162。

③ 黄佐纂修,《广东通志》,卷7,页8b,总页162;卷49,页16a—17b,总页1286—1287。

④ 何真家族文献中,至少有一处清楚提及,蜑民在元末积极参与当地的战事。元至正廿七年(1367),占据龙潭的卢述善及占据"东煮(原文如此)归德"的文七,派遣了一百艘船,增援靖康盐场的李确部队,对抗何真。参见何崇祖,《卢江郡何氏家记》,页38a—39a。

但邓氏在香港新界屏山的亲戚,却从明朝立国的第一年就被编入里甲。①
同样,也没有任何证据显示崔与之的后人被登记到里甲中。李昴英的子
孙,除了其中一支于1394年被编入军籍外,其余似乎也没有被登记。莫
氏的情况则比较复杂。莫氏的族谱,收录了一份康熙三十九年(1700)的
诉讼文书,谓莫氏曾于宋朝把田产捐给佛寺,并相当清楚地指出,有关田
产的登记,早于万历九年(1581),盖这年全国清丈土地,广东也进行大规
模清丈。② 三江村赵氏,自称是宋朝皇室之后,很早就接受登记:他们在
元朝改易姓氏,到了明初才恢复赵姓,并且也在明初被陆续登记到里甲
中。赵氏的族谱,奉某位逝世于明初的十二世祖为开基祖,他的四个儿
子中,长子这一户,于洪武十四年(1381),以赵连城名义,登记为三图七
甲内的"潮居"户,必须派送成丁,到珠江三角洲某个沿岸卫所当兵。像
"赵连城"这样的名字,显然是用来开设赋役户口的假名。次子住在一图
九甲,本来在明朝开国的洪武元年(1368)与其长兄登记在同一户内,但
在洪武十四年(1381)却在三图七甲另外立户。洪武二十四年(1391),次
子接到服兵役的命令。为应付这趟差役,次子派了个"鬻男"(买回来的
儿子)到首都南京的某个卫所当兵。据家谱记载,这份到南京卫所当兵
的差役,于成化四年(1468)改为到邻近新会县当兵的差役。家谱还记载
了长子与三、四子之间因为争夺沙田而引发的纠纷。三子这一户,自洪
武九年(1376)以来就得到北京服兵役,并于洪武二十年(1387)被登记税
田2,200亩,这些赋役项目都于洪武三十四年(1391)被纳于官方的记录
中。可是,由于三子无嗣,这些赋役就落在四子这一户的头上。基于家 ⁷³
谱未予披露的原因,四子控告他的侄儿即长子的儿子赵仲坚规避赋役。

---

① 香港屏山和东莞的邓氏,并非宋朝皇姑之后,被登记到黄田盐场的里甲中。与宋朝皇姑之后
不同,屏山邓氏的一名成员邓彦通,早于明洪武十五年(1382)就获得官方嘉奖,他撰写《田赋
记》,谓"大明建国之初,令天下毋得冒相合户",为响应圣旨精神,"余时与弟彦祥始别立籍东
莞县,弟立籍黄田场,将祖产立作两份对分……凡科差均受祥"。载《南阳邓氏族谱》(无刊行
年份,手稿本,藏香港大学图书馆),页10a—10b。
②《巨鹿显承堂重修家谱》,页48b。

赵仲坚把沿岸滩地交给四子,作为赔偿。四子则将之成批出售。这故事的结局并非大团圆:四子竟然被购买他沿岸滩地的买主"汤斯让药死",此人大概与二子的女婿汤应麟有关,并说汤应麟来自"北到"。[1] 赵氏家族的悲惨结局,让我们明白了里甲制度实施的真实运作。登记户口,牵涉到纳粮当差的赋役,因此里甲登记绝不只是统计人口这么简单,我们必须意识到里甲登记会引发切身的利益冲突,并从这个角度来了解里甲制。把土地托庇于势豪,即可规避税粮,而有关赋役,往往给转嫁到穷人头上。对此,明朝的人都很了解。但是,百姓规避赋役时,会利用一些礼仪—法理元素,这些礼仪—法理元素,非常重要,如果我们把规避赋役纯粹理解为政治问题,就会忽略这些礼仪—法理元素。我们不可以夸大里甲制实施的程度,不是因为明王朝并不具备足够的人力来推行里甲制,而是因为里甲一旦设立,地方力量,就可以通过礼仪—法理元素,为自己的利益,或承担某些赋役,或规避某些赋役。珠江三角洲的族谱,正好反映出这一点。

南海关氏的文献,就提供了一个很好也很曲折的例子。元明之际,关氏出了个英雄,以祭祀这名英雄为名义的田产,造就了关氏宗族。出生于元至正九年(1349)的关敏,是本地豪强之一,他投奔何真,拥护明朝,因而战死,死时相当年轻。因此之故,明初,在关敏的家乡就建立了庙宇,当地县政府还划定田地,作为祭祀关敏之用。关氏族人聪明地操纵里甲登记与宗族继承的规则,发展出一套精确的规条来控制田产,也因此创造出一个宗族来了。由于关敏为独子,关氏族人就把一位侄儿过继给关敏以承继其香火。如果我们粗心大意地读关氏族谱,就会以为:随着关氏子孙繁衍,发展出三派,一派为关敏的父亲,另外两派为关敏的叔伯辈即关敏父亲的兄弟。对于关氏族谱的这种解读,是戴着 16 世纪眼镜的粗枝大叶的解读。当时,以各房各派控制蒸尝,确实成为宗族的

---

[1]《赵氏族谱》(香港:赵扬名阁石印局,1937),卷 2,页 12b—15a。

最流行的形态。但是,明初的重要的礼仪——法理脉络,却会被戴着 16
世纪眼镜的解读所忽略。我们应该很容易就明白:一父、三子,即使再加
上孙子,也无法形成一个宗族。就关敏的个案而言,这个家族定居不过
两代:关敏的祖父是在元代才搬进黄连村的。更有甚者,虽然关氏的族
谱宣称关氏登记为民籍,但关敏祖父的长子生有一子一女之外,还有两
名负责服兵役的"义男"。关敏祖父的次子则有二子一女,长子无嗣,次
子也生了两个儿子,其中一人过继给已经逝世的关敏。关敏的这位侄
儿,过继给关敏之后,生下六个儿子,其中一名过继给了一位尚无子嗣的
叔伯辈。①

对于这十来个人组成的小团体,我们要问的关键问题是:究竟谁控
制田产? 如何控制田产? 显然,关敏祖父的三房子孙中,二房是胜利者。
兵役已经由长房承担了;二房又把儿子过继给已经逝世的关敏,并且承
担起祭祀关敏的责任,所以二房实际上控制了整个宗族里也许唯一的以
成员为祭祀对象的庙宇。由于二房承担起祭祀关敏的责任,长房,亦即
第三代的长子,实际上是被架空了,但是,长房又仍然被保留着,这异常
现象,大概与明朝里甲登记有关,目的是把兵役推给长房,而祭祀关敏
的田产,则由其他人控制。

有关里甲制度的研究,往往认为明王朝政府像个至高无上的权威,
能把一己意愿强加于地方社会。但是,我们把明初的宗族内部继承安
排,联系到祭祀、亦即联系到田产控制权时,就会发现,情形似乎并非
如此。浮现出来的景象应该是:明王朝的里甲行政安排,使宗族礼仪
规则、例如子孙继承规则,具备了法理的意味。因此,编户登记就成
为了分配田产的手段。"户"一旦被赋予法律定义,则子孙继承也将
受到影响,因为法律容许人们操纵过继来控制田产。但是,子孙继承

① 广东省图书馆的卡片目录,把本文这里所依据的关氏宗族的族谱,写成:"《卢氏族谱》(不著
撰人,手稿本,光绪廿三年[1897]刊)。"毫无疑问,这肯定是个错误。因为族谱内载有关敏的
传记,把关敏视为宗族成员。直至景泰三年(1452)顺德设县之前,黄连村都隶属于南海县。

附带有祭祀祖先的义务,因此,有关田产控制权的法律细节,是能够、并且也经常是通过礼仪条文而表达出来的。关敏庙的例子让我们明白,对一个宗族成员进行定期祭祀,再把这定期祭祀安置于宗族的脉络里,对于王朝—乡村关系,有着重大的意义,远非单纯符号这么简单。

75 　　把军役交给宗族的一个支派,以便让宗族的另一个支派——极有可能也是势力强大的支派——专注于土地囤积,这应该是明初常见的情况,族谱里经常记载着这种做法的例子。可以想象,在那个动荡的年头,控制田产与政治联盟有着密切关系。小榄何氏的文献称,其祖先何汉溟(1358—1412)竟然直接跑到首都,控告一个地方恶霸在他村子犯下的暴行,结果,这个恶霸的田产就被充公。小榄的一个乡民,如何能够直接到首都告状?何氏的文献对此语焉不详,但却提到何汉溟与一位不知名的广东布政使交上了朋友,也提到何汉溟于洪武十八年(1385)编了户籍,还被任命为小榄地区卫所的里长。而且,何汉溟的父亲早于洪武四年(1371)就率先登记为民户。洪武十四年(1381),何汉溟被命令到南京的卫所当兵,他以年老为由,派了个儿子来顶替自己。何氏最终成为小榄地区最显赫的宗族之一,从以上记载看来,何氏田产的基础,显然在这段遥远的时期就已经奠定了。[①]

建立宗族礼仪

　　把控制田产与承担祭祀联系起来,这种做法,是否继承南宋以来

---

① 《何氏九郎族谱》(1925刊),萧凤霞赠作者,现由作者所藏。类似的情况也发生在李氏与刘氏宗族,见《南海山南联镳里关氏族谱》(光绪十五年[1889]刊,藏中山大学图书馆,编号:史(2)050;卷4,页5a、又5b;《逢简南乡刘追远堂族谱》(无刊行年份,手稿本,由作者所藏)。我在一篇文章中也讨论过逢简刘氏的个案,见 David Faure, "The written and the unwritten: the political agenda of the written genealogy," Institute of Modern History, Academia Sinica, *Family Process and Political Process in Modern Chinese History* (Taipei: Institute of Modern History, Academia Sinica 1992), pp. 261-298.

的理学？对于这个问题,答案纷纭。在珠江三角洲大部分地区,沙田开发主要是明朝的事,元朝的覆亡、明朝的建立,产生了缓慢的经济复苏期。明王朝为这些地区带来了好处,最初采取临时的封赏的形式,继而采取科举的方式,因此把理学所包含的文人理想也扩散到这些地区。但是,在珠江三角洲及其周边,也有一些地区,例如东莞县,自南宋以来就坚固地建立起理学的传统。在这些地区,宗族传统的建立,却带有复兴的色彩,不管是真正的复兴还是想象的复兴。一群同姓之人,在什么背景下采用宗族结构来自我组织？这必然意味着他们会依照理学家所倡导的礼仪,集体祭祀祖先吗？大部分族谱的文献证据太简略,让我们无法轻易解答这些问题。但是,以下几个罕有的例子却显示出,在明初,采用宗族结构,的确与采用理学礼仪有密切关系。

以下记载,来自香山县容氏的族谱。这段记载显示,建立宗族结构, 76 不仅需要祖先谱系,也需要"蒸尝"即祭祀祖先所用的田产,以便应付定期祭祀的开支。据容悌与的《创立蒸尝记》,洪武十九年(1386),容氏尚未建起祠堂,就已经采纳了宗族的结构:

> 悌与少孤,幼居乡里,无名族蒸尝之礼,止问诸亲戚故旧之家,时节讳诞之辰,随家丰俭以奉祀。此吾香山之风俗,随时奉先,礼也。吾家自高、曾二祖旧有灶田三十余亩,租百余石,各房轮流掌管奉祀。嗣后失其诚。高、曾讳诞,几至缺略。时悌与犹少,未能继志述事,时时独念于心。年十八,忝为庠生,每于窗灯之下,见春露濡而心怀怵惕,见秋霜降而心常凄怆。……洪武十九年(1386)春正月朔日,长幼咸聚于宗舍,悌与以情相告。诸昆弟一闻是语,各皆惊愕,无以自容,遂相以创立春秋二祀,八房之祖考皆与焉。……惜乎未立宗子,遂将应祀祖者编定。书于版册,轮流奉祀。其余弟侄未及,以俟后编。嗟乎！人生惟仁义礼乐四事而已……虽寒族家贫而

仁义礼乐不可以不兴。[1]

容氏族谱显示,作者尽管只是个生员,却已经是族中第一个拥有官方身份的人。采纳宗族结构,就需要用文字把愿意轮流承担祭祖费用的宗族成员记录下来,这一点也很重要。以"曾祖"、"高祖"来称呼祖先,意味着蒸尝是由五服以内的子孙所控制的。五服以外的亲戚,就被认为已经离开本家。因此,随着宗族子孙繁衍,祭祖时所采用的一套共同礼仪,就会迎合宗族的需要,虽然宗族的财产管理结构,仍然掌握在本家手中。

历史比较悠久的宗族,其祭祖仪式就更加讲究,包括有时在祠堂里举行仪式。东莞县潢涌村黎氏祠堂门口的一块石碑,显示该宗族的谱系结构,历南宋、元朝而不间断,明初,黎氏宗族建立祠堂,认为这是恢复传统之举。根据该石碑,黎氏定居潢涌村的开基祖是黎宿:

> 自宿以下,颇得考其世次。有□股肉以奉亲者,事闻于朝,诏旌表其门闾,署其里曰"德本",因建祠于里门之东以奉其先祀,有田若干顷以供其祠之粢盛。又建义塾于祠西,延师教其族之子弟。宋之季世,皆毁于兵。元至元癸巳(1293),举族同力兴复如故。至正乙未(1355),复罹兵毁,靡有孑遗。大明定中原,洪武三年(1370),黎氏族党再复义塾,方将经营祠堂,黎力未能举也。于是重辟祭田,岁时族长率其子孙,权修祠事于义塾。至乙卯岁(1375),祠堂始成,春秋祭祀,卒如先志。自元至今百年之间,黎氏之族,以儒起家至教官者若干人,至宰邑者若干人,大明受命,宿十世孙光,起家首拜监察御史。[2]

---

[1] 容联芳编,《容氏谱牒》,民国己巳年(1929)长世堂刊,藏香港中文大学图书馆,卷1,页5a—b。

[2] 1996年,我在杨宝霖先生的陪同下,参观了东莞县潢涌村黎氏祠堂,看见这块位于祠堂门口外的石碑。杨宝霖先生提供了一份完整的、经过仔细校对的碑文抄本,我获益匪浅。谨此向杨先生致以最深的谢意。

黎光于洪武五年(1372)成为举人。[1] 因此,我们可以这样:宗族成员一旦获得科举功名,就建立起宗族礼仪,以上碑文就是这个现象的又一例证。无论如何,以上碑文很清楚地说明:黎氏宗族的祭祖活动,从南宋末年开始,延续不断。该宗族在宋朝因为某个成员的孝行而获得朝廷嘉奖,因而建立起一座祠堂以祭祀祖先,并且还经营了蒸尝。黎氏宗族通过集体努力,试图恢复祠堂,意味着黎氏的宗族结构历久不衰。但是,在那遥远的明初,并非所有宗族都能够合法地建立祠堂。同一块石碑的碑阴,刻有文字,时间与碑阳文字同年:

> 祠堂之制,非古也。古者大夫三庙,视诸□□□□□□□二庙,视大夫降一等;官师一庙,视大夫□□□□□焉者。后世诸侯无国,大夫无邑,其制未免有同□□□□度。尊祖者既衰而不严,事亲者又厌而不尊。□□□□□礼始尽废矣。士庶人有所不得为者,以祠堂名之,以寓报本反始之诚、尊祖敬宗之意。此广东东莞黎氏宗祠之所以建也。[2]

由于年代久远,自然侵蚀,人为破坏,碑文不无堙灭之处,但是,这些堙灭之处的内容,是完全可以从明朝的礼仪条文中填补进去的。明初的律令,对于祭祀祖先时能够祭祀多少代,有相当清楚的限制:品官祭祀四代,平民只能祭祀父母及祖父母;明初的律令,也特别规定:只有品官才有权在被称为"家庙"的建筑内祭祀祖先。但是,对于在坟墓旁建立祭祀祠堂这种宋朝的习俗,明朝的律令并不禁止。何真官至尚书,因此能够在家庙祭祀祖先。但东莞横涌村李氏则不同,李氏并没有资格在家庙这样的建筑内祭祀祖先,因此,李氏把他们祭祀祖先的建筑称为"祠堂"。在元朝及明初,李氏义学也兼有祭祀祖

78

---

[1] 张二果、曾起莘著,杨宝霖点校,《崇祯东莞县志》,页 511。

[2] 这块碑文的上方,另有一篇文章,是南宋末年李春叟写的,歌颂李氏宗族合村而居。除这块石碑外,祠堂里还有一块碑文,载有元至大二年(1309)的文章;另外还有一块碑文,记载明永乐十三年(1415)重修祠堂的情形。

先的功能。明朝开国之后,祭祀祖先所用的建筑,其形制也被改变。但是,我们必须留意,在明初,由法律规定、由里甲实践的身份等级制,是被严格遵守的。①

---

① 明初颁行的《明集礼》,对于祭祀祖先的礼仪,包括祠堂的形制,都有规定。见徐一夔等撰,《明集礼》,卷6,页11a—27a,原刊于洪武二年(1369),载文渊阁本《四库全书》(上海:上海古籍出版社,1987缩印),第649册,总页171—179。

第七章 赋役的崩溃

里甲登记的全面推行,是 15 世纪中叶的事。而里甲制度的性质本身也逐渐发生变化:从严格要求亲身服劳役,变为以缴纳白银代替劳役;从重视登记户口,变为重视登记田产。这是个缓慢的过程,几乎用掉了 15 世纪中叶到 16 世纪中叶这一百年。在珠江三角洲,真正开始这个变化的,是卷入正统十四年(1449)黄萧养之乱的地区。在这些被叛乱波及的地区,全面编户齐民,就有可能改变社会地位,这一点是很重要的。这地区有很多百姓被登记为蜑户,叛乱的发生以及叛乱期间效忠朝廷的动作,就让蜑户们有机会登记为民户,从而抛弃蜑户的身份。因此,黄萧养之乱,意味着当地社区通过编户而得到王朝国家的承认。其他户籍改变为民户这一现象,并不限于黄萧养乱事地区,但是,黄萧养乱事地区所开始的其他户籍改变为民户这一现象,开启了改变的趋势,最终扩散至整个珠江三角洲。

黄萧养之乱,1449 年

对于黄萧养,我们知道得很少。成书于 1451 年,相当于时人记载的《平寇略》,形容黄萧养为"小民",家境贫穷,以充当雇工为生。他在一次

80 　田地纠纷中杀了人,坐了牢。获赦释放后,在"海面为盗"。不久他再度落网,这次的罪名是"海洋强盗"。以上的记载,其实不足以把黄萧养落实在珠江三角洲社会的脉络中,但是,家境贫穷、充当雇工、争夺土地、轻易出入海洋,把这些记载综合起来,可以看得出:黄萧养与那些社会地位卑微、住在沙田、被俗称为"蛋"的人,关系应该非常密切。

　　不过几个月的工夫,黄萧养向附近社区发起进攻,没有遭遇任何抵抗,他迅速在桂洲、逢简、大良、马齐等地建立了政权,这些地区当时属南海县,也就是叛乱平定之后成为顺德县的地区。据《平寇略》,只有龙江镇的父老们,在一个叫做萧碧的人的领导下,组织起来,抵抗黄萧养。对于龙江镇抵抗黄萧养的组织详情,《平寇略》有所记载,这记载对于我们了解当时珠江三角洲的社会,非常重要。《平寇略》称:龙江镇父老们认为,"非请命上台则众志不一,非矢诸神明则约法不行",因此,他们"冒险往都督抚院,领保安黄旗一面、榜文一道",以十名甲长组建十队人马,在附近山上屠猪杀鸡,歃血为盟,一面焚香祭天,一面宣读誓词,宣布与黄萧养势不两立。他们除了在龙江镇设防之外,也与附近的北村、沙头、龙山、九江、与大同等堡结盟。当黄萧养的叛军进犯时,他们成功地打退了叛军。[1]

　　这一片地区分成黄萧养叛军占领地区与效忠朝廷地区,其分界线,也就是后来的南海县与顺德县的分界线。这一点同样重要。在这片地区,桂洲、逢简、大良、马齐位于南方,而沙头、龙山、九江、龙江位于北方。南方靠近沙田区。这不意味着我们要把黄萧养叛乱认定为地主与地位卑微的佃农及雇工的斗争,我们应该意识到,这些佃农及雇工,由于住近

---

[1] 邓爱山于明景泰二年(1451)撰写的《平寇略》,是有关黄萧养之乱的最详细的记录。萧碧等人后来得到嘉奖,他们的神主牌位被安置于龙江镇的雷将军庙,据说,在镇民抵抗黄萧养期间,雷将军曾经显灵襄助。有关萧碧等人获嘉奖一事,时人薛藩有《议举十一公配祀雷大相公庙文》。这两篇文章载佚名纂,《顺德龙江乡志》(又名《龙江志略》),卷 5,页 56a—58a,载《中国地方志集成·乡镇志专辑》(南京:江苏古籍出版社,1992 据民国十五年[1926]龙江双井街明新印务局铅印本影印),第 30 册,总页 873—874。

沙田,因此在王朝的社会结构中得到了一种特殊地位。毕竟,这片地区 *81*
的南北部分之间,并没有明显的地标作为分界;并且,除非土地已经获得
登记,否则佃农与地主之间的分界线也是不大清楚的。

杨信民于景泰元年(1450)被任命为广东巡抚,率兵解广州之围。黄
佐《广东通志》对于此事的记载,也印证了珠江三角洲分裂为效忠朝廷与
效忠黄萧养两大集团:

> 杨信民,……正统十一年(1446)升广东左参议,……正统己巳
> (1449),以劾贪事被逮赴京,广人不忍其去,军民客旅猺蛮灶户万四
> 千余人,赴土司保留,耆民何宁等复诣阙奏保,遂蒙复职,敕守白羊
> 关。宁等复奏:"贼黄萧养作乱,愿得信民还广,则寇贼可弭。"上可
> 其奏,召还,入见,□赐大官饮膳,升右佥都御史、巡抚广东。至广州
> 时,□(贼)众数万,有民欲入城赴愬,官司疑其为贼间,缚之于狱。
> 信民命出之,即印押公据数万,散布四方,约曰:"纵为盗杀人,有此
> 据者,悉免其罪。愿入城者,听。"令既下,信民恩信素孚,民争趋城。
> 至,辄泣拜台下。信民亦泣而慰之,发粟赈济。时官民争曰:"纵贼
> 入城,患生不测,咎将谁归?"信民曰:"吾独当之!"[1]

以上的记载,不仅与《平寇略》有关龙江镇效忠朝廷的引文相一致,
也与逢简刘氏族谱的互相发明。逢简刘氏族谱称,其祖先之一刘观成,
号松溪,组织乡人抵抗黄萧养的叛军。但是,由于黄萧养叛军把所有"胁
从者皆籍而记之",官兵得到该名单后,就按照名单上的"姓名乡里","发
兵剿捕","遂滥及不辜,并乡之民,多横罹锋镝者",刘松溪由于不相信官
兵会妄杀无辜,没有及时逃离。

"俄而兵至,府君(刘松溪)与子妇何氏、暨孙蛋、平皆遇害。"小榄何
氏族谱中关于何洪禄(1421—49)的传记,也生动地印证了以上的记载:

---

[1] 黄佐纂修,《广东通志》,嘉靖四十年(1561)刊,(香港:大东图书公司,1977 影印),卷 49,页
52a—52b,总页 1304。

82 "公为乡正,御史出榜安民,公揽榜,率众御贼。"①类似的防卫联盟也在九江与佛山建立起来。② 关于佛山防卫联盟的记载,保存得非常完整,值得我们仔细研究,以便了解黄萧养之乱对于珠江三角洲所带来的社会变迁。③

佛山防卫联盟,缔结于佛山镇的一座北帝庙之内。据说,北帝显灵支持佛山镇的防卫者。黄萧养之乱平定后,朝廷更名该庙曰"灵应祠",并在祠内另设偏殿,供奉二十二个佛山防卫联盟的领袖的牌位,定期祭祀。④ 有关佛山防卫联盟的设立,广东布政使参政揭稽的下属陈贲提供了最权威的记载。景泰元年(1450),黄萧养之乱平定后,陈贲巡视佛山,亲眼看见了佛山镇的部分防御工事:

> 而南海番禺诸村堡多有从为逆者,声言欲攻佛山。父老赴祖庙叩之于神,以卜来否,神谓贼必来,宜早为备。于是耆民聚其乡人子弟,自相团结,选壮勇、治器械、浚筑濠堑,竖木栅,周十里许,沿栅置铺,凡三十有五。每铺立长一人,统三百余众。刑牲歃血,誓于神曰:"苟有临敌退缩、怀二心者,神必殛之!"⑤

佛山镇与龙江镇防卫联盟的相似之处是可以预期的。佛山镇防卫联盟的缔结者,也同样是"铺"。刊行于乾隆十七年(1752)的佛山镇地方

---

① 《逢简南乡刘追远堂族谱》(无刊行年份,手稿本,由作者所藏),页25a—26b,29a—31a;《何氏九郎族谱》(1925刊,萧凤霞赠作者,现由作者所藏),卷1,页25b。

② 黎春曦纂,《南海九江乡志》(顺治十四年[1657]刊),卷2,页23b,卷5,页27b,载《中国地方志集成·乡镇志专辑》(南京:江苏古籍出版社,1992影印),第31册,总页244、303。

③ 景泰二年(1451),朝廷以佛山父老平黄萧养之乱有功,赐名佛山为"忠义乡"。龙江似乎也得到同样的嘉奖。

④ 唐璧,《重建祖庙记》,载陈炎宗总辑,《佛山忠义乡志》(乾隆十七年[1752]刊),卷10,页14b—16a。

⑤ 陈贲,《祖庙灵应记》,载陈炎宗总辑,《佛山忠义乡志》,卷10,页12a,藏香港浸会大学图书馆特藏部,编号 T 673.35/1052525.11752v.1—4。这篇文章也被两本后出的《佛山忠义乡志》所转录,但铺的数目则变成25。见吴荣光纂,《佛山忠义乡志》,道光十一年(1831)刊,卷12,页13b;汪宗准修、冼宝干纂,《佛山忠义乡志》,民国十五年(1926)刊,卷8,页12b,俱载《中国地方志集成·乡镇志专辑》(南京:江苏古籍出版社,1992影印),第30册,总页219、409。

志《佛山忠义乡志》,其编纂者陈炎宗博物洽闻,但对于这个"铺"字,仍大感困惑,以至不得不注解一番。他说,"铺"一般是指一群店铺,但也可能以讹传讹,变成"驻扎军队之处"的意思。对于他来说,"铺"在佛山镇的脉络中,纯粹意味着镇民们为抵抗黄萧养而自我组织起来之处。所有这些"铺"的名字,他都知道,他估计,这些"铺"的数目为二十四,并且在《佛山忠义乡志》的地图上把这些"铺"的位置清楚地标示出来。①

随着佛山镇日渐扩张,佛山的"铺"的数目,在 15 与 18 世纪之间有所变化,是完全可以理解的。但是,18 世纪的《佛山忠义乡志》,仍保存了佛山曾经分为九"社"的记载。在 18 世纪,"社"是指地方乡村社区祭祀土地神的神龛。虽然"社"并不见于黄萧养叛乱的当时人的记载,但毫无疑问,其实从明初以来,"社"就是邻里集合之处。"古洛社",被誉为佛山最古老的"社"之一,是一座露天的神龛,靠近北帝庙。而"祖庙铺"也可被翻译为"北帝庙铺",因为该铺亦即北帝庙之所在。根据黄萧养之乱爆发以前的两篇文章,元朝末年,盗贼四出劫掠,北帝庙就已经是乡民们的集合点。成于 18 世纪的纪念"社"的文章,都记得佛山曾被分为九社。其中一篇文章提及,复礼社保存有弘治元年(1488)的匾额。另一篇文章则提及,捍卫佛山有功的领袖,其神位设于北帝庙的偏殿,但是,其中一人的神位,却设于"社",因此对于他的祭祀,也在该社进行。刊行于乾隆十七年(1752)的《佛山忠义乡志》认为,"社"与"铺"相反,"社"才是本地祭祀和赛会的中心。②

"九社"、"二十四铺"之外,18 世纪佛山的文献中还记得有"八图"。"图"是里甲制度下、顾及地方建制的行政区划。"图"的历史,就像"社"和"铺"的历史一样,与黄萧养之乱大有关系。

实施里甲制度,就须要建立户口登记组别,在明朝法律中,这种登记

---

① 陈炎宗总辑,《佛山忠义乡志》,卷 1,页 5a—7a。
②《南海佛山霍氏族谱》(康熙四十二年[1703]刊,藏广东省图书馆,编号 K0.189/470.2),卷 11,页 32a—32b,32b—33b,12a—13a。

组别叫做"里";"里"由户组成,这些户就叫做"甲"。在广东,"里"往往被称为"图",因此"里甲"也往往被称为"图甲"。广东巡抚戴璟刊行于嘉靖十四年(1535)的《广东通志初稿》,是明朝最早的广东地方志。它解释:"国家立法,里甲之制,每百十户为一里,同一格眼,谓之一图。"这段文字显示,到了1535年,明朝广东政府已经为里甲制地区准备了登记表格,广东巡抚戴璟之所以写出这段文字,原因之一,正是因为他要为赋税登记表格的制作,制定规则,这是明朝赋役历史上众多改革的其中一步,称为"均徭"。① 但是,我们不必假设"均徭"始于戴璟,早于八十年之前,正是在黄萧养之乱平定后担任广东布政使参政的揭稽,就以实行"均徭"而得到称誉。②

现存史料显示,黄萧养之乱以前,佛山镇不是没有实行里甲登记,但是,黄萧养之乱以后,里甲登记才大大地系统化起来。康熙五年(1666)刊行的《佛山忠义乡志》,完整地记载了佛山镇八图的户口,还有每图应缴纳的税粮。③ 这个清单,应该不会是在黄萧养之乱以前就制作的。

明初,佛山是个工业市镇,住在镇上的都是冶铁匠人。他们的铸造工场靠近北帝庙。随着冶铁业日益兴旺,宣德四年(1429),比较有钱的冶铁匠人,购买了北帝庙前的一块地,开辟莲花池,奉献北帝,表示对于北帝的虔信。纪念此事的文章指出,冶铁匠人所购买的这块地的税粮,由长老梁文缵与霍佛儿承担。④ 霍佛儿直至黄萧养之乱期间,依然健在,

---

① 戴璟、张岳等纂修,《广东通志初稿》,卷25,页1a—7a,嘉靖十四年(1535)刊,载《北京图书馆古籍珍本丛刊》(北京:书目文献出版社,1988影印),第38册,总页430—433,这里的引文来自页2a,总页430。关于"均徭"问题,参见 Ray Huang, *Taxation and Governmental Finance in Sixteenth-century Ming China* (Cambridge: Cambridge University Press, 1974), pp. 109—118.

② 黄佐纂修,《广东通志》,卷49,页54a,总页1305。

③ 康熙五年(1666)刊行的《佛山忠义乡志》,原书已佚,但这份全镇八图的户口清单,则由陈炎宗《佛山忠义乡志》转录,见该书卷3,页11b—12a。

④ 唐璧,《重建祖庙记》,不著撰人,《清真堂重修记》,载陈炎宗总辑,《佛山忠义乡志》,卷10,页14b—16a,16a—19a。

而且还是捍卫佛山的领袖之一,显示出 15 世纪初佛山这一代领导层的延续。梁文绺与霍佛儿认领冶铁匠人所购买的土地的税粮一事,成为佛山镇最早的地税纪录,因此,把此事与霍佛儿等冶铁匠人的社会背景联系起来,是有帮助的。据《南海佛山霍氏族谱》,霍佛儿是佛山霍氏开基祖的九世孙。但是,对于族谱里的世代数目,我们必须极小心处理。该族谱对于早期祖先的命名,暴露出族谱编纂者对于早期祖先一无所知;假如我们再比较一下族谱里有确切坟墓地点可稽的祖先,则霍佛儿实际上祭祀的祖先,最早也只不过是他的曾祖父。霍佛儿的两名亲戚,也是捍卫佛山的另外两名领袖,显然,他们也同样数不出多少祖先世代。这些佛山人并非在明初就已经登记户口的百姓,而是手工业作坊的雇主和匠人,其中一部分人富了起来。黄萧养之乱平定之际,这些佛山人获得官方承认,这是他们的社会地位获得认可的第一步。而在黄萧养之乱爆发前很长的一段时间内,这些佛山人则以本地土地神龛为中心,组成村落联盟;他们又购买土地,献予北帝庙,并因此之故,成为所谓"铺"的防卫组织的成员。但是,直至佛山编成八个"图"之前,这些佛山人并不是里甲的成员。[①]

　　黄萧养之乱爆发前,佛山镇居民与明王朝国家的关系,建立在多种复杂的制度安排上;黄萧养之乱平定后,佛山社会与明王朝国家的关系发生了变化。这社会—国家关系的变化,反映在佛山地区族谱的逸闻故 [85]事中。佛山鹤园陈氏,就是把户口登记到里甲的最清楚的例子。陈氏的族谱,不仅列明里甲登记的户名(陈金)与住址(二十图五甲),还用珠玑巷传说来解释自己在佛山定居的缘由。珠江三角洲地区许多在 15 世纪才登记到里甲的宗族,它们的族谱里都有着这共同点。[②]　相反,在 17 世

---

① 霍佛儿传记,载《南海佛山霍氏族谱》(康熙四十二年[1703]刊,藏广东省图书馆,编号 K0.189/470.2)。梁文绺传记,载《诸祖传录》(光绪十一年[1885]刊,藏佛山市博物馆),该书记录了梁佐的世系,参见本章注释 17。
②《南海鹤园陈氏族谱》(民国六年[1917]刊,藏广东省图书馆 K0.189/272.2),卷 4,页 22a—24a。

纪产生出佛山最著名文人之一李待问的李氏,则于族谱记载,活跃于 15 世纪的四世祖及其儿子,逝世之后,其骸骨被不肖子孙卖掉,直至 16 世纪才被族人寻获。[①] 梁佐是另一个做了大官的佛山文人,但即使如此,梁氏族谱也完全没有提及里甲登记。因为,正如部分没有在明初编入里甲的宗族一样,梁氏宣称自己的祖先是宋朝的公主。[②]

从 15 世纪中叶开始,控有土地的人,开始改变他们对于里甲的抗拒态度。佛山东头冼氏,其祖先是黄萧养之乱期间捍卫佛山的领袖之一。据冼氏族谱,该宗族登记到里甲之中的,是在两个并不相连的"图"内的五个户名,其中一户是军户,控有屯田。冼氏与佛山地区其他宗族一样,编纂族谱时的通行做法,是把编户登记的时间,说成开基祖定居佛山的南宋末年,因此我们不太清楚冼氏究竟何时登记到里甲中。但以下这几行透露了时间:"按本房一世至三世皆单传,四世生三子,五世而科名崛起,六世家业益隆,田连阡陌,富甲一镇。既广购田宅,故多立户籍以升科"。[③]

用"三十年为一代"这个不太精准的规律来计算,从南宋灭亡开始,六代之后,冼氏就购买土地,并登记税粮,时当 15 世纪末。换言之,正好

[①] 李氏所谓四世祖李行一死后,被"族悍盗卖骨殖,弃之草莽"云云,等于承认自己的卑贱地位,因为祖先的骨殖既然已被盗卖,子孙就无法定期到祖先的坟墓进行祭祀。参见 David Faure, *The Structure of Chinese Rural Society*: *Lineage and Village in the Eastern New Territories*, *Hong Kong*(Hong Kong: Oxford University Press, 1986), p. 69. 李氏四世祖的生卒年不详,但他的父亲即三世祖生于永乐二年(1404)而卒于成化二年(1466),他的儿子即五世祖则生于正统九年(1444)而卒于弘治三年(1490)。五世祖的骸骨,是由李待问的祖父李壮(1518—1590)寻获的,见《李氏族谱》(崇祯十五年[1642]刊,藏佛山市博物馆),卷 1 有关四世祖李行一、五世祖李忠、八世祖李壮的部分。

[②] 见《诸祖传录》。留意:《诸祖传录》只是个单行本,而非完整的梁氏族谱,但是,《诸祖传录》保存了很多撰写于明朝上半叶的梁氏成员传记和墓志铭,因此留下了梁氏从佛山开基祖到明朝上半叶的完整谱系。宋朝公主的梁氏驸马坟旁,有梁氏祭田 7.373 亩,税粮寄在"梁承业"这个明显的假名之下,并登记于中村堡七图一甲李建家(音)户下。梁氏每十年支付李氏一笔钱,作为李氏代梁氏服十年一轮的里甲徭役的报酬。我们不知道这项赋役安排始于何时,但考虑到《诸祖传录》收录的明初墓志铭中,已经提及宋朝公主及其梁氏驸马,我们可以假设梁氏于明初就已经控有这块祭田。

[③] 《岭南冼氏族谱》(宣统二年[1910]刊,藏广东省图书馆,编号 K0.189/72),卷 3 之 6,页 1b。

就是黄萧养之乱平定后的几十年间。这时,里甲制比从前推行得更彻底,但是,里甲制已经不再遵从官方原本的设计,不再登记户口,相反,这时的里甲制,已经是针对田产的赋税登记了。

登记里甲与控制土地:顺德县罗氏的个案

我们必须明白:推行里甲制所牵涉的,远不只是机械地套用行政手续这么简单。推行里甲制是复杂的过程,会影响当地的权力分配。最低限度,推行里甲制,就让王朝国家扮演了分配户籍的角色。与此密切相关的就是:凡被编入里甲者,其田产将得到王朝国家的承认、亦即得到王朝国家的保护。到了十五世纪中叶,里甲制名义下的土地登记,改变了整个珠江三角洲。在沙田开发紧锣密鼓的地区如南海和顺德,这种改变更加明显;在珠江三角洲那些早已有人定居的地区如东莞,这种改变则不那么明显。珠江三角洲新开发地带的居民,也就是说沙田的居民,在明初应该是被编为低人一等的蛋户。黄萧养之乱,让这些蛋户中比较有势力的一群,有机会重新登记为民户,就这样,他们最终演变为珠江三角洲上最有势力的陆上宗族。发生在南海、顺德两县的这种改变,因此展示出明朝地方政府的权力操作。

拜黄萧养之乱所赐,顺德县开设于景泰二年(1451)。顺德县所辖之地,在明初本来隶属南海县。顺德县县治为大良镇,大良镇自顺德县开县以来,就被罗氏主导。罗氏成员之一罗忠,于黄萧养之乱平定后,谒见广东布政使参政揭稽,吁请开县,因此获得称誉。[①] 罗氏宗族有财有势,这是毫无疑问的,罗氏族谱的一篇写于明万历三十八年(1610)的序言,这样来形容罗氏宗族在顺德县的地位:

> 罗氏,顺德之大姓也,环北郭而居,长老至不能名其稚子。其食

---

① 罗显韶,《上侍郎揭稽请置县书》,载吴道镕辑,《广东文征》(香港:香港中文大学,1973),第2册,页49。

齿当县什一,游校之士当什二,缙绅当什三焉。①

罗氏宗族不仅吁请开县,而且还捐出土地,以便官府设立县治。清
87 康熙六十年(1721),顺德县知县写道:"顺德县县城所有公共设施,都建
立在罗氏捐出的 571 亩地上:城墙、衙门、粮仓、厨房、操场、公馆、神龛、
厉坛、寺院、道观。"顺德县知县还留意到:城内九图之中,有九十户都是
由罗氏宗族的罗忠登记的。②

大良罗氏宗族的早期历史,保存得并不完好。元末投降明朝的珠江
三角洲地方豪强中,是有姓罗的。根据一条 16 世纪的史料,当何真于明
洪武廿六年(1383)招募武装力量时,罗氏与何真达成协议:罗氏愿意派
子弟参军,但服役范围只限于广东以内。因此,罗氏子弟多在当地附近
卫所服役。③ 钱溥在明天顺八年至成化三年(1464—1467)间,任顺德县
知县,与罗忠吁请开县的时间比较接近。钱溥写了篇记录自己政绩的文
章,该文章让我们感到,直至顺德开县之前,大良基本上没有甚么开发可
言。钱溥用两句话概括了大良的地理:东、南、北临水,西依金榜山。④ 罗
忠吁请开县的呈文,对于大良地理的描述,与钱溥的形容一致,罗忠
也称该地是一片泽国,中有数山。但是,从罗氏族谱可以确知,金榜
山上有罗氏二世祖的坟墓,罗氏二世祖是罗氏宗族的重要人物,其坟
墓有着重要的符号意义,是罗氏占有当地土地的标志。我们仔细推
敲有关的书面史料,就会明白:罗氏捐给官府的土地,紧挨着自己祖

----

① 蒋孟育,《万历庚戌谱序》,载《顺德北门罗氏族谱》(光绪九年[1883]刊,藏东京大学东洋文化
研究所),《原序》,页 3b—4a。
② 楼俨,《重修崇报祠记》,载胡定纂、陈志仪修,《顺德县志》,乾隆十五年(1750)刻本,卷 15,页
45b—47a,载中国科学院图书馆选编,《稀见中国地方志汇刊》(北京:中国书店,1992 影印),
第 45 册,总页 1173—1174。
③ 罗虞臣,《家万禄公传》,载吴道镕辑,《广东文征》,第 3 册,页 68—69。罗虞臣来自顺德大良,
其祖先罗显韶,与罗忠一同谒见揭稽,请求设县,有关罗显韶事迹,载吴道镕辑,《广东文征》,
第 2 册,页 49。
④ 钱溥,《顺德县兴造记》,载郭汝诚修、冯奉初等纂,《顺德县志》,咸丰三年(1853)刊,载《中国
方志丛书·华南地方》第 187 号(台北:成文出版社,1974 影印),卷 20,页 6a—7b,总页
1775—1778。

坟,绝非偶然。因为,一旦捐出土地,设立县治,罗氏田产的性质也就完全改变了。

顺德县令钱溥,为罗氏宗族祠堂题匾,还写了一篇文章。该文章引述罗忠,记录了罗氏宗族的历史。要明白顺德设县所造成的社会变迁,我们必须把这篇重要的文章全文引录,并仔细推敲:

> 敕授七品承事郎罗忠,字廷直,号沧洲、渔乐,顺德城外拱北坊洲头人也。予宰顺德之又明年,奉诏复职还。而忠诣拜于予,曰:

> "忠有始祖辉之,南雄人,宋末,徙南海大良堡之凤山居焉。辉之生宝珍,晚修真于山东紫霄圃,即今玄真观也;宝珍生彦荣;彦荣生颜;颜生原仲,始立蒸尝田以供祭扫;原仲生景壬,景壬读书不仕,克置产业;景壬生德凤;德凤生应隆、应泉、子仁、敬甫四人,而敬甫实忠之祖也。

> "敬甫生父胜堡、叔鼎、用三人。胜堡生拙、鲁、默、忠四人。鼎无嗣,选忠继之。用生秀、常二人。胜堡家居下巷,号陋巷先生,宣德间(1426—1435)建立小宗祠于居东,以奉四世之祖。正统(1436—1449)以来,父兄继没而房屋词宇悉遭兵燹,鞠焉(为)邱墟,岂胜感叹!景泰(1450—1456)初,朝廷既讨贼,忠乃谋于乡老,告分南海三都,设顺德县治于大良,忠捐己赀,复建祠堂于旧址。

> "然自始祖至忠,十世矣,子孙颇繁衍,迨逾千指,亦有脱颖而出游庠序者朝廷有事于两广,俾民纳粟授秩以实军储。忠亦不避艰险,以粟三百斛,航海运赴阳江,蒙赐冠带,加以郎秩,以荣终身,是皆祖宗德善之遗、资业之助。然尤恐后人忽焉而忘其所自,至问焉而不知。……愿赐一言为记,将镵诸石,以垂永久。"

> 予闻而叹曰:"忠其知所本哉!使忠之族人皆以其心为心,则百世之远,常如一体之分,其族岂不厚矣哉!昔曾子谓:'慎忠追远,民德归厚矣',而予治邑年余,未能克尽其厚之道,而终(忠)之为民能

105

知所本如此,则亦厚之兆也。用首记之以厚望其邑人。"①

当然,由知县大老爷题的匾,高挂于罗氏祠堂的门口,再加上由知县大老爷写的文章,这都表示官府对于罗氏宗族社会地位的认可、嘉奖。钱溥文章第一句已经把这必须一点表达得很清楚了。钱溥文章一开始就提及罗忠的官职,而最后一段实际上等于说钱溥自己也为罗氏的社会地位感到骄傲,罗氏在整个顺德县的地位之高,是再清楚不过了。但是,钱溥的文章也同样清楚地指出,如果以获取科举功名来作为士绅地位的标准,则罗氏宗族直至罗忠这一代才算成为士绅。罗忠的曾祖父罗景壬虽是罗氏宗族第一个学者,但科举落第。罗忠的科举功名,亦非得自科举考试,而是官府对他参与地方事务有功的嘉奖。可见,罗氏是个刚刚挤入缙绅行列的宗族。

可是,构成钱溥这篇文章的核心,是口头传说,而且我们还必须立即意识到,这些口头传说完全没有得到任何书面记载的支持。这现象反映出,罗氏是第一次编纂族谱的,鉴于罗氏是个刚刚挤入缙绅行列的宗族,这现象也是可以预料的。另外,我们还须注意到:钱溥文章说,罗忠父亲、人称陋巷先生的罗胜堡,建立了罗氏宗族的支祠,该支祠毁于黄萧养之乱,而由罗忠重建于乱后,由此证明,罗忠建立的祭祖行为,可以追溯到黄萧养之乱爆发以前云云。钱溥文章提及两点,让我们明白这个祠堂的性质。首先,这个祠堂只祭祀四代祖宗;其次,这个祠堂被称为"支祠",言下之意是可能另有"大宗祠"设于别处,祭祀始祖及其嫡系子孙。这就等于说,罗忠这一支派也承认自己只是罗氏宗族的其中一派,而他们的支祠也只是祭祀那位创立分支的祖先。

遍查罗氏族谱,我们可以确定,在罗忠重修其支祠之前,罗氏宗族并没有所谓大宗祠。对于罗忠来说,也许最接近于大宗祠的,是罗氏二世祖罗宝桢修炼的玄真寺。嘉靖廿八年(1549),当罗氏宗族重修罗宝桢的

---

① 钱溥,《罗氏祚光堂记》,载《顺德北门罗氏族谱》,卷22,页6a—7b。

坟墓时,顺德文人何凝写了篇文章纪念此事,他说:

> 晚修真于凤山之迎仙阁,即今玄真观,炼丹井、紫霄圃者,其地 ⁹⁰
> 也。乡人因即其地塑公遗像,岁时伏腊,奔走致祀事。盖自宋
> 为然。①

因此,重要的是:祭祀罗宝桢这么重要的祖先的神龛,是被当成村落神龛的,而不是被当成罗氏祖先神龛的。同样重要的是:在这同一篇文章里,何凝还说,虽然罗宝桢活到一百二十岁,因此足以成仙,但"予谓公之所以不朽者,盖在于其德而不徒在于其年也"。②何凝的辩护是极为重要的,这意味着,罗宝桢从前受到祭祀,是因为当地百姓认为罗宝桢是仙人,而在罗氏宗族建立的过程中,罗宝桢就从长生不老的"仙人",变成了罗氏宗族的"先人"。

罗氏宗族的故事并不就此结束。一篇撰写于明正德十四年(1509)的纪念玄真寺道士潘月困的文章,披露了玄真寺的复杂的另一面:

> 顺德之坊厢,别无古迹也。惟城南约半里许,有楼翼然、望之蔚
> 深芴杳者,旧号三圣堂也。□□□□尝修道于此。今遗址炼丹井尚
> 在焉。圣明开治百年,原乡大良编隶南海,箩缠藤结,洞杳云丛,人
> 迹罕所履历。景泰壬申(1452),分治顺德,始就堂西设□□□扁
> (匾)题曰元真观,与□□□东西并列。邑侯周公亶以各废祠田归
> 观。籍定而公(按:即上文所谓"尝修道于此"者)已逝,业未及受,故
> 虚税累连,观祀断乏几十年。③

很明显,正如清咸丰《顺德县志》的编纂者抄录碑文时所留意到的那样,原碑有些字被刻意凿去,包括一个据说在三圣殿修道的人的名字以

---

① 《顺德北门罗氏族谱》,卷22,页1a—2b。
② 《顺德北门罗氏族谱》,卷22,页2a。
③ 陈希元,《元真观道士月困置田创殿记》,载郭汝诚修、冯奉初等纂《顺德县志》,载《中国方志丛书·华南地方》第187号,卷20,页26a—26b,总页1815—1817。

及与毗邻三圣殿的建筑物的名字。这建筑物究竟是什么？为何这建筑物的名字以及这修道者的名字被凿去？

这些问题的答案并不难找。清咸丰《顺德县志》留意到，毗邻玄真寺的，是始建于五代的佛寺，名曰宝林寺。据一条康熙十六年(1662)的史料，该寺大概在这时复兴，在此之前，该寺曾经拥有的二百亩地已被卖光，寺院也基本上被弃置了。[1] 关于宝林寺失去的这批土地，在罗氏族谱里却有不少线索。原来，在明崇祯五年(1632)，罗氏族人为这些土地而兴讼。罗氏原告的控词，详细列出罗氏有关这些土地的里甲登记，证明这些田产应属罗氏。根据17世纪的惯例，里甲登记已经与劳役没有任何关系，而纯粹是征税的户口。因此，罗宝桢修炼之处，根本不是个道观，而是个佛寺即宝林寺。在16世纪，由于佛寺成为迫害的对象，所以宝林寺和罗宝桢的名字才被凿去。被告的辩词，其实也印证了我们这个猜测。被告称，他们自明弘治年间(1488—1505)已经居住在这片属于宝林寺的土地上，明嘉靖年间(1522—1566)，顺德县衙门也批准他们把这片土地登记到里甲中，并且同意，宝林寺可以继续拥有宗族的蒸尝田。直至17世纪，土地属于罗氏宗族这个说法才出现，罗氏的理由是：该地是罗氏一位祖先捐给宝林寺的。控辩双方的陈述，都共同显示出：在16世纪打击佛教的运动期间，宝林寺的土地被当时的居民所占夺，罗氏宗族因此也就失去了其蒸尝田。到了17世纪，打击佛教的运动松懈了下来，罗氏宗族就以里甲登记的名义，要求收回这片土地。因此，在黄萧养之乱爆发之前，罗氏是通过与佛寺的关系来拥有土地的。随着罗氏登入缙绅行列，并且以里甲名义登记地税，罗氏宗族提升地位与发展的新时代开始了。[2]

最后，关于罗忠递交予广东布政使参政揭稽的吁请开县的呈文，我

---

[1] 时应泰，《赎田记略》，载郭汝诚修、冯奉初等纂，《顺德县志》，载《中国方志丛书·华南地方》第187号，卷16，页45a，总页1555。

[2] 有关诉讼文书，载《顺德北门罗氏族谱》，卷20，页15b—17b。

们还要说一点,这就是黄萧养之乱平定后土地登记的改变。罗忠在其呈文中,为了支持其开县的建议,描绘了开县之后政府所可能采取的行政措施:"因其地而置县,域以封疆,防以城池,治以官司,联以户口,齐以科教。如此,虽复又黄贼之变,无能为矣。"① 罗忠这一段文字,要与黄佐《广东通志》有关揭稽的传记一同对照:"稽至,见民困弊,即行均徭之法,验赋重轻、丁力多寡,第为三等而均役之,民以为便。"② 92

揭稽推行均徭的结果,就是采用像大良罗氏所实践的里甲户口登记。我们无需高深的想象力,也能从《顺德北门罗氏族谱》卷 19 看出罗氏往往以代表宗族集体的假名来登记户口,例如罗嗣昌、罗敬承、罗攸同、罗永昌、罗同赋。揭稽固然把徭役平均化,但更重要的是,他容许百姓通过征税户口,缴纳白银,来充当里甲的徭役。顺德设县成功,这些征税户口也就因此成立,当地的地主也就因此登记到里甲中,从此,这些地主不仅是地主,也是征税户口的拥有者。对于许多人来说,均徭的改革,提供了社会升迁的机会。更有甚者,均徭的改革也隐含着乡村与王朝国家关系的变化。

---

① 《顺德北门罗氏族谱》,卷 21,页 3a。
② 黄佐纂修,《广东通志》,卷 49,页 54a,总页 1305。

第八章　猺乱与礼仪之正统

明朝赋役制度方面的改革,解放了珠江三角洲许多百姓,使他们不必再亲服劳役。但是,要使宗族获得承认为珠江三角洲社会的主流组织模式,则同时还需要礼仪方面的改革。同样,这个过程也不是按照谁的设计而发生的。没有人意识到礼仪改革的出现。在珠江三角洲,从15世纪60年代的猺乱开始,众多表面上各不相关的事件加在一起,才产生了这些异常重大的变化。猺乱始于15世纪60年代,终于16世纪20年代。这几十年间,珠江三角洲发生了重大的变化,为该地区的礼仪与政治活动留下了不可磨灭的痕迹,因此,也为地方社会与王朝国家的关系留下了不可磨灭的痕迹。

猺乱、陶鲁、陈白沙

猺人在珠江三角洲边境出没劫掠,造成威胁,这基本上是16世纪才出现的问题。

迟至嘉靖四十四年(1565),叶权(1522—1587)这位旅行家从北江南下广州时,留下了这样令人不安的记载:

余归时,至渔梁滩,见男妇啼哭,裸而西渡,急问之,乃蛮夜出,去此二十里间,掳掠四散矣。比至平浦,男妇走益甚,意蛮在咫尺,同行者仓皇欲回韶州。余曰:"此去韶远,姑北行,得西岸深处辄匿,见蛮走未晚。且蛮初出,当先就村落,未即来河口,不足大惧。"① 94

叶权描述的是南雄一带,这里沿山设立防卫工事,人们时刻提防猺人伏击,更加害怕官兵路过。从南雄一带到佛山,坐船要两周时间。16世纪的猺乱,还未严重到动摇整个珠江三角洲的地步,可是,猺人总在珠江三角洲的边缘,徘徊不散。

黄萧养之乱爆发前,猺人的威胁就与日俱增。天顺二年(1458)起担任广东巡抚的叶盛(1420—1474),于天顺六年(1462)的奏疏中引述其下属将领的报告,让我们对于日趋严重的猺人威胁,有了个大概的印象:

两广先年,止有广西猺獐久为民患,因有征蛮将军挂印镇守。后因宣德(1426—35)以来,广东官民不为后虑,招引广西獐蛮越境佃种空闲田地,自此渐生流贼,勾引出没。近年广东黄萧养作耗,始设副总兵镇守。查得猺獐蛮贼二十年来,攻破两广州县二十余处,虽即退散修复,军民受害已极。前年广西攻破北流、藤县;广东流劫珠池、官窑,事势危急。伏蒙钦命大军特下,斩首万余,今半年之上,仅得稍宁。②

叶盛奏疏内提及的官窑,位于从北江赴广州的要道上,猺人劫掠官窑,意味着对于广州也构成严重威胁。③ 兵部也意识到这一危机,因为,在天顺七年(1463),兵部尚书王竑上奏请求发动大军征讨广西猺人时,就大量引述叶盛的意见。后来,这支大军在总督两广军务都御史韩雍的

---

① 叶权,《贤博编》(元明史料笔记丛刊,北京:中华书局,1987,1997),页42。
② 叶盛,《叶文庄公奏疏》,明崇祯四年(1631)叶重华刻本,卷12,页12a—12b,载《四库全书存目丛书》(台南县柳营乡:庄严文化事业有限公司,1996 影印),史部第58 册,总页617。
③ 叶盛,《叶文庄公奏疏》,卷13,页5a,载《四库全书存目丛书》,史部第58 册,总页622。请留意:官窑距离广州只有半天的路程。

111

指挥下,打了胜仗。总督两广军务都御史这个职位,设立于景泰三年 (1452),主要任务就是镇压猺人。[1]

95 据说,直至成化元年(1465)猺人在广西大藤峡的据点被捣毁之前, 猺人侵扰劫掠,迄无宁日。大藤峡战役,是韩雍的功绩之一,也是明朝政 治史的精彩一幕,不过,要在这里描述大藤峡战役的经过,未免离题太 远。但我必须提醒读者:大藤峡战役的关键地点,不是广东,而是广西; 大藤峡战役,不是为了消灭杀人放火的劫掠者,而是为了屠杀土著猺人, 因为他们倒霉透顶,正好居住在西江水道上一个可以向往来商船征税的 地方。在这里设关抽税,油水多着呢,因为从广东溯西江而上的主要商 品之一,就是盐! 另外,明王朝派兵进入广西征讨猺人时,也没有一套既 定的边境管治方针,因为明王朝是被卷入广西地方政治矛盾的。这些矛 盾,基本上是广西土司掀起的,他们的私人恩怨和贪婪,使战争变得无可 避免。但无论如何,可以肯定,在 15 世纪 60 年代初,整个珠江三角洲都 因猺人威胁而惴惴不安。在珠江三角洲内,新会县最靠近猺人战事地 区,因此也最受威胁。新会县百姓因此武装起来,广东自明王朝开国以 来首次出现的行政管治哲学的改变,其背景,正是猺乱所导致的军 事化。[2]

明王朝行政管治哲学的改变,得从陶鲁这个新会本地人说起。我们 首先从叶盛在天顺七年(1463)的一封奏疏中,留意到陶鲁这个人,叶盛 的奏疏提到,顺德、香山、新会合共 748 人联名呈请,请求不要把陶鲁调 走。当时,陶鲁是新会县县丞,就在叶盛呈递这封奏疏的同一年,天顺七

---

[1] 张萱,《西园闻见录》,民国二十九年(1940)哈佛燕京学社印本,卷 67,页 19a,载《续修四库全书》(上海:上海古籍出版社,1995 影印),子部第 1169 册,总页 532。Carrington Goodrich and Fang Zhaoying, *Dictionary of Ming biography*, 1368—1644 (New York: Columbia University Press, 1976), pp. 498 – 503.

[2] David Faure, "The Yao Wars in the mid-Ming and their impact on Yao ethnicity," in Pamela Kyle Crossley, Helen Siu and Donald Sutton, eds. *Empire at the Margins: Culture, Ethnicity and Frontier in Early Modern China* (Berkeley: University of California Press, 2005), pp. 171 – 189.

年(1463)，陶鲁崭露头角，他捍卫新会县城，首先击退了盗贼，继而击退了猺人。陶鲁成功争取到当地家族的支持，招募其子弟，组建一支民兵。[1] 为 16 世纪广东留下丰富著述的黄佐，指出陶鲁组建民兵，在当时实属创举。[2] 但是，一个世纪前，何真也招募武装力量，黄萧养之乱期间，不少村镇也自行武装，抵抗叛军，则创举云云，似乎颇成疑问。但既然黄佐认为陶鲁组建民兵是创举，这就表示，陶鲁于 15 世纪 60 年代组建的民兵，予人以不同的观感。跟随何真的武装力量，是被编入明朝正规军队、登记为军户、并获分配军田的。而陶鲁于 15 世纪 60 年代组建的民兵，则来自新会县全体人民，而非仅仅依赖军户。这些民兵，即使跟随陶鲁这样的将领，离乡作战，仍然属于民户。对于新会民兵这样的新兴武装力量而言，陶鲁应该是个卓越的领袖。他首先获上级批准，留在新会，成为新会县令，最后擢升为广东按察使佥事。到了成化十年(1474)，韩雍被勒令致仕后，陶鲁就成了两广地区镇压猺人的核心人物。这时，两广已经恢复了太平，这段太平日子，还将持续几十年。 96

　　韩雍与陶鲁，相辅相成。韩雍是个外人，指挥着由朝廷集结的征剿猺人部队；而陶鲁则是韩雍信赖有加的本地人下属，他既征剿猺人，又推行一套意在同化猺人的文化政策。韩雍的政治庇护，成就了陶鲁；同样，陶鲁的政治庇护，也为整个广东建立了士绅传统，这传统就体现在理学家陈白沙(1428—1500)的大名之上。

　　成化十年(1474)，韩雍被勒令致仕之时，陈白沙已经四十七岁，他以厌弃功名著称，但也以开设私塾、帮助学生考好科举试而著名，并且与现任官员、退休乡居的新会县籍官员，都保持密切联系。成化十五年(1479)任新会县知县的丁积(1446—1486)，也马上成了陈白沙的好朋

---

[1] 叶盛，《叶文庄公奏疏》，卷 13，页 6a—8a，载《四库全书存目丛书》史部第 58 册，总页 622—623。

[2] 黄佐，《三广公逸事传》，载吴道镕辑，《广东文征》(香港：香港中文大学，1973)，第 2 册，页427—428。王命璿修、黄淳纂，《新会县志》(香港大学图书馆缩影胶卷编号 CMF1324，据日本上野图书馆藏万历三十七年[1609]刊本摄制)，卷 2，页 74b。

友。我们不难发现,陈白沙等人对于陶鲁的称赞,是与丁积担任新会县知县期间的一些事件有关的。陈白沙指出,韩雍在广东并不受欢迎。陈白沙为继韩雍而担任总督两广都御史朱英撰写祭文时说:

> 昔者,两广盗贼充斥,自西而东。韩公率师捣穴攘凶。兵由义胜,民以盗穷。公来继之,以守易攻,阴惨阳舒,相为始终。①

虽然陶鲁是一介武夫,但为陶鲁立传的霍韬与黄佐,都称赞陶鲁鼓吹文教。霍韬特别指出,陶鲁认为,要消灭盗贼,首先必须化之以文教。陶鲁把这个主张变成政策,他的部队打到哪里,他就在哪里设立学校,这些地区包括:阳江、恩平、电白等县。陶鲁还在新会的厓门建庙,纪念与南宋末代皇帝一同殉国的三位忠臣。② 这一切都发生在成化十年(1474)之后,其中至少一部分事情,陈白沙是积极参与其中的。

建立学校,以便安抚当地百姓,并让地方官有差可交,证明他们扶持文教、羽翼圣朝,这是明王朝于 15 世纪获广泛推行的一个政策。建立大忠祠,祭祀南宋忠臣及宋帝昺母亲杨太后,这一着,目的是利用新会当地人的情绪。南宋末代皇帝赵昺及其扈从逃亡至厓门并死于厓门海面这一事,即使在当时,就已经收编到许多宗族的历史内。而通过南宋忠臣来提倡"忠"的概念,对于 15 世纪新会当地人而言,可谓正中下怀。③ 但是,要把对于"忠"的提倡扩散到新会县以外的地区,并不容易。丁积与陈白沙改造了"忠"这套意识形态,对于宗族的建设,至关重要。

陈白沙推崇丁积,说丁积把新会县里甲户为代替徭役而缴纳的白银

97

---

① 陈白沙,《陈献章集》(北京:中华书局,1987),页 108;王世贞认为,韩雍的优势,是因为他的职权够大,且声势夺人,两广地方官员被"威劫"至须向他行跪礼的地步,见氏着,《觚不觚录》,万历十四年(1586)刊,不分卷,页 18a,载文渊阁本《四库全书》(上海:上海古籍出版社,1987缩印),第 1041 册,总页 435。

② 霍韬,《三广公传》,载吴道镕辑,《广东文征》(香港:香港中文大学,1973),第 2 册,页 341—342。

③ David Faure, "The emperor in the village, representing the state in south China," in Joseph McDermott ed., *State and Court Ritual in China* (Cambridge, U. K.; New York: Cambridge University Press, 1999), pp. 267—298.

定量化,这项改革据说极为有效地打击了衙门胥吏的诛求。陈白沙有关丁积改革的描述,显示出 15 世纪末里甲徭役制度已经败坏到什么程度。但是,丁积同样受到推崇的,是在新会县实践洪武礼制、即明太祖制定的官方仪式。维持明初礼仪这个举措,表面上似乎保守,但我们不要以为此举和丁积赋役改革的进步性相矛盾。相反,重振明初的洪武礼制,是地方社会的一个手段,以便让自己面对猺人日益严重的威胁时,能够与王朝国家团结一致。

当然,我们也可以这样看:明朝地方官维持官方礼制此举,不过是亦步亦趋紧跟南宋地方官的做法而已。明朝官员提倡以整齐划一的礼仪,作为教育和教化百姓的手段,他们就像朱熹的南宋门徒一样,把朝廷礼制,普及民间。丁积用简易的文字,把冠礼、婚礼、葬礼、祭礼等礼仪的每一道程序都开列出来,并刻印刊行,名曰《礼式》。除了出版这类礼制规条外,丁积还在新会县父老面前,亲自定期祭祀神灵。成化十八年(1482),新会旱灾,丁积举行了祈雨仪式;丁积还在一些重要的陵墓和庙宇安置看守人员,并提供祭田,以便维持定期祭祀;对于祭祀与宋帝昺一同殉国的三位南宋忠臣的大忠祠,丁积还特别划出 200 亩田作为祭田,对于新会县两名节烈妇女的坟墓,丁积也划出 160 亩田作为祭田。但是,陈白沙撰写的丁积行状指出:“民所敬事者,惟修复里社一坛而已,其不载祀典之祠,无大小咸毁之。”对于陈白沙而言,这就是丁积“政绩显著 98 之大者”。①

陈白沙撰写的丁积传记称,丁积刊行的《礼式》,是遵照朱熹《朱子家礼》的。当然,想把《朱子家礼》变成实用的、可以一步步照着做的礼仪手册,绝不创始于丁积。几十年前,在黄萧养之乱爆发之前,南海县人唐豫,就编纂了一套乡约,部分内容与丁积《礼式》重合。唐豫的乡约,得到儿子唐璧的推广。唐璧在黄萧养之乱时期,避乱于佛山,他对于礼制的

---

① 陈白沙,《陈献章集》,页 101—103。

讲求,也因此为人所知。但是,唐豫的《唐氏乡约》只节录了《朱子家礼》的一部分,而且《唐氏乡约》十项条款的内容结构,也远不及丁积《礼式》那么有系统,所以明显得很,《唐氏乡约》是早期的礼仪改革的尝试。《唐氏乡约》除了像朱熹那样看重冠礼、反对丧礼中的奢华饮宴之外,也强调必须交税和服军役。另一方面,《唐氏乡约》也根据朱熹思想,推行重大的礼仪改革,例如认为婚礼之中应该以祝贺父亲而非祝贺新郎为主。[1]更有甚者,正如朱鸿林指出,15世纪,明朝官员一直努力从朱熹著作找出解决问题的实用方法,上述书籍的刊行,就是这种努力之一端。这种努力,最终成为追求"实学"的基础。比丁积早不了多少的琼州府籍高官兼著名学者丘浚,就曾经注解并刊行《朱子家礼》。[2]因此,早已存在一串长长的书单,这书单上的书,目的都是要把官方认为可以接受的礼仪传统予以普及,丁积的《礼式》不过是这书单上的其中一本而已。这些书籍出版之后,一个明显的后果,就是黄佐《泰泉乡礼》之刊行,该书把丁积实行的礼制标准化,并且建议,将推行这些标准礼仪列为县衙门的行政工作。《泰泉乡礼》又提到,"村峒俚民"、"猺獞"、"各村峒俚人"、"俚峒蛮民",也是该书教化对象之一,证明15世纪新会县对于礼仪的关怀,原来是受到猺乱的影响。[3]

上述这些礼仪书,关心的是家庭所奉行的礼仪,但是,正如陈白沙为丁积撰写的传记以及黄佐《泰泉乡礼》这本书的书名所显示,这些礼仪书的意义,是在乡村"移风易俗",使乡村习俗符合洪武礼制。所谓洪武礼制,就是把王朝的正统性,建立在王朝国家统治里甲百姓这套秩序上。由官员和士绅发起的这个"移风易俗"的运动,产生了深远的后果,但却

---

[1] 黄佐纂修,《广东通志》(香港:大东图书公司影印嘉靖四十年[1561]刊刻本),卷59,页47b—49a,总页1572—1573。

[2] Chu Hung-lam(朱鸿林),"Intellectual Trends in the Fifteenth Century," *Ming Studies*, Vol. 27(1989), pp. 1—33.

[3] 黄佐,《泰泉乡礼》,嘉靖廿八年(1549)刊,卷3,页27a、27b、30a,载文渊阁本《四库全书》(上海:上海古籍出版社,1987缩印),第142册,总页628、629。

并不按照这些发动者的初衷而产生。不久,他们就会碰上朝廷中央里出现的有关礼仪的纠纷,他们目瞪口呆之余,开始吸取教训。

　　陈白沙逝世于弘治十三年(1500)。他的门人声名显赫,不少门人当时就已经做了大官。其中,梁储、湛若水是高级官员,黄佐除本身也是高级官员以外,还在嘉靖四十年(1561)刊行了《广东通志》。万历《新会县志》用一整卷专门记载陈白沙的门人,他们之中,很多人考取了科举功名,部分人自己就是思想家。[1] 我们说陈白沙成了一个知识分子宗族的开基祖,这句话一点都没说错。陈白沙本人生前就很有意识地建立这个知识分子宗族,他为自己找到了一位知识先驱:以厌弃功名著称的江西籍大儒吴与弼。[2] 陈白沙的时代,政治大气候也改变了。正统十四年(1449)土木堡之变(英宗被瓦剌部也先击败并生擒)造成的景帝即位、英宗复辟的皇位继承危机,已经烟消云散。"靖难之变"期间因谴责燕王篡位而被处决并被株连九族的方孝孺,也获得平反,标志着儒家的正统思想也已经落地生根。珠江三角洲的许多族谱,都有方孝孺的序言。这显示,朝廷中央的这些风吹草动,也影响了千里之外的广东文人的世界。这个时代的另一大事,是王阳明心学的崛兴,在陈白沙门人眼中,王阳明与陈白沙的广东接班人湛若水平起平坐。[3] 陈白沙讲究"主静"的个人修维哲学,与丁积等人讲究礼仪规范的管治哲学,二者竟然如鱼得水,可以说是有点反常的。但是,只要人们相信有关礼仪是不证自明的天经地义,二者也未尝不可兼容。而人们的确相信,孝顺祖先、忠于皇帝的礼仪,是不证自明的天经地义。

---

① 王命璿修、黄淳纂,《新会县志》(香港大学图书馆缩影胶卷编号 CMF1324,据日本上野图书馆藏万历三十七年[1609]刊本摄制),卷 6。

② 张廷玉等编,《明史》(北京:中华书局,1974),页 7240。Peter K. Bol, "Neo-Confucianism and local society, twelfth to sixteenth century: a case study," in Paul Jakov Smith and Richard von Glahn, eds., *The Song-Yuan-Ming Transition in Chinese History* (Camb. Mass.: Harvard University Asia Centre, 2003), pp. 241—283.

③ 霍与瑕,《霍勉斋集》(出版地不详,道光三年[1823]刊,藏香港中文大学崇基书院图书馆特藏部),卷 16,页 17a—17b,卷 21,页 1a—1b。

齐整礼仪

在珠江三角洲,陈白沙死后,儒家"忠"、"孝"价值观与"主静"哲学思想的结合,是与三位广东籍高官发起的政治运动分不开的。这三人就是:湛若水、方献夫、霍韬。这三人中,方献夫和霍韬是南海县人,其家乡靠近西樵山。湛若水虽然是增城县人,但后来也投奔西樵山,把自己的书院也建立在西樵山。(也许有来有往,后来霍韬的坟墓也安置于增城。)方献夫更倾向于以王阳明门人自居,而不太以陈白沙门人自居。霍韬则于王阳明、陈白沙二人均不视为老师,但霍韬儿子霍与瑕却是湛若水的学生,霍与瑕本身也是高官兼学者。湛若水、方献夫、霍韬三人之中,最为出众的,无疑是身为作家和陈白沙思想发扬者的湛若水。湛若水最初也绝意宦途,但终于还是在弘治十八年(1505)中进士,并且于16世纪初成了北京官场的红人,更和王阳明交上了朋友。就明代理学思想的著作而言,湛若水的重要性,仅次于王阳明和陈白沙。方献夫、霍韬比湛若水年轻,要不是16世纪20年代的"大礼议",方、霍二人的宦途,大概会平平稳稳,无足称道。像"大礼议"这样能够把皇帝意志与百姓情绪结合在一起的事件,是很少有的,因此我们必须花点笔墨,探讨"大礼议"的脉络。

"大礼议"的起因,在于明武宗正德皇帝死时无嗣,嘉靖元年(1522)继位的明世宗嘉靖皇帝,是他的堂兄弟。朝中大臣,大部分都认为,维持皇帝血脉于不堕,是至关重要的,因此,他们要求明世宗以明武宗继子的身份,奉祀明武宗,是之谓"继嗣"。但是,明世宗不肯以明武宗继子自居,他以"孝"的名义,坚持奉祀自己亲生父亲兴献王,是之谓"继统"。明世宗与朝臣,几次因为在京师建立兴献王庙而正式交锋,大部分朝臣在皇宫的左顺门集体下跪,伏阙哭谏,请求明世宗改变初衷,不少人因此被逮进锦衣卫狱,并被廷杖。但是,有五名官员支持皇帝的决定。这五名官员之中,三人来自珠江三角洲,他们不是别人,正是霍韬、方献夫、湛若水。站在他们对立面的,也有来自珠江三角洲,并以反对皇帝、坚守节义而为人称颂者。在"大礼议"上支持皇帝的五名官员都飞黄腾达。但是,当参与左顺门哭谏而被廷杖的张潗伤重不治时,他顺德家乡的一座庙里的铜钟据说忽然破裂,似乎是冥冥中对于张潗所受的冤屈的抗议。[①]

因此,通过霍韬、方献夫、湛若水三人,珠江三角洲地方社会的潮流,与王朝中央的潮流汇合起来。任职吏部尚书的霍韬,后来就以维护儒家正统而著称。在广东这个脉络里,我们必须把霍韬维护儒家正统的行为,与陶鲁、陈白沙、丁积等人推广儒家正统礼仪的行为结合一起来考虑。推广儒家正统礼仪之一端,就是打击所谓"淫祠"。所谓"淫祠",主要是指祭祀非朝廷祀典所载的神灵的庙宇。16 世纪以前,珠江三角洲只有相当零碎的打击"淫祠"的记录,其中最著名的是新会县令吴廷举于弘治二年(1489)捣毁数百"淫祠"的行动,而且,吴廷举的行动完全得不到上级的赏识,他还因此坐牢,罪名是侵吞"淫祠"的栋梁。[②]到了 16 世纪20 年代,打击淫祠的运动,被悄悄加入了打击佛教的成分。佛教遭受打击,与明世宗的性格与信仰应该是有关系的,但是,早在明世宗登基之前,我们已经察觉到珠江三角洲的反佛教倾向。明武宗正德十二年

101

[①] Carney T. Fisher, *The Chosen One*, *Succession and Adoption in the Court of Ming Shizong*, (Sydney: Allen & Unwin, 1990); Goodrich and Fang, *Dictionary of Ming biography*, 1368—1644, pp. 36—41; Ann-ping Chin Woo, "Chan Kan-ch'uan and the continuing neo-Confucian discourse on mind and principle," (Ph. D. dissertation, Columbia University, 1984);郭汝诚修、冯奉初等纂,《顺德县志》,载《中国方志丛书·华南地方》第 187 号(台北:成文出版社,1974 据咸丰三年[1853]刻本影印),卷 23,页 45a—47b,总页 2165—2170;周之贞等倡修、周朝槐等编纂,《顺德县续志》(出版者不详,己巳年[1929]刊),卷 15,页 5a;湛若水很迟才决定投靠到明世宗一方,见朱鸿林,《明儒湛若水撰帝学用书〈圣学格物通〉的政治背景与内容特色》,《中央研究院历史语言研究所集刊》第 62 本第 3 分册(1993),页 495—530。

[②] 黄佐纂修,《广东通志》,卷 50,页 21a—22b,总页 1327,卷 69,页 23b—24a,总页 1870;屈大均,《广东新语》(香港:中华书局,1974),页 189;叶春及,《石洞集》,卷 10,页 18a—19b《坛祀论》,载文渊阁本《四库全书》,第 1286 册,总页 578。

119

(1517),广州北面白云山上的一个佛教"邪教"宗派,就被朝廷镇压了。该教派自 15 世纪中叶以来就与白云山的佛教活动有关。黄佐的祖父黄瑜,在其笔记《双槐岁钞》记录了这一事件,并且引述吴与弼这样的权威人物的说法,谓不铲除宦官与释氏,就无法恢复世道之正。吴与弼是陈白沙尊为老师的大儒。①

虽然如此,直到正德十六年(1521),广东按察使佥事魏校,才发出全面取缔"淫祠"的命令,全文如下:

> 照得广城淫祠,所在布列,扇惑民俗,耗蠹民财,莫斯为盛。社学教化,首务也。久废不修,无以培养人才,表正风俗。当职怵然于衷,拟合就行。仰广州府抄案各官,亲诣各坊巷,凡神祠佛宇,不载祀典、不关风教、及原无敕额者,尽数拆除,择其宽厂者,改建东、西、南、北、中、东南、西南社学七区,复旧武社学一区。②

凡祀典所不载或未蒙朝廷赏赐匾额的庙宇和佛寺,就要被取缔,这项规定,是符合明朝律例的。明初,就已经颁发圣旨,下令把未得到官方认可的佛寺捣毁;明朝几个皇帝,也发出过类似的圣旨。明朝法律也要求对僧尼严格执行度牒登记,并由僧纲司统一管辖。这类命令虽然无法

---

① 黄瑜撰,魏连科点校,《双槐岁钞》(历代史料笔记丛刊,北京:中华书局,1999),页 167《妖僧扇乱》。

② 魏校撰,归有光编次,《庄渠先生遗书》(苏州:王道行校刻,张□同梓,明嘉靖癸亥[1563]年刊),卷 9,页 6a—6b,载美国国会图书馆摄制北平图书馆善本书胶片第 986—987 卷,藏香港大学图书馆微卷部 CMF25861—2; Sarah Schneewind, "Competing institutions: community schools and 'improper shrines' in sixteenth century China," *Late Imperial China*, Vol. 20, No. 1 (1999), pp. 85—106;关于广东以外的情形,参见 Susanna Thornton, Buddhist monasteries in Hangzhou in the Ming and early Qing (D. Phil. thesis, University of Oxford, 1996); Tien Ju-k'ang (田汝康), "The decadence of Buddhist temples in fu-chien in late Ming and early Ch'ing," in E. B. Vermeer, ed., *Development and Decline of Fukien Province in the 17th and 18th Centuries*(Leiden: Brill, 1990), pp. 83—100; Timothy Brook, *Praying for Power: Buddhism and the Formation of Gentry Society in Late-Ming China* (Camb., Mass.: Council on East Asian Studies, Harvard University, 1993).

切实执行,但却为儒家正统思想的复辟打下了基础。

　　毫无疑问,当魏校毁"淫祠"时,是把佛寺也包括在内的。他在正德十六年(1521)颁布《谕民文》,不仅反对卜祝、巫蛊,也反对佛教的火葬。他不仅勒令各类卜祝返回家乡,还要求广东百姓家中除祖先神位之外,不得安放任何其他神灵的神位。嘉靖元年(1522),魏校又颁布法令,将寺庙田产一律充公,拨归社学。他重复着典型的儒家看法:"照得各处废额寺观及淫祠有田,非出僧自创置也,皆由愚民舍施,遂使无父无君之人,不耕而食,坐而延祸于无穷。"①

　　广东的打击佛教运动,大有席卷岭北之势。嘉靖十六年(1537),霍韬以礼部尚书的身份,上《正风俗疏》,重申魏校的看法,并带头攻击北京的佛寺。② 霍韬与魏校很早就有交情:十年之前,嘉靖六年(1527),霍韬就拜访了魏校,对于魏校的学问,敬佩有加。此外,霍韬与湛若水参与珠江三角洲的宗教镇压,也当然不是巧合。魏校据说和张璁、桂萼过从甚密,张、桂不是广东人,但却在"大礼议"支持明世宗,是霍韬的朝中盟友。

　　在珠江三角洲里,部分被取缔的佛寺,有着悠久的历史。在新会县,当魏校于嘉靖二年(1523)下令捣毁"淫祠"时,无量寺及其铜佛就此被捣毁了;十年后,嘉靖十二年(1533),聚宝阁的田产也被新会县令充公,作为祭祀陈白沙的祭田。这两座佛寺都是创建于12世纪之前的。③ 在南海县,本来为福庆寺所有的面积客观的田产,被充公为义庄。④在珠江三角洲打击佛教运动中,田产可真是一大目标,而霍韬、湛若水私底下都得

---

① 魏校撰,归有光编次,《庄渠先生遗书》,卷9,页15a—15b,藏香港大学图书馆微卷部 CMF25861-2。

② Thomas Shiyu Li and Susan Naquin, "The Baoming Temple: religion and the throne in Ming and Qing China," *Harvard Journal of Asiatic Studies*, Vol. 48, No. 1 (1988), pp. 131—188.

③ 戴肇辰等修纂,《光绪广州府志》,光绪五年(1879)刊,卷89,页11b、12b,载《中国地方志集成・广州府县志辑》(上海:上海书店,2003),第2册,总页516。

④ 黎春曦纂,《南海九江乡志》(顺治十四年[1657]刊),卷2,页2b,载《中国地方志集成・乡镇志专辑》(南京:江苏古籍出版社,1992据抄本影印),第31册,总页234。

到不少好处。霍韬祖先祠堂的石碑记载，该祠堂所在的土地，是从附近一所已被取缔的佛寺买来的。至于湛若水就更为人所知了，他在广州城*103* 北的白云山的甘泉书院，前身正是三座被指从事邪教活动的佛寺之一。17世纪撰书记载广东琐事习俗的屈大均，在描述甘泉书院前身为道观、继而变为佛寺、最后变为书院的过程时，引述湛若水说："仙变释，释变儒。"①

魏校在珠江三角洲打击佛寺，不遗余力，但他不仅针对佛寺，而是针对所有"淫祠"，也就是说，针对那些为当地百姓信奉的神灵的庙宇。可是，对于魏校这种儒家原教旨式的宗教镇压，我们须要将之落实到具体的历史脉络。乡村的宗教，深深地扎根于日常生活习俗，无论颁布多少法律禁令，都不足以铲除这些宗教。金花夫人庙的例子，最能反映出魏校的宗教镇压有效到什么程度。金花夫人据说生前是一位漂亮的女子，溺死于家附近的仙人池。当地百姓信奉金花夫人，为的是求嗣，而金花夫人是通过上女巫身而显灵的，17世纪的屈大均有以下的描述：

> 越俗今无女巫，惟阳春有之。然亦自为女巫，不为人作女巫也。盖妇女病辄跳神，愈则以身为赛。垂髻盛色，缠结非常，头戴鸟毛之冠，缀以璎珞，一舞一歌，回环宛转。②

女巫利用美貌，讨好神灵，祈求子嗣。这里面的色欲成分，当时人不会无所察觉。虽然金花夫人庙始建于成化五年（1469）时得到官方认可，但在魏校的命令下，还是被捣毁了。但屈大均说得很清楚，奉祀金花夫人的女巫是减少了，但没有完全消失。③

我必须明确指出：鼓吹端正礼仪的，并不限于科举制度下的文人。乡村宗教的教士们，也同样成功地把新兴的理学正统思想结合到他们的

---

① 屈大均，《广东新语》，页465。
② 屈大均，《广东新语》，页215。
③ 也请参考黄佐纂修，《广东通志》，卷69，页24a，总页1870。

信条之中。目前有关珠江三角洲的乡村教士,即所谓喃呒先生或喃呒佬的史料,多数来自珠江三角洲以外地区。根据这些史料,喃呒先生很早就以玉皇大帝朝廷里的官员自居,因此喃呒向诸神祷告,就是模仿人间官员向朝廷禀奏。魏校打击了乡村的喃呒和巫觋之后,科举制度下的文人就紧跟着提倡乡约。乡约的形式,是在地方神灵面前宣誓,但誓词的内容,却根据明朝律例的精神,加入了孝敬祖先、服从官府的成分。黄佐的《泰泉乡礼》,刊行于嘉靖十四年(1535),时当魏校毁"淫祠"运动之后。黄佐把乡约誓词的改变的意义,说得很明确:

> 凡春秋二祭,当遵古人社祈年报赛之礼。务在精诚,不许扮神跳鬼以为盛会,致使男女混杂,有司察其违者,罪之。

还有:

> 凡寺观、淫祠既废,修斋、念经、咒水、书符、师巫之徒,终不可化者,难以诛戮。若使其失所,亦所不忍。皆分遣各社充社夫,令社祝掌之。每遇水旱疠疫为人患害之时,使之行禳礼。①

这两段文字很重要,它们显示,黄佐预料到,乡村的巫觋行为不会消失,相反,巫觋行为将与乡约礼仪结合。虽然黄佐继续利用儒家经典来维护赛龙舟、驱鬼等乡村习俗,但方便之门已开,许多乡村宗教行为是能够继续生存下去的。②

黄佐的《泰泉乡礼》,照搬明王朝颁布的《祀典》。他建议每百户设一露天社坛,坛上两块石头,一代表"五土之神",一代表"五谷之神",百姓到社坛献祭,祈求神佑,答谢神恩。社祭仪式包括六道程序:告、祷、誓、

---

① 黄佐,《泰泉乡礼》,卷5,页5a、8b—9a,载文渊阁本《四库全书》,第142册,总页641、643。
② 关于珠江三角洲许多乡村宗教习俗继续存在这一点,屈大均提供了许多例子,参见屈氏著,《广东新语》,页200—219,特别是页210提到的香山县禾谷夫人信仰,与页214提及的过继子女予西王母的习俗。屈大均认为祭祀禾谷夫人的礼仪,不符合祭祀后土的礼仪。而子女过继予西王母之后,到了结婚之前,须由道士解除过继,这风俗直至最近之前,仍然保留在香港的新界地区。

罚、禳、会。乡村成员,在社坛前宣誓成立乡约之后,就要每年轮流主持社祭,名曰"社祝"。①

105　每年轮充社祝,主持社祭,应该是对于里甲制度下每年轮充里役的亦步亦趋的模仿。因此,明朝律例容许乡村的社祭组织与里甲组织重叠,完全不是意外。不要忘记,在珠江三角洲也好,在其他大部分地区也好,里甲制度,既是明王朝对于地方权力结构的承认,也是明王朝征税征役的工具。在珠江三角洲,当里甲制度在 15 世纪全面推行时,劳役已经迅速地被缴纳白银所取代。而在丁积于新会县提倡礼仪改革之后,魏校捣毁"淫祠"、打击乡村巫觋之前,也就是说在 15 世纪 80 年代早期之后,16 世纪 20 年代之前,黄佐等人不迟不早,就在这时候提倡乡约以改良社祭。对于许多人来说,乡村社坛,就成了明朝法律所认可的乡村集体的中心。因此,中国社会史的研究,忽略了乡约、社祭、里甲的重迭,就只看重里甲登记这一部分,从而大大误解了里甲这个在明朝非常重要的制度。明朝的文人虽然反对各种地方宗教习俗,但对于社坛应该成为乡村的中心,他们是接受的。到了 16 世纪,在宗族和社首之外,是根本没有里甲可言的。②

霍韬在广东打击"淫祠",在中央支持明世宗祭祀自己亲生父亲,风风火火之际,在家乡南海县石头村,建立了自己这一支霍氏的开基祖的祠堂,时为嘉靖四年(1525)。此举引发了争议,但原因却不大清楚。起造房屋,安置祖先神主牌位,此举本身应该不会惹人非议。朱熹的《朱子家礼》认为,即使是庶民百姓,也应该在"寝室"安置四代祖先的神主牌位。但是,这类安置祖先神主牌位的建筑的形制,却是另一回事。所谓形制的问题,也并不是朱熹本人及《朱子家礼》注释者首先提出来的。明

① 黄佐,《泰泉乡礼》,卷 5,页 1a—2b,载文渊阁本《四库全书》,第 142 册,总页 639—640。
② 有关嘉靖十年(1531)南海县乡约,参见庞嵩,《更订乡约录序》,载吴道镕辑,《广东文征》,第 3 册,页 106;有关乡约的宏观历史脉络,参考 Joseph McDermott ed., *State and Court Ritual in China*;朱鸿林,《明儒湛若水撰帝学用书〈圣学格物通〉的政治背景与内容特色》,《中央研究院历史语言研究所集刊》第 62 本第 3 分册(1993),页 495—530。

朝礼制规定,品官才能够建立"家庙"以安置祖先神主,家庙的形制很独特:家庙地台高出地面,一列梯级,连接中门,屋脊翘角,四柱三间,其中一间为寝室。品官虽获允建立家庙,但也不见得有很多品官真的建立这种形制的家庙。此外,何时祭祀祖先、祭祀多少代的祖先,明朝礼制也都有规定。能够祭祀多少代祖先,与自己的等级密切相关:只有皇帝才有资格在冬至祭祀所有祖先。嘉靖八年(1529),明朝修改了礼制,容许所有品官模仿家庙形制建立祠堂;嘉靖十四年(1535),明朝又修改礼制,容许所有品官在冬至祭祖。①直至礼制修改之前,家庙在珠江三角洲并不常 *106*

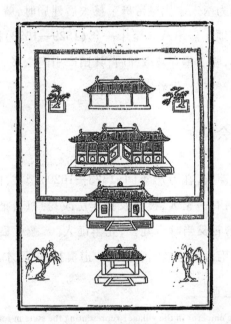

图一　刊行于洪武二年(1369)的明朝礼制全书《明集礼》中
有关"家庙"的形制,载卷66。

---

① 王圻,《续文献通考》,卷115,页22a—27b,载《四库全书存目丛书》(台南县柳营乡:庄严文化事业有限公司,1995 年据中国科学院图书馆藏明万历三十一年[1603]曹时聘等刻本影印),子部第 187 册,总页 237—239;夏言,《夏桂洲先生文集》,明崇祯十一年(1638)吴一璘刻本,卷 11,页 70a—78b,载《四库全书存目丛书》,集部第 74 册,总页 526—530;徐一夔等撰,《明集礼》,卷 6,页 11a—27a,载文渊阁本《四库全书》,第 649 册,总页 171—179;常建华,《明代宗族研究》(上海:上海人民出版社,2005) ,页 12—22。

107 见,而少数拥有这种家庙的宗族,是知法犯法的,因此它们也隐瞒家庙形制的意义。①

可是,建立祠堂,不只是为了抬高社会地位。祠堂是"蒸尝"亦即祖先名义下的信托基金的持有者,而霍韬的家族祖先基金,正是从一座佛寺那里购买了南海县西樵山的土地,这座佛寺被魏校勒令取缔。② 类似的佛寺田产被充公为义庄、被充公为祭祀朝廷所认可的神灵或人物的庙宇、被充公为学校的例子,就像"淫祠"被改为社学的例子那样,数不胜数。③ 夺取"反动"机构的土地,是不会被认为不妥当的。早在 15 世纪,陈白沙自己提倡为南宋末代皇帝母亲杨太后建庙时,就从类似的被充公土地中找到一块地。嘉靖八年至十一年(1529—1532)担任总督两广军门都御史的林富,鉴于佛寺被取缔后,其田产引起众多大家族的械斗,决定将所有这些田产充公,供养官兵。④

十六世纪的社会革命

东莞县文人谢眖,在万历年间(1573—1620)撰文,回忆他祖父述说的曾祖父的故事:有一家人,被里长指非法改易户口,把军户改为民户,逃避兵役,谢眖曾祖父当时十九岁,充当证人。⑤ 嘉靖四十四年(1565),幸亏极为能干的南海籍官员庞尚鹏的一道奏折,朝廷才准许军户的后代

---

① David Faure, "The emperor in the village, representing the state in south China," in Joseph McDermott ed. , *State and Court Ritual in China*, pp. 267—298.

②《石头霍氏族谱》,光绪廿八年(1902)刊,藏广东省图书馆,编号 K0.189/470;霍氏祠堂墙上一块石碑,也记载从佛寺购买土地一事。

③ 关于佛寺田产被宗族夺取的另一个例子,参见万历《新会县志》,卷 9,页 21b—23a。

④ 王凤云撰,《省吾林公大传》,载林富著,惠威录、舒柏辑,《省吾林公两广疏略》(隆庆五年[1571]孙兆恩刊本,藏东洋文库,编号 XI-3-A-d-186),页 4a—b。

⑤ 谢眖,《竹子箩墓碑》,载《南社谢氏族谱》,无刊行年份,民国三十一年(1942)抄本,由东莞县杨宝霖先生所藏,感谢杨先生惠借阅览。谢眖祖父及曾祖父的生卒年不详,但谢眖有一位叔公,生于正德十一年(1516),卒于万历四年(1576),则谢眖的曾祖父十九岁时,当在 15 世纪下半叶之际。

另行编户。① 那时候,里甲的户名,与真正的居民,基本上已经对不上号。用刘志伟的话来说,里甲的户名只是交税户口的名字。南海、顺德在黄萧养之乱的众多事件中,已经暴露出里甲制度变化的许多线索,这些线索充斥于珠江三角洲社会史的史料中,将近一百年后,明朝政府才勉强默许了这种普遍的行为。里甲制度的改变,显然是要针对里甲能否延续的问题。明朝官方的看法是:里甲制实行于明初,而自 15 世纪以来就衰败下去,无可挽回。而珠江三角洲里甲登记的例子显示出:明朝官方对于里甲制的看法是完全错误的。里甲制度并没有衰败。像珠江三角洲这样一个地区,在明初,里甲制度从来就没有按照官方设想来推行,而当里甲制度真获得推行时,它已经走了样,它已经不是以户口登记为基础的劳役摊派制度,而成了县衙门收税的户口。15 世纪,发生了地税与劳役折银的改变,但当时的县官,还未能利用这些新的财政收入来招募自己的行政队伍。在这个背景下,黄萧养之乱就开辟捷径,逼着当地社区效忠朝廷,并与朝廷团结一致,换取朝廷赐予的里甲登记。这个政治效忠行动刚刚结束,首先因为猺乱,接着因为"大礼议"造成的动荡,一场礼仪革命就被启动了,而新近才编入里甲的百姓也被卷入其中。通过里甲登记,通过礼仪改革,珠江三角洲的百姓得到了朝廷的承认,因此也改变了身份,在 16 世纪,珠江三角洲百姓中有财有势的一群,也开始扮起文人来了。如果我们把这些变化的任何一端,理解为朝廷中央"控制"的强化,未免误用"控制"这一词了。但是,一个建立在礼仪上的权力结构,的确成形了,它把地方社会与国家结合起来,而在这个过程中,一个阶级也从草莽百姓中诞生出来了。

　　15 世纪社会、文化、政治的发展,对于明清时期王朝国家的形成,至关紧要。明初里甲制度的不切实际的设计,包含了一些元素,没有这些

---

① 郭尔戺、胡云客纂修,《康熙南海县志》,载《日本藏中国罕见地方志丛刊》(北京:书目文献出版社,1992 影印日本藏康熙三十年[1691]刻本),卷 3,页 6b,总页 69。

元素,就不可能有 15 世纪的种种发展。里甲变得有效,正因为它不是按照官方的原意推行。摊派劳役,漏洞百出,因此社会从来就不像明朝统治者设想的那样整齐和均等。从明朝人到今天的历史学家,论及里甲制时,往往认为,明朝政府无法按照自己初衷推行里甲制,是一大失败。但是,这种看法,忽略了 15 世纪出现的、把地方社会与王朝国家结合在一起的重要基石。同样重要的是,到了 16 世纪,当里甲制度已经从劳役摊派变成收税户口时,一套新的政治意识形态也开始扎根,这套意识形态,把礼仪和宗族变成了促进国家与社会关系的工具。就是这套意识形态,最终造就了明清社会。①

---

① 《冯氏族谱》,无刊行年份,无页数,抄本,藏广东省图书馆,编号 K0.189/64.2。该谱有关十世祖冯九宵的传记称:"□□□值里排凌虐,公乃挺身率众□□□□□□宪详准□役古劳都一图。我冯族起□户,即居一图一甲,后人因而定籍"。冯九宵的生卒年不详,但十一世的其中一人,则生于嘉靖三十三年(1555),卒于顺治三年(1646)。

第九章　行政改革

　　明朝开国后八十年,整个珠江三角洲只诞生了 33 名进士。而在之后的两个世纪内,珠江三角洲合共产生了 390 名进士,换言之,每三年一届的会试,平均产生 6 名进士。同样的模式,也见诸其他科举功名的统计上。这些数据意味着什么? 单凭简单的算术也能回答。明初,科举功名的拥有者数目很少,因此,以里甲应役,或者获邀参加乡饮酒礼,就足以获得荣耀。从 16 世纪开始,族谱的编纂,不再以虚构的祖宗谱系和里甲登记为核心,而以成员考取科举功名为核心。拥有科举功名的成员,主持祠堂的祭祖活动,赞助宗族的其他活动。宗族也行动起来,培养成员考取科举功名。成功者吹嘘自己的成功,不成功者则尽量与科举功名的拥有者攀上关系,或者只有干羡慕的份,且深信自己地位卑贱,就是因为没有科举功名。这个变化不是一夜之间就完成的,从 16 世纪到 18 世纪,差不多用了三个世纪,社会各阶层才广泛感受到文人的力量。①

---

① 陈昌齐等纂、阮元等修,《广东通志》(上海:商务印书馆,1934 影印 1822 刊本),页 1145—1477;
Benjamin A. Elman, *A Cultural History of Civil Examinations in Late Imperial China* (Berkeley:
University of California Press, 2000), pp. 652, 690;屈大均,《广东新语》(香港:中华书局,1974),
页 282。艾尔曼认为,永乐时期(1403—1424),广东乡试的录取额为 40 名举人。这个估计远远低
估了广东乡试的实际录取额,单在其中一届广东乡试中,获录取的举人就远远超过一百。

未来被称为"乡绅"的、拥有科举功名的宗族,是与地方政府的行政改革一同成长的。由于卫所制度的败坏,县衙门被迫承担更多行政职能,因此被迫强化起来,把自己改造成为收税机构。折色纳银,使地方政府能够招募自己的行政队伍,与地方社区打交道时,就可以采取强硬手段。[1] 划一的礼仪,根据明初的设计,是王朝国家与地方社会互动的平台,如今更加得到地方官员们切实的推行,不仅因为他们想要体现自己的权力,也因为他们真诚相信自己做得对。踏入 16 世纪,地方政府进行土地丈量,为正被逐步推行的一条鞭法赋役改革奠定了基础。所谓一条鞭法,是指把名目繁多的苛捐杂税归并为一笔总额,以白银征收。一条鞭法的改革,扩大了地方政府的统治圈。随着经济日益繁荣,随着政府统治风格改变,朝廷的礼仪逐渐扩散到社会各个阶层,而宗族这个制度,就成了士绅化的载体。

行政改革

广东巡按御史戴璟于嘉靖十四年(1535)刊行的《广东通志初稿》,是广东第一本省级地方志,也为 16 世纪的行政改革提供了最佳记录。戴璟把自己拟定的许多行政改革规章都保留在《广东通志初稿》内,后出的广东地方志,将戴璟这些规章删去大部分,以便符合文人喜欢的地方志编纂格式。其实,戴璟亦非第一个为广东地方行政拟定详细规章的高级官员。在嘉靖四十年(1561)刊行广东第二本省级地方志《广东通志》的黄佐,就留意到,在正统五年(1440),同样也是广东巡按御史的朱鉴,就在巡视广东期间拟定了廿四条规章,并且"广人至今传颂之"。[2] 朱鉴这些规章都与政府的具体工作有关,例如要求维持卫所、建立学校、定时祭祀鬼神、管理养济院、由社区中德高望重之人充任"老人",由巡检司维持

---

① John R. Watt, *The District Magistrate in Late Imperial China* (New York: Columbia University Press, 1972).

② 黄佐纂修,《广东通志》(香港:大东图书公司影印嘉靖四十年[1561]刊刻本),卷 49,页 41b—42a,总页 1299。

秩序,必须整顿监狱等等。另外,有关征税和征取劳役的问题,也是朱鉴规章中显而易见的重点。书面规章越多,衙门的工作就越依赖识字之人。朱鉴发现:"各衙门吏典,或由农民、或由生员参充。"①在朱鉴和丁积时代,县衙门的行政人员,都是由里甲户应役轮充的,很快,县衙门就走到一个需要专业人员来运作的地步。

但是,明朝官员都知道得很清楚,里甲劳役最可怕之处,是官吏的诛求无厌。朱鉴指出:

> 赋役务在均平。且如排驿传,照粮多寡,从公编排,点长解,验 *111*
> 丁多少,挨次定差。如此,则事平公当,民心斯服。今所属,粮多者
> 少排,粮少者多排;丁多者近差,丁少者远差。是以彼此不均,致相
> 争讼。仰所在有司,今后照依册籍,验其丁粮,从公定差,务要均平,
> 毋致卖富差贫,那移作弊,究问不恕。②

朱鉴写这一段时,正如许多其他官员一样,被这么一个想法吸引住:公平分配劳役、即所谓"均平",便可挽救里甲制度。在明朝赋税历史上,"均平"成了专有名词。为了达到"均平",就必须约束县衙门的各个科房。首先,不仅需要减少劳役,还需要把劳役项目化。其次,部分劳役项目,就可用纳银代替了。后世历史学家,面对极端复杂的明朝赋税制度,往往认为"均平"不过是创造新的税种。其实,"均平"是迈向日后所谓一条鞭法的一步,即把劳役货币化、常规化。明末清初(17 世纪),一条鞭法的内容,就被编成《赋役全书》。

朱鉴的规章,显示广东省政府在赋役改革的原则问题上仍然把持不定。但是,到了戴璟担任新会县令时,均平已经成为一套规章制度。戴璟在《广东通志初稿》的序言清楚指出,编纂该地方志的目的之一,就是

---

① 朱鉴,《朱简斋公奏议》(康熙五十二年[1713]刊,藏剑桥大学图书馆,编号 FB353.137),卷下,页 58a—75a,这里的引文载页 66b。
② 朱鉴,《朱简斋公奏议》,卷下,页 65b。

鉴于"赋役不均",因而决定"更定赋役文册"。丁积有关均平赋役的规章,连篇累牍。但是,戴璟均平规章的主要内容,已经不是分配劳役,而是县政府征收均平银(白银或铜钱)的各种工作名义,或曰税项:例如卷₁₁₂ 26《均平》所开列的"进贺表笺"、"各学岁贡生员盘缠"、"三年一次科举起送各学生员盘缠"、"迎接举人"、"三年一次朝觐酒礼"、"祭丁"即孔子生辰、"每年春秋祭山川及社稷"、"每年祭无祀鬼神"、"每年造册纸札笔墨并书手工食等项"等等祝贺科举功名、县官入京上计、祭祀孔子、祭祀鬼神、分发年历、衙门文具等等。部分均平银的税项,显示某些劳役已经改折成货币,例如雇用衙役、租船、为"招降夷人及赏报功人役搭厂"等等。番禺、南海二县均平银的税项,相当清楚地体现着"均平"的精神:这些均平银的税项收入,等同于县衙门的开支,而均平银是平均地摊到所有里甲户成年男丁头上的。均平银改革的真正结果,未必是政府向里甲摊派劳役时比较公平,而是政府不再着重向里甲摊派劳役,而着重从里甲征收货币税,因此也就不再计较户籍身份,而户籍身份,原本是政府向里甲摊派劳役时的重要基础。

因此之故,我们必须从衙门职能扩张这个脉络,来理解明朝官员推行正统礼仪的运动。官方认可的礼仪,创造了一套共同语言,这套共同语言合理化了衙门职能的扩张。所以,广东巡按御史戴璟也为了"正风俗"而拟定了一系列规章。可是,戴璟的"正风俗"规章,与珠江三角洲文人以乡村和家族礼仪形式提倡的那一套,相差甚大,也使戴璟编纂《广东通志初稿》的心血泡汤。最能体现这个差别的,就是戴璟《广东通志初稿》卷 18 内的"正风俗条约"十三条。这些规章不仅处理冠、婚、丧、祭等礼仪,而且还呼吁守法、禁赌、禁止争夺遗产、禁止因争夺风水地而械斗、禁止霸占墟市、禁止在乡饮酒礼中弄虚作假、禁止租佃纠纷等等。戴璟对于这些实际问题的规章,都是从他亲自审讯的诉讼中总结出来的。但是,戴璟把这些规章推广,作为对于广东地方风俗的纠正,显示出戴璟与当时珠江三角洲的文人同床异梦。当时珠江三角洲的文人,在撰文立说,鼓吹正统礼仪时,目的是为了缩小广东地方风俗与风行全国的理学教条的差距。即以戴璟"正风俗条约"第二条"正婚姻"为例,他力图遏制穷家贪图富家资财而将女儿改嫁富家或富家夺娶穷家女子之风,又反对用槟榔作为嫁妆,谓:"槟榔乃夷人取新郎之义,以资欢笑者也,又何意义而相沿弗改哉!"这些规章,看来是完全不切实际的。珠江三角洲文人操刀的婚礼规章,是把儒家经典中的婚礼整套照搬,尽管也对于使用槟榔 ¹¹³ 有所暗示,但任何提及槟榔的规条都被搬到角落去。

嘉靖四十年(1561),黄佐刊行《广东通志》,取代了广东巡按御史戴璟的《广东通志初稿》。一代人的工夫,就把省级地方志全面修正,应该说是异常的,原因也许可以从两本地方志的主要差别中看出来。出身广州名门的广东本地人黄佐,在其《广东通志》中,基本上把戴璟所有"正风俗条约"都铲除了,而完全集中于广东本省的历史与文化。黄佐也许承认广东本地风俗鄙陋,但他大力扩充了人物传记部分,藉此显示:自南宋以来的优雅传统,经由陈白沙及其门人继承,并由做了官的本地人或者他们的祖先体现出来。黄佐编纂的《广东通志》,和他在此之前编纂的《广州人物志》,是广东人写广东历史的创举,此举显示出:广东已经不再光怪陆离了,广东已经真正成为普天之下的王土一隅。黄佐的《广东通志》,成为后来广东省地方志的范本。

宗族规章:遵守礼仪,登记账目

衙门在编写书面规条,乡村也在编写规章。后来,大量的宗族规条被加进族谱里,我们千万不要用这些宗族规条来推想 16 世纪的宗族行为。但是,目前还有三本 16 世纪有关宗族规条的史料,显示出宗族管理的变化。第一本是黄佐于嘉靖二十八年(1549)刊行的《泰泉乡礼》,它基本上属于 15 世纪的乡村礼仪手册,而不太像 16 世纪的宗族规条。另外两本是:霍韬刊行于嘉靖三年(1524)的《霍渭厓家训》,庞尚鹏刊行于隆庆五年(1571)的《庞氏家训》。①

有关理学礼仪的扩散的研究,都很注意到《泰泉乡礼》,本书只需指出其重点就足够了。黄佐于嘉靖七年至九年(1528—1530)间担任广西按察使金事提督学校期间,草拟和刊行了一批规条,书名曰《泰泉乡礼》。黄佐在这书中说得很清楚,他的目标读者群,也包括尚未编入里甲的"俚峒蛮民"。② 嘉靖二十八年(1549),该书在黄佐家乡新会县再度刊行,毫无疑问,一个原因,是黄佐作为学者和官员的声誉;另一个原因,是该书的思想在当时仍然是时髦。但是,《泰泉乡礼》的重点,是乡村礼仪,不是家庭礼仪。因此,《泰泉乡礼》也提倡遵行冠、婚、丧、祭四礼,但比起前期同类著作,该书更加着重有关乡村的规章,该书详细解释如何维持乡村社坛、社学、社仓,及其相关礼仪,尤其是乡约。《泰泉乡礼》在这些礼仪方面的微言大义,对珠江三角洲文人而言,可谓"于我心有戚戚焉"。黄佐的祭祖礼仪紧跟 16 世纪 20 年代的法律改变:家家设家庙,家庙置祖先神主牌位,各代祖先,各有祭祀时节,但黄佐主张在冬至祭祀始祖,直至 16 世纪 20 年代有关法律改变之前,在冬至祭祀始祖是贵族的特权。③ 像每个优秀的理学家一样,黄佐认为,家礼最重嫡长,"凡祭,主于宗子,

114

---

① 庞尚鹏,《庞氏家训》,载《丛书集成初编》(长沙:商务印书馆,1939 年据道光二十八年[1848]本排印),第 974—977 号;霍韬,《霍渭厓家训》,嘉靖八年(1529)刊,载《涵芬楼秘笈》第二集(上海:商务印书馆,1916 年据汲古阁精钞本影印)。

② 黄佐,《泰泉乡礼》(嘉靖廿八年[1549]刊),卷 3,页 27a、27b、30a,载文渊阁本《四库全书》(上海:上海古籍出版社,1987 缩印),第 142 册,总页 628、629。有关《泰泉乡礼》的研究,参见井上彻,《黄佐"泰泉乡礼"の世界——乡约保甲制に关连して》,《东洋学报》,第 67 卷,第 3—4 期(1986),页 81—111;Chu Hung-lam, "The ideal and applicatin of community rites as an administrative aid to social regulation in mid-Ming China," paper for the Conference "Learning the Rule: Schooling, Law and the Reproduction of Social Order in Early Modern Eurasia, 1350—1750," at the University of Minnesota, Minneapolis, May 10—11, 1991;叶汉明,《明代中后期岭南的地方社会与家族文化》,《历史研究》2000 年第 3 期,页 15—30。

③ 黄佐,《泰泉乡礼》,卷 1,页 3b—4a,载文渊阁本《四库全书》,第 142 册,总页 595—596。尽管有这项规定,但黄佐又主张,把家庭分为三等,田产一千亩以上者为上户,田产五百至九百亩者为中户,田产一百至四百亩者为下户,只有上户有权设立祠堂,中户、下户则只能在"正寝"即主睡房安置祖先神主牌位,参见卷 1,页 7b—8a、14b—15a,总页 595—596、601。

其余庶子,虽贵其富,皆不敢祭。"[1]在同一段中,黄佐也主张,家庙只应安置祖先神主牌位,禁止"奉祀外神、隐藏邪术"。[2] 自然,黄佐也强调孝道,他主张,子孙须在日常生活中体现孝道:早上向父母作揖;吃饭时请父母上坐,儿子及媳妇在饭桌旁"看照";出入家门必先向父母作揖;父母逝世后亦需以同样方式向父母的"阴灵神座"表达孝思。这些理学主张的逻辑结果,就是要求整个家庭服从家长,即父亲。[3]

家训类著作和乡礼类著作在至少一个重要方面上有所不同。乡礼类著作把管理乡村事务的技巧一道一道记录下来,而家训类著作则把管理宗族的技巧一道一道记录下来。正如《泰泉乡礼》一样,各种家训意在改良伦理,但这理想基本上是做不到的。但是,家训既然为宗族管理提供了实用指引,也就认可家庭扩张是乡村世界之理所当然,而家庭扩张基本上是通过所谓开枝散叶进行的。

例如,《霍渭厓家训》中,按照"义门"郑氏的家规,绘画了聚族而居的霍氏乡村地图,郑氏自宋代以来,就以得到皇帝敕赐"义门"之号而著称。这 [115]图把祠堂置于正中,祠堂由三排房屋拱卫,用餐何处,女眷安置何处,厨房设置何处,都有明确指示。[4] 更有甚者,《霍渭厓家训》还为宗族管理提供实用指引,凡田地,仓储,耕种,赋税,纺织,酒醋,聚餐,冠、婚、礼、祭四礼,家居摆设,年青人在宗族的举止等等,都有所触及。《霍渭厓家训》还提供了祭祖时的诵词,制定了宗族教育的规章,霍氏宗族的私塾,设于祠堂,霍氏宗族的书院,前身是佛寺。《霍渭厓家训》弥足珍贵,因为该书证明了近代所见的宗族管理模式,的确是从明代传下来的。但该书的文字却反映出,在现实中,像

---

[1] 黄佐,《泰泉乡礼》,卷1,页4b—5a,载文渊阁本《四库全书》,第142册,总页596。

[2] 黄佐,《泰泉乡礼》,卷3,页18a,载文渊阁本《四库全书》,第142册,总页623。

[3] 黄佐,《泰泉乡礼》,卷3,页26b—29b,载文渊阁本《四库全书》,第142册,总页627—629。

[4] 关于"义门"模式,参见 John W. Dardess, "The Cheng communal family: social organization and neo-Confucianism in Yuan and early Ming China," *Harvard Journal of Asiatic Studies*, Vol. 34 (1974), pp. 7—52;井上徹,《元末明初における宗族形成の風潮》,《文经论丛》,第27卷第3期(1992),页273—321。

《霍渭厓家训》设想的这种规模的聚族而居现象,是不可能普遍的。

《霍渭厓家训》的文字,假设宗族成员并非同居共爨,而是自立门户,自行煮食。由于宗族各家已经是分离的个体,因此要有共同的基础来维持宗族,宗族田产的集体管理、宗族纪律的执行,都需要有所指示。宗族成员,二十五岁授田,五十岁还田。期间,成员须把一定数量的收成储存为种籽;成员也获分配一定数量的肥料、或等价的铜钱;成员还获分配一定数量的粮食,作为支付雇工的薪酬。这些田产也可出佃收租,佃农交来的粮租,储存于仓库,以便宗族向官府缴纳粮税;另外两成粮租会被扣起,以备荒年;其余则出售。宗族之内,派发粮食,人人有份,但每位家长的份额更多,为的是支付一名奴仆的薪酬。为宗族办事的成员,也获分配更多的粮食以便支付奴仆的薪酬:代表宗族管理田产的成员,获分配两名奴仆,其一负责秤掣粮食,其一负责分发肥料和种籽;管理仓库的宗族成员,手下也有一名会计、一名跑腿。[1]

"礼"是宗族规章的重点。反正,到了 16 世纪初,冠、婚、丧、祭四礼在一般礼仪中的重要性,已被视为理所当然。因此,即使在涉及"礼"的事务上,这些宗族规章也就把重点转到实际操作的层面来。例如,《霍渭厓家训》对于服饰有严格的规定:四十岁以下者,不得穿着纱、丝;祠堂宴会,拥有品官身份或五十岁以上者才可吃肉——违例吃肉者,一经发现,会被公开声讨,以曝其过。[2] 宗族规章把妇女另行处置。她们获准参加祠堂宴会,但须坐在专门的座位,不得男女杂坐。凡是能够造成内外之别的场合,宗族规章都把妇女局限于"内"。这种内外之别,不仅反映在上文指出的生活空间的间隔上,也反映在祭礼上:当宗族成员向祖宗禀

116

---

[1] 霍韬,《霍渭厓家训》,卷 1,页 10b。石湾霍氏的《太原霍氏族谱》(无刊行年份,无出版地点,藏佛山市博物馆)也收录了《霍渭厓家训》的其中一个版本,此外,还收录了霍氏其他成员的家训,这些家训分别刊布于成化十七年(1481)、嘉靖十三年(1534)、康熙五十九年(1720)。这些家训对于田产、收租、商业等方面都有相当详细的指示,而且提及当地当时的事件,可信程度甚高。

[2] 霍韬,《霍渭厓家训》,卷 1,页 9a—9b、12b。

报功过时,男性成员的功过是当着全体成员面前禀报的,但女性成员的功过则在内堂向祖宗禀报,"内堂"云云,可能意味着只有女性成员在场。妇女的地位,取决于丈夫的地位:庶民女儿嫁给品官,则可穿戴命妇服饰;但品官女儿嫁给庶民,则只能穿戴民女服饰。而且,妇女的财产权也获得尊重,意思是:如果妇女的财产只有动产、例如纺织品,则可由女儿继承;但如果妇女的财产包括土地,则该名妇女可以选择将之捐给蒸尝,如果她真的这么做,则她过世后,神主牌位会被安置于祠堂偏殿,得到后世的祭祀。[①]《庞氏家训》在妇女角色方面,着墨不多,但有一首押韵的《女训》,说明妇女在相夫教子方面的责任,基本上把妇女的社会角色局限在家庭之内。[②]

宗族规章有关宗族管理的部分,首重族产之管理。《霍渭厓家训》要求宗族每年制定收支报告,正如要求宗族记录成员的功德与过错一般。[③]我们必须明白:计算功德,是在祠堂祭祖的仪式里进行的。在这个仪式中,宗族的男性成员,诚邀祖先的灵魂到场,向祖先汇报个人经营族产的盈亏,这些族产,是祖先交托给他们个人的。人们不仅相信祖先会到场听取汇报,而且还相信祖先会按照规矩,视宗族成员经营族产之盈亏,予以奖惩。这个被称为"报功罪"的仪式,也见于 16 世纪安徽省的徽州地区。但仅就珠江三角洲而言,"报功罪"的仪式似乎很快就消失了,至少不见于《庞氏家训》。[④]《庞氏家训》更加着重的,是运用书面记录。该书

¹¹⁷

---

① 霍韬,《霍渭厓家训》,卷 1,页 11b—12a、14b—15a。

② 庞尚鹏,《庞氏家训》,载《丛书集成初编》第 974—977 号。

③ 黄佐也呼吁家庭要"置簿"即设立收支记录,但在他眼中,这些记录的主要用途是计算祭祀费用。见《泰泉乡礼》,卷 1,页 6a—7a,载文渊阁本《四库全书》,第 142 册,总页 597。

④ 我在另一篇文章中对于"报功罪"的礼仪有更详细的描述,见 David Faure, "Recreating the indigenous identity in Taiwan: cultural aspirations in their social and economic environment," in David Blundell, ed. *Austronesian Taiwan*, *Linguistics*, *History*, *Ethnology*, *Prehistory* (Berkeley and Taipei: Phoebe A. Hearst Museum of Anthropology, University of California, and Shung Ye Museum of Formosan Aborigines, 2001), pp. 97—130.关于徽州方面的类似礼仪,参见周绍泉、赵亚光,《窦山公家议校注》(合肥:黄山书社,1993),页 15—16。

列出条款,强调必须确保宗族成员的温饱,必须纳粮当差,必须储存粮食以备荒年,而且还有以下的教训:

> 一、田地土名坵段,俱要亲身踏勘耕管。岁收稻谷及税粮徭差,要悉心磨算。若畏劳厌事,倚他人为耳目,以致菽麦不辨,为人所愚,如此而不倾覆,吾不信也。

> 一、置田租簿,先期开写某佃人承耕某土名田若干、该早晚租谷若干,如已纳完,或拖欠若干,各明书项下。如遇荒歉,慎勿刻意取盈。

> 一、置岁入簿一扇,凡岁中收受钱谷,挨顺月日,逐项明开,每两月结一总数,终年经费,量入为出,务存盈余,不许妄用。

> 一、置岁出簿二扇,一扇为公费簿,凡百费皆书;一扇为礼仪簿,书往来庆吊祭祀宾客之费。每月结一总数于左方,不许涂改及窜落。①

显然,这些条款反映出,宗族管理的知识正在进步,并与提倡节俭朴素以巩固宗族财富的主张结合在一起。在这方面,这些宗族规条不过反映出在宗族外部、在更广阔的社会背景下,土地管理的大趋势而已。在田产管理上,书面记录的使用越来越普遍。地方政府也越来越依靠书面记录。因此,拥有以文字书写的地契,拥有里甲登记的文件,就能够掌握土地,这种趋势越来越普遍。可以想象,这种趋势进一步促进了田产管理的专业化,因此《霍渭厓家训》提及雇用会计。管理范围扩大,使管理制度得以发展,而宗族就是这发展的结果之一。

以后,这类家训成为常见于家谱的文类。许多把自己组织成宗族模样的家庭,很有可能是接触过这类家训的。② 由此,我们可以说,一种新的、遵奉理学思想为教条的生活方式,被推广开来了。但是,这种看法大

---

① 庞尚鹏,《庞氏家训》,页 2、4,载《丛书集成初编》第 974—977 号。

② 多贺秋五郎提供了更多类似的例子,多数来自长江下游,参见多贺氏著,《中国宗谱の研究》(东京:日本学术振兴会,1981—1982)。

大简化了极为复杂的现实。随着理学运动而获推广的各种行为,本身就反映出,通过科举制度而做官的人越来越多;也反映出,珠江三角洲由于经济发展而越来越富庶,而这经济发展,是与沙田开发密切相关的。士绅阶层的成员,的确有意识地尝试推广一套新的标准,他们自己也知道,这套标准不符合本地传统。由于富裕之家也正好是跻身官场、控制宗族的家庭,宗族这个制度在发展,伴随着宗族而出现的礼仪行为也日益普及,这就意味着,集体礼仪能够被相对迅速地改变。但是,即使宗族行为士绅化了,原本的生活态度和方式,却仍然保留在家庭里面。地方志充满了旧风俗延绵不断的记载,这些旧风俗见于婚礼,见于一年到头的各种节诞,尤其见于治病。[1] 随着少数富贵之家开始追求士绅的生活方式,很多妇女的社会角色可能因此改变,但我们知道,尽管族规家训普及,但并没有完全杜绝妇女积极参与诉讼的风尚,这是事实。[2] 反正,有足够经济能力把女眷局限于家里的家庭,数目很少。我们在族谱中能够找出的少数记载显示,当一个家庭(而非一个宗族)获得士绅地位后,经过两三代的功夫,这个家庭的女眷,一般就可以不再从事粗重的体力劳动,而专职于家庭里的活动,例如纺织,甚至读书。[3] 在理学正统的背后,应该有大量的异端。经历理学的所谓清洗之后,许多地方风俗又悄悄地重返理学防线背后。[4]

---

[1] 黄佐纂修,《广东通志》,卷 20,页 8b—22b,总页 529—535。

[2] 陈昌齐等纂、阮元等修,《广东通志》,总页 3383—3384。

[3] David Faure, "Images of mother, the place of women in south China," 该文将收录于萧凤霞主编之论文集内。张萱有一则写于嘉靖三十八年(1559)的笔记,显示在他博罗县家乡中,妇女仍然是各种节诞的主持人。张萱特别指出,即使仕宦之家也如此。参见张氏著,《西园存稿》,卷 2,页 22b—23a:"博罗之俗,女人为政,岁时伏腊,宴享馈遗,皆行于女人而废于男子,虽荐绅家亦然",藏国家图书馆善本部。但是,部分习俗如火葬等,就已经消失了。关于迟至明代仍有人劝谕本地百姓放弃火葬习俗一事,参见朱鸿林,《明代嘉靖年间的增城沙堤乡约》,《燕京学报》,新第 8 期(2000),页 107—159。

[4] 女子结婚之后继续留在娘家的风俗,可谓一例,参见 Helen F. Siu, "Where were the Women? Rethinking Marriage Resistance and Regional Culture History," *Late Imperial China*, Vol. 11, No. 2 (1990), pp. 32–62。

丈量土地：编写土地记录

标志着 16 世纪明王朝的新管治风格的,是县级衙门利用书面规章来扩大职能,是宗族利用书面记录来管理族产。但是,在赋税问题上,官府与握有土地的宗族,始终是对头。在这冲突中,官府并没有完全获胜。但是,在 16 世纪,官府执意控制之处,即使是沙田,记录越完善,意味着税基越稳固。

众所周知,很多田地都未被纳入税网,尤其是新近开发的田地。意119 识到这个问题之后,万历九年(1581),大学士张居正宣布全国各县重新丈量辖下的土地。① 南海县所在的土地,是南宋末年以来通过筑造堤围所形成的沙田,万历清丈运动在南海县的成绩,第一,是县衙门承认有大量耕地未被丈量升科,纳入税网;第二,是县衙门开征极不受欢迎的附加税即"定弓"。② 同样,在顺德,万历清丈运动,变成了加税而不清丈的借口。顺德县用两个方法来做到这一点。其一,顺德县也和南海县一样,对于已经丈量升科的沙田,开征附加税,顺德县的这个附加税税率为 8%;其二,顺德县把本来登记在邻县香山县衙门名下的沙田夺了回来,登记在本县衙门名下。顺德县地方志关于万历九年至十五年(1581—1587)间担任顺德县令的叶初春的传记指出,广东巡按御史戴璟也曾打算向顺德县新近

---

① 希拉蕊·贝蒂(Hilary Beattie)关于安徽省丈量土地的研究,可资比较。她指出,拥有科举功名者,其粮税获得减免,参见 Hilary Beattie, *Land and Lineage in China*, *A Study of T'ung-ch'eng County*, *Anhui*, *in the Ming and Ch'ing Dynasties* (Cambridge: Cambridge University Press, 1979), p. 65.但我在珠江三角洲找不到任何类似情形。

② 《(万历)南海县志》指出,这个附加税最初高达 20%,后来降至 16.4%,见刘廷元修,王学曾、庞尚鸿裁定,《(万历)南海县志》,明万历己酉(1609)刊本,卷 3,页 15b,载美国国会图书馆摄制北平图书馆善本书胶片第 496 卷。《(康熙)南海县志》则提供了广东地区万历清丈运动的最清晰的例子。据该志,万历四十五年(1617),这个不受欢迎的附加税终于被取消,而南海县衙门因此损失的财政收入,则由邻近几个已把沙田丈量升科的县拨款弥补,见郭尔戺、胡云客纂修,《康熙南海县志》,康熙三十年(1691)刻本,卷 7,页 7b—12b,载《日本藏中国罕见地方志丛刊》(北京:书目文献出版社,1992),总页 129—131。

形成的沙田征税,但顺德县百姓予以抵抗,宣称这些沙田是登记在香山县的。顺德县地方志关于叶初春之前的顺德县令的传记也指出,不少官员都试图解决这个"顺田香税"问题,希望把这部分登记在香山县的土地转移回顺德县,但他们都失败了,而叶初春却成功了。①

在珠江三角洲其他地区,万历清丈运动是得到认真贯彻的。东莞县令为自己推行清丈土地的过程留下了一份记录。万历九年(1581)冬,他召集了 255 人,首先进行清丈土地的技术训练,然后,当东莞县百姓把原先的土地登记文件拿到县衙门时,清丈人员就立即丈量有关土地,并且立即记录汇报,是之谓"且丈且报",而东莞县令本人还亲自策骑,东西巡视,监督清丈。东莞县清丈土地运动,历时五个月才告完成。② 在番禺县,一篇写于万历十年(1582)的文章指出,番禺县令亲自探访全县各地,造册绘图,记录下每一块田的科则与边界。番禺县清丈土地运动,从万历九年(1581)冬开始,于万历十年二月完成。③ 在新会县,于万历九年至十五年(1580—1587)担任新会县令的袁奎,亲自丈量土地,召集里甲户,核对土地记录,"躔亩操丈,攒户稽籍",结果,鱼鳞册才名副其实,一万多亩的土地税证实为虚税而告取消,"鱼鳞归号,班班可稽,无田之税,空悬百十顷,如钟之户者,喘息始甦"。但是,隐瞒土地的问题,丝毫没有改善。十多年后,于万历三十三年至三十八年(1605—1610)担任新会县令的王命

---

① 胡定纂、陈志仪修,《(乾隆)顺德县志》,乾隆十五年(1750)刻本,卷 4,页 2a,卷 11,页 9a—10b,载中国科学院图书馆选编,《稀见中国地方志汇刊》(北京:中国书店,1992),第 45 册,总页 854、971—2;郭汝诚修、冯奉初等纂,《(咸丰)顺德县志》,咸丰三年(1853)刊,载《中国方志丛书·华南地方》第 187 号(台北:成文出版社,1974 影印),卷 21,页 12a—12b,总页 1943—1944。

② 张二果、曾起莘著,杨宝霖点校,《崇祯东莞县志》(东莞:东莞市人民政府,1995 年据崇祯 10 年[1639]刊刻本排印),页 708—711。

③ 何若瑶、史澄纂,李福泰修,《(同治)番禺县志》,同治十年(1871)刊,卷 31,页 41a—42b,载《中国地方志集成·广东府县志辑》(上海:上海书店出版社;成都:巴蜀书社;南京:江苏古籍出版社,2003),第 6 册,总页 414—415。

璩,再次调查,发现有为数 2,400 亩的升科田地,被衙门胥吏搞没了。①

无论官府如何频密清丈土地,总是无法将珠江三角洲的开发土地完

全清丈升科,纳入税网。原因何在?《(嘉靖)香山县志》提供了答案。其实,早在嘉靖十四年(1535),广东巡按御史戴璟就已经尝试过,戴璟已经发现,香山县周边的沙田,是被登记在邻县名下的,因此香山县衙门就无法向这些沙田征税。戴璟于是命令:这些沙田的佃户必须向衙门登记,以后不得再自行筑堤造田。②

但是,在香山县,人人都知道这些措施是行不通的。《(嘉靖)香山县志》的编纂者有以下的评论:

> 但谓自后各县人民不许置买香山田土,恐势不可禁止。又云要报佃户姓名于该县附记,则似无所于用。夫沙田在大海中,彼春则航海来耕,既种而归;秋获亦如之。佃户既无住址,亦无姓名,安以报记为哉!③

戴璟在 16 世纪 30 年代为香山县这个问题制定的特别政策,并不是要求丈量土地,而是依照 16 世纪明王朝县级行政的典型方式,把里甲制度强加于香山县本地的权力结构中。早于嘉靖元年(1522),香山县令就已经为居住本县但却宣称属于顺德、新会、番禺县的百姓另行编户,以便让他们组成一个"里",应付有关赋税。戴璟在嘉靖十四年(1535)推出的政策,如出一辙,而霍韬是有份出主意的。霍韬对于在沙田上占地称雄的大宗族很看不惯,在霍韬安排下,嘉靖十四年(1535),一位名叫黄正色的人担任了香山县令,霍韬明知黄正色很快就会调任南海县令。黄正色

---

① 王命璩修、黄淳纂,《(万历)新会县志》(万历三十七年[1609]刊,香港大学图书馆据日本上野图书馆藏本缩影胶卷编号 CMF1324),卷 2,页 1b—3b,卷 4,页 27b—28b。

② 戴璟、张岳等纂修,《广东通志初稿》,嘉靖十四年(1535)刊,卷 23,页 19b—20a,载《北京图书馆古籍珍本丛刊》(北京:书目文献出版社,1988),第 38 册,总页 416;申良韩纂修,《(康熙)香山县志》,康熙十二年(1673)刊,卷 3,页 11b。

③ 邓迁修、黄佐主纂、杨维震撰,《嘉靖香山县志》,嘉靖十七年(1548)刊,卷 2,页 7a—7b,载《日本藏中国罕见地方志丛刊》(北京:书目文献,1991),总页 312。

请求省政府批准百姓在就近粮仓缴纳粮税,大概意味着,只要百姓在香山县编户,就必须向香山县衙门交税。因应黄正色的请求,广东巡按御史戴璟就宣布要求香山县的佃农必须登记。[1]

之后的十年,香山县的地主与衙门勉强僵持。据《(嘉靖)香山县志》,嘉靖十五年至十九年(1536—1540)间担任香山县令的邹验,受到衙门胥吏的陷害而被革职;他的继任者罗岐,只在嘉靖二十一至二十二年(1542—43)年间当了两年香山县令,就因贪污而被革职。[2] 之后的继任者为邓迁,他任职香山县令的时间是嘉靖二十三至隆庆元年(1544—1567),邓迁编纂了《(嘉靖)香山县志》,对于戴璟的决定,有所评论。邓迁发现,在香山县拥有土地但编户于香山县以外的家庭,并没有交税,而黄册上的注册户名根本是子虚乌有,是之谓"寄庄"。"寄庄之为吾民害也大矣!其立户姓名皆诡捏者,初无是人也。每造黄册,则又一户瓜分为五六户,或易军为民者有之。其踪迹幽秘如鬼蜮之不可测,且挟权势以自豪,又孰得而究诸!"[3]这是明王朝最后一次在香山县试图通过黄册向沙田征税。

但香山县令是懂得土地清丈的。香山县下一本地方志有如下记载:

> 万历九年(1581)清丈,知县冯生虞(1581—1584 任职)亲履田亩,视土肥脊,审地险易,定为上中下三则,而农桑、夏税、斥卤,各为区别,井井不紊。田与顺德接壤,实逼处此。虞善为区画,务令税准其亩,毋匿毋溢,载在鱼鳞册,香民万世之利也。册向贮县堂柜内,

---

① 参见邓迁修、黄佐主纂、杨维震撰,《嘉靖香山县志》,卷3,页15b—19a,载《日本藏中国罕见地方志丛刊》,总页330—2;也见霍韬对于黄正色的称赞,参见申良韩纂修,《(康熙)香山县志》,康熙十二年(1673)刊,卷8,页12a—b,藏香港中文大学图书馆,编号 DS793. K71 C5845 v. 1—4。这个所谓"香田顺税"的问题,之后二百年也仍解决不了。参见罗天尺,《五山志林》(乾隆二十六年[1761]刊,大良:顺德县志办公室,1986),页147—148。
② 申良韩纂修,《(康熙)香山县志》,康熙十二年(1673)刊,卷4,页4a。
③ 邓迁修、黄佐主纂、杨维震撰,《嘉靖香山县志》,卷3,页15b—19a,总页330—332,引文见页18b,总页332。

顺治壬辰(1652),逆贼破城,焚毁殆尽。①

因此,从 16 世纪末开始,直至 17 世纪中,县衙门征税的基础,是土地登记,而非户口登记。在所谓一条鞭的赋税改革中,除了将赋役折银之外,另一重要元素,是把税基从户口转移到土地。

自崇祯元年(1628)开始担任广州府通判的颜俊彦,其判词很清楚地显示书面记录如何确立土地权。颜俊彦判处的案件中,很少涉及土地。但是,即使在这少数涉及土地的案件中,里甲登记文件和土地契约都派上用场。研究清朝法律史的学者,对于这个现象是熟悉的,但在明朝则不太常见。与土地登记同时出现的,是所谓"虚粮"问题,即土地已经卖出,但税额仍然保留于卖主名下。这也是颜俊彦须要处理的问题。② 颜俊彦审讯案件时所依据的书面记录,大多数都是 16 世纪的产物,因此,利用书面记录来打官司,一定不会是早期诉讼行为的特色。③ 我们虽然不能认为这就是利用书面记录确立土地权的充分证据,但颜俊彦的判词值得注意的是,诉讼双方均宣称自己与高官有关系,而不管真假,地方官都会予以相当程度的重视。在一宗案件里,有陈台者,购买了 500 亩河滩地,这片河滩地又涨生出 800 亩沙田。这片沙田与梁氏、锺氏这两个官宦之家接邻。当陈台把这片沙田登记升科时,梁氏、锺氏的仆人都在这片沙田筑堤,以堤为田界。当陈台尝试在堤外造田时,梁氏、锺氏的仆人就控告陈台越界造田。这宗官司的告状方式是明朝及后来清朝地方官常常碰到的典型方式:收割庄稼期间,发生械斗,陈台被控杀人。颜俊

---

① 申良韩纂修,《(康熙)香山县志》,卷 3,页 11b。

② 颜俊彦,《盟水斋存牍》(崇祯五年[1632]刊,北京:中国政法大学出版社,2002),页 491、553、585—586。

③ 在书面契约尚未普及之前,宗族的传说对于财产权的建立应该是很重要的。关于这个看法,参见 David Faure, "State and rituals in modern China: comments on the 'civil society' debate," in Ch'iu-kuei Wang, Ying-chang Chuang and Chung-min Chen, eds. *Proceedings of the International Conference on Society, Ethnicity and Cultural Performance* (Taipei: Centre for Chinese Studies, 2001), pp. 509—536.

彦认为证据矛盾,要求知县作更详尽的汇报。[1]

　　不妨提醒读者:在 17 世纪中叶,屈大均提及沙田出现重复转佃现象。颜俊彦的判词显示沙田的争夺,非常激烈,官宦之家往往利用权势参与争夺,因此可谓与屈大均互相发明。在另一宗案件里,有二人雇用五名打手,"冒宦驾船,逐佃卷租",他们供认,是受到"秀才王懋式"及"梁宦"的主使。结果,颜俊彦完全没有调查梁姓官员,而对于王姓秀才也从轻发落。[2] 还有一案,使颜俊彦本人都感到滑稽可笑,因为犯人竟宣称受到大学士严嵩的儿子煽动犯案。[3] 承包沙田缴纳粮税的珠江三角洲百姓不仅势力强大,他们还懂得利用官府的名义来施展权力。政治庇护,无论真假,未必有助于扩展王朝国家的权威,但肯定有助于扩展王朝国家的理念。

---

① 颜俊彦,《盟水斋存牍》,页 689—690。
② 颜俊彦,《盟水斋存牍》,页 107。
③ 颜俊彦,《盟水斋存牍》,页 108。

宗族士绅化 ¹²³

第十章　建设宗族:佛山霍氏

到了 16 世纪,凡有宗族成员考取科举功名,宗族建设活动就会蓬勃展开,这类例子多的是。[①] 简单来说,宗族会通过编纂家谱、建造祠堂,把其成员所获得的功名,转化为宗族整体的光彩。宗族会提供教育机会,也许还培植私人关系,以及敦进学习风气,为的是尽可能让子孙获取功名。宗族内部各房各家,穷达各异,差距也就越来越大。任何宗族,要想连续几代都能产生出功名显赫的子孙,是绝不容易的。但是,只要宗族按照官方形制建起祠堂,鼓吹为其成员的文人地位,这文人的地位,就一直保留在宗族之内。

功名显赫:石头霍氏

宗族几乎一夜之间飞黄腾达,之后,终整个明代,都继续保持显赫地

[①] 参见 David Faure, "The written and the unwritten: the political agenda of the written genealogy," Institute of Modern History, Academia Sinica, *Family Process and Political Process in Modern Chinese History* (Taipei: Institute of Modern History, Academia Sinica, 1992), pp. 261 – 298. 该文探讨了《逢简南乡刘追远堂族谱》(手稿本,无出版年,由科大卫收藏),要探讨以这种方式发展出来的宗族,刘追远堂是最佳例子。

位,霍韬的宗族就是这样的例子。位于佛山边界的石头村霍氏,算得上是 16 世纪早期冒升出来的最受瞩目的宗族之一,这都是拜霍韬官位崇高、想法激进所赐。霍韬的宗族,最初是个比较小的家族,由于该宗族的族谱把成员的生卒年都记录了下来,我们可以看出:在霍韬有生之年,他眼中的族人,可能只有几家,包括年龄在二十岁以上的男子,他们的母亲、妻子、儿女等在内,大概不超过四十人。霍韬属于第六世。[①] 由于霍韬祖先的传记,没有任何里甲编户的记录,我们可以推断,霍韬家族并没有什么来头,即使如此,霍韬为了参加科举考试,在正德八年(1513)取得首个科举功名之前,必定已经编入里甲。霍韬在族谱序言中傲然表示,其他人宣称他们的祖先来自珠玑巷,但他们霍氏则不然;霍韬还说,自己的祖父一辈,是在市场卖鸭蛋的,而自己的曾祖父辈,则酗酒而死。怎么看,霍韬的家族都不像是富贵之家,这个家族大概是明初以来在佛山墟市里谋生的众多家族之一。而霍韬之所以坦然承认这一切,是因为当他为族谱写序时,他本人正是朝廷里的新星。[②]

霍韬的四世祖在世期间,该家族不得不逃避黄萧养造成的破坏。当霍氏在佛山附近的石头重新站稳脚跟时,这个未来的霍氏宗族,当时最多只有四家人,而且都是白丁,毫无功名。也没有任何证据显示他们共同到任何祖坟祭祖,他们当然也没有祠堂,尽管他们也许像其他家庭一样,在家里的祭坛祭祖。霍氏祠堂之所以建立于嘉靖四年(1525),并成为霍氏各家的凝聚点,霍韬居功至伟。在礼仪问题上,霍韬是个彻底的教条主义者,他心目中的宗族建设榜样,是南海九江附近的陈氏宗族,陈氏宗族八兄弟,共同生活达三世之久。霍韬自己的宗族建设措施包括:

---

① 参见《石头霍氏族谱》,光绪二十八年(1902)刊,藏广东省图书馆,编号 K0.189/470。石头霍氏从开基组到霍韬孙子这一代为止的 297 人中,223 人的生卒年份,都记录于该族谱中。以上数字,是把霍韬这一代即从成化二十三年到嘉靖十六年(1487—1537)期间的同代人,以每十年为一间隔,计算出来的。

② 霍韬的序言,没有年份,但霍氏祠堂落成、霍韬建立宗族会餐的习惯,时间都在嘉靖四年(1525),该族谱的序言大概也应写于此时。

设计一个让宗族各家同居合爨的居住方案，由长房子孙管理宗族财产及其他宗族事务，但容许同祖兄弟之间共享财产。注意：霍韬宗族设计的重要元素，就是合爨共产。霍韬建议，要把宗族各派祖先的神主牌位都放到祠堂里，这建议受到反对，而霍韬的理由正好是：祠堂就应该是个不分家的大家庭。霍韬的这种看法，与当时理学家流行的看法相矛盾，当时理学家流行的看法是：应该奉行嫡长子继承制，把祭祖的责任交托给长房子孙。[1] 但是，霍韬花了很大力气，要把宗族的管理与礼仪的尊卑分割开来。宗族的管理工作由"家长"负责，而礼仪方面则仍以"宗子"为尊。嘉靖十四年(1535)，当霍韬要推荐一位子弟进国子监时，霍韬考虑 *127* 的条件，不是辈份的尊卑，而是能力的优劣。结果，他在祖先神主牌位

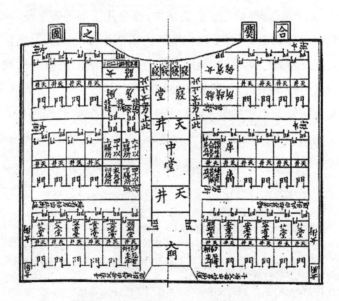

图二　霍韬笔下的三进祠堂，位于村落其他建筑之中。

---

① 霍与瑕，《石头录》，卷2，页14a—15b，载霍韬，《霍渭厓家训》，嘉靖八年(1529)刊，载《涵芬楼秘笈》第二集(上海：商务印书馆，1916年据汲古阁精钞本影印)；David Faure, "Between house and home, the family in south China," in Ronald G. Knapp and Kai-yin Lo, *House Home and Family: Living and Being Chinese* (Honolulu: University of Hawaii Press, 2005).

前,从所有侄儿与疏堂侄儿的名字中抽签决定人选。① 霍韬七个活下来的儿子,都拥有科举功名,二子霍与瑕最为出众,因为他是进士。至于霍韬的 23 个侄儿中,11 人也拥有科举功名。

霍韬的传记里,收录了一则评论,谓霍韬的子侄考科举时,有人担心霍韬在朝中的政敌会让他们落第。② 但是,霍韬的子侄全都在科举考试中合格,只有一个南海籍的考生,因被误会为霍韬亲属而落第。这则评论显示出官僚庇护网的复杂一面。我们仔细研究族谱,就会发现,官僚庇护网以及由此产生的官场人脉,是能够长期服务宗族的。霍韬本人就很有意识地在村中维持高官的模样,他一封写给儿子的信,警告儿子们在衣冠饮食方面都要合乎礼度。所谓合乎礼度,意思是不得在三十岁之前喝酒;不得吃精米;不得穿华丽服装;倘获惠赠饮食,应与同族之人共享。③ 霍韬在另一封写给儿子们的信中,警告儿子们不要参与沙田开发,霍韬甚至告诉他们说,不想要他们继续为宗族增添财产。霍韬留意到他的同代人冼桂奇曾经上奏,控诉广东地方豪强造成的祸害。霍韬要求把冼桂奇的奏折抄录多份,张贴于家塾和祠堂的墙上。④ 对于邻居,尤其是那些与族人同处一里甲的邻居,霍韬很希望族人与他们和睦相处。霍韬要求儿子们与族中其他家长和衷共济,不得恃着霍韬的声誉为非作歹;不得欠税;不得敲榨里甲内其他家庭。⑤

---

① 霍韬,《霍渭厓家训》,载《涵芬楼秘笈》第二集,卷 7 下,页 23a—b;霍与瑕,《石头录》,卷 6,页 4a,载霍韬,《霍渭厓家训》,载《涵芬楼秘笈》第二集。霍韬抽签时,把自己儿子们排除在外。在此事上,霍韬对于所谓嫡长的看法是很令人瞩目的。原来,霍韬眼中的嫡长,不是石头霍氏内部的嫡长一派,而是从他祖父一代排下来的嫡长一派。换言之,霍韬是根据儒家"五服"秩序来衡量五代子孙的辈份。

② 霍与瑕,《石头录》,卷 8,页 11a,载霍韬,《霍渭厓家训》,载《涵芬楼秘笈》第二集。

③ 霍韬,《渭厓文集》,北京大学图书馆藏明万历四年(1576)霍与瑕刻本,卷 7,页 32b,载《四库全书存目丛书》(台南县柳营乡:庄严文化事业有限公司,1997),集部第 69 册,总页 169。

④ 霍韬,《渭厓文集》,卷 7,页 40a—b,载《四库全书存目丛书》集部第 69 册,总页 173。霍韬又以豪强之家横行霸道而招致悔尤的例子来警诫子弟,见同书卷 7,页 35b—37a,总页 171—172;卷 7,页 43a—b,总页 175。

⑤ 另外,霍韬为石头霍氏开基祖的两支长房子孙编立户口。这很可能表示,霍韬通过这一番重组,把自己祖父传下来的一派子孙,与村中其他霍氏支派划清界限。见《渭厓文集》,卷 7,页 44a—b,载《四库全书存目丛书》集部第 69 册,总页 175。

高官的家人，当然有约束的必要。不过在霍韬的前一代，正统八年（1443），梁储的第二子为争夺田产，杀了三百人，因而被拘捕。梁储是大学士，是明代广东人之中最早晋身高官者，因此之故，结果，负责审判该案的地方官，把梁储儿子从轻发落，只判他流放五年。沈德符万历四十七年（1619）出版《万历野获编》这本明代传闻大全时，把这则记载也收录进去，并注意到这则记载是口耳相传留下来的。[1] 无论这类口耳相传的情况在北京或广东是否普遍，霍韬肯定是知道的。有否官方的庇护，对于地方各种势力的扩张是极为关键的，石头霍氏结果在佛山拥有相当多的物业，显然，很少宗族能够望其项背。

橱窗效应：上园霍氏

上园村也在佛山边缘，距离石头村也不过 45 公里。当霍韬的曾祖父还在市场卖鸭蛋时，上园霍氏已是个基础雄厚的宗族了。上园霍氏宣称，自宋代已经定居于上园，元末，上园霍氏在佛山地区已经颇有名气。上园霍氏九世祖霍东浦（1321—1378）的墓志铭，写于宣德元年（1426），文字极为生动，谓霍东浦捕贼有功，得到元朝的嘉奖。之后，霍东浦回乡隐居，但出钱组建并且训练了一支本地武装力量，用来与奇石附近的梁氏宗族械斗。霍东浦的墓志铭还提及他的财力："更筑塘岸五千余丈，且耕且守，食足财丰。乡邑百里，居民数万，咸安如堵。"洪武元年（1368），明朝立国，霍东浦被召到南京，授予官职。洪武七年（1373），他丁父忧，回乡守丧，直至这时才结了婚。[2]

《上园霍氏族谱》记载，霍东浦是上园霍氏长房的八代单传的子孙。霍东浦的祖父（1244—1306）是从其他房过继过来的。霍东浦祖父延佑七年（1320）的墓志铭提及，他划拨出部分田产，作为祭祖之用。这份墓

---

[1] 沈德符，《万历野获编》（北京：中华书局，1959），页 461—462。
[2] 《上园霍氏族谱》，同治七年（1868）刊，卷 1，页 12a，藏广东省图书馆，编号 K0.189/471。

志铭,据称是李昂英的手笔,因此攀上理学传统。当然,李昂英是不可能为霍东浦祖父撰写墓志铭的,因为李昂英早于 1257 年就已逝世。①

霍东浦有三个儿子,《上园霍氏族谱》记载了头两个儿子的名字,但没有记载他们的子嗣,这显然表示他们已经脱离了霍氏宗族。如果我们对于这个推测还有所怀疑,则霍东浦的墓志铭就让我们无所置疑:为霍东浦修墓的,是他第三子霍以礼(号东谷,1360—1425)的四名儿子。霍以礼娶了以开发沙田而著称的沙湾何氏的一名女子,得到了二百亩地的嫁妆。《上园霍氏族谱》收录了一篇写于洪武十九年(1386)的文章《东谷赋》,赞扬霍以礼隐居田园,爱好山水之恬静而厌弃名利;紧接着这篇文章的,是上园霍氏十三世祖霍贽(号闲轩,1449—1529)的墓志铭,该墓志铭写于嘉靖二十一年(1542),是第一份记载了该宗族五代谱系的文献,因此的确非常重要。

撰写霍闲轩墓志铭的,是他儿子霍溶川(1478—1551)。霍溶川于弘治十七年(1504)取得科举功名,也是上园霍氏第一个拥有科举功名的成员。霍溶川的传记称,霍溶川被问及为何参加科举考试时,回答说:原因是当时即将轮到他家服役。② 这段文字的意思,当时人都明白:拥有科举功名,就能够免除徭役,因此,霍溶川考科举的目的,是保护自己家庭,而非热衷名利。确实,霍溶川被授予江西某县知县之职后,做不满两年"弃官归来",回到家乡。但是,这段文字也意味着:当时上园霍氏必然已被编进里甲。另外,上园离佛山如此之近,但上园霍氏直至霍溶川这一代的家族历史,却完全没有提及黄萧养之乱,这也是很值得注意的。无论如何,霍溶川对自己父亲霍闲轩的描述,有助于让我们了解霍闲轩在佛山社会结构中的地位。霍闲轩生于正统十四年(1449)即黄萧养之乱爆发的一年,是唐璧的学生,而唐璧的父亲唐豫,编纂了佛山地区第一部获

①《上园霍氏族谱》,卷 1,页 10a—11a。
②《上园霍氏族谱》,卷 1,页 19a。

得执行的乡约。霍闲轩以谙熟儒家经典、尤其是《礼记》而著称;乡人有纷争,往往请他仲裁;县令也予以嘉奖;他利用日常生活例子来教育下一代;他对于长者的尊敬,发自内心。霍闲轩则不太算得上是个文人,他相当富有,在里甲中颇有地位,但住在佛山以外,不被视为佛山镇社区的一分子。①

霍溶川编纂了《上园霍氏族谱》,并留下了一篇写于嘉靖十三年(1534)的序言。这时,上园霍氏的邻居霍韬,已经在朝廷做到尚书,并且在石头村建起了祠堂。霍溶川的序言有以下一段,道出当时的社会情况:

> 族之有谱,所以纪世系、别异同而传久远也。……然亦有……妄自攀援显贵以相矜夸而骇庸俗者。……余太原霍氏之谱,传自先世,盖由始祖子中公自宋熙宁间来于南雄珠玑里,传于侗之辈,已十有四世矣。虽无盛名伟绩,然衣冠相传,恒产相守,今昔不替,夫岂无所自哉!②

换言之,上园霍氏也许没有石头霍氏那么风光,但上园霍氏当然有其延绵悠久的世泽,而石头霍氏却没有。石头霍氏是新贵,上园霍氏是世家。

无论如何,上园霍氏也在万历十六年(1588)建起祠堂,并于同年重修族谱。建祠修谱的,是上园霍氏第十七世子孙。霍东浦的神主牌位居中,上园霍氏从定居佛山的始祖、到九世祖即霍东浦的父亲的神主牌位,均作为霍东浦的先祖而排列;从十一世、十二世及以下的霍氏成员神主牌位,也作为"陪祭"而排列。《礼记》关于小宗祭祖五世而迁原则,显然得到实践,因为当祠堂建成之时,对于上园霍氏在生之人而言,第十一

131

---

① 《上园霍氏族谱》,卷 1,页 16a—b。
② 《上园霍氏族谱》,卷 1,页 1b—3a,霍子侗,《上园霍氏族谱序》。

世、十二世正好就是应该被迁的五世。[1] 上园霍氏此后并没有飞黄腾达，尽管霍化鹏（1570—约1635）在万历三十一年（1603）中了进士并做了高官。

橱窗效应：佛山墟市里的霍氏

石头霍氏和上园霍氏以外的老百姓，包括住在佛山镇内、数目多、势力小的霍氏，则另辟蹊径，建立宗族。[2] 这些霍氏没有与上园霍氏攀关系，但却与上园霍氏一样，宣称至迟在14世纪从珠玑巷移居到佛山。《南海佛山霍氏族谱》收录了一篇纪念开基祖"正一郎"的文章，这篇文章的写作时间，最迟大概在15世纪初。这篇文章为珠玑巷移民传说提供了有趣的发展："正一郎"与他的四个儿子定居佛山的时间，比起珠玑巷移民传说一般都会提及的宋朝皇妃私奔而触发移民潮的时间，早了一百多年。似乎《南海佛山霍氏族谱》的编纂者既想保留珠玑巷移民传说，又想与大部分宣称移居自珠玑巷的宗族划清界限。"正一郎"的四个儿子分别是："亚一郎"、"亚五郎"、"亚六郎"、"亚十郎"。这四个儿子总共生了11名儿子，其中一名是"二十四郎"，"二十四郎"的儿子是"念七郎"，《南海佛山霍氏族谱》收录了一篇写于15世纪的"念七郎"传记。"正一郎"、"亚十郎"、"二十四郎"、"念七郎"，这种早期谱系所采用的命名方式是很独特的。之后，《南海佛山霍氏族谱》收录了七世祖霍以道的传记，是霍以道孙子霍用宽写的。这时，谱系内的命名方式开始转为使用字号。霍用宽是霍宗礼的父亲，而霍宗礼就是正统十四年（1449）捍卫佛山的父老之一。从此之后，这个宗族全面使用字号来命名子孙，不仅霍宗礼一支如此，其他支派也如此。[3] 使用数目字来命名祖先，在珠江三角洲

---

[1]《上园霍氏族谱》，卷1，页32a。

[2]《南海佛山霍氏族谱》，约康熙四十二年（1703）刊，藏广东省图书馆，编号 K0.189/470.2。

[3]《南海佛山霍氏族谱》，卷9，页7a—10a。

早期族谱是常见的现象。名字由数目字转为字号,大概反映出宗族礼仪的重要改变。在这个个案里,我们是可以把这个重要改变概括出来的。[132]《南海佛山霍氏族谱》对于早期祖先,没有多少传记,因此,我们必须假设:族谱的编纂者是依靠其他资讯的,例如神主牌位上的、墓碑上的、或口头传说里的名字。凡以数目字命名的祖先,几乎全部都没有墓穴的记载,而且多数是葬于同一处的。以字号命名的祖先,则有墓穴的记载。这些以数目字命名的祖先,多数都居住在一起,例如,“正一郎”长子为“亚一郎”,“亚一郎”长子为“小八郎”。“小八郎”长子“二十郎”、“二十郎”儿子“三十郎”的子孙,都居住在佛山镇“鹤园大路头”;“小八郎”次子“念一郎”、“念一郎”长子“三十郎”的子孙,都居住在佛山镇“霍畔坊”。如是类推。当这些佛山霍氏要编纂家谱时,编纂者就是通过这些住宅区而找到早期祖先的名字的。当时,只有二人在该宗族的墓园中也留下资料。之后,字号开始取代数目字,坟墓地点也不再集中,开始分散各处了。[①]

　　刊行于民国十五年(1926)的《佛山忠义乡志》,从其地图上有所标示的佛山霍氏各个祠堂的位置来看,可以印证佛山霍氏散处镇内各坊这个现象。民国《佛山忠义乡志》地图上的部分地点,与《南海佛山霍氏族谱》的地名,还能对得上号。总之,根据《南海佛山霍氏族谱》,到了第五代,佛山霍氏分散于佛山镇内十几处地方。

　　《南海佛山霍氏族谱》的编纂者,为把散处佛山镇各地的霍氏整合到族谱里,作过多番努力,这些努力,都记录于崇祯十四年(1641)、康熙二十五年(1686)、康熙三十七年(1698)、康熙四十二至四十四年(1703—1705)的序言中。到了康熙二十五年(1686),佛山霍氏宗族祠堂已经建成,因此,我们相信,当时佛山镇内各支霍氏已建立起宗族的联系。[②]　因

---

①《南海佛山霍氏族谱》,卷2,页2b—3a。
②《南海佛山霍氏族谱》,卷9,页72b—74a。

此,该族谱崇祯十四年(1641)的序言,对于我们了解佛山霍氏明朝期间的宗族建设历史,特别重要。当时,致力于整合宗族的,是佛山霍氏的第六派,这支霍氏之所以自称第六派,是因为他们自称是开基祖"正一郎"的第六个孙子的后人。这第六个孙子,是居住在佛山的。黄萧养之乱平定后,一直到清朝初年,佛山霍氏第六派都保持着文人的影响。例如,第十三世孙霍文霈,虽然不是著名学者庞嵩的学生,却得到过庞嵩的赞扬。霍文霈的儿子霍维诚(1543—1605),于万历四年(1576)成了举人,分发广西,授职知县。霍维诚的五个儿子都拥有初级的科举学位,他的部分孙子亦然。霍维诚应该是拥有一定财产的,但其家庭并不富裕。霍维诚长子霍廷栋,服膺王阳明之教,且认为自己的宦途被霍韬及霍韬政敌桂萼所阻碍。霍廷栋的弟弟霍得之(1592—1670),于天启四年(1624)中举人,也是《南海佛山霍氏族谱》崇祯十四年(1641)序言的作者,根据这篇序言,父亲霍维诚逝世后,霍得之的两位兄长出售田地房产,甚至连宗族产业都卖掉。这支霍氏下一位取得科举功名的成员就是霍儁辂(1628—1703),可是,明朝的覆亡,使他的仕宦生涯提早结束。①

　　佛山霍氏的第四派,早期也出了些文人:霍觉山、霍晴汾、霍旸,这三人都攀上了霍韬的小圈子。霍觉山于正德二年(1507)中举人,授职知县。他的侄儿兼学生霍晴汾师事湛若水,与冼桂奇交上了朋友。冼桂奇是佛山的地方领袖之一,与霍韬差不多是同代人,加入了由霍韬与湛若水创办的宣扬理学的书院。霍旸则宣称是在广东大毁淫祠、大兴学校的广东按察使副使魏校的学生,他通过魏校的关系,使自己妻子宗族内的一名女性获颁贞节牌坊。他还得到霍韬推荐,因此得到比生员更高的学位,最终授职知县。为佛山霍氏编纂族谱的第六派子孙霍得之,与第四派这几位文人极可能是结为一党的,因为帮霍觉山、霍旸父子写传记的,

----

① 《南海佛山霍氏族谱·太仆卿曼倩公序》,页 1a—10a;卷 9,页 25a—26b,35a—37a,40a—43b,47a—49a,62a—68b。

正是霍得之。①

　　但是，佛山霍氏的第一派，才是人丁最多的一派，黄萧养之乱平定后，这一派也应该马上成为佛山霍氏中最显赫的一派。佛山的流芳祠，供奉着 22 名抵抗黄萧养的佛山领袖的神主牌位，其中二人，就来自佛山霍氏第一派。此二人中，其一为霍佛儿，他大概是个铁匠，在宣德四年（1429），承担起捐给北帝庙的土地的粮税。《南海佛山霍氏族谱》编纂者霍得之还为第一派的霍从贤及其家人立传。霍从贤这一家，既有人经营冶铁作坊，又有人担任官府的闲职，也有人获得科举的初级学位。霍从贤的祖父霍畴，经营冶铁作坊；霍从贤的父亲霍权艺（1560—1635）继承父业；霍从贤有五个儿子，部分与李待问的亲戚结婚，李待问是进士，在 17 世纪担任高官，还为霍权艺撰写悼词。霍权艺这五个儿子中，一个是生员；一个继承祖传的冶铁作坊；另外两个儿子中，霍权艺就是排行较大的一个，此二人可能想到广东省衙门担任官员的幕僚。但是，明末的动乱，使霍权艺绝意宦途，致力经商。霍权艺经商应该是极为成功的，因为他后来捐钱修建宗族祠堂和宗族学校。霍权艺的儿子霍郭若（1622— ^134 1657）对于政治产生兴趣，竟然在崇祯末年跑到北京朝廷去碰运气。当他发现情况不妙，便回乡隐居，过着不问世事的学者生涯，明亡之后，偶尔也招待南下广东的官员。他短暂的一生，活动频繁，参与地方事务，曾经在顺治五年（1648）和九年（1652）赈济饥荒。②

　　佛山霍氏的第五派，地位与第一派应该是相若的。第五派的霍友谅，由第六派霍文霈立传，霍友谅似乎没有什么显赫身份，终身担任胥吏。但霍友谅是霍宗礼的曾孙，霍宗礼就是黄萧养之乱期间捍卫佛山的 22 名地方领袖之一。霍友谅也是霍以道的直系后人，霍以道和江西方面有生意来往，因而致富。③

---

①《南海佛山霍氏族谱》，卷 9，页 17a—18b，26b—28a，30b—31b。
②《南海佛山霍氏族谱》，卷 9，页 44a—46a，49b—51b；卷 11，页 70a—71b，72a—73b。
③《南海佛山霍氏族谱》，卷 9，页 15a—18b，28a—31b。

　　直至明初以前，以上佛山霍氏各派，似乎都没有祠堂。当时，佛山霍氏各派的公共活动，就以各自的街坊为中心，例如打理土地神坛、庙宇、公墓、及偶然纂修族谱。这些活动结合起来，有助于巩固霍氏成员之间的关系，而族谱内表达谱系的形式，也反映出佛山霍氏各派的地域脉络。《南海佛山霍氏族谱》，以每五代为一单位，制作谱系图，各成员的亲属关系、住所、妻子的姓氏、坟墓的位置等，都清楚列明。其中一人的记录尤其值得注意，他没有子嗣，支派消亡，族谱在他名字下附一段文字，谓族人将属于他这一支的房产变卖，所得的资金，足以让他的神主牌位安放于他长兄的祠堂内，与埋葬在当地的三代成员一同享受祭祀。由于族谱只记录了其中两代的坟墓地点，这段文字似乎意味着，当时霍氏并没有祠堂，而这位过身之后没有子嗣提供祭祀的成员，是被安葬于祖坟，并因此接受祭祀。这个推测应该是可靠的，因为族谱在另一处提及：这位成员的兄长的祠堂，是到了万历三十一年（1603）才建立起来的。[1] 在佛山霍氏早期成员中，只有五个人不是安葬于霍氏成员的公墓的，这五个人都以字号命名。值得注意的是，其中二人因为服兵役的缘故，死于他乡；其一不是别人，正是霍佛儿，他是在黄萧养之乱期间捍卫佛山的著名地方领袖之一，也是代北帝庙向官府缴纳部分获捐赠土地的税粮的人。

　　直至 17 世纪清朝初年，把佛山霍氏全族六派都包括在内的宗族祠堂才终于建立起来。《南海佛山霍氏族谱》里，没有一点关于这个祠堂修建的背景资料。仅有的一篇介绍该祠堂的文章，也空有伦理辞汇，至于谁参与修建、何时修建等，则竟付诸阙如。但是，到了这个时候，统合佛山镇内各派霍氏的宏观宗族结构已经完成。这个结构，是在各派霍氏的合作下，由文人建构出来的。而各派霍氏，长期以来各自祭祀自己的祖先。[2]

135

[1]《南海佛山霍氏族谱》，卷 2，页 14b；卷 3，页 25a。
[2]《南海佛山霍氏族谱》，卷 1；《司训右明序》，页 1a—5b；卷 10，页 42b—55b。

《南海佛山霍氏族谱》以数目字命名六个支派的做法,使我们发生疑问:佛山霍氏何时才在宗族意识形态上接受嫡长制? 在佛山霍氏的早期历史里,各派霍氏既不共同祭祀,又没有共同的祠堂,也没有共同的族谱,则嫡长与否,对于各派的宗族地位并无作用。另一方面,上园霍氏自南宋末年已经开始共同祭祀,长房子嗣,或过继、或生育,延绵不绝,这迹象很可能就是嫡长制运作的结果。但在佛山霍氏,嫡长制是到了17世纪编纂族谱时,才被抬出来,成为公认的宗族法则,而族谱编纂者本人还要援引理学教条以增强自己的说服力。① 也许,在佛山霍氏整体接受嫡长制之前,个别支派已经奉行嫡长制。但是,在一个习惯于分家析产的社会里,嫡长制的推广,更可能是理学教条普及的结果。

整体而言,我们感到,佛山霍氏并非一个组织严密的集体。佛山霍氏假如有什么组织的话,是支派间私下达成的。《南海佛山霍氏族谱》竟然没有经营族产、分配祭肉的记录,这是很令人惊讶的。这一小群商户、胥吏、教育程度参差的、社会地位不同的集体,为何会想变成统一的宗族? 答案只能流于猜测。但是,在这个整合过程中,拥有共同祖先、拥有士绅传统,就成为佛山霍氏宗族的相对明显的特征;佛山霍氏的一些人,显然相信,具备这些特征是很重要的。

---

① 《南海佛山霍氏族谱·凡例》,页1a—b。

第十一章　沙田上的大姓

　　明清时期的珠江三角洲,在沙田上登记土地,认纳税粮者,一般被称为"大姓"。① 这个辞汇的意思,是相当清楚的。用莫里斯·费里德曼(Maurice Freedman)的话来说,大姓就是立足一地的宗族,但是,大姓体现其社会地位的方式,是模仿官员家庙的形制,建立祠堂,表示自己是士绅。大姓,顾名思义就是庞大的宗族,是通过建筑来表现自己的,因此之故,外人对于大姓的第一印象,是从视觉上产生的。这一点,我们看许多族谱里对于其村落的描述,就会明白:大姓的村落,往往由一堆或几堆房子组成,在前排房子的中央,就是中央祠堂,祠堂里供奉着祖先神主牌位,他们就是村中所有同姓之人的祖先。祠堂前的一片空地,在收割时可用来摊晒稻谷。这个祠堂,往往只是村中众多祠堂之一,因为族中各个支派,也会为自己支派的祖先建立祠堂。在村落中心之外,散处村落

---

① 相关研究,参见:叶显恩、谭棣华,《论珠江三角洲的族田》,广东历史学会编,《明清广东社会经济形态研究》(广州:广东人民出版社,1985),页 22—64;谭棣华,《清代珠江三角洲的沙田》(广州:广东人民出版社,1993);Robert Y. Eng, "Institutional and secondary landlordism in the Pearl River delta, 1600—1949," *Modern China*, Vol. 12, No. 1 (1986a), pp. 3‑37; 西川喜久子,《清代珠江下流域の沙田について》,《东洋学报》,第 63 卷,第 1—2 期,页 93—135;松田吉郎,《明末清初广东珠江デルタの沙田开发と乡绅支配の形成过程》,《社会经济史学》,第 46 卷第 6 期(1981),页 55—81。

各处,但基本上围绕着村落中心的,是各个土地神坛及祭祀各种神灵的
庙宇。由于珠江三角洲水道纵横,村落也往往被水道分成几块,在各个
渡头水口,总会很显眼地屹立着各自的庙宇。[①]

大姓士绅化

大姓之间,财富与权势各不相同,但无论强弱,都成为现存史料的焦
点。所有现存的珠江三角洲族谱,几乎都由大姓包办。这些大姓的族谱
中,许多都有修建祠堂、划拨祖尝的记载。但是,由于这些记载大多数都
没有日期,因此基本上无法知道这些大姓在什么时候、在什么背景下扩
张其宗族田产。无论如何,研究者一般都同意,大姓主要在珠江三角洲
所谓沙田的地区,拥有大片土地;以堤围为中心的各种水利项目,是全村
乃至各个村落联合起来的集体活动,而非商业活动。当然,这并不表示
堤围附近的土地权就不重要。我们从明末、万历四十六年(1618)的一本
族谱中,找到唯一的关于修筑堤围的书面合同,它显示,修筑堤围工程是
由里甲的领袖,率领各个姓氏,联合进行的。[②]珠江三角洲的大姓,是通
过控制市场、投资沙田而积累财富、扩张势力的。

对于扎根沙田、发家致富的著名大姓,刘志伟曾相当细致地研究过
其中一个,这就是番禺县沙湾何氏。沙湾镇的何留耕堂,至少在19—20
世纪期间,是以拥有巨大面积的沙田而著称的。沙湾何氏宣称自南宋就
已经开始拥有沙田,证据是南宋末年广州文人李昴英写的一篇文章。刘
志伟根据清朝康熙年间(1661—1722)的史料,认为留耕堂名义下的何氏

137

---

① 类似的例子,参见:《鳌台王氏族谱》(民国四年(1915)刊,藏广东省图书馆,编号 K0.189/
　936),卷1,页5b—10b,16a—b,卷3,页46a—47a,卷5,页1b—7a,26a—27a;《翁氏族谱》(无
　刊行年份,残缺,藏广东省图书馆,编号 K0.189/868.2),卷7,页16b—18a,卷9,页1a—8a,
　卷13,页3a—4a;《平冈宋氏缘俊祖房家谱》(民国三十二年[1943]刊,油印本,藏广东省图书
　馆,编号 K0.189/414.3;《顺德县古粉村朱族地方志》(无刊行年份,刊行地点,藏广东省图
　书馆)。
②《黄公堤碑》,载《黄氏全谱》(嘉庆二十五年[1820]刊),页18a—b。

族产,要到 16 世纪才显著增长。到了清初,何氏的族产管理制度无疑已经建立。但是,沙湾何氏在明朝开国之初就已经脱颖而出,因为其中一个成员竟然中了进士。更有甚者,沙湾也是李昂英宗族的家乡,在明清时期,沙湾李氏得到何氏的保护。何留耕堂占据沙湾,开发沙田,在财富和声望上都明显地凌驾他族。沙湾的历史,因此要从南宋末年说起。①

另一个沙田大姓的例子,是新会县三江镇的赵氏。其族谱有一张也许不早于民国元年(1912)的地图,该地图显示出赵氏从自己村落开始向外开发的田地。赵氏十八世孙赵汝英的传记称:

> 汝英……生于弘治五年壬子(1492),幼年丧父,随母育于继父之家,长成归宗,散荡财产,因云厓祖户有虚税,告退不得,官准寻荒抵补。公知三江前海滨可堪淤积高成之业,乃报承鱼游鹤立之税。后与人争讼,致押毙命。迄今坦土高成,尝业有赖,皆公之力也,后世当念公之苦,应以义报之,故立公之神主于云厓祖祠堂,万代配享,永垂不朽。终于嘉靖三十年辛亥(1551),享寿六十,藏于三江坑土名马锣坟下屿山仔。②

在 15 和 16 世纪,三江赵氏被牵涉到不少土地纠纷中,有时是打官司,有时还闹出人命。赵汝英所属的支派,因为“虚税”即沙田尚未成形但已经须要缴税的问题,与其他支派发生诉讼。从上述记载看来,赵汝英之死,就是拜这场诉讼所赐。而且,我们从上述记载的字里行间,是能够发现这些诉讼背后的阴险计谋的。因为,赵氏明知开发沙田很可能引来诉讼,所以把这片土地登记在一个过继而来的子侄赵汝英名下,假如诉讼不利,则赵汝英就替整个宗族坐牢。结果,据族谱记载,赵汝英的妻子“别醮”即改嫁,赵汝英的儿子也搬走,这就有力地印证了我们对于赵

---

① Liu Zhiwei, "Lineage on the sands: the case of Shawan," in David Faure and Helen F. Siu, eds, *Down To Earth, the Territorial Bond in South China* (Stanford: Stanford University Press, 1995), pp. 21–43.

②《赵氏族谱》(香港:赵扬名阁石印局,1947),卷 2,页 100b。

汝英的厄运的推测。

顺德罗氏,也同样是个大姓。罗氏宗族族谱关于族产的记录显示,该宗族有相当多的田产,登记于万历(1573—1619)和天启(1621—1627)年间的鱼鳞图册;该族谱也记录了万历四十一年(1613)牵涉罗氏族产的一宗官司。为了了解大姓如何开发沙田,花些篇幅研究这些史料是值得的。①

正如我们在第七章指出,正统十四年(1449),黄萧养之乱爆发,叛乱平定之后,大良镇的罗氏族人集体向官府呈递状子,要求设县,结果顺德县设立,大良镇也就成为顺德县治之所在。在黄萧养之乱平定后,罗氏无论如何都应该是编入里甲的,这就是为何罗氏在大良九个图之中占据显著地位。万历二十年(1593),罗氏依照家庙形制,建起祠堂,纪念他们那位在宋朝移居珠江三角洲的开基祖。② 万历四十一年(1613),罗氏以祖先罗辉的名义,向广东布政使司衙门登记开发沙田,诉讼亦因此而起。官府派遣一位顺德县衙门官员丈量罗氏登记的沙田,他回报说:这些沙田包括长了草的河滩即所谓"草坦"、尚未被开垦的河滩即所谓"白坦"、和浸在水中的河滩即所谓"水坦",这份报告明确显示了开发前的河滩的情况。但是,也可能就是这份报告,使顺德县令发现,罗氏登记的部分沙田,与"区吴进"登记的沙田重迭。"区吴进"显然是个假名,"区吴进"登记的沙田,已获官府批准开发,但"区吴进"尚未应官府要求,缴纳饷银。"区吴进"打算妥协,愿意与罗氏共同缴纳饷银,官府也接受这个安排。万历四十一年(1613),双方联合向顺德县衙门缴纳21两银,翌年,广东布政使为这批沙田发出五张执照。天启二年(1622),双方再度向顺德县衙门缴纳饷银,顺德县衙门也发出收据。最后,在

_139_

---

① 西川喜久子,《顺德北门罗氏族谱考》,《北陆史学》,第 32 期(1983),页 1—22;第 33 期(1984),页 21—38。

② 参见以下四篇文章:不著撰人,《阖族营建本原堂议》;罗孙耀,《重修本原祠记》;钱溥,《罗氏祚光堂记》;黄炳儒,《小江罗公生祠记》,分别载于《顺德北门罗氏族谱》(光绪九年[1883]刊,藏东京大学东洋文化研究所),卷19,页7a—b;卷21,页6a—7a;卷21,页7a—9b。

崇祯五年(1632),这批沙田被登记到顺德县大良三十六图十甲罗璋的户口之下。①

　　以上诉讼的细节很有用,它们不仅展示出 17 世纪开始成形的沙田登记制度,也反映出官府向沙田征税时如何拖泥带水、效率低下。当然,百姓是要向官府登记其沙田的,也是要向县衙门缴税的。但是,只要沙田尚未被登记到税户名下,则有关的地税也不是定期缴纳的。另外,我们还要解释一个潜藏的玄机。罗氏以顺德县大良三十六图十甲罗璋的户名,登记其沙田。据《顺德北门罗氏族谱》,大良三十六图十甲罗璋这个户名,代表罗惠宇(1562—1601)的子孙。罗惠宇的神主牌位,被供奉于黄萧养之乱平定后呼吁官府开设顺德县有功的罗氏列祖祠堂之中。罗惠宇的子孙,与最初登记土地的那位罗辉并没有关系。所以,实际上,虽然宗族的祠堂为宗族各派子孙创造了一个中心点,但沙田的开发并非全族的集体事业,而是宗族内一股股子孙因个别祖先之名进行的活动。《顺德北门罗氏族谱》印证了我们的看法。天启七年(1627),罗氏又同样以那位罗辉的名义,登记一片沙田,官府照样丈量沙田,绘制地图,审查罗氏的呈请,最后发出执照予罗辉。但是,这一回,这片沙田的税,却是寄在顺德县大良四图二甲罗嗣昌的户名之下。罗嗣昌户,也是黄萧养之乱平定后呼吁官府开设顺德县有功的罗氏列祖之一的子孙。② 尽管这些沙田实际上由并非罗氏宗族集体所有,而是个别支派所有,但是,当罗氏宗族个别支派向官府登记沙田之际,罗氏宗族这个集体形象,应该是有些好处的。

　　我们也应该提一提何熊祥(1567—1642)的田产。何熊祥是新会县人,万历二十年(1592)进士,天启元年(1621),官至工部尚书。在 20 世纪 50 年代早期,何氏以何熊祥名义即"何文懿堂"(何熊祥谥文懿)拥有的族产,占据了名叫"九子沙"的沙田的显著一部分,当时正值土改运动,

---

① 《顺德北门罗氏族谱》,卷 20,页 1b—2a。更准确地说,知县指出,罗氏登记的"水坦",与"区吴进"登记的土地重迭。

② 《顺德北门罗氏族谱》,卷 19,页 18a;卷 20,页 6a—7a。

这批族产,就成为斗地主、分田地的试点。据称,在中华人民共和国建立之前,何文懿堂在九子沙控有 6,000 亩沙田,一张绘测于同治五年(1866)的田产图,以及何氏族谱里白纸黑字写着的田产单,都是证据。1951 年,土改人员称,何文懿堂每年从九子沙收取的租谷,达 30 万斤。清初的一篇文章指出,隆庆三年(1569),新会县一部分地区先被海盗劫掠,再被追剿海盗的官兵蹂躏,何氏也遭了殃。据何熊祥本人于万历二十七年(1609)为其《庐江郡何氏家谱》写的序言,何氏拨出 100 亩田,以祭祀拥有功名的成员和死义的成员;何熊祥本人也捐出田产,作为灾荒时期赈济族人的义田。何熊祥还写了一篇文章,赞扬隆庆三年(1569)设法恢复新会县秩序的知县。这篇文章显示,何氏家族即使在隆庆三年(1569)的劫难中受到打击,也正在恢复元气。[①]

东莞张氏,是 19—20 世纪以开发沙田著称的另一个宗族。与新会何文懿堂一样,东莞张氏也留下一份语焉不详的明代田产记录。《张如见堂族谱》清楚显示,张氏不仅于宋代已经定居东莞,而且从南宋末年到元朝,张氏成为雄霸一方的集体,张氏的一位领袖,接受了官府授予的官职,但也自行组建严密的地方武装力量。大约在元皇庆元年(1312),张氏已经刊行了族谱;明永乐二年(1404),张氏拨出部分田产,以其租谷收入,为张氏全族的开基祖建造祠堂,永乐十四年(1416),祠堂落成,并于宣德五年(1430)、正德六年(1511)、嘉靖二年(1523)三度重修。《张如见堂族谱》收录一篇写于正统十一年(1446)、有关族产管理的文章,该文显示,当时张氏族产日益增长。这同一篇文章也反映出,张氏各房轮流管理族产,这种族产管理制度在珠江三角洲推行的最早证据,也许就是这

---

① 《庐江郡何氏家谱》(同治九年[1870]刊,藏新会县景堂图书馆),卷 1,页 6a—7a、8a;王命璿修、黄淳纂,《新会县志》(香港大学图书馆缩影胶卷编号 CMF1324,据日本上野图书馆藏万历三十七年[1609]刊本摄制),页 26a—27a;中共新会县委宣传部,《新会县土改运动资料汇编》(新会会城,中共新会县委宣传部,约 1960),下卷,页 232—234;Helen F. Siu, *Agents and Victims in South China*: *Accomplices in Rural Revolution* (New Haven: Yale University Press, 1989), p.59.

141 篇文章。张氏宗族把其族产纪录,做成一式两本,由宗族成员定居的两条主要村庄,各执一本。这清楚显示出,张氏族产已经相当庞大,不是一个小地区集体可以应付的了。①

沙田上的大姓,也见诸小榄这类位于沙田与堤围交界的市镇。由于沙田上的居民被禁止建造房屋,因此,在这一带拥有房屋,本身就是社会地位的突出表现。萧凤霞研究小榄地区的菊花会时,发现小榄有一种共同体的特色,但这种特色,只是到了 17 世纪才开始形成的,而小榄菊花会,也是在 18 世纪才开始举办的。刊行于嘉靖十七年(1548)的《嘉靖香山县志》,把小榄和紧靠着它的大榄,形容为海边的两条村落。大榄就是从前的香山卫所在,后设巡检司,官府拨出田地,维持通往香山县治所在的石岐的渡船服务。② 连接大榄与小榄之间的桥,是在明初洪武年间建造的。当时小榄能拿出的、最体面的东西,就是正统八年(1443)何图源因捐出一千石粮食而获得朝廷赏赐的牌坊,何图原还因此获得三年免除劳役的奖励。黄萧养之乱期间,小榄有部分百姓被牵涉其中,小榄镇也因叛军与效忠朝廷的军队作战而遭到破坏。何图源捐粮而获赠牌坊、免除劳役的经验,似乎与这一带宗族的经验类似:由于它们在黄萧养之乱期间效忠朝廷,因此被朝廷编进里甲,成为民户。何图源牌坊所在的河岸,成为小榄镇发展的空间,与大榄分庭抗礼。③

---

① 《张如见堂族谱》(民国十一年[1922]刊,藏广东省图书馆,编号 K0.189/230.2),卷 1,页 1a—2a;卷 13,页 3a;卷 25,页 1b—3a;卷 29,页 77b—78b;卷 31,页 1a—4b、67a—b、70a—73a。
② 邓迁修、黄佐主纂、杨维震撰,《嘉靖香山县志》,嘉靖十七年(1548)刊,卷 1,页 7a、25b;卷 3,页 3a,载《日本藏中国罕见地方志丛刊》(北京:书目文献,1991),总页 297、306、324。
③ 《嘉靖香山县志》,卷 1,页 23a,载《日本藏中国罕见地方志丛刊》,总页 305;何仰镐,《榄溪杂辑》(无刊行年份,抄本,承蒙萧凤霞借阅);何仰镐,《据我所知中山小榄镇何族历代的发家史及其他有关资料》(1965,抄本,由萧凤霞借阅),页 36—39;何大佐,《榄屑》(无刊行年份,抄本,无页码,由萧凤霞借阅),《东海老人》条、《涎义祖事》条。何图源,顾名思义,是"图"甲之"源",他充分体现了一个宗族开基祖的所有特征,他父亲何月溪拥有二万亩耕地,他母亲容许他过继给一位蜑民妇女,而这位蜑民妇女意外地教会他用空瓮进行运输生意,还赚了钱。何图源的妻子是新会人,也与蜑民友善,因此,黄萧养叛军来临之前,就得到蜑民"东海老人"通风报信。为纪念这位"东海老人",何氏把"东海老人"的神主牌位安置于祠堂大殿前的过道旁,这个位置,一般来说是安置土地神的。

明初,由于小榄与大榄均有卫所,附近的沙田,也有很大一块被划为屯田。卫所由外地垛集的军户组成,不足之数,则由本地百姓充任。因此,民户军户之别,在小榄历史上有重大意义。戴璟于嘉靖十四年(1535)刊行的《广东通志初稿》,收录了嘉靖八年(1529)一位屯田佥事的长篇告示,该告示痛陈屯田被民户侵占之弊,向所有人等、尤其是向卫所军官以及里甲长宣布,必须严格遵守屯田税粮的缴纳规定。戴璟本人,秉承其一贯的撰写规条的爱好,开列所有军事税项,并且认为,由"打手"代替兵役,并非好事。这个现象,研究者一般认为,是在 17 世纪出现于沙田的。[1] 像小榄这样的地方,有沿岸的蛋民、有外来的军户、有服兵役的本地百姓、有民户,还有很多并未编户的百姓,其社会结构,必然是复杂的。小榄三大巨姓何、李、麦的祖先,似乎都不是外来的军户,但其中两姓是有军户背景的。这三姓之中,最富有的无疑就是何氏,何氏主要分为九郎、十郎两派子孙,何九郎服过兵役,但并非外来的军户;何十郎则似乎完全没有服过兵役,何十郎支派的祖先之一,就是七世祖何图源。正如上文所指出,何图源于正统八年(1443)踊跃捐输,实际上为他的子孙争取到了民户的身份。小榄另外两巨姓中,李氏祖先顶替军役,其族谱记载,其祖先因此获得一些屯田。至于麦氏,其早期历史,我们知道得很少,尽管小榄麦氏宣称其祖先是在南雄被立庙祭祀的麦铁杖,但明代许多麦氏宗族也都惯于尊奉麦铁杖为其祖先。[2] 以上四个宗族都宣称它们从宋朝开始定居于小榄,但是,我们能够找到的最早的族产纪录,不过是嘉靖时期的纪录,也就是说,从 16 世纪上半叶开始的纪录。

142

---

[1] 戴璟、张岳等纂修,《广东通志初稿》,嘉靖十四年(1535)刊,卷 25,页 25b—28b;卷 29,页 25b—29a;卷 32,页 5a—24b;卷 33,页 20a—21a,载《北京图书馆古籍珍本丛刊》(北京:书目文献出版社,1988 影印),第 38 册,总页 442—443、506—508、536—545、556—557。

[2] 小榄地区各个宗族的族谱有:《何氏环堂重修族谱》(光绪三十三年[1907]刊,萧凤霞赠送,科大卫收藏);《何氏九郎谱》(民国十四年[1925]刊,萧凤霞赠送,科大卫收藏);李喜发等增辑,《泰宁李氏族谱》,(民国三年[1914]刊,载《北京图书馆藏家谱丛刊·闽粤(侨乡)卷》(北京:北京图书馆出版社,2000),第 19—20 册;《榄溪麦氏族谱》(光绪十九年[1893]刊,藏香港大学图书馆微卷部,编号 CMF 26013)。

根据《何氏环堂重修族谱》,小榄何氏何十郎的子孙,于嘉靖元年(1522)始建大宗祠。从族谱记载的情况看来,在此之前,于何图源牌坊之所在,已经有一座祭祀祖先的祠堂了。就在这里,何图源父亲何显民(号月溪)之下四派子孙,某次祭祀何月溪时,决定一同建立大宗祠。正好,八世祖何晴州无嗣,死后留下一所房子,何晴州遗孀锺氏搬回娘家,这所房子被何晴州的一名侄儿何策卖予外人。何晴州遗孀锺氏就向当时聚集一起、集体祭祀何月溪的族人投诉,身为族长的九世祖何龟(号定庄)决定到县衙门告状,收回这所房子。但是,何氏族人还要求何晴州遗孀锺氏捐出土地,而大宗祠就是建立在这块土地上。何晴州遗孀锺氏另外再捐出土地,以便让其亡夫何晴州可以在大宗祠内享受祭祀。万历四十五年(1617),大宗祠重修,一名当了大官的族人何吾驺,也参与了重修。有关重修大宗祠的记载显示,小榄何氏何十郎的子孙,轮流管理族产,在祠堂墙上张贴收支账目,这些做法日后都成为普遍的做法;至于祭祀祖先的礼制,也遵守明初的规定。《何氏环堂重修族谱》还记载,在1522年兴建大宗祠与1617年重修大宗祠之间,万历十年(1582),全国进行意义重大的土地清丈,何氏利用这个机会,收回了被佃户隐瞒的田地。何氏族人公推第十世何诞,参与土地清丈,何诞"遂操小艇,不避风涛,沿丘履亩,各就其处,候官按临而清丈焉。丈后,越载,本县鱼鳞归号册成,即抄白本祠田地,编为一册,付长子日庚,徧送通族一览"。万历四十六年(1618)刊行的族谱,也就记录了这些田产。①

万历十年(1582)开始的、为整顿里甲登记而进行的土地清丈(详见第九章),对于宗族财产的建立,是重要的一步。在此之前,土地是登记在里甲户口之下的,但县衙门并没有确切的丈量和记录。小榄何氏何九郎这一派的历史显示,虽然土地是登记在里甲之内,但是,在县衙门记录

143

---

① 《何氏环堂重修族谱》,卷1,页15a—16a、19a;有关何吾驺作为珠江三角洲声望最隆的地方领袖的事迹,参见卷12。

内的户头,对于控制宗族财产,才是至关重要的。小榄何氏何九郎这一派的五世祖何时彦(死于洪武六年[1373]),据说是在洪武四年(1371)第一个登记户口的族人。何时彦登记为民户,但他的儿子何汉溟(1358—1412)于洪武十四年(1381)登记时,却被编入军户。[1] 该支派第七世的一名成员,还参加了郑和下西洋的壮举。根据《何氏九郎谱》,每十年大造黄册时,就有宗族的一名成员"承户",换言之,该成员就成了里甲当年应役的里长或者甲首。由于该成员所"承"的,是何汉溟的"户",所以,该成员既然要负责交税应役,也就应该有权控制族产。值得注意的是,《何氏九郎谱》记载,在黄萧养叛乱平定之后,控制族产的八世祖何洪演(1423—1509),先后于成化八年(1472)及成化十八年(1482)"承户",当时情况并不太妙,族人之间打起官司来,原因毫无疑问是土地纠纷。《何氏九郎谱》指出,何洪演把族产交还宗族,他的儿子何与津(1460—1518),"性暴戾,欺侮宗族,谋为不轨,死于狱中"。何洪演这一家衰败之后,"承户"的责任就转移到何与珫,何与珫父亲在正统十四年(1449)黄 *144* 萧养叛乱期间与叛军作战而死。小榄何氏何九郎支派的祠堂,是由九世祖何与顺(1468—1542)建立的,而何汉溟之下四派子孙也都有份参加,他们"修建祖庙寝室一座三间,仪门一座三间,东西两廊"。就小榄何氏何九郎支派这个例子而言,从里甲户过渡到宗族,是充满着不幸的,但是,祠堂的建立,代表着宗族内部矛盾的结束、以及宗族内部至少一个支派的胜利。[2]

小榄李氏,又称泰宁李氏,留下了一本族谱,清楚显示该宗族在沙田拥有田产。一篇写于嘉靖七年(1528)的传记指出,六世祖李诚(1424—1513),是该宗族最早囤积族产的成员之一,他的佃户抓到一个偷他庄稼

---

① 参见何汉溟及其子何泽远在《何氏九郎谱》卷1页24a—b的传记。传记称,何汉溟是明初当地普通百姓,代表乡人告官,打了一个恃强凌弱的当地恶霸。而何泽远更参加了郑和下西洋的壮举。
②《何氏九郎谱》,卷1,页22b—29a,所建造的祠堂名曰流庆堂,其名下的田产,见卷1,页13a。

的顺德县人,他却禁止佃户把这名小偷移交官府。把沙田登记在香山县的地主,与把沙田登记在顺德县的地主之间,总是因为地权问题发生纠纷。在这个脉络下解读上述故事,我们就会明白,这个平淡的故事所反映的,绝不是一宗小型偷窃,而是一宗边界纠纷。因此,李诚和这名"小偷"讲道理,请他喝酒吃饭,还斥资协助这名"小偷"种田。① 李诚的曾孙、泰宁李氏第九世的李诒业(1512—1554)的墓志铭,写于隆庆三年(1569),其中相当详细地描述了李诒业开发沙田的经过:"家有良田滨海,多浮生,则督群工,筑堰堤,种草荫,辄成沃壤。园林蔬竹,恒视溉植。"这段话似乎在形容一位田园居士的劳动,但整篇墓志铭的精髓,是要说明李诒业不问世事,默默耕耘,开发沙田。② 泰宁李氏开发沙田的另一例子,来自也是第九世的李诒性(1514—1601),他向自己支派的族人建议:从李氏拥有的一片土地的岸边开始,筑堤造田,创建四世祖李耕乐(1365—1425)名义下的族产。为实现这个方案,李诒性自己捐出八亩地,赔偿受到影响的其他姓氏,终于成功完成了这项开发。③

泰宁李氏的不少地主,都起家于军户。第三世的一名祖先,于洪武七年(1394)被编为军户。④《泰宁李氏族谱》关于两名死在黄萧养之乱的成员的传记,透露出该宗族在叛乱期间的暧昧处境:其中一篇传记,谓有关成员投降叛军;另一篇传记,则谓有关成员死后,其遗孀向叛军求饶。⑤《泰宁李氏族谱》关于 16 世纪的记载,提及族人开始创建族产,但没有提

---

① 李喜发等增辑,《泰宁李氏族谱》,(民国三年[1914]刊,卷 3,页 2a,载《北京图书馆藏家谱丛刊·闽粤(侨乡)卷》(北京:北京图书馆出版社,2000),第 19 册,总页 479。

② 《泰宁李氏族谱》,卷 3,页 6b—7a,载《北京图书馆藏家谱丛刊·闽粤(侨乡)卷》第 19 册,总页 488—489,引文见总页 489。

③ 《泰宁李氏族谱》,卷 6,页 3a,载《北京图书馆藏家谱丛刊·闽粤(侨乡)卷》第 20 册,总页 1067。

④ 《泰宁李氏族谱》,卷 2,页 98a—b,载《北京图书馆藏家谱丛刊·闽粤(侨乡)卷》第 19 册,总页 407—408。

⑤ 《泰宁李氏族谱》,卷 2,页 109a,卷 8,页 91a,载《北京图书馆藏家谱丛刊·闽粤(侨乡)卷》第 19 册,总页 429,第 20 册,总页 1597。

及兴建祠堂。无论如何,李氏当时创建族产,是得到官方支持的:李诚和
他的一名弟弟获邀参加乡饮酒礼,并获颁冠带,他们的儿、孙、曾孙辈中, ¹⁴⁵
获得这样那样头衔者,不少于六人,其中二人是因为在嘉靖十四、十五年
(1535—1536)捐粮赈灾而获得嘉奖的。[1]　直至 16 世纪末为止,李氏成员
并没有多少科举功名可言,只有李诚的一名侄儿李乔(1465—1536)成为
生员。[2]　直到第十一世成员李孙宸(1576—1634)于万历四十一年(1613)
中进士并迅速升为礼部尚书,情况才有所改变。[3]《泰宁李氏族谱》没有
兴建祠堂的记载,但我们可以相当有把握地说,无论李氏出身如何,到了
明末,李氏的部分支派,已经跻身小榄的上层社会;另外,虽然李氏族谱
里的田产纪录上溯至明初,但是,李氏至少从 16 世纪开始,也开始积极
开发沙田。

　　小榄麦氏的族谱,把自己的宗族建造历史讲得相当清楚。麦氏小榄
开基祖的祠堂、以及三个支祠,大概是在万历年间、16 世纪 80 年代至 90
年代这十年间建造的。第八世成员麦文谔(1511—1584)的传记,描述了
麦氏宗族当时采纳在祠堂祭祖的礼仪的情形:

　　　　先是,众议创建祖祠,往往筑室道旁,先生一言立决。先祖原未
　　有祠,适始祖祠成,先生抚掌叹曰:"《礼》有之:冬至祭始祖,立春祭
　　先祖,秋祭祢,似禘似祫,诚不敢僭,水木之谓。何俨然木主将安置
　　哉?"乃构祖祠之左而主之。报本盖若斯之亟也![4]

　　麦文谔在小榄有些地位,但并没有任何官职,他不过拥有冠带、获邀

---

[1]《泰宁李氏族谱》,卷 3,页 1b,5b—6a,6b;卷 6,页 1a—b,2b—3a;卷 8,页 1a,2a—b,载《北京
　　图书馆藏家谱丛刊·闽粤(侨乡)卷》第 19 册,总页 478,486—7,488,第 20 册,总页 1063—
　　1064、1066—1067、1417、1419—1420。

[2]《泰宁李氏族谱》,卷 8,页 46a,载《北京图书馆藏家谱丛刊·闽粤(侨乡)卷》第 20 册,总页
　　1507。

[3]《泰宁李氏族谱》,卷 5,页 7b—21a,载《北京图书馆藏家谱丛刊·闽粤(侨乡)卷》第 20 册,总
　　页 838—865。

[4]《榄溪麦氏族谱》,(光绪十九年[1893]刊,藏香港大学图书馆微卷部,编号 CMF 26013)卷 10,
　　页 3a。

参加乡饮酒礼、并获县学颁赠荣誉学位而已。他建立的祠堂,以他父亲的名字命名,并安放他父亲的神主牌位。当麦氏小榄开基祖的祠堂建成时,另一支派也刚刚开始兴建其祠堂,连同麦文谞兴建的祠堂在内,这三座祠堂因此基本上是在同一时间落成的。可见,不仅高官们竞相建造祠堂,新兴阶层也竞相建造祠堂。①

146　　《榄溪麦氏族谱》没有提及麦氏在明代拥有沙田,但麦氏显然在清初拥有族产。族谱称,麦氏一位元末明初的祖先,有五六十名子孙,被绑架到沙田地区,因此之故,成了蜑民。② 这传说与萧凤霞从新会县天马村陈氏宗族找到的传说相似。陈氏族人称,明初,他们的祖先曾因避祸而匿藏于蜑民之中,而新会县天马村与小榄一样,也位于沙田的边缘。萧凤霞也发现,这个传说反映出,陈氏的邻居们都普遍认为陈氏出身蜑民,这一点是很重要的。③ 我们虽然无法找出这些传说的确切时间,但这些传说能够告诉我们:开发沙田,提升了开发者的社会地位;同样,采用宗族礼仪,也合法化了它们的社会地位。

结论:珠江三角洲社会的士绅化

到了 17 世纪,宗族与宗族礼仪已经在珠江三角洲落地生根,这意味着,不仅政府深受文人影响,社会所有阶层的仪容、风格,也都深受文人

① 《榄溪麦氏族谱》,卷 10,页 2b—3b;又,据该谱卷 3 页 4b—5a,麦氏小榄开基祖祠堂的建造者,是一位早期的成员麦乐隐(1362—1395)。因此,十六世纪建造祠堂、祭祀先祖的行动,意味着祠堂形制的改变。科大卫提供了另一例子,见 David Faure, "The written and the unwritten: the political agenda of the written genealogy," Institute of Modern History, Academia Sinica, *Family Process and Political Process in Modern Chinese History* (Taipei: Institute of Modern History, Academia Sinica, 1992), pp. 261 – 298.
② 《榄溪麦氏族谱》,卷 1,页 5b;卷 3,页 3a—5a;卷 5,页 1a—3b。
③ 这个传说,见《天马开基事略》,载《陈氏族谱》(民国十二年[1923]刊),承蒙萧凤霞借阅。另外,也参见 Helen F. Siu, "Subverting lineage power: local bosses and territorial control in the 1940s," in Faure and Siu eds., *Down to Earth*, *the Territorial Bond in South China*, pp. 209 – 22.

影响。《龙江乡志》(即《龙江志略》)提及 17 世纪的"冠裳会",反映出文人对于传统的刻意追求。《龙江志略》收录的文章称,"冠裳会"自万历四十一年(1613)开始举办,"凡在冠裳之列、与诸君之捐金而将事者,其名皆题于簿籍矣",文章作者指出,他从老人家那里了解到的情况可不一样,在老人家的记忆里,从前"冠裳会"就像诗人的聚会,"不问职之崇卑,但以年齿为序"。"冠裳会"应该举办得颇为频密,但因为明末的动乱而搁置了。清初,诗人邝露指出,"永历二年闰三月十五日,东粤始复冠裳",永历是南明流亡政权桂王的年号,桂王为逃避满清的进攻,把首都设于广西桂林。因此,"冠裳会"是广为人知的,而且成为效忠明朝的符号。①

　　"冠裳会"是在文昌庙举行的,在龙江乡,文昌庙凡有三座。《龙江志略》收录的"冠裳会"邀请信显示,这个仪式可以在三座庙的任何一座举行,祭祀之日,全乡的士绅,无论是先居本乡抑住在外地,都要在破晓时分来到庙前,他们的姓名及捐输项目将被开列于榜上,张贴于庙前。"冠裳会"的仪注显示,祭祀品包括猪、羊、果、酒,受到祭祀的,不止是文昌,还有关帝,而且还有文昌及关帝的随从,例如,文昌身边掌管财富与禄位的神灵。因此,虽然"冠裳之会"文章谓这个会起源于早期的诗人雅集,但"冠裳会"的宗教色彩,显示出这个会更可能起源于明朝祀典规定的神灵祭祀。"冠裳会"没有当地官员出席,在这一点上可以说背离了明朝的管治风格,但是,出席者既然是拥有科举功名的人,其中有些更是朝廷高官,则足以弥补当地官员的缺席有余了。

　　在明朝的珠江三角洲,各个社会制度被逐渐士绅化,祭祀文昌就是

---

① 佚名纂,《顺德龙江乡志》(又名《龙江志略》),民国十五年(1926)龙江双井街明新印务局铅印本,卷 1,页 16b—21b,卷 4,页 6b;引文见卷 1,页 17a,载《中国地方志集成·乡镇志专辑》(南京:江苏古籍出版社,1992),第 30 册,总页 772—773。也参见邝露撰,梁鉴江选注,《邝露诗选》(广州:广东人民出版社,1987),页 78。

其中之一。① 在南海县,在 17 世纪,祭祀文昌的仪式,从分配胙肉演变为在文昌庙内设宴聚餐,这个演变过程是有文献可稽的。据说,从明初开始,每逢乡、会试年份,广东省级衙门会拨款举办仪式,祭祀孔子,并由广东巡抚和布政使亲自接待考试成功的士子,然后举行宴会。前此,在南海县,凡考得五种学位的士子,会聚集于县内的文昌庙,祭祀孔子与文昌,并获得一份胙肉。但是,过百名士子争夺胙肉的场面,实在太有辱斯文,当时目睹这一幕的一个南海人庞儒,向文昌许愿,说假如他儿子庞景忠考得功名,他将捐出土地,让祭祀文昌的仪式变为体面的宴会聚餐。庞景忠果然考得功名,庞儒也就在万历二十四年(1606)捐地予文昌庙。庞景忠写过很多篇值得注意的文章。崇祯九年(1636),有关捐款用罄之际,新的捐款又来了。②

南宋淳祐四年(1244),广州的文人首次在广州举行正式的乡饮酒礼。当时的仪式,以祭祀孔子为主,而朱熹的著作,也首次开始流传于珠江三角洲。四百多年之后,乡饮酒礼被再造与改变得面目全非,成了在土地神龛前举行的、被认为土不堪言的活动。文人开始在文昌庙内进行

148 他们自己的祭祀。现在,模仿品官家庙形制而建造的祖先祠堂,成了祭祀仪式的核心。佛教寺院寺产田连阡陌的日子一去不复返,城市的核心地区内,也基本上找不到举行所谓非礼活动的庙宇。从十六世纪开始被催生出来的新社会,开始像是个由士绅主导的社会。就是这样一个社会,被研究 19 世纪中国的历史学家视为毋庸置疑的"传统中国社会"。

① Terry Kleeman, *A God's Own Tale:The Book of Transformations of Wenchang, the Divine Lord of Zitong*(Albany:State University of New York Press, 1994).

② 关于广东巡抚举行的仪式,见黄佐纂修,《广东通志》(嘉靖四十年[1561]刊,香港:大东图书公司影印),卷39,页28a—30b,总页998—999。有关南海县的仪式,见朱钦相,《义创学田记》,庞景忠,《续助宾兴记》,载郭尔彤、胡云客纂修,《康熙南海县志》,康熙三十年(1691)刻本,卷15,页40a—41b、41b—43a,总页310—302;关于庞景忠及其父亲庞儒的传记,分别见卷12,页51b—53a,总页224—5,卷13,卷20a—b,总页248。

从明到清

第十二章　士绅对于地方社会的控制

　　明朝的覆灭,粉碎了士绅的权威。但是,《顺德龙江乡志》指出,当明庄烈帝在崇祯十七年(1644)阴历三月在北京皇宫外的煤山上吊时,顺德龙江乡的人们正在看大戏,大戏一般是在节庆期间才做的。[①] 珠江三角洲距离北京约 2,400 公里,崇祯皇帝自尽的消息如何传到当地? 对当地社会产生了什么影响? 历史学家知道得很少。但是,顺德县令周齐曾的传记,能够让我们大概了解当地人是如何面对这消息的。顺德县沙田的地主,与香山县的豪族长期打官司,争夺沙田的拥有权和收租权。当时,周齐曾新授顺德县令,他在前往顺德县上任途中,听到崇祯皇帝自尽的消息,强忍悲痛,上任之后,站在顺德县沙田地主一边,派遣衙差,捉拿顺德县沙田地主指称的恶霸,把他们扔到海中,让他们溺毙。香山县地主一方,向上级衙门投诉周齐曾这种非常的司法手段,结果,周齐曾被免官。顺德县百姓为表达抗议,连续几天关闭城门和罢市。但是,周齐曾还是服从了免官的命令,剃头出家,入山做和尚去了,此后,再没有人知

[①] 佚名纂,《顺德龙江乡志》(又名《龙江志略》),民国十五年(1926)龙江双井街明新印务局铅印本,卷 1,页 25b,载《中国地方志集成·乡镇志专辑》(南京:江苏古籍出版社,1992 影印),第30 册,总页 777。

道他的行踪。[1]

152 　对于周齐曾这段非比寻常的经历,我们没有什么异议可言。但是,周齐曾到顺德县上任时,明知崇祯皇帝已经自尽,朝廷已经垮掉,却仍然卷入当地的官司,这很能够显示,即使在明王朝的末日,县官的权威仍然屹立不倒。北京虽然沦陷,但明朝并没有随之崩溃。在几天之内,南京的明朝高官们就宣布继续效忠明朝,到了阴历五月,他们已经拥立出崇祯皇帝的堂兄弟福王。不到一年,南京也落入满清手中,残余的明朝官员就撤退到福建去,团结在唐王身边,将之拥立为隆武帝。被历史学家成为南明的明朝残余政权,为了提高声望,向地方精英派发各种功名。也因此之故,在顺治二年(1645)才 16 岁、正在读书准备考科举的屈大均,就成了县学的生员。顺治十四年(1657)刊行的《南海九江乡志》,对于明末清初南海县的情形,记录得相当坦率,根据其记载,南海县在顺治二年(1645)、三年(1646)、五年(1648)都颁发科举功名。[2]

　明末清初珠江三角洲动乱之惨烈,是元末以来所未有的。但是,在整个明末清初期间,珠江三角洲的士绅,正如全国许多地区的士绅一样,一直效忠明朝。士绅对于朝廷忠诚不二,因为士绅对于朝廷的效忠,与士绅对于地方社会的领导的性质本身是结合在一起的。到了清朝,士绅对于地方社会的领导,已经成为王朝意识形态的重要元素,以至于变成了历史学家对于"传统中国"的概括的根据。但是,士绅作为一个阶层要站得住脚,则社会本身必须被士绅化。从乡村到宗族的演变,必须被普通的乡民内在化,这样,乡民才能够成为一个大社会的成员。这样一个由士绅领导的社会,是先创造于意识形态之中,而后变成现实的。在珠江三角洲,这个过程开始于 16 世纪,但是,即使在那里,也是到了明朝的

---

① 薛起蛟,《刚介周令尹传》,载《顺德龙江乡志》(又名《龙江志略》),卷 5,页 27a—b,载《中国地方志集成·乡镇志专辑》第 30 册,总页 859。

② 汪宗衍,《屈翁山先生年谱》(澳门:于今书屋,1970),页 10;黎春曦纂,《南海九江乡志》,顺治十四年(1657)刊,卷 3,页 17a—18a,载《中国地方志集成·乡镇志专辑》(南京:江苏古籍出版社,1992 影印),第 31 册,总页 258—259。

最后几十年间,士绅才开始自视为地方社会的领导阶层。

乡居显宦

在珠江三角洲,高级官员住在家乡,利用自己的关系和特权来维护本地社区,这个现象,不早于 16 世纪而出现。直至村庄向官府效忠之前,则面对武装劫掠时、央求官府保护是没多大用处的;直至力役折银之前,以歉收为由、央求官府减税也是没多大用处的。[1] 在佛山,乡居高官为当地事务出力的首个例子,出现于嘉靖二十二年(1553),这年正值饥荒,出身于佛山地区历史最悠久的家族之一的、拥有高等科举功名的冼桂奇,捐出粮食,煮粥赈济灾民。看到冼桂奇的做法之后,"二十四铺之有恒产者,亦各煮粥以周其邻近"。[2] 也是在佛山,在万历四十二年(1614),出现了另一次建立某种防卫联盟的尝试,带头的是拥有高等科举功名的李待问,李氏也是自明初以来就定居佛山的家族。李待问组建了佛山忠义营,这个捍卫佛山全镇的本地防卫组织,断断续续运作至 19世纪中叶。此外,地方志还称赞李待问为佛山立的功劳,包括采取行动,豁除了极不受佛山人欢迎的"定弓"税;为佛山编制赋税记录;以及多年来为佛山的公益事务出力,例如在天启三年(1623)重修广福桥,在崇祯七年(1634)修整佛山通往广州的主要道路,在崇祯十四年(1641)修葺北帝庙的风水墙,翌年(1642)修治文昌书院,等等。李待问死后不久,顺治二年(1645),他的画像就被安放于文昌书院内。[3]

当然,在饥荒时期捐粮赈灾,并不是 16 世纪才出现的新颖现象。新

153

---

[1] 参见田双南,《按粤疏草》(无刊行年份),页 156a—164b,220a—248b。田双南于万历四十年至四十五年(1612—1617)担任广东巡按御史。

[2] 卢梦阳,《世济忠义记》,载陈炎宗总辑,《佛山忠义乡志》(乾隆十七年[1752]刊),卷 10,页19a—23a,引文见页 21b,藏香港浸会大学图书馆特藏部,编号 T 673.35/105 2525.1 1752 v.1—4,以下简称《乾隆佛山忠义乡志》。

[3] 李待问于万历三十二年(1604)中进士,官至户部侍郎、漕运总督,见《乾隆佛山忠义乡志》,卷3,页 3b—6a,卷 8,页 6a—7b。

颖之处在于,在粮食危机期间,参与管治、并且直接处理危机根源的,是一名退休乡居的高官。嘉靖三十三年(1554),连续几年旱灾造成了粮食暴动,所以才有冼桂奇捐粮之举。① 一篇描述新会县当年暴动的生动的文章,谓新会县令张贴示谕,大书"饿死事小,枭首事大",据说这示谕使部分暴动者安静下来。但是,水上居民继续暴动,他们也许是蜑民,新会县令须提供食物和金钱来赈灾,并动员乡村父老向村民痛陈造反的严重性,还集结起一支为数1,600人的武装,才终于平定乱事。② 当冼桂奇于嘉靖三十二年(1553)捐粮赈灾时,他也面对着类似的社会动乱。根据描述当时的一篇文章,在此之前,官府调来一小批粮食,打算用作赈灾,但却被几百人包围抢劫。因此,冼桂奇组织赈济时,"遣人分护谷船、米市,以通交易"。③ 早于农民感受到粮价上涨的影响之前,粮食危机已经严重打击了佛山这类贸易市镇。

在16世纪,粮食危机不仅仅是气候所造成的,也是日益剧烈的市场波动所造成的,而市场波动又与沿海贸易联系在一起。④ 我们必须明白,沿海贸易与东南亚的海洋贸易关系密切。贸易既然依赖季候风,则海船仅仅来回于广州与厦门之间,是不划算的;厦门是16世纪冒升出来的福建海港。沿海贸易如果要划算,则需要有大的帆船做货运贸易,这些帆船视乎运载货物的需要,纵横于中国东海与南海的港口。因此,假如一艘帆船从东南亚出发,最后目的地也许是广州或厦门;假如一艘帆船从浙江南下,也许一直驶到海南岛。当葡萄牙人于正德十二年(1517)登场

---

① 广州市地方志编纂委员会与湖北省气候应用研究所编,《广州地区旧志气候史料汇编与研究》(广州:广东人民出版社,1993),页38。

② 王命璿修、黄淳纂,《新会县志》(万历三十七年(1609)刊,香港大学图书馆缩影胶卷编号CMF1324,据日本上野图书馆藏本摄制),卷1,页30b—32b。以下简称《万历新会县志》。

③ 《乾隆佛山忠义乡志》,卷10,页19a—23a,引文见页21b。

④ 研究过广东气象数据的中国气象学家认为,1550年以前的气象资料太零散,无从推测当时的气象情况。对于1550年以后的气象情况,他们认为,与1770—1899年间比较,1660—1769年间的泛滥记录较少;而旱灾记录,主要集中在1620—1699年、1770—1859年这两段时期。见《广州地区旧志气候史料汇编与研究》。

时,他们正好钻进这个货运贸易之中。葡萄牙人的贸易,马上对中国沿岸产生影响。到了嘉靖八年(1529),两广总兵林富疏请规管葡萄牙人的贸易活动。大约到了嘉靖二十九年(1550),澳门成了葡萄牙人的正式贸易港口,当时,葡萄牙人的货运贸易,远及日本,由于明朝中断了与日本的直接贸易,葡萄牙人成了中日贸易的实质中介。我们现在已经很清楚:葡萄牙人开始进入东亚时,正好碰上日本银矿的发现,结果,日本白银大量输入中国,为16世纪下半叶中国市场的货币化铺好了道路。①

最初反对与葡萄牙人贸易的意见消失后,时人笔记对于葡萄牙人贸易所带来的利润,是不吝笔墨的。嘉靖四十四年(1565)访问广州的叶权写道:

> 广城人家大小俱有生意,人柔和,物价平,不但土产如铜锡俱去自外江,制为器,若吴中非倍利不鬻者,广城人得一二分息成市矣。以故商贾骈集,兼有夷市,货物堆积,行人肩相击,虽小巷亦喧填,固不减吴阊门、杭清河坊一带也。②

两广总兵林富于嘉靖八年(1529)疏请朝廷允许葡萄牙人在广州贸易时,当然很明白外贸会创造财富。他说:

> 贸易旧例,有司择其良者,如价给之,其次资民买卖。故小民持一钱之货,即得握椒,展转交易,可以自肥。广东旧称富庶,良以此耳。③

霍韬的儿子霍与瑕,大概在16世纪六七十年代时指出,葡萄牙人之

① 陈柏坚、黄启臣,《广州外贸史》(广州:广州出版社,1995);C. R. Boxer, *Fidalgos in the Far East* 1550—1770(Hong Kong: Oxford University Press, 1968);李龙潜,《明代广东对外贸易及其对社会经济的影响》,载广东历史学会编,《明清广东社会经济形态研究》(广州:广东人民出版社,1985),页279—312;叶显恩编,《广东航运史(古代部分)》(北京:人民交通出版社,1995)。
② 叶权,《贤博编》(元明史料笔记丛刊,北京:中华书局,1987),页43—44。
③ 戴璟、张岳等纂修,《广东通志初稿》,嘉靖十四年(1535)刊,卷30,页18a,载《北京图书馆古籍珍本丛刊》(北京:书目文献出版社,1988影印),第38册,总页518。

155 所以把贸易基地搬到广州，是因为受到倭寇在浙江、福建沿岸的侵扰：

> 广东隔海不五里，而近乡名游鱼洲，其民专驾多橹船只，接济番
> 货。每番船一到，则通同濠畔街外富商，搬磁器、丝绵、私钱、火药、
> 违禁等物，满载而还，追星趁月，习以为常。①

霍与瑕是不赞成葡萄牙人贸易的，他父亲也站在要求驱赶葡萄牙人
出广州城的一方。但是，毫无疑问，珠江三角洲的世家们，多少沾到一点
沿海贸易带来的新财富。

任何关于 16 世纪珠江三角洲的描述，都要明白海外贸易为该地区
带来财富这一背景，但是，复杂的问题也接踵而至。市面日趋繁荣，不仅
意味着城镇规模扩大，也意味着人们有更多的钱来买他们想吃的食物：
米。王士性这位旅行家，在万历二十五年(1597)刊行其《广志绎》，他注
意到广东当时已经从广西进口稻米，天启四年(1624)，发生饥荒，广东布
政使汪起凤下令向广西米商颁发路引，好让他们运米到广东时，毋须交
过路费。②此举立即把米价降了下来。②佛山发展成为稻米贸易中心，部
分原因，是拜广西稻米增加进口广东所赐，而米价上涨，也促进了 16 世
纪珠江三角洲的沙田开发。沿海贸易导致米价上涨的首宗记载，见于龙
山乡于万历十九年(1591)建立社仓的行动，有关文章称："年来，闽商涌
价，米粒如珠。"③两年后，万历二十一年(1593)，广州西关的米市发生暴

---

① 霍与瑕，《霍勉斋集》(出版地不详，道光三年[1823]刊，藏香港中文大学图书馆崇基书院图书
馆特藏部)，卷 12，页 29b—30a。

② 王士性，《广志绎》，万历二十五年(1597)刊，载《王士性地理书三种》(上海：上海古籍出版社，
1993)，页 378；郝玉麟等监修，鲁曾煜等编纂，《广东通志》，雍正九年(1731)刊，卷 40，页
32a—b，载文渊阁本《四库全书》(上海：上海古籍出版社，1987 缩印)，第 563 册，总页 736，以
下简称《雍正广东通志》。汪起凤受到小榄李孙宸的保护，李孙宸当时位居高官，见李喜发等
增辑，《泰宁李氏族谱》，(民国三年[1914]刊，卷 5，页 8a，载《北京图书馆藏家谱丛刊·闽粤
(侨乡)卷》(北京：北京图书馆出版社，2000)，第 20 册，总页 839。

③ 卢兆龙，《儒林乡义仓录小序》，载温汝能纂，《龙山乡志》，清嘉庆十年(1805)金紫阁刻本，卷
10，页 38b—39b，引文见页 39a，载《中国地方志集成·乡镇志专辑》(南京：江苏古籍出版社，
1992)，第 31 册，总页 149。

动,以禁止稻米出境为名义的暴动四处蔓延,广东巡按御史巡抚王有功于是下令禁止福建运米船停靠广州。① 天启四年(1624),由于谣传广东巡按御史陈宝泰以本身是福建人之故,默许福建商船从广州买米,广州百姓再度示威,他们占据陈宝泰的衙门,从早到晚,直至番禺县令出手干预,始行散去。② 不过两年之后,天启六年(1626),"远商"到东莞县买米,居然被"民拥众焚其舟",这年也是荒年,东莞县县城内的富家都报称他们囤积的米粮被抢劫。③ 这些粮食暴动不仅反映出粮食短缺,也反映出:随着贸易增长,城镇人口越来越敢于采取政治行动来维护其利益。

156

简而言之,周期性的粮食危机,是气候的结果,也同样是商业化及市场的货币化的结果,也是县级政府行政制度演变过程中要面对的问题之一。但是,粮食危机的影响并非就此而止,粮食危机还影响到广东全省的军饷问题。而一旦说到广东省的军饷问题,则广东省以外的势力也被牵引进来了,因为北方边防军镇的粮饷事务,一向是皇帝的私人官僚集团——宦官——的职务之一。住在珠江三角洲家乡的明朝高官,很少能够真正专注于地方事务,要处理像给养军队这样复杂的问题,他们就必须选择:要么维护地方利益,要么奉行朝廷堂而皇之设定的路线。

里甲与民壮以外的军事问题

要明白 16 世纪明朝行政的困局,我们就得返回受到霍韬与黄佐称

---

① 刘廷元修、王学曾、庞尚鸿裁定,《南海县志》,明万历己酉(1609)刊本,卷 3,页 16a—b,载美国国会图书馆摄制北平图书馆善本书胶片第 496 卷,以下简称《万历南海县志》;郝玉麟等监修、鲁曾煜等编纂,《广东通志》,《雍正广东通志》,卷 6,页 82b,载文渊阁本《四库全书》第 562 册,总页 274。

② 《雍正广东通志》,卷 40,页 90a—b,文渊阁本《四库全书》,第 563 册,总页 765。

③ 郭文炳编纂,《康熙东莞县志》,康熙十八年(1689)刊(东莞:东莞市人民政府,1994 据日本内阁文库藏本影印),页 157b—158a。崇祯年间的东莞县志对此有不同的描述:"旱,岁大饥,教场火,饥民误疑兵船籴谷,拥众焚之,知县李模抚定。"载张二果、曾起莘著,杨宝霖点校,《东莞县志》(崇祯十年[1639]刊,东莞:东莞市人民政府,1995 年排印),页 140,以下简称《崇祯东莞县志》。

赞的陶鲁打猺人的时代。在这一时代,当广东巡按御史戴璟为广东省行政设立货币化的财政预算的同时,类似的行政革命也发生在广东省的军事管理上。同样,要了解这个变化,重要一步,就是要掌握当时的宏观背景。问题的征结是:到了 15 世纪中叶,以里甲为基础的卫所制已被证明不济事了。但是,明王朝没有废除里甲制,而是把更多的百姓编进户籍,但这些新编户的百姓却不用服兵役。但是,在珠江三角洲,也就是这些与叛军战斗、捍卫朝廷的新编户百姓,演变为宗族。因此,到了要对付猺人的时候,朝廷就设立了总督两广军务都御史这一职位,这个职位最初只是一个因偶然发生的政治问题而设立的临时职位,但是,第三任总督两广军务都御史韩雍,把这个职位常规化了。韩雍向陶鲁这类地方精英寻求支持,让陶鲁做了大官,作为回报,陶鲁为韩雍招募兵员,并出谋划策,维持韩雍的军力。到了 17 世纪,总督两广军务都御史演变为两广总督。在韩雍的时代,总督两广军务都御史专注于广西,但是,为了给养手下的部队,他必须依赖广东的饷源。到了 16 世纪,情形依旧如此,而且总督两广军务都御史还得兼顾广东的海防。

初刻于嘉靖三十二年(1553)、重修于万历九年(1581)的《苍梧总督军门志》,详细记载了总督两广军务都御史辖下部队的组织、征讨与军饷。从两广军门这个司令部成立的第一天开始,总督两广军务都御史就得自己花钱养一支雇佣兵,直至 16 世纪 80 年代之前,这些雇佣兵主要来自广西深山老林中的各个土司。但是,从 16 世纪 60 年代开始,由于倭寇问题越来越受到关注,两广军门也从浙江沿海久经战阵的部队中招募兵员。正因为两广军门必须自筹经费,所以,总督两广军务都御史林富,才会在嘉靖八年(1529)上疏,请求朝廷批准葡萄牙人的贸易活动。但是,葡萄牙人获准在澳门经商不久,向他们征收港口税的、并且也许就截留了这笔财政收入的,是香山县和广州府衙门,而不是两广军门。两广军门的主要饷源,是盐税。[①] 这盐税又可分为三项:运盐出盐场时征税,向盐商征税,向盐船征税。自然,官方杂税一多,官方垄断下的食盐价格就涨,私盐生意就更加滔滔不绝,明朝举国皆然,不独两广如此。在中国一些地区,当地政府的主要财政收入,来自销售食盐。而两广军门的做法却不同,两广军门不问官盐私盐,总之运送食盐,就得向两广军门交税。正德十五年(1520),总督两广军务都御史陈金解释这个政策:

> 两广用兵,全资盐利。而盐利之征,则出之于商而不取之于灶,盖灶丁所办之盐,则专备客商支给,并无额外征备军门支用之数。商人支领官盐有限,收买私盐数多,私盐之利,远过官盐数倍。自天顺、成化、弘治(即 1457—1505)至今,……因地方连年用兵,钱粮无从出办,知商贩私盐数多,势难尽革,法难尽行,所以奏请施行,或便宜处置,因有此盐利之征也。法之立于行盐地方,各立盐厂。广西则立于梧州,广东则立于潮州、南雄、肇庆、清远。商人到彼投税者,正盐一引,许带余盐六引。正盐每引收银五分,余盐,每引收银一钱。余盐之外,更有多余盐引,许令自首,免其没官,每引令其纳银二钱。此盘盐之法大概也。[②]

158

盐利成了两广军门的即得利益,两广军门也就务求扩张粤盐的行销区域。于嘉靖四十二年至四十五年(1563—1566)间任职总督两广军务都御史、于嘉靖四十三年(1564)在潮州抵挡"倭寇"进犯的吴桂芳,取得朝廷批准,把湖南省的衡州府、永州府也纳入粤盐的行销区域。隆庆四年(1570),巡抚广西都御史殷正茂制定了新政策,由两广军门的部队从

---

① 李龙潜,《明代广州三十六行考释——兼论明代广州、澳门的对外贸易和牙行制度》,载《中国史研究》1982 年第 3 期,页 33—46;《明代广东对外贸易及其对社会经济的影响》,载《明清广东社会经济形态研究》,页 279—312;余思伟,《论澳门国际贸易港的兴起、早期发展及明至清的管辖》,载《明清广东社会经济形态研究》,页 259—279。

② 应槚,《苍梧总督军门志》,万历七年(1579)刊,卷 23,页 14b—21a,引文见页 15a—b,载中国社会科学院中国边疆史地研究中心编,《中国边疆史地资料丛刊·滇桂卷》(北京:全国图书馆文献缩微复制中心,1991 影印),总页 248。

广东运盐到广西发卖,原来由商人从广东运到广西的食盐数量,因此大为减少。① 两广军门在 16 世纪做到财政上自给自足,是珠江三角洲得以维持稳定的重要原因之一,贸易因而增长,经济继续繁荣。

16 世纪 60 年代到 80 年代关于粤盐政策的官员奏折,对于珠江三角洲社会特殊一面,留下了一些非常简明扼要的描述。对于这特殊一面,历史学家专注于住在陆地的社群如何采用礼仪时,往往会有所忽略。万历九年(1581)担任东莞县令而负责丈量土地,不十年而升至广西布政司副使的杨寅秋,在广西任内上奏,谓虽然巡抚广西都御史殷正茂强调由两广军门的部队来运盐,其实却把这个运输任务外判予珠江三角洲的"滨海居民",这些船户既为两广军门提供船只运盐,也提供船只巡逻海岸。殷正茂提供六百两给他们作为营运成本,约定以运盐所得之利润扣还。这清楚显示,经济的货币化,使力役为承包制所取代,而在殷正茂这个事例中,所要求的资本规模是相当可观的,因为两广军门必须随时组织海岸防卫。据杨寅秋指出,"滨海居民"们最初对于殷正茂的方案半信半疑,但是,由于殷正茂在多处地方"铸立铁榜",宣扬其方案,"商民"们终于被打动了。但是,那些参加殷正茂承包方案的"商民"们很快就债台高筑,因为 16 世纪 60 及 70 年代倭寇对于广东的侵扰浪潮,意味着巡逻海岸的成本飞涨,而且"商民"们损失了巡逻海岸的船只,也就等于损失了运输食盐的船只。据杨寅秋的描述,当两广军门要求"商民"们归还营运成本时,"商民"们暴动,后来兵部批准"商民"们以缴纳盐税方式来还债,暴动才告平息。②

有陈一教者,东莞盐商,他在万历十四年(1586)的向官府递了个状子,也印证了"商民"们广泛破产这一点。陈一教采取异乎寻常的行动,

---

① 有关粤盐政策的改变,见吴桂芳,《议复衡永行盐地方疏》,殷正茂,《运盐前议疏》,载应槚,《苍梧总督军门志》,卷 25,页 1a—2b,总页 282;卷 26,页 1a—20a,总页 297—307。

② 杨寅秋,《临皋文集》,卷 1,页 10b—14a,《勘豁岭海商船通饷疏》,载文渊阁本《四库全书》(上海:上海古籍出版社,1987 缩印),第 1291 册,总页 603—605。

越过其他衙门,直接向殷正茂递状哭诉,谓盐商贩卖的食盐,受到两广军门部队运输的食盐的竞争。陈一教估计,数以千计的船只、数以万计的水手,参与粤盐的贩运,他们"破产造船,揭债作本,出死冒险以图微利"。杨寅秋的奏折,显示"各船水手"们其实也参与两广军门的食盐运输,这就表示,造成这种惨况的原因,也许不是官盐的竞争。真正的原因,正如陈一教的状子所显示,是淮南盐从长江下游逆流而上,与粤盐分别在湖南、江西二省的边界竞争。尽管杨、陈二人对于两广军门部队运盐一事抱有不同看法,但整体而言,二人都同样指出,以运盐为生的这群人,在16世纪80年代陷入经济困境。陈一教指出,空置的船只、闲散的船夫,很容易成为社会动乱的根源。①

　　像两广军门那样,圈占饷源,以此为饵,外判防卫工作,这是明朝军事管理的典型做法,至少华南如此。这种做法,与广东巡按御史戴璟在16世纪30年代展开的行政改革,是完全合拍的。不过就在戴璟来广东做官前几十年,广东爆发猺人战争,从那时开始,各个文职衙门,只要得到两广军门的同意,就组织地方武装以承担起部分防卫责任,并且为给养这些地方武装而征税。这些地方武装的成员,或称"打手",或称"民壮"。大名鼎鼎的文人黄佐,对于他们是充满猜忌的。黄佐认为,一旦县级衙门花钱招募这些雇佣兵,两广军门就不断克扣地方防卫资源,而这些雇佣兵往往前身就是盗贼,相当桀骜不驯。② 万历廿七年(1599)之后, ¹⁶⁰黄佐这一派意见产生了力量,当时,朝廷以东北军需孔亟,派遣太监到广

---

① 陈一教,《复通盐路疏》,载吴道镕辑,《广东文征》(香港:香港中文大学,1973),第3册,页407—408。也参见《崇祯东莞县志》,页691—694;郭棐纂修,《万历广东通志》,万历三十年(1602)刻,卷7,页72a—77a,载《四库全书存目丛书》(台南县柳营乡:庄严文化事业有限公司,1996),史部第197册,总页187—190。当时,广东按察使司事陈性学建议,应该根据市场实际情况制定盐价,并且应该减轻对于盐商的收费。陈一教的传记,见《广东文征》,第3册,页407;至于盐商对于陈性学的歌颂文章《盐政遗思碑》,见《万历广东通志》,卷7,页74b—75b,载《四库全书存目丛书》史部第197册,总页188—189。
② 黄佐纂修,《广东通志》,嘉靖四十年(1561)刊(香港:大东图书公司,1977影印),卷32,页40a—41b,总页832—833。

东筹饷,连两广军门的财政禁脔也被染指。当然,朝廷派遣太监到地方征取财税,并不止于广东,在 16 世纪 90 年代末,太监们被派遣到所有经济发达的省份,他们与各地的文官衙门和官兵部队争夺财税。他们征收财税的名目,叫做"矿税",虽然,至少就广东而言,以"矿税"名义征取的财税,其实与开矿一点关系都没有。据广东省官员称,太监们要求恢复久已停止的采珠业;吞没了葡萄牙人因租借澳门而缴纳的租税至少二万两;在万历廿七至廿九年间(1599—1601)搜刮了二十万两,其中大部分是广东省的例常田税与商税。广东省官员称,为弥补财政损失,他们只好在广东加税,但即使如此,仍然无法应付省内的军事开支。①

刊行于明末的广东地方志,认为雇佣兵比起他们要剿灭的盗贼,好不到哪里去。刊行于万历卅七年(1609)的《万历新会县志》记载,县衙门花钱请了雇佣兵即民壮之后,官兵"日骄养,不复任征战",勾结盗贼。官兵的拿手好戏,就是敲诈勒索沿岸居民、尤其是富裕的蛋民,"捉海上生理民及蛋民颇赢裕者,系舟中,诬索之,得即放,不得即乘别盗事参解之"。②刊行于崇祯十二年(1639)的《崇祯东莞县志》指出,雇佣兵有两类,一类防守城市,一类防守乡村。防守乡村的民壮,是从"大姓"的佃农里招募的,而城镇却没有服兵役的传统。所以,很自然,"惟城市玩愒之薮,多游手好闲,虽日训月练,终不及乡堡"。③

在地方防卫格局的这种变化之中,市镇的军事防卫角色增加了,因为市镇有足够的财力养起一支过硬的民兵,并且通过乡谊和宗族纽带,维持民兵对于社区的忠诚。刊行于乾隆十七年(1752)的《佛山忠义乡志》,是根据现在已经佚失的明代稿本而编纂的,该志指出,万历四十二

---

① 《万历广东通志》,卷 7,页 83b—94a,载《四库全书存目丛书》,史部第 197 册,总页 192—198;田双南,《按粤疏草》,卷 2,页 138a—147a;王川,《市舶太监李凤事迹考述》,载蔡鸿生编著,《广州与海洋文明》(广州:广州中山大学,1997),页 127—182。

② 王命璿、黄淳、李以龙纂修,《万历新会县志》,万历 37 年(1609)刊,卷 1,页 75b—78a,藏香港大学图书馆微卷部,编号 CMF1324。

③ 《崇祯东莞县志》,页 354。

年(1614),致仕闲居佛山的高官李待问组建一支民兵,并且要求佛山的冶铁作坊每年合共支付 170 两以给养这支民兵。此举导致佛山的冶铁作坊于天启元年(1621)暴动抗议,但暴动被迅速平定。佛山的文人们,继续建造桥梁、修葺社学,并且于崇祯元年(1628)在佛山各铺的基础上,组建一支叫做"乡夫"的民兵,而这支民兵的整体指挥权,则交给李待问的堂兄弟。① ¹⁶¹

　　顺德县龙山乡,是地方社会通过市场供养民兵的另一例子。万历廿九年(1591),在拥有科举功名的本地人柯少茂领导下,里甲的父老们在大冈墟建造了一个粮仓。从围绕此事的各种情况看来,当地各股势力都在争夺大冈墟的收租权。依照惯例,粮仓的建造者柯少茂,被县令赏赐冠带,柯少茂的神主牌位,也被安放在大冈墟的庙内,以便春秋飨祭。因此,实际上,建造粮仓,只是里甲居民控制大冈墟的手段而已。管理粮仓的规条,因此也就是管理大冈墟的规条。这套规条并不主张花钱请雇佣兵,相反,这套规条制定了轮班制度,每家居民都要轮流站岗,尽管武器与锣的费用出自公家。② 但是,大冈墟在明末设立的、或在明末清初动乱时期设立的规条,终于决定组建民兵,费用来自大冈墟的税收,以及向龙山乡范围内田地开征的特别税。这一小股民兵,就驻扎于大冈墟内。顺治六年(1649),当地社区领袖凡 116 人,聚集于大冈墟的庙宇之内,以这股民兵的名义,祭祀神明。③

　　九江可能也设立了一支地方武装,因为顺治十四年(1657)刊行的《南海九江乡志》收录了一套更夫巡夜的规条,这套规条重申了训练及装

---

① 《乾隆佛山忠义乡志》,卷 3,页 4b—5a,卷 8,页 74a—b,《李氏族谱》(崇祯十五年[1642]刊,抄本,藏佛山市博物馆),卷 5,页 10b—11b、16a—17b。
② 《龙山乡志》,卷 2,页 23a,卷 8,页 9b—10b,卷 10,页 38b—41a,卷 11,页 16a—17b、39a—50a,载《中国地方志集成・乡镇志专辑》第 31 册,总页 56、93、149—150、161、172—178。
③ 《龙山乡志》,卷 11,页 47b—50a、50a—52a,卷 13,页 5a—b,载《中国地方志集成・乡镇志专辑》第 31 册,总页 176—178、178—179、206。撰写这些规条的,是效忠明朝而牺牲于顺治四年(1647)的陈邦彦。

备的重要性,但没有提及文人的领导,而是说:"各方会推英雄为统率,岁上元间,有家者釀金、具酒席花红仪,致敬誓,戒社中子弟,咸听统率。"①尽管佛山、龙山两地直至 17 世纪 40 年代为止都很相似,但以上应该是撰写于 17 世纪 50 年代的规条的这一款,简明扼要地显示出文人的干预,如何改变地方武装的性质。有了文人领导,地方武装才能够与王朝国家联系起来,而在珠江三角洲,随着明朝覆灭,地方与王朝国家的联系,已经被各种动乱所打破。没有文人领导,市镇的武装力量就只效忠于自己,也就是说,效忠于被大家推举为领袖的"英雄"。

162   首先是保卫地方的需要;其次是人们普遍认为,保卫地方,是太监们在广东的强横行动所逼出来的;另外,由社会地位日益提高的乡居显宦所组成的地方领导阶层,也逐渐成形。这三个现象,在 17 世纪初期交织在一起。在许多被"记录"的事件中,这三个现象交织一起的情况都很明显。我们不但要注意事件,也同样要注意事件的记录,因为文人正是通过书面的、刊行流通的记录,来表达自己的理念,让自己有别于普通百姓。万历廿八年(1600),太监们在新会县抓了几十个富人,把他们倒吊在城门上,这场面应该让当地居民看得胆战心惊。他们向县官请愿,希望释放这些富人。但是,当时的新会县令不仅不同情当地居民的苦难,而且还下令以极为凶暴的手段把请愿者逐出衙门,结果,人群互相践踏,死伤者达五十。太监们还出圣旨,逮捕请愿行动的发起人,其中五人是举人。新会县的文人于是向北京朝廷求情,终于得到万历卅二年(1604)的一道圣旨,把这些人释放。值得注意的是,发起这些请愿与游说行动的,虽然都是新会县的文人,但何熊祥(见第十一章)这类在新会县拥有最高功名的人,却没有参与。新会县以各种方式庆祝这些人的获释。万历卅八年(1610),新会县文人建立了三贤祠,纪念 16 世纪 80 年代清丈

---

① 黎春曦纂,《南海九江乡志》,顺治十四年(1657)刊,卷 5,页 31b—32b,引文见页 32a,载《中国地方志集成·乡镇志专辑》(南京:江苏古籍出版社,1992 据抄本影印),第 31 册,总页 305—306。

土地的知县袁奎,在释放被太监逮捕的请愿人士一事上居功至伟的署理知县陈基虞,以及万历卅八年(1610)当年的县令王命璿。建立三贤祠的新会文人也在前一年编纂《万历新会县志》,详细记录了事件的每一细节。①

就是在这动荡不安的时代,文人作为一股集团的影响力,远远超出他们自己的县份。这时候的文人集团,与像霍韬那样的巨头所编织的关系网是大不相同的。袁奎在新会县进行土地清丈的时候,正值朝廷下旨,宣布陈白沙与王阳明得从祀于天下儒学的孔庙。新会县文人对此消息极感兴奋,但陈、王从祀孔庙,并非新会县文人游说的结果。但是,在万历卅二年(1604)游说朝廷释放被捕人士的新会县文人,有着一股鲜明的文人道统意识,连王朝国家也承认这个道统。② 崇祯七年(1634)南海县的修路工程,也是文人力量上升的另一事例。这条连接佛山与广州城的路,由 16 座桥梁、8 处渡口连接而成,建造的理由,是要为南海与广州 *163* 之间提供一条陆路货运线,庶几货物不至于被水路上为数众多的海盗所抢劫。这个工程,由李待问负责,支持他的,有致仕乡居的庞景忠,和九江的朱伯莲,朱似乎是个有钱人。③ 庞景忠曾经写文章歌颂冼桂奇在佛山的赈灾活动,又参与编纂《万历南海县志》,也是出钱出力让南海县文人得以在文昌庙举行拜祭仪式的关键人物。④ 庞景忠是珠江三角洲新兴文人的典型,他的官位相当小,但积极参与南海县的事务。即使如此,

---

① 《万历新会县志》,卷 1,页 69b—80a;卷 3,页 43a—46a;卷 4,页 30a—b,88b—90b;卷 12,页 47b—49b。

② 早于正德七年(1512),新会县就已经专门祭祀陈白沙的庙宇了,见《万历新会县志》,卷 1,页 37b—51a;卷 3,页 30a。

③ 郭尔厄、胡云客纂修,《康熙南海县志》,康熙三十年(1691)刊,载《日本藏中国罕见地方志丛刊》(北京:书目文献出版社,1992),卷 2,页 26b—27a,总页 58—59;卷 3,8a,总页 70;卷 15,页 45a—47b,总页 313—314。以下简称《康熙南海县志》。《南海九江乡志》,卷 2,页 14a—15a,载《中国地方志集成·乡镇志专辑》第 31 册,总页 240。

④ 《康熙南海县志》,卷 12,页 51b—53a,总页 224—245;有关庞景忠父亲庞如捐地予南海县学一事,见卷 8,页 4a,总页 153。

本地文人始终无法抹去明朝的军事这一页。无论两广军门多么不济,自16世纪60年代开始,两广军门开始负责防卫广东沿海。但是,由于其军饷有限,不足以应付开支,于是两广军门越来越依靠"招抚"来应付沿岸海盗。换言之,两广军门不是打算消灭海盗,而是尝试把海盗收为己用。崇祯七年(1634),海盗刘香率领其舰队,直捣广州,沿途焚劫,新会县有谣言,谓刘香被劝诱"受抚",为朝廷效力。而总督两广军门都御史熊文灿则把另一股"受抚"的海盗郑芝龙调来,对付刘香,终于在翌年(1635)把刘香打败。① 郑芝龙的儿子郑成功,就是未来效忠明朝据守台湾的"国姓爷"。即使迟至崇祯十五年(1642),当香山县小榄以外的沙田地区爆发械斗时,香山县的何吾驺仍然寻求官兵协助。② 事后看来,历史学家看到似乎日益严重的暴力浪潮,从而预测明朝的覆灭。但事实上,士绅阶层正在学习运用暴力,也因此之故,即使当明朝覆灭、一个时代闭幕之际,士绅作为一个阶层,仍然熬过来了。

---

① 《万历新会县志》,卷3,页37a—39b;《康熙东莞县志》,卷684b—686b;《康熙南海县志》,卷3,页8a,总页70。有关崇祯八年(1635)的这次战役,当时有碑记载此事,载何若瑶、史澄纂,李福泰修,《番禺县志》,同治十年(1871)刊,卷31,页71a—73b,载《中国地方志集成·广东府县志辑》(上海:上海书店出版社;成都:巴蜀书社;南京:江苏古籍出版社,2003),第6册,总页429—430。

② 何吾驺,《顾侯公纶靖榄溪序》,载申良韩纂修,《香山县志》(康熙十二年[1673]序刊,抄本,藏香港中文大学图书馆,编号 DS793.K71 C5845 v1—4),卷8,页13a—14b。

第十三章　明朝的覆灭

　　顺治三年(1646)的最后几个月间,广东竟然出现两个南明小朝廷,真是够复杂的。其一是以万历皇帝的孙子、桂王为首的朝廷,得到总督两广军门都御史、广东巡抚、广西巡抚的支持,桂王于顺治三年(1646)阴历十月即位于肇庆,改元永历,而肇庆也就是两广军门这个司令部之所在。桂王藩封本来就在广西,自崇祯十七年(1644)北京沦陷之后,桂王就一直受到两广军门保护。另一个小朝廷,则是已经亡故的唐王隆武帝的弟弟(也叫唐王)的朝廷,他在顺治三年(1646)底从海路来到广州,得到从江西南下的明朝残余势力的支持,唐王在顺治三年(1646)十一月即位,改元绍武。但是,绍武朝廷昙花一现,同年十二月底,出身明朝但投降清朝的将军李成栋,出其不意地攻占了广州,绍武帝和几个明朝的王子在广州城内被砍了头,也并没有引起什么骚乱。计六奇的《明季南略》称:"百姓俱剃发归顺,市不易肆,人不知兵,但传檄各郡县耳",这很可能是引述当时的某些记载。① 李成栋攻占广州之后,于顺治四年(1647)开始对付永历朝廷,他几乎所向披靡,两广军门被立即击溃,总督两广军门

---

① 计六奇,《明季南略》(康熙九年[1670]刊,北京:中华书局,1984),页338。

都御史也被处决。但是,珠江三角洲的抗清运动开始了。率领当地人抵抗清朝,并因此牺牲的陈子壮、张家玉、陈邦彦,被视为烈士,称"广东三忠"。[1]

在广东的书面历史上,顺治四年(1647)珠江三角洲的抗清运动,成为勇气与忠诚的象征。有关"广东三忠"事迹的文字,尽管在清朝大部分时期都被封杀,还是流传了下来。而且,参考族谱,可以知道,死难者的宗族以口头传说的形式,把有关事迹保存在宗族内部。可是,把"广东三忠"捧为烈士,掩盖了大部分人轻易投降的事实,也让我们看不到当时人在如何险恶的环境下作出艰难的决定。例如,何吾驺的角色,就备受争议。自从李待问死于崇祯十六年(1643)之后,何吾驺俨然成为珠江三角洲文人的大老。顺治三年(1646),他跑到福州,加入隆武帝的朝廷。但是,隆武帝溃败,遁逃江西,并被清兵截杀,何吾驺也就返回香山县家乡。作为广州文人的领袖,何吾驺又被扯进昙花一现的绍武帝朝廷里。关于何吾驺的用舍行藏,有不同的说法,其中一个版本引述当时广州讥刺何吾驺变节的打油诗,指责广州城被李成栋攻占之日,何吾驺率领士绅向李成栋投降。而最近的研究,引述何吾驺的墓志铭、族谱等资料,则称何吾驺绝对不是投降清朝,而是积极地与陈子壮密谋,打算在李成栋背后起事。[2]

顺治三年(1646)广州被李成栋攻占之后的平静,是骗人的。屈大均回忆说,那年他 17 岁,在广州城中跟随明朝的拥护者、未来的"广东三忠"之一陈邦彦读书。屈大均父亲把屈大均带出广州城,回到家乡沙亭,

---

[1] 关于南明小朝廷在广东的背景,参见 Lynn Struve, *The Southern Ming*, 1644 - 1662 (New Haven: Yale University Press, 1984), pp. 95 - 138; Frederic Wakeman, Jr., *The Great Enterprise*, *The Manchu Reconstruction of Imperial Order in Seventeenth-century China* (Berkeley: University of California Press, 1985), pp. 758 - 783.

[2] 李履庵,《关于何吾驺伍瑞隆史迹之研究》,载广东文物展览会编,《广东文物》(香港:中国文化协进会,1941),页 612—644;马楚坚,《明末何吾驺相国之生平与志节》,《明史研究专刊》,第 4 卷(1981),页 1—57。

即今广州城郊黄埔附近,并告诫屈大均:"自今以后,汝其以田为书,日事耦耕。"另一个名叫方颛恺的人,即成鹫法师,父亲于顺治二年(1645)获得功名。方颛恺在其自传中说,顺治三年(1646),当绍武帝死于广州城之后,他们全家连续躲了三天,期间没有粮食。翌年(1647),他自己 11 岁,全家仍住在广州。他记得,当年阴历四月,有很多人被杀。原来李成栋收到情报,谓广州城内已经潜伏反叛力量,"各鬁其衣内衿令短为号"。李成栋于是派兵当街搜查行人,凡是内衣短小者,立予处决。有一次,他父亲因穿着短内衣之故,须爬墙逃匿。搜查行人内衣的谣言,与广州城外明朝支持者的起义相配合,李成栋如此狐疑,可见谣言很可能是真的。①

166

年轻的屈大均和他两个弟弟参加了抗清运动。到了顺治四年(1647)七月,陈子壮已经包围了广州。屈大均和其他人都记得,清朝的两广总督佟养甲坚守广州,逮捕和处决了城内几百名涉嫌支持陈子壮的人,佟养甲还亲手处决陈子壮的舅子以立声威。到了是年九月,抗清力量已经溃败,张家玉在战斗中受伤,伤重不治;陈邦彦在清远县城被逮捕,可能是被就地处决,或者被押送到广州城后被处决;陈子壮则在十月被捕,与 11 名追随者在广州城外被处决,这些追随者多半都拥有低级科举功名。处决的惨烈过程,被流传了下来,陈子壮首先目睹其追随者被一一处决,然后才被处决。传说他被处以"锯刑",可能意味着他并不是被一刀了结。②

---

① 屈大均,《翁山文外》,载屈大均著,欧初、王贵忱编,《屈大均全集》(北京:人民文学出版社,1996),第 3 册,页 137;成鹫,《纪梦编年》,康熙五十五年(1716)刊,载蔡鸿生,《清初岭南佛门事略》(广州:广东高等教育出版社,1997),页 108—109。

② 陈邦彦被处决的情形,记录于其儿子陈恭尹向南明朝廷上的奏折中,可知陈邦彦不仅被斩首,还被剖腹剔肠。陈恭尹于顺治四年(1647)匿藏于增城县,由其亲家保护,其亲家是湛若水的子孙。见陈恭尹著,郭培忠校点,《独漉堂集》(康熙十三年[1674]刊,广州:中山大学出版社,1988),页 774—777、882—891。至于 18 世纪有关陈邦彦被处决的口头传说,见黄佛颐(1885—1946)著,锺文校点,《广州城坊志》(无刊行年份,岭南丛书,广州:暨南大学出版社,1994),页 153。有关广东三忠的事迹,参见李履庵,《关于何吾驺伍瑞隆史迹之研究》,载《广东文物》,页 612—644;颜虚心,《明史陈邦彦传旁证》,载《广东文物》,页 551—587;麦少麟,《民族英雄张家玉》,载《广东文物》,页 588—611。

方颛恺则记得,顺治五年(1648)是粮价高涨的一年,珠江三角洲所有地方志都可印证。①但是,政局发生了奇异的变化,李成栋与两广总督佟养甲不和,于四月"反正",投降南明永历朝廷。对于广州又重新恢复明朝的统治,文人们以恢复士绅礼仪及士绅衣冠来庆祝,邝露注意到,就是在这个时候,冠裳礼恢复了。② 方颛恺回忆,他父亲获南明朝廷授予翰林院的官职,他担心父亲的安全,劝父亲留在家中。计六奇的《明季南略》,引述一本似乎是当时广东的史料,谓永历朝廷得知李成栋"反正"的消息时,一片欢腾,当初逃匿的官员,现在都前来效力,而逃跑到南宁的永历朝廷,甚至考虑移跸广州,但最后驻跸肇庆。同年,永历朝廷下旨开科考试,方颛恺通过了县试。《明季南略》引述当时广东的史料,也许更加传神地把握了开课考试的后果:

> 《粤事记》云:四月二十日,又下考贡之旨。村师巫童以及缁衣黄冠,凡能握管书字者悉投以呈,曰"山东、山西某府县生员",必取极远以为无证。拽裾就道,弥漫如蚁。曾经出仕,佥曰"迎銮";游手白丁,诡称"原任"。③

屈大均也是当时赴肇庆朝廷效力的人之一。他上书陈述自己的复国大计,但毫无疑问,他未能引起朝廷的丝毫兴趣。这年尚未结束,屈大均就已经返回广州,照顾垂危的父亲。但珠江三角洲的一些名望例如何吾驺等,却被南明朝廷起用。

不过,南明朝廷高兴不了多久,李成栋"反正"之后,赴江西指挥作战,顺治六年(1649)三月,兵败身死。广州在这年之内仍属南明。何吾驺在南明朝廷的内斗中被踢了出来,可是,随着清兵从江西发起的攻势

---

① 成鹫,《纪梦编年》,载蔡鸿生,《清初岭南佛门事略》,页109;乔盛西、唐文雅编,《广州地区旧志气候史料汇编与研究》(广州:广东人民出版社,1993),页524—527。
② 参见本书第十一章,也参见邝露著,梁鉴江选注,《邝露诗选》(广州:广东人民出版社,1987),页78。
③ 计六奇,《明季南略》,页367。

加强,何吾驺又再次被南明起用。清朝当时组织了一支相当庞大的部队,由平南王尚可喜、靖南王耿仲明指挥,平定南方。顺治七年(1650)一月,永历朝廷再一次逃离肇庆,这回跑到广西的桂林去了。珠江三角洲的文人们,也就再次告别庙堂政治。二月,清兵已经兵临广州城下。广州守了十个月,终于在顺治七年(1650)十一月第二次落入清朝手中。接着的大屠杀,延续了五天。就是从这个时候开始,全广东的男子被勒令剃发留辫。八十二岁的明朝拥护者黄士俊,投降清朝,依令剃发之后,成了广东打油诗讥讽的对象。① 同年,屈大均落发为僧,可是,他继续维持明朝学者的装束,戴起黑头巾,似乎不习惯以僧帽示人。② 方颛恺的父亲,于广州城破前夕只身逃出城。广州大屠杀之后,他返回广州,探望家人。他发现清朝政府贴出文榜,自己竟然榜上有名,被勒令捐出二千两报效军需。他于是鬻田典衣,凑足二千两,交给清朝。③ 在九江乡,据方志记载,"里排如各处,猪酒投诚"。④ 何吾驺则返回家乡香山县,翌年(1651)逝世。

方颛恺回忆,顺治八年(1651),清朝下令,拥有科举功名的人,必须向政府登记。有几百人没有登记,结果被一纸告示革除其功名。⑤ 顺治十一年(1654),李率泰任两广总督,顺治十四年(1657)调任,黄士俊因此撰文歌颂李率泰的德政。黄士俊称,李率泰上任之前,"胥吏功曹,噬民如腊肉,甲士负功骄蹇,侵侮小民,剝□鞭棰,比于俘掳",李率泰下令制止了这些欺侮行为。⑥ 清朝的广州八旗驻防部队,驻扎于广州城的西面,广州城城墙以内面积的三分之一都成了八旗驻防部队地区。清朝胜利

---

① 计六奇,《明季南略》,页 437—438。

② 屈大均,《翁山文外》,载《屈大均全集》,第 3 册,页 471—472。

③ 成鹫,《纪梦编年》,载蔡鸿生,《清初岭南佛门事略》,页 111。

④ 黎春曦纂,《南海九江乡志》,卷 2,页 32a,载《中国地方志集成·乡镇志专辑》第 31 册,总页 249。

⑤ 成鹫,《纪梦编年》,载蔡鸿生,《清初岭南佛门事略》,页 111—112。

⑥ 黄士俊,《总督李率泰去思碑记》,载郭尔阨、胡云客纂修,《康熙南海县志》,康熙三十年(1691)刊,载《日本藏中国罕见地方志丛刊》(北京:书目文献出版社,1992),卷 17,页 5a—7b,总页 344—345,引文见页 5b—6a,总页 344。以下简称《康熙南海县志》。

的标志是相当明显的。顺治九年(1652),平南王尚可喜在广州北城墙外建得胜庙,靖南王耿仲明则在该庙西面再建一庙,也叫得胜庙。[1] 嘉靖年间南海县著名文人方献夫的祠堂,被清兵征用,改为佛寺。[2] 而顺治八年(1651)清朝在广州开科考试的地点,正是广州的主要佛寺——光孝寺。寺内的考棚,已经毁了。即使对于光孝寺来说,顺治八年(1651)可能也不是好过的一年。光孝寺住持天然和尚,在明朝覆亡前夕,与广州的上层士绅颇有交情。崇祯十七年(1644),天然离开广州,搬到番禺的海云寺。但是,顺治七年(1650),在南明永历朝廷的延请下,天然又回到光孝寺,继续担任住持。[3]《光孝寺志》称,清兵入城之际,天然离开光孝寺,虽然平南王尚可喜延请他继续住持光孝寺,但他拒绝接受。在那关键的几年内,光孝寺究竟由谁看管?我们不知道。光孝寺所在地,现在成了八旗驻防部队的驻地,驻防部队士兵占用了光孝寺北面的玄武殿(又称敕经阁),"将此殿截为一街,现居旗舍"。[4] 不过,平南王、靖南王及其家属保护了光孝寺,顺治十一年(1654),二王及其他人捐资,赎回光孝寺的寺产,又重修大雄宝殿及发塔。[5] 光孝寺应该也祭祀大屠杀的众多死难者,我们知道有一处公墓,称为"共冢",当时广州应该还有更多这样的祭祀场所。[6]

　　李成栋被歼灭之后,南明已经再没有力量威胁广东了。南明在广东的最后一道余晖,是李定国于顺治十四年(1657)带来的。李定国是流寇

[1] 仇池石(巨川)辑,《羊城古钞》(嘉庆十一年[1806]刊,顺德潘小盘缩印,1981),卷3,页6a—b;蔡鸿生,《清初岭南佛门事略》(广州:广东高等教育出版社,1997),页33—34。

[2]《康熙南海县志》,卷2,页35b,总页63。

[3] 同年,尚可喜向天然和尚在番禺的雷锋海云寺捐赠了一座鎏金释迦如来铜佛,见蔡鸿生,《清初岭南佛门事略》,页34。

[4]《光孝寺志》(上海:中华书局,1935年据1769年刊本影印),卷2,页10b、14b。

[5]《光孝寺志》,卷2,页6b,卷8,页5a,卷10,页16a—17b、23b—24a。

[6] 钮琇著,南炳文、傅贵久点校,《觚剩》(康熙三十九年[1700]刊,《明清笔记丛书》,上海:上海古籍出版社,1986排印),页148—149。钮琇认为,祭祀的对象,是清兵破广州城之日、从东城门逃散而遇溺于护城河的人,但是,当时王鸣雷撰写的祭文《祭共冢文》显示,祭祀对象的范围多得多,见吴道镕辑,《广东文征》(香港:香港中文大学,1973),第4册,页438。钮琇指出,该祭文当时流传甚广。

张献忠的义子,本来盘踞四川,后来投降南明。李定国的部队从广西攻入广东,围困新会县城达八个月之久,县城之内人相食度日。但是,新会县居然没有陷落,而李定国也就撤退了。平南王、靖南王统治广州的二十年,是段艰苦的岁月,但清朝新政府还是站得住。① 169

　　平南王、靖南王在广州的残暴统治,产生了许多流传甚广的故事,其中部分故事,为康熙三十九年(1700)在广东任职县令的钮琇所搜集。据钮琇的记载,二王为营建自己的王宫,苛索官员及当地百姓。钮琇还记载了尚可喜长子尚之信的暴行,包括鞭打女仆、把宦官的肉切下喂狗等。② 究竟这些故事产生于清朝平定广东之初、还是产生于康熙十五年(1676)尚可喜病死之前,我们很难判断。由于靖南王耿精忠于顺治十七年(1660)就被调离广东,因此支配广东近二十年的,是尚可喜。尚可喜控制广州的商贸,私自榨取巨额利润,这是人所共知的。而尚可喜儿子尚之信的暴行之所以广为流传,可能源于康熙十三年(1674)尚可喜本人反对由尚之信袭封王位的奏疏。康熙十五年(1676),尚之信与云南的平西王吴三桂孤注一掷,在南中国发动叛乱,是为"三藩之乱";同年,尚可喜病死。虽然尚之信翌年(1677)就投降清朝并实际上袭封了平南王的王位,但到了康熙十九年(1680),清朝赐令尚之信自尽,由王朝官僚以外的势力统治广东的时代,也告结束。③

　　顺治三年(1646)广州城第一次被清兵攻占时,珠江三角洲各县大为震恐。大量记载显示,许多出身名门巨姓者,因为之前公开参加抗清活动,都四散逃匿;又由于明末官兵力量萎缩,抢劫活动早于广州城陷落之前就已

_____

① 《新会县乡土志》(光绪三十四年[1908]刊,香港:出版机构不详,1970年重印),页41—42;《云步李氏族谱》(1928年刊),《杂录谱》,页48a—b。

② 钮琇著,《觚剩》,页152—153。

③ 姜伯勤,《石濂大汕与澳门禅史——清初岭南禅学史初稿》(上海:学林出版社,1999);罗一星,《清初两藩据粤的横征暴敛及对社会经济的影响》,《岭南学报》,1985年第1期,页75—81;郝玉麟等监修,鲁曾煜等编纂,《广东通志》,雍正九年(1731)刊,卷62,页1a—5b,载文渊阁本《四库全书》(上海:上海古籍出版社,1987缩印),第564册,总页865—867,以下简称《雍正广东通志》。

经开始,并且之后也不减其猖狂;另外,"奴仆"也四处反叛"主人",所谓"奴仆",泛指社会地位卑贱的人,但"奴仆"、"主人"之类的字眼,绝非客观的描述。何大佐对于当时的"奴变",有所描述,还记载了顺治八年(1651)一个蜑民海盗家庭的个案。这个家庭的父亲有一条渔船,并驾驶这条船来抢劫其他渔船。为了生存,他加入一个黑帮集团,他的妻妾住在小榄的墟市里,藏匿他抢劫所得的赃物。可是,他终于掉进法网,他被逮捕了,小榄的暴民们还发现了他的藏宝窟。何大佐的描述,显示了黑帮头目与当地巡检
170 的角力。小榄的侯王庙,每年都要到各村游神,各村百姓都要孝敬金钱香烛以表虔敬。可是,顺治八年(1651),沿海骚乱,抬神游行的人没有护卫,不敢把侯王神像从村落抬回小榄镇,于是向当地巡检司寻求协助。巡检带兵护送一行人坐船把神像抬回小榄,可是,当这一行人把神像抬上岸后,巡检竟然把船驶走,于是各村百姓孝敬侯王的礼金祭品、甚至抬神游行的人的衣服,就这样被巡检拿走了。抬神游行的人向黑帮头目告状,黑帮头目率领其舰队,追截巡检,把他绑起来,抛下海。可是,就在这年稍后,这名黑帮头目被他的另一些仇家所杀。①

　　新会县外海乡的方志,为当地在 17 世纪 40 年代的动乱留下了互相矛盾的记载。一说外海乡被认为是盗贼渊薮,幸亏当地一位士绅说服广东省布政使,才使外海乡免遭官兵屠戮。一说官府是应当地一位居民的呈请,才出兵剿匪的。顺治三年(1646),"白旗贼"蹂躏新会县及江门等市镇。翌年(1647),外海乡的奴仆,连同当地其他人一同造反,创立了"社"。到了顺治七年(1650),部分造反的人还设立了民兵,向当地人征税:每亩地 0.8 两、每口鱼塘 0.2 两。方志称,这类"奴变",始于顺德县,并扩散到新会县来。②

_____

① 何大佐,《榄屑》(无刊行年份,稿本,萧凤霞收藏),"骗神被溺"、"杀人奇报"、"制台临乡"、"牛地剿藏事"各条。何大佐为乾隆六年(1741)举人,是何吾驺的玄孙,参见"乡人利酉科"条。
②《外海龙溪志略》(咸丰八年[1858]刊,香港:旅港新会外海同乡会有限公司,1971 重印),页 23—24。

　　新会县三江乡赵氏的族谱,对于上述的部分事件,提供了详细的记载。顺治三年(1646)"奴变"以前,就已经有很多盗贼或海盗,他们趁着涨潮,从海岸附近的离岛上岸抢劫,奴仆加入盗贼的行列,于是县城里满是盗贼了。他们向富裕人家勒索钱粮,又勒令乡民在自己屋子上树立旗帜,让外人以为他们声势浩大。当清兵攻占广州城时,新会县的叛乱者正在围攻县城,抢劫城郊。可是,即使在这个阶段,新会县县城内的市民,仍然守得住,还惩处了部分叛乱者。顺治三年(1646)末,新会县的奴仆再次造反,据三江赵氏族谱的一篇文章称,三江乡是叛乱者攻击的目标之一,因为三江乡的奴仆们,一个都没有参加叛乱集团。叛乱者指名要首先抢劫文章作者的家,叛乱者一上岸,就杀了作者的几个亲戚,把他们的首级插在长矛上,树立于墟市。这种暴行让赵氏宗族成员大为震恐,有些人准备战斗,有些人则跑到亲戚处躲藏起来。此后不久,三江乡就遭到叛乱者攻击,赵氏宗族动用火炮,把叛乱者击退。但是,接着发生的事情,却相当奇怪:新会县令逮捕了赵氏宗族的一些成员,虽然赵氏宗族递状求情,县令仍不放人。后来,赵氏宗族捕获了多名叛乱者头目(没有一个是姓赵的),交给县令,县令才把之前逮捕的赵氏宗族成员释放。这篇文章的作者于是带领武装,进剿叛乱的奴仆,杀了他们的头目,烧了他们的村庄,并流放了部分奴仆。之后,三江乡恢复和平,直至顺治十一年(1654)南明军队攻击新会县为止。①

　　位处珠江三角洲西南的新宁县朗美堡陈氏的族谱中,留下了一篇不著撰人的长文《纪变录》,作者称,当清朝李成栋部队在他村庄附近击溃南明军队时,他代表陈氏与李成栋议和。顺治三年(1646)李成栋攻占广州之前,新宁县城被"巨寇"王兴的武装力量围攻,王兴绰号"绣花针"。文章作者与李成栋议和之后,在族中父老的支持下,决定按佃户缴纳的租谷向佃户抽税,以便为村庄建造围墙、并赈济村内的穷人。陈氏向部

_____

①《赵氏族谱》(香港:赵扬名阁石印局,1937),卷2,页3b—4b。

分叛乱者开刀,在陈氏祠堂把几个叛乱者砍了头。此举招致陈氏宗族的"叛徒"与奴仆的报复,其中有游佩龙等,"率六乡贼仆四百余众,立社于后山油麻岭,歃血为誓,由是殴主抄家,拆秤锯斗"。翌年(1648),粮价飙升到饥荒时期的水平,游佩龙及其随从把粮价上限定为每石130文,并抢劫那些企图以更高价格出售粮食的人家。文章作者指出,游佩龙以这个措施为名,把原本属于陈氏的几万石粮食搬走了。

文章作者把叛乱者标签为奴仆,以彰显自己与叛乱者的社会地位差异,而叛乱者限制粮价、破坏粮斗,也印证了文章作者的标签。文章作者称,这些叛乱者,正是顺治五年(1648)年末李成栋"反正"时向南明朝廷购买官职的人。在这几个月间,文章作者本人为安全起见,也和部分亲戚离开自己村庄。但是,他们对于南下平乱的清兵产生好感,于是向由清朝广州将军委任的县令递状,请求清朝对付游佩龙。陈氏向清朝县令递状之举,显然是要确保自己的行动合法,因为县令派出来的差役,不过十几个人,而陈氏自己招募的武装力量就超过三百人。陈氏这支武装冲进游佩龙所在的村庄时,游佩龙已经逃跑,陈氏宣布赦免游佩龙随从。

游佩龙并没有就此罢休。相反,他和同伴向驻扎于新会附近的广海卫总兵告状,指文章作者窝藏盗贼。陈氏与他达成和议,他同意让出自己在该地区所拥有的土地,返回家乡。文章作者称,游佩龙回到家乡之后,试图再次聚众作乱,但不成功,于是回到广海,坐了牢,并于顺治十年(1653)死于狱中。

故事还没结束。顺治八年(1651),陈氏的村庄再次被盗贼攻击,陈氏虽然击退了进犯的盗贼,但连年战乱,使陈氏人口蒙受相当大的损失。文章作者于是招募广海卫的士兵,为他们提供田地与住房,以便他们防卫村庄。文章对于此事的记载,完全没有提及村民与受雇士兵之间的社会等级差别,但陈氏向受雇士兵提供住房,也许暗示村民高受雇士兵一等。粮食价格继续引发冲突。顺治十年(1653),"族孽又聚众百余"于祠堂,威胁打算抢劫。有见及此,陈氏动员了十多名"约长"、六十名"义勇"。平时,这些"约长"在每月的某一天到祠堂开会,惩处各类犯事者。这一次,由于粮食价格飞涨至饥荒时期的水平,大家都要求压抑粮价。几经辛苦,陈氏宗族终于达成协议,同意管制粮价。各村庄在这个时期的动乱,由此可见一斑。[1]

顺治十八年(1661),为了封锁郑成功的台湾势力,清朝政府把浙江至广东沿海地带的所有居民内迁,是为"迁界"。广东在康熙八年(1669)就取消了迁界,但在其他大部分地区,迁界政策一直执行至康熙二十三年(1684)。就珠江三角洲而言,受到迁海政策影响的是东莞、新安、顺德、新会、香山、新宁等县,也就是说,是沙田开发急速的县。位于沙田边缘的小榄镇,被划入迁界范围;三江乡亦即新会县赵氏的家乡、和小榄以南所有的沙田地区,都在迁界范围之内。无法估计究竟有多少人受到影响,但数目肯定以百万计。[2]

上文引述的新宁县朗美堡陈氏族谱内的《纪变录》,也为迁界所造成的影响留下宝贵记录。这篇不著撰人的《纪变录》应该是写于迁界初期的,因为文章提及百姓内迁,而没有提及百姓返回家园的情况。作者说,迁界分两阶段进行,康熙元年(1662),离海10里之内的百姓都必须内迁;康熙二年(1663),连离海30里之内的百姓也都必须内迁。两广总督与提督亲自到沿海村庄勘定界线,他们的随从因此经过了这位佚名人士的村庄。[3] 三天之后,作者带着家人到达县城,把

① 陈绍臣编,《陈氏族谱(观佐房谱)》(宣统三年[1911]刊),页16b—20a《纪变录》。有关"绣花针"的精彩描述,亦参见《汶村陈氏恺翁十世孙复新祖房之家谱》,1927年刊,藏广东省图书馆,编号K0.189/273.2。
② 有关清初迁海的背景,参见谢国桢《明清之际党社运动考》(原刊1934年,北京:中华书局,1982),页290—328;罗香林,《一八四二年以前之香港及其对外交通》(香港:中国学社,1959),页141—150。
③ 《清实录·圣祖实录》(北京:中华书局,1985—1987影印),卷4,页10b,卷9,页20b,卷10,页2a—b,卷33,页5b—6a。清朝于顺治十八年(1661)及康熙元年(1662)两度实行迁海政策,广东沿海地区的地方志可堪印证,例子之一,见:舒懋官修,王崇熙纂,《嘉庆新安县志》,嘉庆二十四年(1819)刊,卷13,页11b—13a,载《中国地方志集成·广州府县志辑》(上海:上海书店,2003影印),第18册,总页864—865。

沿途所见写了下来,其情形宛如一场浩劫:"牵牛担种,负老携幼,哭声载路,惨不可闻。"山贼出没,陆路难行,于是他带着家人乘船到县城。两个月之后,广海卫的军队开进整个迁界区,捣毁所有房屋。在这动荡不安的时期,他和家人一直住在县城内,还经历了康熙四年(1665)的饥荒。[1] 在也同样被勒令内迁的小榄,麦氏宗族的族谱也保留了类似的目击见证:

> 康熙三年(1664)五月十三日,督院卢崇进会各镇由海洲入新会勘界,二十四日,出示移徙各村。廿五日,余由广州回,翌日,携眷过横江。时村民走乱,村盗贼截夺,来往甚难。及至横江村,寄寓吴家,女子夜在地卧,男在街宿,不能久居。六月十五日,挈眷出省,至西门外长桥居住。十月日廿三日,知县、城守亲到徙村。是时知县姚,带乡民至邑城安插,并招各处土匪,以靖地方。康熙四年(1665)……三月至五月,大疫,迁徙之人,在邑城省城寄居,感疫而死者甚众。[2]

新会县沙富村张氏的族谱指出,康熙元年(1662)五月标示新界线的旗帜挂起之后,新会县靠近三江乡一带与广州的海路交通全部停顿,"重物亦须担负,一时被徙之民,充牣城郭,鸠形鹄面,苦不堪言"。十月,官兵抵达,监督迁界。凡是仍然留在河流地区的,都被抓走,张氏宗族就这样损失了一百多人。康熙四年(1665),该宗族又有几十人死于瘟疫。还活着的人,为了裹腹,只好"投兵充役,卖妻鬻子"。这篇文章称,所有宗族都遭受了同样的厄运。[3]

至于官兵的横暴,《康熙东莞县志》有如下记载:"三年(1664)春三

---

[1] 陈绍臣编,《陈氏族谱(观佐房谱)》(宣统三年[1911]刊),页16b—20a《纪变录》。

[2] 麦应荣,《广州五县迁海事略》,载广东文物展览会编,《广东文物》,页408—417。引文来自麦应荣祖先所写、麦应荣家族所藏的文献《遥识篇》,载《广东文物》,页412。

[3]《清河族谱》(光绪六年[1880]刊,藏广东省图书馆,编号 K0.189/227.4),卷1,页37a—b《移界复界序》。

月,迁民,有观望未即入界者,副将曹志尽执而戮之。"①钮琇也将道听途说所得记录下来:康熙四年(1665)春,当迁界令下达到番禺、顺德、新会、东莞、及香山等县时,"先画一界,而以绳直之,多有一宅而半弃者,有一室而中断者"。②

对于沿岸许多社区的居民而言,迁界政策毫无疑问造成了最严重的人祸。但是,有关迁界的史料却显示,迁界政策并不导致沿岸地带完全变成无人地带,而是使清朝在沿岸许多战略地点加强了兵力。其中一个战略地点就是新安县的大鹏湾。此地在明朝以来就是个海军基地,明末清初,为海盗李万荣所盘踞,直至顺治十八年(1661),李万荣才被清兵消灭。李万荣是南明"广东三忠"之一张家玉的下属;也是南明永历朝廷的支持者;也是山贼兼海盗,在相当于今天香港新界的地区劫掠乡村;并且在当地一条主要的交通路线上勒索保护费。③ 清兵在迁界政策下加强兵力的另一战略地点是顺德县。康熙二年(1663),"海盗"周玉、李荣占据了顺德县县城。据钮琇记载,此二人都是蜑民,手下有几百条渔船组成的舰队,部分渔船还配备了瞭望塔和火炮。平南王尚可喜招降了他们,使之成为他的沿岸兵力的一部。迁界令下达时,尚可喜命令他们把舰队开进内河,他们反叛,但被尚可喜扑灭,尚可喜因此扩充了为数五千人的一支驻军。④ 这些部队显然需要补给,因此,两广总督于康熙三年(1664)上奏,请求开放部分沿海路线,以便运送军粮。在珠江三角洲,这些路线包括位于顺德、新会、新安县的三条路线,朝廷准奏。⑤ 值得注意的是,当尚可喜病死、三藩之乱平定、广东省级衙门的统治恢复之后,官员们却指

---

① 郭文炳编纂,《康熙东莞县志》(康熙十八年[1689]刊,东莞:东莞市人民政府,1994 据日本内阁文库藏本影印),页 686a。

② 钮琇著,《觚剩》,页 141。

③ 罗香林,《一八四二年以前之香港及其对外交通》,页 146。

④ 钮琇著,《觚剩》,页 140—141;《雍正广东通志》,卷 7,页 11a—b、13a,载文渊阁本《四库全书》,第 562 册,总页 282、283;胡定纂、陈志仪修,《顺德县志》,清乾隆十五年(1750)刊,卷 9,页 1a—b,载《稀见中国地方志汇刊》(北京:中国书店,1992 影印),第 45 册,总页 925。

⑤《清实录·圣祖实录》(北京:中华书局,1985—87 影印),卷 15,页 7b—8a,总页 226。

175 责尚可喜,说他纵容仆从及部队,在所有主要港口、盐场、渔船停靠的码头、以及海外贸易地点即澳门,垄断贸易。① 而沙田的耕作,即使在迁界期间也没有停止。小榄的里甲首领于康熙三年(1664)向两广总督递状,请求放弃沙田的地权,让给他们的佃户。原来,自发布迁界令后,蜑贼及海盗就经常来劫掠小榄的里甲首领,官兵来到,这些盗贼就逃跑,官兵则指小榄的里甲首领勾结盗贼。后来,官兵撤退后,蜑贼与海盗的劫掠更加猖獗。结果,导致小榄里甲首领的耕牛、粮食、农具——失去的,不是迁界令,而是这种猖獗的劫掠。② 正如广东巡抚王来任在康熙八年(1669)请求复界的著名奏疏指出:"臣抚粤二年有余,亦未闻海寇大逆侵掠之事,所有者,仍是内地被迁逃海之民相聚为盗。"③迁界令造成了一种封锁状态,沙田地区因此人口锐减,而邻近沙田的许多村庄也被迫迁移。

康熙八年(1669),两广总督与广东巡抚因办事不力而被解职。广东有传说,称广东巡抚王来任自杀。但是,继任的两广总督周有德却也赞同王来任的意见,请求复界,于是,就在同一年,广东复界了。④

康熙二十二年(1683),台湾郑氏集团投降。翌年(1684),所有南方沿海省份都复界了。就在这同一年,康熙皇帝派遣著名诗人与高官王士祯到广东,赴广州黄埔的南海神庙祭祀南海神。这表面上无关痛痒的访问,其实是充满政治意味的,它意味着清朝不再与广东的明遗民为敌了。⑤

---

① 《雍正广东通志》,卷 62,页 1a—5a,载文渊阁本《四库全书》,第 564 册,总页 865—867;李士桢,《抚粤政略》,无刊行年份,卷 1,页 12a—22b。

② 何大佐,《榄屑》(无刊行年份,稿本,萧凤霞收藏),《送田还官并乞弭乱呈》。

③ 舒懋官修,王崇熙纂,《嘉庆新安县志》,嘉庆二十四年(1819)刊,卷 22,页 13b,载《中国地方志集成·广州府县志辑》(上海:上海书店,2003 影印),第 18 册,总页 945。康熙元年(1662),顺德县有些百姓,为保全乡镇免遭尚可喜部队的洗劫,主动"承认"自己是海盗,见鲍炜,《清初广东迁界前后的盗贼问题——以桂洲事件为例》,《历史人类学学刊》,第 1 卷第 2 期(2003),页 85—97。

④ 《清实录·圣祖实录》(北京:中华书局,1985—1987 影印),卷 24,页 338—339,卷 27,页 378;关于王来任在广东染病而死一事,见钮琇著,《觚剩》,页 141;

⑤ 关于王士禛访问广东以及他与明遗民的交往,见王氏著,《广州游览小志》,康熙年间(1662—1720)刊,载四库全书存目丛书编纂委员会编,《四库全书存目丛书》(台南县柳营乡:庄严文化事业有限公司,1996),史部,第 254 册,总页 468—471。

　　龙江乡的薛起蛟,于 1648 年成为永历朝廷的贡生,并记录了当年的
"冠裳礼"。他在《龙江乡志》留下了一篇文章,叙述了明朝灭亡至迁界令
结束后不久的这段时期的衣饰变化。他说,即使致仕居乡的高官,也曾
经衣着朴素。有人的儿子升了官,直至县官邀请他们到县衙门、通知他
们儿子升官的消息之前,他们仍然不敢站着与县官说话。他说,这就是
他在明末亲眼看到的情形。五十年后,情形却大不一样了。人们只要曾　*176*
经有一官半职,无论是否因犯罪或贪污而被削职,节诞时都穿戴官帽与
锦袍。① 薛起蛟很看不惯这种对于财富与地位的肆无忌惮的炫耀。但
是,正如中国其他地区一样,在珠江三角洲,改朝换代,也就改变了社会。

---

① 佚名纂,《顺德龙江乡志》(又名《龙江志略》),民国十五年(1926)龙江双井街明新印务局铅印
　本,卷4,页32b,载《中国地方志集成·乡镇志专辑》(南京:江苏古籍出版社,1992),第30册,
　总页842。

第十四章　宗族制度的扩散

到了 17 世纪 80 年代,天下终于太平了。士绅们的后代,继续考科举;沙田的开发,继续高速进行。无论是考科举成名的人,还是开发沙田致富的人,都会编纂族谱,建造祠堂。可是,与明末比较,有一显著的区别:在明朝各个时期,出身珠江三角洲的高级官员,参与省城广州的公共事务;在清朝,这类乡居显宦都不见了。这时,像霍韬、方献夫、李待问、何熊祥等人的宗族,对于省城的政务,再也没有明朝那种影响力了。另一方面,由于明朝以来科举成绩的累积,再加上南明永历朝廷鬻官卖爵,结果祠堂的数目大增,拥有一官半职的家庭的数目也大增。16 世纪由乡居显宦建立起来的阶级鸿沟,被 17 世纪明末的动乱打破了。到了清初即 17 世纪中叶,各地社群,都变得像本地宗族,在祠堂内祭祖,这种现象,已经司空见惯了。

明清时期的宗族建设

宗族的建设,不必等到 17 世纪 80 年代才重新开始。事实上,宗族的建设从来就没有停止过。南海县佛山附近的深村蔡氏,于天启六年(1626)建造了统宗祠,并分别于崇祯七年(1633)、顺治十六年(1659)、康熙十四年(1675)、康熙二十年(1681)、康熙四十一年(1702)建造支祠。
蔡氏族谱收录了一篇晚出的文章,警告说,许多神主牌位上的官职都是
假的。① 在广州城附近的畔溪梁氏,其族谱也收录了一篇顺治十四年 *178*
(1657)的文章,记载该宗族如何在经历了十年动乱之后,重新掌握族
产。② 顺德县沙窖陈氏,于嘉靖十年(1531)建立祠堂后,并于顺治九年
(1652)、顺治十八年(1661)两度重修。③ 陈氏的家族文献显示,该祠堂曾
被捣毁、族产的契据被弄不见、而祖尝还被宗族的成员包括奴仆侵占。④

就东莞县南社村谢氏而言,宗族建设是与清初时期的自卫工作一同
出现的。谢氏所在的村庄,原本是个多姓村。嘉靖三十四年(1555),谢
氏就已经为自己建立了大宗祠,可见这时的谢氏应该已经相当富裕。万
历四十二年(1613),谢氏成员捐出近 350 两白银,重修大宗祠。谢氏的
大宗里,拥有科举功名的成员并不多,但大宗里的一个支派,在 16 世纪
下半叶出了几个生员,他们编纂了《南社谢氏族谱》,并建造了自己的支
祠。为此举撰文作记的,竟然是个大人物——南明广东三忠之一的陈子
壮。陈子壮的文章指出,谢氏这个支派没有把自己的族产分掉,而是由
支派的父兄集体管理族产。这个支派还建造了两间祠堂,各祭祀最近五
代祖先,而近年来,该支派的管理更形完备云。

崇祯十六年(1643),盗贼前来劫掠,谢氏猝不及防。族谱里留下了
一篇当时人写的文章,对事件记录甚详。当盗贼进犯之初,谢氏聘请了

---

① 《南海深村蔡氏族谱》(光绪元年[1875]刊,藏广东省图书馆,编号 K0.189/619),卷 18;有关
神主牌位上的官职是伪造的这种看法,见卷 18,页 2b。
② 《梁肇基公族谱》(刊行年份不详,藏广东省图书馆,编号 K0.189/403.2),页 8a—9b。
③ 《顺德沙窖陈氏族谱》(道光二十八年[1848]刊,手稿,不分卷,无页码,藏广东省图书馆,编号
K0.189/278),《陈氏先祠基始》。
④ 参见《谭氏族谱》(康熙三十一年[1692]刊,藏新会县景堂图书馆,编号 D/D923 - 7),无页码,
其《重修家谱序》提及该宗族一间祠堂毁于清初的动乱,并为之悲叹不已。《番禺五凤乡张氏
宗谱》(光绪二十三年[1897]刊,藏中山大学图书馆,编号"史[2]507"),也记载了康熙九年
(1670)的一宗诉讼,见卷 1,页 16a—17a。张氏控告一名奴仆,指他侵吞张氏财产,他显然很
富有,并且参与省级衙门的财政事务。

为数 20 人的一小队雇佣兵来防守,村中的男子或躲到山里去,或把家人搬出村外,逃到广州城里。盗贼攻破了村庄,抓住村中男女,勒索赎金。谢氏向邻近村庄求助,希望拯救族人,但徒劳无功。盗贼撤退后,谢氏开始布置村庄的防卫措施。他们建起一道围墙,把村庄围起来,还建起瞭望塔,准备了武器,放哨巡逻。这个防卫工程总费用约七百两银,由族中一名成员捐出。围墙动工于顺治元年(1644),竣工于顺治七年(1650),可真是建得一点都不嫌早,因为,顺治五年(1648),盗贼又来劫掠。这一次,谢氏自卫成功了。族谱还收录了康熙十五年(1676)有关防卫事务的一张告示,呼吁村中的雇佣兵守法,并谓即使村庄关闭大门,亦保证向他们发放口粮;而提供口粮的,应该就是村中的大姓谢氏了。可见,在这非常时期,像谢氏这样的大姓,面临着严峻的考验。《南社谢氏族谱》的编纂凡例中,有些特别条款,也许就是这背景下的产物。该族谱几篇序言,最晚者成于康熙十年(1671),可见该族谱也许刊行于这一年。该族谱《族谱凡例》重申,赴祠堂祭祖,须坚守勿替;对于有困难的族人,须提供救济;《族谱凡例》还呼吁离散的族人重返村庄,并且指出,自从村庄建立围墙之后,外人亦进村寻求保护。人们当时要提防的,不仅是盗贼。《南社谢氏族谱》收录了谢琐龄的《上平南王启》。这呈递给平南王尚可喜的状子,详细记载了谢氏一名成员企图讹诈勒索的过程。这名成员宣称要支付广州城清兵铸造火炮的费用,向族人收费。这份状子显示,在这动荡不安的时期,要保全自己,不仅要有能力打退真正的盗贼,也要避免被官府视为盗贼。族谱还有一份写于 1650 年的序言,用的却是南明永历朝廷的年号。可见,直至广州城被清兵攻占之前,谢氏仍然效忠南明;而族谱里部分成员的传记,也说他们接受了南明永历朝廷的官职,这也是谢氏效忠南明的证据。①

---

① 参见《南社谢氏族谱》(1942 年抄本,感谢东莞县杨宝霖先生提供)以下的文章:谢氏一间落成于万历四十一年(1613)但没有名号的祠堂的重修碑记;陈子壮,《澄源谢公墓志铭》;《甲午年本乡寇变》;《本围谯楼志》,其中包括丙辰年即康熙十五年(1676)的《守围规条》及《谕帖》;《族谱凡例》;《重修族谱序》;《南社族谱序》;谢琐龄,《上平南王启》。

有人可能以为,如果宗族里有人效忠明朝,因而被清朝当成叛逆分子来追捕,这些宗族也许会尽量淡化自己与他们的关系,以免受到牵连。但事实似乎并非如此。17世纪80年代,清朝放松了其政治管治,并且产生了真实的效果。屈大均加入南明朝廷,参与抗清运动,后来削发为僧,顺治十四年(1657),他干脆离开了广东,直到康熙八年(1669)才回到广州。康熙十三年(1674),屈大均一度为吴三桂效力,但很快就辞了官,再度返回广州。屈大均于流放山西期间娶妻结婚,妻子死后不久又再娶。直至康熙皇帝的特使王士祯于康熙二十三年(1684)访问广东之前,屈大均都没有返回自己沙亭的老家。王士祯访问广东之后,屈大均的生涯终于出现了重大变化。这时,屈大均已经56岁,以诗文及学问著称,他虽然满腹牢骚,但大概是相当富裕的。康熙二十五年(1686),他的一名妻妾过世,他心爱的十几岁的女儿也过世,他于是返回沙亭定居,在沙田地区购置了37亩地。屈大均说他自己躬耕陇亩,实际上这意味着他聘请了雇工来进行耕种。屈大均就康熙二十六年(1687)收割稻米的情况,留下了一篇简明扼要的记载。他调集了三艘"泥船",每艘船乘坐十名雇工,前往自己的稻田,途中经过了七片正在筑堤造田的地段。他们把稻谷连茎带穗割下,运到离自己村庄二里地的晒谷场摊晒。一名男子,劳动一整天,才能够收割半亩稻田。对于亩产三石,屈大均甚为高兴。禾秆可当作燃料,而禾秆烧成灰后,又可当作肥料。屈大均"家贫",没有雇请仆人。他说,假如能有两名仆人晒盐,两名仆人养鸭,两名仆人采集河边的贝壳、虾、蟹之类,"则岁无不足于海鲜矣"。要把收割了的稻谷脱 180 壳,得靠一座由三头牛拉动的石磨。稻谷脱壳成为稻米之后,就被一担担挑回家去。之后,数以百计的蜑民妇女,前来捡拾剩余的稻穗。这个收割工序为期14天,也是种植稻米过程中最忙碌的工序。[①]

[①] 屈大均,《翁山文外》,载屈大均著,欧初、王贵忱编,《屈大均全集》(北京:人民文学出版社,1996),第3册,页116—119、187—188、428—430;汪宗衍,《屈翁山先生年谱》(澳门:于今书屋,1970)。

屈大均定居沙亭,也因此促进了沙亭屈氏的宗族建设。当时,沙亭屈氏似乎还没有祠堂,沙亭几批屈氏家庭定期祭祀的,不是祖先,而是侯王。据称,是屈氏开基祖在宋朝把侯王的神像带来沙亭的。侯王庙的具体位置,与屈氏定居沙亭关系密切。据说,当屈氏开基祖以官员身份来到沙亭时,他的船上就载着侯王的神像。这条船停泊之处,就是后来侯王庙建造之处。沙亭村屈氏相信,多得侯王保佑,阖村方得安泰,而"吾宗有大事,必往祈玹签,其应如响,妇人孺子,皆奔走将事恐后,曰吾祖庙也"。康熙二十三年(1684)王士祯祭祀南海神之后,沙亭屈氏也开始到附近的南海神庙献祭。几百年来,南海神庙都是南海神的主要庙宇。屈氏在南海神庙内建了一座偏殿,供奉几名 15 世纪的祖先。为此,屈氏向南海神庙捐赠了约 668 亩土地。屈大均的兄长,比屈大均本人更积极参与南明的抗清运动,写了篇文章记载此事。屈氏的捐赠,为南海神庙带来地租收入,解其向官府交税的燃眉之急。但屈氏绝非唯一捐田予南海神庙的大姓。附近有岑氏,也宣称与南海神庙关系密切。因为南海神夫人就是姓岑的。另也有一陈氏,也像屈氏一样,捐田予南海神庙,以便在庙内另辟偏殿,供奉陈氏的一名祖先。无论如何,屈大均指出,由于屈氏向南海神庙捐赠祭田,再加上沙亭靠近南海神庙,所以屈氏都视南海神庙为自己的"家庙"。自明初以来,沙亭也有一小型的南海神庙,作为迎接南海神驾临的行宫,以便沙亭村民一年到头都可向其献祭。[①]

屈大均很明白自己的宗族与附近的侯王庙、南海神庙关系密切,他自己也积极促进屈氏宗族的建设。他坚信沙亭屈氏是战国时代楚国官员屈原的后人,屈原忠君爱国,由于意见不被楚怀王采纳,据称投河而死。这个传说也许特别引起屈大均的政治共鸣。无论如何,屈大均把自己坐落山上、面对沙亭的家,改建为三闾大夫祠,又于三闾大夫祠后

181

---

① 屈大均,《翁山文外》,载《屈大均全集》,第 3 册,页 335—337、339—340;屈大均,《广东新语》(约康熙三十九年[1700]刊,香港:中华书局,1974 排印),页 205—207;崔弼,《波罗外纪》(光绪八年[1882]据嘉庆二年[1797]重刊本),页 3b—4a。

建"婵媛堂",祭祀屈原的姐姐女嬃。根据古代文献,屈原绝望之际,女嬃安慰屈原。屈大均还在河边建造小亭,纪念屈原之投河。

屈大均另外买了一块地,建造祠堂,祭祀自己这一支派的四名早期祖先。他又把自己父亲的房子改建为"祔食祠",以祀举族之殇与无后者,且要求自己与自己的子孙每年祭祀他们。屈大均还把这要求白纸黑字写下来,张贴于该祠堂内①。对于广州地区祠堂数目众多,屈大均有一段著名的描述:

> 其土沃而人繁,或一乡一姓,或一乡二三姓,自唐宋以来,蝉连而居,安其土,乐其谣俗,鲜有迁徙他邦者。其大小宗祖祢皆有祠,代为堂构,以壮丽相高。每千人之族,祠数十所;小姓单家,族人不满百者,亦有祠数所。其曰大宗祠者,始祖之庙也。庶人而有始祖之庙,追远也,收族也。追远,孝也;收族,仁也。匪谮也,匪谄也。②

以上引文,来自屈大均的《广东新语》。该书完成于康熙十七年(1678)。③ 这时,祠堂遍地开花,已经是人所共见的现象。但祠堂并不是从来都普遍存在的。不过一个世纪前,平民百姓而建造祠堂,还曾经是新奇的事情。

到了清初,要巩固宗族的理念,再好不过的手段,就是建造一座祖先祠堂。因此,族谱里满是建造祠堂的记录。有本事的宗族,不仅为全族的嫡长祖先建立所谓"大宗祠",还为个别支派的祖先建立所谓"小宗

---

① 屈大均,《翁山文外》,载《屈大均全集》,第3册,页216—217、319、329—333;屈大均对于女性的文化修养也很留意,参见该书页82—84有关"西屈族姑韩安人"这位屈氏宗族内的女诗人的文章。

② 屈大均,《广东新语》,页464。

③ 汪宗衍,《屈翁山先生年谱》,页118。麦哲维(Steven Bradley Miles)曾经私下与我讨论,指以上引文描述的是康熙十七年(1678)之后的事情。但我认为汪宗衍的看法仍然是站得住的,但由于目前的《广东新语》排印本是根据康熙三十九年(1700)前后刊行的版本而排印的,也许之后的修订未被目前的《广东新语》排印本所收纳。

祠"。这些词汇可能令人混淆,因为,既然一般人都相信祖先子孙代代相传,则某姓氏在一村内的长房即"大宗",在更大的地理范围之内,可能就是长房之外的支派即"小宗"。但是,明朝的庞嵩,就已经从礼仪的角度,把大宗祠、小宗祠如何共存的问题解决了。祠堂的主殿,安放"始祖"的神主牌位,是为"不迁祖",由每一代的长房嫡子即"宗子"祭祀;始祖之外的各房祖先,则以每一代算起的最近四代为限。在"不迁祖"和各房最近四代的神主牌位两侧,则安放宗族里有功名及德行的成员的牌位,以及捐资兴建或重修祠堂的成员的神主牌位,这两侧的神主牌位,以及祠堂正中的"不迁祖"牌位,都是永久飨祭的。[①] 屈大均不仅记下庞嵩(振卿先生)的规条,也记录了庞嵩的知识背景。庞嵩是广州天关书院的名师,该书院是湛若水创立的,庞嵩祭祀湛若水,就像湛若水祭祀陈白沙一样。屈大均还记载了自己会晤庞嵩曾孙庞祖如的情形,庞祖如模仿天关书院的形制,在老家弼唐村建造了一间书院。屈大均悲哀地指出,明朝覆灭后,广州的书院都毁了,取而代之的,是佛教寺院。屈大均推崇 16 世纪庞嵩的祠堂设计,可能是屈大均坚持儒家立场对于佛教再度崛兴的一种反应,虽然屈大均自己年轻时曾经剃度,但屈大均认同儒家的知识传统,多于认同佛教。[②]

在实践上,宗族内部的祠堂建造,意味着宗族各支派正式组织起来,成为有法人色彩的团体,香山郑氏自元朝以来就已经富裕而强大,明初,香山郑氏编纂了几本族谱,宣称与著名的浙江义门郑氏有渊源。[③] 更有

---

① 屈大均,《广东新语》,页 464—465。露比·华生对于香港新界厦村邓氏祠堂的描述,与《广东新语》的描述非常接近。

② 屈大均,《翁山文外》,载《屈大均全集》,第 3 册,页 86—87。

③《义门郑氏家谱》(光绪十五年[1889]刊,藏广东省图书馆,编号 K0.189/140),卷 1,郑弘道(1410—1464),《初修家谱引》,他是郑氏第十一世孙。他指出,九世祖郑宗得(1371—1431)在浙江做官时,建立起香山郑氏与浙江义门郑氏的联系。他还指出,也同样是第九世的某位成员,送了一两银予浙江义门郑氏的某位成员,"始知吾宗原历出其派矣"。《义门郑氏家谱》写于乾隆十六年(1761)的《再修家谱序》,香山郑氏第十八世的成员继续努力从浙江义门郑氏的历史中找寻材料,补充自己的族谱。

甚者,在 16 世纪,香山郑氏的部分支派,由于参与澳门的海外贸易而致
富。① 康熙十年(1671),香山郑氏编纂了族规,这套族规洋溢着明显的管
治味道。族规定明了族长、族正的权责,族长是根据年龄选出的,族正是
根据办事能力选出的。族规又禁止宗族成员打官司,特别以霍韬的家训
为根据,规定由族长、族正裁决宗族成员的内部矛盾。族长、族正得到宗
族的支持,得以在祠堂内行刑,惩罚犯事者。族规又强调要划分宗族及
私人财产,这反映出,当时人们假设,族产是作为"老户"而被登记于里甲
的,宗族内的私人财产,则成为"爪户"。②

香山郑氏于康熙十年(1671)建造的祠堂,祭祀其八世祖郑廷实。郑
廷实据说活跃于元末,住在庞头村,有三个儿子,长子郑宗荣搬到钱山
村。郑宗荣也有三个儿子,长子及二子搬到一条濠头村,三子则留在钱
山。该支派在 18 世纪之前,建造了另外三间祠堂:天启四年(1624),他
们建了一间祠堂,祭祀郑宗荣的长子及二子;康熙五年(1666)、康熙三十
八年(1699),他们又建了两间祠堂,分别祭祀郑宗荣的一名曾孙。随着
这个支派的祠堂越建越多,连他们的亲戚也开始受惠。康熙十一年
(1672),他们另建一间祠堂,祭祀郑氏在宋朝首先定居香山县的祖先。
此举与之前一年族规之编纂相距如此之近,这就显示,只有到了这个时
候,这条村(或者附近村庄)的所有郑氏,才被整合到单一宗族的框架内。
到了光绪十五年(1889)《义门郑氏家谱》刊行时,这个郑氏宗族已经有 44
间祠堂,其中只有五间是在 18 世纪以前兴建的。③ 这相当清楚地显示,
清朝的宗族追寻谱系现象,与明朝建造小宗祠的现象,没有必然关系。
小宗祠的普遍出现,是清朝独特的现象。

①《义门郑氏家谱》,卷 27,页 19a—b。
②《义门郑氏家谱》,卷 1,《荥阳郑氏家规》。
③《义门郑氏家谱》,卷 18,页 4a—6b;另参见该谱内的传记资料:卷 27,页 1a—10a,22b—23a,39b—41b;卷 28,页 4a—6b。Choi Chi—cheung, *Descent Group Unification and Segmentation inthe Coastal Area of Southern China* (Ph. D. dissertation, Tokyo University, 1987), pp. 115—116.

我们可以想象,经过一段时间之后,一个大宗族如何在众多祠堂中祭祀大宗与小宗的各个祖先。当这些祠堂各拥祖尝以祭祀本支祖先及赡养本支子孙时,则表面上的同一个宗族,很可能就以各个祠堂的堂号为名义,建立起以财产权和祭祀责任为基础的多个关系网,从而建立宗族的内在组织。莫里斯·费里德曼(Maurice Freedman)把这个发生于宗族内部的现象称为"枝节化"(segmentation)。露比·华生(Rubie Watson)也利用这个概念,研究香港新界厦村的宗族,指出"枝节化"导致宗族内部的贫富差距。[①] 其实,用祖先的名义把各家各户组合起来,这个过程并不总是能够在真正的家庭的脉络下进行的。因此,可以说,要证明谁是谁的祖先、谁是谁的子孙,证据应该是薄弱的。于是,追寻祖先、把某房某派纳入或逐出谱系时,总会重构宗族的历史。所以,郑振满的看法更加正确,他指出,宗族的建设,各有不同策略。也就是说,既可以是不同家庭联合组成宗族,也可以是同一宗族内部衍生出不同的支派。[②] 愈成功的宗族,其子孙繁衍愈伙,祖尝愈富,房派分化愈频繁,以大宗祠为中心的各房各派的数目也就愈多。当然,这都意味着,一个人隶属于不止一个祠堂,是毫不稀奇的。至 20 世纪初,仅小榄一镇,就有 393 间祠堂。[③]

184

17 世纪末,里甲制度在珠江三角洲一度复兴,这对宗族建设也有促进作用。石湾及大岸霍氏有一篇相当复杂的文书,为里甲与宗族的关系提供了最详细的说明。石湾是佛山外围的一个小镇,以生产陶瓷著称。石湾霍氏族谱所收录的文书显示,宗族建设的主要目的,是为了累积

---

① Maurice Freedman, *Lineage Organization in Southeastern China* (London: Athlone Press, 1958); Rubie S. Watson, *Inequality Among Brothers: Class and Kinship in South China* (Cambridge: Cambridge University Press, 1985).

② 郑振满,《明清福建家族组织与社会变迁》(长沙:湖南教育出版社,1992),页 62—118。此书英译本,见 Zheng Zhenman, trans. Michael Szonyi, *Practicing Kinship, Lineage and Descent inLate Imperial China*(Stanford: Stanford University Press, 2002).

③ 何仰镐,《榄溪杂辑》(刊行年份不详。稿本,感谢萧凤霞教授提供)。

祖尝。

石湾霍氏的文书之中,有撰写于顺治十二年(1655)的《开图合同》,内含多份契约和规则,内容都是关于霍氏大岸支派在里甲制度中的角色。问题的核心是交税的安排。正如主要的契约所指出:

> 众等居属连里,户籍寄付各图,但原编里甲,因粮凑役,无分彼此。垂历年久,里自雄长,收纳迥异于初。兼之近来兵兴之际,加派与公务浩繁,遵纳罔敢有异。其中里长又有乘机多生枝节,大不堪言。夫物穷则变生,事急则计易。当此烦难,正思改弦。见得登云、丹桂、简村等堡冼以进等,纳饷开图,历有成例。会议循举,同心合德,联为一图十甲,列为云津二十弍图。①

以上的安排,有一部分是我们非常熟悉的。在以上这个新安排之前,霍氏大岸派被编到现年里甲之中(这里的"图"相当于"里"),这就是说,大岸派代石湾霍氏交税,以便获得接纳,成为霍氏宗族的成员。但不太为人所知的是,在清初,这类依附于宗族的支派如果把自己独立出来,编成正户,直接交税,是更加划算的。作为这份契约的补充文件的规条,也清楚显示,签约各方对于直接编户的成本与好处都很清楚。凡涉及官府的事务,他们将轮流处理,但他们的责任与付出已经清楚列明了(例如,农历新年的春宴,食物列明为 15 斤猪肉与一醒酒;招待人数每甲以四至五人为限)。至于好处,也是规则所写明的,就是他们因此能够避免被所谓"豪横"说成是"子户",从而被摊派杂费。②

因此,对于珠江三角洲的许多地主而言,清朝里甲制度的建立,可以说是明初经验的重复,也就是说,编入里甲,向官府交税,换取官府对其

185

---

① 《太原霍氏族谱》(刊行年份不详,无页码,藏佛山博物馆),卷 4,《开图合同》。
② 参见《太原霍氏族谱》卷 4《开图合同》所附载的规条。关于"子户"的研究,参见片山刚,《清末广东省珠江デルタ图甲表とそれおめぐる诸问题:税粮、户籍、同族》,《史学杂志》第 91 卷第 4 期(1982),页 42—81;刘志伟,《在国家与社会之间——明清广东里甲服役制度研究》(广州:中山大学出版社,1997),页 261—275。

社会地位的承认。但另一方面,清初的情况毕竟有所改变。在清朝,"里""甲"这类字眼不再用来指涉身份,尽管在官府的纪录中,这些字眼仍然作为行政组织而存在。正如《开图合同》其中一款所言:

> 一、敦义气以重世好:我辈开图共好,其中亦有二、三家而共一甲,虽首名为里排,余为甲首,此不过照造黄册之体式,然皆同心创始,随粮输纳,随粮充役,并无里甲之分。[1]

随着 17 世纪一条鞭法的推行,丁税基本上与纳税者所拥有的土地挂钩。这时的里甲,已经是负责交税的单位,而非计算税收的单位。不用说,登记到里甲中、负责交税的家庭,应该是拥有相当势力的。香山郑氏这种以里甲为基础的联盟,似乎维持下去了。康熙三十六年(1697)、康熙五十一年(1712),由于官府收税的手续改变,香山郑氏也制定了新的规条。

高层级宗族

莫里斯·费里德曼强调,华南宗族是一种控制财产的制度,因此注意到本地宗族与高层级(high-order)宗族的分别。所谓本地宗族,是指村庄内的组织;所谓高层级宗族,是指村庄以外、宣称来自同一祖先谱系的组织,高层级宗族往往是在县城或省城设立宗族组织。费里德曼的这种区分是有用的,但必须指出,虽然本地宗族与高层级宗族赋予成员的权利各有不同,但这两类宗族都有共同基础,它们都相信自己来自同一祖先,而它们的管理方法,也是伴随着 16 世纪基层政府的行政改革而产生的。相信自己来自同一祖先、在宗族内制定管理条例,意味着宗族成为一个地方社会与王朝国家都接受的共同制度,而礼仪继续成为这个制度的一部分。宗族要拥有财产,才能够创造收入,维持定期祭祀,这个观

---

[1] 参见《太原霍氏族谱》卷 4《开图合同》所附载的规条。

点是广为人所知的。但是，这个观点所没有照顾到的，是宗族控制财产、维持祭祀的方法及其演变的过程，在这个过程中，宗族产生了新的、无法想象的特色。

把大家都源于同一祖先这个信仰，结合到宗族财产的管理中，对此，本书第十一章已经提及的小榄及附近地区的麦氏，提供了一个有趣的个案。麦氏相信自己是隋朝(589—617)麦铁杖的子孙，是广东的原住民。成化十四年(1478)，广东北部的南雄府城外，有一纪念麦铁杖的牌坊落成，纪念此事的文章《敕修铁杖楼记》，成为明清时期有关麦铁杖的最早文献。《隋书》也提及麦铁杖，这篇文章运用《隋书》的记载，形容麦铁杖效忠隋朝，战死于北方。由于麦铁杖生于南雄府始兴县，因此，为纪念麦铁杖的忠义，就有足够的理由在南雄为麦铁杖树立牌坊。文章没有说麦氏通过树立牌坊而设立集体祭祀麦铁杖的制度，但是，小榄麦氏族谱称，此举使麦氏部分支派得以每年祭祀麦铁杖，这个看法，应该是可信的。无论如何，《敕修铁杖楼记》指出，为麦铁杖树立牌坊，是当地官员奉皇帝诏令而进行的，为麦铁杖提供祭田，也是出于官府的命令。越到后来，麦铁杖的故事就生出越新的情节，例如，麦铁杖据说曾经效力于冼夫人，冼夫人是南北朝至隋朝期间投降并效忠中原王朝的南方酋长。在15世纪，当明朝首都因北边蒙古人的侵略而惶恐不安、而两广也开始出现"猺乱"时，面对"夷狄"的侵略而大讲忠义，等于是明朝当时的政治宣传。①

康熙二十五年(1686)，麦氏在广州城的桂香街建了一间祭祀麦铁杖的祠堂。这祠堂与当时南雄府城外麦铁杖牌坊的遗迹大不相同。我们知道这个分别，原因是一年之前(1685)，顺德县龙江乡麦氏的一位成员探访了麦铁杖的家乡——南雄府始兴县百顺村，并写了篇文章，描述了当地兴建于万历三十九年(1611)的麦铁杖坟墓及祠堂。小榄麦氏需要

_187_

---

① 卢祥，《敕修铁杖楼记》，载《麦氏族谱及舆图》(同治二年[1863]刊，藏广东省图书馆，编号　K0.189/521)，卷4。

进行探访,因为他们要知道麦铁杖容貌的大概,以便塑造一尊麦铁杖的塑像,安放于广州的麦铁杖祠堂中。这篇文章称,百顺村有一座祠堂,祠堂内的神案上,有两座祖先塑像,一旧一新,还有"龙牌"即皇帝敕赐的牌匾,上书"敕赐麦铁杖公祠"几个金漆字;在神案两侧,各有一座军吏塑像,一持麦铁杖的铁杖,一持麦铁杖的印玺。而定期祭祀麦铁杖的,不是他的子孙,而是当地的巡检及其他异姓之人,这样的格局,更像一间祭祀神灵的庙宇,而不像一间祭祀祖先的祠堂。

这位来自小榄麦氏的访客,把他在百顺村遇到的八位麦氏成员的名字写了下来,他还知道当地只有十几个麦氏后人。他又探访了麦氏永安堂支派的村庄,这个支派迁离了百顺村,他会晤了五人,记下了他们的名字。他们告诉这位访客,在著名的珠玑巷沙水村也有麦氏的支派,珠玑巷就是传说中宋朝南雄百姓逃往广州附近的通道。这位访客还了解到,沙水村曾经有一座祭祀麦铁杖的祠堂,由于祠堂倾颓,所以麦铁杖的塑像才被移到百顺村,这就解释了为何百顺村有两座麦铁杖的塑像。这位访客请求将其中一座麦铁杖塑像搬到广州,以便由广州麦氏祭祀。但当地人不准。既然如此,这位访客就雇请了当地一位画家,把麦铁杖的容貌画下来。这位访客又请求把百顺村麦铁杖祠堂中两根铁杖之一拿到广州,当地人又不准。这位访客于是要求掷杯以请示祖先,看祖先是否批准他的请求。掷杯的结果,显示祖先批准他的请求,于是,这位访客终于把一根铁杖请回广州。①

广州麦氏的祠堂落成于康熙二十五年(1686),这是当时流行的三间式祠堂,相当宽敞。但与其他家庙不同,麦氏祠堂的神坛中央,安放着麦铁杖的塑像,塑像之前,则安放三排祖先神主牌位。康熙三十三年

---

① 《康熙二十四年丙寅岁二月龙江房孙吉蕃营建桂香祠众议往迎始祖肃国公绘图回省塑像抄回各款附记永传》,载《麦氏族谱》(民国二十七年[1938]刊,稿本,藏广东省图书馆,编号K0.189/516.2)。按:康熙二十四年(1685)实为乙丑,而非丙寅。该文章也描述了南雄府城附近麦铁杖牌坊,谓牌坊的上层安放了一座被称为"太子神"的神像。这描述与珠玑巷至今仍存的牌坊完全吻合。

(1694)的一份记载显示,神坛上共有 39 块神主牌位,其中 36 块属于明朝之前的祖先,三块属于明朝的祖先。这 39 名祖先之中,最早的就是麦
铁杖;其余则为珠江三角洲各地 33 个麦氏支派的始祖。康熙五十五年(1716),小榄麦氏的一名成员,向该祠堂捐了一块地,以便他始祖的神主牌位得以安放于祠堂之中。不久之后,麦氏以该祠堂名义,宣布筹集 1,520 两的宗族基金,有份参与的麦氏支派,每三到四个支派为一组,负责祭祀祖先,为期十年,十年之后,轮换另一组。有关记录的首个年份是嘉庆五年(1796),可见,这 1,520 两集资计划的第一笔款项,就是在这一年缴纳到祠堂的。因此,在康熙五十五年(1716)捐地予麦氏祠堂的那位小榄麦氏成员,并不因为捐地就可以加入麦氏祠堂的管理圈。此人被排斥,反映出麦氏宗族的坚持:祠堂财产的管理权,只限于创建祠堂的支派。即使南雄麦氏支派,也未能加入广州麦氏祠堂的管理圈内。但是,《榄溪麦氏族谱》记载,康熙二十九年(1690),南雄麦氏的一名成员,带着一块牌匾,探访广州的麦氏祠堂。这位访客讲述了万历三十七年(1609)族人塑造麦铁杖塑像的有趣故事,还说,书写皇帝圣旨的那面"龙牌",与他带来广州的这块牌匾,同出一木。至于他这块牌匾是否就是那面"龙牌",则不得而知。①

所谓"大家都源于同一祖宗"这种宗族传说,人云亦云,说说就成。不过,是否真正属于某个祠堂,则涉及宗族财产的拥有权与管理权,而这些权责都是有严格的规定的。类似广州麦氏祠堂这样的高层级宗族祠堂,代表的是散处珠江三角洲三十多处的麦氏支派,无论这样的祠堂多么富有,对于大部分住在各村庄的麦氏成员而言,都不可能在土地或金钱方面得到太多好处。但是,无论以人均计算,这类祠堂对于成员带来的财利多么微不足道。祠堂拥有财产,就能够维持日常祭祀,并举办各种活动以彰显宗族成员的身份。

---

① 《榄溪麦氏族谱》(光绪十九年[1893]刊,藏香港大学图书馆微卷部,编号 CMF 26013),卷 1,页 49a—53a。

　　高层级宗族的运作,至少意味着正规化。以小榄何氏为例,何氏两个支派的祖先何九郎、何十郎的坟墓,都位于小榄凤山,也都没有向官府登记。康熙三十四年(1695),两派子孙一同向官府登记了这两座墓穴地及八亩下地(亦即山地)。这笔族产,当时是登记在何梃体户名之下的。后来,在乾隆二十五年(1760),何梃体的儿子何亮,以财力不足为由,"当两祖值事暨列位叔祖、叔父、兄弟、侄前",把两座墓穴呈献给何九郎、何十郎,而何氏宗族则赏给何亮二十两白银,作为他代何九郎、何十郎交税的补偿。有关此事的合同《凤山税帖》保留了下来,其行文用语是极有意味的。它说,小榄何氏是"遵例"以登记族产。原来,仅八年之前,小榄一带的土地,才被官府清丈过。因此,很有理由相信,签署《凤山税帖》的小榄何氏,对此记忆犹新。更有甚者,大约在登记的同时,小榄何氏这两派子孙也达成协议,要在两座坟墓附近共建一间祠堂。何十郎支派比较富有,因此承担建造费用的六成,其余四成则由何九郎支派支付。两派子孙还设立了一笔族产,其土地以两派子孙税户名义登记。何氏还参照香山县郑氏的族规,编纂自己的族规,更将之呈递予县令,用官印钤盖。引进官府的权威,大概是因为族规规定,宗族成员出售土地时,假如没有族人愿意承买,则该成员必须将该片土地售予宗族,成为族产,"若他姓得之,或留税贻累,或逼处四邻,均非至计"。所谓对于四邻造成麻烦,当然是句客套话,何氏真正想要避免的,是因土地未被官府登记、土地权缺乏法律基础而可能引发的麻烦。何九郎、何十郎坟墓所在的凤山,位于小榄镇中央。自迁界令取消后,小榄镇人口日增,经济日趋繁荣,因而土地也日趋宝贵,再加上官府不久前才清丈土地,何氏如果不把如此重要的族产登记到官府去,会是相当危险的。[①]

---

① 《凤山税帖》,载《何氏环堂重修族谱》(光绪三十三年[1907]刊,感谢萧凤霞教授提供),卷1,页18a—b;《创建仆射祖祠原序》,载《何氏九郎谱》(民国十四年[1925]刊,感谢萧凤霞教授提供),卷1,页19a—b。这篇序,是小榄名人何吾驹的儿子所写的。此处提及的郑氏,也就是在光绪十五年(1889)刊行《义门郑氏族谱》的香山郑氏的一个支派。

　　有祠堂、有族产的高层级宗族，其成员身份必须建立在一种正式关系上。对此，假如我们还有什么疑虑的话，则以下这份文书应该让我们疑虑全消。这份文书，是康熙五十八年(1719)南海县九江乡关氏两个支派共同草拟的：

　　　　立合同九江楼村关斐荐等、横基房关秉忠等，切溯族本源係出赤岗祖，支派随自远、接月明公祖开创，而后各于远近迁居就业，光前启后，繁衍弥昌。六世祖祖祐所创户籍关陞，係一甲三十四图版额，代继颇兴。惟稽横基房弟姪衍琦、秉忠等先祖所，缘地方残乱，远于横基就业而居。原存粮户，先开关尚、关岳明(原文如此，与上文之"月明公祖"当属同一人)二户口，现载税米式石余。向虽迁居就寄，久欲按例归宗。兹际康熙五十七年(1718)，幸遇巡抚部院法(即广东巡抚法海)莅任，即开明例，令"粮户归宗，附图又甲，听从民便"之语。当径(经)横基房弟姪秉忠等历(沥)情呈明南海县邱太爷，准令拨归原宗关陞户内办纳，以敦本原，给有永远印照收执。但版籍一源，奉例归宗，最是众情愉乐。惟粮务事径(经)久远，诚虑代远风移，人心不古，稽考无凭，故特联举合同。后代子孙，永志一脉敦源之谊，罔分先后短长。查关陞户内原有黄流、马应元二户虚粮，除是关永誉另开一柱除带外，实有虚粮以及年中使用，均属按粮公派，并无前后苦乐多寡之别。各房子孙，幸冀早完公课，各输各额，倘有观望延迟，自甘拖累者，及其亲者当之，不得诖阻。如有背忘，许任稟官拘究。公立合同二纸，各执一纸，永远存凭。弥炽弥昌，户籍兴隆，于奕冀矣！此实。

　　　　楼村房克培、斐荐等；楼基房衍琦、秉忠
　　　　康熙五十八年二月十三日(1719年4月2日)立①

　　在南海县衙门的记录里，关陞这一户隶属儒林乡第一甲第三十四图,这一户与第八甲第三十五图的关士兴(音)户,都是关氏赤岗祖的子孙。这个记录,大概是19世纪初的记录。这两户总共拥有3,380名男子,总共缴税101.4两。南海关氏的宗族文书《关敦睦堂墓志》记录了关陞所属的"甲"的结构:关陞是"总户",其下有21个"子户",其中,关尚、关岳明、黄流、冯应元这四户,都是在康熙五十八年(1719)加入成为"子户"的,因此他们也就要分担税额。这份记载因此显示,大概在康熙五十八年(1719),广东省衙门鼓励关氏附近的小户附寄到关氏宗族内,以便登记赋税。结果,本来不是同住一处的人户,也被登记到同一个纳税单位中。因此,高层级宗族是清初登记赋税的产物。官府的政策,虽非高层级宗族盛行的唯一原因,但却是重要的原因。①

　　随着高层级宗族越来越时髦,一个显著的现象出现了:它们的合族祠开始集中于广州。这些合族祠本来是由某姓散处于珠江三角洲的各个支派建立是的,它们位于广州城内,远离这些支派所在的村镇,成为族人在广州的旅馆,尤其为赴广州应试的族中子弟提供住宿,也成为族人祭祀始祖的地点。最早兴建这类祠堂的冼氏,它在天启二年(1622),就在广州城内兴建了合族祠。但这仅属昙花一现。合族祠在广州蔚然成风,是清朝在广东复界后不久才开始的。简氏合族祠建于康熙二十二年(1683);麦氏则于康熙二十五年(1686)建祠祭祀麦铁杖;冼氏于康熙二十九年(1690)重修其广州的合族祠;孔氏合族祠大概建于康熙三十三年(1694);梁氏合族祠建于康熙三十八年(1699);刘氏合族祠建于康熙四

---

① 参见:《南海氏族》(刊行年份不详,无页码),"九江堡"条;《南海九江关氏族谱》(光绪二十三年[1897]刊,藏广东省图书馆,编号K0.189/860),卷15,页54b—56b;郑梦玉等主修,梁绍献等总纂,《续修南海县志》,广州富文斋同治壬申(1872)刊,卷6,页2a"九江堡"条,载《中国方志丛书》第50号(台北:成文出版社,1967),总页133。登记赋税、签署合同、兴建祠堂三结合的例子,还可参见:《广东台山上川房甘氏族谱》(民国二十四年[1935]刊,藏广东省图书馆,编号K0.189/945),页14a—19b,这篇文章极为精彩,它描述一股被指为猺民的人,如何在明朝附寄于各个税户之下,并在清初独立出来,成为单独税户;另参见《番禺小龙房孔氏家谱》(光绪二十三年[1897]刊,藏中山大学图书馆),卷10,页20a—21b,这是一份签署于康熙二十年(1681)的合同,该合同把孔氏一个小家庭的税负,转移到宗族的一个支派中。

十四年(1705);冯氏合族祠建于康熙五十八年(1719);林氏合族祠建于雍正年间(1723—35);甘氏合族祠建于雍正十一年(1733);卢氏合族祠建于乾隆四年(1739);蒋氏合族祠建于乾隆二十一年(1756)。广州这类高层级宗族祠堂的兴建,至19世纪仍然持续。①

　　简氏族谱相当清楚地披露了在广州兴建合族祠的过程。广东巡抚李士桢把广州城某区划为官地,以便兴建衙门。因此,有相当多的土地与房屋要变价发卖。简氏预计建造合族祠的成本为208两,简氏各支派,每支派认捐30两,结果,最后筹集到的款项,距离目标还差91两。孔氏宗族在广州兴建祠堂的记载,也印证了广东巡抚征地之说。但由于孔氏是孔子之后,孔氏广州合族祠的兴建,得到官方大力支持与表彰。②梁氏的广州合族祠,称为千乘侯祠。建立该合族祠的梁氏各个支派,是在过去二百年间建立其联系的。东莞县内的各支梁氏,于嘉靖三十八年(1559)及万历十九年(1601)建立联系;其后,万历二十九年(1611),东莞梁氏又与福建晋江的梁氏建立其联系,晋江是东莞梁氏始祖之所由;康熙三十四年(1695),东莞、顺德两县的梁氏也建立联系。梁氏的广州合

---

① 族谱中有关在广州兴建合族祠的记载,参见:简朝亮等纂修,《粤东简氏大同谱》,民国17年(1928)刊,收入《北京图书馆藏家谱丛刊·闽粤侨乡卷》(北京:北京图书馆出版社,2000),第42—44册;《岭南冼氏族谱》(宣统二年[1910]刊,藏广东省图书馆,编号K0.189/72);《双桂书院志略》(广州:忠孝堂藏板,光绪癸未[1883]刊刻);《番禺小龙房孔氏家谱》;《梁氏崇桂堂族谱》(嘉庆二十年[1815]刊,藏广东省图书馆,编号K0.189/406.2),卷4,页7a;《武功书院族谱》(民国十八年[1929]刊,藏广东省图书馆,编号K0.189/635);《陆氏世德记》(民国二十一年[1932]刊,藏中山大学图书馆);《甘氏祠谱》(民国十三年[1924],藏广东省图书馆,编号K0.189/945.2)。除以上记载之外,这里提及的兴建合族祠的其他例子,参见黄海妍,《在城市与乡村之间——清代以来广州合族祠研究》(北京:三联书店,2007)。休·贝克(Huge Baker)描述了部分合族祠的情形,见 Hugh D. R. Baker, "Extended kinship in the traditional city," in G. William Skinner, ed., *The City in Late Imperial China* (Stanford: Stanford University Press, 1977), pp.499—518.

② 康熙二十三年(1684),番禺孔氏八个支派集资180两,购买了一座已经废弃了的省级衙门衙署,打算兴建合族祠。但是,由于这座衙署一直有人占用,工程迟至十年之后即康熙三十三年(1694)才得以展开。期间,番禺孔氏还得派人到山东曲阜孔府,以八支派每派捐资102两的代价,使自己得以纳入孔子的谱系内,证明自己是孔子后人,并因此获官府豁免差役。参见《番禺小龙房孔氏家谱》,卷首,页58a—68b。

族祠千乘侯祠,是在梁氏各派有科举功名的成员号召兴建的,动工于康
熙三十八年(1699),落成于康熙四十年(1701)。开幕之日,出席祭祀始
祖的梁氏宗族成员,有七千人之多,捐款者来自九个县近百个梁氏支派。
梁千乘侯祠附近的商铺,也属该祠所有,该祠把这片商业用地分别租给
一家杂货店、一家茶馆、一家饭馆。①

　　兴建这类广州合族祠的捐款,来自遥远的支派,而宗族的历史越长
久,捐款的地域范围就越广阔。卢氏乾隆四年(1739)在广州建合族祠
时,就动员了 27 个散布于广州、肇庆及其他地区的支派;蒋氏乾隆二十
一年(1756)在广州建合族祠时,更动员了五个府 123 个支派。② 这时,在
广州兴建合族祠,已经是毋庸置疑的光彩了。甘氏在广州兴建合族祠,
其碑文云:"夫粤东控五岭,介三城,诸贵族咸建大宗祠。甘氏舆称巨家,
何独无庙哉?"③从清朝初年到 18 世纪,合族祠起于平凡,而臻于极盛。
在省城广州拥有一座光彩夺目的合族祠,是一种广为人们所接受的身份
的象征了。

---

① 《梁氏崇桂堂族谱》,卷 4,页 7a,卷 16,页 1a—13b,卷 18,页 11b—13b、12b—15b(页码重复);
　《千乘侯祠全书》(民国九年[1920]刊,藏广东省图书馆,编号 K0.189/402)。
② 《陆氏世德记》,卷 6,页 1a—b;《武功书院族谱》,卷 1,页又 1a—12a。
③ 梁连元,《甘氏大宗碑记》,乾隆十七年(1752),载《甘氏祠谱》,转引自参见黄海妍,《清代以来
　的广州合族祠》(博士论文,广州:中山大学历史系,2002),页 67—68。

第十五章　齐之以教：用时令节诞来管治社区

16世纪明朝地方政府的行政改革，必然把地方宗教打成愚昧，而把受儒家教育的士绅集团的影响说成教化。地方社会与王朝国家打交道时这种面貌的改变，16世纪以毁淫祠著称的东莞县令叶春及，写了篇详细的文章，提供了一个非常好的例子。据叶春及的文章，东莞县章村墟所在的土地，购自某个姓马的人。墟期是每月逢一、四、七日。每逢墟期，该墟就用石柱、木柱搭建49间商铺。商铺的租金是固定的，但对于沿街叫卖的小贩，收费则不固定。叶春及说，趁墟的百姓，聚集一起，诵念祝文。这大概是指乡饮酒礼，因为乡饮酒礼要求参与者大声诵念制定的祝文。而当百姓于春秋二季举行庙会时，他们特别尊敬长者。墟主的所有收入，都来自墟市商铺的租金。当衙门差役来到墟市时，墟主雇用专人侍候他们，这样，百姓就毋须直接与官府打交道。叶春及又说，在万历九年(1581)的土地清丈中，章村墟协助天子，教化百姓，立了功劳。叶春及只字不提任何神龛或者庙宇。[1] 这沉默其实隐瞒

---

[1] 叶春及，《石洞集》，卷15，页19b—21b《章村墟记》，载文渊阁本《四库全书》(上海：上海古籍出版社，1987)，第1286册，总页692—693；张二果、曾起莘著，杨宝霖点校，《东莞县志》，崇祯十年(1639)刊(东莞：东莞市人民政府，1995年排印)，页194，以下简称《崇祯东莞县志》。《崇祯东莞县志》有许多线索，显示有一卢氏拥有许多官府头衔。我们可以推测，章村墟或由这卢氏一手控制，或由卢氏与其他大姓联合控制。

了章村墟的真正运作。章村墟的管理结构,其实蕴含着丰富的宗教仪式,没有这套仪式,章村墟就无法运作。

194

龙山镇的时令节诞

龙山镇为墟市的礼仪活动提供了一个好例子。该镇所在的土地,是宋朝一位妇女捐给广州光孝寺的。[①] 宋朝之后,佛教已经不再能够控制地方社会了,因此,龙山镇每年的时令节诞,主要是在神龛、庙宇、祠堂进行的。新年期间,亲友互访;二月二日,要祭祀土地神;三月碰上清明节,扫墓祭祖;四月八日,要为佛寺的佛像沐浴;同月十七日为金花娘娘诞,妇女向她献祭求子;五月五日为端午节,有著名的龙舟赛;[②]七月有祭祀孤魂野鬼的各种礼仪,包括盂兰节;八月有中秋节,人们喝酒、吃月饼、芋头、柚子,欣赏圆月;九月九日为重九,人们放风筝、扫墓祭祖;十一月有冬至,是祭祀祖先最重要的节日。龙山镇方志《龙山乡志》把这些时令节诞都记录下来,并对于每个节诞的丰富多姿的礼仪活动,都有简略的记载。

大部分时令节诞的活动,都是在家中进行的,参加这些活动的有女子也有男子。这些节诞活动必然有其公共展示的成分,也许因为参与这些活动的人,都完全明白,在同一天、在同一刻、在同一地,其他人及其他家也都进行同样的活动。从大年初一到年初十,男男女女都到"鳌峰华光庙"参拜,他们往往从清晨跪拜至黄昏,因为据说华光预测祸福,极为灵验,无疑,一年伊始,了解运程,是很合时的。年初四,自去年末休市的墟市开张了。在龙山镇,正如在珠江三角洲其他地区一样,凡过往一年添了丁的家庭,都要在正月十五日"设宴延客,谓之庆灯"。年青人舞狮

---

① 何淙纂辑,《光孝寺志》(原刊乾隆三十四年[1769],广州:广东省立编印局,1935影印),卷8,页3a。该女子即吴妙静,是"龙江吴道遗女也"。

② 屈大均对于龙舟竞赛,有一段生动的描述,见屈氏著,《广东新语》(约刊行于康熙三十九年[1700],香港:中华书局,1974),页487—489。

庆贺,而妇女则把灯笼的装饰物拿回家,祈求今年添丁。正月二十五日, 龙山山顶的金紫阁开门,这一天,数以千计的妇女到寺内参拜祈福。该 寺供奉的是观音,而偏殿则供奉金花娘娘,这两位神灵都有保护家庭与 儿童的法力。金紫阁的香客,也吸引了蔬菜小贩,因为香客们都很喜欢 把蔬菜买回家,讨个吉利。正如在龙江一样,龙山镇的士绅也举行冠裳 礼,冠裳礼的日子是二月三日,亦即"祀土神"的翌日,士绅们到金紫阁进 行祭祀,并在此停留一整天。①

　　上述对于阴历正月部分节诞活动的简略描述中,清楚显示,祭祀地 点对于时令节诞是很重要的。我们甚至可以说,在像龙山这样一个村庄 群内,庙宇神龛数目众多,为吸引香客,这些庙宇神龛竞争得相当激烈。 每年正月的头十天内,华光庙上演神功戏,《嘉庆龙山乡志》没有解释其 原因,但人所共知,神功戏就是献给神灵、报答神灵功德的戏剧,但也同 样为参拜者提供娱乐。②《嘉庆龙山乡志》卷3又云,二月二日,人们"祀 土神"。这时,参拜者要集体到露天的社稷坛前参拜,杀猪,喝酒,会餐, 不过,并非所有龙山镇的百姓都有份参加。有份参加的,是那些住在个 别社稷神保护范围之内的百姓,至于"不到饮者,持筹领胙归以饷其老 幼,曰'社肉'"。而在同一场合,人们在数以十尺长的布匹上画龙,彻夜 喧闹玩乐。以上两种祭祀活动反映出地域观念的强烈差异。鳌山华光 诞的香客来自整个龙山,但祭祀社稷则只限于该社稷坛所在的村庄的 百姓。

　　一眼就能看出,这些仪式,与我们近年在香港新界看到的仪式,极为 相近。据1930年刊行的《龙山乡志》,龙山华光庙始建于景泰元年 (1450),即黄萧养暴动平定之年。广东按察使副使魏校曾想下令捣毁华

---

① 温汝能纂,《龙山乡志》,清嘉庆十年(1805)金紫阁刻本,卷3,页4a—6b,载《中国地方志集 成·乡镇志专辑》(南京:江苏古籍出版社,1992),第31册,总页59—60。以下简称《嘉庆龙 山乡志》。

② 田仲一成著,钱杭、任余白译,《中国的宗族与戏剧》(上海:上海古籍出版社,1992)。

光庙,当地父老陈情,说华光庙是古庙,因此挽救了华光庙。雍正元年
(1723),华光庙增建了两座偏殿,一座供奉医神华佗,另一座则供奉一位
叫做"张仙"的神灵和"庐山道祖"。雍正十年(1732),华光庙重建,并且
开始拥有土地作为庙产。两年后,雍正十二年(1734),华光庙重修。乾
隆二十二年(1757),时值瘟疫,医神华佗就被请到张仙旁边,而偏殿的门
口也被加上"华佗古庙"四个字。华光庙被重建、重修的长久历史,显示
该庙以灵验著称,而就乾隆年间的重修而言,大抵该庙特别以治病灵验
而著称。此外,"庐山"大概是"闾山"之误,"庐山道祖"云云,显示华光庙
也许和发源于宋代福建的道教闾山派有关。17 世纪中叶,屈大均记录了
东莞的闾山派仪式,而直至 20 世纪 80 年代,香港新界仍然可以看到这
些闾山派仪式。华光庙偏殿祀闾山派的祖师,可见华光庙还招来了辟
邪驱鬼的道士,要驱逐那些造成疾病和其他灾害的邪祟,是很需要这些
道士的本领的。[1]

　　像鳌山华光庙这么成功的庙宇,能够吸引所有村庄的参拜者。但
是,社稷坛对于其参拜者的限制,就严格得多。村庄拜祭土地神,是很长
久的事了。明初编纂祀典,把祭祀社稷神列为重要内容,于是有些土地
神就变成了社稷神。据嘉庆十年(1805)刊行的《龙山乡志》,在该地区四
个里甲单位即四个"图"23 条村庄之内,共有 132 座社稷坛。[2] 另外,三
月的北帝诞、五月十三日的关帝诞、十一月的醮会,都有神功戏。醮会由

[1]《龙山乡志》,民国十九年(1930)刊,卷5《庙宇》,"华光古庙"条,以下简称《民国龙山乡志》。《民国龙山乡志》卷3《风俗》称,华光庙是龙山乡内最受拥戴的庙宇。《嘉庆龙山乡志》也称,鳌山是龙山乡的风水宝地,使龙山乡子弟考取不少科举功名,见卷1,页6a,载《中国地方志集成·乡镇志专辑》(南京:江苏古籍出版社,1992),第31册,总页36。至于闾山道士的活动,参见《民国龙山乡志》卷15《杂录》的"罗二公"条、卷5的"大法先师庙"条。屈大均《广东新语》也描述了东莞的闾山道士的活动,见页216—217、302—303。在龙江乡极为重要的另一庙宇金顺侯庙,也有避过魏校捣毁的类似故事,见《顺德龙江乡志》,卷1,页10a,载《中国地方志集成·乡镇志专辑》,第30册,总页769。

[2]《嘉庆龙山乡志》,卷1,页10b—14b,载《中国地方志集成·乡镇志专辑》,第31册,总页38—40。

道士主持的各种仪式组成，往往以一条村庄或几条村庄的名义，建立醮会，酬谢神恩。民国十九年(1930)刊行的《龙山乡志》，谈及醮会时，谓不同庙宇的醮会，规模差异可以很大；一般而言，不过就是雇用一乐队，供奉几盘鲜花而已。但是，如果神诞正好在闰月之内，又或为庆祝新庙宇的落成举行的醮会，就往往雇用戏班。据嘉庆十年(1805)刊行的《龙山乡志》，从前曾经以全龙山乡名义，举行十年一度的醮会，举办者很有意识要办得堂皇体面：

> 乡之先，每于是月建通乡醮，十年乃一举行，务极华侈，互相夸尚。各坊皆以绸绫结成殿宇，中有大殿，旁殿缀以玻璃，衬以翡翠，朱栏在前，黼座在后，瑰奇错乱，龙凤交飞，召释道做法事，凡六七昼夜。乡人拈香礼神，奔走无间。坛外伶优毕集，管弦纷咽。四方士女，填街塞陌。所费以数万计云。①

《龙山乡志》又说，这样的醮会，已经四十多年没有举行了。现在的醮会，是由各"埠"分别举行的。

我们通过醮会里的佛教、道教仪式，就能够进入乡村宗教工作者或称"喃呒先生"的世界里。这些乡村宗教工作者，很多都不属于什么寺院或者道观，他们本身是村民，继续生活在乡村内，但也构成宗教秩序的一分子。民国十九年(1930)刊行的《龙山乡志》解释道：

> 乡无巫，以火居道士充之。所有吉凶二事及祝星、解运、拜斗，皆呼道士祈禳。道士所居，门首牓墙著其姓曰某道馆，或托于神庙为庙祝。妇人有所爱子女，每祝于神子，谓之契男契女，并有卖与神为奴婢。及婚嫁有期，然后来庙赎身者。庙祝需索多金，不惜也。

这些乡村宗教工作者会做很多种仪式。乡人建造房屋，为求净洁住

---

① 《嘉庆龙山乡志》，卷3，页6a—b，载《中国地方志集成·乡镇志专辑》，第31册，总页60。

宅地基,"必用男巫净地,撒火粉,扬戈执盾以傩之"。阴历十二月,他们会做所谓送火神的仪式,这时,"男巫仗剑持炬,率里中儿童数十人,沿门呪逐,麾剑运炬,旋以纸船敛各户鸡毛、油、盐、米、豆、香烛、楮帛一副,谓之下程,焚祝而弃其灰于河"。① 这和屈大均在 17 世纪的记载基本相同,而香港新界在 20 世纪 80 年代也有同样的活动。②

鳌山华光庙之外,龙山镇的时令节诞中,就以大冈墟关帝庙及金紫阁寺庙群这两处最为重要了。大冈墟据说是早于洪武二十九年(1396)就建立的,而大冈墟内的关帝庙就成为龙山乡里甲组织的中心。由于里甲制是一个划地为牢的制度,围绕着里甲的宗教组织,也因此有其地域边界。因此,我们可以从龙山乡的地方志看出来,某些宗教仪式,例如醮会,是由各"坊"即各邻里组织捐款兴办的。但是,另一些节诞,例如金花娘娘诞,并非围绕着里甲而进行的,于是,举办这些节诞的,就是一些自发组成的组织,其成员聚集在神龛前进行祭祀。阴历七月举行的盂兰节,如同醮会一样,也是由各邻里组织举办的。《嘉庆龙山乡志》称:"每坊合钱,结水陆道场以超冥苦。"相反,在五月十三日关帝诞,"武帝庙皆演剧,乡人结会祀神,大墟(即大冈墟)为最"。③ 破地狱、救亡魂的仪式,是由乡村宗教工作者举行的,而组成群体、祭祀神灵,则使村民有权管理乡村的节诞活动。乡村宗教工作者的各种特殊法力,与乡村百姓的自发参与,就结合成为乡村宗教。

明代以前,金紫阁已经位于水平线之上,而周边地区仍浸在水中,附近的人们靠着山脚,住在船上。因此,金紫阁肯定早在明代之前就是一个宗教朝拜场所。到了地方志开始描述金紫阁的宗教祭祀活动时,我们发现,居于山顶正中的是观音殿,两旁分别是三元宫与天后宫。"三元"

---

① 《民国龙山乡志》,卷3。

② David Faure, *The Structure of Chinese Rural Society: Lineage and Village in the Eastern New Territories, Hong Kong* (Hong Kong: Oxford University Press, 1986), pp. 70 – 86、145 – 146.

③ 《嘉庆龙山乡志》,卷3,页5b,载《中国地方志集成·乡镇志专辑》,第31册,总页59。

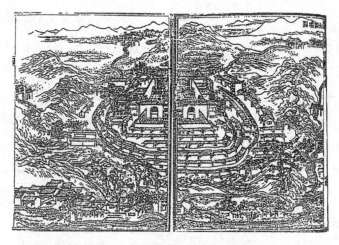

图三 顺德县龙山乡大冈墟。墟中央为关帝庙,周围是商铺。见
《嘉庆龙山乡志》,卷1,页14b—15a。

分指天、地、水,而天后崇拜普及于珠江三角洲,大概不早于明代。至于
奉祀其他神灵的庙宇,应该是之后陆续加建的,包括医灵、地藏王菩萨、
文昌、北帝、关帝、金花夫人。嘉庆四年(1799),这些庙宇得到大规模重
建及重新安置。有关此事的碑文,刻于嘉庆四年(1799)不久之后,碑文
称,文昌庙及关帝庙始建于万历年间(1573—1619)。这是有可能的,但
并没有任何万历年间的证据以资佐证。在龙山,人们就如何整顿这些庙
宇,进行了很多讨论。崇祯十三年(1640)、康熙廿二年(1683),这些庙宇
得到一次重修。乾隆十年(1737),人们认为,文昌庙后有一亭子,奉祀菩
萨不太合适,于是把这亭子改为魁星阁,而魁星阁旧有位置,则由财神填
补,可见当时魁星阁早已存在。另外,原本奉祀文昌的庙宇,如今则奉祀
关帝,而关帝旧有位置,则由南海神填补。又由于礼拜财神的,主要是商
人,因此,在乾隆五十九年(1794),财神就被搬到大冈墟去了。我们应该
可以有把握地说,财神原本就在大冈墟,后来才被搬到金紫阁。人们之
所以又把他搬回大冈墟,也许是因为人们觉得他搬走之后,大冈墟风水
欠佳。总之,在这庙宇兴建与重建过程中,原本以金紫阁为中心的地方
宗教信仰,加入了文人与商人的利益。

不同人群到金紫阁不同的神坛前献祭,反映出社会生活的复杂。农历新年,妇女到金紫阁参拜,士绅则祭祀文昌。农历二月,平民百姓在社稷坛前会饮,翌日,士绅到金紫阁的文昌庙举行冠裳礼。显然,祭祀活动必须在金紫阁举行,这是自古以来的习俗。但士绅、妇女、平民百姓对于祭祀活动的理解却不尽相同。缓慢而稳固地植根于本地习俗的文化,指导着人们对于祭祀活动的理解。地方宗教的本质,不外乎就是一连串的即兴发挥,由此产生的习俗,与当地的各个地点、各种势力,密切相关。而当人们撰写地方志时,就将这些习俗包装为"传统"。毫无疑问,创造龙山这个社区的,是贸易及因贸易而引起的土地开发。而创造龙山本地文化的,是地方宗教的即兴发挥。地方宗教的即兴发挥,凝聚于历史悠久的宗教场所,凝聚于广为接受的仪式。这些仪式,是从几百年间在中国许多地方演变出来的剧本中搬出来的。

佛山:北帝及其游神活动

和龙山一样,佛山社会的演变,也是围绕着土地坛、庙宇、祠堂而发生的。也和龙山一样,直至元代为止,佛寺占据了佛山社会的中心,而到了明朝,佛寺就让位给祭祀其他神灵的庙宇。景泰元年(1450),黄萧养之乱平定之后,佛山地区出现了里甲结构,到了16世纪,这个里甲结构产生了佛山社会的新领导集团——士绅。比起龙山来说,佛山吸引了更多的外来人口。比起龙山来说,佛山的宗教中心更清楚地集中在一个地点上:北帝庙。在这里,士绅集团与里甲集团为争夺佛山社会的领导权而产生激烈的冲突,这冲突在17世纪全面显现,而到了18世纪才告解决。

士绅集团与里甲集团的冲突,即使在土地坛,也已经可以看出一些端倪。冼桂奇(1509—1554)是佛山社会士绅集团的领袖之一,冼桂奇居住之处,称"古洛社"。他的《大雅亭记》,反映出这一带士绅化的过程:"古洛之西,故有社焉,里中缙绅父老,每四时伏腊事毕,则申社约,为诗会,遂于社前亭之，曰大雅亭。"[1]不用说，缔结社约当然是士绅化过程的一步。宣讲乡约是明朝律例的规定，黄佐的《泰泉乡礼》中，对乡约礼做了些修订，而《泰泉乡礼》正是出版并再版于冼桂奇在生之时的。明朝律例有关宣讲乡约的规定，强调百姓守望相助、知礼守法；而《泰泉乡礼》则特重孝道及冠、婚、丧、祭四礼，这些都是 15 世纪 80 年代陈白沙和丁积礼仪改革的核心。[2] 古洛社的诗会未能延续，但古洛社仍在，且先后重修于雍正三年(1725)及乾隆二十九年(1764)。[3] 佛山霍氏宗族的一支，定居于佛山镇的"祖庙铺"，其族谱《南海佛山霍氏族谱》收录了一篇撰写于 18 世纪的文章《重修忠义第一社记》，谓佛山有九个古社，而以古洛社为首，"吾佛凡九社，一古洛"；还说："每岁灵应祠神巡游各社，此伊始也。或曰：忠义在祠之左，古洛在祠之右，左钟而右鼓，故一之也。"[4]古洛社位于通往灵应祠的街道的路口，灵应祠就是佛山主要神灵北帝之所在，因此之故，古洛社就是佛山九社之首。

　　北帝游神所引发的祭祀仪式的争端，比祭祀土地坛所引发的争端更加激烈。据《(乾隆)佛山忠义乡志》，北帝游神，一年五度：农历正月六日、二月十五日、三月三日、七月八日、九月九日。其中，二月及七月的游神，是圣旨规定的，换言之，皇帝为答谢北帝的辅助，以诏令形式要求地方官员每年在这两个日子祭祀北帝，这时：

　　　　十五日，谕祭灵应祠北帝。先一日，绅耆列仪仗、饰彩童，迎神

---

① 《鹤园冼氏家谱》，宣统二年(1910)刊，无页数，藏广东省图书馆，编号 K0.189.3/72 - 72。该文亦载于冼宝干修，《南海鹤园冼氏家谱》，宣统二年(1910)刊，卷 4 之 3《宗庙谱·建筑名迹》，页 2b。

② 黄佐，《泰泉乡礼》，嘉靖二十八年(1549)刊，卷 2，页 17a—b，载文渊阁本《四库全书》(上海：上海古籍出版社，1987)，第 142 册，总页 612；David Faure, "The emperor in the village, representing the state in south China," in Joseph McDermott, ed., State and Court Ritual in China(Cambridge, U.K.; New York: Cambridge University Press, 1999), pp. 267 - 298。

③ 《南海佛山霍氏族谱》，道光二十八年(1848)刊，卷 11，页 32a—b《重古洛社碑记》，藏广东省图书馆，编号 K0.189/470.2。

④ 《南海佛山霍氏族谱》，卷 11，页 34a。

于金鱼塘陈祠。二鼓,还灵应祠。至子刻,驻防郡贰候诣祠行礼,绅者咸集。祭毕,神复出祠。[1]

清朝顺治初年、17 世纪 40 年代,在佛山镇驻一巡检;雍正九年(1733)之后,增设一同知。这两次游神活动,这两名官员也许有一定程度的参与,因此为这两次游神活动涂上了一层官方色彩,与其他北帝游神等活动有所分别。

正月六日的北帝游神和三月三日北帝诞的游神,则造成一些冲突,《(乾隆)佛山忠义乡志》力图与之划清界限。但也清楚地指出,士大夫的价值观,与平民百姓的繁琐仪式,是有矛盾的。例如,在正月六日的北帝游神时:

202

> 初六日,灵应祠北帝神出祠巡游,备仪仗、盛鼓吹、导乘舆以出。游人簇观。愚者谓以手引舆杆则获吉利,竞挤而前,至填塞不得行。此极可笑。[2]

至于三月三日北帝诞的游神,《(乾隆)佛山忠义乡志》则继续指出:

> 三月三日,北帝神诞,乡人士赴灵应祠肃拜。各坊结彩演剧,日重三会,鼓吹数十部,喧腾十余里。神昼夜游历,无晷刻宁,虽陋巷卑室,亦攀銮以入。识者谓其渎实甚,殊失事神之道。乃沿习既久,神若安之而不以为罪,盖神于天神为最尊,而在佛山,则不啻亲也。乡人目灵应祠为祖堂,是直以神为大父母也。夫人情于孙曾,见其跳跃媕嫚,不惟不怒,且喜动颜色,□怜其稚耳。神之视吾乡人也将毋同。[3]

士绅们对于皇帝敕赐的北帝游神,充满敬畏,而对于平民百姓的"迷

---

[1] 陈炎宗总辑,《佛山忠义乡志》,乾隆十七年(1752)刊,藏香港浸会大学图书馆特藏部,编号 T673.35/105 2525.1 1752v.1—4,卷 6,页 3b—4a,以下简称《乾隆佛山忠义乡志》。
[2]《乾隆佛山忠义乡志》,卷 6,页 2b—3a。
[3]《乾隆佛山忠义乡志》,卷 6,页 4a—b。

信",《(乾隆)佛山忠义乡志》的字里行间充满了士绅的鄙薄。愚昧无知的百姓们在正月初六日抬着北帝及诸神巡游,以为只要摸摸这些神灵,就能改善命运。而在同一天,本地家庭(即 15 世纪里甲户的后代)的士绅,则在社学祭祀文昌;而出身移民家庭的士绅,则于正月十一日在另一所学校祭祀文昌。同样,在九月九日北帝"升天"之际,士绅们也自行祭祀文昌。显然,士绅们要维持读书人所认可的正确礼仪,以勉强抵抗愚昧百姓所热心拥抱的迷信习俗。①

　　然而,只谈士绅与百姓在礼仪方面的矛盾,这看法太简单了。罗一星对于佛山史料,有深刻的掌握,再结合口头访问,重构了农历正月初六日至三月末的祭祀活动程序。罗一星发现,编入里甲的家庭,它们的地域联系极为密切,超越了读书人与愚氓之间的对立。② 在这 83 天里,佛山八图 80 户的每一户,都迎请北帝的神像到自己的祠堂内,供奉一夜。过程是这样的:首先,是上文描述过的北帝游神,这 80 户里甲户,每户派出两名长者参加游神,当晚,北帝神像在八图祖祠过夜,长者们也获邀宴会;翌日,北帝神像又被送回灵应祠内,再由这 80 户的其中一户迎到自己的祠堂,供奉一夜;翌日,又由这 80 户的另外一户迎到自己的祠堂,供奉一夜。如是类推。这样的迎神活动,将总共用去 81 天,而只有两天有特别的活动:二月十五日,北帝神像被送回灵应祠内,由官员献祭;三月三日,北帝神像又被送回灵应祠内,以便人们在灵应祠庆祝北帝诞。这 80 户的其中一户,就是佛山鹤园陈氏。其族谱记载了陈氏宗族迎接北帝神像的情形:"正月十七日,恭迎帝尊到祠,阖族颁饼果,并父老新丁另备迓圣两道,连日福叙。"二月十三日,北帝神像被迎到金鱼塘陈氏祠堂,因此,《(乾隆)佛山忠义乡志》记载,十四日,里甲户的成员到金鱼塘陈氏祠

①　翌日,佛山举行风筝竞赛,参见屈大均,《广东新语》,页 300。
②　罗一星,《明清佛山经济发展与社会变迁》(广州:广东人民出版社,1994),页 428—469;刘志伟,《神明的正统性与地方化——关于珠江三角洲地区北帝崇拜的一个解析》,中山大学历史系编,《中山大学史学集刊》(广州:广东人民出版社,1994),页 107—125。

堂,把北帝神像送回灵应祠,以便官员于翌日祭祀北帝。十四日晚上,北帝神像在灵应祠内度过,十五日,接受官员献祭之后,就被迎到佛山猪仔市的梁氏祠堂内,因为十六日轮到梁氏把北帝迎到自己的祠堂。有关这一天的情况,《梁氏家谱》之《本祠例略》称:

> 二月十五日,各伯叔兄弟赴祠,肃整衣冠,头锣,赴祖庙,迎接北帝贺临本祠建醮。十六日午刻,打点各盛会放炮,祠内送神起座。分饼事务。是晚督理各省会施放烟火花筒,弹压打架,毋使生事。

以上祭祀北帝的活动,除了产生出集体的节日气氛之外,也把哪些家庭是 15 世纪里甲户的后代、哪些不是,清楚地区分开来。还有,游神时须依照明确的路线。显然,这些节诞活动强烈地体现了佛山人的成员身份。①

佛山的北帝巡游,至少延续到清末民初,罗一星的描述,很大程度得自受访者的记忆。但是,各宗族轮流迎请北帝到自己祠堂来供奉的某种安排,应早于 18 世纪就已出现,证据是《(乾隆)佛山忠义乡志》称,二月十五日:"谕祭灵应祠北帝。先一日,绅耆列仪仗、饰彩童,迎神于金鱼塘陈祠。"祭祀完毕,"神复出祠"。② 迎请北帝回家的各个宗族里,至少有一些宗族出了些著名学者和官员。明白这一点是很重要的。例如,出身金鱼塘陈氏的陈炎宗,是《(乾隆)佛山忠义乡志》的编纂者,也是士绅价值观的捍卫者。因此,各宗族轮流迎请北帝到自己祠堂来供奉的这种仪式,是为受教育阶层所接受的。

早于《(乾隆)佛山忠义乡志》上述记载的,是屈大均《广东新语》关于"佛山大爆"的记载,17 世纪中叶,清朝开国不久,佛山镇人每逢三月,在真武庙前放爆竹以飨神。这个仪式,糅合了相当多的体育杂技及皮影戏的元素:人们用纸或椰子壳包裹火药,制成分别称为"纸爆"、"椰爆"的爆

---

① 以上两段引文,转引自罗一星,《明清佛山经济发展与社会变迁》,页 443—444。
②《乾隆佛山忠义乡志》,卷 6,页 3b—4a。

竹,将这些爆竹放在四至五尺宽、十尺高,用花及人物造型饰物装饰的花车,花车由一百名八九岁的小孩子拉动,爆竹则用长达三十尺引线燃放。爆竹燃放完毕,人群争相把爆竹碎屑拿回家,讨个吉利。若捡拾得所谓"爆首"即爆竹头者,则下一年须贡献大型爆竹以答谢神恩,一个这样的"大爆",造价可能高达一百两以上。这活动持续三四天。屈大均作为学者及明遗民,对于刚刚亡国不久,就有如此"蠢蠢无知"的"小民","为淫荡心志之娱",感到非常不悦。①

目前,我们找不到有关北帝游神活动的明朝记载。明朝佛山北帝游神的活动,在举办原则上乃至运作规模上是否与 18 世纪及其后的情况相似?我们不得而知。但毫无疑问,里甲是一定参与灵应祠管理工作的。而灵应祠的管理权,从 17 世纪开始已经成为激烈争夺的对象。灵应祠管理权的争夺,是士绅与百姓之间的矛盾的另一面,也同样与财产的控制有关。

我们应该记得,自正德八年(1513)以来,在灵应祠右,就已经建起一座忠义流芳祠,纪念黄萧养之乱期间捍卫佛山的英雄。忠义流芳祠与佛山里甲组织关系密切,因为抗击黄萧养的,正好就是日后成为编入里甲的户口。更有甚者,在 15 世纪,当祖先祠堂尚未风行时,祭祀祖先的活动,应该就只能在各家各户的神坛以及在忠义流芳祠内进行。16 世纪期间,士绅集团崛兴,掌握了佛山的领导权。士绅集团的部分成员、例如霍韬的后人,并非佛山本地人。可见,当时的灵应祠应该至少服务两群人:一群是抗击黄萧养、捍卫佛山的英雄的后人;一群是新近移居佛山的人。后者尽管也可能定期到忠义流芳祠祭祀北帝,但却无法像前者那样与捍卫佛山的英雄攀关系。

灵应祠的另一边,还有一座观音庙,至嘉靖元年(1522),才被广东按察使副使魏校打成"淫祠",因而被改成社学。天启四年(1624),有些人筹款重建社学;天启七年(1627),他们又筹款,在社学兴建名为"嘉会堂"

---

① 屈大均,《广东新语》,页 444—445。

的会馆。嘉会堂与社学关系如此密切,反映出:热衷科举功名、因而重视教育的士绅集团,现在也开始染指社学的田产,这社学的田产,包括两世纪前、附近冶铁工场搬走后腾出的土地。可见,在明末清初,灵应祠的管理权,是由里甲与士绅这两个集团所平分的。①

士绅集团对于该庙的修葺,越来越积极,崇祯十四年(1641)、康熙二十四年(1685)的两次重修,是比较引人注目的。康熙五十九年(1720),士绅们入禀南海县衙门,指管理庙产者侵吞部分庙产,请求将这些庙产归还灵应祠名下,县官判士绅胜诉。关于这场诉讼的真正意涵,我们要联系到雍正六年(1728)的另一场诉讼,才能恍然大悟。雍正六年(1728),有一个人,请求把一间已经划拨灵应祠名下的店铺交给自己,以便祭祀包括自己祖先在内的黄萧养之乱期间捍卫佛山者。县官与士绅开会之后,同意了此人的请求。乾隆三年(1738),有份管理灵应祠的里甲户被控滥用庙款,大吃大喝。翌年(1739),甲户集团搬出灵应祠的偏殿,在灵应祠对面,隔着马路,建立八图祖祠,又称"赞翼堂"。对于里甲集团的最后一击,来自乾隆二十二年(1757)五斗口巡检司的宣判。五斗口巡检司设于康熙三年(1664),管辖佛山。巡检称,里甲集团成员,不得分享灵应祠祭肉:"如以福胙当颁,则凡阖镇绅耆士庶远商近贾,谁其不应?而乃独尔里排受兹福胙。于以普神休则狭小北帝之声灵,于以崇祀典则阻抑众姓之昭格。"这判辞的意思是很明显的:到了18世纪,里甲集团对于灵应祠的管理,不再名正言顺,不再理所当然;而士绅集团的参与,正在得到认可。②

---

① 《乾隆佛山忠义乡志》,卷10,页27b—28b、页28b—29b、41a—42b。
② 《乾隆佛山忠义乡志》,卷10,页45a—46b、页49b—51b、60a—62b;卷11,页4a—6a、页8a—12a、页12a—13a。吴荣光纂,《佛山忠义乡志》,道光十一年(1831)刊,卷13,页16b—18a,载《中国地方志集成·乡镇志专辑》(南京:江苏古籍出版社,1992),第30册,总页272—273,引文载页272,以下简称"道光佛山忠义乡志"。广东省社会科学院历史研究所中国古代史研究室、中山大学历史系中国古代史教研室、广东省佛山市博物馆编,《明清佛山碑刻文献经济资料》(广州:广东人民出版社,1987),页33—36。

大概从这个时候开始,士绅集团成员在灵应祠侧聚会议事的厅堂,开始被称为"大魁堂",这名称反映出士绅对于科举功名的向往。[①] 而在整个 18 世纪,灵应祠内的士绅集团,代表佛山利益,与官府周旋,角色也越来越重要。[②] 乾隆六十年(1795),灵应祠内的士绅集团建立并管理佛山义仓,正式确立了士绅集团对于佛山镇的领导核心地位。[③]

正如玛丽·兰瑾(Mary Rankin)指出,义仓的成立,是官僚体制外的管理体制。换言之,是本地精英组织,在地方官员的配合、监督下,提供符合王朝政策的社会服务。但是,陈春声指出,王朝的义仓政策,在广东实行得很慢。尽管康熙皇帝屡次在康熙十八年(1679)、康熙二十八年(1689)、康熙四十三年(1702)、康熙五十四年(1715)下旨,要求建立义仓,但直至雍正二年(1724),广东各地才真正建立义仓。[④] 在佛山,建立社仓的,不是别人,正是在审判诉讼中维护士绅集团、打击里甲集团的五斗口巡检司巡检,而建立社仓的年份,也就是乾隆二十二年(1757),即巡检就诉讼作出审判之年。可是,虽然社仓及其粮食的拥有权属于当地衙门,但在 18 世纪下半叶,凡启动社仓粮储的赈济工作,都是在士绅的管理下进行的。士绅集团的领导人之一劳潼,为建立社仓撰文作记,描述了士绅的工作,特别指出,官府只负责维持秩序,并不查看账簿,也不予 *207* 以核算。在 18 世纪这段比较早的时期,由于士绅管理的义仓本身甚少粮储,凡需要赈济时,义仓向官府管理的社仓申请调拨粮食,是被认为寻常的。可见,佛山义仓开始时操作顺利,可能就是延续既有做法的结果。

对于义仓来说,出售粮食,即使在饥荒时期提供赈济,也是赚钱

[①] "大魁堂"这个名称,见诸《道光佛山忠义乡志》的地图,载《中国地方志集成·乡镇志专辑》第 30 册,总页 7。并见诸十九世纪的官方文书。
[②] 参见 David Faure, "What made Foshan a town? The evolution of rural-urban identities in Ming-Qing China", *Late Imperial China*, 11:2 (1990), pp. 1–31.
[③] Mary Backus Rankin, "Managed by the people: officials, gentry, and the Foshan chairtable granary, 1795–1845," *Late Imperial China* 15:2 (1994,), pp. 1–52.
[④] 陈春声,《市场机制与社会变迁:十八世纪广东米价分析》(广州:中山大学出版社,1992),页 308—332。

的机会,明白这一点是很重要的。因此,在嘉庆十七年(1812),一场涉及贪污的诉讼,导致官府制定新规则,剥夺了大魁堂委任义仓管理人的权力,而由佛山各图轮流充任。道光十年(1830),有人告状,说义仓管理人侵吞仓粮,而义仓管理人则反驳,说义仓粮食只用于赈济佛山镇内有需要的人,告状者意图煽动外人,骗取赈济。我们必须明白,这场诉讼的背景,是佛山的粮食贸易在不断增长,粮荒并非坏天气造成的,而是因为粮食需求周期性剧增,导致粮价飙升。而每逢粮价飙升,官府就极力打击投机,规定每名米商所收储的米粮,不得超过 200 石。这规定不过为衙门胥吏的敲诈勒索,大开绿灯。因此,佛山义仓完全是服务于佛山镇民的福祉,因为佛山镇民中,很多是工匠与搬运工人,他们的收入,并非直接来自务农。佛山义仓重新树立了士绅在危急时期的领导权,这一点与学校和孤儿院不同,但与防卫事务相似(直至嘉庆五年[1800]以后,官府才允许佛山镇参与防卫事务)。我们可以把这个现象,视为非宗教的社区组织的发展,但是,以为士绅能够单凭其特权而管理佛山镇的学校与义仓,是大错特错的。士绅首先必须参与镇内的庙宇管理组织,因此参与管理镇内的节诞活动,才能够管理佛山镇的学校与义仓。[1]

---

[1] 关于巡检参与建立社仓一事,见王棠,《重修流芳祠记》,载《道光佛山忠义乡志》,卷 12,页 10b—12a,载《中国地方志集成·乡镇志专辑》(南京:江苏古籍出版社,1992),第 30 册,总页 245—246;劳潼的《乾隆乙卯散赈碑记》,记录了十八世纪下半叶赈济饥荒的组织活动,见汪宗准修、冼宝干纂,《佛山忠义乡志》,民国十五年(1926)刊,卷 7,页 2a—b,载《中国地方志集成·乡镇志专辑》第 30 册,总页 395,以下简称《民国佛山忠义乡志》。有关嘉庆十七年(1812)诉讼导致义仓控制权易手、义仓章程重订一事,参见《佛镇义仓总录》,道光二十七年(1847)刊,卷 1,页 37a—44a,转引自罗一星,《明清佛山经济发展与社会变迁》,页 393—399。新颁布的义仓章程,不仅开列了佛山 27 个铺的名字,而且还规定了每年用于祭祀各庙宇的款项总额。至于道光十年(1830)的暴动,参见 Rankin, "Managed by the people: officials, gentry, and the Foshan chairtable granary, 1795 - 1845," *Late Imperial China* 15: 2 (1994,), pp. 1 - 52. 有关该时期该地区的米粮贸易的研究,参见谭棣华,《清代珠江三角洲的沙田》(广州:广东人民出版社,1993)。

总之就是市镇联合体:九江的佛寺、庙宇、书院

根据九江乡的方志,九江也和龙山与佛山一样,最初是一座富裕的佛寺之所在,嘉靖元年(1522),广东按察使副使魏校下令,拆毁该佛寺。九江乡民不甘示弱,建立了另一佛寺,名为正觉寺,拥有 30 亩田产,由一名和尚管理。九江乡的士绅似乎想表达他们的忠诚,另外捐资增购 10 亩地,捐给正觉寺。正觉寺的田产并不登记于正觉寺名下,而是登记于一个里甲户的名下,而当地一个不知名的土豪,总想霸占寺产。万历二十八年(1600),当地士绅向县官进呈,请求批准由僧人圆教担任正觉寺住持。该土豪兴讼,打赢士绅,控制寺产,正觉寺只能靠布施度日。对于九江乡各村而言,幸好,正觉寺住持的发愤自强,赢得各方善信的支持,善信们的布施,让正觉寺得以大肆扩建三殿,分祀观音、北帝、文昌。每年二月三日,全九江乡的士绅聚集正觉寺,祭祀文昌。踏入 17 世纪,九江乡还真出了不少拥有高等科举功名的读书人。正觉寺规模日益宏大,至清初,又增建关帝殿。顺治十四年(1657),当九江乡方志刊行时,当地人还开始讨论兴建议事堂。[1] 议事堂虽未兴建,但顺治八年(1651)"通乡士民"讨论疏浚附近河道的重要问题时,开会地点就在正觉寺。[2]

以上有关九江乡佛教寺院的简短历史,很能够反映九江乡当地社会的微妙政治。九江乡的方志,显然是从编纂者的立场来写的,而在 17 世纪,这些编纂者都被认为是九江乡的士绅。对于上述诉讼中的土豪,方志没有提供任何线索,但是,方志收录了一则故事,谓正觉寺的一名和尚游说"富民"关宗畏,说寺内地下藏有黄金,诱得这"富民"捐资挖掘,正觉寺因此才有资金挖掘水井。[3] 无论阻止僧人圆教成为正觉寺住持的是否

208

---

[1] 黎春曦纂,《南海九江乡志》,顺治十四年(1657)刊,卷 2,页 2a—3a,载《中国地方志集成·乡镇志专辑》第 31 册,总页 234,以下简称《顺治南海九江乡志》。
[2]《顺治南海九江乡志》,卷 1,页 21b,载《中国地方志集成·乡镇志专辑》第 31 册,总页 229。
[3]《顺治南海九江乡志》,卷 5,页 22a,载《中国地方志集成·乡镇志专辑》第 31 册,总页 301。

是这位关宗畏,但既然这个土豪能够在诉讼中打赢士绅,我们几乎可以肯定,控制正觉寺的,不是九江乡的士绅,而是这个土豪。因此,直至万历二十八年(1600)之前,在九江乡的任何集体祭祀场所内,乡内各村有何权利?对此,各村尚未达成共识。造成这个局面的原因,可能是宗教整肃。在正觉寺以外,九江乡有其他的庙宇,它们所祭祀的神灵,据说在黄萧养之乱期间保护过九江乡,但这些神灵被九江乡志完全淡忘。据说,九江乡民对抗黄萧养叛军之际,看见山前出现五个戴着皇冠的神灵,这五位神灵用衣袖挡着叛军射出的箭,保护乡民。九江乡志称,祭祀这些神灵的庙宇,叫做赵大王庙,这名字恐怕不太确实。但九江乡志补充说,这庙是为祭祀五名一同遇溺丧生的商人而兴建的。[①] 我们应该记得,弘治二年(1489),顺德县令吴廷举正在全县取缔祭祀"五山神"。以上传说显示,这庙祭祀的,应该就是"五山神",而不是比较善良的赵将军。

九江乡能够产生出独立的身份认同,大概是拜一个新行业及随之而来的赋役制度改革所赐。这个新行业,就是塘鱼养殖业。据顺治十四年(1657)刊行的九江乡志,九江乡八成土地都拿来养鱼,只两成土地拿来种地,可见九江的塘鱼养殖业一定在明朝已经发展起来了。九江乡志称,清明甫过,亦即春末,蛋民就在广西西江各支流捞捕鱼苗,带到九江的鱼塘,养殖一年。翌年春天,这些已经养大的鱼就不仅会被卖到广东许多地方去,包括远至东江上游的龙川县,还会被卖到湖北、江西、福建。九江出口塘鱼,进口米粮。官府对于九江的塘鱼贸易,抽税颇重。清朝沿袭明朝的做法,命令九江鱼贩在出售塘鱼的地点,与官方指定的当地牙行交易。在龙川,官府对于运载九江塘鱼的船只,按每船使用的船桨的数目,估算船只的大小及载重,从而征税。九江乡民认为龙川牙行苛索太甚,向广东巡抚及广东布政使告状,并将禁止苛索的告示镌刻于石

---

① 《顺治南海九江乡志》,卷5,页27b,载《中国地方志集成·乡镇志专辑》第31册,总页303。

碑上。①

　　九江乡民出售塘鱼时,须向官府缴纳各种税费,而购买鱼苗时,也得向军方缴纳一笔饷银。这笔饷银,是明初向蜑民征收、以给养肇庆两广军门的,肇庆位于九江上游。可是,由于实际上征收不到这笔饷银,弘治元年(1488),肇庆府知府黄琥取消了这笔饷银。弘治九年至十三年(1496—1500)担任广东巡按御史的邓廷瓒,上奏朝廷,建议把九江划为"渔埠",以便把这笔饷银转嫁到九江乡民头上;继邓廷瓒而于弘治十三年至十五年(1500—1502)间任职广东巡按御史的刘大夏,也支持邓的建议,该建议遂获得朝廷批准。九江乡的鱼苗户,每户被摊征 0.25 至 0.5 两不等的饷银,而肇庆府衙门则向他们发出执照。但是,一旦实施之后,执照费很快就远超饷银。到了万历二十八年(1600)左右,执照费已经是原本饷银的三倍。②

　　据顺治九江乡志,九江乡的里甲组织,称为里排,里排设立首个塘鱼市场的时间,是弘治十五年(1502)。③ 尽管顺治九江乡志没有提及弘治年间官府把鱼饷摊到九江一事,然而,官府一旦向九江乡民征税,则划定一个为官方承认的市场,以便承担鱼饷的税户停靠船只,是很自然的安排。鱼饷的转嫁、鱼市的建立,这两件事时间如此接近,这显示,无论如何,一个能够号令九江乡各村的领导架构正在成形。同样重要的是,获县令批准成立鱼市的成员之一陈氏,在鱼市建庙祭祀关帝,而九江乡内不少显赫的士绅,就是出身陈氏,可见陈氏、关帝庙、正觉寺的关系,必然

210

────────────────

① 《顺治南海九江乡志》,卷 2,页 17b—18b,载《中国地方志集成・乡镇志专辑》第 31 册,总页 241—242;屈大均,《广东新语》,页 556—558、566—567。

② 《顺治南海九江乡志》,卷 2,页 20a—b,载《中国地方志集成・乡镇志专辑》第 31 册,总页 243;史树骏修、区简臣纂,《肇庆府志》,康熙十二年(1673)刊,卷 19,页 14a—b,载中国科学院图书馆选编,《稀见中国地方志汇刊》(北京:中国书店,1992),第 47 册,总页 728。冯栻宗纂,《九江儒林乡志》,光绪九年(1883)刊,卷 5,页 21a—27b,载《中国地方志集成・乡镇志专辑》,第 31 册,总页 449—452。

③ 《顺治南海九江乡志》,卷 2,页 29a,载《中国地方志集成・乡镇志专辑》第 31 册,总页 247。

是错综复杂的。至于霸占正觉寺寺产的是否就是陈氏,则迄今无定论。①

我们也可以有把握地说,当官府发现能够把鱼饷从蜑民转嫁到九江的塘鱼养殖户时,九江的塘鱼养殖业已经建立起来了。但九江的经济变迁并不止于此。顺治九江乡志也指出,棉纺业及养蚕业也是当地主要的农业活动,九江的棉纺业大概出现得早些,养蚕业则出现于 16 世纪末或 17 世纪初。在嘉靖时期即 16 世纪中叶:

> 乔涌墟:嘉靖(1522—66)之际,乡中贫妇,竞携绵纱渡海趁卖,遭风覆没。刺史为文祭告海神,设纱墟于此,期三、六、九日趁。鸡鸣,纱妇咸集,每墟以数百计。趁数十年,今废。②

大约就在顺治九江乡志编纂之际,桑树种植迅速发展起来,取代棉纺业。种桑与养蚕结合,带来了农业革命:

> 蚕桑:近来墙下而外,几无余地,女红本务,于斯为盛。圆眼:往时遍野,亦生业之藉,经乱,剪伐塞路,及除老树、付桑麻,十去七八。……大抵九江利赖多藉鱼苗,次蚕桑、次禾稻、次圆眼、次芋,止矣。③

到了清代,桑树种植与塘鱼养殖结合,产生出所谓"桑堤鱼塘"的土地利用模式。根据这个模式,人们在鱼塘的四周堤坝种植桑树,用蚕粪喂养塘鱼,又用充满鱼粪的塘泥为桑树施肥。大约与顺治九江乡志刊行同时,屈大均也在其《广东新语》为"桑堤鱼塘"提供了以下的概括:

211

> 池塘以养鱼,堤以树桑,男贩鱼花,妇女喂爱蚕,其地无余壤,人无敖民。④

---

① 《九江儒林乡志》,卷 4,页 19a—b,载《中国地方志集成·乡镇志专辑》,第 31 册,总页 407。
② 《顺治南海九江乡志》,卷 1,页 29a—b,载《中国地方志集成·乡镇志专辑》,第 31 册,总页 233。有关塘鱼养殖业的创办者曾储的传记,见卷 4,页 3b—4a,总页 261—262。至于把棉纱卖过河的市场,名叫古楼,位于顺德县。
③ 《顺治南海九江乡志》,卷 2,页 18b,载《中国地方志集成·乡镇志专辑》,第 31 册,总页 242。
④ 屈大均,《广东新语》,页 558。

17 世纪后期，桑树种植与塘鱼养殖相结合的生产模式，从九江扩散到整个顺德。而在 17 世纪上半叶，九江正向这新的经济模式过渡。

顺治九江乡志留意到，到了 17 世纪，九江出了许多学者。离乡外出、教书为生的九江人，就已超过一千，当然，还有相当一部分家庭出了高官。而在明初，九江的情况却非常不一样。如同珠江三角洲许多地方一样，在九江，至 16 世纪而成为九江乡内显赫宗族的，都是明初编入里甲的乡民的后人。元代，九江乡有一关姓之人，曾在当地担任某个行政职务；明初，朱姓、岑姓之中，也出过替朝廷输送税粮的粮长。九江陈氏的势力，应该超越九江乡之外，于洪武十八年（1385）指挥兴建桑园围的，正是九江陈氏的始祖陈博文。15 世纪，九江乡也缓慢地进行沙田开发与定居，但乡民并没有完全割断与河流的联系，因此率先发展出塘鱼养殖业。岑越锐的传记很能够说明 15 世纪九江的情况：永乐五年（1407），年仅十四岁的岑越锐就充当粮长，参与明朝讨伐安南的战役；正统五年（1440），岑越锐父亲衣锦还乡逝世22 年，但岑越锐以父亲名义捐出一千石粮食赈济饥荒，朝廷因而“特赐敕谕，劳以羊酒，建坊旌义，免差役三年”；正统十四年（1449），岑越锐又捐出 1,100 石粮食，协助九江乡抵抗黄萧养叛军，官府把岑越锐“请为乡（原文如此）导，往番、东二县海上搜剿”。① 官府豁免岑越锐父亲劳役三年，自然惠及岑家，可见岑越锐正一步步建立宗族，另外，岑越锐也显然是沙田内河地区的领袖。

17 世纪九江的土地登记过程，也大致上与珠江三角洲其他地区相似。曾仕慎的传记明确地告诉我们，在这个时节，什么才叫做有本事：他“去虚税浮粮，通书算律令”。② 万历十年（1582），南海县令亲自莅临九

① 《顺治南海九江乡志》，卷 4，页 52b—53a，载《中国地方志集成·乡镇志专辑》，第 31 册，总页286。
② 《顺治南海九江乡志》，卷 4，页 54a，载《中国地方志集成·乡镇志专辑》，第 31 册，总页 287。

212　江,清丈土地。但由于九江遍地鱼塘,清丈不得要领,于是县令向九江征收所谓"定弓"的附加税。九江当地因在一处河口兴建水闸而引发邻近村落之间的矛盾,县令访问九江期间,也协助调停了该纠纷。① 全顺德县都反对开征"定弓",九江士绅也加入反对行列。万历四十五年(1617),"定弓"终告取消。② 大约同时,九江乡编纂了乡约,并于每年的节诞中宣讲。③ 另外,九江继续开发沙田,万历三十九年(1611),九江乡民筹款,把乡内围绕着一岛的堤坝增高三尺(大约四英尺),因此新增土地 800 亩以上。崇祯十四年(1641),这堤坝有一处崩塌,九江的一名士绅与县衙门协商出修复堤坝方案:按地征银,按户出丁。翌年(1642),九江墟市内始建于正德元年(1506)的天后庙,获得重修。该墟市已经被搬到另一处河口,大概因此之故,有需要兴建一座新庙。④ 两年之内,明朝就要覆亡了,但当然,这即将到来的巨变,是没有任何预兆的。

康熙二十八年(1689),九江的庙宇群得到重建。当年,两层高的文昌阁获得重修,关应弼为重修撰文作记,谓"阖乡绅士,每岁春,崇祀于此"。重建工程还包括在文昌阁一旁增建学校,在另一旁增建碑亭。康熙四十一年(1702),学校改为祭祀康熙二十八年(1689)任职两广总督的石琳、康熙三十七年(1698)任职广东总兵的殷化行以及其他将领,以酬谢他们在康熙三十九年(1700)平定附近盗贼的功劳。据记载此事的文章,士绅参与了平定盗贼的战役:官兵的将领们就何处能够发现"盗贼",

---

① 《顺治南海九江乡志》,卷 1,页 27b,卷 2,页 19a,载《中国地方志集成·乡镇志专辑》,第 31 册,总页 233、242。陈万言,《南海周侯重建惠民窦记》,载吴道融编,《广东文征》(香港:香港中文大学,1973),第 3 册,页 300。

② 《顺治南海九江乡志》,卷 2,页 19a,载《中国地方志集成·乡镇志专辑》,第 31 册,总页 242。当时的广州府通判颜俊彦,留意南海县"各乡绅里排"反对征收"定弓虚税",见氏着,中国政法大学法律古籍整理研究所整理标点,《盟水斋存牍》(崇祯五年[1632]刊,北京:中国政法大学出版社,2002),页 640—642。

③ 《朱刺史凌霄墓志铭》,载《九江儒林乡志》,卷 7,页 24a—27,载《中国地方志集成·乡镇志专辑》,第 31 册,总页 490—492。

④ 《顺治南海九江乡志》,卷 1,页 25b—26a;卷 2,页 1b—2a,载《中国地方志集成·乡镇志专辑》,第 31 册,总页 231、233—234。

被抓获的该杀不该杀等问题，都咨询过士绅。乾隆五十一年(1786)，当这一批庙宇再度重修之际，九江士绅自豪地把碑亭更名为"大魁阁"，以彰显自己的科举考试成就。这大魁阁就是清朝时期佛山士绅开会议事的著名场所。同年，顺德县衙门派驻了一名主簿到九江，该主簿就把祭祀石琳等将领的庙宇充当自己的衙署，并将之再度更名为学校。① 到了18世纪，九江已经是个很富裕的市镇了。自16世纪设立的墟市，因为米粮及丝绸贸易而更加繁盛，正如九江乡志称，"大墟在本乡四方接界处"，这"四方"的村庄群中，不少本身在17世纪就已经富起来了。设立于嘉 *213* 庆四年(1799)的丝绸市场，更为士绅提供了一笔收入，因为从嘉庆七年(1802)开始，顺德县令正式把该墟市的控制权，交给士绅控制的儒林文社。②

驻扎九江的主簿，与当地士绅的关系并不融洽。但是，无论后来九江士绅向两广总督的申诉中说过这名主簿的什么坏话，任命主簿驻扎九江，仍然是有利于当地士绅的。这名主簿积极参与九江的建设，尤其是桑园围的建设，桑园围堤坝工程，虽耗时数十年，却能够保护九江农地，免受洪水的频繁侵袭。九江的士绅，为保护当地利润丰厚的鱼苗贸易，也积极与广东省衙门谈判。我们早已指出，九江乡民不仅经营塘鱼养殖业，而且自15世纪末就承包了官府就出售鱼苗所征收的饷银，也就垄断了鱼苗的销售。九江为维持垄断，打击黑市竞争，制止当地官兵勒索，必须得到省衙门的保护。光绪九年(1883)刊行的九江乡志，记载了广东省高官就维护九江鱼苗贸易而发出的多份示谕，时间分别为乾隆三十八年

---

① 《九江儒林乡志》，卷2，页34a—35a；卷4，页6a—8a、27a—30b，载《中国地方志集成·乡镇志专辑》，第31册，总页361、400—401、411—412。

② 《九江儒林乡志》，卷4，页15a—35a、76a—78a，载《中国地方志集成·乡镇志专辑》，第31册，总页405—415、435—436，引文见卷4，页76a，总页435。部分村庄的财力，反映于它们为重修庙宇所捐赠的款项。位于九江东面的天后宫，位于连接镇中心的河口，始建于崇祯十五年(1642)，捐款者可能是蜑民。这庙宇的历史特别复杂。据说，该庙于顺治七年(1650)扩建时，总共耗费了三百余万文铜钱。该庙宇的位置及其扩建，显示九江乡在清初相当繁盛。见卷4，页15a，总页405。

(1773)、乾隆三十九年(1774)、乾隆四十四年(1779)、乾隆五十四年(1789)。但毫无疑问,驻扎九江的主簿与当地士绅的矛盾,于道光六年(1826)进一步恶化。这年,九江士绅打算建儒林乡书院。为寻求官方的认可,他们首先向儒雅博学的两广总督阮元递呈,请求恢复宣讲圣谕,他们甚至已经得到阮元为学校亲笔题匾。可是,当学校工程进行之际,九江士绅向阮元的继任者李鸿宾递呈,驳斥驻扎九江的主簿的指控,否认自己霸占民地、兴建学校,也否认自己向塘鱼养殖户强行抽税。士绅们解释说,他们能够出示学校所在土地的契约,证明土地得自公平买卖;至于向塘鱼养殖户摊征所得的款项,也是存在学校,充当学校经费,而非强行抽税。九江士绅与驻扎当地的主簿之间,发生如此罕见的公开冲突,证明士绅在官府与当地商业之间扮演积极的中介角色,与 18 世纪佛山士绅的行为,大体相同。九江士绅建立的这所学校,经费丰裕,总共筹得13,000 两,每年收租所得,也超过一千两。在道光六年(1826),这可不是小数目呢![①]

214 以庙宇、学校为中心的士绅集团的出现,标志着发源于 16 世纪的宗族社会,又迈进了一步。到了 18 世纪,在珠江三角洲,宗族已经遍地开花了。正因为宗族已经遍地开花,所以宗族也就不再是当地一小撮权贵凭借自己与高官的关系而发明出来的新玩艺。在地方社会与官府之间,再没有这些权贵充当中介,这中介角色,正为士绅集团所逐步掌握。然而,士绅对于地方社会的控制,还不是名正言顺的控制,而是隐藏在各种控产组织背后的控制,这些控产组织,是通过宗教活动、契约、商业投资、民事管理而建立的。宗族,是以共同祖先为组织原则的社群,而宗族联盟,则把宗族结合到地方秩序中。这就是凝固于 20 世纪香港新界的宗

---

① 有关九江士绅们的申辩,参见《九江儒林乡志》,卷 21,页 20b—21a;有关儒林书院的建立,参见《九江儒林乡志》,卷 4,页 6a—8a;有关九江乡承包鱼苗贸易税项的官方告示,参见《九江儒林乡志》,卷 5,页 20a—37b,分别载《中国地方志集成·乡镇志专辑》,第 31 册,总页 676、400—401、448—457。

族社会,费里德曼就是从这里认识华南的。但是,华南社会并非从来就是这个形态,而在珠江三角洲大部分地区,这个社会形态也并不能够保持多久。

唤起集体记忆:把社区整合到王朝国家内

王朝国家的管治范围逐步扩大;科举考试提供更多社会升迁的机会;王朝国家所认可的建筑,使人们能够以全新方式彰显其社会地位。随之而来的,是乡村社会采用、并且内化了王朝国家的礼仪。乡村社会经历这些变迁,却不代表乡村社会要放弃自己独特的身份认同。因此,广东人常说:"一处乡村一处例。"模仿王朝礼仪而又维持自己身份认同的极好例子,就是萧凤霞研究过的小榄菊花会。[①] 菊花会每六十年举办一次,小榄镇的大家族,模仿王朝国家的科举考试,进行菊花竞赛,胜出的菊花,将获颁发与科举学位同名的奖项。菊花会的举办,再现了小榄的社区范围、社会层级。对此,萧凤霞作出了精辟的描绘。菊花会期间,小榄镇民竞相以菊花装饰祠堂,士绅写诗以纪其盛况,至于菊花会期间的醮会及各类娱乐,则无论士绅及平民百姓都参加。菊花会当然只是个假冒的科举考试,但小榄惟妙惟肖地用菊花竞赛来模仿科举考试,就把小榄镇融合到王朝国家的文化中,而同时又保存了自己的独特面貌。

但是,节诞庙会不必出类拔萃,也能体现一个社区的面貌。在所有 *215* 庙会,社区的独特面貌,建立在神灵及其供奉者的独特关系之上。因此之故,各种传说也就附会到各种仪式上,以便各个群体与神灵之间建立独特的关系。不独王朝国家"以神道设教",天下之人,不分贵贱,也都在唱同一出戏。以均安镇为例,该镇又称江美乡,直至 19 世纪,该镇所在

---

① Helen F. Siu, "Recycling tradition: culture, history, and political economy in the chrysanthemum festival of south China," *Comparative Study of Society and History*, 32:4 (1990), pp. 765-794.

被称为沙田,均安镇民也被视为蜑民,不得享有定居陆地的权利。关于均安镇的庙会,只有一份近期的记载留下,根据这份记载,该庙会与其他庙会的仪式是一样的。每年九月,镇民抬着盛装打扮的关帝与晏公,巡游九天,传说中,明太祖朱元璋打江山时,曾获一船夫拯救,这船夫就是晏公。均安镇的游神仪式,模仿武将出巡,由一队随扈乐工,沿途击鼓吹唢呐。与珠江三角洲所有地区一样,神像被安置于轿子内,上以阳伞遮盖,但在均安镇,则提供轿子及阳伞,并且抬轿撑伞的,都是镇内的富人。只有在庙内有份的乡村,才有资格参与游神,不过,到了游神的最后一天,关帝及晏公回銮返庙时,则全镇所有人都可参与祭祀。虽然珠江三角洲最低层的乡民也采纳了王朝礼仪,但我们千万不要以为,这样就能够体现社会平等精神。游神的过程,包容了很多人,也排斥了很多人。等到像江美乡这样的蜑民村落,也能够建立自己的庙宇、并在陆地上游神时,大概就等于这些蜑民们自己向自己宣布:自己已经脱离贱民行列。如果蜑民供奉的神灵是正统的,而附近乡民也参与祭祀,则蜑民社会地位全面提升之日,应亦不远矣。①

从更宏观、长远的角度来看,文书的使用、王朝管治范围的扩大、利用仪式对于乡村自主权的承认、科举考试对于乡村精英提供的社会升迁机会,这一切,都形成外部压力,把地方社会整合到王朝国家内,而王朝礼仪进入乡村,可以说是这个整合过程的最新一步。我们可以把这些社会变迁的源头,追溯到 16 世纪的礼仪革命。但我们也必须明白,即使这 16 世纪的礼仪革命,也是中国悠久历史上各个礼仪革命的最新革命而已。率先把文书、官府等等引进珠江三角洲的,大概是六世纪时期的佛教寺院。这些佛教寺院拥有寺田,但凡寺田所在,寺院就形同当地政府。可是,被佛教渗透的乡村宗教,可能在 12 世纪、13 世纪接触到道教闾山派的经文,又可能在 16 世纪、17 世纪接触到

---

① 韩伯泉、陈三株,《广东地方神祇》(香港:中华书局,1992),页 91—111。

道教正一派的经文。① 而在明初，朝廷也开始命令珠江三角洲服从祀典的规定，"祀典"一词，频频见于 16 世纪，凡为"祀典"所容的地方神灵，就是受到朝廷认可、由朝廷官员祭祀的地方神灵。"祀典"成为 16 世纪宗教整肃运动中打击所谓"淫祠"的工具。在这个整肃运动中，祠堂祭祀祖先的仪式被固定下来了。但是，这些礼仪革命运动，都未能彻底成功，都未能完全铲除其革命对象。很多时候，本来属于所谓"淫祠"的土地（往往是佛寺的寺田），的确被充公了，"淫祠"也被捣毁了，但"淫祠"内的神灵，却在另一地点或另一场景中重新冒出头来。到了 16 世纪，珠江三角洲的宗教已经成了个大杂烩，没有哪一门派能够独揽大局，宗教成为各集团争夺正统性的战场，宗教礼仪也就随之演变。

　　近年来，许多研究者都注意到，中国的乡村宗教，模仿王朝制度。② 乡民们侍奉神灵，就像侍奉皇帝与官员一样；而乡村教士则表现得像衙

---

① 有关道教闾山派、正一派在珠江三角洲传播的问题，由于目前搜集到的相关文献太少，证据非常稀薄。而从我在香港新界搜集文献的经验来看，即使搜集得到这类道教经文，也无法弄清楚其编纂刊行年份。因此之故，新宁、新会一带各个陈氏宗族族谱内记载的始祖陈 Qiaozhen 的传说，就特别有意义。根据这个传说，陈氏某位祖先，鉴于家族成员收租时遇溺，就放弃了族产，而陈 Qiaozhen 辈份更在这位陈氏祖先之上。我认为，这些传说流行，是因为大概从 15 世纪开始，人们开始普遍使用土地契约，参见 David Faure, "Contractual arrangements and the emergence of a land market in the Pearl River delta, 1500 to 1800," 载陈秋坤、洪丽完编，《企业文书与社会生活（1600—1900）》（台北：中央研究院台湾史研究所筹备处，2001），页 265—284。陈氏族谱称，陈 Qiaozhen 是元朝人，降服并收编了一个在广州地区以雷电散布瘟疫的妖魔，陈 Qiaozhen 往往以骑马姿态出现，带领族人到一处地点，该地点也就成为他坟墓之所在。类似故事也出现于一个周氏宗族的族谱中。这个周氏宗族可能位于广州，根据该传说，周氏宗族东莞支派的五世祖，遇上张天师，因而仙游，时为弘治十八年（1505），他仙游之后，常常以披甲骑马、神兵随扈的形象出现。这类死而成仙、率领神兵、出现人间的故事，应该是很普遍的，这两个故事由于被收录到族谱之故，就流传了下来。参见《新会陈氏族谱》，民国元年（1912）刊，页 11a—12a，藏广东省图书馆，编号 K 0.189/277；《墩头陈氏族谱》，民国二十二年（1933）刊，页 12a—17b，藏广东省图书馆，编号 K.0.89/273；《周氏族谱》，无刊行年份，藏广东省图书馆，编号 K0.189/910.2。

② James L. Watson, "Waking the dragon: visions of the Chinese imperial state in local myth," in Hugh D. R. Baker and Stephan Feuchtwang, eds., *An Old State in New Settings*, *Studies in the Social Anthropology of China in Memory of Maurice Freedman* (Oxford: JASO, 1991), pp. 162 - 177. Stephan Feuchtwang, *The Imperial Metaphor: Popular Religion in China* (London: Routledge, 1992).

门差役一样。虽然我们有足够的理由把祭祀神灵与祭祀祖先区分开来，但是，中国的广义"宗教"，必须把祖先信仰与祖先祭祀包括在内。因此，在像珠江三角洲这样的中国一处，乡村在漫长岁月中整合到王朝国家去，靠的是一套内容丰富的剧本。累积出这套剧本的，是庙宇和神坛的兴建，是地方势力对于这些庙宇和神坛的控制，是对于神灵的定期祭祀及巡游，是神灵显灵的传说，是风水，是道士、和尚、风水师、士大夫因朝廷或者神灵之名对于天道的权威解释。费里得曼认为，乡村的这些"小传统"，与中国王朝的"大传统"，分别不大。① 乡村与城市都被同一套政治意识形态所渗透。乡民们与朝廷官员用同一套仪式祭祀同一批神灵，只不过朝廷官员的祭祀更加讲究、更加繁缛而已。一旦祠堂林立、文书普及，个人的身份就不再建立于职业或教派之上，而建立于宗族的成员制之上，这些宗族，都拥有祠堂和族谱，并按照他们认为符合书上写着的方式，祭祀祖先。当只有一套正统礼仪被捧出来时，"小传统"自然没有立足之处，有的只是"我们这里"与"他们那里"之别。任何稍有分量的人，自然都被纳入大传统中，如果他们没有分量，又何必理会他们？

陈子升，是顺治五年(1648)捍卫明朝、反抗清朝、壮烈牺牲的陈子壮的兄弟。陈子升留意到明末九江与佛山的分别：控制佛山的，是两三个巨族，但佛山也有很多外来商人。九江则鱼塘遍布，很容易被横行南海、新会一带的盗贼攻破。陈子升认为，佛山可以自理，但九江应该有官员驻扎，"何也？ 佛山之民习于城邑，而九江自外于城邑；九江之人别为乡落，而佛山不屑为乡落也"。② 自然，珠江三角洲有乡村、有市镇、有城市，而各处居民很清楚其中的分别。但是，代表着珠江三角洲全体人民的同一套仪式，是如何塑造出来的呢？ 是同一种书写文化，是以王朝与衙门为主的同一个核心，也是由地方神灵及祖先所提供并被认可的独立自主。

---

① Maurice Freedman, "On the sociological study of Chinese religion," in Maurice Freedman, *The Study of Chinese Society*, *Essays by Maurice Freedman* (Stanford: Stanford University Press, 1979), pp. 351 – 369.
②《九江儒林乡志》，卷2，页27b—28a，载《中国地方志集成·乡镇志专辑》，第31册，总页357—358。

第十六章　控制财产的组织：一个意念的力量

16 世纪开始的礼仪改革,彻底改变了珠江三角洲社会。不仅因为新礼仪教育乡民,不要只到祖先坟墓前祭祀祖先,而应该在祠堂里祭祀祖先,更因为新礼仪引进了祠堂,使乡民必须累积田产以长久祭祀祖先,因此,这套新礼仪也就使宗族组织成为控制财产的组织。在 16 世纪,宗族作为控制财产的组织这个设计,是超越时代的。即使建造祠堂的活动增加,在 16 世纪,大规模的建设项目,仍然是由一小撮与官府高层有关系的权贵家族所垄断。明末清初的破坏,削弱了珠江三角洲的大姓,当清朝建立起其基层政府时,控制财产,就成为拥有广阔基础的宗族调动资源的手段。凭借 18 世纪经济增长的动力,利用控制财产的手段,珠江三角洲的宗族就这样迈进到商业化的道路。①

---

① 叶显恩、谭棣华,《论珠江三角洲的族田》,载广东历史学会编,《明清广东社会经济形态研究》(广州:广东人民出版社,1985),页 22—64;谭棣华,《清代珠江三角洲的沙田》(广州:广东人民出版社,1993);Robert Y. Eng, "Institutional and secondary landlordism in the Pearl River delta, 1600 – 1949," *Modern China*, 12:1 (1986), pp. 3 – 37.

集体财产

　　集体控制财产,并非18世纪的新现象。早于14世纪,甚至在里甲制进入珠江三角洲之前,有些家族就已经以佛教寺院的名义,集体控制财产。16世纪礼仪改革的新颖之处,在于主张平民百姓也有权到祠堂祭祀祖先,而既然是平民百姓,他们也就能够以祖先的名义,集体控制财产。这个安排,应该也配合官府赋役里甲登记的要求。随着官府逐渐按百姓拥有的土地,向百姓征收白银,而不再向百姓征取劳役,祖先的名义也意味着官府税赋户口。因此,以祖先控制财产,代代相传,也就更加合法。

　　祖尝应该永久保存这个看法,得到族谱与族规的鼓吹。增城县沙贝乡一位名叫湛上济的人,在乾隆十七年(1752)写了篇文章,描述旱灾肆虐、粮食失收之际,自己与族人在祠堂开会,反对亲戚出售族产的建议。该文章开列出族产收益的用途,管理族产的方式,并要求族人在祖先神主牌前宣誓,谓绝不放过出卖族产的不肖子孙。凡出卖族产之人,会受到同辈制裁、受到公开谴责、最后被摒出宗族之外。这篇文章被其他姓氏的宗族收录到各自的族谱中,可见保护族产的集体情绪多么高涨。①

　　各个族谱的人物传记中,充满了宗族成员把财产捐给宗族、或者协助维持族产的记载。明清的律例也规定,宗族成员若未得全体成员同意而出售族产,作盗窃论,这样,也就为族产提供了一定程度的法律保护。这条律例的规定,导致明清田地买卖契约中出现这样一项典型条款,即授予卖方的族人有优先交易的权利,取决于卖方所出售的田产,究竟他

---

① 湛上济,《保烝说》,载《梁氏崇桂堂族谱》,嘉庆十年(1815)刊,卷14,页11a—13b,藏广东省图书馆,编号 K0.189/406.2;又载于《张如见堂族谱》,民国十一年(1922)刊,卷25,页26a—28a,藏广东省图书馆,编号 K0.189/230.2。

原本购买所得,还是继承所得。[1] 我们要不厌其烦地重申:虽然费里德曼正确地指出华南宗族具有控产组织(corporate)的特色,但是,与费里德曼的描述相反,华南宗族控制财产的方法,并不仅仅是拥有可出售的财产。中国的财产继承法则,是容许子孙拥有其"份"的,因此,一旦以祭祀祖先为宗族制度的核心,无论在坟墓前祭祀也好,在祠堂里祭祀也好,只要祭祀延续不断,这祭祀本身就创造出机会,让祭祀者意识到自己是同一集体的成员。所以,子孙对于祖先历史的"共识",从一开始就含有"合同"的元素。宗族社区的力量、宗族维持其标志的能力以及文字营造"世泽延绵"感的效果,三者加起来,使宗族不断地建构与再建构,但同时又让宗族成员坚信自己一举一动都在恪守"传统"。

因此,拥有土地,并不导致宗族出现。相反,随着文字普及,随着田地买卖契约的使用越来越普遍,随着官府仲裁土地纠纷的形象深入人心,随着赋役的登记与真人脱钩而与户口挂钩,随着族谱对于子孙的记载越来越详细,以致宗族支派关系越来越像样,宗族就能够利用书面契约,把自己组织成为控制财产的祭祀团体,而其成员未必是同住一处的。 *220*

以下这份南海县区氏宗族的合约,撰写于乾隆二十八年(1763)。根据这份合约,四个宗族组织共同设立一处祖坟,也就这样,这四个宗族组织就把自己变成同出一宗的四派子孙:

---

[1] Edward Kroker, "The concept of property in Chinese customary law," *The Transactions of the Asiatic Society of Japan*, 3rd ser., vol. 7 (1959), pp. 123 – 146; H. F. Schurmann, "Traditional property concepts in China," *Far Eastern Quarterly* 15:4 (1956), pp. 507 – 516; Choi Chi-cheung(蔡志祥), "Family and land transfer practice in Guangdong" in *Proceedings of the 10th International Symposium on Asian Studies*: *July 25 – 28, 1988 vol. 1* (*China*, Hong Kong: Asian Research Service, 1989), pp. 489 – 497; 蔡志祥,《从土地契约看十九世纪末二十世纪初的潮汕社会》,载郑良树编,《潮州学国际研讨会论文集》(广州:暨南大学出版社,1994),页 790—806;朱勇,《清代宗族法研究》(长沙:湖南教育出版社,1987)。有关宗族财产流失的例子,参见《南海黄氏族谱》(光绪二十五年[1899]刊)的一张合同,载卷3,页 27a—28b。根据该合同,宗族父老保证不再向宗族内的一名捐赠者要求更多的捐赠,但条件是该捐赠者必须补足目前的亏欠。

合　约

立合同麟、凤、龙、虎各房长奕好、天长、雅荣、扬星等,为议立附葬以蓄尝业事。体得崇真祖原葬于古博都、土名那程地面鳌鱼摆尾形,坐艮向坤。缘山场广阔,恐有恃强阴谋山前左右,欲创村庄,并涎冒垔,是以集祠酌议,就将祖山左右两胁垔开吉地一十三穴,各房子孙年阆投附葬,以免后患。至其所得之银贾,买田收租,待蓄积既厚,须创建崇真祖祠,或在冈州,庶可上报先人之德,下尽来嗣之诚。四房一脉,愈久而靡懈矣。特立合同四本,各执一本存炤。

这份合约,收录于其中一个支派的族谱内。该族谱还记录了 13 处祖坟,说明哪些祖坟属于哪些支派,又记载了区氏宗族的起源及分成四个支派的历史,制定了一套族规以促进支派之间的和睦。此外,该族谱还收录了珠玑巷的传说,这传说是区氏宗族祖先传说的重要背景。当然,该族谱也花了相当篇幅记录本支派的历史。该族谱有一附注,称区氏宗族在明朝曾经建立祠堂祭祀始祖,但到了清朝,该祠堂已经完全毁坏。这说法的真假,以目前的史料来看,无从判断。可是,当道光七年(1827),当区氏建立祠堂时,共有 20 个股东捐资成立族产,每个股东认领 1 股到 0.2 股不等,每股相当于 50 两银。以这种方式筹得的族产,是用来投资在土地之上的。[①]

在祖先坟墓前祭祀祖先,这种做法,也许因族产消折而停止。但是,只要坟墓仍在,祭祀恢复,就能够使宗族凝聚起来,或再度凝聚起来。龙山乡邓氏族谱内,有一篇撰写于同治二年(1863)的文章,该文章是一个支谱编纂者从总谱中找到的。这篇文章被收录到一个支派的族谱内,不是因为这篇文章有何实质条款,而是因为这篇文章似乎对于邓氏宗族的历史特别重要,因此能够从多层面予以解读:

221

[①]《南海区氏族谱》,稿本,刊行年份不详,藏广东省图书馆,编号 K0.189/8216。参见 David Faure, "The lineage as a cultural invention: the case of the Pearl River delta," *Modern China* vol. 15 no. 1 (1989), pp. 4-36.

我祖始南雄珠玑巷以来，事业谱载，开枝启叶，子姓绵绵，□人豪杰，至三世分者，自各立户，其盛依然。自四世□，俱合葬于金紫峰来龙，土名后园岗，坐亥向巳，兼丙壬三分之原，四石牛牯，即系四房八世之基也。缘因天运遭变，奉上讨松，不拘风水，前后尽皆刊发。又遭荒旱数次。本房之人虽有百余，多系于艺菅生，家业轻薄，积蓄者少，无可奈何，势迫无措，不得以特将祖业尽变，图救目前，□难久图。嗟乎！人财渐而稀弱，即历年数目文券等项，不知何手混失，致无典责。思斯难艰际，料理茫然。今略汇祭不倦，古之兴发循环，始终有日。今正康熙甲子(1684)，喜遇堪舆名师，指名四石牛牯不利各房子孙。众议祈神迪吉，阖房欣然喜跃。卜乙丑年(1685)二月初六日□期，将四石牛牯迁移，建立大坟二个，正是祖域行炽之期、子孙兴发之际。观者以为家声从此有振矣。①

万历三十年(1602)，邓氏宗族六派子孙中的三派，捐资成立一笔族产；万历四十三年(1615)，邓氏又编纂了族谱。邓氏这三派子孙，或在当时，或在此之前，都已经登记在里甲内。明末清初，邓氏族产出售，虽然祖先祭祀仍然维持，但宗族规模大为萎缩。有风水师指邓氏祖坟位置不利，邓氏宗族一致同意搬迁祖坟。可见，尽管邓氏宗族丧失了族产，但仍然是作为一个集体而行事的。当第三支派编纂其支谱时，也就把这篇文章收录进来。我们相信，正因为这派成员定期到祖坟祭祀祖先，因此才认为这篇文章重要。可见，尽管邓氏族产被卖掉、祖坟被迁移，而新一笔族产的筹集、第三支派支谱的刊行，又是几代人之后的事，但是，邓氏宗族依然能够维持其历史延续性。宗族的历史延续性之所以能够维持，之所以对宗族成员重要，其中一个关键的因素，是因为宗族成员不仅认为子孙祭祀祖先乃是天经地义，而且相信祖坟的风水关乎全族的气运。因

222

---

① 《顺德龙山乡邓氏族谱》稿本，刊行年份不详，藏广东省图书馆，编号 K2.418.0/811/2。该段引文见页 11b 至 12a 之间的两页。

此,划定活人社区边界的,固然有很多因素,而祖先的坟墓,无疑是重要因素之一。

因此,宗族之所以是控制财产的集团,不仅因为它拥有财产、分配花红,也因为有许多形形色色的社会活动配合宗族对于财产的控制。天下既然会被神灵和祖宗随意影响,则维持天下的平稳,就必须恪守礼仪,毕恭毕敬。因此,宗族的管理手段,也就要照顾每一天、每一季的生活节奏,以及宗族成员的生活周期。经历了 16 世纪整肃的礼仪,让官府的法律及行政要求,与地方社会的利益结合起来。作为宗族祭祀的对象,神灵与祖先为宗族这个控制财产的集团提供了永恒的基础。

湛上济有关维持族产的文章指出,管理族产,有两大原则可循:

> 烝有二名,曰"落轮",曰"归箱"。落轮者,轮房收管,周而复始,循环不已也。归箱者,择贤主计岁收租息,贮归公箱而谨其度支也。

这两大原则在许多宗族文献中都得到体现。各派轮流管理族产,各派都有权继承族产,这两条管理原则密不可分,并且是珠江三角洲的通例。明清时期的"分单"即宗族各派子孙分财产的文书,就是好例子。部分族规显示,委任谁管理族产,可能反映出此人所属的支派的势力。南海廖维则堂的族规就是一个例子:

223

> 尝务,推总理一人收贮尝箱,递年举督理四人,长、二房各一人,三房二人,经理一年事务。下年正月初十,将周年出入清数标贴,交盘,毋得遗漏。①

一般来说,宗族内各房各派人数多寡不一,对于族产的贡献轻重不

---

① 湛上济,《保烝说》,载《梁氏崇桂堂族谱》,卷 14,页 11a;《廖维则堂家谱》,民国十九年(1930)刊,卷 1,页 49a—b,藏广东省图书馆,编号 k0.189/765。并非所有宗族都把族产的账簿公开张贴。极为富裕的东莞如见堂张氏宗族,于嘉庆五年(1804)订立族规,其中一条特别规定:每逢冬至祭祖之日,要把族产账簿公开检查,账簿须包括过去一年来所有项目的核算,一式三份,分别由族长、宗子、及账房先生收执。见《张如见堂族谱》,卷 25,页 14b。

同,因此,各房各派在族产管理方面的权力亦大小有别。虽然廖氏族谱称,廖维则堂始建于乾隆年间,但根据廖氏族谱收录的文章,该祠堂实建于嘉庆十三年(1808),族规大概也是在这年才制定的。为兴建祠堂,廖氏全体男丁,人人都要出钱,而富裕的宗族成员,更要额外捐资。捐款章程中有这样一条:宗族成员要点算自己的资产总值,按每100两银捐出1两的比例,贡献给祖尝。宗族成员的资产,"无论远近生理及本县别县田业、铺店、典按等项,俱要一统计算"。捐款章程的这一条虽然严厉,但无法贯彻,所以实际上是一种指引而已。无论如何,祠堂一旦建成,以祠堂工程主要负责人为核心的管理架构,应该就成立起来,并且运作下去。他们管理祖尝的账簿,应该会在每年新年之后不久张贴在祠堂的墙壁上,一如上述章程所规定。16世纪霍韬的族规也好、庞尚鹏的族规也好,都没有提及这种公开账簿的做法,但这种做法确实见诸许多记载,并且延续至今天,我们今天到广州郊区或香港新界,就能看到这种做法。①

南海县一个黄氏宗族的族谱,保存了该宗族兴建祠堂、成立族产过程中的重要文献。乾隆九年(1744),该宗族发出告示,号召族人筹款兴建支祠。该工程的撮要,记载了二十名捐款者的名字及其捐款数目,并开列出投资计划:是次筹款,共筹得350两银,族人决定,在正式动工兴建祠堂前,先将这笔款项放债取息,利息定为每年复利息12%;另外,族人还出售了一间祖屋,获得349.7两。捐款最多者负责管理这笔族产,他得到三个人的协助,这三人是捐款第二、第三多者以及"宗主"即宗族的领袖。

乾隆十四年(1749),黄氏宗族买了一块地,作为祠堂的基地,这块地还包括一处渡口,这是珠江三角洲许多村落的惯例。黄氏已经付了钱,卖方姓简,与黄氏毫无亲属关系,但是,这姓简的卖主却被自己族人控

---

① 廖衡平,《廖氏大宗祠记》,《廖维则堂家谱》,卷3,页4a—5a;佚名,《嘉庆十三年戊辰大宗祠劝捐序》,《廖维则堂家谱》,卷3,页89a—90b。这篇佚名文章,是廖氏族人光绪三年(1877)在祠堂内的一个箱子里找到的。

224　告,指他非法出售简氏族产。结果,乾隆十五、十六年(1750—1751)间,黄氏与简氏在南海县衙门连续打了四场官司,县令每次都判黄氏胜诉。黄氏族谱收录了简氏的控词以及有关此事始末的一篇文章。

　　乾隆二十四年(1759),黄氏支祠落成,里面安放的,是捐款者最近五代的祖先的神位。黄氏有关祠堂落成的公告表示,该支祠是以八世祖的名义建立的,而十世祖至十五世祖的神牌,也获供奉于偏殿。捐款者本身主要属于第十三、十四世。黄氏把支祠工程的余款,购买了渡口四股中的一股,还收购了村内两间店铺。这渡口四股中的一股,原来就是黄氏族产管理人所有,他在乾隆十四年(1749)买进这一股,十年后又卖给黄氏。这显示,自乾隆五年(1744)起,管理黄氏族产的人,就一直维持其管理。为鸣谢族产管理人的努力,黄氏祭祀祖先时,会多送族产管理人一盘祭肉。①

　　像黄氏族谱这样,记载宗族购买股份而完全不予任何解释,这反映出:到了 18 世纪中叶,股份制已经是寻常而且家喻户晓的做法了。这做法当然可能与商业合伙制度的流行有关,但同样可能与银会的普及有关。这类银会,在族谱中往往被称为"百子会"、"江南会"。② 18 世纪 80年代番禺县一个潘氏宗族的银会记录,显示这类银会的筹款及管理方式与上述南海县黄氏筹款建立祠堂极为相似:潘氏银会在乾隆四十一、四

---

① 《黄氏梅月房谱》,光绪五年(1879)刊,藏广东省图书馆,编号 k0.189/501。

② 南海县大范乡张氏的族谱,收录一篇道光七年(1827)的文章,题为《倡造江南会改名敦睦堂原序》,内容有关张氏三个支派共同成立族产及建造祠堂,可见这类银会多被称为"江南会"。参见《南海大范张氏族谱》(民国十四年[1925]刊,藏香港大学图书馆,编号:山 789.2—11),页 109b。而顺德碧湾梁氏宗族的族谱,则在道光二十一年(1841)的一份文件中以"长塘会"形容这类银会,见《梁氏族谱》,道光二十二年(1842)刊,页 6a—7b,藏广东省图书馆,编号 k0.189/402.2。顺德大罗乡黎氏族谱,记载光绪十七年(1891)重修祠堂时,则把这类银会称为"江南江西会",见《顺德大罗黎氏家谱》,宣统二年(1910)刊,《杂记》,页 40a—b,藏广东省图书馆,编号 K0.189/711。"百子会"这个名称,出现于《黄氏梅月房谱》有关乾隆二十年(1755)重修南泉(音)祖祠的记载中。至于"千子会"这个名称,则出现于东莞卫氏光绪三十四年(1908)筹款兴建祠堂的章程中,见《卫氏倡议建祠备录》,光绪三十四年(1908)刊,藏广东省图书馆,编号 k0.189/377。

十二年(1786—1787)间,三度招股。乾隆四十一年(1786),潘氏银会推出 62 股,每股 5 两银,而把该银会文书收录到自己族谱的潘氏支派,就认购了 36 股。翌年(1787),潘氏银会又推出 62 股,每股 10 两银,该支派认购了 40 股;同年,潘氏银会再推出 30 股,每股 6 两银,该支派认购了 3 股。潘氏银会把三度招股所筹得的资金,用于购买田产及一处渡口。有关银会的成立、"首事"即钱会管理人的名字、每次招股所得的资金、钱会购置的物业的详细位置及税项事宜等等,都收录于族谱内撰写于乾隆五十五年(1790)的一篇文章中。[1]

　　银会这种中国乡村中历史悠久的借贷组织,也是上述这种供款会的另一种形式。银会成员,定期见面,供款予银会,而能够提供最高供款折扣率的成员,即可获取银会这一期的供款额,是之谓"标会";在此之前一直没有"标会"的成员,就可享有以折扣率供款的优惠,而此前已经"标会"的成员,则不得享有供款折扣优惠,而需按全额供款。所以实际上,是银会成员向银会借债,而用未来的供款来还债。[2] 顺德县翁氏宗族的几个支派,都曾举办银会。根据族谱,为兴建祠堂,翁氏宗族办过很多个银会。乾隆四十二年(1777),翁氏宗族成立了两个银会,但到了乾隆四十八年(1783)会期尚未届满时,"会首"即银会举办者就建议,凡"未使过会者,不取回会本",即建议会员不提款,而将之全数捐给宗族,作为兴建祠堂的费用。[3] 顺德县一个何姓家庭的帐簿显示,从嘉庆四年至十九年(1799—1814),该家庭所属的何氏宗族,利用族产,参加过八个类似的银会。例如,嘉庆四年(1799),何氏在"祝魁会"、"建铺会"各拥有 2 股,"建铺会"有会员 10 名,每名会员供款 20 元。[4]

225

---

[1]《荥阳潘氏家乘》,光绪八年(1882)刊,卷 7,页 12a—13b,藏广东省图书馆,编号 K0.189/55。
[2] James Hayes, *The Hong Kong Region, 1850 - 1922* (Hamden, Conn.: Archon Books, 1977), pp. 125 - 127.
[3]《翁氏族谱》,残本,刊行年份不详,卷 7,页 11b—13b,藏广东省图书馆,编号 K0.189/868.2。
[4] 何自宏,《裕泽堂家事记》,影印光绪戊申年(1908)手抄本,无页码,"会记"部分,藏香港大学图书馆,编号:中 789.3/21.5。

宗族做生意来了

无论是否与族产之经营有关,信贷工具都流行于清朝珠江三角洲的乡村。对于这个现象,我们必须弄清楚其历史背景。或曰:这类商业经营的技巧,早于宋代就已出现,因此,清朝珠江三角洲乡村的这个现象,毫无新意。这种理论,我们实在听得太多了。用这种思路来研究中国社会任何现象,则徒知寻找其制度根源,动辄称"古已有之",而忽略了现象本身。在珠江三角洲早期文献中,有关信贷工具的记载,并不多见,到了18世纪,有关信贷工具的记载才开始多起来。可见,值得注意的,不是信贷工具"古已有之",恰恰相反,值得注意的,是信贷工具之流行,为"古之所无"。信贷工具流行,原因之一,必然是商业日益蓬勃。但是,识字率提高、政府管治范围扩大,也是信贷工具流行的原因。固然,不识字的人,也能够在契约上划个记号或按个手指模,但是,若不识字,恐怕就无法编写账簿并将之公开于村落之内。科举功名的吸引、仪式及官府文书的使用、宗族学校的推广,这些从16到18世纪延绵不断的趋势,都促进了识字率的提高,尽管受过教育的人仍属少数。

真正使到宗族制度对于经济发挥作用的,不仅是契约的普及,而且也是股份制的普及。一旦能够通过宗族招股集资,就像一旦能够通过任何其他组织招股集资那样,就能够扩大投资、增加资本规模。毫无疑问,在明末,一小撮权贵,凭借其政治关系及财富,就能垄断市场。而在清朝,没多少权势与财富的投资者,也能够筹集资金,进入市场。以下南海县的这份契约,就是见证:

> 立合同人关继山、隐斋、实初、惟约、居敬、季林、卓瑞、伯谦、子美、仲存、起华、尔珍、伟卿、昌成等,俱族内叔兄弟侄,分居联镳、塘涌、鹤园各乡,同在山南九图二甲九甲关兆龙关日昌户。
>
> 本族始祖,自宋初卜居谈雅,传至四世祖,始居山南,生五子,分

226

为五房,因住居各处,一切祭祀不能相联。

今山等则皆第三房良佐公之孙也。我房第九世祖生四子,除一绝、一迁居四川外,一曰怀川、一曰济川,子孙居于联镳,分为东西二房。济川之子孙居于塘涌,向北鹤园,分为南北二房,故以东西南北四房为名。

因向未设立蒸尝,止有五世祖坟地一段,土名魏公坑。先年卖得葬地数穴,所有银两,每岁收其利息,以为拜山之用。故冬至之际,尚属缺典,若建立大宗祠之事,则未有所措也。崇祯壬申年(1632),四房各感水木,兴思集众,议合论丁捐资,合作蒸尝,将本图利。以为东房佥得六十九名,北房佥得四十二名,共二百十二名,举祭数年无异。于丁丑年(1637)将各名下所捐之银及递年祭品支剩利银共计得八十余两,买受陈尧勷、陈子益、陈石乡、陈翔乡、陈敦贞等三宅名下松冈墟铺店一所、并上下左右余地树株一应为业,税九亩二分五厘。周围界至,具载陈宅契约内,不复赘。其契,陈氏三宅各自分写,俱系赴本县领出印契纸填写。

续又买街首关振照墟边秔地一段,其价亦系此项尝银所置。自买之后,递年批佃收租,供办祭冬外,余者积贮以备建立大宗祠堂,永远为与祭尝。 227

列者二百一十二名之业,原非论房出银所买,不干无名祭冬者之事,但以后有愿照例出银三钱八分者,俱许登名蒸尝部内,得与其列。

陆续凡用此项尝银所置田地,皆纳其税,待造册之年,另立两户,一寄在二甲、一寄在九甲,分载递年将尝银供纳粮差。其四房当日用过买塘贴墟银两,相逐一算明补还完足,以后无得生端。

为此写立合同,一样四本,四房执照。[之后为大量人名,从略]

时

崇祯十三年(1640)十一月冬日立合同东房二十世孙起凡的笔

缮写。①

捐款人数为 212,总共筹得之款项,大约 80 两银,这表示,大部分捐款者不过捐银 0.38 两。凡已捐款、名登冬至榜者,无疑还有他们的子孙在内,均能参与冬至祭祀,并有资格领取祭肉。至嘉庆五年(1800),松冈墟共有 23 间店铺,其中 12 间由关氏拥有,此外尚有一定期市集,吸引了不少小贩。关氏宗族派出一人,充当地保,代表关氏管理松冈墟。到了这个时候,关氏宗族控制的松冈墟,已经是规模庞大了。

这份契约订立时间,确实早得引人注意。但是,关氏是在嘉庆五年(1800)打官司时才把这份契约作为证据而拿出来的。发生这场官司,原因是松冈墟的部分店主被指没有向官府登记纳税,结果,关氏宗族赢了这场官司。因此,这份契约能够证明的,也许是商业股份制盛行于 18 世纪末,而非盛行于 18 世纪末之前。到了 19 世纪,出售金额甚低的股份,筹集资本,已是极为普遍的做法。道光二十三年(1843)成立于九江的米粮市场,就推出 233 股以供认购,集资至少 25,000 两,这笔资本,被用来购买土地,建立米粮市场。②

另一例子,是乾隆元年(1736)东莞县茶山乡布匹市场"布墟"的股份制。当时,东莞县手织麻布的交易,非常畅旺。"布墟","由乡人结份设立,共二百份",集资 300 两,建立"铺亭"(大概是一座有盖建筑,以便布商们在内设立店铺),并要平整附近三块土地,将之改建为露天市场。为布匹市场提供土地的地主,从店铺及小贩所纳的租金中收取四分一,并且对于那三块平整为露天市场的土地的其中一块,

228

---

① 《附录冬尝买墟买墟买墟合同》,载《南海山南联镳里关氏族谱》,光绪十五年(1889)刊,第 1 册,页 1—2(原书无页码),藏中山大学图书馆,编号:史(2)050。也参见 David Faure, "The lineage as business company: patronage versus law in the development of Chinese business," in Yung-san Lee and Ts'ui-jung Liu, eds. *China's Market Economy in Transition* (Taipei: Academia Sinica, 1990), pp. 105 - 134.

② 冯栻宗纂,《九江儒林乡志》,光绪九年(1883)刊,卷 4,页 79a—81a,载《中国地方志集成·乡镇志专辑》(南京:江苏古籍出版社,1992),第 31 册,总页 437—438。

得以优先租用。但是,尚有不足的款项,则由布匹市场推出 150 股股份,每股 2 两银,向宗族及个人集资。布匹市场的地主,承包官府税项,并负责每年维修市场的费用。这份合约,刻于石碑,并立于市场。①

宗族当然投资于土地。至于有哪些土地值得投资,自然取决于当地情况。在石湾这个专门生产陶瓷品的市镇,宗族投资于烧制陶瓷品的窑。② 石湾霍氏的族谱,极为详尽地提供了宗族控制陶瓷窑的例子。与石湾大部分陶瓷窑一样,霍氏这个陶瓷窑也是依山沿坡而建,深达 200 至 300 码。该窑得自祖传,由霍氏两房集体拥有,但其中一房,在明代已经搬出石湾。最早显示该窑的集体所有制的书面证据,是康熙五十九年(1720)的一份契约,但这份契约的主要内容是关于坟地的分配。仔细考究,原来坟地的位置与该窑的控制大有关系。这些坟地位于石湾镇许多小山丘之一,石湾镇的许多陶瓷窑也同样位于这些小山丘上。石湾霍氏的族谱,收录了一份康熙六年(1666)投呈给职级不详的官府的状子,该状子要求官府禁止这座小山丘附近的一家人建造陶瓷窑,因为这样会破坏山丘上的霍氏祖坟云云。无论康熙六年(1666)诉讼的真相如何,对于石湾霍氏这两个已经不同住一处的支派来说,该诉讼极为重要,因为这两个支派藉此建立其契约关系,并确立起坟地的所有权,因此也就确立其陶瓷窑的所有权。状子称,该祖坟所在之山丘,族人早于明代已向官府登记纳税,族人几百年来也到祖坟祭祀祖先。这是典型的诉讼策略。除了状子如此措辞之外,

---

① 袁应淦编、刘文亮补编,《茶山乡志》,民国二十四年(1935)铅印本,卷 2,页 16b—17a,载《中国地方志集成·乡镇志专辑》(南京:江苏古籍出版社,1992),第 32 册,总页 378—379。

② 除了陶瓷窑以外,宗族还拥有陶瓷窑附近的棚子,参见石湾刘氏的《刘氏家谱》,稿本,刊行年份不详,藏广东省图书馆,编号 k0.189/765.2。拥有河滩地,除了能够开发沙田之外,还能够建成渡口,或开发成蜑民船只的停泊处,或在岸边立网捕鱼(stake net fishing)。关于这个问题,香港有很多资料,参见 James Hayes, "Hong Kong Island before 1841," *Journal of the Hong Kong Branch of the Royal Asiatic Society*, vol. 24 (1984), pp. 105–142。

石湾霍氏族谱也记载,在康熙六年(1666)这同一年,石湾霍氏各支派按丁出银,举行祭祀。而且,石湾霍氏族谱还收录了这两个支派订立于崇祯十年(1637)的合同,显示两派共同拥有祖坟所在的土地:"但无祖尝,众议每房出银贰两,共肆两,生息。递年拜扫,其银俱系石湾房收贮,以清明次日,子孙齐集拜扫纳粮。"很清楚,款项是存在霍氏的石湾支派的,税项也登记在这一支派之下。而且,根据股份制的惯例,这份合约,一式两份,两个支派各执一份。石湾霍氏族谱其余的内容,清楚地显示,这个陶瓷窑,绝非宗族集体拥有的唯一财产。石湾霍氏还另外兴建了几座祠堂,至于山丘上的霍氏祖坟,其子孙原来也不止这订立合同的两个支派。通过直接占有也好,通过向官府登记也好,通过订立合同也好,各个团体,可以独占部分财产,也可以集体拥有部分财产。这恐怕就是我们能够得到的结论吧。因此,被我们称为族谱的这堆纸张,实质上就是其中一个团体的财产及赋税资料库。①

宗族对于其名下的产业如墟市及陶瓷窑,只在族谱内记录这些产业所在的土地的地契,而没有把这些产业的业务记录下来。这是很值得注意的。研究中国历史的学者,往往把投资土地及投资工商业对立起来,他们这种分析,只能暴露出他们对于晚清甚至民国时期中国商业情形的无知。由于地契是从赋税登记演变出来的,地契就受到法律承认,因此,无论土地买卖是否在官府登记过,为土地所有权打官司,就成为可能。王朝政府的知县,同时也是土地及百姓的登记官,因此,别的东西,知县可以不懂;地契,则县官一定懂。有关贸易及其他产业的合伙文书,都不如地契那么重要,除非这些文书涉及朝廷赐予的商业经营权。而在清朝,谁拥有朝廷赐予的商业经营权,官府往往不在乎;官府更警惕的,是谁未经朝廷授权而做生意。因此,珠江三角洲的宗族,更加珍惜对于墟市的拥有权。无论乡村墟市的位置是否取决于当地地理条件,宗族都竞

①《太原霍氏族谱》(刊行年份不详,无页码,藏佛山博物馆),引文见卷4,《大松冈山合同》。

相设立墟市，宗族之间因墟市而产生的激烈矛盾，往往导致纠纷、诉讼、械斗，墟市也因此历经兴衰。

在这争夺资源的过程中，成功的宗族，必须能够争取大多数族人的忠诚，并通过少数成为文人或官员的族人，与官府攀上关系。东莞县厚街乡的王氏宗族，在 18 世纪下半叶，积极修复村庄内的庙宇，并宣称有"数百"名族人在镇内一个墟市中做生意。乾隆四十四年（1789），王氏想在原有墟期做生意，因此被墟主方氏控告。王氏族谱收录了一篇有关此事的文章及县官判词的撮要。县官的判决，是有利王氏的，因为判词称：买卖日期，听从民便。显然，县官不愿意干涉墟期的编排。[①] 嘉庆十一年（1816），顺德县知县就一宗墟市诉讼而作出审判，判词被刻于碑上，并被转录于《顺德龙山乡志》内。该判词实在太复杂，外人难以完全明白。简单来说，第三十八图买了一块地，但不得在这块土地上建立墟市，因此，第三十八图获准把这块土地退回给卖主，换取卖主在第四十排所拥有的一些土地，以便建立墟市。基于一些不明不白的原因，这个方案，与第三十八图购买的一间店铺的地契有关，知县命令第三十八图把这地契交给第四十排，作为担保。知县又命令：第三十八图不必索取 300 两银工本费，大概第三十八图要求第四十排支付这笔工本费。相反，知县命令第四十排向第三十八图支付 532 两银，这笔钱来自本来支付墟市警卫薪水的储备。知县的判决，还指定了各种付费及赔偿的数目。看来，知县对于审判这宗诉讼，是花了很大力气的。把判词刻于石碑，并把石碑立于当地的主要庙宇，是典型的做法。[②] 佛山镇陈氏宗族，拥有普君墟，道光二十九年（1849），陈氏控告某个佃户，指该佃户私自将墟内的铺位转租予另一佃户。[③] 引进知县的权威来制止转租行为，应该是很罕见的。更

²³⁰

---

① 《鳌台王氏族谱》，民国四年（1915）刊，卷 2，页 16a—b，藏广东省图书馆，编号 k0.189/936。

② 《龙山乡志》，民国十九年（1930）刊，卷 5，"大冈墟"条。

③ 《金鱼塘陈氏族谱》，光绪二十三年（1898）刊，卷 10 下，页 11b—12b，藏广东省图书馆，编号 k0.189/272。乾隆时期编纂《佛山忠义乡志》的陈炎宗，就来自这个陈氏宗族。

常见的,是墟主在墟市内部署自己的执法队伍。

除非人们在原则上对于会计制度达成共识,否则宗族无论如何也不能够成为合股制度的载体。这问题实在太复杂,无法在此深入探讨。但我们可以指出,宗族的会计原则,基本上采纳中国商业交易常用的四柱法。资产是被放在四柱之外的,人们有时候把各种资产开列成一单,但更常见的做法是仅把资产所属的地契保存起来。四柱会计法的"四柱",指"旧管"即旧有的财政结算、"新收"即收入、"开除"即开支、"实在"即新的财政结算。四柱会计法所产生的,是每年的资金流动账,而非资产核算。① 滨下武志指出,四柱会计法强调的不是计算业务的盈亏,而是维持生意伙伴的关系。他这个分析,比起大部分有关四柱会计法的分析,更能把握四柱会计法的精髓。② 宗族主要是控制财产的集团,而非从事贸易及生产的集团,宗族的资金,是根据预先规定好的项目而分配的,例如祭祀、福利等,而且宗族也不发放花红,因此,族产的管理,是建立在族产永存这个假设上的。③ 所以,把各项开支及结算填进适当的账簿栏目内,固然是重要的会计原则,而把财产所有权正确划分,也同样是重要的会计原则。《龙山乡志》稿本内的夹页及眉批中,"箱"这个字,正是划分所有权的会计单位,这反映出,划分财产所有权这个会计原则,是显然得到承认的。④ 上文引述的顺德县一个何姓家庭的账簿,记录该家庭在各个银会的股份时,也记载所购置的产业、银会的股份结构以及里甲组织的

231

① Robert Gardella, "Squaring accounts: commercial bookkeeping methods and capitalist rationalism in late Qing and "Republican China," *Journal of Asian Studies* 51:2 (1992), pp. 317 - 339.
② 参见滨下武志 1999 年 10 月 29 日在香港科技大学的演讲。
③ 有关宗族的管理及其隐含的意义,参见,Matsubara Kentaro (松原健太郎), *Law of the Ancestors: Property Holding Practices and Lineage Social Structures in Nineteenth Century South China* D. Phil. thesis (Oxford: Oxford University, 2004).
④ 这是指民国《龙山乡志》卷 5 的眉批及夹页。其中一张夹页,记录了"新箱"的财产,"新箱"成立与光绪六年(1880),取代成立于嘉庆十五年(1810)的"旧箱";同样在卷 5,提及观音庙之处,也有眉批,记录了另一"箱"所拥有的大笔财产。

缴纳赋税安排。[1] 可见，到了 18 世纪，会计知识肯定是得到大力推广的。因而，财产所有权的清晰观念，也得到推广。

乾隆十年(1745)，龙山乡金顺侯庙外新建一墟市，《顺德龙山乡志》对此仅一笔带过，不加任何解释。原因应该是，招股集资这种做法，在 18 世纪已经变得极为普通，人们不以为怪。《顺德龙山乡志》把这墟市的合同全文照录，还附上一幅显示店铺位置的草图。合同全文如下：

> 乾隆十年(1745)，岁在乙丑，绅衿排户集议捐银买受金顺侯庙前鱼塘，开路甬道，众心欣然。时乐从者五十五家，每家捐银五十五两，修筑照墙、甬道、万里桥及左右门楼，竖立忠义儒林乡额，修辑马头，起造庙前左右铺舍三十八间，自此永沾侯之利泽于无涯矣。是役也，萧占恒、康将万、张与峯、黄桓思、陈清士、彭作长督理修建；而经营筹度，则蔡捷之、萧淮五、彭与齐，历四载而始竣。将铺舍四十八间，分十一股，编列"子、曰、学、而、时、习、之、不、亦、乐、乎"字号，每五家各得一股，任从各自批佃。

之后，就是这 11 股的细节，包括各股内的店铺数目、股东名字以及税户即缴纳赋税的户口。除一户税户之外，其余所有税户的名字，都出现于《顺德龙山乡志》的里甲名单中。而《顺德龙山乡志》里甲名单也显示，就在以上这张立墟合同订立的同一年，里甲名单内也增多了一甲：第二十五甲。可见，到了十八世纪，墟市之建立，是有一套周全的程序可依的，把股东、墟主、官府三方结合起来。[2]

---

[1] 参见何自宏，《裕泽堂家事记》。珠江三角洲这类账簿保存得很少，但香港及台湾的情况显示，账簿在乡村是很普遍的。有关台湾的情况，参见 Myron L. Cohen, "Commodity creation in late imperial China, corporations, shares, and contracts in one rural community," in David Nugent, ed. *Locating Capitalism in Time and Space：Global Restructurings, Politics, and Identity* (Stanford：Stanford University Press, 2002), pp. 80 – 112.

[2] 佚名纂，《顺德龙江乡志》(又名《龙江志略》)，民国十五年(1926)龙江双井街明新印务局铅印本，卷 1，页 2b—4a，载《中国地方志集成·乡镇志专辑》(南京：江苏古籍出版社，1992)，第 30 册，总页 765—766。

232   既然宗族如此密切地参与商业活动,如果我们还要强行划分宗族的"商业"与"士绅"(或称"文人")层面,则真成无稽之谈了。明清社会的阶级鸿沟,并不出现于士、农、工、商之间,所谓士、农、工、商,是王朝国家对于百姓的职业划分,历史学家也许受此误导。明清社会的阶级鸿沟,存在于各个地域组织之间,体现于定居权、宗族、地域联系、现有居民、外人等名目上。像佛山这样的市镇,太过庞大,绝非任何一个宗族所能够完全控制,因此,管理佛山的,是各团体首领所缔结的联盟,这类统治联盟,往往在某个主要庙宇内或慈善组织内缔结的,例如北帝庙或者义仓。像佛山这样的市镇,它们的控制财产的组织工具,无异于乡村及宗族内的控制财产的组织工具。村民到土地神坛前祭祀这一活动,发展出轮流当值祭祀的做法,而这种乡村社会的做法,又被王朝国家的赋役里甲制度轮流当差的安排吸收,成为法律规定。而宗族管理其族产的原则,是祖宗财产,子孙人人有份。于是,"管理轮流交替"、"财产人人有份"这两大原则结合起来,不仅应用于佛山义仓的管理上,也应用于许多商业及公共机构的管理上。因此,明清时期的财产权,就是这样一种集体所有制。①

---

① 温汝能纂,《龙山乡志》,清嘉庆十年(1805)金紫阁刻本,卷11,页53a—54a,《仓田议》,载《中国地方志集成·乡镇志专辑》,第31册,总页179—180。

第十七章　盛世一记

　　到了18世纪的最后几十年,珠江三角洲一片繁荣。18世纪50年代清朝政府颁布的广州独口通商政策,几乎保证珠江三角洲一定繁荣起来。然而,珠江三角洲这段盛世的历史,却是不清不楚的。17世纪40年代至70年代的明清交替,对于珠江三角洲的经济造成怎样的破坏?目前文献,没有多少材料能让我们计算出个大概。我们只能想当然地说,在顺治十八年至康熙九年(1661—1670)迁界政策的封锁下,珠江三角洲的农业必定受到打击、贸易必定萎缩。可是,一旦社会秩序恢复,则九江的塘鱼养殖,南海、顺德广大地区的种桑养蚕,新会的葵扇生产,佛山的铁锅及陶瓷生产,经香山与澳门的贸易,还有历史悠久的沙田开发,又继续下去,一如16世纪的情形。陈春声发现,自迁界至18世纪30年代乾隆初年这超过半个世纪的时期内,广东一度中断了银元的流通。但是,到了18世纪50年代,银元必定再度普及,因为佛山的地契提及"花钱色司马"。[①] 18世纪80年代,修建庙宇的筹款记录,也提及银元。自18世纪某个时期开始,广州的奢侈品消费也大致恢复起来,福建商人(行商)

---

① 广东省社会科学院历史研究所中国古代史研究室、中山大学历史系中国古代史教研室、广东省佛山市博物馆编,《明清佛山碑刻文献经济资料》(广州:广东人民出版社,1987),页490。

冒起于广州,是有充分的史料作为印证的,而西方文献更大肆渲染行商的奢华生活。广州城内大街小巷的热闹情景,在 19 世纪初的广州外销画中可见一斑。外销画相当于今天的明信片。

234

数　字

要测算出个大概,需要数字,但要找到数字,可不容易。刊行于乾隆十七年(1752)的《佛山忠义乡志》称,佛山镇人口达数十万,作为证据,该志还说,每天,粮船从西江运来几千石的粮食,供应佛山人口。[1] 18 世纪上半叶,清朝官方文献也注意到粮食短缺的问题,后果之一,是清朝政府于 18 世纪 50 年代禁止米粮出口泰国。[2] 清朝政府于嘉庆二十五年(1820)在广州府登记的人口,为 580 万,广州府大致相当于广义的珠江三角洲。[3] 吉尔伯特·罗兹曼(Gilbert Rozman)估计,在广东省,包括广州城、其他府州县城及大型市集镇在内的城镇人口,占全省总人口的7%。[4] 若单就珠江三角洲而言,广州城及佛山镇加起来的城镇人口,应使珠江三角洲的城镇人口比例更高。珠江三角洲日渐繁荣的另一见证,是肉类消费的增加。在 19 世纪 40 年代,广州城每天屠宰的猪只,达五千头。[5] 天下和平、经济繁荣、营养丰富,这都足以导致 18 世纪人口增加。假如李中清(James Lee)的研究成立,则 18 世纪对于疾病的防治,

---

[1] 陈炎宗总辑,《佛山忠义乡志》(乾隆十七年[1752]刊),卷 3,页 28b,藏香港浸会大学图书馆特藏部,编号 T 673.35/1052525.11752v.1—4,以下简称《乾隆佛山忠义乡志》。

[2] Sarasin Viraphol, *Tribute and Profit*: *Sino-Siamese Trade*, *1652 – 1853* (Camb. Mass.: Council on East Asian Studies, Harvard University, 1977), pp. 98 – 107.根据该书研究,广东每年从泰国进口约 25,000 石米。这个数字,远低于广东从广西进口的米粮的数字。参见谭棣华,《广东历史问题论文集》(台北:稻荷出版社,1993),页 296—297。

[3] 梁方仲,《中国历代户口田地田赋统计》(上海:上海人民出版社,1980),页 277。

[4] Gilbert Rozman, *Urban Networks in Ch'ing China and Tokugawa Japan* (Princeton: Princeton University Press, 1973), pp. 239.

[5] 《广东探报》,稿本,刊行年份不详,但估计成于道光二十三年(1843)或二十四年(1844)。藏大英图书馆,编号 OR 7404.40b。

也是导致人口增加的原因之一。但珠江三角洲文献中,没有多少证据证明防治疾病的成绩。①

18世纪人口增长,而直至18世纪80年代,粮价也一直上涨。陈春声认真地研究清代文献,他发现,乾隆元年(1736)米价平均每石0.882两银,至乾隆五十四年(1789)上涨到1.659两银的高峰,至嘉庆五年(1800)而回落到每石1.376两银。这个通货膨胀的趋势,也反映于丝绸价格上:康熙四十一年(1702),丝价每担132两银,至乾隆四十九年(1784)而上涨到每担310两银的高峰。② 更有甚者,同一时期,铜钱相对于白银的价值攀升,钱贵银贱。随着铜钱流通量增加,农民以铜钱折算的交易额,必定更高于以白银折算的交易额。有关农产品的价格,目前并无直接的史料可稽。但是,缓慢而稳定的通货膨胀,应该会使农民的收入增加。土地价格的增加,大概也反映出这个趋势。

18世纪沿海贸易的增长,也是珠江三角洲经济繁荣的原因。顺治十三年(1656),清朝政府禁止海洋贸易,但海洋贸易其实并未完全停顿,而这禁令撤销之后,海洋贸易量更是大增。荷兰东印度公司的记录显示,从康熙五十五年至雍正八年(1716—1730)间,从澳门抵达巴达维亚(今天印尼首都雅加达)的葡萄牙及中国的商船的航运量,从每年600吨上升至2,100吨,之后,始为福建广东之间的航运量所超越。③ 据清朝粤海关的记录,来自西方的船只,在乾隆十五年(1749)为18艘,至18世纪末,则增加到平均每年接近50艘。④ 乾隆二十二年(1757),清朝政府规定,广州成为向西方商人开放的唯一贸易港口,但这规定并没有立即导

235

① James Z. Lee and Wang Feng, *One Quarter of Humanity*:*Malthusian Mythology and Chinese Realities*,*1700 -2000* (Camb., Mass.:Harvard University Press, 1999).

② 陈春声,《市场机制与社会变迁:十八世纪广东米价分析》(广州:中山大学出版社, 1992),页147、149。

③ George Bryan Souza, *The Survival of Empire*, *Portuguese Trade and Society in China and the South China Sea 1630 -1754* (Cambridge:Cambridge University Press, 1986), p. 143.

④ 梁廷楠,《粤海关志》,清道光(1821—1850)刻本,卷24,页34a—38a,载《续修四库全书》(上海:上海古籍出版社,1995),第835册,总页147—149。

致广州的外贸航运量增长,广州的外贸航运量增长缓慢,直到 18 世纪 70 年代,才开始迅速攀升。这时期外贸航运量的攀升,实际上与中国茶叶出口的增长同步。茶叶出口增加的同时,英国商人输入广州的白银也增加,直至 19 世纪 30 年代开始,白银的输入始为鸦片的输入所取代。英国商人进口到广州以及从广州出口的商品的总值,在 18 世纪 60 年代初期,分别为平均每年 47 万两银以及 98 万两银,至 18 世纪最后十年间,却分别攀升至平均每年 537.3 万两银及 572 万两银。[1] 清朝粤海关从中抽取的财政收入,雍正十三年(1735)为 21.6 万两银,到了嘉庆五年(1800),则跃升至接近一百万两银。[2] 广州虽然是西方船只来华贸易的唯一港口,但是,由中国帆船进行的中国沿海贸易及中外贸易,也极有分量,对此我们也不应忽略。吴振强(Ng Chin-keong)引述福建地方志,指出广州是福建商人的前哨之一,18 世纪 30 年代,移居广州的福建商人已经有一千多,而广州不少行商的家族历史显示,许多行商源于福建。当然,18 世纪珠江三角洲贸易的图景里,也绝不能没有澳门葡萄牙人的份,澳门当时人口约为 13,000,其中外国人占五千。[3]

以上如此可观的贸易数字,在广州催生出极为富有的人,首先是行商,但也包括盐商。康熙五十九年(1720),当"公行"这个外贸商人行会成立时,成员为 16 家包括闽、粤巨商在内的商行。行商多半依靠英国商人的贷款进行贸易,至乾隆四十四年(1779),英国方面指行商欠款总额

---

[1] 严中平等编,《中国近代经济史统计资料选辑》(北京:科学出版社,1955),页 3 引述 Earl H. Pritchard, *The Crucial Years of Early Anglo-Chinese Relations*, *1750 – 1800* (Pullman, Wash.:s.n., 1936), pp. 391 – 396, 401, 402.

[2] 以上粤海关每年财政收入的数字,见陈柏坚、黄启臣,《广州外贸史》(广州:广州出版社,1995),第一卷,页 250—255 转引戴和,《清代前期(1685—1840)粤海关的用人与税收研究》,硕士论文。

[3] 以上有关澳门的数字,见 C. R. Boxer, *Fidalgos in the Far East 1550 –1770* (Hong Kong: Oxford University Press, 1968, 1st ed. 1948), p. 256; Ng Chin-keong, *Trade and Society*, *the Amoy Network on the China Coast 1683 –1735* (Singapore: Singapore University Press, 1983),p. 96.

达 380 万两。虽然欠债,但行商往往极为富有。以潘启(1714—1788)为例,他是福建帆船商人,经营马尼拉与厦门之间的贸易,自乾隆十五年(1750)以来,历任公行要职;至乾隆五十一年(1786),英国东印度公司还欠了他 27 万两的债。伍秉鉴(1769—1843)的父亲,自 18 世纪 80 年代起成为行商,伍秉鉴继承父业,也继承其父亲"浩官"(Howqua)的称号,成为响当当的人物。研究英国东印度公司的历史学家摩斯(H. B. Morse)估计,道光十四年(1834),伍秉鉴的资产达 2600 万两。[①] 当时居住广州的欧洲人,往往把行商的豪华花园,引为美谈。19 世纪居住广州的威廉·亨特(William Hunter),第一次鸦片战争(1840—42)后,探访潘氏(即潘启的后人)花园,他留意到,"小湖鹅卵石铺成的小径,花岗岩砌成的小桥,连接小湖流水,其中有鹿、孔雀、鹳,及羽毛亮丽的鸳鸯",此外还有各色花草树木。[②]

清朝政府的统治

很多人说,清朝政府继承了明朝政府的许多制度。这说法只说对一半,因为清朝政府所继承的,是明朝在 16 世纪行政改革所形成的新制度,而且,我们还必须补充:清朝政府在明朝这些新制度中,也只继承了其中的民事管理制度,而非军事管理制度。清朝政府继承明朝的新制度,包括:土地税折收白银,县衙门供养差役,士绅模仿官员"家庙"形制兴建祠堂、宣扬对祖宗之"孝"及对皇帝之"忠"的新礼仪。但是,军事方面,清朝政府却摈弃了明朝卫所军役制度,也摈弃了明朝容许地方将领招募雇佣兵的做法,

---

[①] H. B. Morse, *The Chronicles of the East India Company Trading to China*, *1635 – 1834* (Oxford: The Clarendon Press, 1926 – 1929), vol. 4, p. 348;梁嘉彬,《广东十三行考》(1937 年刊,广州:广东人民出版社,1999),页 259—270,282—290;Weng Eang Cheong, *The Hong Merchants of Canton*, *Chinese Merchants in Sino-Western Trade*(Richmond, Surrey: Curzon,1997), pp. 128 – 190.

[②] William C. Hunter, *Bits of Old China* (London: Kegan Paul, Trench & Co, 1855), p. 79.

改为依靠人数少而战斗力强的八旗驻防部队。在广东,清朝的这些新制度,意味着两广总督承担了更多民事职责,不再纯粹是军事指挥官,而是广东、广西两省的最高行政长官,两省巡抚均受其节制。因此,总体而言,说清朝继承了明朝的制度是不够准确的,更准确的说法应该是:明清交替的动荡结束之后,16世纪的行政改革,到了18世纪而获得进一步推展。

　　16世纪行政改革中,最明显得到清朝继续推动的,就是赋役制度的改革。被称为"一条鞭法"的赋役标准化改革,在17世纪缓慢实施,终于产生出《赋役全书》,详细开列每省各种等则的土地税。顺治十四年(1657),清世祖下诏,命令各省根据万历(1573—1619)年间的数据,编纂赋役全书,珠江三角洲的县志显示,这诏令是得到贯彻执行的。[①]编纂赋役全书,是明朝下半叶以来持续进行的"一条鞭法"财政改革的新一步。在明朝,"一条鞭法"已经把赋税折成白银,而清朝政府则进一步深化改革,把各项劳役及税项全部摊入税地,按亩征银,梁方仲与刘志伟对此有清楚的解释。[②]官府仍然保存"里甲"的户口登记,但这时的户口,纯粹是纳税的户口,并不代表着真正的家庭。[③]清圣祖于康熙五十一年(1712)下诏,宣

237

---

① 陈昌齐等纂、阮元等修,《广东通志》(上海:商务印书馆,1934影印道光二年(1822)刊本),页24。

② 关于清初赋役改革及财政管理制度如年度会计等的重要意义,参见刘志伟,《略论清初税收管理中央集权体制的形成》,载中山大学历史系编,《中山大学史学集刊》第一卷(广州:广东人民出版社,页115—129);袁良义,《清一条鞭法》(北京:北京大学出版社,1995),页113—133;唐文基,《明代赋役制度史》(北京:中国社会科学出版社,1991),页184—199;关于明清赋役制度演变的背景,参见 Liang Fangzhong (梁方仲), trans. Wang Yu-ch'uan, *The Single-whip Method* (*I-t'iao-pien fa*) *of Taxation in China* (Camb. Mass.: Harvard University Press, 1956);梁方仲,《易知由单的研究》,原刊于《岭南学报》第11卷第2期(1951),收入《梁方仲经济史论文集》(北京:中华书局,1989),页368—484;黄仁宇(Ray Huang)认为,至明末,八成的粮税已经折银,见 Ray Huang, *Taxation and Government Finance in Sixteenth-century Ming China* (Cambridge: Cambridge University Press, 1974), p. 175。

③ 雍正三年(1725),一位御史上奏,指广东的土地登记中,仍然保留"老户"的记录。两广总督及广东巡抚上奏回应,谓广东各县衙门土地登记的惯例,是保留税户户名而不理会该土地是否已经转卖,换言之,"凡买此户内田地,即在此户内输粮"。税户户名长期不变,原因很多,其一是百姓们相信,把许多家庭登记在同一税户名下,能够减轻劳役负担,这些劳役现在虽已折银,但能够少交白银总是好事;其二是部分税户名下的田产,成为了宗族控制的族产。参见中国第一历史档案馆编,《雍正朝汉文朱批奏折汇编》(南京:江苏古籍出版社,1989),第4册,页742—743,雍正十三年(1735)四月七日条。

布"嗣后滋生户口,勿庸更出丁钱",这道著名的冻结人头税的诏令,把丁银摊入土地税,是之谓"摊丁入亩"。但是,正如刘志伟指出,就广东而言,这诏令并没有产生什么立竿见影的效应,因为广东一直在持续不断地"摊丁入亩"。

因此,清朝政府的一笔丰功伟绩,就是编成《赋役全书》。《赋役全书》一举解决了中央财政的难题,这个难题在明朝下半叶一直无法解决,也许还导致明朝覆灭。批评清朝政府的人很快指出,《赋役全书》的规定常被践踏,省级及其下级衙门,仍可横征暴敛,仍可贪污成风。这批评无疑是正确的。但是,《赋役全书》最重要的作用,是在中央财政层面统一了赋役项目。自14世纪明朝开国以来,中央政府首次拥有统一的财政收支记录,清楚开列各省每年须上缴中央的财政收入,这些财政收入,主要是白银,而非实物。《赋役全书》的缺点,不在于把全国各地的税项划一征收,而在于留给县级衙门的财政经费不足,以至于县衙门不得不额外征取各种收费,再次回复到16世纪地方政府费税名目繁多的情形。这个弊端,要到清圣祖的继任者清世宗时期,才得到解决。清世宗以"养廉银"名义,将各级衙门各种额外收费,转化为合法财政收入,统归省级衙门之下。于是,户口登记与赋税制度进一步分离,官府定期登记户口,为的是通过邻居集体责任制而维持治安,因此这时候的户口登记组织不再是"里甲",而是"保甲"及"互保"的"甲"。以上这些措施,强化了县级衙门的统治能力,为清朝带来一百年的太平盛世,尽管宗族势力也日益强大。①

广东布政使常赉,于雍正五年(1727)上了一道奏折,这道奏折罕见地坦率,谓根据《赋役全书》的规定,他就必须剔除以礼物为名义的每年 *238*

---

① Madeleine Zelin, *The Magistrate's Tael*, *Rationalizing Fiscal Reform in Eighteenth-century Ch'ing China* (Berkeley: University of California Press, 1984); 庄吉发,《清世宗与赋役制度的改革》(台北:台湾学生书局,1985);陈支平,《清代赋役制度演变新探》(厦门:厦门大学出版社,1988)。

价值三万两银的收入,取而代之的,是从广东各县知县上缴给布政司衙门合共 85 万两银中,扣出 3%,由两广总督、广东巡抚、及他广东布政使本人均分,常赉因此分得 8,300 两银。另外,百姓承充衙门差役,须向官府缴纳一笔费用,始能获得相应的官府执照。这笔执照费,也将由省级衙门收取,并同样把其中一部分均分给上述三名广东要员,常赉因此分得 2,200 两银。两笔相加,常赉共获得养廉银 11,000 两。[①] 根据顺治十四年(1657)的《赋役全书》,布政使的养廉银为 2,177 两,无疑,常赉现在所获得的养廉银比从前多得多。但是,如果这新的养廉银真取代了常赉原本以礼物为名义得到的每年价值三万两银的收入,则常赉的实际收入减少了三分之二。官员实质收入因养廉银而减少这一点,雍正七年(1729)继常赉而任广东布政使的王士俊也予以印证。王士俊称,自己任职广东布政使之前,布政司衙门向两广总督及广东巡抚递交的养廉银名义上分别为 8,300 两,实际上只有 6,000 两,差额均由前任布政使扣留。现在,尽管他每年得到九千两养廉银,高官们仍感入不敷支。他以自己为例,说:即使以自己如此简朴的生活,每年支付随从薪水以及往返北京,已花去 7,200 两,剩下的 1,800 两,根本无法应付修葺庙宇、为海南岛黎人提供衣装以及筑堤开路等等费用。幸好,他发现,在墟市税这笔尚未定额化的财政收入中,有四千两被划拨为支付县令养廉银及建造战船的费用,其中尚有少数余款,王士俊请求划为己用。[②]

雍正的财政改革,似乎改善了部分省份的财政状况。但是,以上连续两任广东布政使的奏折显示,广东似乎并不受惠。只要经济增长,总能找到新的财政收入。衙门的部分职责是可以外判出去的,包税者无疑可以捞一笔"费",而预算内的"余款",亦即尚未定额化的各类费税,也总是有办法找到的。雍正时期的财政改革,精简赋税制度,继承了康熙时

---

① 中国第一历史档案馆编,《雍正朝汉文朱批奏折汇编》,第 9 册,页 5。
② 中国第一历史档案馆编,《雍正朝汉文朱批奏折汇编》,第 17 册,页 189—190。

期的措施,甚至能够在一定程度上遏止了县衙门乱收费的情况,因此提
升了清朝的政治合法性。但是,这些改革并没有从原则上否定包税,即
使为人称道的养廉银政策,也远远不足以划分官员的私财与公费。在这
种情况下,衙门乱收费的情况,仍然是无处不在的。雍正财政改革之后,
还有老百姓经常抗议官府乱收费,就是证据。

　　清朝粤海关的管理,充分反映了中央与地方的矛盾。一方面,中央想
得到财政收入,又真诚地想遵照规章、制止乱收费的情况;另一方面,地方
官员也想从粤海关这个利薮中分一杯羹。而清世宗也完全明白,要把税收
定额划一,必须制止官员的额外诛求,于是粤海关的问题就更加有趣。清
世宗于雍正七年(1729)下旨,引述孟子曰:"朕思孟子言治国之道,首称取
于民有制。所谓有制者,即一定额征之数也,若课税之属,无显然额征之
数,则官吏得以高下其手,而间阎无所遵循。"①清世宗明白,这种情况会
造成恶性循环,下属贪婪不已,肆意诛求,而上司的榨取亦越来越多。

　　但是,18世纪下半叶在广州经商的外国人都知道,粤海关充斥着他
们所谓的"贪污",而户部于清高宗登基之年(1736)上的奏折,也披露了
粤海关这一问题。粤海关向外国商人收费的许多名目,都不是朝廷所规
定的。这些法外的收费名目实在太多,以至于朝廷下令整顿粤海关,大
幅削去各种"乱收费":每年"挂号、船头、开舱、放关、牌照、对单、小包等
项归公银三万余两;米、麦、豆、鱼等项归公银三千余两;又缴送银三四万
两不等;并洋船进出口规礼杂费银一万余两。每年约银八九万两,悉予
减免"。这样,每年总共扣省8万至9万两,约占雍正时期(1723—1735)
粤海关年均收入的三成。乾隆初年的这次改革,与之前的改革一样,并
不能够制止粤海关的法外诛求。②

① 梁廷楠,《粤海关志》,卷1,页7b—8a,载《续修四库全书》,第834册,总页462—463。梁廷楠把
　清世宗这道圣旨恭录于《粤海关志》卷一,大概是要表示自己也充分明白依法收费的重要性。
② 梁廷楠,《粤海关志》,卷14,页5a—6a,载《续修四库全书》,第834册,总页699—700;H. B.
　Morse, *The Chronicles of the East India Company Trading to China*, *1635 -1834*, vol. 1,
　pp. 247 - 253.

240 　由于"摊丁入亩"的改革,在 18 世纪,各级政府的法定税收应该是增加了。但是,既然形形色色的法外诛求禁而不止,说财政改革能够增加各级政府的财力,是没有多少证据的。这几波财政改革的真正结果,是增加了高层衙门的权力:户部对于各省财政事务的管辖权增加;督抚衙门对于各府州县衙门的管辖权也增加。在像 18 世纪这样的经济景气时期,要百姓承受更多税赋,是很容易的。可是,一旦经济不景,朝廷正气凛然,高喊禁止乱收费,但其实又不能真正奏效,就会产生危险的政治后果。在 18 世纪的中国,白银的流通显著增加,而经济的增长与衰退,都与白银的铜钱比价有关。中国出口强劲,意味着白银流入中国,白银的铜钱比价因此下跌,而以白银计算的商品价格则提高,是之谓"银贱"。可是,一旦中国进口增加,就意味着白银流出中国,白银的铜钱比价因此上升,而以白银计算的商品价格则下降,是之谓"银贵"。尽管中国大部分地区的日常生活交易都以铜钱进行,但税收现在是用白银计算的,因此,白银的铜钱比价上升,就等于加税。在中国其他地区、例如华中,白银的铜钱比价上升,导致 19 世纪 20 年代出现不少抗税暴动,但在珠江三角洲的文献中,却没有类似的记载。由于广州积极参与利润丰厚的鸦片贸易,出口停滞不前是否导致广州陷入萧条,迄无定论。而银元大概也开始在珠江三角洲流通,在相当程度上取代了铜钱,因此,"银贵"对于珠江三角洲所产生的影响,与对全国其他地区的影响,是不一样的。①

---

① 有关"银贵"即白银升值对于当地的影响,数据主要来自江南地区。珠江三角洲在这方面没有多少史料可供研究,因此以上这个看法只能是一种假设。有关江南地区"银贵"的情形,参见 Wang Yeh-chien(王业键),"Secular trends of rice prices in the Yangzi delta, 1638 - 1935," in Thomas G. Rawski and Lillian M. Li, eds. *Chinese History in Economic Perspective* (Berkeley:University of California Press, 1992), pp. 46 - 53;有关全国的情况,参见林满红,《中国的白银外流与世界金银减产》,载吴剑雄编,《中国海洋发展史论文集》(台北:中央研究院中山人文社会科学研究所,1991),页 1—44。

学术与生活方式

18 世纪,珠江三角洲的生活方式有何变化? 对此我们所知甚少,反而对 18 世纪以前及以后的变化,我们所知更多。我们不得不通过出版业的历史来探讨 18 世纪珠江三角洲的日常生活。19 世纪初,广州出版业极为蓬勃,但现存的书目中,却很少有 19 世纪前由广东书商刻印的著作。18 世纪,清高宗下令在全国各地搜查禁书,广东的禁书名单,透露了广东出版业的一些情况。乾隆三十九年(1774),番禺、南海县衙役,在书肆中搜出屈大均的诗集 23 本,《广东新语》、《岭南三家诗》各一本。屈大均的后人因此收到牵连。两广总督及广东巡抚联名上奏,谓:"但合刻之诗,省城坊间既有刷卖,则绅士之家,保无买(原文如此,当为"难保无买"之误)。"他们派遣一名差役到屈大均后人家中,用三两银买了屈大均文集三本。[①] 乾隆四十二年(1777),广州的书肆因另一事件而再度受到官府调查。事缘诗评家沈德潜编纂了篇幅甚巨的《国朝诗别裁集》,进呈一本予清高宗。清高宗发现该书把明末清初的钱谦益的作品也收进诗集,认为钱谦益不忠不孝,下令禁毁此书。后来又发现,该书再版时所用的藏板,原来是在广州制造的,广东巡抚奉命调查。巡抚的差役报告,说他们盘查广州城内以及"各处城乡"的书肆,各书商都说他们没听说过《国朝诗别裁集》再版于广东。书商们建议追查南京书商,南京书商到广州来,居住于城内的金陵会馆。于是差役们到金陵会馆调查,南京书商表示,目前手头上并没有《国朝诗别裁集》,也同样没听说过再版于广东,不过,他们知道,乾隆二十五年(1760),有一位南京书商发现在广东制板刻书成本较低,因此就在广州制造书板,运往南京。

---

① 故宫博物院文献馆编,《清代文字狱》(原刊于 1931—1934 年,上海:上海书店,1986),页 199—194。引文载页 199。

也许,奉圣旨销毁的书板,有些就是在广州制造的。① 这些记载显示,在18 世纪的广州,有读者市场、有书板雕刻业、有不少书肆,但出版商并不多。到了 19 世纪,出版商的数目才显著增加,不仅广州如此,附近的佛山与东莞也如此。② 出版业的蓬勃,也许是伴随着 18 世纪下半叶经济繁荣而出现的。

顾嗣协于康熙四十九年(1710)刊行其有关新会的杂记《冈州遗稿》时,记录了明朝立县以来新会本地人的著作 120 种,大部分都收于族谱内,是蝇头小楷的抄本,鼠啮蠹蚀。③ 出版业的蓬勃,强而有力地促进了廉价出版品在大众市场的普及。这些出版品包括:宗教文书、歌词、戏本。这些戏本在 19 世纪与我们现在称为“粤剧”的戏曲有密切的关系。这类粤语歌词及戏本,把粤语口语结合到古典诗文中,到了19 世纪 20 年代,招子庸及其同道的努力下,终于开花结果,产生出自觉的粤语文学。④ 但是,即使部分文学作品已经刊印传世,但传阅手稿及抄写书稿的习惯却与时俱进,并不落伍。大部分童蒙教材、科仪、宗教经文、歌词、药方、族谱都仍然是手稿,香港新界西贡海下村翁仕朝的藏书,就是证明。

242 程美宝认为,19 世纪初,粤语文学的出现,再加上文人发起的文化运动,催生了广东人的身份认同。⑤ 从广东本位理解广东历史这种知识脉

---

① 故宫博物院文献馆编,《清代文字狱》,页 704—705。
② 李绪柏,《清代广东的书坊及其刻书》,载中山大学历史系编,《中山大学史学集刊》第一卷(广州:广东人民出版社,1992),页 130—144。
③ 顾嗣协,《冈州遗稿》,康熙四十九年(1710)刊,《序》,页 1a。
④ Liang Peichi(梁培炽), *A Study of Nanyin and Yueou* [南音与粤讴之研究](San Francisco: Asian American Studies, School of Ethnic Studies, San Francisco State University, 1988); 冼玉清,《冼玉清文集》(广州:中山大学出版社,1995)。
⑤ Ching May-bo(程美宝), *Guangdong Culture and Identity in the Late Qing and the Early Republic* D.Phil. thesis (Oxford: University of Oxford, 1996);对于这个观点的饶有兴味的佐证,是 19 世纪上半叶清朝要求广东籍官员说官话但效果不彰,参见杨文信,《试论雍正、乾隆年间广东的“正音运动”及其影响》,载单周尧编,《第一届国际粤方言研讨会论文集》(香港:现代教育研究出版社,1994),页 118—136。

络,从黄佐的《广州人物传》,到广东各种方志的编纂,到珠江三角洲文人诗文的编集,最后,把粤语口语转化为文学体裁,一以贯之。从更宏观的层面来看,她的论点也是成立的。从思想史的层面来看,从 15 世纪陈白沙的思想成就算起,三百年间,珠江三角洲在全国文化舞台上,屡领风骚。明朝后期,部分重大的政治改革,就是由广东文人推动的:庞尚鹏改革盐法、推动一条鞭法;陈子壮把江南复社的政治会社运动引入广东。但是,广东的文化活动,并不是由这些官员或学者主导的,而是由诗人主导的。正如屈大均所言:

> 粤诗……至黄文裕(黄佐)而复兴,……(欧)桢伯与梁兰汀、李青霞、黎瑶石皆泰泉门人。其诗正大典丽,泽于风雅,盖得其师所指授。[1]

以上这些人物,声名远播广东以外。而在广东本地,他们之所以出名,是因为他们都是 16 世纪著述丰富的文人黄佐的学生。黄佐的作品,包括礼仪书《泰泉乡礼》、地方志《广东通志》,等等。长话短说,黄佐对于佛教的态度,比同时代的魏校、霍韬来说,较为温和,从黄佐的诗会看来,似乎佛教有复兴之势。以上屈大均提及的五人,日后被称为"南园前五先生",这 18 世纪的发明,既是出版业的噱头,也是广州文人努力建构文化传统的结果。[2] 万历十六年(1588),一小群文人在广州光孝寺建立"诃林净社",以写诗唱酬为主要活动。这时,光孝寺对于广州城内的事务,又开始扮演重要角色,证据之一,是万历四年(1576)光孝寺恭迎僧人达岸的金身,并举行祈雨活动。此后,著名佛教僧人憨山德清,推动了佛教的复兴,而光孝寺也成为文人活动的主要场所。在明朝的最后几十年间,出席光孝寺文人雅集的,不乏名儒高官,包括陈子壮、何吾驺等。广 243

---

[1] 屈大均,《广东新语》(约康熙三十九年[1700]刊,香港:中华书局,1974 排印),页 355—356。

[2] 有关他们的简略传记,见孙蕡等著、梁守中点校,《南园前五先生诗》;欧大任等著、郑力民点校,《南园后五先生诗》(广州:中山大学出版社,1990)。

州诗坛的名气,延续至清朝开国后的第一代文人,但屈大均及其他明遗民之后,广州诗坛也就凋零了。康熙二十三年(1684)王士禛在广州召开的诗会,也就算是广州诗人到 18 世纪为止所能争取到的最后一份荣耀了。[①]

　　忽然,18 世纪 30 年代,广东的文化学术出现裂变,这是有很好的政治理由的。之后一代的广东文人,均自视为广东学政惠士奇(1721—25年在任)的门生,而非明遗民的门生。惠士奇后来被誉为常州学派朴学的中坚,常州学派在江南的确如日中天,但惠士奇的广东门生,似乎没有在朴学方面做出多少成绩。无论如何,把惠士奇与广东的朴学研究扯上关系,是颠倒先后的。惠士奇的儿子惠栋(1697—1758),在易经及尚书的研究方面,留下了一些最权威的著作,并把汉学奉为学术之圭臬。但这些都应该发生于惠士奇离开广东之后,而非之前。惠士奇的广东门生,虽然奉行汉学,却也继续拥抱汉学的敌人宋学,服膺宋儒朱熹的教导,认为礼仪是人类事务的核心。《南海县志》有关曾钊的传记指出,18世纪下半叶广东的学术,由冯成修、冯经、劳潼一脉相传,三人都宣扬宋儒思想、例如朱熹的思想。《南海县志》有关劳潼的传记也予以印证。本书第十五章已经介绍过劳潼,他是佛山义仓的创办人,是劳钟的后人。劳钟于康熙二十一年(1682)获委任为县学教谕,并刊行《圣谕广训》。劳潼的父亲劳孝与,与罗天尺一样,都是惠士奇的广东门生。劳孝与、罗天尺二人,无疑都以学问著称,雍正八年(1730),他们还是后生,就已经到北京参与官方地理全书《大清一统志》的编纂。自然,劳孝与在北京的这段经历,让劳潼得以结交名儒高官,日后,劳潼就能够自称师从许多著名学者,例如翁方纲、卢文弨。曾钊的传记,提及广东学风,谓直至翁方纲、惠士奇担任广东学政之前,广东学者重四书而轻五经,但是,作为冯成

244

[①] 何淙纂辑,《光孝寺志》(原刊乾隆三十四年[1769],广州:广东省立编印局,1935 影印),卷10,页 20b—23a;江灿腾,《晚明佛教丛林改革与佛学诤辩之研究——以憨山德清的改革生涯为中心》(台北:新文丰出版社,1990),页 136—172。

修、冯经、劳潼老师的曾钊,与朴学沾不上边。有关史料清清楚楚,不容含糊其辞,因为冯成修的年谱就是劳潼写的,而冯成修的名气,并不来自其著作,他唯一的论著与五经无关,而是对于四书之一《中庸》的笺注。冯成修有名,是因为他在18世纪广州最著名的书院越秀书院中任教。乾隆二十年(1755),冯成修获委任为越秀书院山长,就制定书院规章,奉宋学为书院方针。①

因此,认为屈大均这一代之后广东学术衰落,这看法不对。比较恰当的看法应该是:朴学这个学术潮流,并没有席卷广东,在19世纪初年尤其如此。诚然,书院很希望其学生能够考取科举功名,嘉庆二十五年(1820)羊城书院的创办,也充分反映出,培养科举尖子的书院是受到大众青睐的。但是,不要以为,以书院为中心的学者,只是考试补习班的教员,只重视学术的工具价值而忽略其知识价值。事实上,广州的书院教育,来自自觉的、历时几百年的、祖述宋学的学术传统。在这个学术传统下,个别的学者在医学、数学这些专门领域中大展拳脚,劳孝与、何梦瑶就是例子。正如麦哲维(Steven Miles)极其生动细致地指出,至18世纪末,随着广州日益富庶,出版业非常蓬勃,藏书家的藏书也甚为不错,可以说,当时广州的文化圈甚为活跃。②

可是,在广东以外,广东学者则没有多少名气可言。在整个18世纪,广东并没有产生出能够与惠栋平起平坐的学者,更没有产生像戴震那样的知识巨人。正如本杰明·艾尔曼(Benjiamin Elman)研究18世

---

① 郑梦玉等主修,梁绍献等总纂,《续修南海县志》,广州富文斋同治壬申[1872]刊,卷18,页7b—9a,载《中国方志丛书》第50号(台北:成文出版社,1967),总页307—308,以下简称《同治续修南海县志》;戴肇辰等修纂,《光绪广州府志》,光绪五年(1879)刊,卷128,页10a—11a,载《中国地方志集成·广州府县志辑》(上海:上海书店,2003),第3册,总页260;劳潼,《冯潜斋先生年谱》,宣统三年(1911)刊,载《北京图书馆藏珍本年谱丛刊》(北京:北京图书馆出版社,1999),第97册。
② Steven Bradley Miles, *Local Matters: Lineage, Scholarship and the Xuehaitang Academy in the Construction of Regional Identities in South China, 1810 – 1880* Ph. D. thesis (Washington:University of Washington, 2000), pp. 114 – 122.

纪中国学术史时指出,至 18 世纪末,朴学已经迅速成为全国学术的主流,从事宋学的学者,无论多么出色,都无法跻身全国学术的高位。[1] 道光四年(1824),本身也是朴学名儒的两广总督阮元,创办学海堂书院,立意振兴广东学术,使之扬名天下,此举等于为广东本土学者开辟一条学术上的终南捷径。结果,学海堂出现一种精神分裂的学术氛围。在阮元督导下,学海堂推出《皇清经解》这部汇集儒家经学研究著作的学术巨著,但其中没有哪本书是广东人写的。学海堂同人以《学海堂集》名义定期出版的著作或者独立出版的著作,论名气完全无法与《皇清经解》相比,但学海堂只不过是《皇清经解》的编辑、出版机构。这情况要到陈澧崭露头角之后,才有所改变。学海堂在出版《皇清经解》的同时,也积极推动自己的研究,其宗旨就是探赜索隐,发掘广东本土历史。学海堂在这方面的重要成就之一,就是谭莹编纂的《岭南遗书》,该书的编纂刊行,不仅得到他学海堂的朋友的帮助,也得到行商伍崇曜的资助。伍崇曜就是行商“浩官”伍秉鉴的儿子,伍崇曜是桑园围工程的担保人,并于鸦片战争期间与英军谈判(详本书第 19 章)。学海堂同人的另一条研究路子,是从古代文献中寻找广东历史的记录。记载广东史事的古书,就像中国大部分古书一样,其片段散见于后出的文集、类书中,把这些片段一一搜集出来,排比校勘,恢复原书面貌,是谓之“辑佚”。梁廷楠就是用这种功夫,编纂成《南越五主传》及《南汉书》,重建南越及南汉的历史,这两个朝代都以广州为首都。梁廷楠也是《夷氛纪闻》的作者,该书将鸦片战争期间广州被围攻的情形,逐日记录,是鸦片战争的第一手史料。麦哲维仔细研究了以上学海堂同人有关广东历史的著作,指出其中的“本土认同”(localist)倾向,并且指出,学海堂推动广东历史的研究,也成为广东历史研究的权威重镇。在这个意义上,学海堂同人对于广东文献的辑

---

[1] Benjamin A. Elman, *From Philosophy to Philology*, *Intellectual and Social Aspects of Change in Late Imperial China* (Camb. Mass.: Council on East Asian Studies, Harvard University, 1984).

佚、编纂,与黄佐在 16 世纪《广州人物传》的编纂,可谓一脉相承。①

　　有趣的是,学海堂编纂各类广东文献时,完全没有收录屈大均的任何著作。本书前面引述的曾钊传记,对于广东学风有简短的描述,根据这描述,屈大均之被拒门外,是意料中事。广东学术话语的主要路线,上溯陈白沙的 16 世纪追随者即发起礼仪革命运动的文人,而下接宋学;另一条路线,则是惠士奇开辟的汉学。阮元之所以把曾钊延请到学海堂,就是要想把曾钊作为广东学者的模范,因为曾钊不仅是个藏书家、著述甚丰,而且能够在朴学研究独当一面。

　　林则徐于道光十九年(1839)以两广总督、钦差大臣身分来广州禁烟时,学海堂为林则徐出谋献策,坚决拥护林则徐,这难道只是巧合吗? 也 ₂₄₆ 许学海堂精神分裂的两边脑袋终于结合到一起了:广东学者对于本土独特历史的自豪,化为推动力,推动他们参与朴学,在全国学术界中一争高下。在 19 世纪 30 年代,学海堂同人奔走呼号,要求禁止鸦片贸易。在鸦片战争期间,学海堂同人也协助保卫广州。曾钊奉命重建部分炮台,但随即被指侵吞公款。曾钊还写文章维护两广总督祁㙉、歌颂三元里民众伏击英军之举。可见,广东学者不仅对于本土历史充满自信,也相信中国王朝优胜于西方侵略者。②

　　要想知道 18 世纪广东日常生活的大概,张渠刊行于乾隆三年(1738)的《粤东闻见录》,相当有用。张渠于雍正十年至十三年(1732—35)间在广州担任广东按察使,他把自己的亲身观察所得,与屈大均《广

---

① Ching May-bo (程美宝), *Guangdong Culture and Identity in the Late Qing and the Early Republic* D. Phil. thesis; Steven Bradley Miles, *Local Matters : Lineage, Scholarship and the Xuehaitang Academy in the Construction of Regional Identities in South China, 1810 - 1880* Ph. D. thesis.

② James M. Polachek, *The Inner Opium War* (Camb. Mass. : Council on East Asian Studies, Harvard University, 1992), p. 148;《同治续修南海县志》,广州富文斋同治壬申[1872]刊,卷 18,页 7b—9a,载《中国方志丛书》第 50 号,总页 307—308;曾钊,《面城楼集钞》,光绪 12 年(1886)学海堂丛刻本,卷 4,页 20b—30a,载《续修四库全书》(上海:上海古籍出版社,1995),第 1521 册,总页 560—565。

东新语》的片段结合起来,写成《粤东闻见录》。屈大均《广东新语》,是后出的广东笔记所必然参考抄录的对象。张渠写道,广东大部分女子均不缠足,即使上流社会的女子,也是在十一二岁才开始缠足。男子穿鞋,但大部分女子都是赤足的。女子出嫁,嫁妆包括鞋子,但平时她们把鞋子藏在袖子里,只有当她们到别人的家里探访时,才会穿鞋。即使在广州城内,婢女也光着脚往返市肆。广州城内的房子一般都是泥造,不用木柱,泥砖建造的墙壁,支撑屋顶的横梁。外墙饰以壁画,但一般只在靠近门楣之处才有壁画。穷人则以木框搭建竹棚,竹棚糊泥,遮蔽风雨,禽畜与人杂居,"无异僮人之麻栏子"。像屈大均一样,张渠也提及麻风病人,但张渠对于麻风病人的描述与屈大均不同。张渠说,麻风病人行乞为生,在喜庆节诞场合出现,不获宾主打赏,不肯离去;又或者受雇到人家门口收税,不交税就不离开。广州官府建立了麻风院来收容他们,管理麻风院的也是麻风病人。张渠也留意到宗族主导的乡村及祠堂。大宗族往往有数以十计的祠堂,小宗族也有几所祠堂,每村都有土地神坛,大宗族有自己的土地神坛。①

逯英是雍正九年至十三年(1731—1735)间的番禺知县,他管辖广州城东半部以及相当一部分沙田地区。他向上司报告说,雍正九年(1731),广州实行保甲,但效果不大,因为广州城内逾半房屋都已出租。逯知县似乎甚为关心广州下层社会的民众。广州城制造梳子的工匠,组织行会,每月初二、十六这两天,由当值的行会师傅率领工匠祭祀神灵,然后宴会,新入会的工匠,每人须缴纳 0.6 两银以支付祭祀及宴会的费用。逯英知道,这 0.6 两,相当于一个工匠两三个月的工资,因此下令,禁止行会的这种收费行为。广州城附近的码头,往往被黑帮以庙宇的名义把持。他们所操纵的渡船服务,每天很迟才开始营业,也很早就结束,

---

① 张渠著、程明校点,《粤东闻见录》(乾隆三年[1738]刊,广州:广东高等教育出版社,1990),页49、52、58、64、69。

于是渡船乘客总是爆满。逯英认为这种恶劣的经营行为不可接受,正好,有一艘乘客爆满的渡船沉没,两名乘客遇溺丧生,逯英就下令取缔这个由黑帮操纵的渡船网络。逯英也很关注人口贩卖问题。雍正七年(1729),当时的番禺知县及南海知县(管辖广州城西半部,与番禺知县同属附郭知县)规定,人口贩子须调查被贩卖的女子的家庭背景,出具保结,县衙门才会在卖身契上盖印。之所以有这个规定,是因为当时拐卖妇女的问题相当猖獗。虽然这个规定并不能有效遏止拐卖妇女的问题,但逯英希望切实执行这个规定。对于那些把持人口买卖的人,逯英特别警惕,这些人要么是垄断蜑民水产销售的批发商,要么是包揽税收的包税商。另外,广州当时有“闱姓”这种赌博,以广东乡试中举人姓氏为赌博的对象,对于组织及推广这种赌博的人,逯英也很看不过眼。以下是逯英审理过的部分案子:一对父母,卖了自己的三岁小儿,却要求在这小儿死后为他赎身;父亲嫁女儿,以为女儿将成为正室,发现受骗后告官,要求惩罚;有兄弟二人,父亲在为数40股的宗族族产中占1股,父亲死后,母亲再醮,这两兄弟也就无法继承其父亲在族产的股份,这两兄弟告官,要求领回这股份;等等。18世纪的广州,是个复杂的社会,并不是哪个大家族可以控制的,而知县为广州市政做了许多重要工作。18世纪的广州,存在着一个中产阶级,这些中产阶级人士虽比不上沙田的大姓,但不像佃仆或贱民那么卑贱,也不像外人或穷人那么受排斥。①

广州的中产阶级,大概就是商人、拥有土地及河滩的地主、部分工匠、学者、与衙门有关的人即讼师,更多时候,他们往往一人而身兼以上几重身份。画家黎简(1747—99)大概就是这号人。黎简出生于士绅家庭,他的祖父及 248 曾祖父都有初级科举功名,父亲经营粮食生意,把广西粮食输往广州,因此黎简似乎是在广西长大的,但也经常游览广东。黎简二十岁结婚,妻

① 逯英,《诚求录》,道光二十一年(1841)刊,卷1,页19a—20b、22a—b、25a—b、34a—35b、69a—b;卷3,页1a—5a。

子与他同龄,他们生下两名女儿,妻子于乾隆四十九年(1784)过世。翌年,黎简再娶一位十八岁女子作继室,后来与她生下一子。之前,黎简的兄长把自己一名儿子过继给黎简,所以黎简共有两名儿子。①

虽然黎家祖籍顺德,而黎简也于乾隆五十四年(1789)在顺德某村建了一座房子,但黎简大半生到处游走,很少在一处地方连续居留几年。他可是个城市人。18世纪60年代末,他住在广州,后来搬到广西住了几年,当时他的家人一直住在广西,他父亲在广西一直住到乾隆四十五年(1780)。18世纪70年代中叶,黎简又搬回广州,直至乾隆四十九年(1784)妻子过世为止。黎简于妻子过世后,写了篇哀怨动人的悼文,搬到佛山,再娶,期间也偶然在乡下小住。乾隆五十三年(1788),黎简再次搬回广州,住在双门底这个广州城的心脏地带。乾隆五十四年(1789),黎简获得贡生的头衔。乾隆五十五年(1790),他本来要到北京考会试,但因父亲过世而取消行程。之后五年,是黎简画作的高峰期,他经常游走于珠江三角洲,有时住在乡下,有时住在广州。黎简中年以后的生活似乎相当宽裕,大概是因为卖画所得不菲。黎简显然相当有名气。乾隆四十五年(1780),南京的文坛"才子"袁枚拜访黎简,黎简居然拒绝见面。

但即使像黎简这样的中产阶级,在18世纪也偶然经历艰苦岁月,即所谓"饥荒"。乾隆四十三年(1778)春,当时住在广州城的黎简,竟然要典衣买米,甚至一度搬到顺德家乡。黎简对于这场饥荒写了几篇记叙生动的文章,根据其中一篇,搬到城郊也克服不了饥荒。由于广州城内提供粮食赈济,广州城内的粮食价格反而低于城外,尽管守卫广州城的衙门差役如狼似虎,但饥民们仍然涌入广州城。当黎简住在广州城时,他的家人应该是住在顺德的,因为他提及收到妻子的来信,要他捎些米来。乾隆五十二年(1787),黎简又遭遇佛山的饥荒,正因为这场饥荒,几年之后,佛山就创办了义仓。在这场饥荒时期,黎简被迫典当他心爱的墨砚,

---

① 苏文擢,《黎简先生年谱》(香港:香港中文大学,1973)。

易钱买米,至乾隆五十五年(1790),才把墨砚赎回。黎简在佛山饥荒当年作画《劝农图》,在题记中,他眼见由于干旱,至农历四月,农人仍无法耕田,感到非常焦虑:"为士虽无田但望雨更切也。"①

　　大约也在这个时期,黎简提及"药烟阁"。苏文擢为黎简编纂年谱时,满怀爱心,对此作出了最为温柔敦厚的诠释。苏文擢指出,如果"药烟阁"出现在黎简之后的一代,则肯定意味着吸食鸦片。另一位广东学者张维屏也记载道,"二樵自言:吾非卖画无以为生,非吸烟不能提气作画"。这也是众所周知的。苏文擢认为,由于黎简及其第一任妻子连年生病,因此吸烟以治病。黎简的第一任妻子过世之后,黎简才把阁子命名为"药烟阁"以悼念亡妻。无论黎简是否真的吸食鸦片,也无论黎简发明鸦片烟枪这种传说是否属实,吸食鸦片刚开始缓慢地传入广州。到了18世纪末,黎简过世之后,吸食鸦片就泛滥成灾了。②

　　19世纪初年,一种消费的文化已经落地生根了。道光十年(1830)刊行的佛山街道指引,薄薄一册,仅13页,却为当时的繁华情景提供了最生动的记录。这现藏大英图书馆的小册子,逐条街道介绍商店商品,不仅是佛山经济活动的记录,也是消费主义兴起的证据。

　　例如,该小册子说,在"畸聆街",有草药行会,出售来自四川、湖广的草药。"畸聆街"西为"长兴街",售卖各种纱布、灯、肥皂、靴、杯,以及乐器如琵琶、笛子之类。"畸聆街"南为"棉纱街",售卖金线,人们用这些金线做成金叶形状,压在纸上,充当祭祀用的纸钱,也售卖旧的士宦衣袍以及各类书籍。佛山的主要商业区还不是"畸聆街",而似乎是"荣禄里",这条街道有三百多间商店,售卖来自京师及各省的商品,这些商店包括珠宝店,来自江南的书贾,卖御寒帽子、皮草的商店,卖针线的商店,以及卖各种纸品、例如请帖的商店。要买佛山著名的土特产品,就要到"黄伞大街",这里的商店

---

① 苏文擢,《黎简先生年谱》,页72。
② 苏文擢,《黎简先生年谱》,页73—74。

售卖线香、铁器、通花帽绒。从"黄伞大街"可以转到专门出售本地丝绸的"高地"。在"富里社"及"早市"的"长生禄位会馆"后面,有商店售卖药丸及胭脂。"长生禄位会馆"无疑是让人安放先人牌位的庙宇。在升平街,有冶铁工场,还有更多卖药丸的商店。以上不过是佛山的部分零售店,批发商店则位于码头即"汾水正埠"到灵应祠之间的一片地带:卖高价米的位于白米街,卖粗粮的位于桂县街,卖葵扇的位于太平街,卖烟草的位于北街,卖垫子的位于老槟榔街,卖棉花的位于豆饼街,卖福建纸品的位于升平街,卖筷子、铜质水管、牛角制品、即洋刀的位于筷子直街。佛山还有一处叫做蜑家沙的地方,这个名字隐含着歧视意味,而一些被视为卑贱的行业也集中在此,例如棺材店、木材店、及卖木磨的店。从分水码头向东德街道上,有天后庙,庙后有商店售卖各种神灵的木质雕像,这里还有商店售卖杂粮及铸铁香炉。鱼类市场及猪肉市场也位于此。另外,红花会馆也在这里,红花会馆是整个珠江三角洲的戏班行会。大概因此之故,这里也有商店售卖戏服。佛山还有很多会馆:位于豆饼街的江西会馆、位于升平街的福建纸行和楚南会馆、位于先锋庙的楚北会馆、位于西边头的陕西会馆、位于端肃门的浙江会馆以及位于雀奇庙的铁锅行会馆。[①]

以上只简介了这本小册子的一节,这一节从米铺讲到棺材铺,而黎简的父亲躺进棺材之前,也是专门从广西把米运进佛山的。这类小册子的描述,很像那些以广州街道日常生活为题材的外销画,这类外销画也就是游客明信片的前身。珠江三角洲就这样从 18 世纪的盛世,进入 19 世纪的战乱。诚然,珠江三角洲在元末就经历过战乱,在明末也经历过战乱。可是,19 世纪的战乱,论规模及形态,均与从前不一样。本书接下来的几章会显示,正因为珠江三角洲已经存在着拥有财产的宗族,国家与地方社会之间的政治平衡也就发生了前所未有的变化。

---

① 《佛山街略》,道光十年(1830)刊,藏大英图书馆,编号 15069.e.8。

十九世纪的转变

十九世纪的转变

第十八章　桑园围

从地图上看,九江、龙江、龙山同在一岛。在珠江三角洲,有很多这样由沉积物围绕着山丘而形成的岛屿。自 14 世纪以来,人们就在这岛屿沿岸建造堤围,抵御洪水。这类堤围并非统一建造的,而是个别或几条村落联合建造一段一段堤围,只保护自己的耕地。这岛上最早的堤围,据说就是洪武九年(1376)由陈博文建造的。自此以后,堤围的建造与维修从来没有停止过。不知从何时开始,围绕着整个岛屿的一段一段堤围,被统称为"桑园围"。由于珠江三角洲其他地区也在兴建堤围,西江水入海受阻,因此,每年初夏,西江发起大水来,桑园围这种以泥土修建的堤围,并不总能够撑得住。据明朝文献,西江水曾五度冲决桑园围部分堤围。清朝立国以来,类似的冲决情况也出现了七次:顺治四年(1647)、康熙三十一年(1692)、康熙三十三年(1694)、乾隆八年(1743)、乾隆四十四年(1779)、乾隆四十九年(1784)、乾隆五十九年(1794)。至 18 世纪末,部分当地居民终于意识到,必须团结一致,抵御洪水。宗族控产组织、小额筹款、会计、子孙人人有份的财产继承等制度,再加上官府的默许,意味着到了 18 世纪,公共工程的规模必然增强。这个过程,也就推动了宗族与政府的

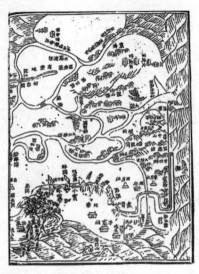

这是温汝适《桑园围岁修志》(同治九年[1870]刊)的地图,显示桑园围的堤围及受其保护的九江、龙山、龙江附近的村落。地图的右边为东南方。

合作。南海县的桑园围,就是一个很好的例子。[①]

乾隆五十九年(1794)的洪水

乾隆五十九年(1794),两广总督、广东巡抚联名上奏,汇报该年西江泛滥的情形。两广总督不久溯西江而上,阅兵广西,在高要县目睹了灾情。高要县不少土地被淹,许多房屋也倒塌了。但由于高要县令及时发出洪水来袭的警告,无人伤亡,七成至八成的农作物也获及时抢收。两广总督因此认为,高要县百姓大概不会受饥荒之苦,且广东气候温和,可以种杂粮(意即番薯)及蔬菜,再过一个月,洪水消退,还有时间种一造晚稻。两广总督及广东巡抚请求批准借一个月的粮食予高要县赈灾,并将

[①] 森田明,《広东省南海県桑园囲の治水机构について——村落との関连お中心として》,《东洋学报》,第 47 卷第 2 期(1964),页 65—88;明之纲,《桑园围总志》,同治九年(1870)广州西湖街富文斋刻本,卷 1,页 26a—30b,载《四库未收书辑刊》(北京:北京出版社,2000),第 9 辑,第 6 册,总页 65—67。

夏税的征收期延长至秋天。清仁宗准奏,后来,这两名官员又上奏,说灾民已获赈济,清仁宗对此甚感宽慰。①

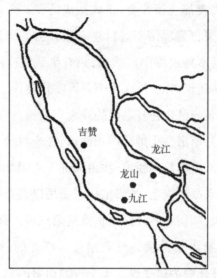

桑园围的堤围

西江流到三水县县城附近,就与北江合流,每年夏天,这两条河流的水位都上涨,所以高要也就受灾。九江所在的岛屿,由桑园围保护,却正好位于三水之南。所以,正因为桑园围及类似的堤坝的拦阻,西江水就无法迅速流走,在上游泛滥成灾。无论如何,由于两广总督对于赈济灾民如此热心,而清仁宗又如此支持赈灾活动,遂使出身龙山、在乾隆五十九年(1794)这同一年中进士、授职翰林院编修的温汝适,建议维修桑园围全段。据温汝适说,两广总督支持他的建议,但告诉温汝适,对于这个维修工程,官府止于“董劝”即提供意见,希望当地百姓达成共识,尤其是在如何筹钱方面要达成共识。②

256

① 明之纲,《桑园围总志》,卷1,页5a—10a,载《四库未收书辑刊》,第9辑,第6册,总页55—57。
② 温汝适传记,见郭汝诚修、冯奉初等纂,《顺德县志》,咸丰三年(1853)刊,载《中国方志丛书·华南地方》第187号(台北:成文出版社,1974),卷27,页1a—4b,总页2541—2547,以下简称《咸丰顺德县志》。

温汝适谒见两广总督后不久,乾隆五十九年(1794)九月,桑园围各堡领袖在广州召开会议,虽然大部分人都赞成维修桑园围,但大家都认为应该全体社区代表都应该开会,正式达成协议。于是,温汝适的兄弟草拟了通知书,并亲自到堤围附近村庄召集开会。会议在李村举行,该村庄上个月才被洪水冲决堤围。结果,只有半数村庄派代表出席会议,温汝适照样介绍其建议,并安排在下个月再度开会。[①]

同时,南海县各社区也在打自己的算盘。据南海县镇涌堡何元善撰写的《修筑全围记》,南海县士绅从广州回家,在麦村的文澜书院开会,决定除劝谕捐输之外,更向县内税地,按亩摊征一项附加税。正在这时,温汝适赶到会场,大家很快决定,维修工程总费用以五万两为限,南海县各社区分担其中七成,顺德县各社区则负责其余三成。县令在李村设立衙署,以便确保李村被洪水冲决之处必定得到修补的,就是南海县知县。海舟堡的李昌耀被任命为这个设立于李村的衙署的负责人,而每村都要派遣三、四人到该衙署帮忙。[②] 但是,从这时候开始,文献对于各会议举行时间的记载变得模糊了。我们只知道,在十一月,劝谕捐输的告示出场了,该告示以广东布政使的名义发出,广东布政使还以其母亲的名义捐款,从而正式发起筹款运动。我们也知道,向税地按亩摊征附加税,甚为顺利,不过顺德县衙门不得不向县内有关社区略为施压,乾隆六十年(1795)二月,顺德县知县召集县内三堡领袖到李村的衙署,得到他们保证缴纳一万五千两。官府也发挥了明显的监督角色。广东布政使委任一名衙役,负责汇报工程进度。广州府知府及知县亲自视察工程,南海

---

① 温汝适,《记通修鼎安各堤始末》,载明之纲,《桑园围总志》,卷1,页14a—18a,载《四库未收书辑刊》,第9辑,第6册,总页59—61。

② 何元善,《修筑全围记》,载明之纲,《桑园围总志》,卷1,页22a—25b,载《四库未收书辑刊》,第9辑,第6册,总页63—65。李昌耀传记,见郑梦玉等主修,梁绍献等总纂,《续修南海县志》,广州富文斋同治壬申(1872)刊,卷19,页16a—17a,载《中国方志丛书》第50号(台北:成文出版社,1967),总页320—321。该传记称,李昌耀利用其水利工程学知识,提出以石板铺砌河堤方案,居功至伟。

县知县还把"家丁"安置于李村的衙署,而南海县驻九江县丞及江浦巡检司巡检,也"协同经理"。①

《桑园围总志》收录的《公推经理》、《公议章程》、《基工章程》等材料, 257 是有关维修桑园围工程组织及财政的明确规定。工程管理机构由来自九江各堡的四名"总理"、49 名"首事"组成(有一人身兼总理及首事)。他们设立簿籍,登记所雇用的民工,将民工每二十人分为一队,由一"揽头"率领。担保这些"揽头"的,是他们所属的各堡代表。民工们有日薪,工地上有草棚供他们住宿,但伙食自理,工具自备。每队都有编号,每名民工也有号牌,以资识别。工程账目每日更新,且完全公开,所有收支都有记录。《基工章程》既然把价格与工资都开列出来,可知工程应该是有财政预算的。乾隆五十九年(1794)十月二十九日,工程正式展开。②

当然,工作日程也照顾到礼仪。十一月十日开始,一连五天打醮。醮会的最后一天行奠基礼,祭祀诸神,主持仪式的,是南海县驻九江县丞及江浦巡检司巡检。仪式的重要一环,是在工地安置四只铁牛,其中两只要沉到江中。明年某日,桑园围百姓为感谢省级衙门的支持,从桑园围堤坝拱卫的九江岛的最高峰西樵山上打了六埕泉水,连同六斗早稻,送给省级衙门官员。两广总督、广东巡抚、广东布政使同表欣慰,接受了一埕泉水、一升早稻,其余归还。③ 乾隆六十年(1795)七月,桑园围堤坝维修工程竣工。之前,九江百姓应该已经商量好,要在李村建庙护堤,到了这时,河神庙也就建好了,百姓呈请广东布政使光临李村,参与河神庙安置龙神塑像的仪式。④

广东布政使果然亲自参加这个仪式。七月十四日,他从广州的衙署

---

①《桑园围总志》,卷 1,页 11a—13b、19a—21b,载《四库未收书辑刊》,第 9 辑,第 6 册,总页 58—59、62—63。

②《桑园围总志》,卷 1,页 41a—48a,载《四库未收书辑刊》,第 9 辑,第 6 册,总页 73—77。

③《桑园围总志》,卷 1,页 45a、49a—51b,载《四库未收书辑刊》,第 9 辑,第 6 册,总页 75、77—78。

④《桑园围总志》,卷 1,页 51a—52a,载《四库未收书辑刊》,第 9 辑,第 6 册,总页 79。

出发,翌日,就在李村的河神庙上香。随同者包括广州府知府、佛山厅同知,及南海、顺德、三水三县知县。这么多官员参加这个仪式,场面一定很令人难忘,也显示出九江本地领袖多么有面子。广东布政使亲临现场,还让九江本地领袖有机会争取更多资源。广东布政使返回广州之

258 后,表示对于自己检查过的桑园围堤坝工程,大体满意。但他认为有几处堤坝应该垒石加固,他连这几处堤坝的名字都——清楚列出,命令南海县驻九江县丞及江浦巡检司巡检另拨 9,600 两,作为加固工程的开支,为筹集这笔资金,南海县衙门除劝谕百姓捐输之外,也额外按亩征收两成地税。十一月,南海县知县亲临李村的桑园围堤坝工程指挥部,为加固工程制定方案。龙山乡提出反对,要求把摊到自己头上的加固工程开支减半,理由是:一向以来,是各堡负责自己附近的堤段,而不负责远离自己的堤段。从布政使衙门派驻李村的书吏,代表官府撰写了一份报告,批准龙山乡的申请,但反驳其理由。该报告指出,向来桑园围堤坝工程的最大困难,就是各堡自行维修自己附近的堤段,从来没有把桑园围堤坝工程当作一个整体。从现在开始,再也不能采取这种零敲碎打的办法了。加固工程竣工于嘉庆二年(1797)二月,有一份负责工程的士绅呈交给布政使的报告为证。①

　　桑园围堤坝工程的财政账目可真详细:工程总收入为 60,417 两,其中地税占 54,492 两,官员捐赠占 774 两,本地盐商及当铺捐占 4,690 两,出售耕牛及其他货物所得占 459 两;工程总开支为 60,414 两,其中53,505两用于工程,其余 2,059 两,则用于举行河神庙龙神塑像安置仪式(也就是请到广东布政使亲临参加的那个仪式)及驻李村衙署的官员及衙役的伙食和娱乐。另外,每堡捐赠多少、每堡代表支出多少等,则另

---

① 《桑园围总志》,卷1,页 55a—56b、59a—60a,载《四库未收书辑刊》,第9辑,第6册,总页80—81、82—83。佛山于雍正十一年(1733)成为直隶厅,设同知,州同知官秩高于知县。

有详细的清单。① 片山刚留意到,在这些账目及清单中,各堡代表被称为
"业户经理首事"。这意味着管理工程的,绝大多数是拥有土地的家庭,
而不是佃农。片山刚的分析无疑是正确的。② 至于兴建河神庙的费用,
则要另觅捐输,但是,捐输所得不过 1,186.57 两,而总兴建费用却达
3,567.64 两。据官府的报告,这两千多两的赤字,是靠加固工程的款项填
补的。官府的报告还附有一图,显示河神庙内有一偏殿,预备安放高官
的神主牌位。广东布政使下令,在新近筑成的沙田中,拨出 100 亩予河
神庙,以便该庙得到每年 140 两的收入,用于祭祀神灵。同样值得注意 *259*
的是,从现在开始,管理桑园围事务的机构,开始自称"桑园围总局"。可
见,通过维修工程,当地居民之间已经形成了一个松散的邻里联盟。③

嘉庆二十二年(1817)的维修

嘉庆二十二年(1817),位于桑园围西面的海舟堡的三丫堤段,被洪水
冲决。一年之后,温汝适就此事撰文作记,说这是二十年一遇的洪水。洪
水决堤前几年,海舟堡百姓为了维修三丫堤段,将堤坝上的几百株树砍下
出售,以便筹钱维修堤坝。此举削弱了三丫堤段的抗洪能力,因此虽然三
丫堤段得到维修,仍被洪水冲决。两广总督蒋攸铦命令海舟堡百姓兴建临
时堤坝,为迅速行事,蒋攸铦还拨出五千两紧急贷款给他们。洪水一退,堤
坝工程就要动工,与乾隆五十九年(1794)一样,经费来自按亩加增地税。④

但是,与乾隆五十九年(1794)不同,两广总督与士绅代表之间的谈
判,集中于堤坝的每年维修费用问题。继蒋攸铦而任两广总督的阮元,

---

① 《桑园围总志》,卷 2,页 1a—5b、8a—28a,载《四库未收书辑刊》,第 9 辑,第 6 册,总页 83—85、
　　87—97。
② 片山刚,《珠江デルタ桑园围の构造と治水组织——清代乾隆年间～民国期》,《东洋文化研
　　究所纪要》,第 121 期(1993),页 137—209。
③ 《桑园围总志》,卷 2,页 42a—57b,载《四库未收书辑刊》,第 9 辑,第 6 册,总页 105—112。
④ 《桑园围总志》,卷 3,页 7a—10a、15a—18b,载《四库未收书辑刊》,第 9 辑,第 6 册,总页 119—
　　121、123—125。

于嘉庆二十二年(1817)十一月上奏,清楚解释了每年维修费用的问题。正如阮元所说,是年五月,洪水决堤,桑园围士绅呈请官府协助维修堤坝。这一点应该是很清楚的。阮元指出,官府既已贷款予桑园围,支付是年维修堤坝的费用,应该继续安排类似的贷款,支付日后每年维修的费用。具体安排如下:广东省衙门将八万两贷予南海顺德两县的当铺,月息一分(1%),则每年利息收入为9,600两,其中5,000两归还广东省衙门,4,600两用于维修堤坝。这样,16年内,广东省衙门就能将这8万两贷款全数收回,之后,所有利息收入,都可用于维修堤坝。当然,这项安排对于广东省财政来说,不会毫无影响。广东省衙门把这笔公帑借给桑园围士绅,并要等16年才只收回本金,这实际上就等于用这8万两的16年的利息收入来津贴桑园围堤坝工程。[①]

260　　尽管得到官府承诺每年提供津贴,桑园围总局要应付嘉庆二十二年(1817)的堤坝维修费用,仍大感吃力。总局的账目显示,地税的摊征,为总局带来2.7万两,总局将其中的1.3万两用于维修三丫堤段,并将其余银两分给各堡,以便它们各自维修自己附近的堤段,此举未必是对于地方权力的形式上的承认。知县的一份报告显示,有些堡在上缴资金时,动作的确较慢,但无论如何,一个月之内,八成的维修费用还是到位了。总局的士绅,充分意识到自己手握财权,首先测量整条堤坝,然后才拨款予各堡。总局特别为需要维修之堤段绘制地图,事实上,总局报告独特之处,就是大量使用地图,并且对于地理有清晰的掌握。维修堤坝费用也似乎谈不上被中饱私囊,人员薪酬、伙食、娱乐等费用累计达2,500两,维修河神庙及祭祀神灵只耗费了二百两多。总体而言,嘉庆二十二、二十三年(1817—1818)间,总局财政收入为24,650两,支出则为24,683两。[②]

---

① 《桑园围总志》,卷3,页28b—31a,载《四库未收书辑刊》,第9辑,第6册,总页130—131。
② 《桑园围总志》,卷3,页66a—70a,也参见卷3页50a—51a之报告,该报告没有年份,但估计写于嘉庆二十二年(1817)十一月。见《四库未收书辑刊》,第9辑,第6册,总页149—151、141。

　　乾隆五十九年(1794)与嘉庆二十二年(1817)的两次维修,都起源于洪水决堤,都得到两广总督亲自过问,官府都注入大笔公币以维修堤坝。于是,桑园围总局这个士绅领导机构,就突然卷进官府的行政工作。危机过后,各堡又恢复了自掏腰包、自修附近堤坝的老习惯,总局则无所作为,只能定期在河神庙祭祀神灵,并管理属于河神庙的 100 亩地。从乾隆五十九年(1794)与嘉庆二十二年(1817)这二十年间,总局的成员基本不变,显示这二十年间总局领导层基本稳定。随着嘉庆二十二年(1817)两广总督下令大力津贴桑园围的维修工程。之后几年,总局的职权大增,很快就有证据显示,桑园围总局比乾隆五十九年(1794)时更加进取。

　　从桑园围总局章程的变化,就明显反映出总局的进取态度。总局于嘉庆二十二年(1817)订立的章程,实际上是照抄乾隆五十九年(1794)的章程。[①] 嘉庆二十三年(1818),为了应付日后维修堤坝的工作,并处理两广总督的贷款,总局订立了一套新章程。根据该章程,南海、顺德两县当铺商人接受了广东省衙门 8 万两的存款后,每年须在 9,600 两的利息中,将五千两交予广东省衙门,其余 4,600 两,则由总局支取,总局须出示县官的批示及盖了官印的簿籍,以为凭证。各堡继续负责自己附近的堤段,不过,一旦需要进行大规模维修,总局士绅,将与各堡的代表到有关堤段视察测量,制定工程方案及财政预算,然后将款项划拨给各堡。桑园围十四堡,推选四人成为总局经理。而在每年二月十日即河神诞前三天,各堡也将委派代表,到属于河神庙的土地收租。这些代表任期三年,期间得以领取薪金,总局的账目,每年都会在河神庙公布,并向知县汇报。[②]

　　嘉庆二十三年(1818)一月二十五日,朝廷正式批准了阮元的贷款计划,四月一日,这笔贷款就存进南海、顺德两县的当铺。也大约同时,何

<hr />

① 《桑园围总志》,卷 3,页 37a—44b,载《四库未收书辑刊》,第 9 辑,第 6 册,总页 134—138。
② 《桑园围总志》,卷 3,页 62a—65a,载《四库未收书辑刊》,第 9 辑,第 6 册,总页 147—148。

毓龄被委任为桑园围总局总理。去年，嘉庆二十二年（1817），他就已经担任此职，负责是年的堤坝维修工作。他以健康欠佳为由，不愿再担任总理。是年年底，知县命令桑园围士绅开会，在十天内解决委任总理一事。十二月二十五日，桑园围士绅开会，终于说动何毓龄担任总理、潘澄江担任副总理。二十九日，何毓龄到广州谒见知县。翌年，嘉庆二十三年（1818）一月五日，他重返桑园围；一月九日、十日两天，他探访了沿堤所有村庄，决定哪些堤段需要由总局维修。之后，何毓龄应该是再赴广州，到当铺领取官帑利息，并于一月二十四日重返桑园围。一月二十九日，何毓龄又再度于河神庙设立总局办公室，安排约见民工"揽头"及石材供应商，为加固工程作准备。二月五日，整固工程从三丫堤段正式开始，这里也就是乾隆五十九年（1794）决堤之处。二月十日，南海县知县亲临九江堡，接见驻九江县丞、总局经理何毓龄、潘澄江及其他绅耆，听取了必须在是年内完成的维修任务。士绅们说，维修工程开始于三丫堤段，但该堤段以南的河叉堤段也亟待维修。他们指出，河叉堤段设计很糟糕，部分堤段暴露于激流的冲刷，而河叉堤段所在的水位太高，难以定期维修。他们建议，增建一条外堤，方法是购买四条旧船，装满石头，沉入水底，成为外堤的基座。关于桑园围堤坝维修的管理工作，有以上详细的记录，显示桑园围总局确实领导有方，非常专业，维修工程的预算、规划、执行，都咨询过省级及县级衙门。①

当然，总局有省级衙门撑腰，是很重要的。工程的每一阶段，都需要官府的支持。两广总督、广东布政使对于工程的亲切关怀，迫使南海县知县也提高警惕，认真监管工程的每一细节。嘉庆二十二年（1817）十二月，两广总督亲自发出示谕，禁止在堤坝地段伐树、营葬、挖塘。② 翌年，嘉庆二十三年（1818），工程展开，南海县知县也发出示谕，清楚地区分桑

① 《桑园围总志》，卷4，页2a—3a、13a—14b、26a—29b、32a—35a，载《四库未收书辑刊》，第9辑，第6册，总页154、159、165—167、168—170。
② 《桑园围总志》，卷3，页58a—58b，载《四库未收书辑刊》，第9辑，第6册，总页145。

园围总局和各堡的权责,总局负责桑园围堤坝,而各堡则负责其他较小的堤坝。该示谕还毫不含糊地指出,去年尚未把维修费用以地税形式交足者,将被逮捕。这些人其实就是顺德县龙江、甘竹二堡的百姓。南海县令威胁说,他将派遣衙役到顺德县,寻求顺德县知县的协助。① 结果,欠交的地税很快就补足了。官府对于桑园围工程的支持,并不限于桑园围当地的协调。为加固堤坝,工程需要大量石材及木板,这些原料主要来自新安县的九龙(即今香港九龙)。新安县衙门向来严格监管石材的采挖,因此,要为桑园围工程供应石材,也就要得到新安县衙门的批准。不过,一旦得到新安县衙门的批准,桑园围工程固然得到石材的供应,但也形成了石材的黑市,因为采石工头很有动机因桑园围工程之名采挖石材,然后私卖牟利。正如桑园围总局总理何毓龄揭露:

> 各处石匠,现闻有开山之说,纷纷到局,愿于一年之内,交银七千两,总局代为给价者;有愿运石三千三百四十万(斤),无庸给价者。②

在这种情况下,为了确保新安县供应给桑园围工程的石材不被挪移私卖,何毓龄要求参与桑园围工程的采石工头缴纳一千两保证金,并确保每月供应三百万斤石材,否则吊销采石牌照,没收保证金。何毓龄还请求上级政府发出命令,要求新安县石材运往桑园围沿途所经的地方政府配合,制止军人及衙役勒索滋扰。

最后,但也同样重要的是,桑园围总局在财政方面得到省衙门的全力支持。根据两广总督阮元的方案,桑园围总局的每年收入是官币利息4,600两,士绅们很快发现入不敷出,请求再开征附加税以增加收入,并说九江愿意多交一千两的地税。③ 不过,省衙门原来已经有更好的主意。嘉庆二十四年(1819)九月,省衙门通知桑园围士绅,说卢文锦、伍元兰、

---

① 《桑园围总志》,卷 4,页 9b—10a,载《四库未收书辑刊》,第 9 辑,第 6 册,总页 157。

② 《桑园围总志》,卷 4,页 22a—25a,引文见页 22b,载《四库未收书辑刊》,第 9 辑,第 6 册,总页 163—165、163。

③ 《桑园围总志》,卷 4,页 19a—19b,载《四库未收书辑刊》,第 9 辑,第 6 册,总页 162。

伍元芝等三名行商已答应捐助十万两了。①

这三名行商究竟如何被说动捐助如此巨额款项予桑园围工程？我们只能猜测。道光元年(1821)，阮元奏报工程竣工时，说卢文锦是新会人，伍元兰、元芝堂兄弟则附籍南海，但并不住在桑园围。② 卢文锦(即西方人所比较熟悉的 Mowqyua)如此卖力，原委大概可以推想得到。事缘嘉庆十九年(1814)，卢文锦得到官府批准，将其父亲卢观恒的神主牌位安置于广州城内的乡贤祠。两年后，嘉庆二十一年(1816)，卢文锦吃了官司，两广总督蒋攸铦因应刑部的照会，认为把卢观恒神主牌位安置于乡贤祠一事，涉及渎职及贪污，遂建议把当年参予批准此事的广州府知府、广东省布政使降级，又下令把卢观恒神主牌位撤出乡贤祠，把控告卢文锦的人及卢文锦本人各杖一百。这场官司对于卢文锦个人及其社会地位，都是惨痛的打击，因此，也许卢文锦想通过捐助桑园围工程，恢复声望。

嘉庆二十一年(1816)的这场官司，是清朝官员卷入地方纷争的奇特例子，也彰显了总督在省内的显赫地位。嘉庆十九年(1814)，卢文锦父亲卢观恒逝世两年之后，新会县超过一百名士绅署名递呈，请求官府把卢观恒的神主牌位安置于广州城内的乡贤祠。理由是卢观恒生前热心慈善公益。例如，卢观恒从自己的族产中捐地兴建义仓、在新会县设立义学、刊行《易经》的注释本及捐钱修筑道路堤坝沟渠等。嘉庆二十年(1815)，朝廷批准了士绅们的请求。于是，卢文锦就在锣鼓鞭炮声中，隆而重之地将卢观恒的神主牌位送进乡贤祠，且雇用戏班在乡贤祠外演戏三天，在县学悬挂祝贺标语，并在广东学政衙署外大宴亲朋，充分彰显其财力。之后，番禺县一位名叫刘华东的举人，向两广总督蒋攸铦告状，反对将卢观恒神主牌位安置于乡贤祠。他的理由有二，第一，卢观恒"目不识丁"；第二，卢观恒二十年前被控争夺家产、殴打长兄而罪名成立。刘

①《桑园围总志》，卷5，页14a—17b，载《四库未收书辑刊》，第9辑，第6册，总页159—161。
②《桑园围总志》，卷5，页3a—5b，载《四库未收书辑刊》，第9辑，第6册，总页176—177。

华东告状之后,还把这个状子印刷刊行,因此,蒋攸铦也惩罚了刘华东及印刷刊行这个状子的人。但是,这个状子不仅有二百人签名,还得到新会县知县的支持。蒋攸铦怀疑,一个目不识丁且有犯罪前科的人,死后竟能坐享祭祀于乡贤祠,必定是行贿受贿所致,因此,蒋攸铦严办该案。卢文锦否认自己行贿,且反控刘华东之前因向自己借钱不遂,怀恨在心,诬告自己。不过,他承认,当朝廷批准将卢观恒神主牌位安置于乡贤祠之后,他向署名递呈的人士赠送布匹,以为答谢。蒋攸铦审讯了许多涉案人士,包括七十名署名递呈人士。他发现,部分署名者并非本人签名,而是由他们的亲友代签。结果,蒋攸铦并没有发现确凿的行贿受贿证据,但是,卢观恒神主牌位安置乡贤祠过程中的许多事情,包括在乡贤祠前演戏及在广东学政衙署外设宴等,当然使蒋攸铦很不高兴。卢文锦因此受到惩处,但县级的士绅社会,也被这场纷争冲击得支离破碎。①

与卢文锦一同捐助桑园围工程的伍元兰、元芝堂兄弟,是卢文锦的姻亲,也分别是伍敦元(1769—1843)的儿子、侄儿。伍敦元及西方人口中的"浩官"(Howqua),是鸦片战争爆发前最富裕的行商。伍家不过是在乾隆五十八年(1793)才成为行商,而伍敦元是从他长兄那里继承家业的。到了嘉庆十八年(1813),伍敦元已经是公行两名总商之一,另一名总商就是卢文锦。伍敦元不仅以财富著称,也以乐施好善著称。有人估计,伍敦元从1806年开始,至1843年去世为止,总共捐出160万两赞助公益事业,而鸦片战争之后他为广州所须支付的赔款垫出的100万两,尚不计算在内。② 两广总督阮元授意,大概就足以让伍氏堂兄弟捐助桑

① 朱云木辑,《粤东成案初编》,道光十二年(1832)刊,卷29,页56a—66b,藏香港大学缩影资料部,编号CMPT1108。
② 黄任恒编,《番禺河南小志》,民国三十四年(1945)传抄稿本,卷8,页23b—24a,载《中国地方志集成·乡镇志专辑》(南京:江苏古籍出版社,1992),第32册,总页716;梁嘉彬,《广东十三行考》(原刊1937年,广州:广东人民出版社,1999),页282—290;章文钦《从封建官商到买办商人——清代广东行商伍怡和家族剖析》,《近代史研究》,1984年第3期,页167—197,第4期,页231—253。

园围工程了。但桑园围百滘堡的潘进忠诚侍候伍家,大概也是伍氏堂兄弟捐助桑园围工程的另一原因。潘进完全是士绅阶层的好榜样,他既不考取科举功名,也不担任官职,他是地方社会与权势阶层之间的能干的中介,上至总督衙门、下至村庄的每一层级的施政,潘进都积极参与。道光六年(1826)为伍敦元起草分家书,以便伍敦元一派掌管"怡和"这个响当当的商号的,正是潘进,可见潘进与伍家渊源之深厚。① 无论如何,在皇帝批准及两广总督阮元积极支持下,桑园围士绅在堤坝上立碑、在河神庙外建亭,感谢这三位行商的慷慨热心。阮元的另一份奏折也提及,桑园围附近土地用于种桑养蚕。鉴于行商的主要业务之一就是出口丝绸,如果说行商保护桑园围符合行商自己的既得利益,应该不是无稽之谈。

得到三位行商的巨额捐助之后,桑园围工程的规模也扩大了。桑园围总局的经理这样写道:"通围各堡,闻有义助十万金,各图尽量培筑本堡所管基分。甚有预图冒销肥己,浮开段落丈尺者,计非四、五十万金不能如其所愿。"②总局规定:只会维修桑园围的重要堤段,但这次的维修,是在以乱石叠成的堤坝基座上加盖石板。总局士绅意识到,哪一处堤段需要维修,必然会引起纷争,因此以各堡全体士绅名义,把准备维修的堤段开列出来,交给南海县知县,以便以南海县知县的名义,发出正式的命令。③

266 　　维修工程所对于石材的需求极大。工程总预算 7.5 万两,半数就是用来采购石材的。石材需求骤然增加,但供应却不容易跟得上。除了九龙之外,官府还批准在另外两处采挖石材。工程九个月期间,官府组织了九百艘船,定期运送石材,并且与一名石材供应商签约。工程展开不

---

① 参见潘进,《思园祖遗稿》,页 77a—79b,《潘氏家训》,页 3b—6a,俱收入《潘氏家乘》,光绪六年(1880)刊,藏中山大学图书馆。
②《桑园围总志》,卷 5,页 30b,载《四库未收书辑刊》,第 9 辑,第 6 册,总页 190。
③《桑园围总志》,卷 5,页 36a—54b,载《四库未收书辑刊》,第 9 辑,第 6 册,总页 193—202。

久，这名石材供应商就无法如约交货。官府派遣一名水师军官到九龙调查。桑园围总局士绅要求，把涉嫌走私石材的工匠施以笞刑。这种严厉手段似乎奏效，石材供应稳定，桑园围堤坝工程于道光元年(1821)竣工。三名行商捐助的 10 万两里，还剩下 2.5 万两，三名行商慷慨地表示不必归还。两广总督认为，反正这笔钱是由广东省衙门保管、支付给桑园围总局士绅的，因此，就规定把这 2.5 万两用于支付未来的堤坝维修费用。①

道光九年(1829)及十三年(1833)的维修

桑园围堤坝管理工作，牵涉到省级衙门、总局、各堡三方面；定期来自外界的捐款，为这三角关系带来微妙的变化。一个模式形成了：洪水泛滥决堤、各堡发现无法支付维修的费用、资金来自桑园围以外的渠道、管理章程订立、维修工程展开、包括财政收支清单在内的报告呈交官府。道光九年(1829)及十三年(1833)的维修显示，官府正慢慢形成一套针对桑园围堤坝管理工作的成规。

但是，我们须留意其中的微妙变化。乾隆五十九年(1794)及嘉庆二十二年(1817)的维修记录，都正式刊印成书，道光十三年(1833)的维修记录，亦刊印成书，唯独是道光九年(1829)的维修记录，并没有刊印成专书，而是作为附录附于道光十三年(1833)的维修记录之后。相当奇怪，道光九年(1829)，伍敦元(浩官)的另一名儿子伍元薇向官府呈请，捐赠二万两，协助桑园围堤坝的维修，同一年内，稍后，伍元薇又向官府呈请，说想把捐款增加 9,500 两。② 最后，伍元薇捐助的还不会这么少。道光

---

① 《桑园围总志》，卷 5，页 6a—8b、卷 6，页 1a—19b，载《四库未收书辑刊》，第 9 辑，第 6 册，总页 178—179、204—213。

② 伍元薇是伍元芝的弟弟、伍秉鉴的儿子。伍元薇的另一名兄长伍元华，于道光六年(1826)继承父业，道光十三年(1833)，伍元华死，伍元薇就接管了伍家的行商业务。伍元薇增加捐款的请求，见明之纲，《桑园围总志》，卷 8，页 45b—49b，载《四库未收书辑刊》，第 9 辑，第 6 册，总页 274—275。

十年(1830),两广总督李鸿宾上奏,请求朝廷敕赐伍元薇功名以答谢他的捐助,李鸿宾说伍元薇总共捐助3.3万两。结果,朝廷赐了个举人的功名给伍元薇。这时,捐纳制度已经是朝廷成规。李鸿宾的奏折,就引述嘉庆十八年(1813)直隶赈灾及道光八年(1828)福建莆田县木兰陂水利工程的开捐,作为可以依从的先例。①

267 《桑园围总志》有关道光十三年(1833)的维修记录,在其章程序言中收录了一篇很长的文章,是广州府知府就乾隆八年(1743)维修而在乾隆十年(1745)所作的决定。这也是够奇怪的。事缘乾隆五十九年(1794),当桑园围需要赈灾时,人们就想起乾隆八年(1743)的泛滥来了。但是,直至道光十三年(1833)的维修之前,这篇极为有趣的长文,及其中引述的广州府知府的决定,一直没有被《桑园围总志》里前面的文章所引述。例如,乾隆五十九年(1794)的维修记录,并没有引述这篇长文;嘉庆十二年(1817)的维修记录,也只提及之前因维修需要而借来的款项及加征的地税;直至道光十四年(1834)南海县知县与桑园围总局士绅开会时,这篇长文才被拿出去,作为可以遵循之成例。为了行政的方便,对于之前的文献,有所引述,有所隐瞒,有所增删,这反映出桑园围的士绅开始从法律角度把握问题,这些成例,当然也是集体记忆的材料,且一旦被记录下来,就成为历史。②

乾隆八年(1743),三丫堤段的百姓,向官府递呈,告借1,140两以维修堤坝——三丫堤段也就是未来嘉庆十二年(1817)决堤之处。两年后,乾隆十年(1745),广州府知府对于各堡负责维修桑园围堤坝的事宜,作出了决定,也就是说对于各堡如何归还官币的事宜,作出了决定,方法是加征地税。江浦巡检司巡检奉命会晤各堡长老及地主,传达知府的决定。会后,他向上级奏报:自所谓宋徽宗四十一年以来(按:宋徽宗即位

①《桑园围总志》,卷7,页2a—4a,载《四库未收书辑刊》,第9辑,第6册,总页227—228。
②《桑园围总志》,卷9,页13a—29b,载《四库未收书辑刊》,第9辑,第6册,总页284—292。

于建中靖国元年[1101],禅位于宣和七年[1125],没有所谓四十一年可
言。如果真要从宋徽宗即位开始数四十一年,则大概相当于南宋高宗绍
兴十二年[1042]),有一位按察使规定,由于桑园围任何一处决堤,都会
波及其他堤段,因此决堤部分的维修工程,是邻近各堡的责任,但是,吉
赞则例外,不必承担其他各堡的维修费用,原因是吉赞的堤段是从附近
土地上围过来的,一旦出现险情,附近居民有责任鸣锣示警,通知各堡。
会议还指出,地主能够从鱼塘及新近堆成的沙田收取租金,仅三丫堡所
在的海舟堡,地主每年的租金收入就达三百两。三丫的居民也不甘示
弱,他们反驳说,鱼塘都被蜑民占去,因此并没有为他们带来租金,而且,
新近堆成的沙田是全海舟堡所有,而非三丫堤段附近的十二家人所有
的。其余各堡又递呈反控,谓新近堆成的沙田凡四百亩,此外,鱼塘租金
达三百两,即使鱼塘被蜑民占去,但地主每年总收入仍高达五千两。无
论如何,巡检指出,三丫堤段是以这十二户的名义登记的。巡检报告这
最后一点,引起了广州府知府的注意,他经过调查,证实三丫堤段果然是
以这十二户的名义登记,就命令这十二户负责堤段之维修,因为各处堤
段由登记税户负责维修,乃系各处通例云。[1]

以上这宗事件之所以被提起,是因为道光九年(1829),也发生了类
似情况,是年,行商伍元薇捐助赈灾款项,指定用于两处,其一为仙莱基,
仙莱基因此获得 3,682 两的借款。但仙莱基居民表示尚缺 762 两,其他
报告则谓尚缺五百两。两广总督下令由桑园围本地居民自行设法填补。
后来尽管伍元薇再度慷慨解囊,使总捐款多于所需的维修费用,但两广
总督毫不含糊地告诫桑园围居民:"吉水、仙莱两基不敷之项,不准向伍
绅捐款领足,亦不准派之通围。"[2]潘进的文集,记叙了之后的发展。后
来,仙莱基堤段再次决堤,由于附近居民要负责维修,他们一度准备逃

_____

①《桑园围总志》,卷9,页1b—10b,载《四库未收书辑刊》,第9辑,第6册,总页 278—282。按:
　　宋徽宗在位仅25年,因此说宋徽宗第四十一年是错误的。
②《桑园围总志》,卷9,页16a—16b,载《四库未收书辑刊》,第9辑,第6册,总页285。

亡。就在这时,伍元薇宣布,将捐助维修费用。伍元薇对于仙莱基的关心,很有可能是潘进促成的。[1] 更有甚者,省衙门考虑到仙莱基居民穷困,从百滘堡及云津堡派出可靠之人,负责维修。由于潘进就住在百滘,他很有可能因承担这项工作而声望大增。潘进很清楚地指出,获得捐助的,是仙莱基,捐款的派发,也是由当地士绅操办的,这似乎反映出,防止仙莱基超支,是个财政问题。但结果仙莱基真的超支,那又怎办?在这种情况下,潘进购买了15亩地,其中12亩,由百滘堡兴贤文会以490两,购买被堤段占用的12亩地。这片土地将被开发为鱼塘,租予佃户,种桑养鱼,以便为文会带来固定的租金收入,而仙莱基则继续拥有堤段。[2] 以上这种安排,似乎让参与的各方都获利,但毫无疑问,全靠伍元薇的慷慨捐款,事情才能办成。

道光十三年(1833)三月,三丫堤段再度决堤,负责该堤段的士绅从省衙门借到一万两,负责维修。工程总共耗资4,884两,剩下5,116两,则归还予省衙门。[3] 工程并不完善,是年稍后时间,洪水消退之后,省衙门下令全面维修桑园围堤坝,并加征地税以应付工程开支。这样,总共征收了13,600两,另外,省衙门又额外提供了贷款,前后总共为三丫堤段的士绅提供了49,884两的贷款。为了表示省衙门救灾的决心,两广总督获朝廷批准,把历年加征地税及捐款的盈余,抵销桑园围的维修专款,于是,49,884两的贷款,就因此大幅度抵销了39,269两,桑园围居民实际上只需从道光十四年(1834)开始,分五年把10,615两贷款摊还省衙门,但地税还得照常缴纳。[4]

---

[1] 潘进的传记显示,伍元薇增加捐款一事,潘进居功至伟,见《同治续修南海县志》,卷14,页27a。潘进写给儿子的一封信,谓自己参与道光九年(1829)的工程,是因为伍元薇作为捐款者,也积极参与其中,见《潘氏家训》,页29a—b。潘进也积极参与堤段的维修,先后从省衙门拿到15,340两津贴,维修属自己监管的几段堤段。有关潘进收取的津贴,见《桑园围总志》,卷8,页49b—51a,载《四库未收书辑刊》,第9辑,第6册,总页276—277。
[2] 潘进,《思园祖遗稿》,载《潘氏家乘》页13a—15b;
[3]《桑园围总志》,卷9,页27b—32a,载《四库未收书辑刊》,第9辑,第6册,总页291—293。
[4]《桑园围总志》,卷8,页15b—16a,载《四库未收书辑刊》,第9辑,第6册,总页259—260。

但是,桑园围士绅反对,他们指出,这 10,615 两之中,4,884 两早已交给三丫堤段的士绅,则桑园围士绅所需要归还的这 10,615 两之中,应该减去 4,884 两,并要求加征地税以清还债款。而按照乾隆五十九年(1794)的惯例,这加征的地税,南海县各堡应负责七成,顺德县各堡应负责三成。两广总督表示同意,向朝廷请示,但朝廷对于三丫堤段十二户居民能否清还欠款表示怀疑。两广总督只回应说,无论他们有否能力清还,各处堤段由邻近居民维修,是既成的惯例。但事情还没完。三丫堤段士绅充分意识到两广总督被朝廷质疑这一点,道光十五年(1835),他们向广东巡抚递呈,表示面临财政困难,因为自己登记在官府的 5,500 亩地之中,有 4,100 亩已被水淹,六成房屋倒塌,剩下的土地,也被用来挖土筑堤。他们指出,各堡自行维修自己邻近的堤段这种通例,只适用于小型堤段。假如维修费用超过一千两,则桑园围全体居民应该负担加征的地税来应付成本。这时,广东巡抚再也不耐烦了,下令桑园围士绅就如何归还官币一事自行达成方案。桑园围总局坚持自己立场,南海县知县汇报说,一切都按照既定成规行事。省衙门继续要求三丫堤段的士绅归还官币,但这笔官币始终没有被归还。道光十七年(1837),堤段再次决堤,需要集资维修。总局试图逼三丫堡还债。结果,总局呈交给省衙门的报告显示,三丫堡只归还了少数官币,大部分费用仍然由桑园围居民分担。[①]

　　道光九年(1829)与道光十三年(1833)的维修,与之前维修的最大不同,是官币的归还安排。在乾隆五十八年(1793)及嘉庆十二年(1817)的维修中,总局经理及副经理负责与省衙门谈判及派发款项,然后,在部分堡,这笔款项最后落到各堡士绅手中。但在道光九年(1829)与道光十三年(1833)的维修中,直接把款项拨给各堡,总局几乎没有任何角色可言。当然,桑园围的集体领导仍然是存在的,因为这章程是大家草拟的。这

──────────

① 《桑园围总志》,卷 9,页 32a—52a,载《四库未收书辑刊》,第 9 辑,第 6 册,总页 293—303。

个领导层比之前更加感受到省衙门的无远弗届的力量,因此他们不仅要确保出版维修报告,也很希望得到省衙门的支持。他们也确保《桑园围总志》的书板保存于河神庙内,这河神庙如今已经易名为南海神庙了。[①]不过,最能够捕捉到气氛转变的,应该是潘进的一封私人书信,该信应该是写给总局高层的,信中埋怨说,欠官府的债如同欠官府的税,总局向桑园围居民收钱还债,不过是按照省衙门的命令行事,但总局却被大众指为滥权。[②] 毫无疑问,外界的拨款,扩大了政府权力,也加强了士绅的权力。士绅如今成为了政府与乡村的中介。[③]

²⁷¹ 水利工程及地方管理的规模

同样,假如我们要弄明白地方管理的模式,就要弄明白这些数目字究竟意味着什么。从 18 世纪 90 年代到 19 世纪 30 年代,广东省衙门为桑园围提供的津贴是史无前例的:乾隆五十八年(1793),从加征地税拨出 6 万两;嘉庆十二年(1817)从官币拨出 8 万两、从加征地税拨出 2.5 万两,从捐款所得 10 万两;道光九年(1829),从捐款所得 3.3 万两;道光十三年(1833),通过官府贷款及津贴又拨出近 5 万两。以任何公共项目的

---

① 《桑园围总志》,卷 9,页 26a,载《四库未收书辑刊》,第 9 辑,第 6 册,总页 290。

② 潘进,《思园祖遗稿》,载《潘氏家乘》,页 69a—70b。

③ 士绅与省衙门之间,似乎也存在歧见。即将成为南海大儒的朱次琦,于道光九年(1829)就水利问题草拟了长篇方案,建议扩大统筹范围,其设想比道光十三年(1833)真正实行的计划更为宏大。朱次琦指出,由于西江上游及新会、香山县的入海口一带,都建筑堤坝,因此处于其中的桑园围,就不断受到泛滥。既然这年得到如此庞大的捐款,与其在这两处小修小补,不如推行更全面的维修计划。潘进也批评省衙门的政策。主要原因,是嘉庆二十二年(1817)之后,省衙门撤走了专门用来维修堤段的款项,至道光十三年(1833)泛滥之际,省衙门已经无法为堤段维修提供稳定的资金。潘进的传记称,潘进为此事与省衙门周旋,经他努力之下,省衙门的款项才拨了下来。潘进的私人文集中,有封写给伍元薇兄弟的信,该信措辞哀苦,描述当年泛滥的情形,似乎有请求伍家协助赈灾之意。潘进的另一封信,则表明自己以后不再参与维修工程。但无论如何,潘进仍然积极参与本村的赈灾工作。参见《同治续修南海县志》,卷 14,页 23b—25a、25b—29a;潘进,《思园祖遗稿》,载《潘氏家乘》,页 51a—b、71a—72b。

开支而言,这数目都很庞大。可是,我们还必须把这些数字放在当时的脉络里来考察。从广东省衙门相当不完整的纪录看来,自乾隆三十四年(1769)起,省衙门陆续借出 23 万两予商人,每年取息 4.1 万两。道光五年(1825),省衙门又借出 10 万两财政盈余予南海、番禺两县的当铺,每年取息 1 万两。道光十三年(1833)泛滥导致饥荒,粮价飞涨,省衙门劝谕捐输,以便籴米救荒。结果,官员、士绅、行商、盐商、茶商、当商、行会及广州铺户合共捐输 37 万两,省衙门动用其中的 2.45 万两,向伍元薇购买 15 万石粮食赈灾。以上这些数字反映出,广州富庶、广东省衙门也财力雄厚,与明末差别甚巨。明代的广东各级地方政府捉襟见肘,想方设法抵抗中央加税,也抵抗军方的侵渔。18 世纪末、19 世纪初的广州及其周边地区,却非常富庶,桑园围堤坝的维修过程,可以说反映出广州城内财富流向郊区的一个例子。①

当然,我们也必须明白,如此大笔的经费,虽然都分给村民,但村民原本掌握的资源就多寡不同。《桑园围总志》大致显示,频繁决堤之处,多位于海舟堡、即桑园围北部比较穷困的社区。而比较富庶的社区如九江、沙头、龙江、龙山等,则都远离河滩。因此,从富裕社区筹得之款项或 *272* 通过这些社区的有力人士的影响而筹得的私人及官方补助,并没有增加政府的影响而削弱士绅在富庶社区的权力。相反,这些士绅甚至将其影响力扩大到自己村落以外,既服务地方,又效力省衙门。因此,桑园围工程,促进了作为权力中介人的士绅的权力。尽管士绅作为权力中介人的活动范围尚未被确定,但到了 19 世纪中叶,他们的活动范围肯定不限于自己的乡村了。

---

① 英国政府公共档案部档案,FO931/89,页 130、134。

第十九章　从民壮到团练

　　潘进这个人,积极统筹桑园围的维修工程,代行商伍敦元(浩官)撰写遗嘱,亲自监督自己乡村的水利工程,就消弭广东盗贼问题向省衙门出谋划策,他又拒绝接受官府赐赠给他的功名,因此不算是士绅的一员。但除以上种种事迹以外,潘进也悄悄参与沙田的开发。潘进私人文集里的三封信,多少透露出沙田开发的机制:沙田尚未成形,就得首先向官府登记这片沙田所在的水面;然后种植芦苇与水草;然后雇请佃户;然后修筑堤坝。而一旦修筑堤坝,就要与邻居展开相当复杂的谈判。潘进这三封书信之一,建议把六百两修筑堤坝的经费分成四份,由自己与一位邻居分担。这封信应该是写给一位投资者的,因为潘进向他保证,收到钱之后,会把有关账目寄给他。像潘进这样开发沙田的实业家、以及像潘进笔下"陈昆山"这类堤坝建筑师,当时一定还有很多,广东沙田面积也因此日益增加。陈昆山大概是指来自江苏昆山的陈姓建筑师,昆山的水利工程技术,要比广东更加先进。沙田开发,是项必须亲力亲为的工作,除需要关系、技术之外,更重要的是需要协调。①

---

① 潘进,《潘氏家乘》,光绪六年(1880)刊,藏中山大学图书馆,页 50a—b,60a—61a,62a—63b,64a—65a。

与潘进同时的龙廷槐(1748—1827),发迹于桑园围以南的顺德县。他与潘进一样有本事,但比潘进更有钱,且来自更古老的宗族,盖龙氏亦为沙田巨姓之一。龙廷槐于乾隆五十二年(1787)中进士,之后在北京任职翰林院。龙大概没有在北京停留多久,到了 18 世纪 90 年代,龙已经退隐于自己在顺德县大良的家乡,热心参与地方事务,包括沙田的治安问题。① 274

关于清初广东沙田的开发,屈大均的文章是迄今唯一史料;无独有偶,关于 19 世纪初广东沙田的开发,龙廷槐于嘉庆五年(1800)致广东巡抚瑚图理的书信,也是迄今唯一史料,仅此就值得我们高度重视。而且龙廷槐比屈大均做得更多,就推动省衙门关注沙田治安问题而言,龙发挥了关键作用。珠江三角洲沙田在 19 世纪的大事是军事化,而龙廷槐这封信就是见证。

嘉庆五年(1800),广东布政使建议,把新近开发的沙田分为上、中二等,以便抽税。龙的书信反对这项建议。原来,当时开发沙田的过程,由开发者向官府登记未来沙田所在的水面而开始。他们都很清楚,自登记之日开始,三年后才升科交税,税额要比上、中等的土地低廉得多,原因是沙田开发风险高、投资大,而且沙田的成形,需时往往不止三年。沙田开发的过程如下:从目标所在的水面投下石块,形成石质地基,然后要等几年甚至几十年,这片石基上的沉积层才能累积为泥滩;泥滩成形,才能先种芦苇、后种水草。石基又称底基,在其建造初期,需要经常加固,否则会被水流冲刷掉。泥滩地经几年甚至几十年种草之后,假如仍然停留于原位,才会开始种粮食,而这只是沙田开发的第一阶段。

沙田一旦成形,诉讼往往随之而来。龙廷槐说,诉讼来自三方面。第一,开发沙田者须向官府"报承"即登记其开发地段,但谁也无法控制

① 龙廷槐传记,见郭汝诚修、冯奉初等纂,《顺德县志》,咸丰三年(1853)刊,载《中国方志丛书·华南地方》第 187 号(台北:成文出版社,1974),卷 26,页 28b—30a,总页 2527—2529,以下简称《咸丰顺德县志》。

最终开发出来的沙田究竟面积多少,而官府又不断批准开发。结果,晚近得到官府批准开发沙田者,就很容易指控较早前得到官府批准开发沙田者越界,企图以此侵吞他们的沙田。这种诉讼手段称为"新沙占老沙"。第二,由于不同阶段的沙田有不同用途,不法的沙田业户,很有动机抢夺那些已经开发成功、种植粮食的沙田,而自己的沙田则继续种草。这种诉讼手段称为"移荒占熟"。第三,诉讼往往因赋税而起,即使堤坝被冲垮、沙田被冲走,沙田业户仍然需要交税。同样,即使沙田业户被邻居侵吞土地,其原本的税额并不会因此减轻。沙田买卖期间,这种"虚税"(即就不存在的土地而开征的税)或推予买主一方,或保留于卖主一方,同一处沙田,哪一块要承担多少税项,也就往往引发官司,而且官司可以一打再打。这种诉讼手段称为"买虚影占"。

所以,沙田绝对不太平,手段越狠,回报越高。沙田的业主,为防止霸道之人以拥有河道为名侵占自己的沙田,会在沙田尚未成形时就已预先收购沙田周边的河道,以方便开发工作。但是,龙廷槐笔下的"沙棍",会雇用打手行凶,甚至刻意安排一名打手遇溺,以便指控对方杀人。安分守己的业户,惧怕官司,所以绝对不敢向官府隐瞒自己沙田的真正面积,因为那些心狠手辣之人,一旦发现隐瞒的情况后,必定以此为借口,大兴诉讼。所以,龙廷槐认为,根本没有必要由官府派人弓步丈量沙田,这样做也不切实际,因为沙田面积太大,沙田产权结构也太复杂,而肩负起弓步丈量工作的衙役,也太难以监管,除非监管他们的官员自己也脱下官袍官靴,像佃户一样走进泥滩。龙廷槐举了香山县一宗沙田诉讼案为例,该案中,两个业户争夺沙田,香山县知县判处:将沙田充公,以五亩作一小块,分予穷人。但是,衙役勾结其中一方,招来一批穷人,认领这些沙田,随即转手卖予这个业户。[①]

[①] 龙廷槐,《敬学轩文集》(道光十二年[1832]刊,藏香港大学图书馆特藏部,编号:杜 823683v. 1—4),卷1,页1a—16b。

　　当然,这一切都不令人奇怪。自 16 世纪以来,人人都知道沙田开发是风险甚高的事业,不仅因为筑造堤坝费用昂贵,而且也因为诉讼与械斗频繁。但是,由于粮食价格日高,而沙田税额较低,开发沙田,仍是有利可图。明朝覆灭时,正是在沙田地区出现了严重的海盗及奴变问题。清初的迁海,也应该一度打击了沙田的业户。保存至今的史料显示,部分沙田巨姓的确迁走了,可是蜑民并没有离开,当康熙八年(1669)复界后,几十年之内,沙田巨姓又重新站起来了。① 在整个 18 世纪,沙田的开发与买卖从来没有停止过。正如晚明一样,沙田业户雇用临时工,从市集镇坐船到 276 沙田收割庄稼,还另外花钱雇用保镖,沿途戒备护送。对于沙田及其农作物的争夺如此严酷,沙田各社区必然总是武装起来的。②

　　龙廷槐建议:在沙田设立保安力量,但并非由士绅控制,但像龙廷槐这样的人能够在一定程度上控制这保安力量。龙廷槐提出这项建议的时间不详,大抵在 19 世纪头十年,这支保安力量负责的沙田地区,包括香山县以东,顺德、东莞以南。这片地区也是 18 世纪业主竞相登记、开发的沙田地区,日后被称为"东海十六沙"。龙廷槐提出这项建议时,登记在官府里的沙田面积已经达到十二万亩。一向以来,这片沙田地区的保安力量,就是"沙夫"。"沙夫"按顷向沙田业户征收费用,这无疑源于明末清初各种黑帮强行征收保护费的制度。因此之故,龙廷槐说,在康

---

① 桂洲乡的胡氏,就是重新崛起的沙田巨姓之一。18 世纪的顺德历史专家罗天尺注意到,自乾隆四十八年(1783)以来,胡氏有许多成员赢得了科举功名,这些功名多半属于武科,见罗天尺,《五山志林》(乾隆二十六年[1761]刊,大良:顺德县志办公室,1986),页 129。广东省人民政府民族事务委员会于 1953 年出版的《阳江沿海及中山港口沙田蛋民调查材料》(手稿本,藏广东省图书馆),认为胡氏是蜑民,他们已经定居陆地、建立祠堂、并住在大村子里,但仍被邻居视为蜑民,见该书页 8、14。

② 参见何大佐,《榄屑》(无刊行年份,稿本,承蒙萧凤霞借阅),《乡兵守土之始》《陈圣庙》;何仰镐,《榄溪杂辑》(无刊行年份,稿本,承蒙萧凤霞借阅),寺庙志之"天后庙"条;中国第一历史档案馆、中国社会科学院历史研究所编,《清代地租剥削形态》(北京:中华书局,1982),页 506—511;罗天尺,《五山志林》,页 164—165;《大清历朝实录·高宗实录》(伪满洲国"国务院"1937 年沈阳原刊本,北京:中华书局,1985—1987 年翻印),卷 452,页 15b—16a,卷 457,页 12b—13a;《顺德北门罗氏族谱》(光绪九年[1883]刊,藏东京大学东洋文化研究所),卷 19,《尝产》,页 1a—19b;谭棣华,《广东历史问题论文集》(台北:稻禾出版社,1993),页 83—84。

熙时期(大约在 18 世纪),沙田的大业户要向县官申请有官印钤盖的"印牌",才能够招募"沙夫"。毫无疑问,这是迁界之后把非法勒索保护费制度合法化的标志。香山县每发出一张"印牌",就征收一份费用,这笔财政收入,用来购买进贡京师的烟草。后来,"印牌"制度演化为包税制度。在东海十六沙,顺德县的容奇、桂洲士绅,向县衙门承包其一笔税,以换取因雇用沙夫之名而收费的权力。

这种以沙田的收入来维持地方保安力量的承包式管理制度,不仅流行于广东,也流行于全中国。容奇、桂洲的士绅首先缴纳承包税额的三分之一,然后计算总支出及有关的利息,均摊到每名业户头上。而业户只要把摊到自己头上的费用缴纳,就有权维持治安。两地的士绅再以总税额的利息的名义,向县衙门缴纳一笔钱,作为申请沙夫印牌的费用,而沙夫则向业 277 户收费。我们要知道,在一年大部分时间里,沙田的耕作者都不住在沙田,他们由沙夫护送,集体出发,二月中插秧,五月除草,七、八月收割早稻,九、十月收割晚稻。沙夫向耕作者每人平均征收米若干,又向农地每亩征收 10~12 斤农作物。当然,沙夫要求的,还不止这些。被风吹下水或自行落水的谷粒,也属沙夫所有。沙夫也就以此为由,向养鸭户征收费用,否则不能把鸭子赶到收割后的农地上啄食余粒。龙廷槐估计,业户每亩向沙夫缴纳 0.2 两,而养鸭户缴纳的费用尚不计算在内。以每亩产量二石谷、每石谷 1.2 两计算,业户总收入的八分之一,就用来支付沙夫。

据龙廷槐指出,以上就是东海十六沙直至嘉庆八年(1803)的保安制度。是年,情况发生了变化,"数百"盗贼于秋收时节突然出现在沙田,敲诈耕作者,而沙夫们竟然袖手旁观。士绅们向知县递呈,请求批准组织"公约",雇用二百名警卫、购置船艇以便巡逻,费用以每亩加征 0.1 两的方式筹措,由沙夫筹集,转解公约,公约也把申请印牌的工作接管过来,意味着从此由公约负责与县官打交道,管理承包税项事宜。从嘉庆十年(1805)开始,公约向县衙门每年支付印牌申请费六千元、巡逻船艇费一千元及另一项杂费数百元。与嘉庆八年(1803)的情况一样,除了士绅自行缴纳的费用之外,其余均由承包税项的沙夫自行征收。这番改革并不顺利,原本承包税项的士绅拒绝放弃特权,纷争扰攘到省衙门。嘉庆十年(1805),尽管省衙门已经批准由公约接管沙田的保安事务,但原本包税人照样继续向县衙门申请印牌,于是又引起官司。龙廷槐又指出,包税人暗中贪污,互相争夺收费权,又与沙夫勾结,结果,出现了竞投包税权的情形。例如,一名士绅有可能向官府支付 1 万元以便控制公约,而沙夫则向士绅缴交 1.5 万至 1.6 万元以获得巡逻权,差额则通过剥削沙田的业户来填补。有时候,甚至出现沙夫与盗贼勾结的情形。龙廷槐指 *278* 出,现在已经到了沙田业户无法安居乐业的严重地步,请求知县(也许是香山县知县)把顺德、新会、番禺、南海、香山五县的绅耆召集起来,重新确认两年前官府赋予公约的地位。有否开会,不得而知,但海盗张保突然来袭,破坏了原有的权力均衡,事情发生了剧变。①

海盗来袭、防务孔亟、规模升级

康熙三十九年(1700),官兵在九江士绅协助下,剿灭了当地盗贼。自此以后,南海、番禺、顺德、东莞、新会、香山的地方志,就很少提及盗贼或海盗问题。直至嘉庆十四年(1809),张保才把海盗侵袭的恐惧传到珠江三角洲的乡村。乾隆四十五年(1780),广东巡抚李湖曾经以盗贼猖獗为由,下令实行保甲,但他指出的盗贼活动其实是很轻微的。② 这时期珠江三角洲相对太平无事,如果非要找出什么原因不可的话,那就是地方

---

① 龙廷槐,《敬学轩文集》,卷12,页 1a—7b。可与休·贝克(Hugh D. R. Baker)的研究作比较,见 Hugh D. R. Baker, *Sheung Shui*, *A Chinese Lineage Village*(London: Frank Cass, 1968), PP. 78—83。

② 戴肇辰等修纂,《光绪广州府志》,光绪五年(1879)刊,卷108,页 28b,卷128,页 17a—18a,载《中国地方志集成·广州府县志辑》(上海:上海书店,2003),第 2 册,总页 789,第 3 册,总页 264;何若瑶、史澄纂,李福泰修,《番禺县志》,同治十年(1871)刊,卷45,页 1b,载《中国地方志集成·广东府县志辑》(上海:上海书店出版社;成都:巴蜀书社;南京:江苏古籍出版社,2003),第 6 册,总页 548。

经济繁荣,因而培养出强大的地方保安力量。嘉庆十四年(1809)刊行的《龙山乡志》,可以说是张保侵袭以前的地方保安制度的现场记录。

据《龙山乡志》,龙山的防御建置包括:22 座瞭望塔、24 座更楼、更夫巡逻制度、以及乡约。有几座瞭望塔附于民居,至今屹立不倒。这些瞭望塔比大部分屋子都要高一两层,不仅有助于防御,也起了一种震慑作用。更楼配备的火器如火枪、火炮等,都经县衙门登记及发出执照。现存的瞭望塔有细小的窗户,可见人们已经准备好以火器抵御盗贼的攻击。较早前,龙山乡的墟市由 40 名警卫保护,这时已经剩下 12 人了,他们的薪酬,由墟租支付,指挥他们的,是四名队长。更夫方面,每队四至五人,由村民自己掏钱雇请。18 世纪上半叶,龙山乡防御事务大概废弛了,直到乾隆三十九年(1774),当龙山乡乡约成立之后,龙山乡才提高了警卫的薪酬,以维持墟市的秩序。《龙山乡志》谓乡约是根据九江模式建立的,应该就是士绅组建、知县批准之意。九江乡约不过虚有其表,因为 279 真正负责九江防卫事务的,是驻扎于九江乡约里的县丞。但是,与九江不同,龙山并没有官员驻扎,龙山乡自己保护自己,总体而言,龙山的保安制度,未尝不像龙廷槐笔下东海十六沙的保安制度,即一群乡村组建武装力量,士绅则代表这股武装力量与官府周旋。士绅可以说是这股武装力量唯一的合法性来源,因此,在村民心目中,这股武装力量不过起了点道德教化的作用而已。至于像赈灾、防卫、教育及其他本地公益事业,则由个人、家庭、宗族提供。相比之下,嘉庆八年(1803)东海十六沙防卫联盟才显得如此特别。像龙廷槐这样的士绅,组建成 220 人之多的保安力量,目的当然不止于道德教化,他们所要组建的,根本就是团练。政治动荡,防务孔亟,珠江三角洲的乡村,终于从 18 世纪的酣睡中惊醒了。[1]

---

[1] 温汝能纂,《龙山乡志》,清嘉庆十年(1805)金紫阁刻本,卷 6,页 1a—7b 载《中国地方志集成·乡镇志专辑》(南京:江苏古籍出版社,1992),第 31 册,总页 74—77;关于九江,参见本书第16章。

　　张保的海盗联军跃入眼帘,珠江三角洲的百姓和官府都被吓得目瞪口呆。穆黛安(Dian Murray)细致地研究了有关张保问题的所有书面史料,重构了张保海盗联军的兴衰过程。她指出,19世纪初华南海盗的源头,是乾隆五十九年(1785)的安南内乱。安南的西山阮氏集团,与当时河内及顺化的王朝争雄,聘请华南海盗为雇佣兵,有一段时期,阮氏力量雄厚,得到清朝承认为安南的合法政权之一。但是,阮氏除了封赠军职予华南海盗头目之外,并不能在财政上或政治上完全约束他们,他们一面收阮氏的钱,为阮氏卖命,一面在华南海域以劫掠商船及村民为生。这些海盗投靠阮氏,得到一港口作为基地,因而能够往返游弋于海南岛与安南之间的东京湾。阮氏为这些海盗提供一定的军费;提供建造及维修船只的工具,这些船只都配备武器,包括火炮;此外,还为海盗的贼赃提供了销售市场。华南海盗之间,也形成了一个保护网,已接受阮氏军职的海盗,也向其麾下的海盗颁发官衔。但是,阮氏的好日子并不长久。嘉庆四年(1799),阮氏集团覆灭,华南海盗在北部湾(位于东京湾北部)的基地江平也被捣毁。翌年(1800),广东省官员奏报,谓越来越多的海盗接受招安,须安置上岸。有人建议,把这些海盗安置于受官府管辖的 *280* 沙田。这个建议,万一真的执行起来,将令沙田百姓们寝食难安。[①]

　　但是,在19世纪初,海盗投降及接受安置,大概是例外,而不是常态。嘉庆十年(1805),西山阮氏海盗的残部重新整编,它们各有以不同颜色为旗帜,分成红旗、黑旗、白旗、绿旗、蓝旗、黄旗六只舰队。每只舰队由海盗口中的"老板"、亦即官方文献的所谓"盗首"指挥。红旗头目郑一,以珠江三角洲海口为其地盘。嘉庆十年(1805),他拥有二百艘船。穆黛安估计,这意味着郑一手下有二万至四万名海盗。嘉庆十二年(1807),郑一死亡,这时他舰队已拥有六百艘船了。二百也好,六百也

---

① Dian H. Murray, *Pirates of the South China Coast*, *1790—1810* (Stanford: Stanford University Press, 1987);中国第一历史档案馆,《嘉庆十年广东海上武装公立约单》,《历史档案》,第36期(1989),页19。

好,如果全体一同进攻,无论沿海社区或者衙门都吃不消。但是,海盗劫掠的模式似乎是十艘至四十艘船为一股,分散活动,而非全体一同出击。这一小股一小股的海盗,在珠江三角洲海口上下游走,绑架妇女,勒索赎金,劫掠由海南岛及北部湾开往广州的盐船,并对所有路过船只勒索保护费,的确造成可怕的威胁。东海十六沙防卫联盟出现在嘉庆八年(1803),对抗海盗大概是原因之一。香山、顺德沿海村庄于嘉庆九年(1804)首次组建防御联盟,也可能基于同样理由。顺德大良的陈寮采,据说招募了二百人,协助官兵防御该区。①

《顺德县志》记载得很清楚,嘉庆八年(1803)东海十六沙防御联盟的出现,与当时的紧张气氛有关。据该县志,联盟出现,功劳属于桂洲的胡鸣鸾及其同志。胡鸣鸾于嘉庆六年(1801)中进士。龙廷槐对于胡只字不提,而且还在顺德防卫联盟组建期间批评其贪污腐败,显示龙、胡二人关系不好,至少在推展防御联盟工作方面并不咬弦。随后几年,海盗威胁日益猖獗,东海十六沙防御联盟益形重要。《顺德县志》有关胡鸣鸾的传记称,嘉庆十四年(1809),张保劫掠内河乡村,胡捐钱建筑一座炮台,并从西方商人的船中买回一门火炮以协助防守。鉴于海盗攻击从北部湾沿岸航行、开往广州的盐船,胡鸣鸾建议北上盐船改走西江内河水道以避海盗。胡鸣鸾的另一项功劳,是建议以坚壁清野政策对付海盗,他认为,海盗只有在沿岸居民协助下,才会进犯内河地区。嘉庆十七年(1812),张保投降之后,胡鸣鸾调往他处担任知县,接替胡鸣鸾的,是来自容奇的关如均,容奇与桂洲都是支持嘉庆八年(1803)防卫联盟的村庄。关如均自鸣得意的事迹,是自己在当地对抗海盗甚力,海盗恨之入骨,以至于自己赴广州城时,须藏在"箱子"里,由人抬至码头,以免泄漏行踪。来自陈村的吴玑,是胡与关的另一名同志,他于乾隆四十八年

---

① 《大清历朝实录·仁宗实录》,卷128,页24b—26b,卷129,页17b—18b;《咸丰顺德县志》,卷27,页17b—19a,总页2574—2577。

(1783)中举。吴玑警告两广百龄,说坚壁清野政策只会迫使张保攻击香山及顺德的乡村。以上这几个人,虽然不过是地方防卫联盟的领袖,但却被地方志描述为保卫家乡的大英雄。[1]

　　19 世纪的防卫联盟,符合两广总督的利益,因此之故,也就符合县衙门的利益。十八九世纪之交的二十年间,朝廷要全力对付的,是川楚白莲教叛乱,相比之下,广东的海盗劫掠,简直就像在敲边鼓。尽管朝廷开始向两广总督及广东巡抚施压,要求他们解决日益严重的海盗问题,但同时朝廷又不断把粮饷从广东抽调内地,以便加强官兵力量,镇压白莲教。嘉庆八年(1803),两广总督吉庆由于处理博罗县会匪问题不善,被革职查办,羞愤自杀。官位仅次于吉庆的那彦成,翌年被委任为钦差大臣,奉命剿灭海盗及会匪。那彦成把广东水师重新装备起来,但他更重要的一着,是下令广东沿海村庄组织团练。他在嘉庆十年(1805)颁布告示,说:

　　　　村庄中非一家一姓之人,则性情各异;无用赏用罚之柄,则号令不行,必须立定章程,坚明约束。其中读书明理之绅衿、公正服众之耆老,尤须开导愚民,使知本部堂昼夜焦劳,多方布置,皆只为尔闾阎。[2]

以上长篇告示中的这几行,实际上就是要求地方组织防卫联盟,官府尤其鼓励宗族之间协调防卫,容许士绅、耆老等跨越宗族界限,组织防卫。²⁸²东海十六沙防卫联盟,正好符合那彦成的要求。那彦成意识到,大城镇很有可能成为海盗劫掠的目标,在珠江三角洲地区,这些城镇包括:佛山、江门、容奇、桂洲、陈村。那彦成提到这后三者,却不提更加明显的目

---

[1]《咸丰顺德县志》,卷 27,页 16a—17b,总页 2571—2574。

[2] 那彦成,《那文毅公奏议》,道光十四年(1834)刊,卷 11,页 40b,载《续修四库全书》(上海:上海古籍出版社,1995),史部第 495 册,总页 364。

标即龙江、龙山、九江、大良,正好反映出东海十六沙防卫联盟力量雄厚。因此,那彦成获任命为两广总督,催生了朝廷对于团练的全新政策,难怪大良龙廷槐形容之为政出多门。

其他类型的团练也在 19 世纪初成形,原因明显得很。那彦成命令:逮捕所有向海盗供应食物及火药之人,而逮捕、惩处的方式是随意的。这意味着当地社区、尤其是那些已经武装起来的社区,必须效忠朝廷,否则大难临头。张保于嘉庆十四年(1809)攻击顺德,也就把这一带的防卫联盟结构清楚显示出来。是年,大良士绅筹款,在市镇东面建起一座石砌炮台;而乌州、大州、及对岸番禺县的村庄(包括屈大均祖先祠堂所在的沙湾),也共同捐钱,在通往市镇的河滩上建起一座炮台。[1] 县志还提到有 15 处地点建起了小炮台,大部分不过是把火炮架设于村庄的瞭望塔而已。但是,县志地图上所显示的龙山乡炮台,规模大概比其他炮台都要大。《龙山乡志》的作者梁寿昌,是顺德县黄连村人,他记载了地方力量增强的过程。黄连村的梁氏,与勒楼及龙山两处结成联盟,梁寿昌于嘉庆十三年(1808)中举,"故与龙廷槐年旧交,素为长吏所信,予以竹板、木枷,使自治其乡之宵小"。[2] 城市或大镇组建的团练,一般比较强大。黄永豪研究东海十六沙时指出,沙田被市集镇控制,不仅因为地主的祠堂都在沙田,而且因为沙田之所产,只能在沙田出售。控制沙田的市场,不仅保彰了团练的资源,也切断了海盗的补给,这就是那彦成政策的精粹。[3]

就这样,在嘉庆十一年至十六年间(1805—10),顺德团练匆匆组建
283 起来。从地方志看来,像顺德县团练这样大规模的团练,当时也并不多见。即使如此,朝廷对于团练的容忍也是短暂的。正如孔飞力(Phlip

---

① 《咸丰顺德县志》,卷 4,页 2b—3b,总页 328—330。
② 《咸丰顺德县志》,卷 26,页 7a—9a,引文见页 9a,总页 2487。
③ 黄永豪,《土地开发与地方社会——晚清珠江三角洲沙田研究》(香港:文化创造出版社,2005),页 136—137。

Kuhn)研究 19 世纪团练时指出,朝廷在团练协助下扑灭白莲教叛乱的经验,使朝廷对于团练的长期后果疑虑重重。根据朝廷的政策,甚至根据清仁宗自己的圣旨,防卫事务是八旗驻防部队的职责,而八旗驻防部队的粮饷是早有章程制度的。但是,要组织团练,就得另开饷源,地方衙门究竟因此要承担多少财政开支,谁也说不准。而且,平定乱事之后,解散团练,往往就会引发社会动乱。因此,以团练防卫地方,始终没有成为政策。① 不过,张保投降之后,在嘉庆十五年(1810)架设于各乡村的火炮,虽有部分交给省衙门,但是,已经组建成功并且有固定饷源的团练,无论如何都不会就此消失。文献上没有团练的记载,只是反映出地方社会对于朝廷政策的虚与委蛇。二十年后,朝廷面对鸦片战争,又再需要团练,而团练早就准备好了。

当然,朝廷对于地方武装感到忧虑,是有道理的。向朝廷捐款协助防卫的同一群地方领袖,也会代表自己的社区要求减税。在顺德,减税是以约束衙门差役的方式进行的。这些差役,按照 16 世纪以来的老规矩,向久已定居顺德的宗族征收"里役陋规"。于是,大约就在顺德团练组建时,罗礼琛、龙廷槐控告这些差役,并出示乾隆二十八年(1763)某任知县禁止差役收费的石碑的拓片,以为证据,他们还打赢了官司。② 这只是牛刀小试,日后还有更多类似情形。

鸦片战争期间的团练

第一次鸦片战争期间,朝廷又开始动员团练。道光二十一年(1841)

---

① 孔飞力认为,严如煜早就建议,在白莲教战事地区设立团练,可见那彦成的广东团练政策,与全国政策的改变是有关系的,见 Philip A. Kuhn, *Rebellion and Its Enemies in Late Imperial China*, *Militarization and Social Structure*, *1796—1864* (Camb. Mass.: Harvard University Press,1970), pp. 45—50。

②《咸丰顺德县志》,卷 5,页 15b—16b,总页 420—421;卷 26,页 25a—26a、28b—30a,总页 2519—2521、2526—2527。

的三元里事件,使团练声名大噪。当时,英军在广州城北登陆,连续两天与村民交战,一队英军攻占了广州城北一座能够俯瞰全城的炮台。广州早已领教了英国战船火炮的威力,如今又攻占了广州城北的炮台,随时有可能轰炸全城,城内的官员及士绅大为震恐,愿意投降,答应赔款六百万元,城墙上也已挂满白旗。但是,这一小队英军孤守城北山脚,看起来相当脆弱。当他们攻击村子里一间房子时,锣声一起,村民蜂拥而起,包围了他们。根据各种记载,村民数目达数千人。但村民既没有攻打英军的据点,也没有对英军造成什么杀伤;而这两天正好大雨滂沱,英军的火枪也无法运作,英军一支巡逻队被围攻,而英军占据内河的部队也设法营救他们。最后,三元里事件结束,不是因为谁输谁赢,而是因为广州城的赎金问题已经谈妥,广州府知府约束乡民,让英军撤退。[①]

今天,三元里北部仍有一座庙,其中道光二年(1822)的石碑,显示出该庙早于乾隆四十九年(1784)就已经重修,道光二年(1822)再修一次。庙内另有咸丰十年(1860)的碑,显示这年又重修了庙宇。该碑还显示,在村子的南端,还有一座庙(今已不存)。

广州市文化局的陈玉环,研究了三元里庙宇的历史,也研究了三元里的口头传说与游神活动。她发现,三元里这两座庙,都是北帝庙。每逢农历正月,这两座庙内各有不同的家族在做不同的仪式。南面的北帝庙,仪式开始于正月初九,是日,村民把北帝神像抬出,安置于村子西面的一座祠堂内。其后八天,神像每天都在村里的一间祠堂内停留一天,附近村民也就前来朝拜。但是,在北面的北帝庙,村民则于正月十日或十一日才把北帝神像抬出,安放于李氏宗祠,为期七天,期间村民大宴亲朋,到了正月十八日,节诞结束,村民把北面的北帝庙的北帝神像,抬到

---

① Frederic Wakeman, Jr., *Strangers at the Gate: Social Disorder in South China, 1839—1861* (Berkeley: University of California Press, 1966), pp. 11—21; James M. Polachek, *The Inner Opium War* (Camb. Mass.: Council on East Asian Studies, Harvard University, 1992), pp. 164—169.

南面的北帝庙,然后与其他神像一同巡游。正如所有乡村游神活动一样,游神的路线是清清楚楚的,也等于为村民划出神明力量的疆界。石 285井是三元里事件之后成立社学之所在,但石井并不在游神路线之内。游神完毕,村民分成村中四坊,一同聚餐。

　　陈玉环留意到,李氏是三元里力量最大的宗族,这是很重要的发现。即使到了 20 世纪,尽管南面的北帝庙及其游神活动更加显赫,但北面的北帝庙仍被称为"老庙"。而北面的北帝庙里道光二年(1822)的重修碑,却只字不提"老庙",这也是很值得注意的。碑上的捐款者,包括南北二区的神明会。可见,即使在道光二年(1822),南北两庙的游神制度就已经存在。①

　　三元里这些宗教仪式反映,在道光二年(1822),三元里基本上是多姓村庄,只有李氏比较显赫,但即使李氏也还不够资格动员附近村庄。三元里事件的起因,据说是英军企图强奸一名妇女,因此引发数千村民保卫家园。当时,并没有什么士绅领导可言。当时有林福祥者,自己招募蜑民效力于广州府衙门,宣称自己攻打英军所占领的炮台之后,与当地乡村联盟达成协议,要他们准备好印有自己名号的旗帜,一旦有事,只需鸣锣示警,他就会前来帮忙。② 这记载固然可能有自我吹嘘的成分,但是,几天之后,当英军因大雨迷途,向北进发时,这一带已经有几间社学,可见当地应该有士绅领导。这些乡村不断有外人涌入,包括那些还暂时无法在广州及其周边地区安居的流民。梁廷楠的《夷氛闻记》,是有关三元里事件的另一当时人记载。他说,番禺、南海知县奉广东巡抚之命约束团练时,被士绅请吃闭门羹。这不是说士绅失去了对于事件的领导权,而只是说,知县进村时,循例应有士绅迎接,但当番禺、南海知县来到

---

① 陈玉环,《三元古庙与三元里的乡村组织——以〈重修三元古庙碑记〉为中心的考察》,载广州文物馆编,《镇海楼论稿——广州博物馆成立七十周年纪念》(广州:岭南美术出版社,1999),页 165—176。

② 林福祥,《平海心筹》,道光二十三年(1843),见广东省文史研究馆,《三元里人民抗英斗争史料》(北京:中华书局,1978),页 26—27。

三元里时,却一个士绅也找不到。①

要明白士绅的领导权究竟可能意味着什么,我们必须尽量理清事件。魏裴德(Frederic Wakeman)指出,团练的种类繁多,这大概是没错的:有个人或未来士绅招募的雇佣兵;也有士绅组建、与地方衙门协同作战的团练,这些士绅往往与省衙门及其下各级衙门官员保持密切联系;还有魏裴德所谓"真正的团练",即村民自己武装起来保卫家乡的团练。②以为能够把以上各种团练清楚划分开来,是会犯大错的。在三元里一呼百应的农村群众,不可能是乡村的团练,而且从本地人反抗外国侵略者的表现及从翌日出现的武器看来,并没有明显的士绅领导可言。在石井、佛岭与英军的散兵游勇作战的人,背后有社学撑腰,因此这可算是士绅组建的团练。但至于这些团练是否真因为士绅动员而发动起来,则见仁见智。更令人啼笑皆非的是,尽管三元里事件后来逐渐成为中国人民英勇反抗外国侵略的标志,但在当时,英军撤退几天之后,广州府知府与番禺、南海知县在大佛寺设宴犒劳团练领袖,高坐席上的,是石井、佛岭的士绅,但他们并没有在任何战斗中表现出什么英勇行为,只不过印了本小册子吹嘘自己功劳而已。③

在三元里事件中,石井、佛岭的士绅并没有领导团练,而且这些士绅的出现,也不足以解释何以数千村民聚集起来对抗英军。三元里事件把士绅的领导地位捧高了。英军一撤退,广州城内的广东省衙门就利用三元里及广州北部一带的防卫联盟来洗刷自己的奇耻大辱。④ 我们必须把英军登陆、广州府官员在大佛寺"庆祝胜利"这两件事,放到具体的历史

① 梁廷楠著,邵循正校注,《夷氛闻记》(大约于同治十三年[1874]刊行,北京:中华书局,1959 排印),页 76。

② Wakeman, *Strangers at the Gate : Social Disorder in South China, 1839—1861*, pp. 36—37.

③ 当时广州城内不少大字报及传单都提及这次宴会,见广东省文史研究馆,《三元里人民抗英斗争史料》,页 77、78—79、133—134。

④ Polachek, *The Inner Opium War*, pp. 169—175.

脉络里。英军来到时,广州城早就封闭了城门,两广总督与负责作战的将领不和,是广为人知的。一个因错误情报而攻击英军,重启战端;一个不愿也无力再发动任何攻势。官兵在战事期间也跟别人一样趁火打劫,抢掠十三行区,然后带同赃物,一哄而散。至于刚从湖南调来保卫广州城的官兵,也没有与英军对阵。当时还有传说,谓他们在广州城外被麻风病妇女感染,他们相信小孩子的肉可以治愈麻风病,于是抓小孩子来吃。同时,行商伍敦元被委派与英军谈判,答应交出六百万元赎金。在广州城北围困过英军的百姓事后宣称,本来差一点就可以全歼英军,但被广州府知府阻止。目前保留下来的不少传说,都指责官员无能。①

　　英军撤退的条件,除割让香港岛予英国、恢复广州贸易、赔款六百万元之外,还有要求官兵撤离广州城这一款。尘埃甫定,广东省衙门就必须重新安排防卫事务。在这种情况下,省衙门一方面请求朝廷拨出更多粮饷,一方面请求朝廷准许维持团练。两广总督特别上了道奏折,谓地方百姓请求由社学督办团练。② 石井士绅领袖何玉成,一向被视为三元围的团练领袖,因此也就正式获得委任官职。道光二十二年(1842)全年内,石井村内的升平学社,就成了两广总督奏折里经常引用的例子。③ 另外,也有几间社学成立了,包括附属于升平学社的东平学社。东平学社成员有不少客家人,他们可能是石匠,响应号召而聚集于三元里。④ 无论如何,朝廷把团练视为正规防卫力量以外的点缀这旧政策,终于改变了。在第一次鸦片战争的头两年(1840—1841),朝廷根本不知道英军舰队可能在哪里发动攻击,遂下令沿海各省团练百姓以为防御。至道光二十三年(1843),朝廷就是否保留团练展开辩论,越来越多廷臣认为团练有用,

<hr>

① 广东省文史研究馆,《三元里人民抗英斗争史料》,页49—64、71—75、83—85、125—135。
② 广东省文史研究馆,《三元里人民抗英斗争史料》,页254—255。
③ 广东省文史研究馆,《三元里人民抗英斗争史料》,页204—206、256—258、266—267。
④ 广东省文史研究馆,《三元里人民抗英斗争史料》,页278—280。行商潘仕成捐出一千洋圆予东平学社。

于是,宣宗应两广总督的奏折而下旨,谓"团练乡兵,于粤省情形相宜"。不过,朝廷并不知道广东团练的底蕴,圣旨只提及升平学社及其附属的东平学社。①

288　　圣旨如此抬举升平学社,并不奇怪,因为两广总督的奏折,都吹嘘升平学社。但是,这道圣旨很大程度上误解了珠江三角洲的地缘政治。因三元里事件而声名大噪的石井、佛岭士绅,论声望,其实远不及在广州城为省衙门出谋划策的士绅,例如行商伍敦元、或者黄培芳(1777—1859)这样的人。黄培芳是黄佐的八世孙,嘉庆九年(1804)年成进士,是著名学者,也是两广总督阮元及林则徐的顾问。比起那些协助林则徐充公西方商人鸦片的广州士绅,石井墟的乡村学者及退休学者是难能望其项背的。值得注意的是,番禺县志的传记部分,并没有何玉成的份,但黄培芳在香山县志里却有传。传记称,黄向两广总督祁墳进言,把"土著民"组建为七个地域联盟——"社",动员团练。"土著民"云云,应该是与"客民"即客家人对立的,而客家人正是何玉成的支持者。②

饷源充裕、武备精良、又被视为合法的地方保安力量,在广州北郊的山区是建立不起来的。只有沙田地区的富裕地主才有这个能耐。一向以来,任何能够得到官方支持的地方力量,都通过开发沙田而获得充裕的饷源。正因为如此,清宣宗批准组建团练的圣旨,也同时批准在虎门(西方文献称之为 Boca Tigris)炮台附近的珠江入海口处开发沙田,以应付招募人员、给养人员的开支。③ 像石井、佛岭士绅领袖这样的人,根本无缘开发沙田。如何用开发沙田所得的利润来应付军事开支? 一般形式,是地方士绅答应向官府缴纳一笔以军事名义开征的附加费。我们都

---

① 《大清历朝实录·宣宗实录》,卷 392,页 23a—b,21a—b;卷 394,页 12b—13b;卷 395,页 20b—21a。引文见总页 1065。
② 田明曜修、陈沣纂,《重修香山县志》(光绪 5 年[1879]刊,新修方志丛刊第 123 号,台北:台湾学生书局,1968),卷 15,页 13b—14b;《大清历朝实录·宣宗实录》,卷 384,页 23a—b。
③ 《大清历朝实录·宣宗实录》,卷 394,页 13b—14b。

知道,沙田之上,事事复杂,沙田业权的争夺,无日无之,因为征收附加费而产生的政治保护网,就再一次镇住地方各种力量,产生一种平衡格局。

两广总督为给养虎门炮台而计划开发的沙田地带,登记于东莞县衙门名下,面积达13,765亩。这大片沙田究竟位置何在,并不清楚。我们只知道,这片沙田的其中一部分,必定来自从俗称"万顷沙"的67万亩沙田。《东莞县志》把"万顷沙"的开发时间,定为道光十八年(1838),但其²⁸⁹实在此之前,"万顷沙"部分地带的开发已经开始了。一位来自"万顷沙"附近的南沙的业户,向衙门告状,东莞县士绅也向县衙门递状,请求批准开发沙田。他们的方案很有趣:开发成功的沙田,将捐给县学,但税务则登记在现有的东莞县施姓业户名下。道光十九年(1839),东莞县知县在各方里老陪同下,丈量了有关土地,但番禺县沙湾郭氏却出来争夺开发权。郭氏据说是蜑民。据南沙的居民反映,沙湾郭氏动员了三四百人,而且武备精良。南沙开发者在东莞县衙门支持下,于道光二十年(1840)指控沙湾郭氏非法筑田,双方爆发冲突。南沙业户称,当他们与东莞士绅的成员前往沙田,以东莞明伦堂名义征收费用时,遇到两艘船的炮火攻击,这两艘船各有四五十人,他们把三名东莞士绅绑走,押送到番禺县衙门,指控他们"以匪艇焚寮抢劫掳捉工人"。东莞县衙门为这三名士绅出头,但他们承认自己的确烧了沙田上的草棚,经调查之后才发现,这片土地,是由顺德一位开发商租予南海及香山百姓的。这官司打到省衙门,广东按察使要求顺德县业户出示文件,证明自己的沙田业权。但是,鸦片战争随之爆发,必然扰乱了审讯程序。有关这宗诉讼的文献,自此之后,下一笔资料,就是道光二十五年(1845)的审讯结果:引起纷争的沙田,东北角四万顷分予东莞,但必须纳饷;其余则分给香山的佃户。各方对此安排都感满意。但别以为官府一纸判词就能平息纷争。原来,就在道光二十五年(1845)这同一年,省衙门也宣布,虎门炮台的驻军,须在沙湾一带巡逻,而沙湾正是动员数百人挑战东莞县业户的郭氏(据说是蜑民)的家乡。可见,沙田业权的分配,要靠武装力量支撑,这些武装力量²⁹⁰

337

的给养,则由沙田所纳的"饷"来维持。官府必须动用官兵,因为当地居民的武力,并不弱于官兵。①

广东省衙门充分意识到,如果团练落入不法之徒手里,后果可能多么危险。道光二十三年(1843),流寓广东的浙江人钱江宣称以广州府学名义组建团练、抵抗英军的事件,可以说是这种危险的最佳写照。在事件中,广东士绅坚决与钱江划清界限,广东省衙门也认定钱江假团练之名非法敛财,革除了钱江监生的功名。钱江、广东省衙门、广东省士绅三方都承认,团练只能由士绅来组建,省衙门惩处钱江时,也重申这一点。钱江大概也无话可说,因为他的确在府学张贴榜文、宣告组建团练。总之,没有士绅支持而组建团练的人,往往被视为机会主义者或假冒者。②

当然,开征附加费以维持武装力量,沙田上富裕的业户一直都是这么做的。事实上,鸦片战争期间保卫广州城的热潮,不仅使广州城以北比较穷困的乡村组成了防卫联盟,也使沙田的武装巡逻制度合法化。道光二十三年(1843)《南京条约》签订后,英国全权公使试图行使条约赋予的权利,进驻广州城,全城轰动,也使广州城继续在整个 19 世纪 40 年代成为中英矛盾的焦点。道光二十七年(1847),英使入城的争议达到高潮,全广州城都动员起来。广州商人拒绝与英商贸易;广州城百姓组织了巡逻制度,此举本身并不稀奇,反正他们一定会这么做。但稀奇之处,是他们在广州城士绅的领导下,把参与巡逻的所有街坊组织及其负责人名字,全部纪录下来。③ 这可能是广州城居民有史以来首次用文字记录其街道巡逻制度。对于这种制度的新颖之处,我们要小心处理。当然,

① 陈伯陶等纂,《东莞县志》,民国十六年(1927)刊,卷 99《沙田志》,页 1a—29a,载《中国地方志集成·广州府县志辑》(上海:上海书店,2003),第 19 册,总页 949—963;黄永豪,《土地开发与地方社会——晚清珠江三角洲沙田研究》,页 67—78。
② 梁廷楠,《夷氛闻记》,页 139—140;Wakeman, *Strangers at the Gate : Social Disorder in SouthChina, 1839—1861*, pp. 68—70。
③ 梁廷楠,《夷氛闻记》,页 159—165。

巡逻制度并不新鲜,城、镇、村都有类似的保安制度。但是,道光二十七年(1847)广州城街道巡逻制度的新鲜之处,是在一片政治激情中,通过士绅有名无实的领导,把街道巡逻组织归附到王朝国家里。本来,政治狂热时期的集体动员,其兴也易,其灭也速。但是,19世纪五六十年代的第二次鸦片战争,却使广州城百姓的政治动员经久不息。

第二十章　太平天国战争期间的地方力量

　　19 世纪 50 年代珠江三角洲团练的规模,是明末以来仅见的。清朝
18 世纪的国策,是尽量遏止地方军事化。但是,19 世纪以来,朝廷早就
违背了自己这项国策:19 世纪初华南海盗侵袭之际、19 世纪 40 年代英
军攻打广州之际、咸丰三年(1853)天地会叛乱之际,朝廷都下令各地组
建团练,保卫地方,于是许多乡村建立起防卫联盟,组织团练。① 一向以
来,团练与盗贼,界线模糊,也正因此之故,搞团练的人都很明白,必须得
到官府的支持,方法是请拥有科举功名的士绅组织所谓"团练局",领导
团练。大家也都明白,团练一旦组建成功,就不再是守卫村庄的更夫,而

---

① 有关天地会问题,参见 David Ownby, *Brotherhoods and Secret Societies in Early andMid—Qing China: the Formation of a Tradition* (Stanford: Standford University Press, 1996); Dian H. Murray, in collaboration with Qin Baoqi, *The Origins of the Tiandihui: the Chinese Triads in Legend and History* (Stanford: Standford University Press, 1994); Barend J. Ter Haar, *Ritual and Mythology of the Chinese Triads: Creating an Identity* (Leiden: Brill, 1998); David Faure, "The Heaven and Earth Society in the nineteenth century: an interpretation," in Kwang-ching Liu and Richard Shek, eds. *Heterodoxy in Late Imperial China* (Honolulu: University of Hawaii Press, 2004), pp. 365—392. 翁同文 (Weng Tongwen)最先指出,天地会的仪式,可以追溯到台湾的拟宗族组织。见翁同文,《康熙初叶以万为姓集团余党建立天地会》, Instituteof Humanities and Social Sciences, Nanyang University, Occasional papers series, No. 3(1975)。

是雇佣兵。论团练的来源,也许还有一点地域色彩,但这并不意味着团练的活动范围必定局限于家乡附近。①

官兵把天地会赶出佛山之后,一度在广东占据先机。但是,太平军在长江一带节节胜利,广东也就出现更多地方骚乱。咸丰七年(1857)英法联军攻占广州城之后,局势更加险恶。从咸丰七年至十一年(1857—1861),广州城被英法联军占领,朝廷已无法在广州城指挥官兵,就只能更加依赖高层士绅。既然朝廷如此依赖乡村的忠诚,最终结果,是进一步推动了地方防卫联盟及其背后的宗族力量。

毫无疑问,外国人对于能够进入广州城,是感到欢欣鼓舞的。一份 ²⁹² 中文史料显示,英法联军攻占广州城后,俨然以新主人的身份举办入城仪式。仪仗队由一队乐队奏乐开路,夷帅乘轿在前,广东巡抚柏贵随后。到了巡抚衙门,夷帅先柏贵而进,然后走下台阶欢迎柏贵,夷帅自居主席,邀请柏贵坐客席。当时,广东巡抚柏贵是清朝在广州官阶最高的官员,因为两广总督叶名琛已被英法联军逮捕,囚禁于船上。② 另一份史料显示,英法联军从广东省衙门库房抢走了 2.27 万两,又在巡抚衙门大堂扎营,把巡抚安置于偏厅内。英法联军又禁止中国人使用"番鬼"字眼,因为他们知道这字眼带有侮辱成分。更重要的是,英法联军解除了广州城内团练的武装。广东巡抚及南海、番禺两县知县得到英法联军的同意,留在广州城,因此被迫接受英法联军的命令。英法联军入城不过几天,巡抚就发出告示,鼓励从前为外国人打工的中国人重返工作岗位。③

广东巡抚柏贵,因病死于咸丰九年(1859 年 4 月)。他生前很明白,

---

① 关于第二次鸦片战争的背景,参见 J. Y. Wong, *Deadly Dreams*, *Opium and the Arrow War* (1856—1860) *in China* (Cambridge: Cambridge University Press, 1998)。有关团练的活动,参见《龙江乡志》(民国十九年[1930]刊,稿本,藏广东省图书馆),卷 2;《新会麦氏族谱》(无刊行年份,稿本,藏广东省图书馆,编号 K0.189/521),《记事纪略》条。

② 七弦河上钓叟,《英吉利入城始末》,载中国史学会,《第二次鸦片战争》(上海:上海人民出版社,1978),第 1 册,页 218。

③《第二次鸦片战争》,第 3 册,页 190—199。

留在广州城接受英国领事巴夏礼(Harry Parkes)的指挥,自己根本没有什么权力可言。巴夏礼不理会柏贵的委婉规劝,逼柏贵发出告示,命令广州城外的团练停止抵抗,但团练拒绝服从这道命令。周旋于柏贵与巴夏礼之间的,还有行商。行商与柏贵一样,一方面被中国人视为卖国贼,一方面要忍受巴夏礼的嚣张气焰。广州士绅18世纪以来通过捐助水利工程、协助广东防务等工作而建立起来的领导地位,被这短短三年的事情完全摧毁了。英法联军既然占领了广州城,权力的重心就自然转移到乡村,也就是说,转移到由宗族主导的乡村防卫联盟。

被软禁在广州城内的清朝官员,已经无法体现朝廷的权威。朝廷转而与领导团练的高层士绅打交道。广州城陷落两周之后,朝廷才收到消息。几天之内,朝廷就免了叶名琛两广总督之职(反正叶名琛这时已经被英军囚禁了),并委任柏贵权署两广总督之职。咸丰八年(1858)正月二日,亦即广州城沦陷一个半月之后,朝廷下旨,在广州城郊组建团练。更重要的是,这道圣旨一式两份,一份交予湖南巡抚,以便秘密传给广州郊区的高层士绅,好让他们动员团练;另一份则仍旧传予广东巡抚。朝廷大概也已估计到柏贵会被迫发出取缔团练的告示,因此,圣旨毫不含糊地说,巡抚不得阻止团练履行其职责。这样,广州郊区的团练就直接受命于朝廷,即使广东巡抚也无法拦阻他们。

湖南巡抚骆秉章,本身也是广东人,他密切留意广州的事态。他咸丰八年(1858)二月的奏折,清楚地描述了朝廷与高层士绅共享权力的格局。他说,一直以来,居乡士绅和官员都不可以干预地方衙门事务,由于近年朝廷下了几道圣旨,授权士绅组建团练,因此,局面已经有所改变。但即使如此,团练的兵饷仍由总督及巡抚负责;团练的进退也由总督及巡抚决定。如今,两广总督叶名琛已被敌人抓走,新总督尚未到任,所以,组建团练的广东士绅,就不受任何地方衙门的约束。[1] 骆秉章并没有

---

① 《第二次鸦片战争》,第3册,页206—207。

提出具体的建议,只说,在这种情况下,最重要的是要用人得当。但是,朝廷一个月之后的反应,显示出骆秉章的真正意思。朝廷收到骆秉章二月的奏折后,三月,就下了圣旨,允许广东团练使用自己的木质印章,并在新两广总督到任之前,可以通过湖南巡抚上奏朝廷。四月,新总督在广州城外的惠州设立衙署。虽然如此,指挥团练的士绅,仍继续通过湖南巡抚上奏朝廷。[1]

　　获朝廷委任指挥团练的士绅有三人:罗惇衍(约 1814—1874)、龙元禧(1810—1884)、苏廷魁(1878 年逝世)。罗、龙均为顺德人,都来自顺德县治大良的望族。北门罗氏的祖先,据说于明朝景泰三年(1452)向官府递状,请求开设顺德县。北门罗氏最显赫及人丁最兴旺的支派,就尊这个请愿行动的领袖为其支祖,但罗惇衍并非来自这个支派,他属于北门罗氏一个比较弱小的支派,出身小康之家而已。道光二十九年(1849),领导广州团练,反对英使入城的,是粤溪书院,而罗惇衍父亲,就是粤溪书院山长。当时,罗惇衍在北京担任御史,咸丰三年(1853),南京被太平军攻占后,罗惇衍参与北京的防务,在中央崭露头角。翌年(1854),由于父亲逝世,他返回广东,直至同治元年(1862)为止。[2] 获朝廷委任组建团练的三名士绅,以罗惇衍为首,原因不过是他官位够高、宗族声望也好得让人无可非议,但他个人在顺德并没有多少财富,也并没有多少宗族实力。谈到珠江三角洲的人脉,则龙元禧才是个明显的例子。龙元禧父亲是龙廷槐的弟弟,龙元禧指挥团练,意味着龙廷槐 19 世纪头十年对于团练的领导权,由龙氏一脉相承。与罗惇衍一样,龙元禧早年的仕宦生涯

294

---

[1]《第二次鸦片战争》,第 3 册,页 239、390—301。

[2] 郭汝诚修、冯奉初等纂,《顺德县志》,咸丰三年(1853)刊,载《中国方志丛书·华南地方》第187 号(台北:成文出版社,1974),卷 26,页 27a—b,总页 2523—2524,以下简称《咸丰顺德县志》;周之贞等倡修、周朝槐等编纂,《顺德县续志》(出版者不详,己巳年[1929]刊),卷 17,页16b—23b;梁廷楠著,邵循正校注,《夷氛闻记》(大约于同治十三年[1874]刊行,北京:中华书局,1959 排印),页 159;西川喜久子,《顺德团练总局的成立》,《东洋文化研究所纪要》,卷 105(1988),页 283—378。

中,也长期在北京朝廷任职。龙元禧于咸丰三年(1853)返回顺德,正好目睹了县城被天地会攻破的一幕。咸丰五年(1855),官兵克复县城,龙元禧作为士绅领袖,协助朝廷恢复统治。但与罗惇衍不一样,龙元禧家境富裕,并积极参与龙氏宗族位于县城内的支派的事务。龙元禧父亲龙廷梓(1786—1863),是著名的慈善家,领导当地社会组织,非常能干而积极。龙廷梓在世时,对于龙元禧建立自己的事业,无疑帮了大忙。龙氏宗族协助龙元禧建功立业的明显例子,就是官兵克复顺德县城之际,龙氏向顺德县衙门捐献十万两,而捐献者既非龙元禧亦非其父亲龙廷梓,而是龙元禧的侄儿(龙元禧父亲的兄弟的孙子)。[①] 广东团练三人领导小组的第三位苏廷魁,据《高要县志》传记称,早年在北京朝廷担任小官,因大胆直言、批评朝廷政策而被革职。咸丰四年(1854),天地会在广东作乱,有人建议聘用洋人镇压叛乱,苏廷魁因反对该建议而名噪一时。苏廷魁对于团练,事无巨细,亲力亲为,但根据传记,他在当地似乎与自己宗族没有多少联系可言。[②]

广东团练的总部设于花县,靠近三元里。罗、龙、苏的三人领导小组,更像个筹款机构,而不像个统一的军事指挥机构。我们必须重提咸丰五年(1855)初官兵克复顺德县城一事,以说明在当时的动局之中恢复地方秩序的真正过程。顺德县城被天地会匪陈吉攻占之后,领导顺德团练的龙元禧,在广州大佛寺建立总部,大佛寺也就是广州官绅庆祝三元里事件"胜利"之处。大概在官兵克复顺德县城前一个月,龙元禧获两广总督、广东巡抚正式委任,指挥顺德团练。龙元禧的顺德团练局与省衙门的财政关系相当古怪:一万两以上的捐款,全归省衙门,捐款者得到嘉

---

① 《民国顺德县志》,卷 18,页 2a—3b,总页;龙景恺等总纂,《广东顺德县大良乡龙氏族谱》(民国十一年[1922]敦厚堂活字本),卷 13—15。

② 马呈图等纂修,《宣统高要县志》,民国二十七年(1938)铅印本,卷 18 下,页 11a—b,载《中国地方志集成·广东府县志辑》(上海:上海书店,2003),第 47 册,总页 274;Frederic Wakeman, Jr., *Strangers at the Gate: Social Disorder in South China, 1839—1861* (Berkeley: University of California Press, 1966), pp.165—166。

奖;一万两以下的捐款,一半归省衙门,捐款者照样得到嘉奖,但余额则
归顺德团练局。就这样,龙元禧竟然为顺德团练局筹集到22万两,这的
确是个大数目。①

　　在官兵克复顺德期间,顺德团练局的这笔巨额军饷,无疑使龙元禧
实力大增。官兵克复顺德的具体背景是值得留意的:天地会匪陈吉,于
咸丰五年(1855)二月三日撤离县城,大概很接近龙元禧获委任组建顺德
团练局的日期。而一个半月之后,三月十九日,官兵才开至县城。官兵
沿水路南下,消灭了抵抗他们的船民。但是,知县与龙元禧一同,与官兵
达成协议,由"善后局"(当时团练组织的名称)向官兵缴纳三千两犒劳银
两,官兵因此没有入城。这天正式入城的,是顺德县署理知县,他由善后
局的部分士绅陪同,在团练的护卫下,正式入城,士绅在龙氏宗族其中一
间祠堂设立行营,让署理知县暂时驻扎。三天后,二十二日,龙元禧从广
州来到顺德县城,正式在该祠堂设立顺德团练总局,接管了顺德团练,并
设立大良公局。②

　　接着,被指与天地会匪勾结的村庄,就一片腥风血雨了。根据顺德
团练总局的记录,在随后的两三年间,成千上万的人被指为会匪而遭到
拘捕。仅咸丰五年三月末至九月间,总局就抓了25,491人,其中23,457
人被处决,1,230人"病死",被抓而能够活下来的很少。③ 总局的记
录称:

　　　　尔时各贼匪震慑官威,先经胆落,一经擒拿,即敛手就缚。乡间 *296*
解犯到城,率用草绳束手,并未闻走脱一名,各皆视死如归。可恨亦
实可悯。④

这一幕显然不是拼死抵抗,而是公报私仇。同样,这次决定生死存亡的,

---

① 龙葆諴,《凤城识小录》(顺德:作者自行刊印,光绪三十一年[1905]),卷上,页4a—5a。
②《凤城识小录》卷上,页3b—4a。
③ 广东省文史研究馆等编,《广东红兵起义史料》(广州:广东人民出版社,1992),页292—298。
④《凤城识小录》,卷上,页5b—6a。

不是朝廷律例,而是地方势力的派系从属关系。

团练力量增强之后,是可以武断乡曲、横行无忌的。咸丰七年(1857)一张出售鱼塘的契约,就反映出这种情况。根据该契约,该鱼塘并不位于顺德县,而位于邻近的鹤山县,一向由"逆匪黄永凤"的妻妾放租收息,升平局的义学士绅以"军需"名义,要求黄永凤捐献一百两,由于黄永凤已经逃匿,升平局就将这口鱼塘变卖。① 团练以逮捕匪徒、劝谕捐输之名,行敲诈勒索之实,这张契约就是鲜明的证据。两广总督的公牍中,有一散页,称广州府衙门通过充公匪徒资产而得到了 11 万两,具体日期不详,但就是在这段期间,其中大部分来自南海县。② 另外,官府也资助团练一笔经费。这段期间,市场紧张,粮价腾贵,但顺德县知县竟然把顺德县粮仓内剩余的粮食,以每百斤 0.85 两的低于当时市场水平的价格,全数卖予团练局。团练局既然能够全权处置这批粮食,当可按照市场价格,卖粮图利。这批粮食大概为数七十万斤,团练局把其中一部分用于咸丰七年(1857)的赈灾行动中。又根据记录,同年,县衙门从团练局卖粮所得的款项中,提取一万两,建筑炮台,而驻守炮台的,又是顺德团练。③ 这样,顺德团练总局必然是一支饷源充裕的武装力量,实际上,官府授权顺德团练总局统治顺德县,并自行抽税。

当罗惇衍咸丰六年(1856)返回广东之际,顺德团练总局已经非常稳固。由于罗惇衍是团练三人领导小组中官位最高的士绅,所以团练的奏折,都是以罗惇衍的名义递进的。罗惇衍在广东只停留至咸丰十年(1860),这年,朝廷授他以户部官职,他因此回北京去了。

咸丰七年(1857),第二次鸦片战争爆发,进一步提高了顺德团练总局的战略地位。要掌握这一点,我们必须明白广东各股团练之间的微妙

---

① 升平局出售黄永凤鱼塘契约,咸丰七年(1857)立,由许舒博士(James Hayes)购自香港一旧书肆。
②《广东红兵起义史料》,页 260—261。
③《凤城识小录》,卷上,页 6b。

矛盾。位于广州的省衙门，自第一次鸦片战争以来就积极培植一批团
练。这批团练，与立足沙田、饷源更充裕、力量更强大的团练之间，是有
矛盾的。即使到了英法联军攻破广州城时，两批团练矛盾依旧。广州城
沦陷之际，省衙门并不向沙田团练求救，而是向石井的安良团练局及广
州城西郊的大沥团练局求救。石井的安良团练局成立于道光二十一年
(1841)的三元里事件期间，而大沥团练局虽由广州城西郊的村庄组成，
却不包括佛山。① 因此之故，英法联军占领广州初期，英国方面的记载，
就把石井看成广东团练核心之所在；又由于罗惇衍、龙元禧等人把他们
的广东团练局总部设于石井以北的花县，更加强了英国人的这种看法。
咸丰八年(1858 年 12 月)，英军为报复石井团练的威胁，派出一支别动队
攻击花县，罗惇衍匆忙逃走。但是，英国人也很快意识到，其实咸丰八年
(1858)全年之内，官府与团练的重要会议，都是在佛山举行的。前一年，
咸丰七年(1857)，士绅们就在佛山开会，从店铺及各种官府税项中筹集
十八万两，用以在顺德县以外地区组织团练，这些地区包括：三元里、石
井、及位于佛山附近的大沥九十六村，这个防卫联盟是佛山被天地会匪
占领时成立的；此外还包括东莞、香山、新安三县。② 正是这些团练，于咸
丰八年(1858)逼近广州，才招致英军的报复行动。英国除派兵突袭广东
团练在花县的总部之外，也向清廷施压，要求清廷约束团练。英军的威
胁，加上当时清廷与英法联军有可能在天津达成和约这个下台阶，促使
罗惇衍向朝廷上奏，建议解散广东团练，改归顺德团练总局统领。但朝
廷并没有批准罗惇衍的建议，广东团练局一直运作至咸丰十年(1860)

---

① 参见东莞县知县华廷杰的日记《触藩始末》，英法联军攻破广州城时，华就在城内，载《第二次
　鸦片战争》，第 1 册，页 180。又参见曹湛英，《太平天国时期的大沥团练与大沥打砂起源》，
　《南海文史资料》，卷 1(1982)，页 25—36。曹湛英说，看到一份抄本史料，描述大沥团练鱼肉
　乡民的暴行。他又提到"打砂"这种每年农历新年期间举行的仪式，谓这套仪式起源于团练
　抗击天地会匪徒的战斗，这套仪式一直延续至 1949 年。
② 《第二次鸦片战争》，第 3 册，页 203—204；郑荣等修，桂坫等纂，《南海县志》，清宣统二年
　(1910)刊本，卷 14，页 16a—17a，载《中国方志丛书·华南地方》第 181 号(台北：成文出版社，
　1974)，总页 1411—1413，以下简称《宣统南海县志》。

《北京条约》签署为止。广东团练局存在的时期甚短,却号称为镇压广西的太平军及对抗广州的英法联军筹集到九十八万两,其中五十六万两到位,并获朝廷批准,有关账目也于咸丰十年(1860)呈交广东巡抚。清朝方面的记录则显示,剩下的四十万两中,真正到位的只有十万两,剩下的二十多万两,得由广东巡抚征收。①

所以,广东团练局其实是珠江三角洲各股团练的筹款机构,但顺德团练却被排除在外。一向以来,筹集资金总会引起纠纷。一个好例子,就是咸丰九年(1859)广东团练局向南海、顺德、香山、三水四县的丝绸市场征税一事。有关方案是:组建"丝墟联防局",向四县丝绸市场的经纪征税,购买十一艘武备精良的船只,在连接各丝绸市场的水道巡逻。这个方案得到了朝廷的批准。咸丰九年(1859),地方士绅开会,也决定从咸丰十年(1860)开始征税,但税收的三成归士绅所有。这个方案并不成功,广东团练局自己的记录也承认,士绅收取三成税款后,往往中饱私囊,而且士绅还往往藉团练之名,敲诈丝绸市场经纪。② 更有甚者,我们要明白,丝绸市场其实都是当地宗族控制的,如果这些市场的主人即"墟主"不愿意承担这笔税项,则这笔税项就得由经纪承担。就征税导致骚乱这件事而言,《南海县志》有关南海县丹桂堡康国器这位团练领袖的传记,比广东团练局的记录,更加接近真相。传记称,咸丰八年(1858)宣布征税之后,有人怀疑大部分团练局都隐瞒自己从市场得到的财政收入,广东省团练局于是派人到地方团练局进行调查。其中一人,被派往康国器家乡所在的丝绸市场,康国器以此人未获上级授权行事为理由,把此人抓了起来。广东省团练三人领导小组就向省衙门告状,把康国器逮捕监禁,以示惩戒。三县(应该就是南海、香山、三水)长老就向两广总督递状,请求释放康国器。毫无疑问,省团练局向丝绸市场征税,被视为干预

①《凤城识小录》,卷下,页9a—b。《大清历朝实录·文宗实录》(大满洲帝国国务院1937年沈阳原刊本,北京:中华书局,1985—1987年翻印),卷292,页274—275。
②《凤城识小录》,卷下,页11a—12a。

地方事务之举。①

团练局及沙田开发

不久之后，向丝绸市场征税，就因"厘金"之名而合理化了。所谓"厘金"，一般是指向国内的货物征收过路费。早于咸丰六年(1856)，就有人建议抽取厘金，支援官兵，在长江下游与太平军作战。一旦朝廷批准抽取厘金，广东就马上实行起该政策来。② 正如所有抽税政策一样，厘金政策并没有产生出权责分明的抽税机构，而是逐渐把许多地方原有的抽税行为合法化。太平天国叛乱平定若干年之后，我们才开始把不少这些原有的抽税行为看清楚。厘金政策的立即效应，是重新定义何谓正规财税收入，让地方政府把承包税项的权利重新分派。当然，这类改变总会引发统治阶层内部的矛盾。咸丰八年(1858)第二次鸦片战争爆发于广东境内之后，广东巡抚及两广总督由于无法如额缴纳厘金，也被朝廷怀疑他们贪污无能。而罗惇衍于咸丰十年(1860)被调回北京，任职户部，使这位顺德人面对广东省衙门时，占尽上风。从咸丰十年至同治元年(1860—1862)期间，正因为罗惇衍弹劾广东巡抚劳崇光(1859—1861年在职)处理税务不当，劳崇光竟然被革职，还得接受新任巡抚的调查。③

团练是否合法，取决于县衙门及省衙门是否承认该团练，以及领导该团练的士绅是否具备足够的威望。④ 从咸丰五年(1855)官兵克复顺德

299

---

① 潘尚楫等修，邓士宪等纂，《南海县志》(同治八年[1869]刊，藏香港中文大学崇基书院图书馆特藏部)，卷17，页10a—12a。

② 有关厘金制度的背景，参见 Susan Mann, *Local Merchants and the Chinese Bureaucracy*, 1750—1950(Stanford: Stanford University Press, 1987), pp.94—120。

③《大清历朝实录·穆宗实录》，卷22，页16a—43b；卷49，页34b—36a、41a—42b。

④ 但是，只要权力中心改变，团练也未尝不会"顺应"潮流，迅速而轻易地转移其效忠对象。咸丰七年(1857)，英国人发现，向英军提供补给的中国买办，竟然利用英军的威胁，向沙田的业户开征农作物收割税。英国人为之诧异不已。参见 Laurence Oliphant, *Narrative of the Earl of Elgin's Mission to China and Japan in the Years* 1857, '58, '59 (Edinburgh and London: WilliamBlackwood and Sons, 1865), pp.92—96。

县治大良,到同治元年(1862)解散广东团练总局,顺德团练总局把自己的合法性提高至完全无可置疑的地步。领导该局的士绅之所以能够做到这一点,是因为他们积极参加顺德县士绅每年祭祀四位明朝官员的活动。顺德团练总局的士绅为青云文社注入公款,打破了龙氏、罗氏、李氏等四个宗族以族产形式控制青云文社的格局,把青云文社置于八名士绅的领导之下。这八名士绅,四名来自顺德县城之内,四名来自顺德县城之外。青云文社为顺德县科举考生及在北京做官的同乡提供津贴,也花钱雇人驻守县内其中四座炮台;顺德县于咸丰五年(1855)建庙祭祀那些为捍卫县城而牺牲的人,青云文社也承担每年祭祀的费用。同治二年(1863),顺德团练总局举办全县文会,这次文会的规模一定很大,穿越县城的河流碧涧,其沿岸的祠堂被征用为文会参与者的聚会场所,龙元禧所属的龙氏宗族支派,应该也在其中。所有参与者都获发两块月饼作为午餐。顺德团练总局的记录显示,文会建立起的仪式性的权威背后,真正控制总局的,是县城里的一个派系,这个派系应该是以龙元禧为首的。龙元禧一派之所以能够掌权,是因为他们在咸丰十年(1860)创立大良公

300约,吞并了当时已经组建的防守县城四门的团练。同治三年(1864),龙元禧一派又命令:领导各股团练的士绅,须交出知县颁发给他们组建团练所用的印章。顺德团练总局并没有接管县内所有团练,在部分村庄,团练局继续蓬勃发展,但是,顺德团练总局把县城内的士绅组织与团练紧密结合起来,又得到官方授权代表全县团练,因此就成为珠江三角洲最大最强的团练组织了。① 青云文社拥有的资产相当多。它成立之际,就得到县衙门津贴六千两,以及位于沙田的两块地。文社一份资产纪录显示,从咸丰九年到同治九年(1859—70),在沙田地区以青云文社名义登记的土地,增加了5,500亩,而根据沙田开发的性质,则实际耕地面积,必定

---

① 《凤城识小录》,卷上,页5b—6a、7a—b、10a—11a、13b—14b、17a—b、22b—23b;《咸丰顺德县志》,卷5,页14a—b,总页417—418;《顺德县续志》,卷2,页34a—38a,卷3,页13a—b。

远高于这个数字。① 但是,这笔田产,与顺德团练日后的主要资产即东海十六沙相比,仍属小儿科。咸丰九年(1859),青云文社改组的同年,顺德团练总局控制了东海十六沙公局,因此也就控制了东海十六沙。

东海十六沙公局的前身,是龙元禧伯父龙廷槐于嘉庆八年(1803)即海盗张保作乱前夕成立的沙田防卫联盟,称为"容(奇)(丹)桂公约"。该公约拥有 18 艘船、208 名武装人员,并向受其保护的土地征税以维持开支。但是,到了 19 世纪 50 年代,容桂公约的实力已经大不如前了,咸丰五年(1855)官兵克复顺德县城之际,容桂公约只剩下 9 艘船、108 名武装人员。顺德团练总局成立之后,逐渐得到公约同意,在公约管辖地区与公约武装力量共同巡逻。咸丰八年(1858),罗惇衍、龙元禧、苏廷魁这广东团练三人领导小组,向广东巡抚递呈,请求把容桂公约归并至广东团练总局。所谓归并,实际上意味着由广东团练总局出钱收购容桂公约股东的股份,容桂公约管辖的沙田地区,也进一步扩大。此外,东海十六沙公局比容桂公约多走了一步,成为香山县衙门与沙夫头目之间的中介。301东海十六沙的土地税,是向香山县衙门缴纳的;而沙夫头目则与公局协商,承包治安事务。从前,沙夫头目自行与容桂公约谈判,订出自己须向公约缴纳的包税金额。如今,东海十六沙公局则与香山县衙门达成协议,划一包税金额。沙夫头目须负责向沙田地主征收保护费,转解公局。为此,沙夫头目要向公局申请牌照,以示合法;而公局则为这些头目提供小块耕地,以维持其给养。同治元年(1862),广东团练总局解散之后,其财产及权利也就移交东海十六沙公局。这样,顺德团练真正羽翼丰满了:它通过青云文社控制沙田的土地,它向缫丝工征税,它以团练名义组织武装力量,并获授权以之维持沙田地区的治安。② 控制这套组织,就能获得大量收入。龙氏宗族、尤其是龙元禧所属的支派,族产大增,正好反

---

① 《凤城识小录》,卷上,页 9a—b、11b—12b、13b—14a;《顺德县续志》,卷 2,页 34a—36b。
② 《凤城识小录》,卷上,页 11a—b;卷下,页 12a—16b。

映出这一点。详见龙元禧所属支派的族谱。①

其他县也有类似顺德县团练崛兴的情况,虽然很少团练能够达到顺德县团练的规模,但东莞明伦堂庶几近之。"明伦堂"是天下所有官立学校祭祀孔子的庙堂的名称,因此最能代表士绅的组织及士绅的价值观。管理东莞明伦堂的,实际上就是县里的最高层士绅。

通过东莞明伦堂而控制沙田,因而骤然崛兴的几个东莞宗族,最初都参与19世纪40年代的团练运动。第一次鸦片战争刚刚结束,官府就以给养虎门炮台名义,向东莞明伦堂提供一笔巨额补助,以便开发沙田。官府不仅授权东莞明伦堂开发俗称"南沙"的沙田,还让它染指南沙附近的"万顷沙"。由于这些沙田与香山县接邻,东莞、香山两县的士绅,最初曾就开发沙田问题产生纠纷。道光二十五年(1845),双方妥协,纠纷告一段落。之后,东莞明伦堂就不断购买沙田、并在县衙门登记沙田,因而扩大其名下的沙田面积。东莞明伦堂开发沙田很成功,而东莞明伦堂士绅的手段也很厉害。领导明伦堂的不是个人,而是一群士绅,他们都来自东莞县内的望族。19世纪50年代期间,他们建立其相当稳固的社会网络,也颇得官府支持。值得注意的是,就是这同一群明伦堂士绅,证明自己颇有本事挑战县衙门。事缘咸丰元年(1851),清文宗登基,开设恩科考试,士绅们指知县处理赋税事宜不当,号召全县科举考生罢考。两广总督下令:罢考运动的组织者何鲲、何仁山父子、及张端三人,永远不得考试。何鲲是东莞县城内西北隅社学的创办人。咸丰四年(1854),来自石龙的匪徒何六攻破东莞县城时,东莞团练在这社学内成立,而何仁山正是这支团练的首领。张端则因为得到远房亲戚张敬修的担保,获朝廷特赦,准其考试,他于同治元年(1862)参加广东乡试,并且中举。张端似乎没有参与团练事务,但和张端来自同一条村,也同属张如见堂宗族

---

① 黄永豪,《土地开发与地方社会——晚清珠江三角洲沙田研究》(香港:文化创造出版社,2005),页108—117。

的张敬修,则因组建团练而名噪一时。19 世纪 40 年代,张敬修在广西担任知县,咸丰元年(1851)太平天国之乱起,张敬修从家乡东莞组建一小队团练,在广西作战。咸丰四年(1854),张敬修已成为抗击太平军的著名英雄,两广总督叶名琛因而命他继续留在西江地区作战。直至咸丰六年(1856),张敬修才败于佛山匪徒李文茂手下。从此,张敬修返回东莞老家,并于咸丰十年(1850)把寓所改建成著名的可园。广州被英法联军攻破之际,两广总督黄宗汉命他协防东江地区。咸丰九年(1859),黄宗汉被免职,他被委任为江西按察使,但他于同年稍后时间就致仕还乡,同治三年(1864),逝世。张端的传记,载张如见堂族谱,称张端因为张敬修的推荐,成为地方领袖,这就清楚反映出张氏宗族在 19 世纪 50 年代权力中心之所在。①

　　同治三年(1864)之际,东莞明伦堂实际上已成为东莞县的团练组织。管辖东莞团练的机构,称安良局,是由县城里的高层士绅组成的。³⁰³当时的记录,并没有提及这个机构具备司法功能,但人们回忆说,这个机构就像个衙门,高层士绅的成员,轮流仲裁纠纷。② 明伦堂除了管理团练之外,也管理自己名下的沙田,这两项工作是密切相关的。同样,当时管理沙田的记录,一份也没保存下来,但后来的调查,才使明伦堂产业的多层次产权结构变成人所共知的事情:明伦堂把沙田租予佃户耕种,但这些佃户之中,许多是势力相当雄厚的宗族,它们就把这些沙田转租予其他佃户。③ 自 20 世纪 20 年代以来,不少社会学研究,都特别强调明伦堂

① 参见:叶觉迈修,陈伯陶等纂,《东莞县志》,民国十六年(1927)刊,卷 17,页 15b,卷 72,页 5a—7a,载《中国地方志集成·广州府县志辑》(上海:上海书店,2003),第 19 册,总页 146、710—711,以下简称《民国东莞县志》;《张如见堂族谱》(民国十一年(1922)刊,藏广东省图书馆,编号 k0.189/230.2),卷 26,页 71b—72b,卷 28,页 31a—33b;黄永豪,《土地开发与地方社会——晚清珠江三角洲沙田研究》,页 41—52。

② 叶少华,《我所知道的东莞明伦堂》,《广东文史资料》,第 16 期(1964),页 1—21。

③ Chen Han-seng, *Landlord and Peasant in China: a Study of the Agrarian Crisis in South China* (New York: International Publishers, 1936), pp. 47—50;邬庆时,《广东沙田之一面》,《文史资料选辑》,第 5 卷(1962),页 72—89。

发薪酬予管理堂务的士绅这个现象。但是,这个看法,并不能把握住问题的实质。明伦堂的佃户,是由明伦堂士绅亲自担保的,有了这种保护网,这些佃户的家庭或宗族日后购置田产时,就更为有利。黄永豪研究了东莞张氏的族谱及19世纪末的地契,他发现,管理明伦堂的士绅,同时也以股份制形式,参与大型的沙田开发项目。[①] 他们管理明伦堂,得到了明伦堂的威望,才有能力抵抗官府的干预。我们必须明白,明伦堂在东莞当地,既有财,又有势。根据明伦堂光绪十四年(1888)的一份报告,明伦堂在沙田的总租金收入达四万两。我们并没有19世纪60年代期间的相应数字以资比较,但估计,当时明伦堂的租金收入也是极为丰厚的。[②]

除顺德与东莞之外,珠江三角洲其他县的士绅,都未能统一控制县里的团练。但比较小规模的、由士绅领导的防卫联盟,倒是遍地开花的。在新会县,咸丰四年(1854)县城被匪徒围攻时,曾经出现三个互不统属的团练局,都是建立在当时已有的士绅组织之上的,它们是冈州局、东北局、西南局,都是由强大的乡村联盟组成,并且打出书院的名义。它们都为团练筹措兵饷,但由于内部矛盾,无法整合。对于这些积极参与团练局工作的人,西川喜久子理清了他们的宗族谱系,指出他们是开发沙田的既得利益者。[③] 这些乡村联盟之间,为争夺稀缺资源,必然产生矛盾,东北局的记录就是证据。新会县江门镇,属东北局管辖,多年以来,主持该镇大局的,是管理六座庙宇的士绅。流经江门镇、直通新会县城的河道上,原本有火炮设防,咸丰四年(1854),当县衙门的差役打算拆除这些火炮时,就是这群江门士绅起而反对。至于潮莲、荷塘、外海三区,也多年来组建防卫联盟,维护属下沙田的治安。19世纪60年代早期,它们就

---

① 黄永豪,《土地开发与地方社会——晚清珠江三角洲沙田研究》,页51—56;黄永豪,《许舒博士所辑广东宗族契据汇录》(东京:东洋文化研究所,1987),页170—186。

② 《民国东莞县志》,卷100,页7a,载《中国地方志集成·广州府县志辑》第19册,总页967。

③ 西川喜久子,《珠江のデルタの地域社会——新会県のほあい》,《东洋文化研究所纪要》,卷124(1994),页189—290;卷130(1996),页1—72。

关于谁有权派人巡逻沙田的问题，与东北局发生冲突。① 咸丰四年(1854)的动乱，严重削弱了许多市镇的力量。小榄的团练，可以追溯到嘉庆十四年(1809)抗击海盗张保的时代，但是，匪徒于咸丰四年(1854)攻陷小榄镇，打破了小榄的团练制度。史料暗示，由于匪徒占据了小榄镇，相当多的小榄居民也就"附逆"。当官兵克复小榄镇后，这些人才由小榄士绅率领，在王巡抚庙宣誓效忠朝廷。② 官兵克复小榄镇之举，前后消耗了三十万两，此外，咸丰七年(1857)，当广东团练总局成立时，小榄镇士绅无缘参加总局的管理，却还得为总局贡献一笔税金。③ 佛山不仅同样被咸丰四年(1854)的动乱所蹂躏，而且连自行组建团练的能力都没有。结果，由佛山资助、由地方官员领导的武装力量，加上佛山附近的大沥九十六村团练，才能够于是年克复佛山。佛山克复之后，佛山才成立团练局，该局分为十六分局，以照应佛山十六区的格局。第二次鸦片战争期间，佛山团练被整合到广东团练总局内，佛山也迅速在战争期间恢复繁荣，因为原本在广州进行的贸易现在转移到佛山来了。但是，佛山始终无法像顺德或东莞那样随心所欲地占夺沙田。④

---

① 陈殿兰，《冈城枕戈记》，咸丰五年(1855)刊，卷上，页12b—17b，载《四库未收书辑刊》(北京：北京出版社，2000)，第3辑第15册，总页237—239；聂尔康着、谭棣华辑录，《冈州公牍》(香港：致用文化事业，1993影印光绪己卯[1879]刊本)，页67a—69a。

② 田明曜修、陈沣纂，《重修香山县志》(光绪5年[1879]刊，新修方志丛刊第123号，台北：台湾学生书局，1968)，卷22，页59b，以下简称《光绪重修香山县志》；厉式金修，汪文炳、张丕基纂，《民国香山县志续编》，民国十二年(1923)刊，卷11，页14b—15a，载《中国地方志集成·广东府县志辑》(上海：上海书店，2003)，第32册，总页595—596。

③ 《光绪重修香山县志》，卷22，页66b。

④ 汪宗准修、冼宝干纂，《佛山忠义乡志》，民国十五年(1926)刊，卷3，页3b—5b；卷5《教育志二》，页2a；卷8《祠祀一》，页29a—30a；卷14《人物五》，页8b—10a；卷14《人物六》，页2b—3a，载《中国地方志集成·乡镇志专辑》(南京：江苏古籍出版社，1992)，第30册，总页350—1、372、418、575—576、577—578，以下简称《民国佛山忠义乡志》。郑梦玉等主修、梁绍献等总纂，《续修南海县志》，广州富文斋同治壬申(1872)刊，卷5，页7b、页8a—9a；卷17，页15a—16b；卷26，页14a—b；载《中国方志丛书》第50号(台北：成文出版社，1967)，总页122、123、301、438。《宣统南海县志》，卷18，页1b—3b，载《中国方志丛书》第181号，总页1626—1630。

长远的影响

清朝官员都很清楚,地方军事化的代价,是朝廷无法如常征收地税。有关证据是混乱的。官府一方面努力恢复土地登记,但处处遭遇困难,尽管税则广为人知,但官府对于已登记的土地,并不是划一征税,真正的地税,往往更取决于登记土地的多少以及衙门差役开征的各种杂费。因此,地方势力一旦壮大,就和地方衙门讨价还价,要求重订各种杂费的标准,这是并不令人奇怪的。地方社会抵制衙门差役"乱收费"的方式,是在赋税记录上大做文章。因此之故,南海、顺德的地方志,都收录了来自县衙门的详细的里甲登记资料。谭棣华研究了沙田地区的土地登记资料,他发现,同治五年(1866),官府尝试登记新开发的沙田。但是,这些登记究竟有没有用? 答案还得从地方社会的反应中寻找。① 《佛山忠义乡志》,提供了地方社会在官府的赋税记录上大做文章以维护自己利益的例子。同治五年(1866),南海县衙门向佛山的里甲户施压,要求他们交税。他们就在自己的祠堂赞翼堂开会,疏通南海县衙门的差役,从而得到一份南海县赋税记录的抄本。他们根据这份赋税记录,成立了交税联盟,每位成员都要交足自己头上的税额,不多也不少。他们要解决的问题,其实就是交税的集体责任这个老问题。过去,"甲"可以说是个轮流交税的组织,一甲缴纳的税金有所亏欠,就要由甲首包底。即使在最理想的情况下,甲首的负担也是很沉重的;而如果里甲户们没有衙门赋税记录以资抗辩的话,则任由衙门差役鱼肉,破产赔累,苦不堪言。从前推行里甲制度的做法,也都是靠集体力量,惩罚违反规定者,奖励遵守规定者,但是,佛山里甲户同治五年(1866)的这项安排,其新颖之处,是以

---

① 《宣统南海县志》,卷 7;《顺德县续志》,卷 5;谭棣华,《广东历史问题论文集》(台北:稻禾出版社,1993),页 37—41。

掌握官府赋税登记为前提。① 光绪四年(1878),顺德县龙山乡的士绅、耆老,也向县衙门提出类似建议,请求把县衙门差役征收的杂费限制于二十银元之内。② 香山县小榄镇的军户,可以追溯到明朝的里甲登记,光绪八年(1882),他们也设立了一个组织,十八名原本负责为团练局收费的人,也就因利乘便成为这个组织的领袖。该组织由 310 户组成,每年出钱祭祀文昌,这种安排,依稀有明代军户的痕迹。③ 以上这三个例子反映出,地方上历史悠久的家庭,忽然重新关注起里甲来。在前两个例子中,很明显,地方社会对于里甲的关注,主要是为了制止衙门差役的"乱收费"行为。

不过,在赋税问题上最鲜明的冲突,则见诸广东巡抚郭嵩焘(同治二年至五年[1863—1866]在职)的日记。与郭嵩焘作对的,不是乡村的交税联盟,而是郭嵩焘的同僚、顺德团练总局的龙元禧。郭嵩焘受到朝廷的巨大压力,要从广东上缴军费,支援朝廷在广东以外地区的战事。但是,龙元禧却庇护顺德的地方势力,又支持陈村墟市减少厘金的诉求,郭嵩焘因此非常厌恶龙元禧。偏偏,郭嵩焘就是在这些问题上被弹劾。龙元禧在顺德团练局的同志罗惇衍,如今任职御史,弹劾郭嵩焘用人不当,说他的下属负责广东税收事务时贪污受贿。桑园围工程的推动者潘进,其子潘斯濂如今也任职御史,潘斯濂也弹劾郭嵩焘,说本来属于维修桑园围的官币,几年前被挪用,而郭嵩焘未能把这笔官币收回。郭嵩焘必定极为郁愤沮丧,上奏辞职,但朝廷优诏慰留。④

郭嵩焘当然是支持征收厘金的,因为要应付朝廷的经费要求,舍此以外,别无他法。清朝政府财政收入的基础,从土地税转移到厘金这样

---

① 《民国佛山忠义乡志》,卷 4,页 2b—5a;卷 14《人物六》,页 32a—33b,载《中国地方志集成·乡镇志专辑》,第 30 册,总页 360—361、592—593。
② 民国《龙江乡志》,卷 6。
③ 谭棣华、曹腾騑、冼剑民编,《广东碑刻集》(广州:广东高等教育出版社,2001),页 379—383。
④ 郭嵩焘,《郭嵩焘日记》(长沙:湖南人民出版社,1981),第 2 册,页 139、180、276—277;《大清历朝实录·穆宗实录》,卷 54,页 26b—28a,总页 13—14;卷 152,页 2a—6a,总页 546—549。

的商业税,对于晚清各方面制度的变化,有重大意义。苏珊·曼(Susan Mann)研究清朝官方牙人制度时,就以新会县葵扇行会为例,显示商人组织有强大的独立地位,能够抵抗官府征税的要求。从咸丰九年(1859)开始,新会县衙门奉命向商人征收厘金,县衙门让葵扇行会承包这项厘金,也就是说,默许葵扇行会向商人征收厘金,转解县衙门。[①] 葵扇行会最初拒绝,但最后同意。原来,官府的征税要求,推动了纳税者的组织。事缘咸丰六年(1856),官府要求葵扇行会缴纳一千两银,葵扇行会 238 名成员,每人认捐四两,随着葵扇行会开始征收厘金,这 238 名捐钱的成员也就成为法人——久敬堂。久敬堂也就在咸丰十一年(1856)加入,成为葵扇行会法人成员,并利用征收厘金所得,购买田产,以便每年庆祝关帝诞。这一切都写在久敬堂章程里。久敬堂有管理组织,有会计制度,还为 238 名曾经在咸丰六年(1856)捐钱的成员每人印制一份章程,作为葵扇行会里的法人组织。久敬堂的功能当然不止于每年一度庆祝关帝诞。葵扇行会代表着葵扇行业里的不同利益,其管理层是每年选举出来的。20 世纪 50 年代土改运动的记录显示,葵扇行会之下,除了生产及销售葵扇的三个组织之外,还有十一个供款组织。[②] 因此,国家机器改变征税制度、向商贸行会打主意的结果,不仅使商人与国家产生矛盾,也因为与国家打交道而强化了行会的内部组织。这也是可以预期的,因为明清两朝政府,越来越无法依靠惩罚手段来统治天下,而要靠颁赠功名来统治天下。

[①] Susan Mann, *Local Merchants and the Chinese Bureaucracy, 1750—1950*, pp.128—132.

[②] 《久敬堂会规》,同治二年(1863)刊,藏新会县景堂图书馆,承蒙萧凤霞提示;何卓坚,《新会葵业史略》,《广东文史资料》,第 15 期(1964),页 132—151;新会县城乡联络委员会联络处,《关于刘怡记案的初步资料》,1951 年影印本,藏新会县档案馆。

第二十一章　外国因素与珠江三角洲社会

在广州的历史上,外国人是个不可忽视的因素,嘉靖三十二年(1553)葡萄牙人在澳门建立转口贸易港之后,尤其如此。① 中国人马上就认定葡萄牙人代表三种东西:光怪陆离、贸易、枪炮。之后几百年,贸易为珠江三角洲带来繁荣,枪炮并没有多少角色可言,而外国人代表光怪陆离这种看法,使中西文化并没有因为接触而缩短距离。两次鸦片战争改变了中国人的看法:西方胜利,意味着西方优越,西方如果不是全面比中国优越的话,至少在技术层面比中国优越。而且,当广州被西方火炮吓得目瞪口呆之际,西方的科学技术继续突飞猛进:从蒸汽机到蒸汽轮船、铁路、电报、更多而威力更可怕的枪炮、卫生水平的提高、疾病知识的增长、工厂、银行、金融服务、邮政系统、内燃机以及苯胺染料。中国人接触西方的后果之一,就是19世纪80年代年轻一辈的中国人鼓吹改革,导致清政府自光绪三十年(1904)起推行一系列法律、行政、宪政改革,并于宣统三年(1911)因辛亥革命而灭亡。要从这段动荡时期的复杂结构中找出线索,把宗族作为一个制度的历史,与晚清的历史联系起来,是个极具挑战性的任务。

---

① 黄启臣,《澳门历史》(澳门:澳门历史学会,1995),页39—58。

但是,我们是可以很容易找到一个出发点的:中西接触,对于宗族的管理并没有任何直接影响。虽然如此,作为一个制度的宗族,也是要改变的。找出这改变的原因,也就证明本书的基本看法。本书的基本看法是:作为一个制度的宗族,恰恰就是地方社会整合到国家的结果。16世纪的礼仪改革,是地方社会整合到王朝国家的前提,而19世纪末西方影响下,地方社会整合到国家的方式,也就与16世纪大不相同。

309

光怪陆离之外

澳门的葡萄牙人社区,一向是广东人眼中的光怪陆离的西洋展览馆。澳门的西洋人,被认为比广州洋行区的洋人更不开化,中国人对于澳门西洋人的描述,也就更天马行空。① 大约刊行于乾隆十六年(1751)的《澳门记略》,流传甚广,提及澳门的教堂及其周年巡游时说:"北隅一庙,凡蕃人男女相悦,诣神盟誓毕,僧为卜吉完聚。"该书还说,西洋人结婚不靠媒人,也没有同姓亲戚,他们的日历,一年365天,分为十二个月。该书又提及西洋人的各种奇器:钟,表,枪炮尤其是能够收藏在衣服里的手枪,眼镜,望远镜。② 该书显然不觉得澳门的西洋人有何值得学习之处。

比起澳门的西洋人,广州洋行区的西洋人,更少出现于中国人的笔端。历史学家研究广州洋行区的西洋人时,主要依靠西方材料和中国官方文献。南海县方志尽管意识到外贸对于广州的重要性,对西洋人却几乎一字不提。广州的洋行区基本上是个西洋人的禁闭区,西洋人如果要享受一些社会生活的话,就得跑到澳门去。③ 但是,一群能操"洋径浜英语"的中国人,终于还是出现了。他们包括行商,也包括商品画画匠,日

---

① 相反,乾隆时期的佛山地方志,对于佛山的天主教徒社区,只一句轻轻带过。见陈炎宗总辑,《佛山忠义乡志》(乾隆十七年[1752]刊),卷2,页5b,该志称,官府将天主堂捣毁,建立佛山千总署。

② 印光任,《澳门记略》,(乾隆十六年[1751]刊,广州:广东高等教育出版社,1988),页63。

③ H.B. Morse, *The International Relations of the Chinese Empire* (London: Longmans, Green,1910 – 18), pp.63 – 117.

后的外销画,就是这些画匠的拿手好戏。① 其他中国人也许从威廉·韩特(William Hunter)所谓"鬼子话"的书中学习英语,这些书以中文字记录英语词汇的发音。② 冼玉清成功地发掘了鲍鹏这个19世纪初能操英语的中国人的生平及时代背景。鲍鹏为广州的英国商人做事,19世纪30年代,鲍鹏离开广州,移居山东。道光二十年(1840),鲍鹏效力钦差大臣琦善,充当翻译,在琦善保荐下,鲍鹏获授八品衔。后来琦善奉命到广东与英国谈判投降条件时,鲍鹏也随行。日后,越来越多的中国人因为通晓英语而建功立业,鲍鹏则比他们早了整整一代。③

中国人视西洋人为他者,最能体现这种看法的,是中国人用"番鬼"这个家喻户晓的称谓称呼西洋人。"番鬼"当然是个侮辱的称谓,但广东人对于其他"外人"的称谓,例如"蜑",例如"外江佬"(泛指来自广东以北之人),也同样具有侮辱性。佛山的一些庙宇,把栋梁的承托部件,画成 310 英军士兵形像,意思是要惩罚英国人,让他们永服苦役,承托栋梁。这情形今天仍能看见。但另一方面,只要中国人看到西方新鲜事物确有功效,也能够相当迅速地接受。广州19世纪最成功的技术传播例子,应该就是西方预防天花的牛痘医学知识的传播。可以想象,把牛痘施诸人体,大概是要克服不少禁忌才能做到的,但是,广州人一旦发现这种免疫方法有效,就通过广东商人在外地的会馆而流传到中国其他沿海城市。④ 英语报纸 *The North China Herald* (北华捷报)1879年的一篇报道,对

---

① 李钧于道光八年(1828)从北京来广州充任考官。一天晚上,广州府知府在"鬼子楼"设宴款待他,他看到长着大鼻子、对知府极有礼貌的外国人,也看到打横写的外国书,他还喝到"鬼子"的酒,说这种酒味甜色深。见李氏著,《使粤日记》,道光十四年(1834)刊,卷下,页26b—27a,藏东洋文库。

② William C. Hunter, *The "Fan Kwae" at Canton Before Treaty Days*, 1825 -1844 (London, 1882,repr. Taipei: Chengwen, 1970), pp.63 - 64.

③ 冼玉清,《招子庸研究》,载氏著,《冼玉清文集》(广州:中山大学出版社,1995),页138—143。

④ 黄启臣,《人痘西传与牛痘东渐——丝绸之路的文化效应之一》,《海交史研究》,第35卷(1999),页34—40;常之英修,刘祖干纂,《民国潍县志稿》,民国三十年(1941)刊,卷29,页24a—b《杨玉相》条,载《中国地方志集成·山东府县志辑》(南京:凤凰出版社,2004),第40册,总页625。

广州的繁荣有如下生动的描述：

> 外国的艺术与科学技术，正逐渐渗透广州社会各阶层。煤油灯、油灯、各种花巧的装饰灯架、各款各式镜子，均为全城居民所普遍使用。西洋银元的流通，完全超越中国本土的银两。女子学校也出现了，这些学校的前身，是传教士雇用西方或中国教师教授女子的学校。中国人自己建造的古怪的船舰，也装置了大小不一、型号不同的蒸汽引擎，且这种趋势越来越流行。各种小型蒸汽船，喷气冒烟，一天到晚，川流不息，满载还乡的中国官员的帆船，及满载西洋货物或者某种战备物资的帆船，都由这些小型蒸汽船拖动。[①]

其实，西方事务在广州的传播，仍然是要花时间的。洋元的确早在鸦片战争之前就已取代了中国的白银，但女子学校即使到了19世纪70年代，仍然是少之又少的。同时，蒸汽引擎的使用，仍局限于广州，主要局限于广州的码头，但小型蒸汽船拖动木质帆船上下珠江，则已司空见惯。增长最快的进口货物之一是火柴，它很快就取代火石这种传统的生火工具。[②] 当然，我们也别忘记鸦片这种进口货物。很快，吸食鸦片就成了男人的一种社会风尚。

清朝的海关报告，为珠江三角洲在太平天国叛乱平定之后的繁荣留下了最佳写照。报告年复一年地指出，广州的出口额不断增长，增长主要来自丝绸出口。我们研究这些报告时，必须明白，自19世纪70年代开始，由于交通设施及资金信贷制度的进步，全球的贸易都迅猛增长。

311 期间，一些先进技术也流传到中国，这些先进技术虽然很少渗透到农村，但是，南海、顺德地区引进蒸汽缫丝技术，却比长江三角洲地区早得多。这种技术，把一个蒸汽锅炉连接到人手摇动的纺丝轮，利用蒸汽，解开蚕

---

① *North China Herald and Supreme Court and Consular Gazette* (March 14, 1879).
② China Imperial Maritime Customs Service, *Decennial Report* 1882 – 1891 (Shanghai, 1892), p.550.

茧,把蚕茧的丝线搭上纺丝轮。习惯以传统人手缫丝的工人,曾经捣毁蒸汽缫丝机以示抗议。但是,蒸汽缫丝机使缫丝产量大增,至光绪二十六年(1900),广州丝线的出口额已经超越上海,而广州出口的丝线中,三分之二都是蒸汽缫丝机缫出来的。

丝固然是广州最大宗出口商品,但并非唯一为珠江三角洲居民带来现金收入的农产品。东莞是食糖的主要出口基地,至 19 世纪 90 年代之后才被印尼爪哇取代;新会则一直是全国唯一的葵扇生产基地;稻米与其他农作物一样,也是商品,而且整个珠江三角洲都有种植。仅清政府批准从广东出口北美的稻米,每年就多达五十万石,不用说,走私出口的稻米,数量只会更多。广州则从印支半岛进口大量以碾米机脱壳的廉价食米,其中大部分进入广东农村,而广东农村所种植的食米,则供应广州和其他繁盛的出口基地。人们看见广州进口食米,就说广东“粮食短缺”,真相正好相反,“粮食短缺”论者忘记了很基本的一点:进口货是要花钱买的。珠江三角洲以及广东其他地区的财力增长,人们才有能力多吃米,少吃番薯之类的杂粮,因此食米消费量才提高。[1]

珠江三角洲另一大宗出口商品,就是劳动力。在珠江三角洲,外出谋生是一种悠久的传统。华人以卖身契约形式外出打工,尽管引起广泛争议,但很早就被视为一种贸易。[2] 咸丰九年(1859),英国驻广州领事收到广州 32 家商贸会馆的请愿,要求制止澳门“猪仔馆”绑架、诱拐华人充

---

[1] David Faure, *The Rural Economy of Pre - Liberation China*, *Trade Increase and Peasant Livelihood in Jiangsu and Guangdong*, *1870 to 1937*(Hong Kong: Oxford University Press, 1989), pp. 29 - 34, 52 - 7; Suchetar Mazumda, *Sugar and Society in China: Peasants*, *Technology*, *and the World Market*(Camb. Mass.: Harvard University Press, 1998), pp. 353 - 68; Robert Y. Eng, *Economic Imperialism in China: Silk Production and Exports*, *1861 -1932*(Berkeley: Institute of East Asian Studies, University of California, 1986), pp.137 - 144.

[2] 有关背景,参见 Victor Purcell, *The Chinese in Southeast Asia* (London: Oxford UniversityPress, 1951); Adam McKeown, *Chinese Migrant Networks and Cultural Change: Peru*, *Chicago*, *Hawaii*, *1900 -1936*(Chicago: University of Chicago Press, 2001).

当苦力的活动,领事于是批准刊登广告,招募劳工赴西印度群岛打工,他认为这样做可以打击"卖猪仔"活动。① 即使根据目前看到的不完整的数据,华工出口的数量也是惊人的:咸丰六年至十一年(1856—1861)这五年间,仅从澳门出口的华工就有四万人,其中大部分(33,000)都去了夏湾拿。② 之后的史料显示,古巴、秘鲁的华工,与奴隶几无分别。但并非所有海外华工的命运都如此悲惨。赴马来半岛的华工在锡矿工作,他们组织"秘密会社"来保护自己,这些"秘密会社"势力庞大,以至于当地社会认为华工威胁社会秩序。赴北美的华工主要兴建铁路,自19世纪70年代开始受到美国国会的排斥华工法案所歧视,但许多华工仍能经营洗衣店、杂货店这种小店而致富。不少从北美回国的华侨,就成为南海、顺德蒸汽缲丝机厂的投资者,创办中国第一间蒸汽缲丝机厂的陈启沅,就是这些归侨之一。陈于19世纪50年代在越南目睹了蒸汽的威力,同治十一年(1872)回乡后,就在南海县的家乡建起名为继昌隆的蒸汽缲丝机厂。③

香港这座西方城市,更靠近珠江三角洲,香港的人口统计报告,充分显示香港吸纳了大量珠江三角洲移民。1901年的香港人口统计报告,显示居住香港的华人达23万,其中17.9万人都报称来自珠江三角洲的各个县;④香港各种行会/会馆的成员,也有类似情况,部分行会/会馆还与广州的会馆有联系。⑤ 最能反映出移民涌入香港这个现象的,也许是男

---

① 广州32家商贸会馆于咸丰九年(1859)致英国驻广州领事的请愿书,载1859年12月2日布鲁斯(Bruce)致巴克斯(Parkes)的公函,藏英国外交部档案 FO 228/268、FO 682/1992/15。

② S. Wells Williams, *The Chinese Commercial Guide* (Hong Kong: A. Shortrede & Co, 1863), pp.226 – 227, 236.

③ Robert Y. Eng, *Economic Imperialism in China: Silk Production and Exports*, 1861 – 1932, pp.146 – 57;《陈启沅与南海纺织工业史》专号,《南海文史资料》,第10期(1987),页3—75。

④ Hong Kong Government, "Report on the Census of the Colony for 1901", *Sessional Papers of the Legislative Council of Hong Kong* (Hong Kong: Hong Kong Government Printer, 1901), p.16.

⑤ A.E. Wood, *Report on the Chinese Guilds of Hong Kong* (Hong Kong: Noronha & Co., 1912),转引自 David Faure, *A Documentary History of Hong Kong*, vol. 2, *Society* (Hong Kong: Hong Kong University Press, 1997), p.79.

女婚姻状况的数字。在 1911 年,香港所有已婚华人之中,71%为男性,29%为女性,这意味着,已婚男性华人之中,有一半不是在香港结婚,而是在中国其他地方结婚,然后来香港的。他们把赚得的钱汇回家乡,为家庭带来固定的收入。[1] 1911 年之后,与妻子共同生活在香港的男性华人的比率应该有所上升。《北华捷报》就说,由于香港吸引了大量移民,以至广州不少房子都空空如也。[2]

在未来,纸币在广东的丝绸贸易里扮演越来越重要的角色。但是,从 19 世纪 70 年代到清朝灭亡为止,一批批的丝线从珠江三角洲的乡村运往广州,一船船的白银则运往乡村。海盗、抢劫、绑架等犯罪活动相当猖獗,因此,乡村更加需要武装起来。[3]

枪 械

中国所面对的最急剧、最灾难性的变化,有部分就是枪炮的扩散所赐。这段历史的基本轮廓并不复杂,但史学界的认识却总不如人意,因为研究技术史的学者们,把注意力都集中在中国最早使用火炮的年代这类问题上,却忽略了火炮流行之后的历史。例如,我们对于明朝政府漫无系统地引进西洋火炮的过程,了解甚深。但是,清朝上半叶如何管制枪炮? 对于这个问题,却很少有人做过研究。清朝政府似乎严厉禁止民间铸造火炮及拥有火炮。在珠江三角洲,第一次鸦片战争前夕,佛山铸造的铁炮质量很差,经常炸裂,似乎反映出佛山的冶铁业已经丧失了铸造火炮的技术。至于小型火枪,则虽有官府的禁令,而仍为民间所拥有。

---

[1] Hong Kong Government, "Report on the Census of the Colony for 1921," *Sessional Papersof the Legislative Council of Hong Kong*(1921), p.163.

[2] *North China Herald and Supreme Court and Consular Gazette* (September 2, 1911), p.582, "Outport: Canton".

[3] *North China Herald and Supreme Court and Consular Gazette*, July 19, 1881, p.113;August 28, 1897, p.356; China Imperial Maritime Customs Service, *Returns of Trade and Trade Reports*(Shanghai, 1898), p.461.

313 明末清初时期的屈大均留意到,广东到处都有被称为"鸟枪"的火枪,在广东山区,小孩子自十岁起就学习使用鸟枪,而新会县以制造鸟枪出名。① 乾隆四十三年(1786),广东省衙门打算严格执行禁止藏有枪炮的禁令,充公了 11,251 支"鸟枪"、449 门"炮管"。省衙门处理这批充公枪炮的手法,充分反映出广东枪炮充斥的情况:鸟枪全部发还,短于一尺(1.3 英尺)的炮管 477 门也获发还,理由是这些炮管主要用于宗教节诞场合。尽管这些数字有不合理之处,但鸟枪显然是普遍存在的,而真正的火炮则少之又少。②

对于 18 世纪广东地区的枪炮运用,目前的研究太少。枪炮的运用何时在广东产生突变? 我们只能猜测。在珠江三角洲,张保海盗集团的侵袭,对于广东的枪炮扩散起了关键作用。张保的海盗集团,从安南得到火炮及火药,官兵既然无法抵御张保,官府就批准乡民组织团练;乡民意识到,要抵御海盗,就必须在武备方面赶上海盗。架设在广州城墙上的五百斤重火炮,是派不上用场的,因为城墙以外已遍布民居。因此,必须在广州城郊以外建造新炮台,以便在海盗抵达城郊之前就遏止其攻势。根据龙廷槐的一篇文章,当时情势危急,他手下把船上的及城墙上的火炮搬移到匆忙搭起来的炮台,但是,这些火炮口径都太小,龙廷槐需要的,是明末清初期间埋在地下的五百斤以上的大型火炮。当时,顺德县的火药库,被海盗的炮火击中爆炸,龙廷槐的手下已从地下掘出一门一千斤火炮,放在县衙门内,但无论龙廷槐如何劝说,顺德县知县就是不肯让他们使用这门火炮。最后,龙廷槐自己说,他得到关帝托梦指示,在

---

① 屈大均,《广东新语》(约刊行于康熙三十九年[1700],香港:中华书局,1974),页 441—442。
② 《未经编号鸟枪限两月内赴县呈交》,《广东清代档案录》,无刊行年份,无页码,钞本,藏英属哥伦比亚大学图书馆普班特藏部(Puban Collection)第 694 号,编号 DS793. K7 K858 1800z。由此可见,到了乾隆四十七年(1782),广东省衙门已要求登记所有鸟枪。至于宗教节庆场合的"花炮",则广为人知。所谓"花炮",是以铁管装置火药,放在地上,点燃火药,把铁管喷射上天,铁管落地之际,则宗教节庆的参与者竞相抢夺,抢到花炮者,就可把神像抬回家,供奉一年。

另一地点掘出一门铸造于顺治七年(1650)的五百斤火炮,这门"神炮",被安放于顺德县城之外、靠近龙廷槐自己村子的碧涧炮台。①

踏入 19 世纪,枪炮扩散的趋势加剧。嘉庆十年(1805),两广总督那彦成平定会匪叛乱时,发现宗族械斗时也采用枪炮。原来,宗族利用族产收入,购买火枪,甚至购买火炮,进行械斗。如果闹出人命,宗族就出钱请人顶罪,此人被官府定罪处决之后,宗族会把此人的神主牌位供奉于祠堂,此人的家属,也由宗族的族产供养。② 那彦成的继任者、招降张保的百龄,于嘉庆十四年(1809)上奏,谓海盗需要火药,正如需要粮食一般,粮食可以从寻常的沿海贸易得到,但火药必定是从官府严格看管的火药工场里弄来的。③ 但事实未必如此。最近出版的葡萄牙史料显示,自 18 世纪 90 年代以来,日本及菲律宾的硝石与硫磺,就定期进口澳门。这些硝石与硫磺,部分由受清朝政府委托的商人购买,供应佛山的官府火药工场;部分则通过黑市进入珠江三角洲。其中一份史料显示,百龄担任两广总督才几个月,就已意识到澳门是个军火来源地,事态严峻。他要求负责与葡澳当局交涉的广州府同知(建成澳门同知)到澳门调查:澳门出售的火炮,产自何地? 如果火炮是澳门铸造的,所用的铁砂来自何处? 如果铁砂不是在澳门本地采购的,则火炮是否从海外进口后再转卖出去? 百龄表示,既往不咎,但警告葡澳当局,必须从此停止枪炮贸易。④

到了两次鸦片战争期间,枪炮已经是中国战场上的主要武器了。钦差大臣林则徐意识到,必须阻止英军舰队逼近广州,但他的防卫工作一

①龙廷槐,《敬学轩文集》(道光十二年[1832]刊,藏香港大学图书馆特藏部,编号:杜 823 683v. 1—4),卷 7,页 5a—9b。

②那彦成,《那文毅公奏议》,道光十四年(1834)刊,卷 10,页 46a—50b,载《续修四库全书》(上海:上海古籍出版社,1995),第 495 册,总页 329—331。

③《大清历朝实录·仁宗实录》(伪满洲国"国务院"1937 年沈阳原刊本,北京:中华书局,1985—1987 年翻印),卷 217,页 17a—18b。

④刘芳,《葡萄牙东波塔档案馆藏清代澳门中文档案汇编》(澳门:澳门基金会,1999),页 160—181,尤其参见页 178—179。

败涂地,而且他完全低估了英军火枪的威力。道光二十一年(1841)末,清朝政府已经得到英军火枪的样本,但并不能掌握有关的技术。① 到了19世纪50年代太平天国叛乱期间,火枪及小口径火炮成了战场的主要武器。这时的澳门仍然是个军火市场。咸丰四年(1854),龙元禧就是在澳门策划收复顺德县城的行动,当他克复顺德县城时,他的舰队满载火枪、火药、粮食。② 记载新会县抵御会匪的当时史料《冈城枕戈记》,认为会匪从澳门、江门得到枪炮武器,因而更加凶猛。③ 除了澳门以外,香港也很快成为军火市场,它们使广东境内的枪械威力大增,不仅质量优良,而且数量庞大。至19世纪中,西方的小型枪械技术突飞猛进,而澳门与香港就成了西方枪械流入中国的方便之门。在华南,以进口"快枪"打的第一仗,大概就是珠江西岸新宁、新会县土著与客民之间的械斗。咸丰七年(1857),有一香港人加入土著阵营,不但向土著供应枪支,更于咸丰九年(1859)游说英国海军攻击客民,这些客民之所在,也就是未来的赤溪县。④ 香港的报纸及广东巡抚郭嵩焘的日记显示,到了19世纪80年代,香港可以随意贩卖枪支。直至中法战争爆发,本地华人抗议,加深了港英当局的恐惧,它害怕中国人掌握武器,对自己不利。⑤ 后来担任两广总督的张之洞,在光绪十一年(1885)提及广东的械斗问题时,哀叹:"外洋利器,随处可购,是以洋炮洋枪旗帜刀械,无一不有。"⑥这时候,枪械的

---

① 《大清历朝实录·宣宗实录》,卷360,页18a—b。

② 龙葆诚,《凤城识小录》(顺德:作者自行刊印,光绪三十一年[1905]),卷上,页4a—b。

③ 陈殿兰,《冈城枕戈记》,咸丰五年(1855)刊,卷1,页31a,载《四库未收书辑刊》(北京:北京出版社,2000),第3辑第15册,总页246。

④ 麦彭年,《客乱源流记》,载《新会麦氏族谱》(无刊行年份,钞本,藏广东省图书馆,编号 K0.189/521);朗擎霄,《清代粤东械斗史实》,《岭南学报》,第4卷第2期(1935),页132;有关客家人与本地人的械斗及赤溪县的建立,参见 Leong Sow-theng, *Migration and Ethnicity in Chinese History*, *Hakkas*, *Pengmin*, *and Their Neighbours* (Stanford: Stanford University Press,1977), pp.69-81。

⑤ 郭嵩焘,《郭嵩焘日记》(长沙:湖南人民出版社,1981),第4册,页170、332。当时香港的报纸,除登载广告、拍卖枪械之外,也报道枪械泛滥的问题。据 *China Mail* 1884年10月15日的报道,香港政府充公了"各色火枪一万支,刺刀及剑八千把,子弹三万发"。

⑥ 张之洞著,王树楠编,《张文襄公全集》(台北:文海出版社,1963),卷14,页9a,总页319。

使用已是家常便饭。

　　一般情况下，由宗族刊行的文献，是不会宣扬自己的武力的。因此，宗族文献有关武力问题的零星记载，就弥足珍贵了。事实上，每逢枪炮扩散，只要宗族有足够的财力，都会把握机会，扩充武力。新会县潮连卢氏宗族的族谱有一卢氏成员的传记，里面提到：大约在嘉庆十五年(1810)，当地几个大宗族联合组建团练，由于两广总督百龄已批准百姓拥有火炮，这几个大宗族就铸造了若干门重炮、若干门小口径火炮，沿着通往祠堂的河道，建立土质堡垒，配置这些火炮。① 东莞南社谢氏的族谱也记载，光绪二十七年(1901)，附近一个多姓联盟威胁谢氏对于墟市的控制，谢氏动用三百支"快枪"，与这个联盟械斗。谢氏为这场械斗耗费了一万两以上，因此两次强迫全族成员认捐，以应付开支。② 顺德县水藤乡何氏的族谱也记载，大约在光绪三十四年(1908)，何氏动用"公款"，从官府买来一挺机关枪，所谓"公款"，或指何氏开基祖名下的资金，或指何氏从自己控制的水藤乡"八区"筹集所得的资金。这挺机关枪，收藏于"地保"家中。后来，不知谁向官府告状，指何氏私藏军械，民国四年(1915)，当地驻军开至何氏村庄，充公了这挺机关枪，但作为交换，却送了四门小口径火炮予何氏。经此事件之后，何氏在村庄建起炮楼，并颁布章程，谓枪械由当地团练控制。撰写这样的章程，显然是要证明枪械由全村集体所有，而非私藏。③

　　枪炮提高了防卫成本。正正因此之故，沙田开发的利润、顺德和番禺团练巡逻队的武力、控制这些武力的机构的财力，这三者的密切关系，就开始通过枪炮而显露出来了。拥有枪炮的宗族，成了地方的超级力 *316* 量，不仅邻居震恐害怕，甚至地方政府也忌惮三分。枪炮也使战斗杀伤

---

① 《新会潮连芦鞭卢氏族谱》，宣统三年(1911)刊，藏广东省图书馆，编号 KO.189/790。
② 《南社谢氏族谱》，民国三十一年(1942)刊，钞本，《记事·光绪二十七年》条，承蒙东莞县杨宝霖先生借阅。
③ 《何氏族谱》，民国十二年(1923)刊，页 31a，藏广东省图书馆，编号 K0.189/349.1。

更加惨烈,踏入 20 世纪头十年,珠江三角洲不少地区,村落之间爆发了大规模械斗,也都是拜枪炮所赐。

并没有发生制度变化

西力东渐,并没有为珠江三角洲带来任何制度方面的变化。蒸汽缫丝机厂可以是个例外,但蒸汽缫丝机厂的真正作用,也不过是为单身女子提供就业、而工作环境类似现代工厂而已;对于宗族的组织,蒸汽缫丝机厂则完全没有任何直接影响可言。① 至 19 世纪中叶为止,所有成功的中国商人所向往的,仍然是以祖先祠堂为中心的儒雅门第。我们遍查史料,所看到的,仍然不过是有钱人编纂族谱、制定族规、经营尝产、建造祠堂。倡议在桑园围组建团练的九江朱氏宗族,位于九江墟市的边缘,该宗族于同治七年(1868)编纂了详细的族谱,开列了自己所有祠堂。我们发现:从明嘉靖二十九年到清同治七年(1550—1868)间,朱氏宗族建造祠堂或首次重修祠堂凡 52 次,其中 36 次发生于乾隆十五年至道光二十九年(1750—1849)间,七次发生于道光三十年至同治七年(1850—1868)间。② 顺德北门罗氏也在 18 世纪中叶至 19 世纪中叶期间积极建造祠堂,这可以从该宗族各个祠堂里供奉的祖先牌位的辈分中看出来。③ 但是,有关这个时期珠江三角洲宗族情况的最详细记录,则来自以龙廷槐为核心的、积极开发沙田的顺德龙氏宗族。

龙氏宗族内分两派,都是在明朝以前就定居顺德的,龙廷槐属于比较弱小的一派。龙氏于民国十一年(1922)编纂的篇幅浩大的族谱,虽然

---

① 有关缫丝机厂无法立足顺德的情况,参见 *North China Herald and Supreme Court and Consular Gazette*, May 10, 1913, pp.388-389.

② 参见《南海九江朱氏家谱》,同治八年(1869)刊,卷 7,页 11a—30b,藏广东省图书馆,编号 K0.189/977。这段材料记载了 52 座祠堂里的 30 座,其中两座的资料,是从地方志里转引的。

③ 参见《顺德北门罗氏族谱》,光绪九年(1883)刊,卷 19,页 13a—15b,藏东京大学东洋文化研究所。这段材料记载了 91 座祠堂,其中至少 20 座祠堂,供奉十七八世纪时期的祖先。他们逝世之后,再要经两三代人的功夫,才有可能建起这些祠堂。

提及龙廷槐这一派建立祠堂,但除此之外,我们看不出龙氏宗族在明朝
曾经建造祠堂或设立尝产。显然,这并不意味着龙氏族人没有祠堂或尝
产,只不过意味着该族谱把龙廷槐这派的地位抬高,而隐没了龙氏其他
族人的宗族建设成果。① 不过,有一点也是清楚的:在龙廷槐父亲龙应时
(1716—1800)的年代之前,龙氏宗族并没有可供两派共同祭祀祖先的祠
堂。两派祭祖的既有方式,是到开基祖坟前拜祭,两派逐年轮流管理。 317
乾隆九年(1744),龙应时倡议成立两个银会,以便建立尝产,建造祠堂。
三十多年之后,祠堂终于建起来了,银会的数目也增加至八个。龙氏从
尝产中,拨出 15,000 两,兴建祠堂,购置田产,另外再花 10,300 两,兴建
照壁,这是官方家庙形制规定的建筑。② 龙廷槐这派一方面努力兴建祠
堂,供奉两派共同的始祖,另一方面也设立银会,祭祀自己支派的支祖。
一份乾隆七年(1742)的材料显示,龙廷槐这一支派里凡 139 人响应号
召,捐款成立银会。作为酬答,他们每逢冬至,可获得较大块祭肉。③

　　龙廷槐这一支派的支祖是龙兰轩(1447—1527),他是两派共同始祖
的十二世孙,若由该支派迁移至现居地的祖先算起,则属四世祖。龙兰
轩的谱系世代如此排列,可见当时必然有同样姓龙但并非龙兰轩子孙的
人存在。因此,族谱里有关寻找祖坟、建立扫墓制度的故事,对于这个支
派包容哪些人、排斥哪些人,就大有关系。族谱称,龙廷槐这一支派九世
祖的坟墓,是在嘉庆年间(1796—1820)无意发现的,可见龙廷槐这一支
派到了很晚近的时候,才开始进行这种宗族建设活动。族谱里就九世祖
坟墓的发现,有如下的评语:"墓门有四兄弟名立石,若夫庚瑜房螟蛉子

---

① 参见龙应时、龙兰轩、龙爵衮的传记,分载龙景恺等总纂,《广东顺德县大良乡龙氏族谱》(民
国十一年[1922]敦厚堂活字本),卷 2,页 6a—7b;卷 7,页 15b—18a;页 80a—81a。亦参见胡
定纂、陈志仪修,《顺德县志》,乾隆十五年(1750)刊,卷 6,页 8a,载中国科学院图书馆选编,
《稀见中国地方志汇刊》(北京:中国书店,1992 影印),第 45 册,总页 892。
②《广东顺德县大良乡龙氏族谱》,卷 1,页 19a—21a。
③ 同上书,卷 7,页 29a—31a。

孙以汉昌为祖,亦将汉明公山妄认,不亦谬乎!"①

　　龙廷槐的父亲龙应时,是个进士,显然也是龙氏宗族第一位进士;龙廷槐的祖父也曾担任知县,因此,龙廷槐祖、父两代都有功名。尽管龙廷槐在生时建起了支祖祠堂,但这个支派以正统儒家的宗族模式装备自己,步伐还是相对缓慢的,这些工作,大部分要在龙廷槐死后,由龙廷槐的弟弟、也是龙应时四名儿子中的最小儿子龙廷芝(1786—1863)来完成。该支派的宗族建设起步虽晚,不过一旦起步,规模却也庞大。道光十四年(1834),该支派建造了龙应时的五世祖的祠堂,不久,龙应时的祠堂也建成了,四年后,道光十八年(1838),龙应时父亲的祠堂也建成了。②从19世纪30年代到50年代初,龙廷芝在整个龙氏宗族中的影响力越来越大,而不限于其所属的支派了。道光十六年(1836),龙氏有一房成员,已经拥有自己的祠堂,为是否出售尝产而发生争执。龙廷芝收购了这份
318　尝产,他说,此举是为了公益。因为他于咸丰三年(1853)把这批一直由自己收藏的尝产地契捐给文明堂,即供奉支祖龙兰轩的祠堂。支派将龙廷芝此举刻碑留念,指出龙廷芝编纂族谱时,已经开列出文明堂的尝产。大约在19世纪40年代,龙廷芝捐银1,400两予龙氏另一支派,协助该支派成立自己的尝产。咸丰元年(1851),该支派以尝产值理人的名义,撰写了一份正式文件,正式将这笔钱全数归还龙廷芝,该文件也收录于族谱中。道光二十九年(1849),当顺德龙氏正兴高采烈地祭祀开基祖时,邻近高明县有人前来,自称也是龙氏子孙,要求分享祭肉,制止他们的,又是龙廷芝。咸丰三年(1853),龙廷芝编纂族谱,把两个支派都写进了族谱。③

　　龙氏宗族必须阻挡来自高明县自称族人的人分享祭肉,这个例子很能够说明大宗族的运作,也很能够解释为何宗族建设一旦展开,就必须

---

① 《广东顺德县大良乡龙氏族谱》,卷7,页7a—b。
② 同上书,卷11,页28a—b;卷13,页70b—72a。
③ 同上书,卷1,页19a—22a、101a—102b;卷2,页12a—14a;卷11,页23a—b。

行使权力。原来,道光四年至十三年间(1824—1833),粮食短缺,顺德龙氏宗族两支派联合起来,动用全族尝产发粮赈灾时,高明龙氏成员就前来,希望分得一份。顺德龙氏宗族人丁比较兴旺的一派,邀请高明龙氏成员过来,还招呼他们在自己家中过夜,以便翌日领取赈灾粮食。后来,当顺德龙氏祭祖时,高明龙氏成员也前来要求分享祭肉。可见乾隆九年(1744)龙应时倡议筹款建立宗族,的确是成功的,这同一个宗族,到了十九世纪六十年代,就积极参与赋役改革了。

19世纪60年代,顺德龙氏的大人物,是龙廷芝儿子龙元禧。龙元禧与顺德团练关系密切,但就龙氏宗族这个制度而言,龙元禧全无开创之功。因为早在道光十八年(1838),龙元禧父亲龙廷芝就说明,龙氏两派的共同祠堂敦厚堂、龙廷芝这一支派的支祖祠堂文明堂,都有权仲裁族人间的纠纷。龙元禧的创举,在于和地方政府达成协议,容许宗族收税,换言之,容许宗族承包税务。这项协议要能够推行,不仅官府须提高其赋税记录的透明度、以制止衙役乱收费,宗族也要制订自治章程,以确保能收到税。龙元禧于同治八年(1869)为其支派制订的章程称,自道光十六年(1836)起,该支派就已雇用"殷丁"即来自富户的男丁来向支派成员收税,以取代里甲制度下、甲首轮流充役的安排。章程指出,这些年来, *319* 许多里甲户都脱离了里甲登记,只剩下龙氏、罗氏的里甲户,他们被迫代这些逃走的里甲户交税。因此,要雇用"殷丁"来向支派成员收税,以确保龙氏宗族能够满足官府的赋税要求。这些"殷丁",必须由龙氏以外的人充任,凡拒不交税的龙氏成员,不得享有祭肉,也不得领取尝产的息金。为确保收到税金,章程规定,龙氏宗族的纳税户,每年冬至前十天,须向族中的士绅成员及受雇的"殷丁"出示其缴税单,作为已经缴税的凭据,宗族一旦证实纳税户已经缴税,就会向该户发放祭肉。①

这类章程的缺点,是它们太简单了,因为顺德县的土地产权结构太

---

① 《广东顺德县大良乡龙氏族谱》,卷7,页44a—47a。

复杂了。龙氏宗族的个人成员也好,集体也好,都通过开发沙田而拥有大量土地,龙氏宗族的尝产纪录把这一点表现得清楚不过。但龙氏有关维持沙田治安的材料也同样清楚地显示,沙田的土地控制权结构是多层次的:一户在官府登记土地,成为这片土地的业户,随即将这片地租予佃户,这佃户又把这片地租予另一佃户,如是类推。在这种复杂的局面下,究竟是什么人能有本事充当"殷丁",以宗族名义收税?有趣得很,龙氏人丁较兴旺的支派,其收税章程中,并不把负责收税的人称为"殷丁",而称为"甲长","甲长"正好就是传统里甲制下的称号,轮到哪一户充役缴税,这一户就是甲长。① 龙元禧这个支派既然雇用"殷丁"收税,意味着他们有钱,万一收不到足够的税,则欠税由他们垫付。但是,如果"殷丁"的任务真是监督龙氏成员交税的话,龙氏宗族就得雇用大量"殷丁"来查核税务纪录,这恐怕不太可能。更可能的情况是,这些外姓"殷丁",被龙氏招募,专门负责代替龙氏交税,换取龙氏的保护。因此,龙氏与地方政府达成的交税协议,与其说是协助官府收税的工具,不如说是协助龙氏逃税的手段。

所以,直至清末,宗族仍然是老百姓处理税务的非常重要的工具。之所以如此,不是因为老百姓犬儒地以宗族之名行逃税之实,而是因为老百姓仍普遍相信:必须祭祀祖先,并必须为祭祀祖先而经营尝产。龙氏族谱显示,族人继续建造祠堂,也有更多神主牌位被安放于祠堂内。在龙廷槐这个支派里,祭祀龙廷槐本人的祠堂,建成于光绪十一年(1885),该祠堂还供奉龙廷槐的许多儿子、孙子。曾于咸丰五年(1855)捐银十万两以保卫顺德的龙廷模(1767—1800),是龙廷槐的弟弟,民国四年(1915),族人也兴建祠堂以祭祀之。咸丰五年(1855),该支派修改族规,以便和参加叛乱的族人划清界限。由于该支派尝产非常雄厚,同治元年(1862),该支派建立了一座粮仓,族人称之为"义仓",并于光绪二

① 《广东顺德县大良乡龙氏族谱》,卷2,页27a—29a。

十至二十一年(1894—1895)间把部分田产拨给义仓,以维持义仓的运作。此外,在嘉庆六年(1801)、光绪七年(1881)、光绪九年(1883)、光绪二十四年(1908),该支派都成立各种公益慈善项目,津贴老人、寡妇及读书人。由于族规经常修改,新时代的来临,也从最新的族规中反映出来。民国六年(1917)制订的开基祖墓祭祀章程显示,龙氏宗族要花钱租渡船运载成员,再花钱请三艘蒸汽船拖动渡船前往墓地。由于科举考试已废除于光绪三十一年(1905),因此祭祀期间,备受尊重的不仅包括拥有科举功名的成员,也包括新式学堂的优秀学员。这完全不意味着人们对于宗族的信念有丝毫动摇,我们无论怎么看,都觉得 20 世纪初的龙氏宗族生气勃勃,结构健全。①

　　佛山鹤园冼氏宗族,可以说是因为领导团练而重振声威的另一宗族。冼氏宗族的冼凤诏,咸丰四年(1854)率领官兵击溃了佛山的会匪。冼氏的历史相当悠久,在明正统十四年(1449)黄萧养之乱爆发以前,就已存在。冼氏的祖先之一,就是在 16 世纪中叶促进佛山社区建设的冼桂奇。冼桂奇建造了开基祖祠堂,又以父亲的名义建造了大宗祠,之后,冼氏小宗也建造了一座祠堂。到了 18 世纪,这几座祠堂都已破败不堪,族人已经打算将之变卖。冼凤诏是冼氏从黄萧养之乱算下来第十九世孙,他应该是出身于富裕之家的,他祖父是成功的布匹商人,他父亲则于十九世纪早期充当佛山义仓的会计。光绪三十年(1904)、宣统二年(1910),冼凤诏的儿子分别建造祠堂,祭祀冼凤诏的曾祖父及祖父。冼凤诏的幼子冼宝干,任职知县,既编纂了冼氏族谱,又编纂了《民国佛山忠义乡志》,博学多才。冼宝干写了篇有趣的文章,为兴建于宣统二年(1910)的祠堂的建筑形制辩护。这座祠堂改建自一座房子,正厅与"寝

321

————————————

① 有关龙氏宗族 20 世纪扫墓祭祖仪式的变化,见《广东顺德县大良乡龙氏族谱》,卷 1,页 56a—58a、59a—60a、67a—89a;有关义仓问题,见卷 1,页 90a—91a;有关咸丰五年(1855)实行的规则,见卷 1,页 99a—100b;有关冼氏的慈善财产,见卷 1,页 107a—112a、113a—116b、117a—118a、119a—122a;有关龙廷槐的祠堂,见卷 13,页 18a—19a;有关龙廷槐祠堂及龙应时祠堂里供奉的神主牌位,见卷 14;有关龙廷模的祠堂,见卷 15,页 28a—29a。

室"之间并无间隔。所谓"寝室",就是安放神主牌位之处。冼宝干引述其兄长冼宝桢说,要维持祭祀祖先坟墓,就必须具备尝产,而要维持尝财产,就必须让祖先神主牌位有个飨祭之处。自己的支派不是大宗,因此不能采取大宗祠形制设计祠堂。最要紧的是有孝心,祠堂的形制并不重要。①

财产、坟墓、祠堂的关系,是可以从财产继承制度上反映出来的。宗族的财产继承制度,要求宗族为享受祭祀的成员各留一份尝产。广东省图书馆藏有一本写于光绪二十二年(1896)的一本小册子,题为《家规要言》。作者出身贫穷,但在北美洲某处经营商店而致富。他离开村庄到广州时,不名一文。他在广州以养鸭孵蛋为生,之后到香港找工作。之后,他跟随兄长到美国去,稍后,另一名兄弟也到美国与他们会合。当他们开始有钱时,就在沙田买地建房建店。他们的父母亲分别于光绪七年(1881)、光绪十一年(1885)过世,之后,他们分家产,作者四兄弟,每人分得一万两,四兄弟共有六名儿子,每人五千两;此外,他们还把房产分掉,但店铺生意则继续一尝产方式维持下去。这种安排应该至少延续至光绪二十二年(1896),这时,作者的三名兄弟均已过世,作者自己也感到年事已高,因此觉得有必要把尝产的历史写下来,留给子孙。②

广东省图书馆藏有另一本尝产纪录,题为《吴氏家谱》,撰写于光绪二十五年(1899),该书并没有谱系资料,仅简略地叙述了家族的历史及其财产分配情况。吴氏发家致富,在家乡及广州城内都有尝产。作者的

① 《南海鹤园冼氏族谱》,宣统二年(1910)刊,卷4之1,页4a—21b,藏广东省图书馆,编号 K0.189/272.2.有关冼易的传记,见郑梦玉等主修,梁绍献等总纂,《续修南海县志》,广州富文斋同治壬申(1872)刊,卷14,页18a—19a,载《中国方志丛书》第50号(台北:成文出版社,1967),总页261—262;有关冼凤诏的传记,参见郑荣等修,桂坫等纂,《南海县志》,清宣统二年(1910)刊本,卷18,页3b—4a,载《中国方志丛书·华南地方》第181号(台北:成文出版社,1974),总页1630—1632。
② 《家规要言》,光绪二十二年(1896)刊。一如所料,这笔钱是以祠堂的名义控制的,该祠堂称为何德胜堂。

父亲(1825—1898)十几岁时,就带着祖先留下的 250 两银,离开家乡,到广州城,开设若干店铺,售卖木材和丝绸。同治八年(1869),作者的父亲已经富裕到能够捐钱买官的地步。光绪十三年(1887),他在家乡建起祠堂。他死后留下的现金及资产,总值 4.5 万两。他的遗嘱规定,其中部分支付自己的遗孀及家族中个别成员,剩下的 3.9 万两,则由十二名孙子分掉,但长孙能够获得两份,其余人各一份。至于田产,主要是家乡的房子和农地,则成为尝产。这样,有尝产,有祠堂,一个宗族的结构就形成了。[①]

不仅富裕之家编纂族谱,寻常百姓家也是会编纂族谱的。但寻常百姓家的族谱多为篇幅短小之钞本,且不必出自文人的优雅手笔。清远县一个麦氏宗族的族谱,有光绪二十七年(1901)序,谓作者的祖先们遇到一位来自香山县小榄镇的雇工,祖先们要求这位雇工出示其族谱。[②] 这里寻常百姓家的族谱,可以是一册册线装书,也可以是一张单张,甚至可以是香烟盒大小的掌上型族谱:长 10.5 厘米、宽 6 厘米的册叶,以硬卡纸做封面、封底。[③]

不仅农村地区继续修建祠堂,广州城内也修建合族祠,修建合族祠的同姓之人,未必同住一处。这些合族祠究竟是为族人服务的俱乐部还是供族人暂时安放祖先神主牌位之处? 我们不大清楚。目前已经成为广州市政府重点文物的陈家祠,反映出这类合族祠往往面积庞大,建筑华丽,闪耀着文人品味;陈家祠当然也遵从家庙的官方形制,并挂满了彰显族人科举功名的荣匾。位于广州城以北清远县清平乡的陈氏宗族,其族谱内有一笔材料,内含陈家祠光绪十七年(1891)开给该宗族的发票,原来这清平乡陈氏宗族捐给陈家祠 20 两银,以便把自己一名祖先及其

①《吴氏家谱》,光绪二十五年(1899)刊。

②《麦氏族谱》,民国二十七年(1938),藏广东省图书馆,编号 K0.189/516.2.

③ 此书题为《郭振波记部》,民国十八年(1929)刊,是我从香港一旧书肆买到的。其中有一折页,提及运送一具尸体回广州安葬的事宜以及死者的谱系资料。死者的家人在广州"敬记炉厂"工作,此书还有以折页记载的账目。

两名妻子的神主牌位安放于陈家祠。光绪二十二年(1896),清平乡陈氏宗族又捐给陈家祠 1.8 两,以便把自己加入陈氏谱系中,这应该就是所有捐银的陈氏族人的记录。① 合族祠一般都会为每个支派预留一间偏殿,这样,一方面强化了个别支派的自我认同,一方面也通过合族祠这种符号,把各个支派整合到全省的共同体内。广州的叶氏合族祠由一书院、一私塾组成,凡房间四十间;而林氏合族祠的祖先神主牌位,则超过六百。② 光绪十六年(1890),顺德县水藤乡何氏宗族捐银三百两予广州的何氏合族祠庐江书院,以便在书院内建立偏殿,祭祀自己的祖先。③ 如果以陈家祠的神主牌位安放费用作参考,则合族祠以安置族人神主牌位为名,收取费用,利润相当可观。迟至咸丰二年(1852),广东省衙门基本上仍是反对在广州建立合族祠的,因为省衙门认为:合族祠的共同祖先多有假冒成分;以安置族人神主牌位为名收取费用,也多有不公;而合族祠把一群人招集在类似客栈的地方,品流复杂。④

与合族祠相对应的,应该就是统宗谱,所谓统宗谱,是意图把不同地区的同姓宗族联合起来的族谱。在这方面,最显著的例子大概就是曾氏宗族,因为曾氏得到曾国藩的推动,曾国藩发动其湖南同乡子弟组建团练,号称"湘军",成为挽救清朝政府、平定太平天国叛乱的中兴名臣之一,官至两江总督。⑤

① 据广东民间工艺馆编《陈氏书院》(北京:文物出版社,1993),该书院建成于光绪二十年(1894),这个看法,与陈氏族谱记载互相发明,见《陈氏族谱》,光绪二十六年(1900),钞本。有关第二十七世子孙的记载,藏广东省图书馆,编号 K0.189/276。

② 《南阳叶氏宗谱》,光绪二十一年(1895)刊于香港,藏香港大学图书馆,编号:中 789.3/45—42;《双桂书院志略》,广州忠孝堂光绪癸未(1883)刊,藏香港中文大学图书馆善本部,编号 AS452.S48 S5 v.1—4;黄海妍,《清代以来的广州合族祠》(博士论文,广州:中山大学历史系,2002),第三章。

③ 《何氏族谱》,页 22b。

④ 《禁止省会私立宗祠及书院义学等项》,咸丰二年(1852),载《广东巡抚衙门文书》(无刊行年份,钞本,藏广东省图书馆,编号 K3.0487/8281),《户役·田宅·山坟》卷。

⑤ 《武城曾氏重修族谱》,光绪五年(1879),藏广东省图书馆,编号 K0.189/466.2。该谱每页都盖上来自山东的印章。清朝政府承认该高层宗族的成员为曾子后裔,因此免除力役。

如果宗族改信基督教,理论上,其组织管理形态应该有所改变。以20世纪初迁移至香港新界崇谦堂村的基督教家庭为例,他们家中都没有祖先神主牌位。① 此后,西方的影响也逐渐在族谱中反映出来,但这些影响仍属个人经验,而非制度变化。以新会县一欧阳氏宗族为例,根据族谱,欧阳氏四兄弟大约从咸丰十年(1860)开始在香港谋生,首先来香港的应该是老大,经营香港与内地之间的粮食贸易,从他开始,其余兄弟陆续来港工作;老二(1832—1908)贩卖鸦片;老三开设钱币找换小店,因此大概也做些汇款生意;老四是个机械技工,通晓英语。大约在19世纪80年代,老二为自己从事鸦片贸易而深感愧疚,于是开始拥抱当时的激进思想,他厌弃科举的八股文,并接受晚清革命思潮的基本信念,把中国传统思想与满清对汉人的种族压迫联系起来。当时流行的丧葬礼仪,是为死者披上清朝官服。而他在遗嘱中特别规定不准这样做。他的一名侄儿也当了机械技工,他的儿子则毕业于美国哥伦比亚大学。②

位于广州城心脏地带高第街的许氏,也展现了同样的变化。许氏大宅建于道光二十九年(1849),有房屋、花园不等,中心建筑则为祠堂。许氏在广州城的历史不长,建造大宅是许祥光(1799—1854),他父亲来自潮州,家境贫穷,但业盐致富,因此许祥光只算是在广州定居的许氏的第二代。许祥光于道光二十二年(1842)中进士,开始其仕宦生涯,19世纪40年代广州人反对英使入城的浪潮中,许祥光也是积极的参与者。许氏宗族迅速壮大,许祥光这一辈凡九兄弟,许祥光本人就有八个儿子、十五个侄儿,其中一人就是著名的许应骙,官至闽浙总督。再过一代,许氏又 *324* 卷进革命洪流。许崇智(1886—1965)在福州起义,然后加入孙中山的革命阵营。许崇清(1888—1969)留学日本,20世纪30至50年代担任广州

① Nicole Constable, *Christian souls and Chinese Spirits: a Hakka Community in Hong Kong* (Berkeley: University of California Press, 1994).

②《欧阳在必堂家谱》,民国八年(1919)刊,藏美国普林斯顿大学格斯特图书馆(Gest Library)。

中山大学校长。许广平(1898—1968)则在广州、澳门长大,在天津成了学生运动领袖,并嫁给现代中国最著名的作家鲁迅。①

可是,宗族意识形态,即将退出历史舞台了。这一天到来,不是因为宗族建设突然停顿,而是因为宗族所在的中国社会正在改变。

---

① 广州市越秀区地方志办公室,《广州高第街许氏家族》(广州:广东人民出版社,1992)。

第二十二章　民族国家的矛盾：宗族的落后性

团练林立、枪炮扩散，终于改变了王朝中央与地方社会的权力平衡格局，使地方社会的力量壮大。人们以为，既然王朝中央对于地方的控制被削弱，则宗族应该会把握这千载难逢的机会，壮大实力。实则不然。19世纪五六十年代的团练，并非宗族，而是以宗族组成的地域联盟。其活动的主要场所，不是乡村，而是城镇。只要清朝还能够摆出个统治天下的样子，则清朝向百姓颁赠功名，百姓也娴熟优雅地套用宗族的行当，于是，清朝的国家意识形态，就能够继续建立在宗族意识形态之上。可是，20世纪初，清朝的传统国家意识形态，开始被君主立宪思想取代，原因是清朝为求救亡，孤注一掷地推行宪政改革，清朝此举，不仅是要应付外国列强的军事威胁，也是要应付各地总督的牵制。新的君主立宪制度的基础，不是宗族，而是由宗族组成的联盟。

中国传统王朝意识形态过渡为君主立宪思想，究竟在多大程度上拜报纸这种新制度之鼓吹所赐？而就广东而言，在多大程度上拜港英殖民地政府的橱窗效应所赐？答案见仁见智。① 有一点倒是很清楚的：自

---

① Mary Backus Rankin, *Elite Activism And Political Transformation In China: Zhejiang Province*, *1865 – 1911* (Stanford: Stanford University Press, 1986); Rudolf G. Wagner, "The role of the foreign community in the Chinese public sphere," *China Quarterly*, Vol. 142 (1995), pp.423 – 443.

19世纪60年代初太平天国叛乱平定,到光绪二十年(1894)中日甲午战争爆发,清王朝藉以表达自己的仪式与演变自明朝的地方行政结构(即宗族及相关的赋役安排),仍然是紧密结合的。但是,从光绪三十年(1904)开始,虽然地方社会的各种仪式继续维持其宗教活力,但王朝国家却已演变出新的形态。一方面,宗族作为男性主导的团体,继续做各类仪式,继续控制田产,并且越来越多地用枪炮来扩张势力。另一方面,一种崭新的政治意识形态出现了,它大声疾呼,认为清朝的传统制度,是清朝积弱的原因。因此,正当宗族实力如日中天,宗族对未来新中国的作用却开始受到质疑。提出这种质疑的是新一代知识分子,其中有自幼就阅读报纸者,后来更有放洋留学者,以及接受新式学堂教育者。宗族这个制度,自16世纪开始,曾经为国家的权力奠定坚固的社会基础,到了20世纪,却成为恐龙,迈向灭亡。[1]

　　自从18世纪初以来,宗族就蒙上恶名。清政府承认,天下太平,原因之一就是宗族在意识形态方面无比忠诚于朝廷。但清政府也知道,宗族锐意增加尝产,往往导致宗族内部及宗族之间的冲突。乾隆十五年(1750),由于一些官司打到广东省按察使的衙门,广东巡抚发出告示,劝谕宗族设立族正以管理尝产,族正由族中具备生员资格的成员担任,宗族要把族正的名字申报给衙门,族正每年要把宗族的账簿交给衙门审查,包括以宗族名义控制的田产收入多少,祭祀及其他活动的开支多少,等等。族正有权仲裁宗族内部纠纷,并有权连同其他宗族的族正仲裁宗族之间的纠纷。如果有人不服从、不尊重族正的裁决,族正得向县衙门申诉。宗族一年之内不闹事、不兴讼,则族正获官府发给奖金;但如果宗族的账簿账目有不清之处,或者族人犯了重罪,则唯族正是问。巡抚的

---

[1] Chen Han-seng, *Landlord and Peasant in China: a Study of the Agrarian Crisis in South China* (New York: International Publishers, 1936), p.31.

这份告示陈意甚高，但似乎并没有获得认真执行。[①]

但清政府继续认为宗族是地方械斗的元凶。乾隆三十一年(1766)，清政府再度尝试约束宗族。广东巡抚也意识到乾隆十五年(1750)的告示并不能制止械斗风潮，于是上奏，建议将宗族尝产限制于一百亩以下，若超过一百亩，则由族正管理其中一部分，其余则分给宗族成员。巡抚指出，拥有庞大尝产的宗族能够进行械斗，因为械斗中受伤的族人，宗族会提供医药费；战死的族人，宗族会将其神主牌位供奉于祠堂，并照料其家属的生活；如果宗族被衙门裁定斗殴杀人罪名成立，宗族还能够花钱请人顶罪。朝廷因应广东巡抚的这道奏章，颁下圣旨，正视宗族买人顶罪、助长械斗的问题。但是，圣旨认为，限制宗族尝产的规模，并非可行之道，因为宗族的尝产的确救济了族内的贫弱成员；何况在全省范围内调查宗族的尝产，无非又让衙门差役有一次侵渔竣削的机会。圣旨因此采取折衷方案：假如宗族参与械斗，巡抚要仔细审理，看该宗族是否买人顶罪，如果证实该宗族买人顶罪，巡抚有权把该宗族的尝产拆散，分予宗族成员。[②]

虽然有了这道圣旨，但迄今为止，我们找不到任何史料显示有宗族因而被官府拆散其尝产。这些告示、圣旨的唯一长久后果，除了使族谱里偶然多了"族正"这个字眼之外，就是让官府把广东村落之间的械斗与

327

[①]《设立族正副约束子弟总理堂租》，乾隆十五年(1760)，载《广东巡抚衙门文书》(无刊行年份，钞本，藏广东省图书馆，编号 K3.0487/8281)《户役·田宅·山坟》卷；参见 Hsiao Kung-Chuan, *Rural China: Imperial Control in the Nineteenth Century* (Seattle: University of Washington Press, 1960), pp.349-50, 672-3, nn125-7. 另外，陈宏谋在广东巡抚任上推广族正制度前，也曾在江西推广族正制度，见 William T. Rowe, *Saving the World*, *Chen Hongmou and Elite Consciousness in Eighteenth - century China* (Stanford: Stanford University Press, 2001), pp.393-404.

[②]《大清历朝实录·高宗实录》(伪满洲国"国务院"1937年沈阳原刊本，北京：中华书局，1985—1987年翻印)，卷759，页9a—10b。这篇奏折，由萧公权翻译成英语，见 Hsiao Kung-Chuan, *Rural China: Imperial Control in the Nineteenth Century* (Seattle: University of Washington Press, 1960), pp.362-363.

宗族的强盛画上等号。① 这可以说是清朝制定法律的独特过程的结果，而未必反映出广东械斗问题之严重。大清律例实质上是一套刑事法律，除了五刑二十等这样的一般处罚原则之外，对于各地的罪行，也有特别的处罚规定。械斗并不局限于珠江三角洲，但官府既然从珠江三角洲宗族势力雄厚这个角度来理解械斗并制定相关条例，因此，由于官府一再引用这些条例来判案，就使人们在心目中把械斗视为宗族建设的派生事物。

税照收，但官府的合法性改变了

一涉及赋税问题，官府就认为宗族有逃税嫌疑，这种猜忌态度，历经18 世纪、19 世纪而不变。晚清的改革派大臣之一张之洞，光绪十年至十五年(1884—1889)担任两广总督时，就为赋税问题伤透脑筋。张之洞要应付的，是十万火急的财政需求。除每年上缴税银予朝廷之外，两广地方不靖，迫使张之洞要花费更多公币维持治安。爆发于光绪十年(1884)的中法战争，也使军饷开支剧增。对于张之洞来说更为雪上加霜的是，光绪八、九、十一年(1882、1883、1885)这三年，朝廷首次要求各省上缴年度财政报告，因此任何亏欠，都会被立即发现。张之洞估计，尽管厘金及各种商税、房屋税的财政收入达到 450 万两，两广衙门的财政赤字也仍然高达三百万两。张之洞需要广开财源，其中一条财源，就是珠江三角洲的沙田。

光绪十二年(1886)朝廷颁下的圣旨，打乱了张之洞的理财大计。该圣旨命令张之洞停止向沙田业户"劝谕捐输"。所谓"劝谕捐输"，只不过是官府额外征收费用的美名而已。原来，解散于同治十一年(1872)的顺德团练局，于光绪十年(1884)恢复设立，省衙门以此为名，于是年开征费

328

---

① 道光三年(1823)，清廷发现，宗族械斗，闹出人命之后，往往花钱买人顶罪，这样的案件有三十宗，刑部因此商讨修订，最终把有关械斗杀人的律例修订，以结合乾隆三十一年(1766)圣旨的精神。参见江进之，《说帖辨例新编》，道光十七年(1837)刊，卷 26，页 60a—62a；《大清律例统纂集成》，道光十年(1830)刊，页 64b—70a。

用。恢复设立顺德团练局,是否就加剧了地方军事化的趋势,是见仁见智的。因为顺德团练局虽然解散,但东海十六沙公局照样运作。中法战争的消息传来,顺德团练局恢复设立之后,就立即在沿河道设立了几座新炮台。恢复设立顺德团练局,更像是为了开拓饷源。被张之洞委任领导顺德团练局的,不是别人,正是龙元禧。几个月之后,龙元禧就因病逝世。但根据张之洞的方案,开征费用所得,将由省衙门、县衙门、地方领袖三方平均瓜分:每亩地征银 0.2 两,征银所得的 7%,归官府所有,官府内部,则按照 2∶5 的比例,由省衙门及县衙门分享这部分财政;其余93% 内,70% 交给官府,30% 由地方领袖截留。全顺德县因此被分成十个团练区。这种安排,既方便收费,又能体现团练的武力。①

　　但是,如今朝廷既然禁止"劝谕捐输",则省衙门只能以税项名义增加财政收入。由于沙田业户登记在官府的土地面积,一向低于实际,这意味着官府必须丈量沙田的土地。光绪十二年(1886)的圣旨把这个意思表达得很清楚,并授权张之洞执行丈量任务。张之洞雄心万丈,要求重新发出沙田的土地执照,以前的执照由县衙门或省衙门颁发,但新执照将由户部颁发。已经丈量过的土地,官府会把其面积照抄到新执照上,但是,没有丈量过的土地,将会被丈量,并被视为新升科土地。张之洞这个充满野心的计划究竟有多少成效? 我们不晓得。官府之前也曾经尝试加强登记沙田土地,地方志里甚至地契上都有相关记载。可是,张之洞光绪十二年(1886)的登记沙田地计划,并没有在官方文献中留下任何痕迹。②

---

① 周之贞等倡修、周朝槐等编纂,《顺德县续志》(出版者不详,己巳年[1929]刊),卷 23,页 15a—b;龙葆诚,《凤城识小录》(顺德:作者自行刊印,光绪三十一年[1905]),卷下,页 16b—19a。该局于光绪十一年(1885)中被解散前,获展期六个月,以便筹足该局答应捐赠的款项。该局的筹款目标为十三万两,其中有八万两转解官府。

② 张之洞著,王树楠编,《张文襄公全集》(台北:文海出版社,1963),卷 17,页 26b—29a《请颁沙田部照折》,总页 380—382;卷 22,页 27a—32a《设局清查沙田酌拟章程折》,总页 465—467;卷 26,页 16a—18a《沙田发给部照片》,总页 523—524。

无论张之洞在加强沙田登记方面是否成功,但他毕竟发现了东莞明伦堂在南沙及万顷沙的不寻常的土地控制情况。这可能是他在光绪十二年(1886)审理顺德县胡氏与东莞明伦堂成员之一何氏之间的土地官司时无意发现的。正如所有沙田的纠纷一样,引起官司的事端背后,隐藏着双方的敌意。这顺德胡氏与其他人一起,开发大南沙的一片沙田,顺德东海十六沙公局虽曾提出警告,但胡氏不予理会。作为东莞明伦堂一员的何氏,就自行执法,把胡氏已建好的堤坝全部拆毁。关于这场官司的其中一个版本,生动地反映出宗族的权威:某次,何氏有部分人因用铁钳采蚝而被东海十六沙公局的人逮捕,因为顺德县知县已经明令不得用铁钳采蚝。他们被押送到公局的办公室时,却被东莞县一批士绅营救了出来,其中一名年老的士绅还因此受伤。他向东莞明伦堂申诉,得到东莞县八十名士绅联名支持,并向顺德县知县展示伤口。但是,东海十六沙公局也控告何氏,何氏就抬出担任高官的族人以自保,方法是把自己呈给县官的状子,夹进自己一名族人晋升高官的通知里。但两广总督张之洞对于何氏绝不手软,命令顺德县知县,惩处敲榨罪名成立的何氏族人。值得注意的是,两广总督也同时惩处东莞县,明伦堂士绅,指他们向顺德胡氏等建造沙田堤坝的业户征收费用是非法之举,如此征收得来的一万三千两银,全部充公。显然,张之洞绝不接受沙田"一田多主"的产权结构,他这个法理方面的立场,使他直接与东莞明伦堂发生冲突。[①]

我们还记得,清政府为加强虎门炮台的防御,把一片沙田拨给东莞明伦堂,东莞明伦堂开发沙田的事业,即由此始。严格根据原本的拨地协议,这片沙田属于"屯田",而非"民田"。"屯田"是"官田"的一种,税额亦有别于"民田"。至于东莞明伦堂是否以"屯田"税额缴税,并不重要,对张之洞而言重要的是:如果地主想把"屯田"改为"民田",须向官府缴纳一笔更改费,而东莞明伦堂并没有这样做。因此,光绪十二年(1886),

---

① 《张文襄公全集》,卷18,页22b—34b《查覆大南沙筑围一案折》,总页396—402。

张之洞以此为由,命令东莞明伦堂一次性补交 14 万两。明伦堂尝试与张之洞谈判,但张之洞手段强硬。他首先尝试找出明伦堂的佃户,以便迫使他们交出有关地契。但是,佃户全躲起来。张之洞于是又生一计,宣布充公明伦堂一万二千亩欠交更改费的土地,为彰显这一命令的政治意味,张之洞还特意宣布,既然朝廷已经批准自己翌年、光绪十三年 ₃₃₀ (1887)在广州成立广雅书院,则这批充公田产,亦将拨归广雅书院。东莞 138 名士绅联名向张之洞求情,这表示东莞士绅仍未屈服。张之洞再也按捺不住,上奏朝廷,建议褫夺东莞"劣绅"的功名。他还说,虽然自己已经获朝廷委任为湖广总督,但不解决明伦堂土地问题,他绝不离开广东一步。这时候,东莞士绅终于屈服了。但是,明伦堂也还不至于完全输掉。明伦堂被张之洞指为欠交更改费的土地,的确拨归广雅书院,但明伦堂却成了广雅书院这批新田产的主要佃户,向广雅书院交租,而张之洞也离开广东了。显然,没有人能够从明伦堂名下的沙田征收多少税款,即使强而有力的总督大人也做不到。[1]

省衙门与士绅就土地问题交手,暴露弱点,其后果重大,远不局限于赋税事务的范围。清政府既然无法提高其土地方面的赋税,就开始打商人行会及城市慈善组织的主意。清政府赋税政策的这种改变,也增强了这些城市组织的力量。在城市和在乡村一样,包税制度总让有势者更有财。而且,清政府要在城市里提高赋税,就要推行一个合法化过程,这个过程有许多仪式方面的陷阱,往往让国家自讨苦吃。就珠江三角洲而言,政府的合法化过程很快就被大幅度的君主立宪改革所取代,之后,宪政改革又被革命所取代。

谈到中国的行会的历史时,须作一点提醒。英语"guild"这个字眼,包含了很多形态不同的组织。同样,在中国,"行会"的活动也很复杂多

---

[1] 黄永豪,《土地开发与地方社会——晚清珠江三角洲沙田研究》(香港:文化创造出版社,2005),页 78—85。

样:从祭祀行业神并且会餐,到管制价格、设立行规、招收学徒、提供福利、以及处理商务、税务事宜等等。[①] 中国的行会,历史悠久,最早的行会,似乎是由在外经商的商人所设立的,之后才出现由工匠组织的行会。苏州的岭南会馆,应该是广东人在外地设立的最古老会馆之一,据说始建于万历时期(1573—1619),康熙五年(1666)重修;不久,大约在康熙二十九年(1690),湘潭也出现了岭南会馆。[②] 工匠组成的行会出现稍晚,但最迟在 18 世纪,也应已存在。[③] "牙人"这种官方委派经纪的制度,在 18 世纪衰落,原因可能与这类行会的出现有关。所谓"牙人",是指官方为个别行业委派的市场经纪,他们拥有垄断经营的特权。[④] 可以想象,随着"牙人"的权威衰落,有一段时期,比较大型的市场,由半似黑帮、半似商贩协会的自治组织所控制。这段时期很长,但我们认识甚少。因此,在佛山,最成功的铁匠,不会是经纪,而会是根基雄厚的宗族的成员。太平天国叛乱之前,有关佛山行会的历史,一片空白,但这可能正好反映现

---

① 汪士信,《我国手工业行会的产生、性质及其作用》,《中国社会科学院经济研究所集刊》,1981 年第 2 期,页 213—247;吕作燮,《明清时期的会馆并非工商业行会》,《中国史研究》,1982 年第 2 期,页 66—79。

② 在湘潭,岭南会馆建于康熙二十九年(1690);在邻近的湖北汉口,岭南会馆也建成于康熙五十一年(1712);在北京,广州商人于康熙五十四年(1715)建成仙城会馆。广东省内,康熙四十五年(1706),顺德商人在琼州府陵水县建立顺德会馆。有关以上城市的会馆,参见顾禄,《桐桥倚棹录》(上海:上海古籍出版社,1980),页 88;陈恭尹著,郭培忠校点,《独漉堂集》(康熙十三年[1674]刊,广州:中山大学出版社,1988),页 824—825;William T. Rowe 罗威廉,*Hankow: Commerce and Society in a Chinese city, 1796-1889*(Stanford, Calif.: Stanford University Press, 1984),p.265;全汉升,《中国行会制度史》(台北:食货出版社,1978),页 94—96,按:此书近年版本,见全汉升,《中国行会制度史》(天津:百花文艺出版社,2007);罗威廉及全汉升二书均引述根岸佶,《中国のギルド》(原刊 1953 年,东京:大空社,1998);也参见谭棣华、曹腾騑、冼剑民,《广东碑刻集》(广州:广东高等教育出版社,2001),页 961—973。

③ 我能找到的、有清晰的会馆结构可言的史料,是乾隆二十七年、三十一年、四十五年、五十六年(1762、1766、1780、1791)广东戏剧会馆吉庆公所的碑铭,以及乾隆三十四年(1769)广东钱庄会馆忠信堂的碑铭。广东钱庄会馆忠信堂的碑铭称,该堂始建于康熙十四年(1675),但我认为该堂最初是个庙,供奉的是钱庄商人的保护神。以上史料,参见冼玉清,《冼玉清文集》(广州:中山大学出版社,1995),页 270;区季鸾、黄荫普,《广州之银业》(广州:国立中山大学法学院经济调查处,1932),页 60—62。

④ Susan Mann, *Local Merchants and the Chinese Bureaucracy, 1750-1950* (Stanford: Stanford University Press, 1987).

实：代表行会利益的，是士绅及其宗族；而行会的部分行为，例如收取保护费或者管制价格，可以说是干犯大清律例的，因此更需要士绅及其宗族的保护。

从 19 世纪 50 年代到 90 年代，行会在广州城和广东主要市镇如佛山的地位，渐渐得到清政府的公开承认。这个变化，与清政府征收厘金有密切关联。清政府最先向国内贸易的货物征收厘金。罗玉东研究清政府通过厘金制度所得到的财政收入，他发现，清政府在广东征收厘金，始于咸丰八年(1858)；至咸丰十一年(1861)，清政府每年从广东收到的厘金达 43.6 万两；之后十年，更大增至每年一百万两；到了光绪二十一年(1895)，再增至近二百万两。就厘金制度覆盖的地区而言，从咸丰十一年(1861)开始，清政府先后在广州城、佛山、江门、及顺德县陈村设卡抽厘，随着厘卡越设越多，官府不再直接征收厘金，而是推行厘金承包制。[①]

厘金制度设立之日，厘金承包制也逐渐发展出来。当时，有人上奏，谓厘金之征收，被一些有势力的人所垄断，这些人与两广总督有关系。朝廷对此事展开调查，两广总督因此被革职。[②] 此事之后，或由政府直接征收厘金，或由各行各业的商人代为征收。清朝拱北海关光绪八年至十七年(1882—1891)的十年报告，引述当时两广总督张之洞奏折，谓负责代政府征收厘金的，凡有 85 间公司。报告又提及，广州的布匹行会向海关递状，请求获得批准、代官府征收厘金，状子指出，茶叶及丝绸行会早已承包厘金了。[③]

行会公共职能的变化，始于光绪二十五年(1899)，清政府由于在甲午战争战败，被迫赔款，入不敷出，于是派遣钦差大臣刚毅到广州，与广

332

---

① 罗玉东，《中国厘金史》(原刊 1936 年，台北：学海出版社，1970)，页 110—111、340—358、578—579。

② 参见《大清历朝实录·穆宗实录》，卷 13，页 42a—43b；卷 22，页 16a—20a；卷 30，页 38a—39b；卷 39，页 27b—28b；卷 49，页 41a—42a。被牵涉在内的人，包括 Pan Sinan。

③ China Imperial Maritime Customs Service, *Decennial Report* 1882－1891 (Shanghai, 1892), p.581－586.

东协商上缴朝廷税款事宜。① 刚毅从前也在广东当过官,这次到广州与两广衙门协商之前,刚在江苏进行过类似的协商。他深知,要增加财政收入,不能寄望于土地税,只能寄望于商业税。他建议,把厘金提高一倍,并把厘金之征收全部交予商人承包,这样,他预计广东每年可以上缴朝廷的厘金将达四百万两。刚毅的方案并没有成功,但在谈判期间,广东省衙门作出了一项安排,把征收厘金的任务,交由所谓"七十二行"的行会承包。究竟这些行会的数目是否真的正好七十二,恐怕没有多少人说得清。几年之后,当舆论开始倡议商会制度时,光绪二十九年(1903)的一份报纸报道,七十二行之中,超过三十位于广州城内,二十位于佛山,其余散布广州其他城镇。编纂于宣统三年(1911)的《番禺县志》,开列了所有七十二行的名称,此外还开列了其他行会:洋煤行、报税行、燕梳行(即保险行会)、及金山庄行,金山指北美,金山行会肯定是在太平天国叛乱爆发之后才出现的。② 正如米高·金(Michael Tsin)指出,无论这些行会数目是否七十二,它们都是各自为政,没有统一的管理,只不过"七十二行"这个词汇深入人心而已。③

　　朝廷无法迫使广东把上缴的厘金提高到朝廷所希望的水平。虽然如此,刚毅南巡的成绩亦不可等闲视之。在广东,许多商贸组织缴纳的厘金可谓微不足道,光绪二十七年(1901),东莞石龙墟的油业行会每年只缴纳850两、铁钉及进口铁货行会每年只缴纳650两、即使新会的葵扇行会每年也只缴纳1,900两。但是,部分行会缴纳的厘金却相当可观:广州的戏剧行会吉庆公所,因光绪二十八年(1902)成立小学堂而捐

① 何汉威,《从清末刚毅、铁良南巡看中央和地方的财政关系》,《中央研究院历史语言研究所集刊》,第68本第1分(1997),页55—115。
② 《华字日报》,1903年10月19日;梁鼎芬修,丁仁长、吴道镕等纂,《宣统番禺县续志》,宣统三年(1911)刊,卷12,页32a—b,载《中国地方志集成·广州府县志辑》(上海:上海书店,2003),第7册,总页179。
③ Michael Tsin, *Nation, Governance, and Modernity in China* (Stanford: Stanford University Press, 1999), pp.28–29.

款一万两;另外,官府把南海、番禺两县即广州城内七百间当铺销售货物的厘金征收权,作价六万元(4.3万两),发予民间承包。① 可是,最为丰厚的厘金来源,是官府批准的赌博。在墟市,长期存在各种赌博,官府长期禁止,但这些赌博也长期兴旺。"闱姓"这种赌博,赌的是广东科举考试(岁试、科试、乡试)的合格考生的姓氏,是从澳门策划的。光绪二十六年(1900),广东省衙门把各种赌博合法化了,原因是获准经营"番摊"这种赌博的惠泰公司,捐出二百万两厘金、八十万两"礼物"予官府;而宏丰公司则获准以每年上缴官府42.5万两的条件,经营"闱姓"赌博。②

　　政府尝试从商贸方面得到更多财政收入的同时,城镇里的慈善组织在管理地方事务方面的角色也越来越吃重。从报纸有关广州城本地事务的持续不断的报道看来,显然,到了19世纪90年代末,除了所谓七十二行之外,还有九个慈善机构代表广州城居民与官府交涉。这被称为"九善堂"的九个慈善机构中,资格最老的爱育善堂,也晚至同治十年(1871)才成立。有人会说,这些慈善机构及行会的出现,代表着广州城内"公民社会"的出现。这看法未尝没有道理,这些慈善机构及行会的出现,的确意味着官府与百姓打交道的方式产生剧变。但是,在这些慈善机构及行会出现之前,有团练及其士绅领袖;在团练及其士绅领袖出现之前,有宗族联盟以及宗族。这些宗族、宗族联盟、团练及其士绅领袖,作为"公民社会"的成员,并不比慈善机构及行会逊色。因此,我们把清政府依赖城市里的慈善机构这个现象,等同于"公民社会"的出现,只会强化19世纪下半叶清政府赋税改革所造成的独尊城市的偏见。无论以什么尺度来衡量,慈善机构绝非十九世纪末的新颖事物,但广州城市慈善机构的新颖之处,在于经营这些机构的商人及行会,得到官府的承认。而这些商人及行会,也能够采取新的模式,用新措施、新方式宣示对政府

①《华字日报》,1901年8月19日号;10月22日号;1902年7月18日号;1903年4月8日号。
②何汉威,《清末广东的赌博与赌税》,《中央研究院历史语言研究所集刊》第66期(1995),页489—555。

的忠诚。

这套新的模式,是从上海搬过来的。因创办爱育善堂而名载南海县志的陈次壬,原来屡试不第。19世纪60年代,他在湖北省的汉口经商,正值汉口开放为长江中游的对外通商口岸。19世纪70年代初,陈次壬回到广州,与十一人联手创办爱育善堂,其中至少三人背景和他一样,都是商人。假如我们对于爱育善堂的商人背景还有什么怀疑的话,则两广总督张之洞于光绪十二年(1886)的观察当可把我们的疑团一扫而空。是年,张之洞上奏朝廷,建议在广州成立警察局,他尝试拉拢爱育善堂支持其计划,他说,爱育善堂是广州城各行各业商人的聚集点。①

爱育善堂的活动,包括赈济水灾灾民、为贫弱无力之人赠医施棺、经
334 营慈善学校。② 南海县志有关陈次壬的传记,描述了爱育善堂的活动,并说,爱育善堂的章程是模仿上海普育善堂的章程而制订的。成立于光绪十六年(1890)的两粤广仁善堂、成立于光绪二十年(1894)的方便医院,也都各有其章程。我们把以上这些慈善机构的章程综合考察,就会发现它们的共同精神:分清董事与经理的权责;设立选举机构以选举董事;限定董事的任期;要求公开账目;强调自己的慈善活动得到官方承认。以两粤广仁善堂为例,其章程规定,凡捐赠十元,即可成为会员;会员有权竞选董事;董事任期一年,任满可成为副董事,以襄助董事;筹集所得资金,全数用于善堂工作,不得贷予会员;董事没有酬金,连伙食费都没有;善堂聘请一名经理来管理善堂的日常工作,该经理每天记录流水账,计算收支,交予董事审核,并于每月第一天向会员公布。两粤广仁善堂在饥荒时期提供粮食、赈济灾民,并有两名种痘医师提供种痘、预防天花。但除此之外,还聘请儒者穿起长衫,每天中午至下午4点之间,宣讲圣谕

---

① 郑荣等修,桂坫等纂,《南海县志》,清宣统2年(1910)刊本,卷20,页11a—14a,载《中国方志丛书·华南地方》第181号(台北:成文出版社,1974),总页1697—1703,以下简称《宣统南海县志》;《张文襄公全集》,卷17,页15a—17b《筹捐巡缉经费折》,总页375—376。
②《华字日报》,1895年5月27日;6月14日;1903年5月19日。

十六条、解释律例、讲述故事以宣扬道德教化。① 方便医院则是由贸易行会创立的，这一点与两粤广仁善堂不同。虽然方便医院把这些行会称为"七十二行"，但从董事名单上看，只有 63 个行会。方便医院章程规定：每年由两个行会推举董事、两个行会推举副董事，任期均为一年；每个行会推举的董事或副董事，不得少于八人，也不得多于十二人；医院及坟场由一名经理管理，经理向董事、副董事负责；医院现款不得超过二百两，超过部分，全数用于投资；创始董事、董事、副董事有权在任何时候审核账目；每年轮换董事之前，经理必须做好账簿，并由四名会计师审核账目；然后把当年账目及当年的捐款记录刊印成册，派发所有行会会员；又为了显示政府的支持，方便医院是由南海县知县宣布成立的。②

　　这类善堂，财力应该是极为雄厚的。宣统二年（1910），两粤广仁善 _335_ 堂的董事、副董事之中，位于广州的个人或机构为数 952；位于广东其他城镇的店铺有 66 家、善堂有 85 间；另外，有 99 名董事来自澳门、上海、东莞县石龙镇、肇庆、三水县西南镇、及以经商海外而著称的台山人的家乡开平县；有 87 名董事来自广西。方便医院的董事为数大约 1,400，其中除很多是商铺之外，来自"安南大邑"的为数 32，安南即越南，可见方便医院与海外华人也有联系。③ 珠江三角洲其他县城及市镇的类似慈善机构，也很倚重来自香港和广州的同乡的捐款。④ 这类财力雄厚的慈善机构，如雨后春笋般涌现于 19 世纪最后几十年间，为中国社会组织带来了全新变化，我们要问：这一切是如何发生的？

　　这类新型慈善机构，规定董事的服务年限、得到官方的支持、并公开收支账目，这显然与传统的慈善机构大不相同。有关晚清上海"公民社会"的研究，强调这些新型慈善机构的创办人是"商人"，这观点恐怕抓不

① 邓雨生，《全粤社会实录初稿》（广州：调查全粤社会处，1910），《两粤广仁善堂》，页 2a—3b。
② 《全粤社会实录初稿》，《方便医院》，页 2b—4b。
③ 《全粤社会实录初稿》，《两粤广仁善堂》，页 5a—10b，《方便医院》，页 8b—13b。
④ 以顺德大洲及乌洲的崇仁善堂为例，该善堂登报卖广告，呼吁身处外地的同乡捐款。见《华字日报》，1902 年 7 月 19 日。

住问题的核心。毫无疑问,正如玛丽·巴库斯·兰瑾(Mary Backus Rankin)指出,晚清中国社会组织的变化,与当时报纸的出现是同步的,报纸成为公众舆论的新载体,也因此扩大慈善家的活动范围,使他们不再仅仅局限于同乡的小圈子里。另外,正如本章指出,自从太平天国叛乱之后、尤其自从1895年《马关条约》签定之后,清朝政府已经把其财政收入的主要来源从乡村转移到城市。① 但是,只提及报纸的出现,只提及晚清政府财政制度的转变,以之来解释中国社会组织的变化,仍然是不完整的。晚清慈善机构把拥有权与管理权分开,这是新颖的行政管理制度,有了这样的制度,慈善机构才能大幅扩张其财政规模。这如此重要的制度是如何出现的? 回答了这一问题,才能够全面解释中国社会组织的变化。这一问题的答案,并非来自上海,而是来自香港。同治九年(1870),东华医院,得香港政府以法案形式批准成立。有趣得很,体现于未来两粤广仁善堂、方便医院章程里的行政管理原则,原来包含于东华医院法案之内。法案规定,东华医院的捐款者,是东华医院这个"法人"的成员,并规定他们在香港进行选举,以一人一票、多数胜出方式选出董事。日后东华医院的资料显示,董事候选人是由各成员行会提名、现任董事邀请下产生的,但董事候选人仍须在正式选举胜出,方能成为董事。冼玉仪细致地研究了东华医院的档案,认为东华医院的董事,都经由选举产生。假如晚清广州慈善机构的章程学的是东华医院这一套,则晚清广州慈善机构的基础,就不是传统中国行会的制度,而是来自西方的制度。②

冼玉仪把东华医院形容为"西方形态、中国内容"的混合物,并且指出,这并非孤立的事件而是海外华人社区普遍的现象:同治十年(1871),

---

① Mary Backus Rankin, *Elite Activism And Political Transformation In China: Zhejiang Province*, *1865 – 1911*(Stanford: Stanford University Press, 1986).

② Elizabeth Sinn, *Power and Charity*, *the Early History of the Tung Wah Hospital*, *Hong Kong*(Hong Kong: Oxford University Press, 1989), pp. 44 – 60, 267 – 271.

镜湖医院成立于澳门；光绪十一年(1885)，同济医院成立于新加坡；光绪十四年(1888)，东华医院成立于三藩市；光绪二十七年(1901)，福善医院成立于越南西贡市堤岸区；光绪三十三年(1907)，广肇医院成立于同区；同年，天华医院成立于泰国曼谷。对于以上年表，我们还可以补充一条：光绪十八年(1892)，同善堂医院成立于澳门。同善堂医院特别值得一提，因为该医院目前仍在，并且保留了创始人的神主牌位。在晚清的慈善机构中，澳门同善堂医院算是较早成立的一间，它把捐款者的神主牌位供奉于医院之内。此举可能是当时的风尚，也有劝诱鼓励的功效，完全不令人惊讶，此举反映出，尽管澳门同善堂医院在财政上、管理上已经引入新式制度，但仍然保存着仪式性的、极为传统的特色。[1]

宗族不变，国家已变

晚清，各级地方谘议局参与城市及市镇的管治，这一政治改革的基础，由贸易行会及慈善机构奠定；而这一政治改革的步伐，亦因光绪三十年至宣统三年间(1904—1911)的一系列事件而加快。明初，新王朝建立，也就为地方百姓确立了新身份，这身份扩展至其他人之前，是被一小撮人垄断的；晚清也一样。但是，明初，王朝通过里甲户籍制度来整合社会，在此过程中，创造出宗族；晚清却不一样，清朝末年的政治改革，意在争取地方商贸领袖的支持，因此，吃香的身份不再是士绅，而是商人。晚清的连串政治改革，启动于清朝于光绪三十、三十一年(1904—1905)的几项决策，包括废除科举制。取而代之的，是清朝政府颁布的《商法》，它承认商人的地位，允许商业机构注册，并且鼓励甚至要求所有市镇及城

---

[1]《潘式典族谱》，民国十三年(1924)刊，卷6，页64a—65b，66a—67a，106a—107b，108a—112b，藏广东省图书馆，编号 K0.189/53；Elizabeth Sinn, *Power and Charity*, p. 80；陈树荣，《同善堂一百周年特刊》(澳门：同善堂值理会，1992)，页6、94—95。

337 市成立商会。① 广东商会,就成立于光绪三十一年(1905)。翌年(1906),地方自治已经成为大势所趋,地方建立谘议局,选举议员,最终成立全国议会。即使在最理想的情况下,这个宪政改革,也会触发统治危机,只有当新政治礼仪确立,消化新政治制度带来的破坏与冲击时,统治危机才有望结束。可是,20世纪初发生的权力转变,不仅为珠江三角洲带来危机,而且也为清朝中央政府的合法性敲起警钟。宪政改革所引进的选举制度,以城镇为主要选区,因而使政府更加依赖市区的支持。光绪三十一年(1905),广州的地方领袖发动罢买美国货行动,抗议美国国会把排斥华工法案再度延长,这些地方领袖,已经无分士绅与商人了。翌年(1906),由于两广总督建议,开征税项以维持最近赎回的粤汉铁路广东段的营运,广东的地方领袖群起抗议,这番抗议,可谓爱国主义与自身利益相结合之举,而这些地方领袖,也同样无分士绅与商人。以上两次抗争活动,都有几千人出席大会,而大会就在慈善机构中举行。部分高层士绅,因为大声疾呼、反对政府而被抓进监狱。②

　　光绪三十二年末、三十三年初(1906—1907),朝廷颁下圣旨,推行地方自治,把地方民众的政治参与,再次推向新的、无法逆转的阶段。一小撮政治领袖,在大众支持下,建立粤商自治会,正式确立其政治地位。粤商自治会的领袖为陈惠普,关于他的激进政治活动,已经有不少研究。我们对于他个人背景,所知似乎不多。粤商自治会创立时的纪念文章

---

① 有关背景,参见 Philip A. Kuhn, "Local self-government under the Republic, problems of control, autonomy, and mobilization," in Frederic Wakeman and Carolyn Grant, eds. *Conflict and Control in Late Imperial China* (Berkeley: University of California Press, 1975), pp. 257-98; Roger Thompson, *China's Local Councils in the Age of Constitutional Reform, 1898-1911* (Camb. Mass.: Council on East Asian Studies, Harvard University, 1995).

② Edward J. M. Rhoads, *China's Republican Revolution, the Case of Kwangtung, 1895-1913* (Camb. Mass.: Harvard University Press, 1975); Michael Tsin, *Nation, Governance, and Modernity in China*; Stephanie Po-yin Chung, *Chinese Business Groups in Hong Kong and Political Change in South China, 1900-1925* (Houndmills, Basingstoke: Macmillan, 1998), pp. 21-44.

称，陈惠普出身钱庄职员。可是，据另一段材料，广州九大善堂之中，有两间是由陈惠普赞助的，可见陈惠普本人应该相当富裕。这两段材料，甚为矛盾。陈惠普参与罢买美国货行动，并几乎同时参与反鸦片运动。粤商自治会成立于光绪三十三年(1907)，当时，英国政府宣布，替清朝政府巡逻西江，这消息自然又招来广州士绅及商人的抗议，但陈惠普迅速因应这些事件而成立粤商自治会，反映出他过人的政治才干。随后几年，粤商自治会参与了其他抗议行动：日本货船"二辰丸"因走私军火，被清朝政府扣押，日本政府向中国政府交涉，粤商自治会认为日本政府的 *338* 要求无理，发起罢买日货运动；英国太古轮船公司集团(Butterfield & Swire)往来香港与广州的客船"佛山号"上，有一中国乘客被票务员杀死，粤商自治会随即发起杯葛太古轮船公司的行动；宣统元年(1909)，中葡就澳门边界问题谈判，粤商自治会发起抗议葡萄牙越界的行动，矛头也指向广东省政府。

在以上事件中，与粤商自治会立场一致，但行动相对温和的组织，是广东地方自治研究社。该社与粤商自治会几乎同一时间成立。研究这两个组织的历史学家都指出，广东地方自治研究社的领袖，多拥有科举功名，且声望更高；相对而言，正如爱德华·罗德斯(Edward J. M. Rhoads)所说，粤商自治会则比较"不受约束"。以上这些分析应该是正确的。虽然广东地方自治研究社的部分成员因为铁路风潮而与广东省政府发生矛盾，但该社的领袖却曾在清政府内担任高官，因此之故，该社与朝廷，关系良好。该社161名早期会员中，进士14人、举人49人、贡生27人、现任官员44人。其中，邓华熙官至巡抚，而易学清任职户部官员。[①] 但是，别以为做官的人会对商业投资没有兴趣。随着广东省政府推行政治改革、寻求财政收入，广州出现了新的商机。投资于铁路股票、港口、赌博、盐业等，都能获得可观回报。历史学家把20世纪初广州政

---

① 贺跃夫，《广东士绅在清末宪政中的政治动向》，《近代史研究》，1986年第4期，页31—54。

治领袖分门别类时,应该意识到,这一时期广州的商业融资活动,甚为隐密,目前研究对此亦所知甚少。粤汉铁路的股本,是在广州各个善堂筹集的,这反映出善堂信用超卓。而各个行会、善堂、以及粤商自治会和广东地方自治研究社,也一直参与关于铁路风潮的群众集会。①

从光绪三十三年到宣统元年(1907—1909),广州出现了各种政治平台。很明显,广东省政府喜欢与广东地方自治研究社及其拥有科举功名的领袖合作,省政府也喜欢与商会、善堂合作,因为大部分这类商会、善堂都是得到省政府批准的。省政府大概觉得粤商自治会太激进,因此之故,省政府宣统元年(1909)成立顾问机构准备地方选举时,特意把粤商自治会的领袖排除在外。不过,财税问题始终是官民主要矛盾之所在。沙田地主继续抵抗官府一切加税的尝试,与广州政坛关系密切的一些人,也帮助他们。宣统元年(1909 年 10 月),广东省谘议局召开会议,议员动议取缔赌博,可是,这时候,赌饷已经成为省政府一项主要财政收入。省政府本来也打算服从谘议局的决议,因为有一财团申请经营食盐销售,省政府因此获得的财政收入,足够弥补因取缔赌博所造成的财政损失有余。但是,由于此举意味着食盐零售价提高,谘议局议员又群起反对。另外,又有人指控,说这承包食盐销售的财团,其实与经营赌博的集团有关。这就使省政府遭受道德谴责。经过一轮谈判、会议之后,新上任的、也是清朝最后一任的两广总督张鸣岐终于向民意低头,宣布从1911 年 3 月 30 日起正式取缔赌博。广州民众组织巡游以示庆祝。英语报纸《北华捷报》称:"街道满是巡游人士,长达数英里,人人兴高采烈而正气凛然。广州从没有出现过这种场面。"②

---

① 《马关条约》之后,投资气候转变,有钱人能够在远离家乡之地投资。有关这种局面的复杂情况,参见何汉威,《广东进士赌商刘学询(1855—1935)》,《中央研究院历史语言研究所集刊》,第 73 本第 2 分(2002),页 303—354。江孔殷可以说是住在城里、而与省衙门建立密切关系的富人的例子,江献珠,《兰斋旧事与南海十三郎》(香港:万里书店,1998)
② 转引自 Edward J. M. Rhoads, *China's Republican Revolution, the Case of Kwangtung, 1895 –1913*, p.171.

　　1911 年辛亥革命之后，人们总说，这场革命是为了推翻满清暴政、建立议会民主的、经过长期策划的革命。但是，民国元年、二年(1912—1913)的国民议会昙花一现，民众对于政治选举的支持，也不过门面功夫。可见，有关辛亥革命的以上看法并不正确。就辛亥革命前几年省谘议局的政治活动而言，更准确的说法，是政治关系网络的重整：废除科举制、政府财政收入来源转移至城市、新投资渠道出现，这些变化，都意味着地方社会原有的政治关系网络要重新调整。既然地方组织、地方议会得到政府在法律方面的批准、政治方面的鼓励，则新的政治联盟，也就必须建立在地方组织、地方议会这种新的政治硬件上。但是，如果我们只强调这一点，就会忽略 20 世纪初全中国经历的另一项转变：军事化已经成为中国社会的元素之一。太平天国叛乱平定之后，乡村的团练，因为有宗族、宗族联盟、墟市联盟这类组织的驾驭，因此不会威胁中央政权。但是，光绪二十六年(1900)"义和团叛乱"之后成为清朝主要国防力量的新军，却与团练不同。新军是稳固地建立在城市里的，并且是由中央及 340 省政府供养的。从新式军校训练出来的士官，是一支全新的团队，他们以身为军人而自豪。革命党的恐怖袭击，也促进了军人在政坛上的角色。1911 年 4 月，革命党人暗杀了八旗部队的广州驻防将军；同月，革命党试图策反广州的部分新军，新军奉命在广州逐屋搜查，捕捉革命党，革命党发动另一次暗杀行动，试图暗杀新军司令李准，但仅令李准受伤。是为"黄花岗起义"。广州城因此陷入一片恐怖，至八月份为止的几个月内，据说有四万人逃到香港、一万人逃到澳门，这些人或是富人，或是官员的家人。

　　1911 年 10 月，武汉爆发革命，这时的清朝广东省政府，财政山穷水尽，士气土崩瓦解。但直至 10 月末，广东省政府仍站得住脚，两广总督在这方面靠的是拥有科举功名的士绅。江孔殷这位名士，出身富贵门第，拥有科举功名，八面玲珑，既支持粤商自治会的激进主张，又协助埋葬 1911 年 4 月"黄花岗起义"的革命义士的骸骨，又主持广东省谘议局，此时又代表两广总督向港英政府交涉,敦促香港报纸低调处理政治新闻。10月25日,当广州士绅在邓华熙主持下开会商讨时局之际,又传来新近上任的满洲驻防将军凤山被刺杀的消息。广州更加震恐。邓华熙主持的会议上,有人主张两广独立,又有不知名的激进人士在大街上巡游,庆祝两广独立,等于骑劫了会议。两广总督张鸣岐在广州地方领袖的支持下,发表声明,宣布两广独立,并解释说,独立远远没有背叛朝廷那么严重,实际上,他对于民国政府,既不提供军事援助,也不提供经济援助。这种策略,更像是义和团之乱期间长江下游省份督抚的"东南互保",而非革命报纸所吹嘘的革命。11月,广东各县纷纷出现以"民军"为名的革命武装,港英政府宣布,如果无政府状态恶化,港英政府将自行清剿西江的"海盗"。消息传来,广州城居民纷纷外逃,而广州的商会及行会则提出了更激烈的主张。11月8日,两广总督张鸣岐也许是出于妥协,同意让革命党人在广州建立其革命政府,张本人担任临时都督,他的部将龙济光担任副都督。可是,当天晚上,张就逃离广州,翌日,革命党政府接管了广州。就这样,至少在广东,朝廷没有了,皇帝也没有了。

我们必须强调,在20世纪初这一连串惊天动地、让人透不过气来的事件中,作为一个制度的宗族,却完全没有衰败的迹象。20世纪初,颇有一些宗族拥抱自治运动,把自己变成"宗族自治团体"。[①] 可是,就地方社会与朝廷中央的关系而言,宗族已经无关痛痒了。从16到18世纪,宋明理学的政治理论,以宗族的价值观念为基础,扩散至地方社会,创造出地方社会与王朝国家之间的纽带。到了20世纪,民族主义成为政治理论的主流,其重点在于建立一个集权国家。因而,地方

---

① 有部分宗族自治组织,是在省政府批准下成立的。有关例子,参见简朝亮(1851—1933)编纂,《粤东简氏大同谱》(上海:中华书局,1928),卷6,页12a—b;《申报》1907年9月23日号,转引自广东省档案馆申报广东资料选辑编辑组编,《申报广东资料选辑》(广州:广东省档案馆申报广东资料选辑编辑组,1995),第7册,页37—38。

社会必须重新自我调整。但是,由于集权国家流于设计拙劣的试验阶段,始终未能真正出现,因此,地方社会自我调整时,并没有怎样惊动宗族。相反,宗族却能掌握"立宪"、"共和"这类新词汇,尽管以城市为中心的共和国政治理论越来越质疑宗族活动对于新国家的效用。[①]

　　宗族自己的文献,能让我们对于 20 世纪初宗族的活动作出最深入的分析。黄永豪研究了东莞县张其淦的宗族文献,包括地契、合同、书信、族谱、账簿等,让我们意识到,以为能够清楚地划分"新"与"旧",是大错特错的。张于光绪十八年(1892)成进士,光绪二十年(1894)分发山西担任知县。他是沙田的地主及开发商,是东莞明伦堂的理事之一。光绪三十年(1904),当两广总督张之洞勒令将明伦堂部分田产充公予广雅书院时,张趁机买进明伦堂所抛出的田产,因而壮大了张氏宗族的尝产。1911 年辛亥革命后,张其淦搬到上海,以遗老自居。但是,他并没有放弃沙田开发的业务。民国三年(1914),某间公司向他的宗族推出一千股股票,他筹集一万元认购;民国六年(1917),他与另一沙田开发商一起,注资二万元,开发更多沙田。张与其他人合股创办的愚淦公司,民国七、八年(1918—1919)间,每年收入达六万多元,其中大部分来自地租。但是,³⁴²张其淦早期的沙田开发业务,却是以宗族尝产名义进行的。例如,光绪二十一年(1895),张氏梯云堂、邓氏荫兰堂、何氏醉经堂、何氏德修堂三方以合股方式,共同开发沙田。张其淦的亲戚张澍阶,被指侵吞沙田,张澍阶的一封书信,披露了开发沙田的复杂。省衙门要丈量这批沙田时,"沙棍"告状,张氏邀请邓氏与何氏出钱,向官府登记沙田,邓氏与何氏不肯,张澍阶就以张氏名义向官府登记这批沙田,并将之租予其他佃户,也

[①] 亦请参见丘捷,《广东商人与辛亥革命》,载丘捷编,《孙中山领导的革命运动与清末民初的广东》(广州:广东人民出版社,1996),页 245—282;陈玉环,《论一九零五至一九零六年的粤路风潮》,广州市文化局、广州市文博学会编,《羊城文物博物研究》(广州:广东人民出版社,1993),页 165—183。

就因此得罪了邓氏与何氏。①

要了解这段时期宗族如何变化,另一份绝佳史料,是番禺沙湾何氏的《辛亥壬子年经理乡族文件草部》(以下简称《草部》)。沙湾何氏开发的沙田,面积庞大。"辛亥壬子"即1911及1912年。这本薄薄的一册,收录51份手抄文件,充分展示了当地一个宗族联盟的目标及权力结构。自明代以来,沙湾镇有五大姓:何、王、黎、李、赵。李氏为宋代李昴英的子孙,其祠堂称李久远堂,但势力早已衰落。何氏却是大地主,何氏的主要祠堂何留耕堂本身,就拥有六万亩地。何氏的部分宗族组织显然力量强大。其中一个组织,发出若干份文件,就如何管理一笔集体基金制订详细的章程,这笔集体基金是从族人借来的,总金额达三十万两。十九世纪中叶,该地区纷纷组织团练。沙湾的各大宗族也共同组建仁让公局以管理地方事务。《草部》收录了很多份以仁让公局名义发出的公告,其中一些公告反映出广东全省的新政策,例如谴责赌博的公告、要求鸦片烟馆注册的公告等。仁让公局是拥有司法裁判权的,其中一份公告云,凡违禁开赌者,该局会把用来赌博的房子拆毁出售,所得金钱,奖赏该局警卫,并把违禁开赌者送官究办。《草部》还收录了仁让公局写给沙湾警察局的一些请愿信。这些信都是仁让公局里的士绅写的,而这些士绅则来自沙湾的主要宗族。其中一些信,涉及被警察局抓获的强盗。另外一封信特别有趣:仁让公局想雇用武装警卫维持治安,希望得到警察局批准。具体方案是:仁让公局与沙湾当地的团练组织即洛阳(音)社学联合雇用武装警卫,这支武装力量,阵容相当鼎盛:陆上巡逻者130人、水上巡逻者70人、另还有"义勇队"108人。这支武装力量还配备150支现代步枪,大部分为毛瑟枪,另外还有90支火枪。刘志伟、陈春声研究《草部》时指出,这支武装力量之外,沙湾各大宗族还另有武装力量,保护其

---

① 黄永豪,《土地开发与地方社会——晚清珠江三角洲沙田研究》(香港:文化创造出版社,2005),页78—85;《许舒博士所辑广东宗族契据汇录》(东京:东洋文化研究所,1987),页144—229、199—200。

沙田。清末民初，时局动荡，粮价攀升，于是仁让公局也以一个善堂名义，派发救灾粮食。仁让公局也把握潮流，参与缫丝业，何氏建议，动用尝产，建立一手工业作坊，这极有可能是一间蒸汽缫丝机厂，因为仁让公局的公告称之为"公司"，并说，将为此筹集股本。踏入民国元年（1912），《草部》的语言也与时俱进。仁让公局写了两封祝贺信予"民军"，另有一篇论"自治"的文章，强调在管理乡村与宗族事务时，要放下"私利"，拥抱"公益"。一封写于民国元年一月三十日的信，谓担心有人"假冒民军"，进屋抢劫。另有一份公告，于民国元年二月二十七日召集义勇队，宣布清朝灭亡，庆祝"民主"建立。[1]

佛山市博物馆保存了一本手抄书信集《鹅湖乡事往还尺牍》，是关于民国三年（1914）执行县政府规定，提名一人担任族长的来往信件。此人长期热心佛山镇内的公共事务，通过自己行业的行会，设立善堂，并且被佛山大魁堂任命为佛山粮仓的值理。他已被自己所属的选区即"铺"的士绅及耆老选为谘议局的佛山议员，并成为该铺委员会的主任。县政府要求所有宗族族长及支派领袖递交书面报告，解释地方团练的组织事务，部分书信反映出，县政府要求宗族交出有关人士的姓名。正如其他地方组织一样，该宗族也打击赌博，打击吸食鸦片，并于民国三年（1914）遏止小型当铺的扩散。这类事务都是宗族成员开会协商的，而开会地点仍然是宗族祠堂。从前，这类会议很少人参加；但是，近来时局的变化，也许使族人开始关注地方事务，因此出席这类会议的人数大增。就在民国三年（1914）这一年，当地一段堤坝溃堤，宗族发动了二百人抢险维修。[2]

沙田开发商，如今可以从上海遥控沙田事务；沙田当地的团练局，如

---

[1] 参见《辛亥壬子年经理乡族文件草部》，无刊行年份，钞本，藏沙湾镇政府办公室，转引自刘志伟、陈春声，《清末民初广东乡村一瞥——〈辛亥壬子年经理乡族文件草部〉介绍》，载柏桦编，《庆祝王钟翰教授八十五暨韦庆远教授七十华诞学术论文合集》（合肥：黄山书社，1999），页433—438。

[2]《鹅湖乡事往还尺牍》，无刊行年份，钞本，藏佛山市博物馆。

今除了继续采用其旧有的管理模式外,也采用民国的新语言来推行管理工作;族长如今身兼谘议局议员,通过宗族组织打击赌博、打击吸食鸦片、维修堤坝。他们联合创造出来的图景,有古老的,也有现代的。面对这变化过程,一种看法可以是:宗族形式改变,实质未变,控制土地的宗族,依旧运作如常,依旧力量强大,但这些宗族开始说起另一套语言来了。这些说着新语言的宗族,在什么意义上是发源于16世纪的宗族制度的延续?

宗族靠边站、宗族重生

宗族语言的改变,不过反映中国政治意识形态的改变而已矣! 新的政治意识形态,也改变了中国的国家体制。到了民国八年(1919)五月四日"五四运动"爆发之际,学生刊物充满着批判中国传统文化的文章。其实,这种批判的基调,在光绪二十六年(1900)就已经很明显了。无政府主义者提倡社会革命,激进的刊物鼓吹家庭革命、提升女性地位、抗衡父权。崇拜祖先,被视为迷信。但是,即使没有这些极端激进的理论,宗族社会已经遭受致命一击,这致命一击,来自"国民"这个概念及随之而来的20世纪民族主义。梁启超这位立宪派,比大部分人更清楚宗族与现代国家的矛盾。他对于"国民"的描述,简单明了,他几乎模仿《礼记》的口气说,中国人"耳目所接触,脑筋所濡染,圣哲所训示,祖宗所遗传,皆使之有可以为一个人之资格,有可以为一家人之资格,有可以为一乡一族人之资格,有可以为天下人之资格,而独无可以为一国国民之资格"。梁启超说,要创造国家、教育中国人成为国民,就必须让中国人培养"公德"。① 梁启超绝不含糊其辞,他于光绪三十年(1904)从美国回国,在游

---

① 这是梁启超在其著名的《新民说》里的看法。约瑟夫·列文逊(Joseph R. Levenson)对此有精彩的分析。见 Joseph R. Levenson, *Confucian China and Its Modern Fate*, *A Trilogy* (Berkeley:University of California Press, 1968), pp.98-108.

记中提及"中国人的缺点"。而第一项缺点，就是"有族民资格而无市民资格"。梁启超说：

> 吾中国社会之组织，以家族为单位，不以个人为单位，所谓家齐 **345**
> 而后国治是也。周代宗法之制，在今日其形式虽废，其精神犹存也。
> 窃尝论之，西方阿利安人种之自治力，其发达固最早，即吾中国人之
> 地方自治，宜亦不弱于彼。顾彼何以能组成一国家而我不能？则彼
> 之所发达者，市制之自治；而我所发达者，族制之自治也。试游我国
> 之乡落，其自治规模，确有不可掩者。即如吾乡，不过区区二三千人
> 耳，而其立法行政之机关，秩然不相混。他族亦称是。若此者，宜其
> 为建国之第一基础也。乃一游都会之地，则其状态之凌乱，不可思
> 议矣。凡此皆能为族民不能为市民之明证也，吾游美洲而益信。彼
> 既已脱离其乡井，以个人之资格，来往于最自由之大市，顾其所赍来
> 所建设者，仍舍家族制度外无他物，且其所以维持社会秩序之一部
> 分者，仅赖此焉。①

就 20 世纪初的政治气候而言，梁启超已经算是温和派。他并没有专门针对宗族的意思。但是，亨利·梅恩(Henry Maine)的社会进化理论，经由严复的翻译，引进中国，而梁启超把这套社会进化理论套在宗族头上。根据这套理论，血缘组织是部落组织的前身，当然，血缘组织、部落组织都是社会进入工业化阶段以前的组织。梁启超对宗族的印象并不坏，日后，他还把自己新会县家乡的士绅领导视同自治。但这并不重要，重要的是在光绪三十年(1904)，梁启超引述美国总统罗斯福的话，主张以国家的理念代替乡村的理念。因而，迈向现代的中国，也就把乡村抛弃在后。国家、进步、公益这类概念，结合起来，形成了威力强大的主流政治观念。宗族也许还能够继续存在，但已不再是国家的重要元素。

---

① 梁启超，《新民丛报·中国人之缺点》，转引自张楠、王忍之《辛亥革命前十年间时论选集》(北京：三联书店，1979)，第 1 册下，页 788。

　　20世纪头十年潭冈村同乡会的文献显示,广州政坛的变化,固然体现于宗族的新语言中,而整个乡村生活的描绘,也都由这套新语言来包办。同样位于新会县的潭冈村,是个独姓村,民国六年(1917),一场械斗,几乎将该村夷为平地。民国八年(1919),该村向居住于其他城市或者海外的族人募捐,重建宗族。位于香港的潭冈村同乡会,在潭冈村委任一名经理,该经理定期向香港潭冈村同乡会汇报,而香港潭冈村同乡会也就通过这名经理监控宗族事务。

346

　　香港潭冈村同乡会实行的最新颖措施,是集中管理所有土地。潭冈村族人虽然拥有这些土地,但租佃事务,全由经理负责。经理也仲裁纠纷、征收费用、聘用警卫保护庄稼、与邻村打官司以维护潭冈村田产。这些工作,一部分可以看得出是延续自19世纪的。但是,除了财政、经济管理工作之外,香港潭冈村同乡会也希望引进新礼仪,以推行道德观念为己任。该同乡会不仅禁止赌博、禁止吸食鸦片,也禁止在村内建庙、建支祠。潭冈村的礼仪活动以宗族祠堂为中心,这宗族祠堂其实是一间祭祀孔夫子的庙,每年,族人庆祝潭冈村的重建,举行集体宴会。宴会期间,何时举杯祝酒,何时合唱《热爱吾村》,何时燃放鞭炮,何时由乡村的董事率领、尊卑有序地到祖先神主牌位前献祭,都有规定。不过,有一道仪式却没有载入章程:庆祝潭冈村重建的当天早上,族人到祖先坟前祭祀,并分发祭肉。同样,乡村宗教也没有因为禁止建庙而灭绝。潭冈村虽然自己不打醮,但每逢邻近村落打醮,村民抬神像巡游时,潭冈村村民以敦亲睦邻为由,也参与拜祭,并得到该同乡会批准。围绕着土地神坛而建立的地方组织,也受到该同乡会的排斥。20世纪30年代,经理写信予该同乡会,商讨如何取缔这些组织。但毫无疑问,20世纪二三十年代,尽管有这类新措施,潭冈村仍然是充满活力的。①

---

① David Faure, "Lineage socialism and community control: Tangang xiang in the 1920s and 1930s," in David Faure and Helen F. Siu, eds. *Down to Earth, the Territorial Bond in South China* (Stanford: Stanford University Press, 1995), pp. 161 – 187.

20世纪30年代以后，像潭冈这类宗族的村民，继续相信祖宗的威力。但是，他们也逐渐接受了许多他们祖宗完全无法提供的事物：邮政局，电报，电话，铁路，蒸汽船，公司。银行，分成"富农、中农、贫农"的农民和无产阶级，民国的总统，还有共产党的总书记。这一切新事物，如果与传统还能够有什么联系的话，这联系就是祖宗。在16世纪开始实行的礼仪方程式里，祖宗是其中一半，皇帝是另一半，如今，皇帝已经没有了。乡村仍然可以有个宗族的样子，但国家已经不由皇帝统治，宗族要整合到这样的国家里，就不容易了。

16世纪的礼仪革命，为王朝国家提供了一套理论，使王朝国家与地方社会相结合。这套理论已经谢幕。新的理论教导我们：工人阶级崛兴 *347* 于城市，而原本作为宗族及乡村成员的人，现在成了"农民"，"农民"据说是封建社会的残余。主导中国新社会的制度，从沿海城市诞生；主宰中国的精英，从现代学校诞生。从此，乡村社会就要靠边站，即使天子脚下的北京城也不自安，因为据说，必须由上海的尺度来衡量中国，这样才算现代云。

尾声

尾声

第二十三章　珠江三角洲以外

"中国其他地方又如何？你能谈一谈吗？"

这问题很可怕。历史学家们穷尽中国某个区域的史料，在研讨会上，面对一般观众，发表其研究心得之后，总会碰上这种问题。要简单回答这种问题，答案当然就是："你想我怎么谈？"有人说，研究区域历史，就会忽略全国。这种说法，完全贬低了区域历史研究的目的。研究中国社会史的学者，不是要以个别区域的经验来分析整个中国，而是要鼓励更多的区域研究。当然，我们可以比较不同区域，指出其差别，并得出些宏观分析，以便进行更多的比较研究。但是，历史是会让历史学家始料不及、大吃一惊的，做历史研究，对此要有心理准备。研究个别区域的历史学家，都明白这一点。历史学家如果要就人类过去的经验作出结论，就意味着以历史学家的单枪匹马，研究数以百万计的人的经验；以个人的才智，应付数以百万计的人的集体才智。有哪个神经正常的历史学家敢说自己胜过这数以百万计的人？

但是，"中国其他地方又如何？你能谈一谈吗？"这个问题，也并非不合理的问题。区域历史的研究，如果不能产生出宏观分析，就会变成狭隘的地方掌故。事实上，也只有利用宏观分析，才能明白区域的历史，而要测试这些宏观分析,就不能只局限于一个区域。对于一个区域的优秀研究,会迫使我们对中国其他区域提出新问题,如果考虑周全的话,甚至会迫使我们对中国以外的社会提出新问题。至少,我们研究过中国的一个区域之后,面对另一区域时,应该能够说出这些区域之间的异同之处。

流坑这个宗族村落,位处江西低洼地区,看来与珠江三角洲相似。但是,千万不要以流坑这一条村庄来概括整个江西。流坑村始建于北宋,自宋真宗大中祥符七年(1014)开始,流坑出了许多读书人,有宋一代,这条村子出了28名进士,其中24名来自董氏,这就足以显示流坑与朝廷关系特别密切。宋朝之后,流坑在科举功名方面的成绩大为衰退,整个元朝,只出了一名进士;整个明朝,只出了两名进士;整个清朝,只出了一名进士。

虽然流坑在宋朝如此显赫,奇怪的是,流坑却没有留下任何宋朝的历史遗迹。梁洪生、邵鸿利用流坑的建筑遗迹、口述历史、及族谱,对流坑做了详尽研究。他们指出,直至明初,流坑人祭祀祖先,主要还是到祖坟祭祀的。据流坑董氏的文献,12世纪末,董氏是在一个名叫"老子宫"的地方祭祀祖先的。"老子"大概就是道教的老子,但似乎迄无定论。"老子宫"于元末被焚毁,明初重建时,被形容为有四根柱子的房屋。流坑董氏的大宗祠,形制一依家庙;而嘉靖初年,希望得到官方地位的平民宗族,获朝廷批准,建立家庙,祭祀祖先。从嘉靖时期往回看,显然,流坑的祖先祭祀仪式,与珠江三角洲历史比较悠久的地区的祖先祭祀仪式,二者的转变过程,都极为类似。也就是说,直至祠堂流行之前,祭祀祖先以祖坟为中心;祠堂开始流行时,这些祠堂基本上以独立的祖先神龛为主,祭祀也止于四代;到了16世纪,采取"家庙"形制的祠堂才开始普及。董氏的文献,提及11世纪末祭祀祖先的"老子宫",但这只是含糊的记忆,并非真有人看见过。这种记载方式,也和祭祖礼仪的变化互相发明。像"老子宫"这类祭祀祖先的场所,其正规程度是远远比不上"家庙"的。董氏早期祭祖仪式,以祖坟为中心,有口头传说可资验证,但传说也随着时间的流逝而转变。梁洪生就很有技巧地把村民心中的主要神灵与早期祖坟联系在一起。[①]

　　宗族制度出现在流坑时,流坑当时的宗教脉络是怎样的? 对于这个问题,流坑文献没有资料可供回答。从一条村庄检视地方历史,有时候就要面对这种限制。幸好,郑振满、丁荷生(Kenneth Dean)关于福建省莆田县的研究,非常有帮助,而不止于克服这种限制而已。在莆田,人们于宋朝期间到祖坟献祭,直至祠堂流行为止。莆田石亭黄氏的文献,对此有清楚的记录。而当祠堂建起来时,位置是在祖坟附近,而不在村庄里。有趣的是,出身该村的黄仲元,于南宋度宗咸淳七年(1271)成进士,是著名的理学家,他把这祖坟附近的祠堂称为"家庙",但紧接着又说,这"家庙"也可称"影堂"。须知明代的"家庙",是不得挂祖宗画像的;而珠江三角洲顺德县逢简刘氏宗族的文献,也记载了祖宗画像为木质祖宗神主牌位取代的过程。黄氏祠堂在这些方面与珠江三角洲祠堂是不同的。据郑振满研究,该祠堂供奉黄氏十三代祖先,直至明初,该祠堂仍然是宗族祭祀的中心。[②]

　　莆田拥有像石亭黄氏祠堂这类的祠堂,可见宗族在厅堂内而非在祖坟前祭祀祖先这种做法,在莆田出现较早,在珠江三角洲出现较晚。但是,只强调宋代莆田与明代珠江三角洲的共同之处,是会因小失大的。莆田石亭黄氏祠堂的位置不仅很靠近祖坟,而且也很靠近看守黄氏祖坟

---

① 邵鸿,《五百年耕读,五百年农商——流坑的历史》,载周銮书编,《千古一村:流坑历史文化的考察》(南昌:江西人民出版社,1997),页 26—74;Shao Hong, "Associations in village society in Jiangxi in the Ming-Qing period, the case of Liukeng village, Le'an county," *Chinese Studies in History*, Vol. 35, No. 1 (2001), pp.31 - 60;梁洪生,《积厚遗远,古韵犹存——流坑的风俗民情》,载《千古一村》,页 254—318;Liang Hongsheng 2001, "Motivations for and consequences of village and lineage (*xiangzu*) development by Jiangxi scholars of the Wang Yangming school,the case of Liukeng," *Chinese Studies in History*, Vol. 35, No. 1 (2001), pp.61 - 95;刘丹,《祠堂的发展和变迁——以江西流坑村为例》,《清华社会学评论》,2002 年第 1 期,页 127—161。

② 郑振满,《明清福建家族组织与社会变迁》(长沙:湖南教育出版社,1992),页 158—159。

的佛寺,即使到了今天,该祠堂内,除了供奉祖先画像、祖先神主牌位之外,也供奉一尊和尚的塑像,该和尚是黄氏宗族的成员,活跃于唐朝。研究宋史的学者,都知道佛寺与坟墓密切相关。在坟墓旁建立佛寺,称"功德寺",这是宋代流行的做法。毫无疑问,珠江三角洲也曾经遍布这类佛寺。但是,珠江三角洲的佛教势力在明代遭受打击,许多寺产被宗族圈占为尝产。① 从珠江三角洲南海县沙头乡的文献,我们能够找出这类佛寺的清晰完整的例子。但是,与莆田县石亭村不一样的是,南海县沙头乡的佛寺已经消失,片瓦不存,而莆田石亭黄氏祠堂,却把各种祭祖仪式层累迭加起来,屹立至今。可以断定,在南宋,莆田远比珠江三角洲富庶,因此其礼仪传统一旦建立,虽时代转变,仍能维持这礼仪传统于不堕。而在 16 世纪的珠江三角洲,当祠堂开始流行时,珠江三角洲可谓一片空白,没有什么礼仪传统可言。

在宋代莆田,正如在福建许多其他地区一样,佛寺也好,祖先崇拜也好,都是鬼魂信仰这宏观宗教脉络下的产物。鬼魂信仰,无论在福建还是在珠江三角洲,都同样流行,根据这套鬼魂信仰,必须把鬼魂安置在祭

354 坛之上,才可让鬼魂定期飨祭。但是,与珠江三角洲不同,莆田及福建许多地区,对于庙宇里的人格化的神灵,和被泛称为"社公"、往往就是一块石头的神灵,并不严格区分。郑振满、丁荷生因此认为,社公与庙宇里的神灵,往往被混为一谈。也因此之故,郑、丁二人笔下的莆田涵江冲积平原上的庙宇网络,虽然和珠江三角洲许多地区相似,但却比珠江三角洲产生更多带有姓名、拥有具体势力范围的神灵。必须强调,对于信仰的传播而言,命名这个机制是极为重要的。詹姆士·华生(James Watson)研究妈祖信仰的传播时指出,人们最初只把地方原有神灵改名妈祖,之

---

① 竺沙雅章,《宋代坟祠考》,《东洋学号》,第 61 卷第 1—2 期(1979),页 35—67;Robert P. Hymes, *Statesmen and Gentlemen: the Elite of Fu-Chou, Chiang-Hsi, in Northern and Southern Sung*,(Cambridge: Cambridge University Press, 1986);常建华,《明代宗族研究》(上海:上海人民出版社,2005),页 97—101。

后,又用妈祖的传说取代这些神灵的传说。这样,庙宇、祭坛依旧,但妈祖已经取代了原有神灵。宋怡明(Michael Szonyi)则指出,虽然地方神灵被改名妈祖,但不意味着地方信仰习俗会因而消失。他们二人的分析都指出,宗教礼仪的殖民过程,是通过神灵名字的改变而体现出来的。[1]在莆田,神灵的名字还得到王朝国家的支撑。与明朝不同,南宋皇帝很喜欢敕封地方神灵,表示承认这些地方神灵的威力,莆田许多地方神灵,就获得朝廷敕封。当然,只要人们相信某个神灵够灵验,就足以导致这个神灵信仰扩散,除妈祖信仰之外,其他神灵信仰也可作如是观。但是,有了皇帝的敕封,却可以让这些神灵避过 16 世纪儒家意识形态的镇压。[2] 所以,在珠江三角洲,魏校、霍韬的矛头直指"淫祠",所谓"淫祠",就是未获前代朝廷敕封、因而也就不载于明初祀典的寺庙。他们主张,即使平民百姓,也应模仿"家庙"形制,建立祠堂,祭祀祖先。但是,在莆田,由于许多地方神灵都经宋朝敕封,供奉这些神灵的庙宇也就不能被打成"淫祠",在儒家意识形态镇压过程中,香火依旧。反而,如果要兴建"家庙",也就只能在佛寺的基础上、或在祖坟旁的祠堂上改建。

宋明理学家反对的,正是各种带有姓名的地方神灵扩散这个现象,也正为了与之抗衡,理学家们才设计出一套祭祖礼仪,教导百姓在特别建造的厅堂内祭祀祖先。郑振满、丁荷生的研究,不仅与伊佩霞

---

[1] James L. Watson, "Standardizing the gods: the promotion of T'ien Hou ('Empress of Heaven')along the South China coast, 960 - 1960," in David Johnson, Andrew J. Nathan, and Evelyn S. Rawski, eds., *Popular Culutre in Late Imperial China* (Berkeley: University of California Press,1985), pp.292 - 324; Michael Szonyi, "The illusion of standardizing the gods: the cult of the five emperors in late imperial China,"*Journal of Asian Studies*, Vol. 56, No. 1 (2007), pp.113 - 135.

[2] Kenneth Dean, *Taoist Ritual and Popular Cults of Southeast China* (Princeton: Princeton University Press, 1993); *Lord of the Three in One: the Spread of a Cult in Southeast China*, (Princeton: Princeton University Press, 1998); Valerie Hansen, *Changing Gods in Medieval China*, *1127 -1276*(Princeton: Princeton University Press, 1990).

(Patricia Ebrey)对宋代祭祀祖先礼仪演变的研究互相发明,而且也理清了伊佩霞描述的礼仪演变的历史脉络。[1] 伊佩霞注意到宋朝理学家与江西至福建这整片地区有密切联系,但是,她的思想史的写作风格,使她尝试解释礼仪转变时,低估了区域差别对于这些转变的作用。

355　　从宋朝到元朝,大约直至 13 世纪为止,理学家只在个别地区发挥影响,包括福建、江西的部分地区,并从江西越过江西、广东之间的梅岭而渗透到广东的南雄。即使在这些"理学根据地"里面,如果以为理学思想扩散,就能动摇民间宗教科仪书赖以普及的强大基础,这就错了。在毗邻江西、广东的福建山区,也就是日后被称为客家的人民的家乡,由"道士"这类宗教礼仪师所写的科仪书册,应该比理学家的著作,更早渗透民间。正如神灵姓名的传播一样,科仪书册的传播,也有统一地方文化的作用。一方面,宗教礼仪师利用科仪书册来扩大其影响力;另一方面,宗教礼仪师把地方原有的宗教行为重新演绎,将之收编到科仪书册的体系内。道教闾山派体系里、临水夫人陈靖姑的信仰,就是这个过程的产物。有关临水夫人陈靖姑信仰的问题,劳格文(John Lagerwey)、房学嘉已在闽西山区做过调查,提供了生动描述。米高尔・史特立克曼(Michael Strickmann)研究道教正一派在广西瑶人地区及今天泰国地区的传播,他发现的道教正一派传播过程,与上述道教闾山派的传播过程,几乎一模一样。陈永海研究客家族谱里的姓名结构,非常令人信服地指出,客家族谱最初是"授道"纪录。理学家可以通过书籍来追溯其正统源流,同样,闾山派及正一派,也会举行"授道"仪式,即传授科仪书册,以便传授法力。由于"授道"仪式变成了男子的成年礼,因此,获得传授法力的,往往是他们的男性亲属。当宗族成了书面追捧的对象时,这类"授道"纪录

---

[1] Patricia Buckley Ebrey, "The early stages in the development of descent group organization," in Patricia Buckley Ebrey and James L. Watson, eds. *Kinship Organization in Late Imperial China*, *1000 – 1940* (Berkeley: University of California Press, 1986).

就因利乘便成为编纂族谱的基础了。[1]

因此,曾经研究过珠江三角洲的学者,对于广东客家山区即今天梅州市地区的乡村,会有似曾相识之感。广东客家山区的祠堂,在建筑形制上模仿"家庙"形制,但正如民居着重风水一样,客家祠堂也结合了追寻"龙脉"的风水设计。但是,研究过珠江三角洲的学者也会注意到客家宗族与珠江三角洲宗族的显著差别,这些差别,往往是因为客家地区的闾山派传统所造成的,闾山派传统在客家地区,根基雄厚。因此,祖先与巫师、鬼神关系密切这个现象,在珠江三角洲很少见,在客家地区却很常见,一份有关梅州市五华县锺氏的调查报告指出:

> 铁炉村锺姓则敬锺公……所敬锺公为锺万公,其庙建于该村河 356
> 堤中段,称为万公祠。……现已70多岁的官老太太说,锺万公为锺
> 姓上祖,曾拜雪山仙师学法,学成后广为民众驱邪、治病,并受封为
> 锺万十三郎,故其神位为:锺万十三郎尊神位。世人称为锺万公,锺
> 姓人则称其为"叔公太"。万公祠常有神童。清末及民国的二位神
> 童均为本村锺姓人,一名锺天友,一名锺阿城,均有"落童"为他人治
> 病、驱邪之能。[2]

根据一份有关闽西的调查报告,祖先除了身兼巫师之外,有时候更有斩妖除魔的本领,这在临水夫人陈靖姑的原本故事里表现得最清楚。根据这故事,在长汀县,有"精灵"作怪,村民每年要向它献上一对童男童女,

---

① Michel Strickmann, "The Tao among the Yao, Taoism and the sinification of south China," 载酒井忠夫先生古稀祝贺记念の会编,《歷史における民众と文化:酒井忠夫先生古稀祝贺记念论集》(东京:国书刊行会,1982),页 23—30; Chan Wing-hoi (陈永海), "Ordination names in Hakkagenealogies: a religious practice and its decline," in David Faure and Helen F. Siu, eds. *Down To Earth*, *the Territorial Bond in South China* (Stanford: Stanford University Press, 1995), pp. 65 – 82; John Lagerwey, "Patterns of religion in west-central Fujian: the local monograph record," *Minsu quyi*, Vol. 129 (2001), pp.43 – 236.
② 张泉清,《粤东五华县华城镇庙会大观》,载房学嘉编,《梅州地区的庙会与宗族》(香港:国际客家学会,海外华人研究社,法国远东学院,1996),页 19。

以保平安。涂坊乡涂氏、赖氏的两名开基祖,就到闾山求法,以便除去这"精灵"。① 除了这些传说之外,我们也发现,在梅县松源乡一些宗族,参与祭祀的族人,把神主牌位轮流请回自己家中供奉,这样也就形成了祭祀祖先的轮班制度,称为"祭大牌"、"走大牌"。在珠江三角洲,这类轮流负责祭祀的制度,更像是拜神的制度,而非祭祖的制度。② 我们不妨这样分析:文人及官僚推动的儒家祭祖传统,与通过科仪书册而传播的闾山派传统,大不相同。祖先身兼巫师、轮流祭祀祖先等这类现象,在客家地区较多,在珠江三角洲地区较少,原因是这两个地区建立儒家祭祖传统的时间不同。虽然如此,我们并不认为,珠江三角洲在使用书册之前,就没有驱鬼之类的仪式;我们认为,由于这些古老的宗教仪式没有文字撑腰,因此更容易被文人设计的理学仪式所取代。在客家山区,道教科仪书册的传统,早于文人传统出现之前就已建立,因此也就融合到祭祖仪式内,迄今仍能从口述访问中看出来。

我们对于客家山区提出以上宏观分析时,完全意识到,目前研究中,存在着一些重大空白,无法填补。客家人沿着两条河流移民的路线,众所周知:或东下东江,进入珠江三角洲;或西下梅江、韩江而至于汕头,并再北上至闽东。客家人在移民过程中,发展出对于客家山区的身份认同。但即使如此,当客家人移民到这些地区,当地许多人民早已拥有族谱、并按明朝建立起来的制度来祭祀祖先了。客家移民与他们接触,理论上应该会发展出许多不同的祭祀礼仪。但事实并非如此。对此,有一种证据还不太确凿的看法认为,客家人移民到汕头、珠江三角洲这类在明朝以后发展成熟的社会,无法融入当地社会,反而强化客家移民身上的"异类"标签。就清朝汕头而言,吸引客家移民的并非汕头这城市本身,而是新近划入版图的台湾。对于客家移民而言,汕头也好,台湾也好,其实都是农业社会,在这些社会

357

---

① 杨彦杰,《闽西客家地区的畲族——以上杭官庄蓝姓为例》,载《梅州地区的庙会与宗族》,页193。
② 王心灵,《粤东梅县松源镇郊的宗族与神明崇拜调查》,载《梅州地区的庙会与宗族》,页138。

里,当地人利用族群的身份、官府的权威,控制了大部分土地。因此,客家人只能依靠其自己的宗教、宗族传统,并增强各客家村落的联盟,以求自保。这种策略,很容易出事,导致族群之间的械斗。

在更加遥远之处,祖先和地方神灵的结合,方式也更加不同。珠江三角洲以西、高州地区的冯氏,说自己的祖先是唐朝冼夫人的驸马的后裔。但佛山冼氏虽然自称很早就在佛山定居,但佛山冼氏编纂于明朝的族谱,却完全无意和冼夫人这位显赫女性攀关系。同样,要理解高州及珠江三角洲在这方面的异同,我们又要研究历史、比较两地区的礼仪。我们不要忘记,高州位于通往湖南的早期商贸路线之上,直至南宋(大约在十三世纪),才被西江所取代。在高州至湖南这条商贸路线上,至少还有两个祖先与神灵结合的例子。它们体现于雷州半岛的雷神庙,和湖南、贵州之间的几座飞山公庙。正如肇庆的龙母庙、广州黄埔附近的南海神庙一样,雷神庙、飞山公庙都是财力雄厚的庙宇,其信众往往来自远方,原因当然是因为这些庙宇位于早期商贸路线之上。高州以外,海南岛也有冼夫人庙,宋代从雷州开始的移民路线,是经高州而至海南岛,这条路线,与沿着海岸线南下、连接东南亚及阿拉伯贸易的路线是不同的。海南岛的冼夫人主庙也好,雷州的雷神庙也好,都有土人的石雕像,这些土人双手反缚于背后,作跪地求饶状。至于雷州雷神庙的雷神,更有两座神像,各有独立的祭坛,各代表着并宣扬着不同的宗教传统。主殿上的雷神陈文玉,以汉人的形状出现,但却是由蛋孵出来的;偏殿里的雷神,则是胡人而鸟喙的形状,且挥斧打雷。庙里的捐款碑显示,至迟从明朝开始,大部分捐款的村落,都以陈姓为主。至于飞山公杨再思,也同样既是祖先又是地方神灵。①

---

① 宋锐,《雷公庙及雷祖陈文玉》,《湛江郊区文史》,1986 年第 5 期,页 190—197;王增权,《雷州的"傩"考》,《湛江文史》,1997 年第 16 期,页 108—118;明泽贵,《飞山庙》,《荆州文史资料》,1985 年第 2 期,页 160—163;杨文基、杨思藩、龙明跃,《会同侗族特征考察》,《会同文史资料》,1988 年第 3 期,页 37—41;王兴瑞,《冼夫人与冯氏家族:隋唐间广东南部地区社会历史的初步研究》(北京:中华书局,1984);符永光,《琼史寻踪》(海南:亚洲出版社,1998),页 29—32。

可见,自从嘉靖年间的礼仪革命以来,三百年间,在华南许多地区,包括从福建到海南,用礼仪表现政治权力的方式,都经历了剧烈的变化。从现有的研究中,我们可以举出一些证据,证明这种变化,与王朝国家以里甲制度承认地方势力有关,也与王朝基层政府统治方式的演变有关。

过去二十年有关福建地方历史的研究显示,我们在珠江三角洲所能看到的礼仪转变,其关键的推动力,来自基层政府行政制度的改变。虽然郑振满、丁荷生似乎没有考究莆田地区里甲制度的实行,但他们的研究显示,自 12 世纪以来,莆田各个“社”的神灵即社公,就被王朝整合到一个区域庙宇体系内;而在十六世纪,在祠堂祭祀祖先这种风尚也出现了,至于祠堂究竟是什么形制,并不重要。他们二人对于莆田在 16 世纪以后的描述,非常精彩,并反映了莆田与珠江三角洲极为相似。丁荷生引述了郑纪(1440—1516)的文章,该文章是郑纪临死前写的,为户籍登记、赋役、宗族的关联,提供了第一手观察。郑纪来自莆田附近的仙游,其宗族历史悠久,根基雄厚,但他所属的支派,是大约在 15 世纪中叶才富起来的,祠堂也是从这时才建起来的。郑纪笔下的这座祠堂,正好缺乏嘉靖改革的新元素,例如,该祠堂继续使用祖先画像。不过,正如其他地区一样,对祖先的孝思,为设立尝产创造了理由。郑纪的文章因此与我们在珠江三角洲所见,互相发明。但是,除此之外,郑纪对于里甲制度
³⁵⁹ 更有一番独到的见解。有一次,他写信给一位高官,介绍自己家乡仙游县的里甲制度的历史。明初,仙游县分为 64 图,合共在籍 6,400 户,其中,1,900 户为军户,其余为民户。永乐、宣德年间(1403—1435),劳役繁重,瘟疫蔓延,里甲户数萎缩。到了正统、景泰年间(1436—1457),只剩 12 里,大概就是 1,200 户的意思。天顺年间(1457—1464),流民涌入,也就被编入里甲,因此里甲数目增至 14 里,大概就是 1,400 户的意思。所谓流民,其实就是从前没有被编入里甲的人。郑纪这封信清楚地显示,明朝上半叶,所谓仙游县 64 图 6,400 户云云,并不可靠,全县人口中真正被登记为里甲户的,其实很少,而真正的里甲户,又以军户居多,这与

珠江三角洲的情况是一样的。郑纪除了描述仙游县里甲户数之外，还记录了当时一份里甲赋役黄册及一次里甲登记过程，弥足珍贵。郑纪说，从这份黄册引述的官员姓名看来，这份黄册应该出现于成化年间(1465—1487)，当时，郑纪的弟弟发动 140 户里甲户，向县官递状陈情，要求将力役折银，形同要求减税。正如丁荷生指出，郑纪这篇文章不意味着里甲制已经崩溃，从郑纪笔下里甲制由明初到他年代的演变看来，刚好相反，只有当力役折为白银税，只有当里甲户以宗族名义转变为法人团体，里甲制才推行成功。①

　　比在 16 世纪的珠江三角洲来说，在福建沿海地区，包括莆田在内，按家庙形制建立祠堂这新式宗族制度出现时，却遭遇更重大的震荡，因为从 16 世纪中叶开始，福建沿海受到"倭寇"的侵扰，远比珠江三角洲严重。"倭寇"的侵扰，对于福建沿海地区宗族制度的发展，的确产生极为重要的影响。郑振满认为，在莆田，"倭寇"的侵扰、防卫的需要，导致依附式宗族衰落，合同式宗族兴起。同样研究莆田的丁荷生，也看重地域防卫联盟的出现，他甚至认为："从明代中叶开始，地方上各种礼仪组织，开始发生转变，从以血缘、宗族为基础的组织，过渡为以地域为基础的体系。"对于莆田与珠江三角洲的分别，我们可以从幅度、规模两方面来理解。据丁荷生研究，当时整个莆田县都被组织在"七境"之下，每一个这样的区域，都大于珠江三角洲任何一"乡"。尽管在明朝，每个"七境"里都有大姓崛起，交结官府，雄霸一方，但即使在明朝，也不太可能由一姓主导一"七境"。因此，莆田的地域联盟，几乎必然是宗族联盟而非单一宗族组织。"七境"的成员，应该就是各个聚落，亦即村庄；这些村庄之中，部分应该是单姓村庄；而这些单姓村庄之中，部分势力壮大的村庄，应该会在祠堂建筑上模仿家庙形制。但是，一小撮人富起来，不代表该

360

---

① 郑纪，《东园文集》，卷 9，页 7b—9b、10a—13b，卷 10，页 10b—13a，载文渊阁本《四库全书》(上海：上海古籍出版社，1987 缩印)，第 1249 册，总页 816—817、827—828。

地区其他人也提升地位,因为一地区繁荣了,就会吸引贫穷的移民,而每逢经济衰退,即使富裕阶层也可能破产。因此,正如郑振满、丁荷生指出,组成"七境"的,既有多姓村成分,也有单姓村成分,石亭村黄氏,就是加入这类地域联盟的古老宗族的例子。在珠江三角洲,直至16世纪各类危机爆发之前,除了佛山、小榄这类比较大型的市镇之外,宗族联盟并不常见。但是,莆田由于比珠江三角洲更早遭遇动乱,也就比珠江三角洲更早发展出宗族联盟。珠江三角洲也好,莆田也好,地方军事化的现象延续至清初,直至康熙初年迁界为止。17世纪80年代,随着迁界政策结束,重返沿海地区的人民,重新建立宗族及里甲。但是,里甲虽然重建,其作用很快就因《赋役全书》这种统一的赋役纪录的出现而相形见绌。到了18世纪,莆田从前的地域联盟,就继续以游神、建庙这些礼仪活动而表现出来,另一方面,宗族则成为带有法人色彩的、拥有财产的组织。①

南台岛在莆田以北,位于福州城附近海域。宋怡明对该岛的研究清楚显示,从13世纪中叶到14世纪中叶,该岛人民被组织到里甲制度里;然后,以里甲为基础的身份结构,被模仿家庙形制建立祠堂的宗族所取代。宋怡明研究当地的宗族传说、分析当地族谱编纂的历史,他指出,明朝南台岛上的不少著名宗族,很可能过去曾经住在船上,而住在船上的人,即使在南台岛当地人眼中,也算是蛋民。在南台岛,最早的祠堂大概兴建于14世纪初,但并非模仿家庙形制而兴建,一说该祠堂改建自当地两位贤士的书斋,这两位贤士名望很高,以至于在16世纪跻身县乡贤祠。下一间祠堂,则兴建于弘治十六年(1503)。从此,越来越多这类祠堂兴建起来了。但是,宋怡明也指出,并非所有宗族兴建祠堂时都能够成功。如果我们以家庙式祠堂的出现作为社会变迁的标志,则宋怡明的提醒是极为有用的:宗族成员完全有可能在融资问题上谈不拢,因此无

361

---

① 郑振满,《明清福建家族组织与社会变迁》; Kenneth Dean, "Transformation of the *she* (altars of the soil) in Fujian," *Cahiers d'Extreme-Asie*, 10, pp.19-75, p.53.

法兴建祠堂。①

但是,华南并非所有地区都向宗族建设的方向迈进。陈春声研究汕头附近的樟林时强调,主导樟林的,是多姓防卫联盟,而非大宗族。嘉靖三十五年(1556),面对"倭寇"威胁,当地百姓得到官府批准,组织防卫联盟,筑墙建寨。三十年后(1586),又是在官方批准下,蜑民也得以改变其身份。这时候,樟林寨里的三山国王庙,已经成为该地区最重要的庙宇,新近加入该防卫联盟的成员,包括樟林寨附近的个别村庄、例如蜑民村庄等,会被安置于四个"社"之内,这已成为一种固定的做法。步入清朝,樟林成为繁盛的港口市镇。樟林并不排斥外姓人定居,这一点与佛山相同;但樟林似乎始终没有产生任何高官,这一点与佛山不同。清朝中叶,樟林随处可见祠堂,但这些祠堂规模甚小,樟林的礼仪活动,主要由庙宇包办。②

在珠江三角洲、福建沿海、甚至江西这三地区,表达地方权力的礼仪,其变化的时间,都有互相契合之处。这就反映出,这三地区明清时期的社会形态,主要受两个宏观历史过程所影响。第一,在明代,王朝基层政府承认地方豪强的土地权,以换取地方豪强的支持。这个趋势,在18世纪曾出现短暂的逆转,因为雍正皇帝的赋税改革,显著增强了地方政府的财力。第二,王朝国家把王朝礼仪推行到地方社会,依靠的不是威逼,而是利诱。一方面,王朝把士绅的仪态举止,捧为百姓之表率;另一方面,越来越多人通过科举考试而提升其社会地位,也越来越多人攀附这些拥有科举功名的人而提升其自己的社会地位。在珠江三角洲,这两个历史过程的影响很显著,很大程度是因为,在明代之前,珠江三角洲有大量土地未被开发,明初的户籍登记,就成为在这些土地上确立地权的

---

① Michael Szonyi, *Practicing Kinship: Lineage and Descent in Late Imperial China* (Stanford: Stanford University Press, 2002).

② 陈春声,《社神崇拜与社区地域关系——樟林三山国王的研究》,《中山大学史学集刊》,1994年第2期,页90—105;《从〈游火帝歌〉看清代樟林社会——兼论潮州歌册的社会史资料价值》,《潮学研究》,1995年第1期,页79—111。陈达在其研究中也不点名地提及樟林,见其《南洋华侨与闽粤社会》(长沙:商务印书馆,1938)。

手段。宋怡明研究的福州附近海域的南台岛,也有极为相似的过程,该岛相当多的蜑民,就是通过王朝基层政府的户籍登记,自行改变其贱民身份。在莆田地区,明初的里甲制、16 世纪的礼仪改革,也同样出现。不过,由于早在宋朝,莆田就已有大量土地被开发,而其地主早已和王朝国家建立密切关系,这种密切关系所产生出来的权力结构,维护了庙宇在莆田社会的地位,因此,明初的里甲制、十六世纪的礼仪改革,就要在莆田既有的社会基础上进行。当然,以上这种宏观分析,还远远说不上是定论。相反,这种宏观分析虽然解答了不少问题,却也开启了不少疑窦。例如,珠江三角洲的权力结构,与土地的控制密切相关。既然莆田开发较早,则早期的土地关系,应该会影响后来的土地关系。在珠江三角洲,佛教寺院曾经拥有大片土地,但到了明朝,这些佛教寺院的寺产就全被剥夺了。在莆田,类似的现象也有可能发生,诚若如此,则宋朝佛教寺院控制土地的制度,与郑振满、丁荷生研究的由庙宇包办的水利工程之间,可能有其一脉相承、不绝如缕之处。①

　　我们简略地回顾了有关江西及福建的地方历史的研究,可以作出这样的结论:地方社会整合到王朝国家时,当地社会的等级、身份结构,及表现这种结构的礼仪,都会大受影响。莆田被整合到王朝国家内,时当宋朝,因此莆田有很多由宋朝敕封的神灵,它们"威灵"长存。到了明朝,整合社会与国家的机制,先是里甲,后是宗族,虽然这些机制得到政权的支持,但在莆田,这些明朝机制却不得不立足于宋朝就形成的文化之上。在珠江三角洲,宋朝的影响很小,珠江三角洲大部分地区在明朝被整合到王朝国家时,可以说是在一片空白中建立礼仪,在这片空白中,王朝把当地百姓登记为里甲户,而里甲户又演变为宗族。我们从以上研究中,可以得出一个相当有趣的、能够应用于整个华南的看法:一个地方社会的礼仪特色,与该社会

_____

① 参见张小军、余理民,《福建杉洋村落碑铭》(香港:华南研究出版社,2003)。该书记载了以"功德寺"名义控制财产并且最终演化成祠堂的有趣过程。

何时被整合到王朝、当时流行的是什么样的整合机制，有密切关系。王朝
政权的建立、正统礼仪的推行，固然重要；但是，实现社会与国家整合的地
方社会也同样重要，无论这王朝政权或这正统礼仪是否源自当地。

　　根据这种看法，我们可以研究西南地区更为复杂多变的国家与社会
的整合过程。我们几乎可以肯定，"猺"、"獞"这类字眼，是明朝基层政府
发明出来的族群标签。里甲实施之处，里甲制的成员顾名思义就成为王
朝的臣民，即所谓"民"。在明朝被称为"獞"的人，则不受里甲制束缚，而
由他们的部落酋长即"土司"统治。至于"猺"，则既非里甲制里的"民"，
也非"土司"所统治的"獞"。① 至于台湾，从 17 世纪开始，大量移民涌入，
这些移民，或来自福建，或来自福建、广东交界地区。他们移民台湾，也
就把自己原有的礼仪传统移植台湾。台湾的地域组织，一般是以庙宇为
中心的多姓联盟，充分结合了道教闾山派的礼仪。而且，由于台湾开发
较晚，以书面契约进行土地交易这种制度，已经成熟。因此，在台湾，移
民一旦定居，就立即利用地契控制土地，而不必经历像明初珠江三角洲
那样的过渡期；在明初珠江三角洲，土地契约可以说是绝无仅有的，土地
权体现于里甲登记中。贵州山区也有类似情况。从 18 世纪开始，商业
性质的伐木活动，突然刺激当地经济发展。当地的苗人，立即采用地契
以确立地权，并强化自己的族群疆界，抗衡蜂拥而来的湖南移民。苗人
也开始模仿汉人形制，兴建木屋。到了 19 世纪，苗人派遣男丁参军抗击
太平军，为朝廷立了大功，因而编起族谱来。② 在云南，情形又有所不同。
广东及福建的地方社会，分别蜕化自东南沿海的南汉国及闽国，而南汉

① David Faure, "The Yao Wars in the mid-Ming and their impact on Yao ethnicity," in
　PamelaKyle Crossley, Helen Siu and Donald Sutton, eds., *Empire at the Margins: Culture*,
　Ethnicity and Frontier in Early Modern China (Berkeley: University of California Press,
　2005), pp.171 – 189.

② 在这方面的详细记载，参见贵州省编辑组编，《侗族社会历史调查》(贵阳:贵州民族出版社,
　1988)，张应强，《木材之流动:清代清水江下游地区的市场、权力与社会》(北京:三联书店,
　2006)。

国及闽国在明代尚未建立之前就早已消失。但在云南,从 9 世纪到 13 世纪,云南的大理王国及爨王国,一直维持其统治,尽管文字对云南地方社会尚未产生影响。中国王朝整合云南时,就必须在云南早期王朝的基础上进行整合。在明朝,云南原有的许多佛教政权就以土司控制的族群的形式重新出现,后来也演变出几个规模庞大的宗族。[①]

　　有一种看法认为,作为社会组织的宗族,在华北并不如在华南普遍。我们如今可以相当坚定地指出,这种看法,并不正确。但是,由于我们对于华北的史料研究甚少,究竟华北地方社会如何演变,对此问题,我们应该承认自己近乎一无所知。有关山西票号的史料,提及宗族,毫无疑问,许多这类宗族是有围墙包围的单姓村落,[②]有些已成了博物馆,要前往探访,甚为便利。沿着今天的旅游点路线,我们还能够发现更多的单姓村庄,原因之一,是有些这样的单姓村庄保留了壮观的建筑:例如毗邻河南省的阳城县皇城村,该村为陈氏宗族所建;或者阳城县以西的襄汾县丁村,该村的建筑,流露着江南园林的雅致。[③] 皇城村陈氏及丁村丁氏,均定居于明朝,并延续至清朝。另外,如果我们有机会读读华北近年编纂

[①] 参见白鸟芳郎,《华南文化史研究》(东京:六兴出版,1985),该书将西南民族的活动放置在中国王朝的扩张这一脉络下加以考察,值得注意。这个领域的近期研究,对我产生莫大的裨益,参见 John E. Herman, *Amid the Clouds and Mist: China's Colonization of Guizhou, 1200 -1700*(Harvard East Asian Monographs 293, Cambridge, Mass. : Harvard University Asia Center,distributed by Harvard University Press, 2007);连瑞枝,《隐藏的祖先:妙香国的传说和社会》(北京:三联书店,2007)。

[②] 张正明,《晋商盛衰史》(太原:山西古籍出版社,1995),页 206—246;有关山西地区最著名的单姓村之一、乔家大院的照片,参见《老房子·山西民居》(南京:江苏美术出版社,1995),页8。该书页 6 的照片,显示祠堂位于一通道之尽头,显然,这祠堂是整个用围墙围起来的建筑群的一部分,但根据明朝法律,家庙必须是一单独的建筑物。

[③] 皇城的碑铭、包括墓志铭的文字,在当地已经出版了,见栗守田,《皇城石刻文编》(刊行机构不详,1998),我在皇城地区没有发现任何族谱,但樊社堂的著作让人感到该地区在过去是有宗族的,见氏编,《皇城故事集》(出版机构不详,1998)。我在 2000 年夏探访皇城时,村庄的墙壁已被翻新,几座新房子也建起来了,显然,这都是为发展旅游业作准备。想知道翻新之前的模样,参见《老房子·山西民居》,页 190—203。该书也收录了明末已存在的、有墙壁围起来的其他村庄,包括砥洎,见该书页 166—189。我在砥洎发现了一块崇祯十一年(1638)的碑,碑上还刻上该城的地图。陶富海对于丁村及其族谱作了很好的研究,见陶氏编,《平阳民俗丛谭》(太原:山西古籍出版社,1995)。

的村庄历史,我们就会发现,村庄由单姓支配的现象,甚为明显。以五台县槐阴村为例,其《槐阴村志》收录了 1919 年至 1952 年间历任村长、副村长、秘书的姓名,1959 年至 1984 年间历任生产队队长的姓名,亦即1985 年至 1994 年间历任村委会主席的姓名。除三人以外,其余所有人均属同一姓氏。[①] 此外,还有著名的洪洞县大槐树移民的故事,等于华南珠玑巷移民传说的华北版本,但是,对于这个华北移民传说,迄今为止,基本上没多少人研究过。[②]

　　华北宗族建设的最精彩例子之一,是代县鹿蹄涧村杨氏,这就是著名的北宋杨家将的家乡,杨家将的事迹,成为全国各地戏曲的题材。该村的杨氏宗祠,今天仍然保留一块石碑,据碑文记载,明嘉靖三十五年(1556),山西提学副使探访该村,发现该村大约有五百人,自宋朝以来,就"共族同茔"。他们有族谱,有祠堂,并自称为杨业的后裔,杨业就是杨家将的大家长。提学副使还指出杨氏在元朝的祖先的名字,并说,在明朝,杨氏"重祠祭、明宗谱、立家约",守"圣教",设"公田",立"射圃"。我们今天在村内除能读到这块碑之外,还果然能够读到元朝泰定元年(1324)、天历二年(1329)的家谱碑,另外,还有一块字迹模糊、大约也立于泰定元年(1324)的石碑,该碑题为《宣圣十德》,内容为十条有关个人修养及社会责任的道德训诫。此外,要让提学副使的观察完满无缺,我们当然也找到一间经历多次重建、重修的祠堂,里面保存了不少石碑。据嘉靖二十九年(1550)的一块碑显示,据提学副使探访该村前几年,有一位进士也撰文作记,纪念杨氏的悠久历史,该碑为杨氏两名成员所立,一为族中耆老,一为驿站官

[①] 山西省史志研究院,《槐阴村志》(太原:山西古籍出版社,1999),页 8—14。这三个人都是在非常时期充任村庄领袖的。他们是:1949 年 1 月至 1952 年 12 月期间的村长;这同一人又在1965 年 1 月至 1971 年 2 月期间担任生产队队长;以及 1992 年 1 月至 1994 年 12 月期间的村委会主席。

[②] 追踪洪洞县移民,近年来已经成为显学,参见黄有泉、高胜恩、楚刃,《洪洞大槐树移民》(太原:山西古籍出版社,1993);潘永修、郑玉琢,《根在洪洞》(北京:中国档案出版社,1998);郑守来、黄泽岭,《大槐树寻根》(北京:华文出版社,1999)。

员。明初,鹿蹄涧杨氏并没有人做大官,但杨氏的宗族传统肯定已经建立起来,其族谱显示,部分族人于元朝担任军职,虽然族谱并没有把这些元朝族人与宋朝族人的谱系连接起来。[1]

山西的地方历史史料非常丰富,但其地方历史一直未被仔细研究过,真是奇怪得很。大卫·约翰逊(David Johnson)利用《中国地方戏剧研究计划》所搜集的史料,重构山西潞城县一条村庄的节庆,在他笔下,节庆所反映出来的社会关系,与华南社会往往相似。该节庆是由"社"的头目及十二家(约翰逊称之为"宗族")代表共同筹办的。[2] 我也根据碑铭资料,重构了明代山西两条村庄的历史。其一是宋朝著名学者及官员司马光家乡夏县的族人的村庄。司马氏祖先的坟墓,一向由司马氏宗族看管,这是人人都接受的。但是,明代夏县地方官及当地名望发现,在过去两百年间,司马氏族人已迁移四散,因此他们同意,把目前定居浙江的司马氏子孙请回夏县,以便维持司马光的香火。部分定居浙江的司马氏子孙果然来到夏县,这段引人入胜的故事,还记录了这样一幕:这些来自浙江的司马氏子孙,必须出示证据,证明自己就是司马光的子孙,证据不仅包括一本极为简略的族谱,还包括一张司马光的画像。这些来自浙江的司马氏子孙,口口声声说自己如何孝顺司马光,但当时为此事撰文作记的人都知道、并且毫不含糊地指出,他们来夏县,主要是看中了以司马光名义控制的田产。[3] 我研究过的另一条村庄,位于明代潞安府的府治,据《新开潞安府治记碑》,嘉靖十二年(1533),潞安升格为府四年之后,原本属于王府的仪宾为了宣示对于地方官的忠诚,希望变成模范宗族,他们

---

[1] 我于 2001 年夏探访鹿蹄涧村,对这些碑铭做了记录,其中部分碑铭、以及其中一部族谱,也收录于代县地方志编纂委员会编,《代县志》(北京:书目文献出版社,1988),页 392—398。关于杨氏的更详细的研究,参见常征,《杨家将史事考》(天津:天津人民出版社,1980)。

[2] David Johnson, "Temple festivals in southeastern Shansi: the sai of Nan-she Village and Big West Gate," *Minsu quyi*, Vol. 91 (1994), pp. 641–734.

[3] David Faure, "It takes a sage … Notes on land and lineage at Sima Guang's grave in Xia county, Shanxi province," *Minsu quyi*, Vol. 131 (2001), pp. 27–56.

宣称自己五代同居,没有分过家。嘉靖二年(1524),著名学者吕楠经过此地,村民们聚集二百人,设宴欢迎,并请求他帮忙设立乡约。①

以上山西的个案都显示,16 世纪的新礼仪,把祭祀祖先作为社会组织的核心,而山西地方社会显然都尝试迎合这套礼仪。但是,在这些个案中,我们找不到任何可被称为"家庙"的建筑。② 树立于司马光坟前的,是历代祖先的塑像,而非神主牌位。山西通行的祭祖礼仪,不是在家庙里献祭,而是把家庙及所有祖先神主牌位画在一幅布上,把这幅布画挂在墙上,进行祭祀。即使富裕之家也这么做。对于部分观察者而言,这幅布画也可算是族谱,因为它把所有祖先的神主牌位都画进去。也许,由于家庙未能普及于 16 世纪的山西,这样的一幅布画,就成了家庙的替代品,即使宗族已经有财有势,也继续维持这种祭祖方式。③

本书写到这里,是时候谈一谈江南了。明清时期,中国最重要的城市,有许多就位于江南。江南的水道交通网络,错综复杂,变化频仍,江南东部的土地开发,产生了棉花与小麦复种的种植方式,凡此种种,都要求研究者对于江南地方社会的差异,保持高度警惕。从杭州上溯新安江,就来到安徽省徽州,徽州以宗族著称。早在 20 世纪 60 年代,叶显恩就注意到,嘉靖礼仪改革,推动了徽州的祠堂建设。④ 希拉莉·贝蒂(Hilary Beattie)的研究,算是 20 世纪 70 年代宗族研究的大作,她研究16 世纪同样也位于安徽省的桐城的宗族历史时发现由一群"受过教育、

①　科大卫,《动乱,官府与地方社会,读〈新开潞安府治记碑〉》,《中山大学学报》,2000 年第 2 期,页 66—73。
②　出身直隶武强县的张渠,雍正八年至十三年(1730—1735)间在广东当官,他说:"吾乡乃邦畿之地,以卿大夫而有宗祠者尚寥寥无几,其尊祖睦族之道反不如瘴海蛮乡,是可慨也。"见张渠撰,程明校点,《粤东闻见录》(广州:广东高等教育出版社,1990),页 49。
③　有关这些布画的例子,参见 Myron Cohen, "Lineage organisation in north China," *Journal of Asian Studies*, Vol. 49 No.3 (1990), p. 518;中生胜美,《华北农村的社会惯性》,载三谷孝编,《村から中国を読む:华北农村五十年史》(东京:青木书店,2000),页 221。乔家大院里,也挂着一张这样的布画,见《老房子·山西民居》,页 15。
④　叶显恩,《明清徽州农村社会与佃仆制》(合肥:安徽人民出版社,1983)。

有钱、有闲"但不一定拥有高等科举功名的男子,组成领导"核心",是桐城宗族生存的重要条件。贝蒂的这个描述,可谓准确把握了宗族的一面,因为从外部看来,定期举办各种礼仪,确实也是宗族的主要工作。①杰里·德纳连(Jerry Denneline)研究元明之际无锡华氏宗族,他笔下的华氏宗族发展模式,与珠江三角洲的模式很相似:明初,对于地方势力与宗族结构都很有影响,是里甲制度,而里甲制度后来演变为宗族赖以控制财产的尝产制度。② 太湖沿岸,元代以来就出现了繁华的商业市镇,其中部分市镇的宗族,也正是发源于元代的。但是,在元代,家庙尚未普及,宗族活动也以庙宇为中心。滨岛敦俊研究江南水利工程背后的社会组织时,也假设宗族已经出现于江南。之后,滨岛敦俊研究江南的各种宗教信仰,尤其是"总管"信仰,更提出饶有意味的看法:总管信仰可能是祖先信仰与地方神灵信仰的结合。江南存在宗族,这当然不成问题,成问题的是:江南各地区的宗族,究竟在什么时候发展起来? 我们应该牢记 20 世纪 30 年代费孝通在开弦弓村的观察:他发现,这条多姓村庄里的两座庙宇,是由道士们"拥有"的,他们的"重要功能"之一,就是"为村民保存祖先记录(原文如此)"。费孝通对此的描述可谓毫不含糊,也似乎完全不感到诧异:"村民的族谱,收藏于各庙宇外面。村民付钱给庙宇的道士,因为道士替村民保存其族先姓名所系之族谱。因此,在某个意义上,村民的祖先纪录成了道士的私人财产。"③最近,颜学诚的民族志研究,终于澄清了费孝通的观察。寄存在庙宇的祖先纪录,是五服内的祖

367

① Hilary Beattie, *Land and Lineage in China*, *A Study of T'ung-ch'eng County*, *Anhui*, *in the Ming and Ch'ing Dynasties*(Cambridge: Cambridge University Press, 1979), p. 126.
② Jerry Dennerline, "Marriage, adoption, and charity in the development of lineages in Wu-hsi from Sung to Ch'ing," in Patricia Buckley Ebrey and James L. Watson, *Kinship Organisation in Late Imperial China*, *1000 – 1940* (Stanford: Stanford University Press, 1986), pp.170 – 209.
③ 引文见 Fei Hsiao-tung, *Peasant Life in China*, *A Field Study of Country Life in the Yangtze Valley*(London: Routledge & Kegan Paul, 1939, 1962), p. 105;有关分析,见同书页 104—105。

先姓名,村民雇用和尚,保管这些纪录的,以便为这些祖先举办丧礼、及日后定期祭祀这些祖先。颜学诚认为,这些祖先纪录"类似族谱"。保存这类祖先纪录的其中一条村庄,名水头村,他研究水头村的结论是:水头村"没有宗族组织,也没有族谱。"①

我认为,珠江三角洲宗族建设的历史,与彼得·包尔(Peter Bol)笔下、理学崛兴于 12 世纪并复兴于十五六世纪的金华地区历史,互相发明。彼得·包尔研究的重点,为陈白沙的老师吴与弼,说吴与弼有一种"地方主义"(localism)倾向。这显示,到了 16 世纪,宗族的发展并非孤立现象。在 12 世纪,理学扎根地方各省,靠的是朝廷设立地方学校的政策。而到了 15 世纪,中国许多地方上的文人,不仅认同儒家的各类核心价值观,而且还通过著作、私人通信、政治立场来互相影响。②

着眼于一地区,仔细研究该地区里各种地方组织所赖以成立的关键制度,用这种研究方法来研究珠江三角洲,本书发现,这关键制度就是宗族。如果这种研究方法有何启示的话,这就是:社会史研究如果要有说服力(make sense),就必须结合地理。所谓地理,不是坐在椅子上观看地形图,而是要明白当地人如何把这些地形理解为他们的地区或地区的一部分。河流、山脉,对于商贸往来、人民流动、及因此造成的思想传播,当然是重要的,本书完全无意贬低这些地形的重要性。本书要鼓吹的是,我们亟须做大量的开拓研究,研究人类的活动如何影响区域社会的形成。这些区域社会,正是国家政权扩张到原有的地方社会时,由国家政权划分形成的。地方社会原有的障碍,大部分都因此被国家政权摧毁,荡然无存。

---

① 颜学诚,《长江三角洲农村父系亲属关系中的"差序格局"——以二十世纪初的水头村为例》,载庄英章编,《华南农村社会文化研究论文集》(台北:中央研究院,1998),页 95。

② Peter K. Bol, "Neo-Confucianism and local society, twelfth to sixteenth century: a casestudy," in Paul Jakov Smith and Richard von Glahn, eds. *The Song-Yuan-Ming Transition in Chinese History*(Camb. Mass.: Harvard University Asia Centre, 2003), pp. 241 - 283; "The'localist turn' and 'local identity' in later imperial China," *Late Imperial China*, Vol. 24, No. 2(2003), pp.1 - 50.

这新近加建的政治结构,也披上了一层文化脉络,权力,就是通过这文化脉络而体现出来。研究珠江三角洲也好,研究中国其他地区也好,并不是要证明全国各地的历史进程都必然相似;但这些研究,确实可让我们从不同地区找出共同问题,以了解王朝国家形成的过程。其中一个共同问题是:地方神灵与祖先何时被整合到王朝国家的意识形态之中?另一个共同问题是:王朝基层政府何时建立、规模如何?另外,在区域社会以外,中国的王朝国家的性质本身,也值得一提。明王朝渗透到各个地方社会,拥抱各个地方社会的差异,将之消融于一体。里甲制成了划分王朝内外的界限,登记到里甲内的,就是皇帝的臣民;未被登记到里甲的,在南方就被称为"猺"或"僮"。明王朝有一套统一的意识形态,有一套正统的礼仪,有一队不问种族出身、以科举考试拔擢的官僚,并通过里甲制而清楚划分谁是"民"、谁不是"民"。这样看来,明王朝也许是全球最早的民族国家之一。依芙莲·罗斯基(Evelyn Rawski)及潘美拉·克罗斯利(Pamela Crossley)最近的研究,则显示清朝与明朝不同,因为清朝把明朝的"民"定义为"汉人",这就为清朝的成员制度打上了族群标签。①

说传统的中国社会史研究是"坐在椅子上"的研究,这批评是否太苛刻?恐怕不是。我们真的必须到中国各地走一走,才能够体会到中国地域之广大、社会差异之巨大。我们也必须到中国各地走一走,才能够亲眼看到各种历史遗迹,它们见证着已经消逝的社会。我们也必须到中国各地走一走,才能够搜集到史料文献,这些史料文献,包括碑铭,以及由个人珍重保存的残卷。以这种方法书写中国历史,不知还能维持多久,时间恐怕不多了。明清时期的社会建构的伟大成就,还有些痕迹保留至今,还能让当代历史学家看见。当代历史学家应该感到幸运,把握这个机会,写出明清时期的社会建构的历史,这应该是当代历史学家的责任。

---

① Evelyn S. Rawski, "Reenvisioning the Qing: The Significance of the Qing Period in Chinese History," *Journal of Asian Studies*, Vol. 55, No. 4, pp. 829 - 850; Pamela Crossley, *The Manchus*(Cambridge, Mass.; Oxford: Blackwell Publishers, 1997).

参考书目

谱牒、年谱类(按宗族及人物姓氏排列)

蔡氏　《南海深村蔡氏族谱》,光绪元年(1875)刊,藏广东省图书馆,编号
　　K0.189/619。

陈氏

《顺德沙窖陈氏族谱》,道光二十八年(1848)刊,手稿,不分卷,无页码,藏广东省图书
　　馆,编号K0.189/278。

《金鱼塘陈氏族谱》,光绪二十三年(1898)刊,藏广东省图书馆,编号 K0.189/272。

《陈氏族谱》,光绪二十六年(1900),钞本,藏广东省图书馆,编号 K0.189/276。

陈绍臣编,《陈氏族谱(观佐房谱)》,宣统三年(1911)刊。

《新会陈氏族谱》,民国元年(1912)刊,页 11a—12a,藏广东省图书馆,编
　　号K0.189/277。

《南海鹤园陈氏族谱》,民国六年(1917)刊,藏广东省图书馆 K0.189/272.2。

《陈氏族谱》,民国十二年(1923)刊,承蒙萧凤霞借阅。

《汶村陈氏恺翁十世孙复新祖房之家谱》,民国十六年(1927)刊,藏广东省图书馆,编
　　号 K0.189/273.2。

《墩头陈氏族谱》,民国二十二年(1933)刊,藏广东省图书馆,编号 K0.89/273。

程氏

周绍泉、赵亚光,《窦山公家议校注》,合肥:黄山书社,1993。

《程氏族谱》,光绪二年(1876)刊,藏广东省图书馆,编号 K0.189/311。

邓氏

《龙跃头邓氏族谱》,无刊行年份,钞本,藏香港大学图书馆善本部,编号:罗
  700.17—7。

《南阳邓氏族谱》,无刊行年份,手稿本,藏香港大学图书馆,编号:大 789.317—43。

《顺德龙山乡邓氏族谱》稿本,刊行年份不详,藏广东省图书馆,编号 K2.418.0/
  811/2。

方氏

《方氏家谱》,光绪十六年(1890)刊,藏广东省图书馆,编号 K0.189/438。

《东莞方氏家谱》,香港:1965 年,藏香港大学图书馆,编号 2252.9/0240.1。

冯成修　劳潼,《冯潜斋先生年谱》,宣统三年(1911)刊,载《北京图书馆藏珍本年谱
  丛刊》,北京:北京图书馆出版社,1999,第 97 册。

冯氏　《冯氏族谱》,无刊行年份,无页数,抄本,藏广东省图书馆,编号 K0.189/
  64.2。

甘氏

《甘氏祠谱》,民国十三年(1924)刊,藏广东省图书馆,编号 K0.189/945.2。

《广东台山上川房甘氏族谱》,民国二十四年(1935)刊,藏广东省图书馆,编号
  K0.189/945。

关氏

《南海山南联镳里关氏族谱》,光绪十五年(1889)刊,藏中山大学图书馆,编号:史
  (2)050。

《南海九江关氏族谱》,光绪二十三年(1897)刊,藏广东省图书馆,编号 K0.189/860。

《关敦睦堂墓志》,光绪三十一年(1905)刊,稿本,藏广东省图书馆,编号 K0.189/
  860.2。

何氏

何崇祖,《卢江郡何氏家记》,宣德九年(1434)刊本,载郑振铎辑,《玄览堂丛书续集》,
  南京:国立中央图书馆,民国三十六年(1947)影印。

《庐江郡何氏家谱》,同治九年(1870)刊,藏新会县景堂图书馆。

《家规要言》,光绪二十二年(1896)刊。

《何乌环堂重修族谱》,光绪三十三年(1907)刊,萧凤霞赠送,藏科大卫处。

何自宏,《裕泽堂家事记》,影印光绪戊申年(1908)手抄本,藏香港大学图书馆,编号:
  中 789.3/21.5。

《何氏族谱》,民国十二年(1923)刊,页 31a,藏广东省图书馆,编号 K0.189/349.1。

《何氏九郎谱》,民国十四年(1925)刊,萧凤霞赠送,藏科大卫处。

何仰镐,《据我所知中山小榄镇何族历代的发家史及其他有关资料》,1965,抄本,承
  蒙萧凤霞借阅。

黄氏

《黄氏全谱》，嘉庆二十五年(1820)刊。

《黄氏梅月房谱》，光绪五年(1879)刊，藏广东省图书馆，编号 K0.189/501。

《南海黄氏族谱》，光绪二十五年(1899)刊。

霍氏

霍韬，《霍渭厓家训》，嘉靖八年(1529)刊，载《涵芬楼秘笈》第二集，上海：商务印书馆，1916。

《南海佛山霍氏族谱》，约康熙四十二年(1703)刊，藏广东省图书馆，编号 K0.189/470.2。

《上园霍氏族谱》，同治七年(1868)刊，藏广东省图书馆，编号 K0.189/471。

《石头霍氏族谱》，光绪廿八年(1902)刊，藏广东省图书馆，编号 K0.189/470。

《太原霍氏族谱》，无刊行年份，无出版地点，藏佛山市博物馆。

简氏　简朝亮等纂修，《粤东简氏大同谱》，民国17年(1928)刊，载《北京图书馆藏家谱丛刊·闽粤侨乡卷》，北京：北京图书馆出版社，2000，第42—44册。

孔氏

《番禺小龙房孔氏家谱》。光绪二十三年(1897)刊，藏中山大学图书馆。

《南海罗格孔氏家谱》，民国十八年(1929)刊。

黎氏　《顺德大罗黎氏家谱》，宣统二年(1910)刊，藏广东省图书馆，编号 K0.189/711。

黎简　苏文擢，《黎简先生年谱》，香港：香港中文大学，1973。

李氏

《李氏族谱》，崇祯十五年(1642)刊，藏佛山市博物馆。

李喜发等增辑，《泰宁李氏族谱》，民国三年(1914)刊，载《北京图书馆藏家谱丛刊·闽粤(侨乡)卷》，北京：北京图书馆出版社，2000，第19—20册。

《云步李氏族谱》，1928年刊。

梁氏

《梁氏崇桂堂族谱》，嘉庆二十年(1815)刊，藏广东省图书馆，编号 K0.189/406.2。

《诸祖传录》，光绪十一年(1885)刊，藏佛山市博物馆。

《千乘侯祠全书》，民国九年(1920)刊，藏广东省图书馆，编号 K0.189/402。

《梁肇基公族谱》，刊行年份不详，藏广东省图书馆，编号 K0.189/403.2。

廖氏　《廖维则堂家谱》，民国十九年(1930)刊，藏广东省图书馆，编号 K0.189/765。

林氏　《双桂书院志略》，广州忠孝堂光绪癸未(1883)刊，藏香港中文大学图书馆善本部，编号 AS452.S48 S5 v.1—4。

刘氏

《逢简南乡刘追远堂族谱》，无出版年份，手稿，无页码，藏科大卫处。

《刘氏家谱》，稿本，刊行年份不详，藏广东省图书馆，编号 K0.189/765.2。

龙氏 龙景恺等总纂,《广东顺德县大良乡龙氏族谱》,民国十一年(1922)敦厚堂活
字本。

卢氏 《新会潮连芦鞭卢氏族谱》,宣统三年(1911)刊,藏广东省图书馆,编号
K0.189/790。

陆氏 《陆氏世德记》,民国二十一年(1932)刊,藏中山大学图书馆。

罗氏 《顺德北门罗氏族谱》,光绪九年(1883)刊,藏东京大学东洋文化研究所。

麦氏

《麦氏族谱及舆图》,同治二年(1863)刊,藏广东省图书馆,编号 K0.189/521。

《榄溪麦氏族谱》,光绪十九年(1893)刊,藏香港大学图书馆微缩胶卷部,编号
CMF 26013。

《麦氏族谱》,民国二十七年(1938)刊,稿本,藏广东省图书馆,编号 K0.189/516.2。

《新会麦氏族谱》,无刊行年份,稿本,藏广东省图书馆,编号 K0.189/521。

莫氏

《巨鹿显承堂重修家谱》,同治十二年(1873)据同治八年(1869)本重刊,藏广东省图
书馆,编号 K0.189/581。

《南海氏族》,刊行年份不详,无页码。

欧阳氏 《欧阳在必堂家谱》,民国八年(1919)刊,藏美国普林斯顿大学格斯特图书
馆(Gest Library)。

潘氏

潘进,《潘氏家乘》,光绪六年(1880)刊,藏中山大学图书馆。

《荥阳潘氏家乘》,光绪八年(1882)刊,藏广东省图书馆,编号 K0.189/55。

《潘式典族谱》,民国十三年(1924)刊,藏广东省图书馆,编号 K0.189/53。

庞氏 庞尚鹏,《庞氏家训》,载《丛书集成初编》,长沙:商务印书馆,1939 年据道光二
十八年(1848)本排印,第 974—977 号。

区氏 《南海区氏族谱》,稿本,刊行年份不详,藏广东省图书馆,编号 K0.189/8216。

屈大均 汪宗衍,《屈翁山先生年谱》,澳门:于今书屋,1970。

容氏 《容氏谱牒》,容联芳编,民国己巳年(1929)长世堂刊,藏香港中文大学图
书馆。

宋氏 《平冈宋氏缘俊祖房家谱》,民国三十二年(1943)刊,油印本,藏广东省图书
馆,编号 K0.189/414.3。

苏氏 《武功书院族谱》,民国十八年(1929)刊,藏广东省图书馆,编号 K0.189/635。

谭氏 《谭氏族谱》,康熙三十一年(1692)刊,藏新会县景堂图书馆,编号:
D/D923—7。

王氏 《鳌台王氏族谱》,民国四年(1915)刊,藏广东省图书馆,编号 K0.189/936。

卫氏 《卫氏倡议建祠备录》,光绪三十四年(1908)刊,藏广东省图书馆,编号
K0.189/377。

翁氏 《翁氏族谱》,无刊行年份,残本,藏广东省图书馆,编号 K0.189/868.2。

吴氏 《吴氏家谱》,光绪二十五年(1899)刊。

冼氏

《鹤园冼氏家谱》,宣统二年(1910)刊,无页数,藏广东省图书馆,编号 K0.189.3/72—72。

《岭南冼氏族谱》,宣统二年(1910)刊,藏广东省图书馆,编号 K0.189/72。

冼宝干修,《南海鹤园冼氏族谱》,宣统二年(1910)刊,藏广东省图书馆,编号 K0.189/272.2。

谢氏 《南社谢氏族谱》,1942年抄本,杨宝霖先生借阅。

叶氏 《南阳叶氏宗谱》,光绪二十一年(1895)刊于香港,藏香港大学图书馆,编号:中 789.3/45—42。

曾氏 《武城曾氏重修族谱》,光绪五年(1879),藏广东省图书馆,编号 K0.189/466.2。

张氏

《清河族谱》,光绪六年(1880)刊,藏广东省图书馆,编号 K0.189/227.4。

《番禺五凤乡张氏宗谱》,光绪二十三年(1897)刊,藏中山大学图书馆,编号:史[2]507。

《张如见堂族谱》,民国十一年(1922)刊,藏广东省图书馆,编号 K0.189/230.2。

《南海大范张氏族谱》,民国十四年(1925)刊,藏香港大学图书馆,编号:山 789.2—11。

赵氏 《赵氏族谱》,香港:赵扬名阁石印局,1937。

郑氏 《义门郑氏家谱》,光绪十五年(1889)刊,藏广东省图书馆,编号 K0.189/140。

周氏 《周氏族谱》,无刊行年份,藏广东省图书馆,编号 K0.189/910.2。

朱氏

《南海九江朱氏家谱》,同治八年(1869)刊,藏广东省图书馆,编号 K0.189/977。

《顺德县古粉村朱族地方志》,无刊行年份,无刊行地点,藏广东省图书馆。

方志、地理类(按地名拼音及刊行年份排列)

一般类

杨孚撰,曾钊辑,《异物志》,成书于二至三世纪,辑本刊于1821年,载杨伟群校点,《南越五主传及其他七种》,广州:广东人民出版社,1982。

杜光庭,《洞天福地岳渎名山记》,载《道藏》(北京:文物出版社;上海:上海书店;天津:天津古籍出版社,1988),第11册。

刘恂,《岭表录异》,载《丛书集成初编》,上海:上海商务印书馆,1936,第3123号。

周去非,《岭外代答》,载《丛书集成初编》,上海:商务印书馆,1936,第3118—3119号。

范成大著,胡起望、覃光广校注,《桂海虞衡志校注》,成都:四川民族出版社,1986。

陈大震、吕桂孙纂修,广州市地方志编纂委员会办公室编,《元大德南海志残本·附辑佚》,广州:广东人民出版社,1991据1304年残本排印。

黄佐纂修,《广东通志》,嘉靖四十年(1561)刊,香港:大东图书公司,1977影印。

戴璟、张岳等纂修,《广东通志初稿》,嘉靖十四年(1535)刊,载《北京图书馆古籍珍本丛刊》,北京:书目文献出版社,1988据本影印,第38册。

应槚,《苍梧总督军门志》,万历七年(1579)刊,北京:全国图书馆文献缩微复制中心,1991年影印。

王士性,《广志绎》,万历二十五年(1597)刊,载《王士性地理书三种》,上海:上海古籍出版社,1993。

郭棐纂修,《万历广东通志》,万历三十年(1602)刻,载《四库全书存目丛书》(台南县柳营乡:庄严文化事业有限公司,1996),史部第197册。

钮琇著,南炳文、傅贵久点校,《觚剩》,康熙三十九年(1700)刊,《明清笔记丛书》上海:上海古籍出版社,1986排印。

屈大均,《广东新语》,香港:中华书局,1974。

麦应荣,《广州五县迁海事略》,载广东文物展览会编,载广东文物展览会编,《广东文物》,香港:中国文化协进会,1941,页408—417。

郝玉麟等监修,鲁曾煜等编纂,《广东通志》,雍正九年(1731)刊,载文渊阁本《四库全书》,上海:上海古籍出版社,1987缩印,第563册。

陈昌齐等纂、阮元等修,《广东通志》,道光二年(1822)刊,上海:商务印书馆,1934影印。

张渠著,程明校点,《粤东闻见录》,乾隆三年(1738)刊,广州:广东高等教育出版社,1990。

邓雨生,《全粤社会实录初稿》,广州:调查全粤社会处,1910。

广东省人民政府民族事务委员会,《阳江沿海及中山港口沙田蛋民调查材料》,手稿本,1953,藏广东省图书馆。

个别地区类

澳门

印光任,《澳门记略》,乾隆十六年(1751)刊,广州:广东高等教育出版社,1988。

陈树荣,《同善堂一百周年特刊》,澳门:同善堂值理会,1992。

刘芳,《葡萄牙东波塔档案馆藏清代澳门中文档案汇编》,澳门:澳门基金会,1999。

潮州

吴颖纂修,《顺治潮州府志》,顺治十八年(1661)刊,载《北京图书馆古籍珍本丛刊》(北京:书目文献出版社,1988影印),第40册。

佛山

陈炎宗总辑,《佛山忠义乡志》,乾隆十七年(1752)刊,藏香港浸会大学图书馆特藏部,编号 T 673.35/105 2525.1 1752 v.1—4。

不著撰人,《佛山街略》,道光十年(1830)刊,藏大英图书馆,编号 15069.e.8

吴荣光纂,《佛山忠义乡志》,道光十一年(1831)刊,载《中国地方志集成·乡镇志专辑》,南京:江苏古籍出版社,1992 影印,第 30 册。

汪宗准修、冼宝干纂,《佛山忠义乡志》,民国十五年(1926)刊,载《中国地方志集成·乡镇志专辑》,南京:江苏古籍出版社,1992 影印,第 30 册。

广东省社会科学院历史研究所中国古代史研究室、中山大学历史系中国古代史教研室、广东省佛山市博物馆编,《明清佛山碑刻文献经济资料》,广州:广东人民出版社,1987。

东莞

张二果、曾起莘著,杨宝霖点校,《崇祯东莞县志》,崇祯十年(1639)刊,东莞:东莞市人民政府,1995 排印。

郭文炳编纂,《康熙东莞县志》,康熙十八年(1689)刊,东莞:东莞市人民政府,1994 据日本内阁文库藏本影印。

叶觉迈修,陈伯陶等纂,《东莞县志》,民国十六年(1927)刊,载《中国地方志集成·广州府县志辑》,上海:上海书店,2003,第 19 册。

袁应淦编、刘文亮补编,《茶山乡志》,民国二十四年(1935)铅印本,卷 2,页 16b—17a,载《中国地方志集成·乡镇志专辑》(南京:江苏古籍出版社,1992),第 32 册。

福建

张小军、余理民,《福建杉洋村落碑铭》,香港:华南研究出版社,2003。

高要

马呈图等纂修,《宣统高要县志》,民国二十七年(1938)铅印本,载《中国地方志集成·广东府县志辑》(上海:上海书店,2003),第 47 册。

广州

黄佐著,陈宪猷疏注、点校,《广州人物传》,广州:广东高等教育出版社,1991 年据 1526 年刊本排印。

颜俊彦,《盟水斋存牍》,崇祯五年(1632)刊,北京:中国政法大学出版社,2002。

何淙纂辑,《光孝寺志》,原刊乾隆三十四年(1769),上海:中华书局,1935 影印。

仇池石,《羊城古钞》,嘉庆十一年(1806)刊,顺德潘小盘缩印,1981。

逯英,《诚求录》,道光二十一年(1841)刊。

戴肇辰等修纂,《光绪广州府志》,光绪五年(1879)刊,载《中国地方志集成·广州府县志辑》,上海:上海书店,2003,第 1—3 册。

崔弼,《波罗外纪》,光绪八年(1882)据嘉庆二年本(1797)重刊。

黄佛颐(1885—1946)著,锺文校点,《广州城坊志》,岭南丛书,广州:暨南大学出版社,1994 据 1948 年岭南丛书本排印。

九江、龙山、龙江、桑园围

黎春曦纂,《南海九江乡志》,顺治十四年(1657)刊,载《中国地方志集成·乡镇志专辑》,南京:江苏古籍出版社,1992 影印,第 31 册。

温汝能纂,《龙山乡志》,清嘉庆十年(1805)金紫阁刻本,载《中国地方志集成·乡镇志专辑》(南京:江苏古籍出版社,1992),第 31 册。

明之纲,《桑园围总志》,同治九年(1870)广州西湖街富文斋刻本,载《四库未收书辑刊》(北京:北京出版社,2000),第 9 辑,第 6 册。

冯栻宗纂,《九江儒林乡志》,光绪九年(1883)刊,载《中国地方志集成·乡镇志专辑》(南京:江苏古籍出版社,1992 影印),第 31 册。

不著撰人,《顺德龙江乡志》(又名《龙江志略》),民国十五年(1926)龙江双井街明新印务局铅印本,载《中国地方志集成·乡镇志专辑》,南京:江苏古籍出版社,1992 影印,第 30 册。

何炳坤,《续桑园围志》,民国四年(1915)刊。

不著撰人,《龙山乡志》,民国十九年(1930)刊。

罗浮山

黄佐等纂,《罗浮山志》,嘉靖三十六年(1557)刊,藏香港中文大学图书馆微缩胶卷部,编号 mic890。

宋广业,《罗浮山志会编》,康熙五十五年(1716)刊,载《续修四库全书》,上海:上海古籍出版社,1995,史部第 725 册。

南海

刘廷元修,王学曾、庞尚鸿裁定,《万历南海县志》,明万历己酉(1609)刊本,美国国会图书馆摄制北平图书馆善本书胶片第 496 卷。

郭尔戺、胡云客纂修,《南海县志》,康熙三十年(1691)刻本,载《日本藏中国罕见地方志丛刊》,北京:书目文献出版社,1992 影印。

潘尚楫等修,邓士宪等纂,《南海县志》,同治八年(1869)刊,藏香港中文大学崇基书院图书馆特藏部。

郑梦玉等主修,梁绍献等总纂,《续修南海县志》,广州富文斋同治壬申(1872)刊,载《中国方志丛书》第 50 号,台北:成文出版社,1967。

郑荣等修,桂坫等纂,《南海县志》,清宣统 2 年(1910)刊本,载《中国方志丛书·华南地方》第 181 号,台北:成文出版社,1974。

番禺

胡定纂、陈志仪修,《乾隆顺德县志》,乾隆十五年(1750)刻本,载中国科学院图书馆选编,《稀见中国地方志汇刊》,北京:中国书店,1992,第 45 册。

罗天尺,《五山志林》,乾隆二十六年(1761)刊,大良:顺德县志办公室,1986。

何若瑶、史澄纂,李福泰修,《番禺县志》,同治十年(1871)刊,载《中国地方志集成·

广东府县志辑》,上海:上海书店出版社;成都:巴蜀书社;南京:江苏古籍出版社,
2003,第6册。

梁鼎芬修,丁仁长、吴道镕等纂,《宣统番禺县续志》,宣统三年(1911)刊,载《中国地
方志集成·广州府县志辑》(上海:上海书店,2003),第7册。

黄任恒编,《番禺河南小志》,民国三十四年(1945)传抄稿本,载《中国地方志集成·
乡镇志专辑》,南京:江苏古籍出版社,1992,第32册。

郭汝诚修、冯奉初等纂,《顺德县志》,咸丰三年(1853)刊,载《中国方志丛书·华南地
方》第187号,台北:成文出版社,1974影印。

龙葆诚,《凤城识小录》,顺德:作者自行刊印,光绪三十一年(1905)。

周之贞等倡修、周朝槐等编纂,《顺德县续志》,出版者不详,己巳年(1929)刊,藏香港
中文大学图书馆特藏部。

山西

代县地方志编纂委员会编,《代县志》,北京:书目文献出版社,1988。

栗守田,《皇城石刻文编》,出版机构不详,1998。

樊书堂编,《皇城故事集》,出版机构不详,1998。

山西省史志研究院,《槐阴村志》,太原:山西古籍出版社,1999。

顺德沙湾

不著撰人,《辛亥壬子年经理乡族文件草部》,无刊行年份,钞本,藏沙湾镇政府办公
室,转引自刘志伟、陈春声,《清末民初广东乡村一瞥——〈辛亥壬子年经理乡族文
件草部〉介绍》,载柏桦编,《庆祝王钟翰教授八十五暨韦庆远教授七十华诞学术论
文合集》,合肥:黄山书社,1999,页433—438。

潍县

常之英修,刘祖干纂,《民国潍县志稿》,民国三十年(1941)刊,载《中国地方志集成·
山东府县志辑》(南京:凤凰出版社,2004),第40—41册。

香山、小榄

邓迁修、黄佐主纂、杨维震撰,《嘉靖香山县志》,嘉靖十七年(1548)刊,载《日本藏中
国罕见地方志丛刊》,北京:书目文献出版社,1991。

申良韩纂修,《香山县志》,康熙十二年(1673)刊,钞本,藏香港中文大学图书馆。田
明曜修、陈沣纂,《重修香山县志》,光绪5年(1879)刊,新修方志丛刊第123号,台
北:台湾学生书局,1968。

厉式金修,汪文炳、张丕基纂,《民国香山县志续编》,民国十二年(1923)刊,载《中国
地方志集成·广东府县志辑》,上海:上海书店,2003,第32册。

何大佐,《榄屑》,无刊行年份,抄本,无页码,承蒙萧凤霞借阅。

何仰镐,《榄溪杂辑》,无刊行年份,抄本,承蒙萧凤霞借阅。

新安、香港

舒懋官修,王崇熙纂,《嘉庆新安县志》,嘉庆二十四年(1819)刊本,载《中国地方志集

成·广州府县志辑》,上海:上海书店,2003 影印,第 18 册。

科大卫(David Faure)、陆鸿基、吴伦霓霞编,《香港碑铭汇编》,香港:香港市政局,1986。

新会

王命璿修、黄淳纂,《新会县志》,万历三十七年(1609)刊本,香港大学图书馆据日本上野图书馆藏本拍摄,藏香港大学图书微缩胶卷部,编号 CMF1324。

顾嗣协,《冈州遗稿》,康熙四十九年(1710)刊。

陈殿兰,《冈城枕戈记》,咸丰五年(1855)刊,载《四库未收书辑刊》,(北京:北京出版社,2000),第 3 辑第 15 册。

不著撰人,《外海龙溪志略》,咸丰八年(1858)刊,香港:旅港新会外海同乡会有限公司,1971 重印。

聂尔康著、谭棣华辑录,《冈州公牍》,光绪己卯(1879)刊本,香港:致用文化事业,1993 影印。

不著撰人,《新会县乡土志》,光绪三十四年(1908)刊,香港:出版机构不详,1970 年重印,页 41—42。

新会县城乡联络委员会联络处,《关于刘怡记案的初步资料》,1951 年影印本,藏新会县档案馆。

中共新会县委宣传部,《新会县土改运动资料汇编》,新会会城,中共新会县委宣传部,约 1960。

肇庆

史树骏修、区简臣纂,《肇庆府志》,康熙十二年(1673)刊,载中国科学院图书馆选编,《稀见中国地方志汇刊》,北京:中国书店,1992,第 47 册。

不著撰人,《悦城龙母庙志》,咸丰元年(1851)刊本。

其他史料(按作者姓名或书名拼音顺序排列)

陈白沙,《陈献章集》,北京:中华书局,1987。

陈恭尹著,郭培忠校点,《独漉堂集》,康熙十三年(1674)刊,广州:中山大学出版社,1988。

陈师道,《后山集》,载文渊阁本《四库全书》,上海:上海古籍出版社,1987 缩印,第1114 册。

成鹫,《纪梦编年》,康熙五十五年(1716)刊,载蔡鸿生,《清初岭南佛门事略》(广州:广东高等教育出版社,1997),页 103—147。

崔与之,《崔清献公集》,香港:美亚公司,1976 年影印 1850 年芹桂堂刻本。《大清律例统纂集成》,道光十年(1830)刊。

戴孚,《广异记》,载陶宗仪,《说郛》,上海:商务印书馆,1927。

《鹅湖乡事往还尺牍》，无刊行年份，钞本，藏佛山市博物馆。

故宫博物院文献馆编，《清代文字狱》，原刊于 1931—1934 年，上海：上海书店，1986。

《广东清代档案录》，无刊行年份，无页码，钞本，藏英属哥伦比亚大学图书馆普班特藏部（Puban Collection）第 694 号，编号 DS793. K7 K858 1800z。

广东省档案馆申报广东资料选辑编辑组编，《申报广东资料选辑》，广州：广东省档案馆申报广东资料选辑编辑组，1995。

广东省文史研究馆等编，《广东红兵起义史料》，广州：广东人民出版社，1992。

《广东探报》，稿本，刊行年份不详，估计成于道光二十三年（1843）或二十四年（1844），藏大英图书馆，编号 OR 7404.40b。

《广东巡抚衙门文书》，无刊行年份，钞本，藏广东省图书馆，编号 K3.0487/8281。

广州 32 家商贸会馆于咸丰九年（1859）致英国驻广州领事的请愿书，载 1859 年 12 月 2 日布鲁斯（Bruce）致巴克斯（Parkes）的公函，藏英国外交部档案 FO228/268、FO 682/1992/15。

郭嵩焘，《郭嵩焘日记》，长沙：湖南人民出版社，1981。

《郭振波记本》，民国十八年（1929）刊，科大卫购于香港一旧书肆。

顾禄，《桐桥倚棹录》，上海：上海古籍出版社，1980。

华廷杰，《触藩始末》，载中国史学会，《第二次鸦片战争》，上海：上海人民出版社，1978。

《华字日报》，1895 年 5 月 27 日；1895 年 6 月 14 日；1901 年 8 月 19 日号；1901 年 10 月 22 日号；1902 年 7 月 18 日号；1902 年 7 月 19 日；1903 年 4 月 8 日号；1903 年 5 月 19 日；1903 年 10 月 19 日。

黄晋，《黄学士文集》，元至正十五年（1355）刊，载《续金华丛书》，台北：艺文印书馆，1972 影印。

黄永豪，《许舒博士所辑广东宗族契据汇录》（东京：东洋文化研究所，1987），页 170—186。

黄瑜撰，魏连科点校，《双槐岁钞》，历代史料笔记丛刊，北京：中华书局，1999。

黄佐，《泰泉乡礼》，嘉靖廿八年（1549）刊，载文渊阁本《四库全书》，上海：上海古籍出版社，1987 缩印，第 142 册。

霍韬，《霍文敏公渭厓集》，载罗云山编，《广东文献》，顺德：春晖堂，同治二年（1863）刊。

霍韬，《渭厓文集》，万历四年（1576）霍与瑕刻本，载《四库全书存目丛书》，台南县柳营乡：庄严文化事业有限公司，1997，集部第 69 册。

霍与瑕，《霍勉斋集》，道光三年（1823）刊，藏香港中文大学崇基书院图书馆特藏部。

计六奇，《明季南略》，康熙九年（1670）刊，北京：中华书局，1984。

江进之，《说帖辨例新编》，道光十七年（1837）刊。

《久敬堂会规》，同治二年（1863）刊，藏新会县景堂图书馆。

邝露著，梁鉴江选注，《邝露诗选》，广州：广东人民出版社，1987。

乐史，《太平寰宇记》，北京：中华书局，2007。

李焘，《续资治通鉴长编》，北京：中华书局，1986，页3430。

李昉等编，《太平广记》，北京：中华书局，1961。

李钧，《使粤日记》，道光十四年(1834)刊，藏东洋文库。

李士桢，《抚粤政略》，无刊行年份。

梁廷楠，《粤海关志》，清·道光(1821—1850)刻本，载《续修四库全书》，上海：上海古籍出版社，1995，第835册。

梁廷楠著，林梓宗校点，《南汉书》，广州：广东人民出版社，1981年据道光九年(1829)刊本排印校点。

梁廷楠著，邵循正校注，《夷氛闻记》，大约于同治十三年(1874)刊行，北京：中华书局，1959排印。

林富著，惠威录、舒柏辑，《省吾林公两广疏略》，隆庆五年(1571)孙兆恩刊本，藏东洋文库，编号 XI-3-A-d-186。

林福祥，《平海心筹》，道光二十三年(1843)刊，载广东省文史研究馆，《三元里人民抗英斗争史料》，北京：中华书局，1978。

刘鹗，《惟实集》，载文渊阁本《四库全书》，上海：上海古籍出版社，1987缩印，第1206册。

龙廷槐，《敬学轩文集》，道光十二年(1832)刊，藏香港大学图书馆特藏部，编号：杜823 683 v.1—4。

那彦成，《那文毅公奏议》，道光十四年(1834)刊，载《续修四库全书》，上海：上海古籍出版社，1995，史部第495—497册。

欧大任等著、郑力民点校，《南园后五先生诗》，广州：中山大学出版社，1990。

欧阳修、宋祁等撰，《新唐书》，北京：中华书局，1975。

七弦河上钓叟，《英吉利入城始末》，载中国史学会，《第二次鸦片战争》，上海：上海人民出版社，1978。

《清实录》，大满洲帝国国务院1937年沈阳原刊本，北京：中华书局，1985—87影印。

屈大均著，欧初、王贵忱编，《屈大均全集》，北京：人民文学出版社，1996。

沈德符，《万历野获编》，北京：中华书局，1959。

《升平局出售黄永凤鱼塘契约》，咸丰七年(1857)立，由许舒博士(James Hayes)购自香港一旧书肆。

孙蕡等著、梁守中点校，《南园前五先生诗》，广州：中山大学出版社，1990。

田双南，《按粤疏草》，无刊行年份。

脱脱等编纂，《宋史》，北京：中华书局，1977。

王圻，《续文献通考》，明万历三十一年(1603)曹时聘等刻本，载《四库全书存目丛书》，台南县柳营乡：庄严文化事业有限公司，1995，子部第185—189册。

王士禛,《广州游览小志》,康熙年间(1662—1720)刊,载《四库全书存目丛书》,台南县柳营乡:庄严文化事业有限公司,1996,史部,第 254 册。

王世贞,《觚不觚录》,万历十四年(1586)刊,载文渊阁本《四库全书》,上海:上海古籍出版社,1987 缩印,第 1041 册。

危素,《危学士全集》,乾隆二十三年(1758)芳树园刻本,载《四库全书存目丛书》,台南柳营乡:庄严文化,1995,集部第 24 册。

魏校撰,归有光编次,《庄渠先生遗书》,明嘉靖癸亥年(1563)刊,美国国会图书馆摄制北平图书馆善本书胶片第 986—987 卷,藏香港大学图书馆微卷部 CMF25861—2。

吴道镕辑,《广东文征》,香港:香港中文大学,1973。

夏言,《夏桂洲先生文集》,明崇祯十一年(1638)吴一璘刻本,载《四库全书存目丛书》,台南县柳营乡:庄严文化事业有限公司,1995,集部第 74 册。

徐松辑,《宋会要辑稿》,台北:新文丰:1976 年影印清辑本。

徐一夔等撰,《明集礼》,洪武二年(1369)刊,载文渊阁本《四库全书》,上海:上海古籍出版社,1987 缩印,第 649 册。

严中平等编,《中国近代经济史统计资料选辑》,北京:科学出版社,1955。

杨寅秋,《临皋文集》,载文渊阁本《四库全书》,上海:上海古籍出版社,1987 缩印。

叶春及,《石洞集》,载文渊阁本《四库全书》,上海:上海古籍出版社,1987 缩印,第 1286 册。

叶权,《贤博编》,元明史料笔记丛刊,北京:中华书局,1987。

叶盛,《叶文庄公奏疏》,崇祯四年(1631)叶重华刻本,载《四库全书存目丛书》,台南县柳营乡:庄严文化事业有限公司,1996,史部第 58 册。

英国政府公共档案部档案,FO 931/89。

余靖,《武溪集(附余襄公奏议)》,香港:侨港余氏宗亲会,1958 影印成化本。

岳珂,《桯史》,北京:中华书局,1981 据 1214 年刊刻本排印。

《粤东例案》,无刊行年份,钞本,藏广东省图书馆,编号 K3.0487/8281。

曾钊,《面城楼集钞》,光绪 12 年(1886)学海堂丛刻本,载《续修四库全书》,上海:上海古籍出版社,1995,第 1521 册,总页 560—565。

张楠、王忍之编,《辛亥革命前十年间时论选集》,北京:三联书店,1979。

张廷玉等编,《明史》,北京:中华书局,1974。

张萱,《西园存稿》,藏国家图书馆善本部。

张萱,《西园闻见录》,民国二十九年(1940)哈佛燕京学社印本,载《续修四库全书》,上海:上海古籍出版社,1995,子部第 1168—1170 册。

张之洞著,王树楠编,《张文襄公全集》,台北:文海出版社,1963。

郑纪,《东园文集》,载文渊阁本《四库全书》,上海:上海古籍出版社,1987 缩印,第 1249 册。

中国第一历史档案馆,《嘉庆十年广东海上武装公立约单》,《历史档案》,第 36 期

(1989)。

中国第一历史档案馆编,《雍正朝汉文朱批奏折汇编》,南京:江苏古籍出版社,1989。

中国人民大学清史研究所档案系中国政治制度史教研室编,《康雍乾时期城乡人民反抗斗争资料》,北京:中华书局,1979。

朱鉴,《朱简斋公奏议》,康熙五十二年(1713)刊,藏剑桥大学图书馆,编号FB353.137。

朱彧撰、李伟国校点,《萍洲可谈》,宋元笔记丛书,上海:上海古籍出版社,1989。

朱云木辑,《粤东成案初编》,道光十二年(1832)刊,藏香港大学缩影资料部,编号CMPT 1108。

China Imperial Maritime Customs Service. *Decennial Report* 1882—91. Shanghai, 1892, 1898.

China Mail. 15th October 1884.

Hong Kong Government. "Report on the Census of the Colony for 1901," *Sessional Papers of the Legislative Council of Hong Kong*. Hong Kong: Hong Kong Government Printer, 1901.

Hong Kong Government. "Report on the Census of the Colony for 1921," *Sessional Papers of the Legislative Council of Hong Kong*. 1921.

North China Herald and Supreme Court and Consular Gazette, March 14,1879; July 19, 1881; August 28, 1897; September 2, 1911; May 10, 1913.

Williams, S. Wells. *The Chinese Commercial Guide*. Hong Kong: A. Shortrede & Co, 1863.

Wood, A.E. *Report on the Chinese Guilds of Hong Kong*. Hong Kong: Noronha & Co., 1912. 转引自 David Faure, *A Documentary History of Hong Kong*, vol. 2, *Society*. Hong Kong: Hong Kong University Press, 1997.

研究论著(按作者姓名拼音及字母顺序排列)

白鸟芳郎,《华南文化史研究》,东京:六兴出版,1985。

鲍炜,《清初广东迁界前后的盗贼问题——以桂洲事件为例》,《历史人类学学刊》,第1卷第2期(2003),页85—97。

滨下武志,1999年10月29日在香港科技大学的演讲。

滨岛敦俊,《総管信仰:近世江南农村社会と民间信仰》,东京:研文出版,2001。

蔡志祥,《从土地契约看十九世纪末二十世纪初的潮汕社会》,载郑良树编,《潮州学国际研讨会论文集》,广州:暨南大学出版社,1994,页790—806。

曹湛英,《太平天国时期的大沥团练与大沥打砂起源》,《南海文史资料》,卷1(1982),页25—36。

常建华,《明代宗族研究》,上海:上海人民出版社,2005。

常征,《杨家将史事考》,天津:天津人民出版社,1980。

陈柏坚、黄启臣,《广州外贸史》,广州:广州出版社,1995。

陈春声,《市场机制与社会变迁:十八世纪广东米价分析》,广州:中山大学出版
　　社,1992。

陈春声,《社神崇拜与社区地域关系——樟林三山国王的研究》,《中山大学史学集
　　刊》,1994 年第 2 期,页 90—105。

陈春声,《从〈游火帝歌〉看清代樟林社会——兼论潮州歌册的社会史资料价值》,《潮
　　学研究》,1995 年第 1 期,页 79—111。

陈达,《南洋华侨与闽粤社会》,长沙:商务印书馆,1938。

《陈启沅与南海纺织工业史》专号,《南海文史资料》,第 10 期(1987),页 3—75。

陈学军,《宋代广州的蕃姓海商》,载蔡鸿生编,《广州与海洋文明》,广州:中山大学出
　　版社,1997。

陈玉环,《论一九零五至一九零六年的粤路风潮》,广州市文化局、广州市文博学会
　　编,《羊城文物博物研究》,广州:广东人民出版社,1993,页 165—183。

陈玉环,《三元古庙与三元里的乡村组织——以〈重修三元古庙碑记〉为中心的考
　　察》,载广州文物馆编,《镇海楼论稿——广州博物馆成立七十周年纪念》,广州:岭
　　南美术出版社,1999。

陈支平,《清代赋役制度演变新探》,厦门:厦门大学出版社,1988。

戴裔煊,《宋代钞盐制度研究》,上海:商务印书馆,1957。

杜文玉,《狄仁杰评传》,西安:三秦出版社,2000。

多贺秋五郎,《中国宗谱の研究》,东京:日本学术振兴会,1981—1982。

房学嘉编,《梅州地区的庙会与宗族》,香港:国际客家学会,海外华人研究社,法国远
　　东学院,1996。

佛山市革命委员会编写组,《珠江三角洲农业志》,佛山:佛山市革命委员会,1976。

符永光,《琼史寻踪》,海南岛:亚洲出版社,1998,页 29—32。

冈田宏著,赵令志、李德龙译,《中国华南民族社会史研究》,北京:中华书局,1993。

根岸佶,《中国のギルド》,原刊 1953 年,东京:大空社,1998。

关履权,《宋代广州的海外贸易》,广州:广东人民出版社,1987。

广东民间工艺馆编《陈氏书院》,北京:文物出版社,1993。

广州市地方志编纂委员会与湖北省气候应用研究所编,《广州地区旧志气候史料汇
　　编与研究》,广州:广东人民出版社,1993。

广州市文化局、广州市文博学会编,《羊城文物博物研究》,广州:广东人民出版
　　社,1993。

广州市文物管理委员会、中国社会科学院考古研究所、广东省博物馆,《西汉南越王
　　墓》,北京:文物出版社,1991。

广州市越秀区地方志办公室,《广州高第街许氏家族》,广州:广东人民出版社,1992。

贵州省编辑组编,《侗族社会历史调查》,贵阳,贵州民族出版社,1988。

郭正忠,《宋盐管窥》,太原:山西经济出版社,1990。

韩伯泉、陈三株,《广东地方神祇》,香港:中华书局,1992,页 91—111。

韩溥,《江西佛教史》,北京:光明日报社,1995。

何汉威,《清末广东的赌博与赌税》,《中央研究院历史语言研究所集刊》第 66 本第 2
    分(1995),页 489—555。

何汉威,《从清末刚毅、铁良南巡看中央和地方的财政关系》,《中央研究院历史语言
    研究所集刊》,第 68 本第 1 分(1997),页 55—115。

何汉威,《广东进士赌商刘学询(1855—1935)》,《中央研究院历史语言研究所集刊》,
    第 73 本第 2 分(2002),页 303—354。

何卓坚,《新会葵业史略》,《广东文史资料》,第 15 期(1964),页 132—151。

贺跃夫,《广东士绅在清末宪政中的政治动向》,《近代史研究》,1986 年第 4 期,页
    31—54。

黄慈博,《珠玑巷民族南迁记》,南雄:广东省南雄县地方志编委会,1985 据中山大学
    1957 年油印本排印。

黄海妍,《清代以来的广州合族祠》,博士论文,广州:中山大学历史系,2002。

黄海妍,《在城市与乡村之间——清代以来广州合族祠研究》,北京:三联书店,2007。

黄启臣,《人痘西传与牛痘东渐——丝绸之路的文化效应之一》,《海交史研究》,第 35
    卷(1999),页 34—40。

黄启臣,《澳门历史》,澳门:澳门历史学会,1995。

黄永豪,《土地开发与地方社会——晚清珠江三角洲沙田研究》,香港:文化创造出版
    社,2005。

黄有泉、高胜恩、楚刃,《洪洞大槐树移民》,太原:山西古籍出版社,1993。

黄芝冈,《论两广祀蛇之习》,《中流半月刊》,第 1 卷,第 6 期(1936),页 366—369。

江灿腾,《晚明佛教丛林改革与佛学诤辩之研究——以憨山德清的改革生涯为中
    心》,台北:新文丰出版社,1990。

江献珠,《兰斋旧事与南海十三郎》,香港:万里书店,1998。

姜伯勤,《石濂大汕与澳门禅史:清初岭南禅学史初稿》,上海:学林出版社,1994。

经君健,《清代社会的贱民等级》,杭州:浙江人民出版社,1993。

井上彻,《黄佐"泰泉乡礼"の世界——乡约保甲制に関连して》,《东洋学报》,第 67
    卷,第 3—4 期(1986),页 81—111。

井上彻,《元末明初における宗族形成の风潮》,《文经论丛》,第 27 卷第 3 期(1992),
    页 273—321。

科大卫,《动乱,官府与地方社会,读〈新开潞安府治记碑〉》,《中山大学学报》,2000 年
    第 2 期,页 66—73。

朗擎霄,《清代粤东械斗史实》,《岭南学报》,第 4 卷第 2 期(1935)。

《老房子·山西民居》,南京:江苏美术出版社,1995。

李龙潜,《明代广东对外贸易及其对社会经济的影响》,载《明清广东社会经济形态研究》,广州:广东人民出版社,1985,页 279—312。

李龙潜,《明代广州三十六行考释——兼论明代广州、澳门的对外贸易和牙行制度》,《中国史研究》1982 年第 3 期,页 33—46。

李履庵,《关于何吾驺伍瑞隆史迹之研究》,载广东文物展览会编,《广东文物》,香港:中国文化协进会,1941,页 612—644。

李默,《广东傜族与百越族(俚僚)的关系》,《中南民族学院学报》,第 23 期(1986),页 115—125。

李献璋,《妈祖信仰的研究》,东京:泰山文物社,1979。

李绪柏,《清代广东的书坊及其刻书》,载中山大学历史系编,《中山大学史学集刊》第一卷,广州:广东人民出版社,1992,页 130—144。

连瑞枝,《隐藏的祖先:妙香国的传说和社会》,北京:三联书店,2007。

梁伯超、廖燎,《悦城龙母庙》,载广东省政协文史资料研究委员会编,《广东风情录》,广州:广东人民出版社,1987,页 12—13。

梁方仲,《易知由单的研究》,原刊于《岭南学报》第 11 卷第 2 期(1951),收入《梁方仲经济史论文集》,北京:中华书局,1989,页 368—484。

梁方仲,《中国历代户口田地田赋统计》,上海:上海人民出版社,1980。

梁洪生,《积厚遗远,古韵犹存——流坑的风俗民情》,载周銮书编《流坑历史文化的考察》,南昌:江西人民出版社,1997,页 254—318。

梁嘉彬,《广东十三行考》,1937 年刊,广州:广东人民出版社,1999。

林满红,《中国的白银外流与世界金银减产》,载吴剑雄编,《中国海洋发展史论文集》,台北:中央研究院中山人文社会科学研究所,1991。

林天蔚,《论宋代对外贸易中广州的繁荣问题》,载国际宋史研讨会秘书处编,《国际宋史研讨会论文集》,台北:中国文化大学史学研究所史学系,1988,页 63—79。

刘丹,《祠堂的发展和变迁——以江西流坑村为例》,《清华社会学评论》,2002 年第 1 期,页 127—161。

刘志伟,《略论清初税收管理中央集权体制的形成》,载中山大学历史系编,《中山大学史学集刊》第一辑,广州:广东人民出版社,1992,页 115—129。

刘志伟,《神明的正统性与地方化——关于珠江三角洲地区北帝崇拜的一个解析》,中山大学历史系编,《中山大学史学集刊》,第二辑,广州:广东人民出版社,1994,页 107—125。

刘志伟,《在国家与社会之间——明清广东里甲服役制度研究》,广州:中山大学出版社,1997。

刘志伟、陈春声,《清末民初广东乡村一瞥——〈辛亥壬子年经理乡族文件草部〉介绍》，载柏桦编，《庆祝王钟翰教授八十五暨韦庆远教授七十华诞学术论文合集》，合肥：黄山书社，1999，页433—438。

吕作燮，《明清时期的会馆并非工商业行会》，《中国史研究》，1982年第2期，页66—79。

罗香林，《广东历史问题论文集》，台北：稻荷出版社，1993。

罗香林，《唐代广州光孝寺与中印交通之关系》，香港：中国学社，1960。

罗香林，《一八四二年以前之香港及其对外交通》，香港：中国学社，1959。

罗一星，《清初两藩据粤的横征暴敛及对社会经济的影响》，《岭南学报》，1985年第1期，页75—81。

罗一星，《明清佛山经济发展与社会变迁》，广州：广东人民出版社，1994。

罗玉东，《中国厘金史》，原刊1936年，台北：学海出版社，1970。

马楚坚，《明末何吾驺相国之生平与志节》，《明史研究专刊》，第4卷（1981），页1—57。

麦少麟，《民族英雄张家玉》，载《广东文物》，页588—611。

明泽贵，《飞山庙》，《荆州文史资料》，1985年第2期，页160—163。

潘永修、郑玉琢，《根在洪洞》，北京：中国档案出版社，1998。

片山刚，《清末広东省珠江デルタ图甲表とそれおめぐる诸问题：税粮、戸籍、同族》，《史学杂誌》第91卷第4期（1982），页42—81。

片山刚，《珠江デルタ桑园囲の构造と治水组织——清代乾隆年间〜民国期》，《东洋文化研究所纪要》，第121期（1993），页137—209。

乔盛西、唐文雅编，《广州地区旧志气候史料汇编与研究》，广州：广东人民出版社，1993。

清水盛光，《支那族産の结构》，东京：岩波书店，1949。

丘捷，《广东商人与辛亥革命》，载丘捷编，《孙中山领导的革命运动与清末民初的广东》，广州：广东人民出版社，1996，页245—482。

丘捷编，《孙中山领导的革命运动与清末民初的广东》，广州：广东人民出版社，1996。

区季鸾、黄荫普，《广州之银业》，广州：国立中山大学法学院经济调查处，1932。

全汉升，《南宋稻米的生产与运销》，载全氏著，《中国经济史论丛》，香港：新亚研究所，1972，页265—294。

全汉升，《宋代广州的国内外贸易》，载全氏著，《中国经济史研究》，香港：新亚研究所，1976，页85—158。

全汉升，《中国行会制度史》，台北：食货出版社，1978；此书近年版本，见全汉升，《中国行会制度史》，天津：百花文艺出版社，2007。

森田明，《広东省南海县桑园囲の治水机构について——村落との関连お中心として》，《东洋学报》，第47卷第2期（1964），页65—88。

邵鸿，《五百年耕读，五百年农商——流坑的历史》，载周銮书编，《千古一村：流坑历史文化的考察》,南昌:江西人民出版社,1997,页26—74。

松田吉郎,《明末清初広东珠江デルタの沙田开発と郷绅支配の形成过程》,《社会经济史学》,第46卷第6期(1981),页55—81。

宋锐,《雷公庙及雷祖陈文玉》,《湛江郊区文史》,1986年第5期,页190—197。

谭棣华,《清代珠江三角洲的沙田》,广州:广东人民出版社,1993。

谭棣华、曹腾騑、冼剑民编,《广东碑刻集》,广州:广东高等教育出版社,2001。

唐文基,《明代赋役制度史》,北京:中国社会科学出版社,1991。

陶富海编,《平阳民俗丛谭》,太原:山西古籍出版社,1995。

田仲一成著,钱杭、任余白译,《中国的宗族与戏剧》,上海:上海古籍出版社,1992。

汪士信,《我国手工业行会的产生、性质及其作用》,《中国社会科学院经济研究所集刊》,1981年第2期,页213—247。

王川,《市舶太监李凤事迹考述》,载蔡鸿生编著,《广州与海洋文明》,广州:中山大学出版社,1997。

王心灵,《粤东梅县松源镇郊的宗族与神明崇拜调查》,载房学嘉编,《梅州地区的庙会与宗族》,页129—150。

王兴瑞,《冼夫人与冯氏家族:隋唐间广东南部地区社会历史的初步研究》,北京:中华书局,1984。

王增权,《雷州的"傩"考》,《湛江文史》,1997年第16期,页108—118。

翁同文,《康熙初叶以万为姓集团余党建立天地会》,Institute of Humanities and Social Sciences, Nanyang University, Occasional papers series, no. 3, 1975.

邬庆时,《广东沙田之一面》,《文史资料选辑》,第5卷(1962),页72—89。

吴玉成,《粤南神话研究》,载《国立北京大学中国民俗学会民俗丛书》,台北:东方文化书局,1974影印1932本。

西川喜久子,《清代珠江下流域の沙田について》,《东洋学报》,第63卷,第1—2期,页93—135。

西川喜久子,《顺德北门罗氏族谱考》,《北陆史学》,第32期(1983),页1—22;第33期(1984),页21—38。

西川喜久子,《顺德团练总局の成立》,《东洋文化研究所纪要》,卷105(1988),页283—378。

西川喜久子,《珠江のデルタの地域社会——新会县のぼあい》,《东洋文化研究所纪要》,卷124(1994),页189—290;卷130(1996),页1—72。

冼玉清,《招子庸研究》,载氏著,《冼玉清文集》,广州:中山大学出版社,1995,页138—143。

冼玉清,《冼玉清文集》,广州:中山大学出版社,1995。

萧国健,《宋代名臣李昂英与大屿山梅窝发现之"李府食邑税山"解释》,载林天蔚、萧国健编著,《香港前代史论集》,台北:商务印书馆,1985。

谢国桢,《明清之际党社运动考》,原刊 1934 年,北京:中华书局,1982。

徐松石,《粤江流域人民史》(1938),载徐氏著,《民族学研究著作五种》(广州:广东人民出版社,1993)。

阎爱民,《"大礼议"之争与明代的宗法思想》,《南开史学》,1991 年第 1 期,页 33—55。

颜虚心,《明史陈邦彦传旁证》,载《广东文物》,页 551—587。

颜学诚,《长江三角洲农村父系亲属关系中的"差序格局"——以二十世纪初的水头村为例》,载庄英章编,《华南农村社会文化研究论文集》(台北:中央研究院,1998)。

杨文基、杨思藩、龙明跃,《会同侗族特征考察》,《会同文史资料》,1988 年第 3 期,页 37—41。

杨文信,《试论雍正、乾隆年间广东的"正音运动"及其影响》,载单周尧编,《第一届国际粤方言研讨会论文集》,香港:现代教育研究出版社,1994,页 118—36。

杨彦杰,《闽西客家地区的畲族——以上杭官庄蓝姓为例》,载房学嘉编,《梅州地区的庙会与宗族》,香港:国际客家学会,海外华人研究社,法国远东学院,1996,页 188—201。

叶汉明,《明代中后期岭南的地方社会与家族文化》,《历史研究》,2000 年第 3 期,页 15—30。

叶少华,《我所知道的东莞明伦堂》,《广东文史资料》,第 16 期(1964),页 1—21。

叶显恩,《明清徽州农村社会与佃仆制》,合肥:安徽人民出版社,1983。

叶显恩、谭棣华,《论珠江三角洲的族田》,载广东历史学会编,《明清广东社会经济形态研究》,广州:广东人民出版社,1985,页 22—64。

叶显恩编,《广东航运史(古代部分)》,北京:人民交通出版社,1995。

余思伟,《论澳门国际贸易港的兴起、早期发展及明至清的管辖》,载《明清广东社会经济形态研究》,广州:广东人民出版社,1985,页 259—279。

袁良义,《清一条鞭法》,北京:北京大学出版社,1995。

曾华满,《唐代岭南发展的核心性》,香港:香港中文大学出版社,1973。

曾一民,《隋唐广州南海神庙之探索》,台中:东鲁书室,1991。

曾昭璇,《广州历史地理》,广州:广东人民出版社,1991。

曾昭璇、黄少敏,《珠江三角洲历史地貌学研究》,广州:广东高等教育出版社,1987。

张泉清,《粤东五华县华城镇庙会大观》,载房学嘉编,《梅州地区的庙会与宗族》,香港:国际客家学会,海外华人研究社,法国远东学院,1996,页 1—36。

张应强,《木材之流动:清代清水江下游地区的市场、权力与社会》,北京:三联书店,2006。

张正明,《晋商盛衰史》,太原:山西古籍出版社,1995。

章文钦,《从封建官商到买办商人——清代广东行商伍怡和家族剖析》,《近代史研究》,1984 年第 3 期,页 167—197,第 4 期,页 231—253。

郑守来、黄泽岭,《大槐树寻根》,北京:华文出版社,1999。

郑振满,《明清福建家族组织与社会变迁》,长沙:湖南教育出版社,1992。

中国史学会,《第二次鸦片战争》,上海:上海人民出版社,1978。

中生胜美,《华北农村の社会惯性》,载三谷孝编,《村から中国を読む:华北农村五十
　　年史》,东京:青木书店,2000。

中元秀、马建钊、马逢达,《广州伊斯兰古迹研究》,银川:宁夏人民出版社,1989。

周源和,《珠江三角洲水系的历史演变》,《复旦学报(社会科学版)》增刊,1980 年,页
　　85—95。

朱鸿林,《明儒湛若水撰帝学用书〈圣学格物通〉的政治背景与内容特色》,《中央研究
　　院历史语言研究所集刊》第 62 本第 3 分册(1993),页 495—530。

朱鸿林,《明代嘉靖年间的增城沙堤乡约》,《燕京学报》,新第 8 期(2000),页
　　107—159。

朱勇,《清代宗族法研究》,长沙:湖南教育出版社,1987。

竺沙雅章,《宋代坟祠考》,《东洋学号》,第 61 卷第 1—2 期(1979),页 35—67。

庄吉发,《清世宗与赋役制度的改革》,台北:台湾学生书局,1985。

滋贺秀三,《清代诉讼制度之民事法源的概括性考察——情、理、法》,载王亚新、梁治
　　平编译,《明清时期的民事审判与民间契约》,北京:法律出版社,1998,页 19—53。

Baker, Hugh D. R. *Sheung Shui*, *A Chinese Lineage Village*. London: Frank Cass,
　　1968.

Baker, Hugh D. R. "Extended kinship in the traditional city," in G. William
　　Skinner, ed., *The City in Late Imperial China*. Stanford: Stanford University
　　Press, 1977, pp. 499 - 518.

Baker, Hugh D. R. and Stephan Feuchtwang, eds., *An Old State in New Settings*,
　　Studies in the Social Anthropology of China in Memory of Maurice Freedman.
　　Oxford: JASO, 1991.

Baptandier-Berthier, Brigitt. "The Lady Linshui: how a woman becomes a
　　goddess," in Meir Shahar and Robert P. Weller, eds. *Unruly Gods: Divinity and
　　Society in China*. Honolulu: University of Hawaii Press, 1996.

Beattie, Hilary. *Land and Lineage in China*, *A Study of T'ung-ch'eng County*,
　　Anhui, *in the Ming and Ch'ing Dynasties*. Cambridge: Cambridge University
　　Press, 1979.

Berman, Harold J. *Law and Revolution*, *the Formation of the Western Legal
　　Tradition*. Camb. Mass.: Harvard University Press, 1983.

Blundell, David ed. *Austronesian Taiwan*, *Linguistics*, *History*, *Ethnology*,
　　Prehistory. Berkeley and Taipei: Phoebe A. Hearst Museum of Anthropology.
　　University of California, and Shung Ye Museum of Formosan Aborigines, 2001.

Bol, Peter K. "Neo-Confucianism and local society, twelfth to sixteenth century: a case study," in Paul Jakov Smith and Richard von Glahn, eds. , *The Song-Yuan-Ming Transition in Chinese History*. Camb. Mass. : Harvard University Asia Centre, 2003, pp.241 - 83.

Bol, Peter K. "The 'localist turn' and 'local identity' in later imperial China," *Late Imperial China*, Vol. 24, No. 2 (2003), pp.1 - 50.

Boxer, C. R. *Fidalgos in the Far East 1550 - 1770*. Hong Kong: Oxford University Press, 1968.

Brook, Timothy. *Praying for Power: Buddhism and the Formation of Gentry Society in Late-Ming China*. Camb. , Mass. : Council on East Asian Studies, Harvard University, 1993.

Chan Wing-hoi 陈永海. "Ordination names in Hakka genealogies: a religious practice and its decline," in David Faure and Helen F. Siu, eds. , *Down to Earth*, *the Territorial Bond in South China*, Stanford: Stanford University Press, 1995, pp.65 - 82.

Chan Wing-hoi 陈永海. "Ethnic labels in a mountainous niche, the case of She 'bandits'," in Pamela Kyle Crossley, Helen Siu and Donald Sutton, eds. , *Empire at the Margins: Culture, Ethnicity and Frontier in Early Modern China*. Berkeley: University of California Press, 2005, pp.255 - 84.

Chan Wing-tsit 陈荣捷, *Neo-Confucian Terms Explained (The Pei-hsi tzu-i) by Ch'en Ch'un, 1159 - 1223*. New York: Columbia University Press, 1986.

Chen Han-seng 陈翰笙. *Landlord and Peasant in China: a Study of the Agrarian Crisis in South China*. New York: International Publishers, 1936.

Cheong, Weng Eang. *The Hong Merchants of Canton, Chinese Merchants in Sino-Western Trade*. Richmond, Surrey: Curzon, 1997.

Ching May-bo 程美宝, *Guangdong Culture and Identity in the Late Qing and the Early Republic*, D. Phil. thesis. Oxford: University of Oxford, 1996.

Choi Chi-cheung 蔡志祥. *Descent Group Unification and Segmentation in the Coastal Area of Southern China*, Ph. D. dissertation. Tokyo: Tokyo University, 1987.

Choi Chi-cheung 蔡志祥. "Family and land transfer practice in Guangdong" in *Proceedings of the 10th International Symposium on Asian Studies: July 25 - 28, 1988 vol. 1*, Hong Kong: Asian Research Service, 1989, pp.489 - 497.

Chu Hung-lam 朱鸿林. "Intellectual Trends in the Fifteenth Century," *Ming Studies*, Vol. 27 (1989), pp.1 - 33.

Chu Hung-lam 朱鸿林. "The ideal and applicatin of community rites as an administrative aid to social regulation in mid-Ming China," paper for the Conference "Learning the Rule: Schooling, Law and the Reproduction of Social Order in Early Modern Eurasia, 1350 – 1750," at the University of Minnesota, Minneapolis, May 10 – 11, 1991.

Chung Po-yin Stephanie 锺宝贤. *Chinese Business Groups in Hong Kong and Political Change in South China, 1900 – 25*. Houndmills, Basingstoke: Macmillan, 1998.

Cohen, Myron L. "Lineage organisation in north China,"*Journal of Asian Studies*, Vol. 49, No. 3 (1990), pp. 509 – 534.

Cohen, Myron L. "Commodity creation in late imperial China, corporations, shares, and contracts in one rural community," in David Nugent, ed. *Locating Capitalism in Time and Space: Global Restructurings, Politics, and Identity* (Stanford: Stanford University Press, 2002), pp.80 – 112.

Constable, Nicole. *Christian souls and Chinese Spirits: a Hakka Community in Hong Kong*. Berkeley: University of California Press, 1994.

Crossley, Pamela Kyle. *Orphan Warriors: Three Manchu Generations and the End of the Qing World*. Princeton: Princeton University Press, 1990.

Crossley, Pamela Kyle. *The Manchus*. Cambridge, Mass.; Oxford: Blackwell Publishers, 1997.

Crossley, Pamela Kyle, Helen Siu and Donald Sutton eds. *Empire at the Margins: Culture, Ethnicity and Frontier in Early Modern China*. Berkeley: University of California Press, 2005.

Dardess, John W. "The Cheng communal family: social organization and neo-Confucianism in Yuan and early Ming China," *Harvard Journal of Asiatic Studies*, Vol. 34 (1974), pp.7 – 52.

Dean, Kenneth. *Taoist Ritual and Popular Cults of Southeast China*. Princeton: Princeton University Press, 1993.

Dean, Kenneth. "Transformation of the *she* (altars of the soil) in Fujian," *Cahiers d'Extreme-Asie*, Vol. 10 (1998), pp.19 – 75.

Dean, Kenneth. *Lord of the Three in One: the Spread of a Cult in Southeast China*. Princeton: Princeton University Press, 1998.

Dennerline, Jerry. "Marriage, adoption, and charity in the development of lineages in Wu-hsi from Sung to Ch'ing," in Patricia Buckley Ebrey and James L. Watson, *Kinship Organisation in Late Imperial China, 1000 – 1940* (Stanford: Stanford University Press, 1986), pp.170 – 209.

Duara, Prasenjit. *Culture, Power, and the State, Rural North China, 1900 – 1942*.

Stanford: Stanford University Press, 1988.

Eberhard, Wolfram, trans. Alide Eberhard. *The Local Cultures of South and East China*. Leiden: E.J. Brill, 1968.

Ebrey, Patricia Buckley and James L. Watson, eds. *Kinship Organization in Late Imperial China*, *1000 – 1940*. Berkeley: University of California Press, 1986.

Ebrey, Patricia Buckley. "Types of lineages in Ch'ing China: a re-examination of the Chang lineage of T'ung-ch'eng," *Ch'ing-shih wen-t'i*, Vol. 4, No. 9 (1983), pp. 1 – 20.

Ebrey, Patricia Buckley. *Confucianism and Family Rituals in Imperial China*, Princeton: Princeton University Press, 1991.

Elman, Benjamin A. *From Philosophy to Philology*, *Intellectual and Social Aspects of Change in Late Imperial China*. Camb. Mass.: Council on East Asian Studies, Harvard University, 1984.

Elman, Benjamin A. *A Cultural History of Civil Examinations in Late Imperial China*. Berkeley: University of California Press, 2000.

Eng, Robert Y. "Institutional and secondary landlordism in the Pearl River delta, 1600 – 1949," *Modern China*, Vol. 12, No. 1 (1986), pp. 3 – 37.

Eng, Robert Y. *Economic Imperialism in China: Silk Production and Exports*, *1861 – 1932*. Berkeley: Institute of East Asian Studies, University of California, 1986.

Faure, Bernard, "Relics and flesh bodies: the creation of Ch'an pilgrimage sites," in Susan Naquin and Chen-fang Y eds. *Pilgrims and Sacred Sites in China*. Berkeley: University of California, 1992, pp. 150 – 189.

Faure, David. "The Tangs of Kam Tin — a hypothesis on the rise of a gentry family", in David Faure, James Hayes, Alan Birch eds. , *From Village to City*, *Studies in the Traditional Roots of Hong Kong Society*. Hong Kong: Centre of Asian Studies, University of Hong Kong, 1984, pp. 24 – 42.

Faure, David. *The Structure of Chinese Rural Society: Lineage and Village in the Eastern New Territories*, *Hong Kong*. Hong Kong: Oxford University Press, 1986.

Faure, David. "The lineage as a cultural invention: the case of the Pearl River delta," *Modern China* vol. 15 no. 1 (1989), pp. 4 – 36.

Faure, David. *The Rural Economy of Pre-Liberation China*, *Trade Increase and Peasant Livelihood in Jiangsu and Guangdong*, *1870 to 1937*. Hong Kong: Oxford University Press, 1989.

Faure, David. "The lineage as business company: patronage versus law in the development of Chinese business," in Yung-san Lee and Ts'ui-jung Liu, eds. *China's Market Economy in Transition* (Taipei: Academia Sinica, 1990), pp.105 - 34.

Faure, David. "What made Foshan a town? The evolution of rural-urban identities in Ming-Qing China", *Late Imperial China*, Vol. 11, No. 2 (1990), pp.1 - 31.

Faure, David. "The written and the unwritten: the political agenda of the written genealogy," in Institute of Modern History, Academia Sinica ed, *Family Process and Political Process in Modern Chinese History*. Taipei: Institute of Modern History, Academia Sinica, 1992, pp.261 - 98.

Faure, David. "Lineage socialism and community control: Tangang xiang in the 1920s and 1930s," in David Faure and Helen F. Siu, eds. *Down to Earth, the Territorial Bond in South China*. Stanford: Stanford University Press, 1995.

Faure, David ed. *A Documentary History of Hong Kong, vol. 2, Society*. Hong Kong: Hong Kong University Press, 1997.

Faure, David. "The emperor in the village, representing the state in south China," in Joseph McDermott, ed., *State and Court Ritual in China*. Cambridge: Cambridge University Press, 1999, pp.267 - 98.

Faure, David. "Recreating the indigenous identity in Taiwan: cultural aspirations in their social and economic environment," in David Blundell, ed.

Austronesian Taiwan, Linguistics, History, Ethnology, Prehistory. Berkeley and Taipei: Phoebe A. Hearst Museum of Anthropology, University of California, and Shung Ye Museum of Formosan Aborigines, 2001, pp.97 - 130.

Faure, David. "State and rituals in modern China: comments on the 'civil society' debate," 载王秋桂、庄英章、陈中民编,《社会、民族与文化展演国际研讨会论文集》,台北:汉学研究中心,2001,页 509—536。

Faure, David. "Contractual arrangements and the emergence of a land market in the Pearl River delta, 1500 to 1800," 载陈秋坤、洪丽完编,《企业文书与社会生活(1600—1900)》,台北:中央研究院台湾史研究所筹备处,2001,页 265—284。

Faure, David. "It takes a sage ... Notes on land and lineage at Sima Guang's grave in Xia county, Shanxi province," *Minsu quyi*, Vol. 131 (2001), pp.27 - 56.

Faure, David. "The Heaven and Earth Society in the nineteenth century: an interpretation," in Kwang-ching Liu and Richard Shek, eds. *Heterodoxy in Late Imperial China*. Honolulu: University of Hawaii Press, 2004.

Faure, David. "Between house and home, the family in south China," in Ronald G. Knapp and Kai-yin Lo, *House Home and Family: Living and Being Chinese*. Honolulu: University of Hawaii Press, 2005.

Faure, David. "The Yao Wars in the mid-Ming and their impact on Yao ethnicity,"in Pamela Kyle Crossley, Helen Siu and Donald Sutton eds. *Empire at the Margins: Culture, Ethnicity and Frontier in Early Modern China*. Berkeley: University of California Press, 2005, pp.171 – 89.

Fei Hsiao-tung 费孝通. *Peasant Life in China, A Field Study of Country Life in theYangtze Valley*. London: Routledge & Kegan Paul, 1939, 1962.

Feuchtwang, Stephan. "A Chinese religion exists," in Hugh D. R. Baker and Stephan Feuchtwang, eds., *An Old State in New Settings, Studies in the Social Anthropology of China in Memory of Maurice Freedman*. Oxford: JASO, 1991, pp.139 – 161.

Feuchtwang, Stephan. *The Imperial Metaphor: Popular Religion in China*. London: Routledge, 1992.

Fisher, Carney T. *The Chosen One, Succession and Adoption in the Court of Ming Shizong*. Sydney: Allen & Unwin, 1990.

Freedman, Maurice. *Chinese Lineage and Society: Fukien and Kwangtung*. London: Athlone Press, 1966.

Freedman, Maurice. *The Study of Chinese Society, Essays by Maurice Freedman*. Stanford: Stanford University Press, 1979.

Fried, Morton H. "Clans and lineages: how to tell them apart and why — with special reference to Chinese society," *Bulletin of the Institute of Ethnology, Academia Sinica*, 1970, pp.11 – 36.

Gardella, Robert. "Squaring accounts: commercial bookkeeping methods and capitalist rationalism in late Qing and "Republican China," *Journal of Asian Studies* 51:2 (1992), pp.317 – 339.

Gilbert Rozman, *Urban Networks in Ch'ing China and Tokugawa Japan*. Princeton: Princeton University Press, 1973.

Goodrich, Carrington and Fang Zhaoying. *Dictionary of Ming biography, 1368 – 1644*. New York: Columbia University Press, 1976.

Haar, Barend J. Ter. *Ritual and Mythology of the Chinese Triads: Creating an Identity*. Leiden: Brill, 1998.

Hansen, Valerie. *Changing Gods in Medieval China, 1127 – 1276*. Princeton: Princeton University Press, 1990.

Hayes, James. *The Hong Kong Region, 1850 – 1922*. Hamden, Conn.: Archon Books, 1977.

Hayes, James. "Hong Kong Island before 1841," *Journal of the Hong Kong Branch of the Royal Asiatic Society*, vol. 24 (1984), pp.105 – 142.

Herman, John E. *Amid the Clouds and Mist: China's Colonization of Guizhou*,

1200 – 1700. Harvard East Asian Monographs 293, Cambridge, Mass.: Harvard University Asia Center, distributed by Harvard University Press, 2007.

Ho Ke-en. "The Tanka or boat people of south China," in F. S. Drake, ed., *Symposium on Historical, Archaeological and Linguistic Studies on Southern China*. Hong Kong: Hong Kong University Press, 1967, pp. 120 – 123.

Hourani, George F. *Arab Seafaring*. Princeton: Princeton University Press, 1995.

Hsiao Kung-Chuan 萧公权. *Rural China: Imperial Control in the Nineteenth Century*. Seattle: University of Washington Press, 1960.

Huang, Ray 黄仁宇. *Taxation and Governmental Finance in Sixteenth-century Ming China*. Cambridge: Cambridge University Press, 1974.

Hunter, William C. *The 'Fan Kwae' at Canton Before Treaty Days, 1825 – 1844*. London, 1882, repr. Taipei: Chengwen, 1970.

Hunter, William C. *Bits of Old China*. London: Kegan Paul, Trench & Co, 1855.

Hymes, Robert P. *Statesmen and Gentlemen: the Elite of Fu-Chou, Chiang-Hsi, in Northern and Southern Sung*. Cambridge: Cambridge University Press, 1986.

Johnson, David. "The City-God Cults of T'ang and Sung China," *Harvard Journal of Asiatic Studies* vol. 45, no. 2 (1985), pp. 363 – 457.

Johnson, David. "Temple festivals in southeastern Shansi: the sai of Nan-she Village and Big West Gate," *Minsu quyi*, Vol. 91 (1994), pp. 641 – 734.

Katz, Paul. *Demon Hordes and Burning Boats: The Cult of Marshal Wen in Late Imperial Chekiang*. Albany: State University of New York Press, 1993.

Kleeman, Terry. *A God's Own Tale: The Book of Transformations of Wenchang, the Divine Lord of Zitong*. Albany: State University of New York Press, 1994.

Knapp, Ronald G. and Kai-yin Lo. *House Home and Family: Living and Being Chinese*. Honolulu: University of Hawaii Press, 2005.

Kroker, Edward. "The concept of property in Chinese customary law," *The Transactions of the Asiatic Society of Japan*, 3rd ser., vol. 7 (1959), pp. 123 – 146.

Kuhn, Philip A. *Rebellion and Its Enemies in Late Imperial China, Militarization and Social Structure, 1796 – 1864*. Camb. Mass.: Harvard University Press, 1970.

Kuhn, Philip A. "Local self-government under the Republic, problems of control, autonomy, and mobilization," in Frederic Wakeman and Carolyn Grant, eds. *Conflict and Control in Late Imperial China*. Berkeley: University of California Press, 1975, pp. 257 – 98.

Lagerwey, John. *Taoist Ritual in Chinese Society and History*. London: Macmillan,

1987.

Lagerwey, John. "Patterns of religion in west-central Fujian: the local monograph record,"*Minsu quyi*, Vol. 129 (2001), pp.43 - 236.

Lang, Olga. *Chinese Family and Society*. New Haven: Yale University Press, 1946.

Lee, James Z. and Wang Feng, *One Quarter of Humanity: Malthusian Mythology and Chinese Realities*, *1700 - 2000*. Camb., Mass.: Harvard University Press, 1999.

Leong Sow-theng 梁肇庭. *Migration and Ethnicity in Chinese History*, *Hakkas*, *Pengmin*, *and Their Neighbours*. Stanford: Stanford University Press, 1997.

Levenson, Joseph R. *Confucian China and Its Modern Fate*, *A Trilogy*. Berkeley: University of California Press, 1968.

Li, Thomas Shiyu and Susan Naquin. "The Baoming Temple: religion and the throne in Ming and Qing China,"*Harvard Journal of Asiatic Studies*, Vol. 48, No. 1 (1988), pp.131 - 188.

Liang Fangzhong 梁方仲, trans. Wang Yu-ch'uan, *The Single-whip Method* (*I-t'iao-pien fa*) *of Taxation in China*. Camb. Mass.: Harvard University Press, 1956.

Liang Hongsheng 梁洪生, Motivations for and consequences of village and lineage (*xiangzu*) development by Jiangxi scholars of the Wang Yangming school, the case of Liukeng, *Chinese Studies in History*, Vol. 35, No. 1 (2001), pp.61 - 95.

Liang Peichi 梁培炽. *A Study of Nanyin and Yueou*. San Francisco: Asian American Studies, School of Ethnic Studies, San Francisco State University, 1988.

Liu Zhiwei 刘志伟. "Lineage on the sands: the case of Shawan," in David Faure and Helen F. Siu, eds, *Down To Earth*, *the Territorial Bond in South China*. Stanford: Stanford University Press, 1995, pp.21 - 43.

Liu, Wang Hui-chen. *The Traditional Chinese Clan Rules*. Locust Valley, NY: J.J. Augustin, 1959.

Mann, Susan. *Local Merchants and the Chinese Bureaucracy*, *1750 - 1950*. Stanford: Stanford University Press, 1987.

Maspero, Henri. trans. Frank A. Kierman, Jr., *Taoism and Chinese Religion*. Amherst: University of Massachusetts Press, 1971.

Matsubara Kentaro 松原健太郎, *Law of the Ancestors: Property Holding Practices and Lineage Social Structures in Nineteenth Century South China*. D. Phil. thesis (Oxford: Oxford University, 2004).

Mazumda, Suchetar. *Sugar and Society in China: Peasants*, *Technology*, *and the*

World Market. Camb. Mass. : Harvard University Press, 1998.

McDermott, Joseph ed. ,*State and Court Ritual in China*. Cambridge: Cambridge University Press, 1999.

McDermott, Joseph. *A Social History of the Chinese Book: Books and Literati Culture in Late Imperial China*. Hong Kong: Hong Kong University Press, 2006.

McKeown, Adam. *Chinese Migrant Networks and Cultural Change: Peru, Chicago, Hawaii, 1900 - 1936*. Chicago: University of Chicago Press, 2001.

McKnight, Brian E. *Village and Bureaucracy in Southern Sung China*. Chicago: University of Chicago Press, 1971.

McMullen, David. *State and Scholars in T'ang China*. Cambridge: Cambridge University Press, 1988.

Miles, Steven Bradley 麦哲维. *Local Matters: Lineage, Scholarship and the Xuehaitang Academy in the Construction of Regional Identities in South China, 1810 - 1880* Ph.D. thesis. Washington: University of Washington, 2000.

Miles, Steven Bradley 麦哲维. "Rewriting the Southern Han (917 - 971): the production of local culture in nineteenth-century Guangzhou,"*Harvard Journal of Asiatic Studies* 62:1 (2002), pp.39 - 75.

Morse, H. B. *The International Relations of the Chinese Empire*. London: Longmans, Green, 1910 - 18.

Morse, H.B. *The Chronicles of the East India Company Trading to China, 1635 - 1834*. Oxford: The Clarendon Press, 1926 - 1929.

Murray, Dian H. *Pirates of the South China Coast, 1790 - 1810*. Stanford: Stanford University Press, 1987.

Ng Chin-keong. *Trade and Society, the Amoy Network on the China Coast 1683 - 1735*. Singapore: Singapore University Press, 1983.

Oliphant, Laurence. *Narrative of the Earl of Elgin's Mission to China and Japan in the Years* 1857, '58, '59. Edinburgh and London: William Blackwood and Sons, 1865.

Ownby, David. *Brotherhoods and Secret Societies in Early and Mid-Qing China: the Formation of a Tradition*. Stanford: Standford University Press, 1996.

Polachek, James M. *The Inner Opium War*. Camb. Mass. : Council on East Asian Studies, Harvard University, 1992.

Polanyi, Karl. *The Great Transformation*. New York: Rhinehart, 1944.

Pomeranz, Kenneth. *The Great Divergence: China, Europe, and the Making of the Modern World Economy*. Princeton: Princeton University Press, 2000.

Purcell, Victor. *The Chinese in Southeast Asia*. London: Oxford University Press,

1951.

Rankin, Mary Backus. "Managed by the people: officials, gentry, and the Foshan chairtable granary, 1795 – 1845,"*Late Imperial China* 15:2 (1994), pp.1 – 52.

Rankin, Mary Backus. *Elite Activism And Political Transformation In China: Zhejiang Province, 1865 – 1911*. Stanford: Stanford University Press, 1986.

Rawski, Evelyn S. "Reenvisioning the Qing: the significance of the Qing period in Chinese history,"*Journal of Asian Studies* vol. 55, no. 4 (1996), pp.829 – 850.

Rhoads, Edward J. M. *China's Republican Revolution, the Case of Kwangtung, 1895 – 1913*. Camb. Mass.: Harvard University Press, 1975.

Rowe, William T. *Hankow: Commerce and Society in a Chinese city, 1796 – 1889*. Stanford,Calif. : Stanford University Press, 1984.

Rowe, William T. *Saving the World, Chen Hongmou and Elite Consciousness in Eighteenth-century China*. Stanford: Stanford University Press, 2001.

Sargent, G. E. "The intellectual atmosphere in Lingnan at the time of the introduction of Buddhism," in F. S. Drake ed., *Symposium on Historical, Archaeological and Linguistic Studies on Southern China*. Hong Kong: Hong Kong University Press, 1967, pp.167 – 169.

Schafer, Edward H. *The Vermilion Bird, T'ang Images of the South*. Berkeley: University of California Presss, 1967.

Schipper, Kristoffer. "The Written Memorial in Taoist Ceremonies", in Arthur P. Wolf ed.,*Religion and Ritual in Chinese Society*. Stanford: Stanford University Press, 1974, pp.309 – 324.

Schipper, Kristoffer. "Vernacular and classical ritual in Taoism,"*Journal of Asian Studies* vol. 65 (1985), pp.21 – 51.

Schneewind, Sarah. "Competing institutions: community schools and 'improper shrines' in sixteenth century China," *Late Imperial China*, Vol. 20, No. 1 (1999), pp.85 – 106.

Schurmann, H. F. "Traditional property concepts in China," *Far Eastern Quarterly* 15:4 (1956), pp.507 – 516.

Segawa Masahisa 濑川昌久, "The ethnic identity of the She and the cultural influence of the Hakka: a study based on a survey of She villages in Chaozhou, Guangdong," in Suenari Michio 末成道男, J. S. Eades and Christian Daniels, eds. *Perspectives on Chinese Society*. Canterbury and Tokyo: Centre for Social Anthropology and Computing, University of Kent at Canterbury, and the Institute for the Study of the Languages and Cultures of Asia and Africa, Tokyo University of Foreign Studies, 1995.

Shao Hong 邵鸿, "Associations in village society in Jiangxi in the Ming-Qing period, the case of Liukeng village, Le'an county," *Chinese Studies in History*, Vol. 35, No. 1 (2001), pp.31–60.

Sinn, Elizabeth 冼玉仪. *Power and Charity, the Early History of the Tung Wah Hospital, Hong Kong*. Hong Kong: Oxford University Press, 1989.

Siu, Helen F. *Agents and Victims in South China: Accomplices in Rural Revolution*. New Haven: Yale University Press, 1989.

Siu, Helen F. "Where were the Women? Rethinking Marriage Resistance and Regional Culture History," *Late Imperial China*, Vol. 11, No. 2 (1990), pp.32–62.

Siu, Helen F. "Recycling tradition: culture, history, and political economy in the chrysanthemum festival of south China," *Comparative Study of Society and History*, 32:4 (1990), pp.765–794.

Siu, Helen F. "Subverting lineage power: local bosses and territorial control in the 1940s," in Faure and Siu eds., *Down to Earth, the Territorial Bond in South China*, 1995, pp.209–22.

Skinner, G. William. "Marketing and social structure in rural China," *Journal of Asian Studies*, Vol. 24, No. 1–3 (1964–1965), pp.2–43, 195–228, 363–399.

Smith, Paul Jakov and Richard von Glahn, eds., *The Song-Yuan-Ming Transition in Chinese History*. Camb. Mass.: Harvard University Asia Centre, 2003.

Souza, George Bryan. *The Survival of Empire, Portuguese Trade and Society in China and the South China Sea 1630–1754*. Cambridge: Cambridge University Press, 1986.

Soymié, Michel. "Le Lo-feou chan, etude de geographie religieuse," *Bulletin de l'Ecole francaise d'Extreme-Orient*, 48:1(1956), pp.104–119.

Strickman, Michel. "The Mao Shan revelations: Taoism and the aristocracy," *T'oung-pao* vol. 63 (1977), pp. 1–64; Strickman, Michel. "History, anthropology, and Chinese religion," *Harvard Journal of Asiatic Studies* vol. 40 (1980), pp.201–48.

Strickman, Michel. "The Tao among the Yao, Taoism and the sinification of south China,"载酒井忠夫先生古稀祝贺记念の会编,《歴史における民众と 文化:酒井忠夫先生古稀祝贺记念论集》,东京:国书刊行会,1982,页 23–30。

Struve, Lynn. *The Southern Ming, 1644–1662*. New Haven: Yale University Press, 1984.

Szonyi, Michael. "The illusion of standardizing the gods: the cult of the five emperors in late imperial China," *Journal of Asian Studies*, Vol. 56, No. 1

(1997), pp. 113 – 135.

Szonyi, Michael. *Practicing Kinship: Lineage and Descent in Late Imperial China*. Stanford: Stanford University Press, 2002.

Teiser, Stephen. *The Ghost Festival in Medieval China*. Princeton: Princeton University Press, 1988.

Thompson, Roger. *China's Local Councils in the Age of Constitutional Reform, 1898 – 1911*. Camb. Mass.: Council on East Asian Studies, Harvard University, 1995.

Thornton, Susanna. *Buddhist Monasteries in Hangzhou in the Ming and Early Qing* D. Phil. thesis, University of Oxford, 1996.

Tien Ju-k'ang 田汝康. "The decadence of Buddhist temples in fu-chien in late Ming and early Ch'ing," in E. B. Vermeer, ed., *Development and Decline of Fukien Province in the 17th and 18th Centuries* (Leiden: Brill, 1990), pp. 83 – 100.

Tillman, Hoyt Cleveland. *Confucian Discourse and Chu Hsi's Ascendancy*. Honolulu: University of Hawaii Press, 1992.

Tsin, Michael. *Nation, Governance, and Modernity in China*. Stanford: Stanford University Press, 1999.

Twitchett, Denis. "The Fan clan's charitable estate, 1050 – 1760," in David S. Nivison and Arthur F. Wright, eds. *Confucianism in Action*. Stanford: Stanford University Press, 1959.

Viraphol, Sarasin. *Tribute and Profit: Sino-Siamese Trade, 1652 – 1853*. Camb. Mass.: Council on East Asian Studies, Harvard University, 1977.

von Glahn, Richard. *Fountain of Fortune: Money and Monetary Policy in China, 1000 – 1700*. Berkeley: University of California Press, 1996.

Wagner, Rudolf G. "The role of the foreign community in the Chinese public sphere," *China Quarterly*, Vol. 142 (1995), pp. 423 – 43.

Wakeman, Frederic Jr. *Strangers at the Gate: Social Disorder in South China, 1839 – 1861*. Berkeley: University of California Press, 1966.

Wakeman, Frederic Jr. *The Great Enterprise, The Manchu Reconstruction of Imperial Order in Seventeenth-century China*. Berkeley: University of California Press, 1985.

Wang Yeh-chien 王业键, "Secular trends of rice prices in the Yangzi delta, 1638 – 1935," in Thomas G. Rawski and Lillian M. Li, eds. *Chinese History in Economic Perspective*. Berkeley: University of California Press, 1992.

Ward, Barbara E. *Through Other Eyes: Essays in Understanding "Conscious Models" — Mostly in Hong Kong*. Hong Kong: Chinese University of Hong Kong Press,

1985.

Watson, James L. "Transactions in people: the Chinese market in slaves, servants, and heirs," in James L. Watson, ed. *Asian and African Systems of Slavery*. Oxford: Basil Blackwell, 1980, pp.223 – 250.

Watson, James L. "Standardizing the gods: the promotion of T'ien Hou ('Empress of Heaven') Along the South China Coast, 960 – 1960," in David Johnson, Andrew J. Nathan, and Evelyn S. Rawski, eds. *Popular Culutre in Late Imperial China*. Berkeley: University of California Press, 1985, pp.292 – 324.

Watson, James L. "Anthropological overview: the development of Chinese descent groups," in Patricia Buckley Ebrey and James L. Watson, eds., *Kinship Organization in Late Imperial China*, *1000 – 1940*. Berkeley, Calif. : University of California Press, 1986, pp.274 – 292.

Watson, James L. "Waking the dragon: visions of the Chinese imperial state in local myth," in Hugh D.R. Baker and Stephan Feuchtwang, eds., *An Old State in New Settings*, *Studies in the Social Anthropology of China in Memory of Maurice Freedman*. Oxford: JASO, 1991, pp.162 – 177.

Watson, Rubie S. *Inequality Among Brothers: Class and Kinship in South China*. Cambridge: Cambridge University Press, 1985.

Watt, John R. *The District Magistrate in Late Imperial China*. New York: Columbia University Press, 1972.

Wiens, Herold J. *China's March Toward the Tropics: a Discussion of the Southward Penetration of China's Culture, Peoples, and Political Control in Relation to the Non-Han-Chinese Peoples of South China and in the Perspective of Historical and Cultural Geography*. Hamden, Conn. : Shoe String Press, 1954.

Wilson, Thomas A. *Genealogy of the Way: the Construction and Uses of the Confucian Tradition in Late Imperial China*. Stanford: Stanford University Press, 1995.

Wolf, Arthur P. ed., *Religion and Ritual in Chinese Society*. Stanford: Stanford University Press, 1974.

Wolf, Arthur. "Gods, ghosts and ancestors," in Arthur P. Wolf ed., *Studies in Chinese Society*. Stanford: Stanford University Press, 1978, pp.131 – 182.

Wong, J.Y. *Deadly Dreams*, *Opium and the Arrow War (1856 – 1860) in China*. Cambridge: Cambridge University Press, 1998.

Woo, Ann-ping Chin. *Chan Kan-ch'uan and the Continuing Neo-Confucian Discourse on Mind and Principle*, Ph. D. dissertation, Columbia University, 1984.

Ye Xian'en 叶显恩. "Notes on the territorial connections of the Dan," in David Faure and Helen F. Siu, *Down to Earth*, *the Territorial Bond in South China*. Stanford:Stanford University Press, 1995.

Zelin, Madeleine. *The Magistrate's Tael*, *Rationalizing Fiscal Reform in Eighteenth-century Ch'ing China*. Berkeley: University of California Press, 1984.

Zheng Zhenman, trans. Michael Szonyi. *Practicing Kinship*, *Lineage and Descent in Late Imperial China*. Stanford: Stanford University Press, 2002.

"海外中国研究丛书"书目

1. 中国的现代化 [美]吉尔伯特·罗兹曼 主编 国家社会科学基金"比较现代化"课题组 译 沈宗美 校

2. 寻求富强:严复与西方 [美]本杰明·史华兹 著 叶凤美 译

3. 中国现代思想中的唯科学主义(1900—1950) [美]郭颖颐 著 雷颐 译

4. 台湾:走向工业化社会 [美]吴元黎 著

5. 中国思想传统的现代诠释 余英时 著

6. 胡适与中国的文艺复兴:中国革命中的自由主义,1917—1937 [美]格里德 著 鲁奇 译

7. 德国思想家论中国 [德]夏瑞春 编 陈爱政 等译

8. 摆脱困境:新儒学与中国政治文化的演进 [美]墨子刻 著 颜世安 高华 黄东兰 译

9. 儒家思想新论:创造性转换的自我 [美]杜维明 著 曹幼华 单丁 译 周文彰 等校

10. 洪业:清朝开国史 [美]魏斐德 著 陈苏镇 薄小莹 包伟民 陈晓燕 牛朴 谭天星 译 阎步克 等校

11. 走向21世纪:中国经济的现状、问题和前景 [美]D.H. 帕金斯 著 陈志标 编译

12. 中国:传统与变革 [美]费正清 赖肖尔 主编 陈仲丹 潘兴明 庞朝阳 译 吴世民 张子清 洪邮生 校

13. 中华帝国的法律 [美]D. 布朗 C. 莫里斯 著 朱勇 译 梁治平 校

14. 梁启超与中国思想的过渡(1890—1907) [美]张灏 著 崔志海 葛夫平 译

15. 儒教与道教 [德]马克斯·韦伯 著 洪天富 译

16. 中国政治 [美]詹姆斯·R. 汤森 布兰特利·沃马克 著 顾速 董方 译

17. 文化、权力与国家:1900—1942年的华北农村 [美]杜赞奇 著 王福明 译

18. 义和团运动的起源 [美]周锡瑞 著 张俊义 王栋 译

19. 在传统与现代性之间:王韬与晚清革命 [美]柯文 著 雷颐 罗检秋 译

20. 最后的儒家:梁漱溟与中国现代化的两难 [美]艾恺 著 王宗昱 冀建中 译

21. 蒙元入侵前夜的中国日常生活 [法]谢和耐 著 刘东 译

22. 东亚之锋 [美]小R. 霍夫亨兹 K.E. 柯德尔 著 黎鸣 译

23. 中国社会史 [法]谢和耐 著 黄建华 黄迅余 译

24. 从理学到朴学:中华帝国晚期思想与社会变化面面观 [美]艾尔曼 著 赵刚 译

25. 孔子哲学思微 [美]郝大维 安乐哲 著 蒋弋为 李志林 译

26. 北美中国古典文学研究名家十年文选 乐黛云 陈珏 编选

27. 东亚文明:五个阶段的对话 [美]狄百瑞 著 何兆武 何冰 译

28. 五四运动:现代中国的思想革命 [美]周策纵 著 周子平 等译

29. 近代中国与新世界:康有为变法与大同思想研究 [美]萧公权 著 汪荣祖 译

30. 功利主义儒家:陈亮对朱熹的挑战 [美]田浩 著 姜长苏 译

31. 莱布尼兹和儒学 [美]孟德卫 著 张学智 译

32. 佛教征服中国:佛教在中国中古早期的传播与适应 [荷兰]许理和 著 李四龙 裴勇 等译

33. 新政革命与日本:中国,1898—1912 [美]任达 著 李仲贤 译

34. 经学、政治和宗族:中华帝国晚期常州今文学派研究 [美]艾尔曼 著 赵刚 译

35. 中国制度史研究 [美]杨联陞 著 彭刚 程钢 译

36. 汉代农业:早期中国农业经济的形成 [美]许倬云 著 程农 张鸣 译 邓正来 校

37. 转变的中国:历史变迁与欧洲经验的局限 [美]王国斌 著 李伯重 连玲玲 译

38. 欧洲中国古典文学研究名家十年文选 乐黛云 陈珏 龚刚 编选

39. 中国农民经济:河北和山东的农民发展,1890—1949 [美]马若孟 著 史建云 译

40. 汉哲学思维的文化探源 [美]郝大维 安乐哲 著 施忠连 译

41. 近代中国之种族观念 [英]冯客 著 杨立华 译

42. 血路:革命中国中的沈定一(玄庐)传奇 [美]萧邦奇 著 周武彪 译

43. 历史三调:作为事件、经历和神话的义和团 [美]柯文 著 杜继东 译

44. 斯文:唐宋思想的转型 [美]包弼德 著 刘宁 译

45. 宋代江南经济史研究 [日]斯波义信 著 方健 何忠礼 译

46. 一个中国村庄:山东台头 杨懋春 著 张雄 沈炜 秦美珠 译

47. 现实主义的限制:革命时代的中国小说 [美]安敏成 著 姜涛 译

48. 上海罢工:中国工人政治研究 [美]裴宜理 著 刘平 译

49. 中国转向内在:两宋之际的文化转向 [美]刘子健 著 赵冬梅 译

50. 孔子:即凡而圣 [美]赫伯特·芬格莱特 著 彭国翔 张华 译

51. 18世纪中国的官僚制度与荒政 [法]魏丕信 著 徐建青 译

52. 他山的石头记:宇文所安自选集 [美]宇文所安 著 田晓菲 编译

53. 危险的愉悦:20世纪上海的娼妓问题与现代性 [美]贺萧 著 韩敏中 盛宁 译

54. 中国食物 [美]尤金·N. 安德森 著 马孆 刘东 译 刘东 审校

55. 大分流:欧洲、中国及现代世界经济的发展 [美]彭慕兰 著 史建云 译

56. 古代中国的思想世界 [美]本杰明·史华兹 著 程钢 译 刘东 校

57. 内闱:宋代的婚姻和妇女生活 [美]伊沛霞 著 胡志宏 译

58. 中国北方村落的社会性别与权力 [加]朱爱岚 著 胡玉坤 译

59. 先贤的民主:杜威、孔子与中国民主之希望 [美]郝大维 安乐哲 著 何刚强 译

60. 向往心灵转化的庄子:内篇分析 [美]爱莲心 著 周炽成 译

61. 中国人的幸福观 [德]鲍吾刚 著 严蓓雯 韩雪临 吴德祖 译

62. 闺塾师:明末清初江南的才女文化 [美]高彦颐 著 李志生 译

63. 缀珍录:十八世纪及其前后的中国妇女 [美]曼素恩 著 定宜庄 颜宜葳 译

64. 革命与历史:中国马克思主义历史学的起源,1919—1937 [美]德里克 著 翁贺凯 译

65. 竞争的话语:明清小说中的正统性、本真性及所生成之意义 [美]艾梅兰 著 罗琳 译

66. 中国妇女与农村发展:云南禄村六十年的变迁 [加]宝森 著 胡玉坤 译

67. 中国近代思维的挫折 [日]岛田虔次 著 甘万萍 译

68. 中国的亚洲内陆边疆 [美]拉铁摩尔 著 唐晓峰 译

69. 为权力祈祷:佛教与晚明中国士绅社会的形成 [加]卜正民 著 张华 译

70. 天潢贵胄:宋代宗室史 [美]贾志扬 著 赵冬梅 译

71. 儒家之道:中国哲学之探讨 [美]倪德卫 著 [美]万白安 编 周炽成 译

72. 都市里的农家女:性别、流动与社会变迁 [澳]杰华 著 吴小英 译

73. 另类的现代性:改革开放时代中国性别化的渴望 [美]罗丽莎 著 黄新 译

74. 近代中国的知识分子与文明 [日]佐藤慎一 著 刘岳兵 译

75. 繁盛之阴:中国医学史中的性(960—1665) [美]费侠莉 著 甄橙 主译 吴朝霞 主校

76. 中国大众宗教 [美]韦思谛 编 陈仲丹 译

77. 中国诗画语言研究 [法]程抱一 著 涂卫群 译

78. 中国的思维世界 [日]沟口雄三 小岛毅 著 孙歌 等译

79. 德国与中华民国 [美]柯伟林 著 陈谦平 陈红民 武菁 申晓云 译 钱乘旦 校

80. 中国近代经济史研究:清末海关财政与通商口岸市场圈 [日]滨下武志 著 高淑娟 孙彬 译

81. 回应革命与改革:皖北李村的社会变迁与延续 韩敏 著 陆益龙 徐新玉 译

82. 中国现代文学与电影中的城市:空间、时间与性别构形 [美]张英进 著 秦立彦 译

83. 现代的诱惑:书写半殖民地中国的现代主义(1917—1937) [美]史书美 著 何恬 译

84. 开放的帝国:1600年前的中国历史 [美]芮乐伟·韩森 著 梁侃 邹劲风 译

85. 改良与革命:辛亥革命在两湖 [美]周锡瑞 著 杨慎之 译

86. 章学诚的生平与思想 [美]倪德卫 著 杨立华 译

87. 卫生的现代性:中国通商口岸健康与疾病的意义 [美]罗芙芸 著 向磊 译

88. 道与庶道:宋代以来的道教、民间信仰和神灵模式 [美]韩明士 著 皮庆生 译

89. 间谍王:戴笠与中国特工 [美]魏斐德 著 梁禾 译

90. 中国的女性与性相:1949年以来的性别话语 [英]艾华 著 施施 译

91. 近代中国的犯罪、惩罚与监狱 [荷]冯客 著 徐有威 等译 潘兴明 校

92. 帝国的隐喻:中国民间宗教 [英]王斯福 著 赵旭东 译

93. 王弼《老子注》研究 [德]瓦格纳 著 杨立华 译

94. 寻求正义:1905—1906年的抵制美货运动 [美]王冠华 著 刘甜甜 译

95. 传统中国日常生活中的协商:中古契约研究 [美]韩森 著 鲁西奇 译

96. 从民族国家拯救历史:民族主义话语与中国现代史研究 [美]杜赞奇 著 王宪明 高继美 李海燕 李点 译

97. 欧几里得在中国:汉译《几何原本》的源流与影响 [荷]安国风 著 纪志刚 郑诚 郑方磊 译

98. 十八世纪中国社会 [美]韩书瑞 罗友枝 著 陈仲丹 译

99. 中国与达尔文 [美]浦嘉珉 著 钟永强 译

100. 私人领域的变形:唐宋诗词中的园林与玩好 [美]杨晓山 著 文韬 译

101. 理解农民中国:社会科学哲学的案例研究 [美]李丹 著 张天虹 张洪云 张胜波 译

102. 山东叛乱:1774年的王伦起义 [美]韩书瑞 著 刘平 唐雁超 译

103. 毁灭的种子:战争与革命中的国民党中国(1937—1949) [美]易劳逸 著 王建朗 王贤知 贾维 译

104. 缠足:"金莲崇拜"盛极而衰的演变 [美]高彦颐 著 苗延威 译

105. 饕餮之欲:当代中国的食与色 [美]冯珠娣 著 郭乙瑶 马磊 江素侠 译

106. 翻译的传说:中国新女性的形成(1898—1918) 胡缨 著 龙瑜宬 彭珊珊 译

107. 中国的经济革命:20世纪的乡村工业 [日]顾琳 著 王玉茹 张玮 李进霞 译

108. 礼物、关系学与国家:中国人际关系与主体性建构 杨美惠 著 赵旭东 孙珉 译 张跃宏 译校

109. 朱熹的思维世界 [美]田浩 著

110. 皇帝和祖宗:华南的国家与宗族 [英]科大卫 著 卜永坚 译

111. 明清时代东亚海域的文化交流 [日]松浦章 著 郑洁西 等译

112. 中国美学问题 [美]苏源熙 著 卞东波 译 张强强 朱霞欢 校

113. 清代内河水运史研究 [日]松浦章 著 董科 译

114. 大萧条时期的中国:市场、国家与世界经济 [日]城山智子 著 孟凡礼 尚国敏 译 唐磊 校

115. 美国的中国形象(1931—1949) [美]T.克里斯托弗·杰斯普森 著 姜智芹 译

116. 技术与性别:晚期帝制中国的权力经纬 [英]白馥兰 著 江湄 邓京力 译

117. 中国善书研究　[日]酒井忠夫 著　刘岳兵 何英莺 孙雪梅 译
118. 千年末世之乱:1813 年八卦教起义　[美]韩书瑞 著　陈仲丹 译
119. 西学东渐与中国事情　[日]增田涉 著　由其民 周启乾 译
120. 六朝精神史研究　[日]吉川忠夫 著　王启发 译
121. 矢志不渝:明清时期的贞女现象　[美]卢苇菁 著　秦立彦 译
122. 明代乡村纠纷与秩序:以徽州文书为中心　[日]中岛乐章 著　郭万平 高飞 译
123. 中华帝国晚期的欲望与小说叙述　[美]黄卫总 著　张蕴爽 译
124. 虎、米、丝、泥:帝制晚期华南的环境与经济　[美]马立博 著　王玉茹 关永强 译
125. 一江黑水:中国未来的环境挑战　[美]易明 著　姜智芹 译
126. 《诗经》原意研究　[日]家井真 著　陆越 译
127. 施剑翘复仇案:民国时期公众同情的兴起与影响　[美]林郁沁 著　陈湘静 译
128. 华北的暴力和恐慌:义和团运动前夕基督教传播和社会冲突　[德]狄德满 著　崔华杰 译
129. 铁泪图:19 世纪中国对于饥馑的文化反应　[美]艾志端 著　曹曦 译
130. 饶家驹安全区:战时上海的难民　[美]阮玛霞 著　白华山 译
131. 危险的边疆:游牧帝国与中国　[美]巴菲尔德 著　袁剑 译
132. 工程国家:民国时期(1927—1937)的淮河治理及国家建设　[美]戴维·艾伦·佩兹 著
　　姜智芹 译
133. 历史宝筏:过去、西方与中国妇女问题　[美]季家珍 著　杨可 译
134. 姐妹们与陌生人:上海棉纱厂女工,1919—1949　[美]韩起澜 著　韩慈 译
135. 银线:19 世纪的世界与中国　林满红 著　詹庆华 林满红 译
136. 寻求中国民主　[澳]冯兆基 著　刘悦斌 徐碛 译
137. 墨梅　[美]毕嘉珍 著　陆敏珍 译
138. 清代上海沙船航运业史研究　[日]松浦章 著　杨蕾 王亦铮 董科 译
139. 男性特质论:中国的社会与性别　[澳]雷金庆 著　[澳]刘婷 译
140. 重读中国女性生命故事　游鉴明 胡缨 季家珍 主编
141. 跨太平洋位移:20 世纪美国文学中的民族志、翻译和文本间旅行　黄运特 著　陈倩 译
142. 认知诸形式:反思人类精神的统一性与多样性　[英]G.E.R.劳埃德 著　池志培 译
143. 中国乡村的基督教:1860—1900 江西省的冲突与适应　[美]史维东 著　吴薇 译
144. 假想的"满大人":同情、现代性与中国疼痛　[美]韩瑞 著　袁剑 译
145. 中国的捐纳制度与社会　伍跃 著
146. 文书行政的汉帝国　[日]富谷至 著　刘恒武 孔李波 译
147. 城市里的陌生人:中国流动人口的空间、权力与社会网络的重构　[美]张骊 著
　　袁长庚 译
148. 性别、政治与民主:近代中国的妇女参政　[澳]李木兰 著　方小平 译
149. 近代日本的中国认识　[日]野村浩一 著　张学锋 译
150. 狮龙共舞:一个英国人笔下的威海卫与中国传统文化　[英]庄士敦 著　刘本森 译
　　威海市博物馆 郭大松 校
151. 人物、角色与心灵:《牡丹亭》与《桃花扇》中的身份认同　[美]吕立亭 著　白华山 译
152. 中国社会中的宗教与仪式　[美]武雅士 著　彭泽安 邵铁峰 译　郭潇威 校
153. 自贡商人:近代早期中国的企业家　[美]曾小萍 著　董建中 译
154. 大象的退却:一部中国环境史　[英]伊懋可 著　梅雪芹 毛利霞 王玉山 译
155. 明代江南土地制度研究　[日]森正夫 著　伍跃 张学锋 等译　范金民 夏维中 审校
156. 儒学与女性　[美]罗莎莉 著　丁佳伟 曹秀娟 译

157. 行善的艺术:晚明中国的慈善事业(新译本) [美]韩德玲 著 曹晔 译
158. 近代中国的渔业战争和环境变化 [美]穆盛博 著 胡文亮 译
159. 权力关系:宋代中国的家族、地位与国家 [美]柏文莉 著 刘云军 译
160. 权力源自地位:北京大学、知识分子与中国政治文化,1898—1929 [美]魏定熙 著 张蒙 译
161. 工开万物:17世纪中国的知识与技术 [德]薛凤 著 吴秀杰 白岚玲 译
162. 忠贞不贰:辽代的越境之举 [英]史怀梅 著 曹流 译
163. 内藤湖南:政治与汉学(1866—1934) [美]傅佛果 著 陶德民 何英莺 译
164. 他者中的华人:中国近现代移民史 [美]孔飞力 著 李明欢 译 黄鸣奋 校
165. 古代中国的动物与灵异 [英]胡司德 著 蓝旭 译
166. 两访中国茶乡 [英]罗伯特·福琼 著 敖雪岗 译
167. 缔造选本:《花间集》的文化语境与诗学实践 [美]田安 著 马强才 译
168. 扬州评话探讨 [丹麦]易德波 著 米锋 易德波 译 李今芸 校译
169. 《左传》的书写与解读 李惠仪 著 文韬 许明德 译
170. 以竹为生:一个四川手工造纸村的20世纪社会史 [德]艾约博 著 韩巍 译 吴秀杰 校
171. 东方之旅:1579—1724耶稣会传教团在中国 [美]柏理安 著 毛瑞方 译
172. "地域社会"视野下的明清史研究:以江南和福建为中心 [日]森正夫 著 于志嘉 马一虹 黄东兰 阿风 等译
173. 技术、性别、历史:重新审视帝制中国的大转型 [英]白馥兰 著 吴秀杰 白岚玲 译
174. 中国小说戏曲史 [日]狩野直喜 张真 译
175. 历史上的黑暗一页:英国外交文件与英美海军档案中的南京大屠杀 [美]陆束屏 编著/翻译
176. 罗马与中国:比较视野下的古代世界帝国 [奥]沃尔特·施德尔 主编 李平 译
177. 矛与盾的共存:明清时期江西社会研究 [韩]吴金成 著 崔荣根 译 薛戈 校译
178. 唯一的希望:在中国独生子女政策下成年 [美]冯文 著 常姝 译
179. 国之枭雄:曹操传 [澳]张磊夫 著 方笑天 译
180. 汉帝国的日常生活 [英]鲁惟一 著 刘洁 余霄 译
181. 大分流之外:中国和欧洲经济变迁的政治 [美]王国斌 罗森塔尔 著 周琳 译 王国斌 张萌 审校
182. 中正之笔:颜真卿书法与宋代文人政治 [美]倪雅梅 著 杨简茹 译 祝帅 校译
183. 江南三角洲市镇研究 [日]森正夫 编 丁韵 胡婧 等译 范金民 审校
184. 忍辱负重的使命:美国外交官记载的南京大屠杀与劫后的社会状况 [美]陆束屏 编著/翻译
185. 修仙:古代中国的修行与社会记忆 [美]康儒博 著 顾漩 译
186. 烧钱:中国人生活世界中的物质精神 [美]柏桦 著 袁剑 刘玺鸿 译
187. 话语的长城:文化中国历险记 [美]苏源熙 著 盛珂 译
188. 诸葛武侯 [日]内藤湖南 著 张真 译
189. 盟友背信:一战中的中国 [英]吴芳思 克里斯托弗·阿南德尔 著 张宇扬 译
190. 亚里士多德在中国:语言、范畴和翻译 [英]罗伯特·沃迪 著 韩小强 译
191. 马背上的朝廷:巡幸与清朝统治的建构,1680—1785 [美]张勉治 著 董建中 译
192. 申不害:公元前四世纪中国的政治哲学家 [美]顾立雅 著 马腾 译
193. 晋武帝司马炎 [日]福原启郎 著 陆帅 译
194. 唐人如何吟诗:带你走进汉语音韵学 [日]大岛正二 著 柳悦 译

195. 古代中国的宇宙论　[日]浅野裕一 著　吴昊阳 译
196. 中国思想的道家之论:一种哲学解释　[美]陈汉生 著　周景松 谢尔逊 等译　张丰乾 校译
197. 诗歌之力:袁枚女弟子屈秉筠(1767—1810)　[加]孟留喜 著　吴夏平 译
198. 中国逻辑的发现　[德]顾有信 著　陈志伟 译
199. 高丽时代宋商往来研究　[韩]李镇汉 著　李廷青 戴琳剑译　楼正豪 校
200. 中国近世财政史研究　[日]岩井茂树 著　付勇 译　范金民 审校
201. 魏晋政治社会史研究　[日]福原启郎 著　陆帅 刘萃峰 张紫毫 译
202. 宋帝国的危机与维系:信息、领土与人际网络　[比利时]魏希德 著　刘云军 译
203. 中国精英与政治变迁:20 世纪初的浙江　[美]萧邦奇 著　徐立望 杨涛羽 译　李齐 校
204. 北京的人力车夫:1920 年代的市民与政治　[美]史谦德 著　周书垚 袁剑 译　周育民 校
205. 1901—1909 年的门户开放政策:西奥多·罗斯福与中国　[美]格雷戈里·摩尔 著　赵嘉玉 译
206. 清帝国之乱:义和团运动与八国联军之役　[美]明恩溥 著　郭大松 刘本森 译